Heinrich Potthoff/Susanne Miller

Kleine Geschichte der SPD

1848–2002

Die Deutsche Bibliothek – CIP-Einheitsaufnahme

Kleine Geschichte der SPD : 1848–2002 /
Heinrich Potthoff ; Susanne Miller. - 8., aktualisierte
und erw. Aufl. - Bonn : Dietz, 2002

ISBN 3-8012-0320-4

8. aktualisierte und erweiterte Auflage

Vorwort

Die „Kleine Geschichte der SPD" erscheint im neuen Gewande. Sie reicht nun bis in die unmittelbare Gegenwart. Bei der letzten 7. Auflage von 1991 schloss die Darstellung mit dem Ende der sozialliberalen Koalition. Eine Fortschreibung dieser Geschichte der Sozialdemokratie, die zu einem „Standardwerk" geworden ist, war dringend geboten. Völlig neu ist der Dritte Teil über die Entwicklung der SPD von 1982 bis 2002, d. h. über die langen Bonner Oppositionsjahre mit den wechselnden Parteivorsitzenden, den Umbruch von 1989/90 und die Kurssuche im geeinten Deutschland bis zur Regierung Gerhard Schröders und zur heutigen SPD. Grundlegend überarbeitet wurde der von Susanne Miller verfasste Zweite Teil über die Zeit von 1949 bis 1982, der nun auch Entwicklungen im östlichen Deutschland mit einbezieht. Die Zeittafel ist fortgeschrieben und auch die anderen Teile des Buches wurden durchgesehen und aktualisiert. Um den Gesamtumfang möglichst beizubehalten und einen günstigen Preis zu gewährleisten, bot sich eine Straffung bei den Dokumenten an.

Auf dem Titelblatt hat sich die Abfolge der Autoren geändert. Dies resultiert aus den erheblich veränderten Anteilen an dem aktualisierten, überarbeiteten und erweiterten Werk. Die Neugestaltung der „Kleinen Geschichte" erfolgte im engen Kontakt mit Susanne Miller, die mit ihrem kenntnisreichen Rat die Arbeiten begleitet hat. Für ihre Freundschaft und ihre Anteilnahme bin ich sehr dankbar. Wichtig war mir die kritische Durchsicht durch Dieter Dowe, Bernd Faulenbach, Sabine Lemke, Thomas Meyer und Peter Munkelt. Ihnen wie den Mitarbeitern des Archivs der sozialen Demokratie und allen anderen, von denen ich Unterstützung erfuhr, gilt mein herzlicher Dank. Der Verlag J.H.W. Dietz Nachf. hat die Neuausgabe dieser erheblich gewachsenen „Kleinen Geschichte der SPD" angeregt und gefördert. Dafür sei ihm wie auch der Friedrich-Ebert-Stiftung gedankt.

Königswinter im April 2002

Heinrich Potthoff

Inhalt

Dritter Teil
Heinrich Potthoff:
Partei im Wandel
Stagnation – Kurssuche – Regierungsverantwortung

Tabellen und Diagramme

Erster Teil

Heinrich Potthoff:

Die Sozialdemokratie
von den Anfängen
bis 1945

Zur Einführung

Die Sozialdemokratische Partei Deutschlands stellt seit 1998 wieder den Bundeskanzler. Sie trägt Verantwortung für die Politik im geeinten Deutschland und für deutsche Politik in Europa und der Welt. Die schwierigen Aufgaben, vor die sich die Regierung Schröder gestellt sah, prägen auch das Gesicht der Partei. In der Sozialdemokratie vollzog sich ein Wandel. Unter veränderten Bedingungen sucht sie ihre Identität als Partei der Freiheit und der sozialen Demokratie für die Gegenwart und die Zukunft zu bestimmen. Die SPD ist die älteste deutsche Partei. Ihre Wurzeln reichen zurück bis in die Mitte des 19. Jahrhunderts. Mit guten Gründen hätte sie 1988 schon ihr 150jähriges Jubiläum begehen können, doch sie feierte ihr 125jähriges Bestehen. Zu diesem Zeitpunkt gab es die SPD nur in der Bundesrepublik. 1989 wagten mutige Frauen und Männer in der DDR, auch dort wieder eine sozialdemokratische Partei ins Leben zu rufen. Im Zuge des deutschen Einigungsprozesses schlossen sich die Sozialdemokraten diesseits und jenseits der Grenze zusammen. Seit dem 27. September 1990 trägt die „Sozialdemokratische Partei Deutschlands" ihren Namen wieder mit vollem Recht.

Als offizielle Parteibezeichnung bestand dieser Begriff seit 1890. Er blieb seitdem über alle Stürme, Krisen und Neuansätze hinweg unverändert. „Sozialdemokratisch" nannte sich auch schon die 1869 von August Bebel und Wilhelm Liebknecht in Eisenach gegründete „Sozialdemokratische Arbeiterpartei". In ihrem Programm bekannte sie sich zur „politischen Freiheit" als der „unentbehrlichen Vorbedingung zur ökonomischen Befreiung der arbeitenden Klassen. Die soziale Frage ist mithin untrennbar von der politischen, ihre Lösung durch diese bedingt und nur möglich im demokratischen Staat."[1] Schon damals wurde so ein zentraler Punkt herausgearbeitet, der ein Kennzeichen der Sozialdemokratie blieb: die enge Verknüpfung von freiheitlicher Demokratie und Sozialismus. Die Sozialistische Internationale hatte dieses Selbstverständnis in ihrer Frankfurter Erklärung vom 3. Juli 1951 in die einprägsamen Worte gekleidet: „Es gibt keinen Sozialismus ohne Freiheit. Der Sozialismus kann nur durch die Demokratie verwirklicht, die Demokratie nur durch den Sozialismus vollendet werden."[2]

1 Siehe Anhang Dokumente 1.
2 Abgedruckt u. a. in: Programmatische Dokumente der deutschen Sozialdemokratie, hrsg. und eingeleitet von Dieter Dowe und Kurt Klotzbach (†), Bonn, 3. überarbeitete u. aktualisierte Aufl. 1990, S. 287ff., Zitat S. 291.

Die Synthese zwischen Sozialismus und Demokratie war für die sozialdemokratische Arbeiterbewegung seit ihren Anfängen eine Leitlinie ihres Handelns. Wenn auch mit der Übernahme von marxistischen Analysen und Schlagworten in den theoretischen Aussagen Begriffe wie „Klassenkampf", „Revolution", „Eroberung der politischen Macht" dominierten, so wurde das nicht als ein Gegensatz zu dem erstrebten Ziel, einem freiheitlich-demokratischen Sozialismus, verstanden.

Gegenüber Lenins Form der Diktatur des Proletariats gab es für die deutsche Sozialdemokratie keinen Zweifel, dass der russische Weg nicht der ihre war. Respektierung demokratischer Mehrheitsentscheidungen, Rechtsstaatlichkeit, Freiheit der Person und des Wortes, Bürgerrechte und Achtung der Menschenwürde galten den Sozialdemokraten als unabdingbare Voraussetzungen einer gerechten Gesellschaftsordnung. Sie zählten zu den Selbstverständlichkeiten, die ihr Handeln bestimmten. Nun wurde zur Abgrenzung vom Kommunismus ausdrücklich das Freiheitliche und Demokratische im Sozialismus betont. Durch die Erfahrungen mit dem Hitler-Faschismus und der Stalinschen Terrorherrschaft rückte das Bekenntnis zu Demokratie und Freiheit noch stärker ins Zentrum. Sozialdemokratie und demokratischer Sozialismus wurden zu sich überlappenden, weithin austauschbaren Begriffen.

Im Godesberger Programm von 1959, mit dem sich die SPD als demokratische linke Volkspartei darstellte, wurden die Grundwerte „Freiheit, Gerechtigkeit und Solidarität" ins Zentrum gerückt. Unter ausdrücklichem Verzicht auf „letzte Wahrheiten" bekannte sich die SPD zu einem Prinzip der gesellschaftlichen Dynamik und der Bedingtheit der Erkenntnis, des ständigen Ringens und des Aufrufs zum Handeln: „Der Sozialismus ist eine dauernde Aufgabe, Freiheit und Gerechtigkeit zu erkämpfen, sie zu bewahren und sich in ihnen zu bewähren." Diese Grundaussage durchzieht auch das Berliner Programm von 1989.

Die Begriffe „Sozialismus" und „sozialistisch" werden in der deutschen Sozialdemokratie heute kaum noch verwandt. Die autokratische Herrschaft kommunistischer Parteidiktaturen, die sich als „real existierender Sozialismus" ausgab, diskreditierte das Wort Sozialismus nachhaltig. Die Sozialdemokratie hat ein solches System nie als „sozialistisch" oder „Sozialismus" verstanden, da Sozialismus für sie nur in Freiheit und Demokratie denkbar war. Dennoch geriet durch den Missbrauch auch der demokratische Sozialismus mit in Verruf. Die Sozialdemokratie und ihre Schwesterparteien in anderen Ländern wollten mit diesem Begriff ihr Streben nach einer gerechteren Gesellschaft und umfassender Demokratie auf einen Nenner bringen. Sie knüpften dabei an ihre historischen Wurzeln an. Der Begriff „So-

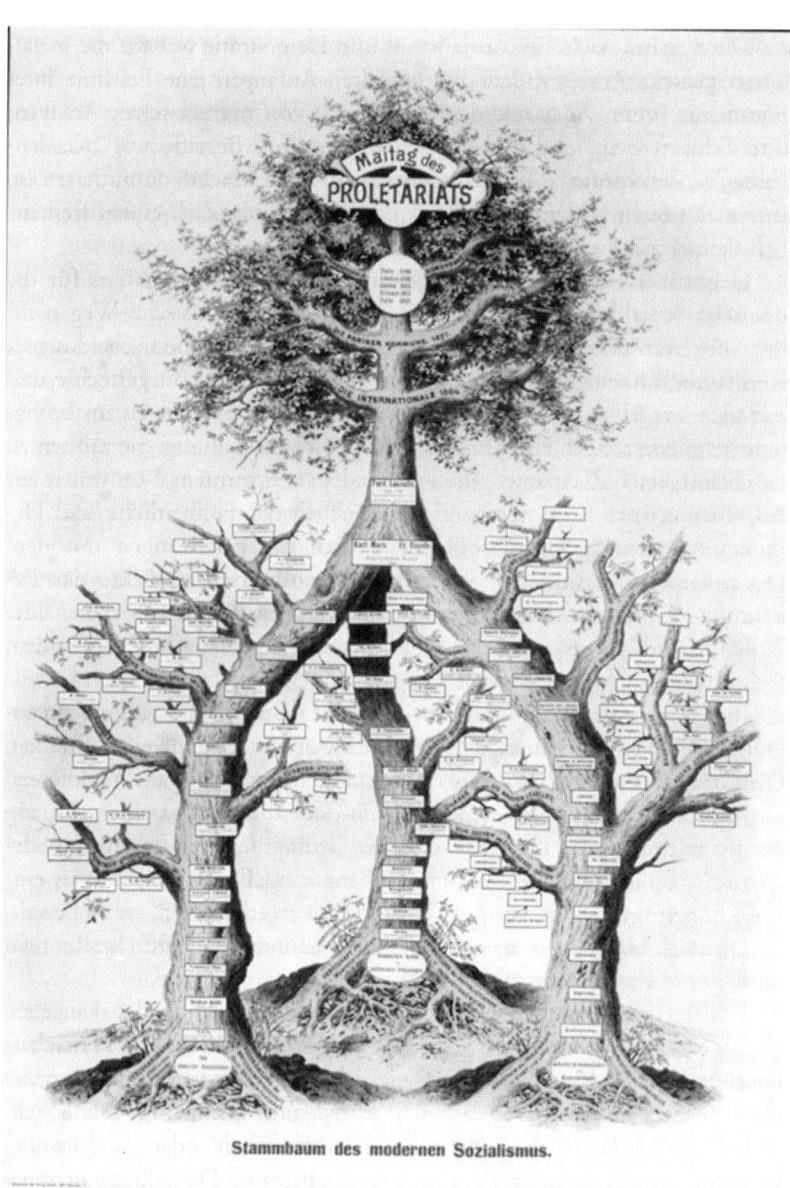

Stammbaum des modernen Sozialismus.

Plakat

zialismus" hatte nach 1800 zunehmend Eingang in den politischen Wortschatz gefunden. Unter dem Einfluss des Marxismus gewann eine Sicht Raum, die unter „Sozialismus" die nach der Vergesellschaftung der Produktionsmittel entstehende Gesellschaft ohne Ausbeutung und Unterdrückung verstand. Neben dieser Auslegung hielten sich jedoch auch andere Interpretationen und Formen, so z. B. religiöser, christlicher Sozialismus, genossenschaftlicher Sozialismus, Gildensozialismus, Staatssozialismus.

In einem weiteren Sinne wurde der Begriff „Sozialismus" und mehr noch das Wort „sozialistisch" zur Kennzeichnung gesellschaftlicher Bestrebungen verwandt, die soziale Gleichheit und eine neue Solidargemeinschaft zum Leitbild hatten. Zumeist wurde in der Moderne dabei an die Emanzipationsbewegung der Arbeiterschaft gedacht, soweit sie als eigenständige politische und soziale Kraft auftrat, und an ihre gesellschaftsverändernden „sozialistischen" Ziele und Ideen. Dieser Zusammenhang dokumentiert sich noch heute u. a. in den Namen vieler Schwesterparteien der Sozialdemokratie und in der Bezeichnung „Sozialistische Internationale". So gesehen bedeutete „sozialistisch" vordringlich die Abgrenzung zu den Arbeitnehmerorganisationen im christlichen und liberalen Lager. Der Name „sozialistische" Bewegung deckte die ganze Breite der großen Sozial- und Freiheitsbewegung des „Vierten Standes" mit dem Ziel einer neuen Gesellschaftsordnung der Freiheit und Gerechtigkeit ab. Das Ringen um den geeigneten Weg hing dabei nicht zuletzt von der staatlich-gesellschaftlichen Ordnung und der Wirtschaftsstruktur ab, denen sich die „Sozialisten" gegenübersahen. Da auch in den Reihen der deutschen Sozialdemokratie im 19. und 20. Jahrhundert die Worte „Sozialismus" und „sozialistisch" selten einheitlich und eindeutig gehandhabt wurden, sollten sie im jeweiligen Kontext verstanden werden.

Die Geschichte der sozialdemokratischen Bewegung in Deutschland muss vor dem Hintergrund der politisch-ökonomisch-sozialen Entwicklung betrachtet werden. Dabei ist es notwendig, auch die Gegenkräfte einzubeziehen, denen sie sich gegenüber sah. Soweit es der knappe Umfang dieser Arbeit zulässt, wurde dies versucht. Auch bei der Darstellung der eigentlichen Parteigeschichte waren Schwerpunktsetzungen unumgänglich. Dabei kam es darauf an, nicht nur die großen Ideen und das Werk der führenden Repräsentanten zu zeigen. Dieses Buch ist darum bemüht, auch die Situation und die Vorstellungen einfacher Sozialdemokraten an der Basis nachzuzeichnen und die Lage der Männer und Frauen, Arbeiter, Angestellten und Angehörigen anderer sozialer Schichten zu beschreiben, die sich zur Sozialdemokratie hingezogen fühlten. Das kann nur mit groben, skizzenhaften Strichen geschehen. Eine umfassende, mehrbändige

Gesamtgeschichte der „Arbeiter und der Arbeiterbewegung in Deutschland" ist in der Bundesrepublik erst seit den 80er Jahren in Angriff genommen worden.[3] Daneben gibt es eine Reihe nützlicher Nachschlagewerke und Arbeitsmaterialien[4] und eine Fülle umfangreicher Teil- und Spezialstudien.

Die „Kleine Geschichte der SPD" ist seit der Erstausgabe fast stetig gewachsen. Sie wurde durchgesehen, überarbeitet und aktualisiert. Es war stets das Bestreben, sie möglichst nahe an die Gegenwart heranzuführen. Bei der letzten 7. Auflage von 1991 wurden zwar Zeittafel und Dokumente ergänzt, die Darstellung jedoch nicht über das Ende der sozialliberalen Koalition hinaus fortgeschrieben.

Nach dem Verlust der Regierungsmacht im September 1982 begann für die SPD eine schwierige, langwierige Phase der Opposition. Als sie im Dezember 1989 in Berlin ihr neues Grundsatzprogramm verabschiedete, waren das östliche Europa und die DDR schon im vollen Wandel. Der Aufbruch zu Freiheit und Selbstbestimmung, Demokratie und Pluralismus, individuellem Glück und Wohlstandsstreben leitete eine neue Ära für Europa und Deutschland und damit auch für die Sozialdemokratie ein. Bei der jetzt vorgelegten Neuauflage wurde vor allem der zweite Teil über die Zeit von 1949 bis 1982 grundlegend überarbeitet. Denn die Geschichte der Sozialdemokratie im geeinten Deutschland erforderte eine Ausweitung der zuvor dominierenden westlichen Sicht auf eine weitere Perspektive, die auch Entwicklungen im östlichen Deutschland einbezieht. Völlig neu ist der Dritte Teil über die Entwicklung der deutschen Sozialdemokratie nach 1982 bis zur Gegenwart und zur SPD-geführten Regierung unter Gerhard Schröder. Für den Historiker, der gerne eine gewisse zeitliche Distanz bevorzugt, ist eine solche Aktualität bis zum miterlebenden Heute gewiss ein Risiko. Doch im Interesse der Leserinnen und Leser, die auch die letzten Geschehnisse einbezogen wissen möchten, wurde es eingegangen.

---

3 Erschienen sind als erstes die drei Bände von Heinrich August Winkler über „Arbeiter und Arbeiterbewegung in der Weimarer Republik". Von dem großen Projekt liegen weiter Werke von Jürgen Kocka, Gerhard A. Ritter/Klaus Tenfelde und Michael Schneider vor. Siehe Literaturverzeichnis. In der DDR wurde in den 60er Jahren eine achtbändige „Geschichte der deutschen Arbeiterbewegung", hrsg. vom Institut für Marxismus Leninismus beim Zentralkomitee der SED, Berlin 1966, publiziert.

4 Besonders zu erwähnen ist das Lern- und Arbeitsbuch deutsche Arbeiterbewegung. Darstellung – Chroniken – Dokumente. Hrsg. unter der Leitung von Thomas Meyer, Susanne Miller und Joachim Rohlfes, 2. ergänzte Aufl., 4 Bde., Bonn 1988.

1. Frühe Ansätze in der Revolution von 1848/49

1. Die politischen und sozialen Verhältnisse um die Jahrhundertmitte

„Freiheit, Gleichheit, Brüderlichkeit!", und „Einigkeit macht stark!", so steht es auf einer roten Fahne, die im Parteiarchiv der SPD gehütet wird. In ihrer Mitte das Bild eines Handschlags in einem Kranz aus Eichenlaub, unter dem zu lesen ist: „23. Mai 1863, Ferdinand Lassalle."[1] Es ist die alte Fahne des Allgemeinen Deutschen Arbeitervereins, das Traditionsbanner der SPD.

Der 23. Mai 1863, als in Leipzig eine eigenständige Arbeiterpartei ins Leben gerufen wurde, gilt als die Geburtsstunde der deutschen Sozialdemokratie. Von diesem Zeitpunkt an lässt sich von einer ungebrochenen Kontinuität der sozialistisch-sozialdemokratischen Arbeiterbewegung und Partei in Deutschland sprechen. Eine selbstständige politische Organisation, deren demokratisches und soziales Anliegen durch eine eigenständige Theorie untermauert wurde, kennzeichnet von nun an den langen von großen Erfolgen wie Rückschlägen überschatteten Weg. Doch bei aller Anerkennung der Bedeutung großer Persönlichkeiten für den Lauf der Geschichte, eine Bewegung wie die Sozialdemokratie wird nicht aus dem Nichts heraus durch einen einmaligen Willensakt geschaffen. Nur unter bestimmten günstigen politischen und gesellschaftlichen Voraussetzungen hatte der energische Wille eine Chance, in die Tat umgesetzt zu werden.

Der „Handschlag" in der Fahne des Allgemeinen Deutschen Arbeitervereins erinnert daran, dass schon 15 Jahre zuvor Arbeiterorganisationen die Bühne des politischen Geschehens betraten. Die „Arbeiterverbrüderung" des Buchdruckers Stephan Born begründete die Tradition dieses Symbols. Zum ersten Mal schlossen sich hier Arbeiter zu einer festen Organisation im Zeichen der Solidarität zusammen.

Im gleichen Jahr, nur wenige Monate zuvor, erschien im Februar 1848 das Kommunistische Manifest. Wenn Karl Marx und Friedrich Engels darin von Proletariern sprachen, „die keine Produktionsmittel besitzen und gezwungen sind, ihre Arbeitskraft zu verkaufen, um zu existieren"[2], so dachten sie vornehmlich an die Industriearbeiterschaft. In Mitteleuropa

---

1 Das Parteiarchiv befindet sich heute bei der Friedrich-Ebert-Stiftung.
2 Vielfach abgedruckt u. a. in Programmatische Dokumente der deutschen Sozialdemokratie, S. 52ff.

war das damals erst eine kleine Bevölkerungsgruppe. Die Industrialisierung steckte in Deutschland im Gegensatz zu dem weiter fortgeschrittenen England noch in den Kinderschuhen. Das Wort des Kommunistischen Manifestes von den Proletariern, die „nichts zu verlieren" hatten als ihre Ketten, traf in einem abgewandelten Sinne dennoch auf eine ganze Bevölkerungsschicht zu.

Nicht erst die Industrialisierung hat das Elend einer breiten, schwer arbeitenden und dennoch hungernden besitzlosen Klasse geschaffen, sondern dieser „Vierte Stand", das „Proletariat", wie es in der Sprache der Zeit ausgedrückt wurde, existierte in anderen Formen schon vorher. Mit der Auflösung feudaler Strukturen, der Gewerbefreiheit und der Bauernbefreiung im Zuge der Aufklärung und der Französischen Revolution kam es zu einem steilen Anstieg der Eheschließungen unter den Gesellen und nachgeborenen Bauernsöhnen. Zweckmäßigere Ernährung (Kartoffelanbau), Erhöhung der landwirtschaftlichen Produktion (Fruchtwechselwirtschaft), ein verbessertes Verteilungssystem für die Lebensmittel, das Ausbleiben von Seuchen wie anderer Katastrophen und Ansätze der Hygiene (Verwendung von Seife) gelten als wichtige Ursachen des explosionsartigen Bevölkerungsanstieges. So entstand das, was „Pauperismus" (pauper = arm) genannt wurde, eine zahlenmäßig große Unterschicht, die sich gerade notdürftig am Leben erhalten konnte. Nach sozialstatistischen Berechnungen gehörten in der ersten Hälfte des 19. Jahrhunderts fast 50 Prozent der Bevölkerung zu diesem „Proletariat".[3] Lohnende Arbeit war kaum zu finden. Besonders trostlos sah die Situation der Weber und Spinner in Schlesien, Sachsen und Westfalen aus, deren Erlös aus der Heimarbeit weit unter dem Existenzminimum lag. Ihre Aufstände gegen Hunger und Ausbeutung wurden, wie es uns Gerhart Hauptmann in seinen „Webern" so eindrucksvoll schildert, in den vierziger Jahren rücksichtslos mit militärischer Gewalt niedergeschlagen.

Fabrikarbeit bedeutete demgegenüber wenigstens Arbeit und Brot. Trotz aller Härten war sie ein Hoffnungsanker, an den man sich klammerte. Die Chance, in der Industrie Beschäftigung zu finden, bot sich vor 1850 in Deutschland nur wenigen. So begann etwa die Firma Krupp 1811 mit 7 Arbeitern und 1849 waren es gerade 80. Erst dann setzte der steile Aufstieg ein: 1857 arbeiteten schon 1000 Mann in diesem Unternehmen. Ein Überangebot von Arbeitskräften kennzeichnet die beginnende Frühindustrialisierung. Unvorstellbare Armut großer Bevölkerungsgruppen und

3 Eine faktengesättigte Darstellung dieser Verhältnisse bei: Jürgen Kocka, Weder Stand noch Klasse. Unterschichten um 1800, und: Arbeitsverhältnisse und Arbeiterexistenzen. Grundlagen der Klassenbildung im 19. Jahrhundert, beide Bonn 1990.

rasch steigender Wohlstand einer kleinen Schar von Kapitalisten rissen eine wachsende, tiefe Kluft zwischen den Besitzenden und den Besitzlosen auf. Arbeitszeiten bis zu 13, 14, in den vierziger Jahren selbst bis zu 17 Stunden unter härtesten Bedingungen, sinkende Löhne und verbreitete billige Frauen- und Kinderarbeit, katastrophale Wohnverhältnisse und das Fehlen jeder Versorgung bei Unfall, Krankheit und Alter charakterisieren diese Epoche.

Mit der Auflösung der alten feudalen Gesellschaftsordnung und dem Vordringen des Frühkapitalismus vollzog sich ein tiefgreifender gesellschaftlicher Wandlungsprozess. Der Leitgedanke dieses sogenannten „Manchesterliberalismus" ließ sich unter dem Motto zusammenfassen. „Freie Bahn dem Tüchtigen", Kampf ums Dasein als positive Auslese. Träger dieser Bewegung war in erster Linie das Bürgertum, das als „Dritter Stand" in der Französischen Revolution von 1789 unüberhörbar seine Herrschaftsansprüche angemeldet hatte. In den deutschen Staaten wurde der Liberalismus im politischen Bereich von den altkonservativen Herrschaftsgruppen abgeblockt, im wirtschaftlichen kam er dagegen voll zum Tragen. Auch der Staat gab sich hier liberal, d.h. er setzte auf die Selbstregulierungskräfte der Wirtschaft und deren Eigendynamik. Wohin dieser Frühkapitalismus führte, lag auf der Hand. Die Starken, d.h. die Besitzer von Land, Kapital und Produktionsstätten, diktierten den Schwachen, d.h. den Besitzlosen, das Gesetz des Handelns. Nur in äußersten Fällen griff die staatliche Bürokratie, in der sich ein gewisses vorliberales Fürsorgedenken erhalten hatte, bei ganz akutem Elend ein.

In Preußen kam 1928 ein wichtiger Anstoß vom General Horn aus Sorge um den Bestand der Armee. Er warnte vor der exzessiven Kinderarbeit, da infolge „des dadurch verursachten schlechten Gesundheitszustandes" Rekrutierungslücken auftreten würden. Doch es dauerte noch 11 Jahre bis zum Erlass von Kinderschutzbestimmungen, die eine regelmäßige Beschäftigung von Kindern unter 9 Jahren in Fabriken und Bergwerken untersagten. Sie brachten kaum Besserung, da sie nur sehr unzulänglich durchgeführt wurden. Immerhin schritt Preußen mit dieser Kinderschutzverordnung noch anderen deutschen Staaten voran. Bayern und Baden folgten 1840, Sachsen 1861 und Württemberg im folgenden Jahr. Solche Maßnahmen blieben jedoch ein Tropfen auf den hießen Stein. Das Kernproblem der sozialen Frage ließen sie noch völlig aus den Augen.

2. Theorien zur Lösung der sozialen Frage

Von England, dem Mutterland der Industrie und des Kapitalismus, hatten diese zuerst auf den westeuropäischen Kontinent nach Frankreich und Belgien übergegriffen. In diesen Ländern, die zu Vorreitern der neuen Produktionsform wurden, setzte auch zuerst die Kritik an den Folgen der Industrialisierung ein. Es blieb nicht bei einer die sozialen Zustände anprangernden Sozialkritik, sondern es wurden Theorien erörtert und Modelle entworfen, die eine durchgreifende Lösung der aus dem Wandel von der agrarisch-feudalen zur bürgerlich-industriellen Wirtschaft und Gesellschaft erwachsenden Probleme bezweckten.

In England versuchte der Fabrikant Robert Owen seine Ideen zur Überwindung der sozialen Ungerechtigkeit zuerst im Rahmen seiner Fabrik und dann in Amerika durch einen praktizierten Vollkommunismus nach dem Grundsatz der Gütergemeinschaft in die Wirklichkeit umzusetzen. Während der Versuch in Amerika fehlschlug, befruchteten seine Theorie und Praxis der Genossenschaften und der Sozialreform die spätere Entwicklung. Owen wurde zum Vater der Gewerkschafts- und Genossenschaftsbewegung in England. In Frankreich entwarfen vor allem Saint-Simon, der in der Wirtschaft die Triebfeder der gesellschaftlichen Entwicklung erblickte, und Fourier, für den in einer gerechten Güterverteilung die Lösung aller sozialen Probleme lag, Modelle sozialistischer und kommunistischer Gesellschaftssysteme, die bald auch Einfluss auf die Sozialkritik in Deutschland gewannen. Eine länger anhaltende Wirkung erzielte Pierre Joseph Proudhon mit seiner Kritik des kapitalistischen „Privateigentums als Diebstahl". Der Weg zur Durchsetzung einer sozialen Neuordnung führte für ihn über den bestehenden bürgerlichen Staat.

Die Ideen der französischen Sozialisten wurden in Deutschland u.a. durch ein Buch des konservativen Denkers und Soziologen Lorenz von Stein verbreitet, der soziale Reformen forderte. Daneben war es u. a. der Dichter Georg Büchner, der mit seinem Kampfruf „Friede den Hütten! Krieg den Palästen! ", frühsozialistisches Gedankengut weitertrug. Größeren Einfluss gewann der Schneidergeselle Wilhelm Weitling (1808 bis 1871), der unentwegt den gewaltsamen Umsturz der Gesellschaft propagierte. Vor allem unter den wandernden deutschen Handwerksgesellen im Ausland fand er Anhänger für seine Vorstellungen. Mit der Forderung nach Gütergemeinschaft und Abschaffung des Geldes, Aufhebung der Grenzen und Verbrüderung aller Menschen zielte Weitling auf einen konsequenten Gleichheitskommunismus, in dem er auch das eigentliche Anliegen des Christentums sah.

Doch erst mit Karl Marx und Friedrich Engels traten zwei Interpreten der sozialen Problematik auf und boten Lösungen an, deren Wirkung nicht auf eine kurze Zeit beschränkt blieb. Sie haben mit ihren Ideen die Welt des 19. und 20. Jahrhunderts geprägt und verändert.

Marx und Engels

Karl Marx wurde am 5. Mai 1818 in Trier als Sohn eines jüdischen Anwalts geboren. Nach Abschluss seines Studiums arbeitete er für kurze Zeit als Journalist der liberal demokratischen Rheinischen Zeitung in Köln. Schon nach einem halben Jahr zog er nach Paris. Nachdem er dort 1845 ausgewiesen worden war, verlegte er seinen Wohnsitz nach Brüssel. Hierhin hatte sich auch der am 28. November 1820 geborene Barmer Fabrikantensohn Friedrich Engels gewandt, mit dem Marx seit 1844 eine tiefe, lebenslange Freundschaft verband. In Paris und Brüssel standen die beiden Freunde in engem Kontakt zu dem sogenannten „Bund der Gerechten". Von einem abgesplitterten Zweig dieser Vereinigung, der sich „Bund der Kommunisten" nannte, erhielt Marx im November 1847 den Auftrag, ein umfassendes theoretisches und praktisches Parteiprogramm zu formulieren.

Das für eine kleine, radikale Geheimorganisation verfasste „Kommunistisches Manifest" hat Geschichte gemacht. Die Gedanken des Manifests basierten auf dem, was Marx seit Anfang der vierziger Jahre geschrieben hatte. Zu nennen sind u. a. „Kritik des Hegel'schen Staatsrechts" (1843), „Zur Kritik der Hegel'schen Rechtsphilosophie" (1843/44), „Die Heilige Familie" (1844) sowie die erst später publizierten Manuskripte „Zur Kritik der Nationalökonomie" (1931) und – zusammen mit Engels – „Die deutsche Ideologie" (1932). Daneben hatte Engels' Untersuchung über „Die Lage der arbeitenden Klasse in England" (1845) viel zur Klärung ihres Standpunktes beigetragen. Dessen 1847 verfassten thesenartigen „Grundsätze des Kommunismus" boten eine weitere gute Vorarbeit. Im Februar 1848 wurde das „Manifest der Kommunistischen Partei" veröffentlicht. Am Vorabend der Revolution verkündete es drohend: „Ein Gespenst geht um in Europa – das Gespenst des Kommunismus."[4]

„Die Geschichte aller bisherigen Gesellschaft ist die Geschichte von Klassenkämpfen." In diesem Satz des Manifests drängte sich die Grundauffassung der so genannten „materialistischen Geschichtsauffassung" zusammen. Die Bourgeoisie, so die Analyse, habe in ihrer knapp hundertjährigen Klassenherrschaft den bisher größten historischen Fortschritt

---

4 Siehe hierzu und zum Folgenden Anm. 2.

gebracht und ungeahnte Produktionskräfte entfesselt. Die vom Kapitalismus ausgehende Dynamik fege alte Schranken und Traditionen beiseite und lege so den Kern der Abhängigkeit des Menschen vom Menschen, die Verfügung über die Produktionsmittel, das Eigentum bloß. „Die ganze Gesellschaft spaltet sich mehr und mehr in zwei große feindliche Lager, in zwei große, einander direkt gegenüberstehende Klassen: Bourgeoisie und Proletariat." Doch die Bourgeoisie sei nicht in der Lage, „noch länger die herrschende Klasse der Gesellschaft zu bleiben ..., weil sie unfähig ist, ihrem Sklaven die Existenz selbst innerhalb der Sklaverei zu sichern". Die kapitalistische Produktionsweise erzeuge ein rasch wachsendes Proletariat, das durch die Zusammenballung in den Fabriken immer stärker zu einer Einheit zusammengeschweißt werde. Die Produktionsweise aber bedinge, wie Marx im Vorwort zur „Kritik der politischen Ökonomie" (1859) postulierte, „den sozialen, politischen und geistigen Lebensprozess überhaupt. Es ist nicht das Bewusstsein der Menschen, das ihr Sein, sondern umgekehrt ihr gesellschaftliches Sein, das ihr Bewusstsein bestimmt."[5] Im Gleichschritt mit dem Siegeszug der Bourgeoisie und der kapitalistischen Produktionsweise vollziehe sich die Formierung des anwachsenden Proletariats zu einer festen, ihrer Macht bewussten revolutionären Klasse. „Mit der Entwicklung der großen Industrie wird also unter den Füßen der Bourgeoisie die Grundlage selbst hinweggezogen, worauf sie produziert und die Produkte sich aneignet. Sie produziert vor allem ihre eigenen Totengräber. Ihr Untergang und der Sieg des Proletariats sind gleich unvermeidlich."

Neben diesen Prognosen über den scheinbar zwangsläufigen Ablauf der Geschichte standen Aufrufe zur revolutionären Tat, wie hier im Manifest: „Der nächste Zweck der Kommunisten ist derselbe wie der aller übrigen proletarischen Parteien: Bildung des Proletariats zur Klasse, Sturz der Bourgeoisieherrschaft, Eroberung der politischen Macht durch das Proletariat." Die Kommunisten „erklären es offen, dass ihre Zwecke nur erreicht werden können durch gewaltsamen Umsturz aller bisherigen Gesellschaftsordnung. Mögen die herrschenden Klassen vor einer kommunistischen Revolution zittern. Die Proletarier haben nichts in ihr zu verlieren als ihre Ketten. Sie haben eine Welt zu gewinnen. Proletarier aller Länder vereinigt euch!"

Sowohl dieser Aufforderung zum gewaltsamen Umsturz, wie die These von „unvermeidlichen" Sieg des Proletariats, die Marx in seinem großen theoretischen Werk „Das Kapital" untermauerte, haben immer wieder

---

5 Karl Marx, Zur Kritik der politischen Ökonomie, hrsg. von Karl Kautsky, 3. Aufl. Stuttgart 1909 [1. Aufl. 1859], S. LV.

Politiker und Wissenschaftler, Revolutionäre und Evolutionäre beschäftigt. Für die einen war der Wandel vom frühkapitalistischen Ausbeutungssystem zur sozialen Demokratie der Beweis, dass ein anderer als der von Marx markierte Weg gangbar war und zum Erfolg führte. Als einen Irrweg, der in eine Sackgasse münden musste, sahen ihn andere. Der ins Auge fallende Widerspruch von naturgesetzlich notwendiger Entwicklung und dem Drängen zum politischen Handeln, der Gebundenheit an ökonomisch-soziale Gesetze und der Freiheit zur Tat hat Auseinandersetzungen darüber provoziert, was nun den Kern des Marx'schen Denkens ausmache. Marx und Engels haben sich zu diesem Problem nie in eindeutiger, zweifelsfreier Weise geäußert. Doch lässt sich aus der ihr Denken bestimmenden Einheit von Theorie und Praxis am ehesten schließen, dass zwar der Sozialismus für sie eine aus der Gesellschaftsentwicklung folgende Notwendigkeit darstellte, es aber auch der „durch revolutionäre Bewusstheit bewegten Kraft des menschlichen Willens" bedurfte.[6]

Das Ziel am Ende dieser Umgestaltung der Gesellschaft war für Marx die Aufhebung der „Entfremdung des Menschen vom Menschen", die den Proletarier im kapitalistischen System zur Ware degradiere und zum „völligen Verlust des Menschen" geführt habe. Als einzige Freiheit, die das Privateigentum an Produktionsmitteln dem Arbeiter bescherte, erschien ihm die bittere doppelte Freiheit: „Frei von Produktionsmitteln und frei, seine Arbeitskraft zu verkaufen." Der Kommunismus als positive „Aufhebung des Privateigentums" sollte demgegenüber die Bedingungen schaffen, dass der Mensch nicht nur frei *von* etwas, sondern frei *zu* etwas werde, d. h. dass der Mensch sich selbst verwirklichen kann. „An die Stelle der alten bürgerlichen Gesellschaft mit ihren Klassen und Klassengegensätzen" – so verkündete das Kommunistische Manifest seine Gesellschaftsvision – „tritt eine Assoziation, worin die freie Entwicklung eines jeden die Bedingung für die freie Entwicklung aller ist."[7]

3. Das Jahr 1848 und die ersten Arbeiterorganisationen

Mit ihrer „Philosophie" haben Marx und Engels langfristig durchaus erreicht, was Marx als deren wirkliche Aufgabe nannte: Es komme darauf an, die Welt zu verändern. Doch im Jahr 1848 war die Aussage des Manifests:

---

6 Siehe Helga Grebing, Geschichte der deutschen Arbeiterbewegung. Ein Überblick, dtv, 3. Aufl. 1972, S. 32.
7 Siehe Anm. 1. Vgl. dazu auch Erich Fromm. Das Menschenbild bei Marx, Frankfurt a. M., 3. Aufl. 1969, S. 44 [8. Aufl. 1980].

„Der Kommunismus wird bereits von allen europäischen Mächten als Macht anerkannt" mehr Wunsch als Wirklichkeit. Marx und Engels gaben sich, wie dieser später bekannte, in dieser Zeit illusionären Hoffnungen hin. Ihr Manifest erreichte in Deutschland zunächst nur die kleine Anhängerschar des Bundes der Kommunisten.

Bis 1848 fehlte es in Deutschland, im Gegensatz zu England, an einer gewerkschaftlichen, aber auch an einer politischen Arbeiterbewegung. Das lag neben der im Vergleich zu den westeuropäischen Ländern viel später einsetzenden Industrialisierung vornehmlich an der staatlichen Unterdrückungspolitik der Reaktionszeit. Während in England das Koalitionsverbot schon 1824/25 aufgehoben wurde, blieben in Deutschland Koalitionen und politische Vereinsbildungen bis zur Revolution von 1848 untersagt. Eine scharfe Pressezensur tat das ihrige, Äußerungen freiheitlicher Bestrebungen möglichst zu verhindern. Zwar gab es einzelne soziale Selbsthilfeorganisationen der Handwerker in Form von Hilfs- und Sterbekassen, doch politische Aktivität konnte sich nur unter den wandernden Handwerksburschen im Ausland entfalten.[8] Neues Deutschland, Junges Deutschland, Bund der Geächteten und der Bund der Gerechten sind als die wichtigsten Vereine zu nennen, in denen sich Gesellen zu Diskussionszirkeln zusammenschlossen. Die Zentren lagen zunächst vornehmlich in Frankreich und der Schweiz, bis sich nach 1840 der Schwerpunkt nach London verschob. Aus dem Bund der Gerechten erwuchs unter tatkräftiger Hilfe von Marx und Engels schließlich der 1847 in London gegründete Bund der Kommunisten. Er bestand nur wenig länger als ein Vierteljahr.

Im Februar 1848 brach in Frankreich die Revolution aus, die bald auf Deutschland übergriff. Im Unterschied zu Frankreich, wo sich in diese Revolution starke soziale Elemente mischten, war die revolutionäre Welle in Deutschland in erster Linie eine Bewegung für nationale Einheit, demokratische Freiheit, Parlament und Verfassung. Für die meisten war daher das Ziel schon mit der nach allgemeinem, gleichem Wahlrecht gewählten verfassunggebenden Nationalversammlung in der Frankfurter Paulskirche erreicht. An sie knüpften sich jedoch auch weiter gehende Hoffnungen auf eine Umgestaltung des politischen und sozialen Lebens in Deutschland. Während Marx und Engels in der von ihnen redigierten Neuen Rheini-

---

8 Für die frühen organisatorischen Zusammenschlüsse siehe schon Ernst Schraepler, Handwerkerbünde und Arbeitervereine 1830-1853, Berlin – New York 1972. Zur Entwicklung der Sozialdemokratie im 19. Jahrhundert siehe auch Hedwig Wachenheim, Die deutsche Arbeiterbewegung 1844-1914, Köln und Opladen 1967, und Thomas Welskopp, Das Banner der Brüderlichkeit. Die deutsche Sozialdemokratie vom Vormärz bis zum Sozialistengesetz, Bonn 2000.

schen Zeitung die Demokratie zur Eroberung der politischen Macht und zur Vollendung der Revolution aufriefen, vollzog sich, von ihnen zunächst kaum beachtet, die erste Formierung der Arbeiterbewegung in Deutschland.

Handwerksgesellen und Arbeiter standen in vorderster Front auf den Barrikaden, als im März 1848 die revolutionäre Bewegung in Deutschland den Absolutismus in die Knie zwang. Das so geweckte Selbstbewusstsein und die neu errungenen Freiheiten ebneten die Bahn für die Gründung verschiedenartigster Organisationen. Neben den Anfängen gewerkschaftsähnlicher Zusammenschlüsse, bei denen Buchdrucker und Tabakarbeiter tonangebend wurden, traten vor allem von bürgerlichen Demokraten gegründete Arbeiterbildungsvereine in Erscheinung. Sie erwuchsen aus einem sozialen Fürsorgedenken, das in dem liberalen Bildungsideal „Bildung macht frei" den Ausweg aus der Misere sah.

Von ganz anderem Zuschnitt war die von dem Buchdrucker Stephan Born ins Leben gerufene „Arbeiterverbrüderung".[9] Auf einem vom 23. August bis 3. September 1848 in Berlin tagenden Delegiertenkongress von 32 Arbeitervereinen aus ganz Deutschland wurde mit der Gründung der „Allgemeinen Deutschen Arbeiterverbrüderung" eine eigenständige, politische Organisation geschaffen, die bald über 230 örtliche Vereine und Bezirksorganisationen verfügte. Es waren vor allem Handwerksgesellen und gelernte, qualifizierte Facharbeiter, die sich in der „Arbeiterverbrüderung" zusammenfanden. Zwischen ihnen und den ungelernten Arbeitern, den Handlangern, Tagelöhnern und dem sogenannten Lumpenproletariat bestand eine deutliche Kluft. Aber gerade weil diese qualifizierten Fachkräfte den Begriff „Arbeiter" auf sich anwandten und sich als Angehörige des „Arbeiterstandes", der „Arbeiterklasse" zu verstehen begannen, wuchs hier ein soziales Selbstverständnis, das den späteren Aufstieg der Arbeiterbewegung so ungeheuer beflügelt hat.

Der Wahlspruch der Arbeiterverbrüderung, „Einer für alle, Alle für einen", den später die Freien Gewerkschaften nicht zufällig übernahmen, zeigt, welchen Stellenwert Born und seine Anhänger dem Gedanken der Solidarität beimaßen. Hierin lag für sie die Basis zur Emanzipation der Arbeiterklasse. Durch eigene Organisationen wollten sie zu einer politischen und moralischen Macht werden und soziale Reformen in einem demokratischen Staatswesen durchdrücken. In einem Rundschreiben vom 18. September 1848 fasste ihr Zentralkomitee die Grundlinien noch ein-

---

9 Vgl. dazu Frolinde Balser, Sozial-Demokratie 1848/49-1863. Die erste deutsche Arbeiterorganisation „Allgemeine Arbeiterverbrüderung" nach der Revolution, Stuttgart 1962.

mal zusammen: „Wir Arbeiter müssen uns selbst helfen, das ist das Prinzip, von dem der Kongress zu Berlin ausging. Auf den Grundsatz der notwendigen Selbsthilfe baute er seine Beschlüsse, die der Öffentlichkeit zur Beurteilung jetzt vorliegen. Deutschlands Arbeiter müssen dahin streben, eine moralische Macht im Staate zu bilden, ein starker Körper zu werden, der jedem Sturme trotzt, der vorwärts und immer vorwärts dringt und in seiner Bewegung alles niederhält und forträumt, was einer freieren und besseren Gestaltung der Dinge im Wege steht, der jeden in sich aufnimmt, wer ein Herz hat für die Not der Bedrückten und selbst gefesselt ist von der Macht des Kapitals, dessen körperliche oder geistige Kräfte sich verdingen müssen an einen Glücklichen der Erde; einen jeden, der arbeitet oder arbeiten will. ... Arbeiter Deutschlands, wir rufen es Euch nochmals zu: Seid einig, dann seid Ihr stark, scheut keine Hindernisse. Ihr werdet sie alle überwinden, aber nur durch vereinte Kraft!"[10]

Ihre Hoffnungen richteten sich auf die Frankfurter Paulskirche, in der das erste „volkserwählte Reichsparlament" tagte. Von ihm erwarteten sie ein Eingehen auf ihre konkreten Ziele: Koalitionsfreiheit und Arbeitsnachweis, Gesundheitseinrichtungen und Krankenunterstützungskassen, Konsum- und Produktionsgenossenschaften, gesetzlichen Arbeiterschutz und Mitbestimmung bei Arbeitszeit und Löhnen. Doch die Vorstöße einzelner Paulskirchenabgeordneter auf einen gesetzlich garantierten Mindestlohn, den Aufbau einer Sozialgesetzgebung und ein Mitbestimmungsrecht für die Arbeiter im Produktionsprozess prallten erfolglos an der Parlamentsmehrheit ab.

Die tragende liberale Mehrheit wollte einen konstitutionellen deutschen Nationalstaat mit bürgerlichen Freiheitsrechten schaffen. Sie verdankte diese Chance einer Revolution, der sie äußerst zwiespältig gegenüberstand. Einerseits machte sie Front gegen die nur vorübergehend erschütterten monarchischen Konservativen in Staat und Gesellschaft, zum anderen geriet sie in Konfrontation zu den weiterdrängenden demokratischen, republikanischen und sozialrevolutionären Kräften.

Nicht nur die Erwartungen der Arbeitervereine, sondern auch die der bürgerlichen Radikaldemokraten wurden von der Paulskirche enttäuscht. Aufgebrachte Massen demonstrierten vor dem Parlament, das von Soldaten des preußischen Königs geschützt wurde. Die Mächte der Reaktion sahen ihre Stunde gekommen, eine verlorene Stellung nach der anderen zurück-

---

10 Zitiert bei Max Quarck, Die erste deutsche Arbeiterbewegung. Geschichte der Arbeiterverbrüderung 1848/49. Ein Beitrag zur Theorie und Praxis des Marxismus, Leipzig 1924, S. 369 und 371. Abgedruckt in: Die Allgemeine Deutsche Arbeiterverbrüderung 1848-1850, bearb. u. eingel. von Horst Schlechte, Weimar 1979, S. 338ff.

zuerobern. Den Anfang machte die österreichische Monarchie, gefolgt vom preußischen König. Die Parlamente wurden auseinandergejagt und die Erhebungen entschiedener Demokraten mit Waffengewalt niedergeschlagen. Die Arbeitervereine wurden nach und nach verboten und alle politischen Zusammenschlüsse unmöglich gemacht. Das Scheitern der Revolution von 1848/49 war von tief greifender Wirkung für die Arbeiterbewegung in Deutschland und ihr Verhältnis zum Bürgertum. Entpolitisierung, Resignation oder Anpassung an die ~herrschenden Mächte erfasste breite Schichten der Liberalen. Bei Marx wie bei anderen Anwälten des „Vierten Standes" entwickelte sich allmählich das Bewusstsein, das Bürgertum habe in der Revolution von 1848 versagt und vor den Mächten des monarchischen Obrigkeitsstaates kapituliert. Die sozialdemokratische Arbeiterbewegung, wie sie sich in den kommenden sechziger Jahren entfaltete, verstand sich als Erbe dieser gescheiterten Revolution. Sie übernahm den doppelten Auftrag, die Demokratie zu erringen und die Emanzipation der Arbeiterschaft zu erkämpfen. Im Oktober 1848 hatte der Demokratische Kongress, auf dem Stephan Born, Wilhelm Weitling und Anhänger von Karl Marx vertreten waren, sich zu dem Grundsatz bekannt, „dass nur in der demokratisch-sozialen Republik die Lösung der sozialen Fragen möglich" sei.[11] Dieses Prinzip wurde eine politische Leitlinie der deutschen Sozialdemokratie.

11 Zitiert nach Schraepler, Handwerkerbunde und Arbeitervereine, S. 318.

II. Die Formierung der sozialdemokratischen Arbeiterbewegung

1. Ferdinand Lassalle und der Allgemeine Deutsche Arbeiterverein

„Nach fünfzehnjährigem Schlummer rief Lassalle – und dies bleibt sein unsterbliches Verdienst – die Arbeiterbewegung wieder wach in Deutschland."[1] Mit diesen Worten würdigte Karl Marx das Wirken Ferdinand Lassalles. Die politische Reaktion in den Jahren nach der gescheiterten Revolution von 1848 hatte das Streben nach Freiheit, Demokratie und politischer Gleichberechtigung zwar unterdrücken, aber nicht abtöten können. Die italienische Einigungsbewegung und kurzfristige Auflockerungen in der preußischen Politik wirkten als Initialzündung einer Politisierungswelle. Sie gab nicht nur dem nationalen Einheitswunsch kräftigen Auftrieb, sondern verlieh auch dem Emanzipationsstreben der von der politischen Verantwortung fern gehaltenen Schichten Impulse. In dieser Situation trat das liberale deutsche Bürgertum noch einmal als beredter Anwalt für Parlamentarismus und demokratische Rechte, Freiheit und nationale Einheit auf. In Preußen kam es zum Kampf zwischen Parlament und Monarch, der zu ungunsten der Liberaldemokraten entschieden wurde, als 1862 mit Bismarck ein überlegener, tatkräftiger Gegenspieler die Bühne betrat.

Für Ferdinand Lassalle wurde dieser Verfassungskonflikt zu einem Schlüsselerlebnis. Während Marx und Engels im Kommunistischen Manifest dazu aufgerufen hatten, „überall an der Verbindung und Verständigung der demokratischen Parteien aller Länder zu arbeiten"[2], gewann Lassalle die Überzeugung, dass die Liberalen und mit ihnen die gesamte Bourgeoisie nicht bereit seien, wirklich für die Demokratie zu kämpfen. Bitter schrieb er dem Kaufmann Lewy in Düsseldorf: „Glauben Sie mir, ich habe die Fortschrittspartei (die Partei der Liberalen) hier aufs Genaueste studiert, ihr

---

1 Karl Marx in einem Schreiben an Jean Baptist von Schweitzer, 13.10.1868, in: Die Neue Zeit, XV. Jg. 1, Nr. 1, S. 8.
2 Siehe oben Abschnitt I, 1.

erster Hauptsatz ist: ‚Nur keine Revolution von unten, lieber noch Despotismus von oben'."[3]

Für ihn hatte das Bürgertum die Ideale von 1848 verraten. Allein der Vierte Stand trage das Banner der Demokratie weiter. „Seine Sache ist daher in Wahrheit die Sache der gesamten Menschheit, seine Freiheit ist die Freiheit der Menschheit selbst, seine Herrschaft ist die Herrschaft aller."[4] Die scharfe Frontstellung gegen das liberale Bürgertum hatte auch praktische Beweggründe. Die Arbeiter, die Lassalle für sich gewinnen wollte, waren zu dieser Zeit, wenn überhaupt, in sogenannten Arbeiter- und Arbeiterbildungsvereinen organisiert. Es waren Gründungen bürgerlicher Demokraten. Als um die Wende von den fünfziger zu den sechziger Jahren der Ruf nach Freiheit und Einheit wieder erscholl, suchten sie Bundesgenossen unter den Arbeitern. Obwohl bei diesen Vereinsgründungen auch das soziale Moment eine Rolle spielte, konnte von gleichgewichtiger Vertretung der Interessen der Arbeiterschaft keine Rede sein. Sachsen mit seiner vergleichsweise schon fortgeschrittenen Industrialisierung bildete ein Zentrum dieser Arbeitervereine. Günstig wirkte sich aus, dass durch die 1861 erfolgte Aufhebung des Koalitionsverbotes die Vereine geringeren Beschränkungen unterworfen waren als in den anderen deutschen Staaten. Eine zusehends aktiver werdende Minderheit in dem Leipziger Bildungsverein strebte unter Führung des Schuhmachers Vahlteich und des Zigarrenarbeiters Fritzsche nach Unabhängigkeit von den bürgerlichen Protektoren und befürwortete eine Ausrichtung des Vereins auf politische Zielsetzungen. Ein von dieser Gruppe ins Leben gerufenes „Central-Comite zur Berufung eines Allgemeinen Deutschen Arbeiter-Congresses" wandte sich im Februar 1863 mit der Bitte um die Ausarbeitung eines Programmentwurfs an den Publizisten Ferdinand Lassalle.

Ferdinand Lassalle (1825–1864) war durch seine langjährige Prozessführung für die Gräfin Hatzfeldt bekannt geworden. Neben seiner Beschäftigung mit philosophischen Arbeiten, über die er auch mit Marx und Engels korrespondierte, wandte er sich den sozialen Problemen der Arbeiter zu. Seit dem Frühjahr 1862 widmete er sich in Wort und Schrift ganz der

---

3 Zitiert nach Willi Eichler, Hundert Jahre Sozialdemokratie, Bielefeld o.J. [1963], S. 15. Zum folgenden vgl. u. a. Toni Offermann, Arbeiterbewegung und liberales Bürgertum in Deutschland 1850-1863, Bonn 1979.

4 So im „Arbeiterprogramm", in: Ferdinand Lassalle, Gesammelte Reden und Schriften, Bd. 2, hrsg. und eingeleitet von Eduard Bernstein, Berlin 1919, S. 186f. – Zu den programmatischen Vorstellungen Lassalles und der sozialdemokratischen Partei bis zur Revisionismusdebatte siehe vor allem Susanne Miller, Das Problem der Freiheit im Sozialismus. Freiheit, Staat und Revolution in der Programmatik der Sozialdemokratie von Lassalle bis zum Revisionismusstreit, 5. Aufl. Berlin-Bonn 1977.

Sache der Arbeiterschaft. In Vorträgen „Über den besonderen Zusammenhang der gegenwärtigen Geschichtsperiode mit der Idee des Arbeiterstandes" (Arbeiterprogramm) und „Die Wissenschaft und die Arbeiter" – beide anschließend in Broschüren veröffentlicht – erläuterte er seine Ideen.[5]

In seinem „Offenen Antwortschreiben" (1. März 1863)[6], legte Lassalle dem Leipziger „Comite" seine Ansichten über den Weg zur Verbesserung der politischen und sozialen Lage der Arbeiter dar. Sein Aufruf zur Gründung einer eigenständigen, von den Bürgerlichen unabhängigen Arbeiterpartei fand Widerhall. Am 23. Mai 1863 wurde in Leipzig von den Delegierten aus 11 Orten der „Allgemeine Deutsche Arbeiterverein" ins Leben gerufen und Lassalle zu seinem Präsidenten gewählt. Obwohl die Mitgliederzahl trotz Lassalles unermüdlicher Agitation zunächst verhältnismäßig niedrig blieb (Ende 1864 ca. 4600), ging doch von dem ADAV eine aufrüttelnde, das Eigenwertgefühl der Arbeiter beflügelnde Wirkung aus, die in dem von Georg Herwegh gedichteten Bundeslied zum Ausdruck kommt:

> Mann der Arbeit, aufgewacht!
> Und erkenne Deine Macht!
> Alle Räder stehen still,
> wenn Dein starker Arm es will.
>
> Brecht das Doppeljoch entzwei!
> Brecht die Not der Sklaverei!
> Brecht die Sklaverei der Not!
> Brot ist Freiheit, Freiheit Brot!

Gut ein Jahr stand Lassalle an der Spitze des ADAV, dann starb er am 31. August 1864 nach einem Duell um eine Frau. Die kurze Zeit hatte genügt, um ihn – erst recht nach seinem romantisch verklärten Tod – zum Idol vieler Arbeiter zu machen. In der von Jakob Audorf verfassten „Arbeiter-Marseillaise" klang es stolz und selbstbewusst: „Der Bahn, der kühnen folgen wir, Die uns geführt Lassalle!

Die Bahn, die Lassalle gewiesen hatte, war das Auftreten als selbstständige, festgefügte Arbeiterpartei, in der die programmatischen Schlagworte allgemeines, gleiches Wahlrecht, Produktivassoziationen, Ausbeutung und Klassenkampf einen festen Platz gewannen. Mit dem „ehernen" Lohnge-

5 Abgedruckt in Lassalle, Gesammelte Reden und Schriften, Bd. 2, S. 165 ff. und 242f.
6 Ferdinand Lassalles „Offenes Antwortschreiben an das Zentralkomitee zur Berufung eines Allgemeinen Deutschen Arbeiter-Congresses zu Leipzig", Zürich 1963.

setz, nach dem der Arbeitslohn immer „auf die in einem Volke gewohn-heitsmäßig zur Fristung der Existenz und zur Fortpflanzung erforderliche Lebensnotdurft"[7] beschränkt blieb, leitete Lassalle den ADAV auf einen Weg, der in eine Sackgasse führte. Für ihn war diese These eine Waffe, um seinen Hauptkonkurrenten Schulze-Delitzsch im Kampf um die Gewin-nung der Arbeiter auszustechen.

Hermann Schulze-Delitzsch lehnte im Sinne des Frühliberalismus Staatshilfe als einen unzulässigen Eingriff ab und propagierte Selbsthilfe-maßnahmen in Form von Konsumgenossenschaften, Kranken- und Inva-liden-, Spar- und Hilfskassen. Sie aber könnten, argumentierte Lassalle, unter den ökonomischen Bedingungen des Kapitalismus die Lage der Arbeiter nicht dauerhaft bessern. Nur wenn die Arbeiter selbst Produkti-onsgenossenschaften gründeten, die „Scheidung zwischen Arbeitslohn und Unternehmergewinn" damit aufhöben und so der volle Ertrag ihrer Arbeit ihnen zuflösse, ließe sich das scheinbar ausweglose Dilemma auflösen. Da die eigene Kraft der Arbeiterschaft dazu nicht ausreichte, müsste der Staat „fördernd und entwickelnd" mit Krediten eingreifen. Aus dem liberalen Nachtwächterstaat sollte, vorangetrieben durch die Partei der Arbeiter-schaft, ein sozialer Staat werden, der seine wahre Aufgabe erfülle, „die großen Kulturfortschritte der Menschheit zu erleichtern und zu vermit-teln".

In der Einschätzung der Rolle des Staates für die Emanzipation des Vierten Standes lag der wichtigste Unterschied auch zu Marx. Wenn dieser den Staat vor allem als das Unterdrückungsinstrument der herrschenden Klasse begriff, so sah Lassalle in ihm die positive Organisationsform der Gesellschaft. „Der Zweck des Staates" – hieß es im „Arbeiterprogramm" – „ist nicht der, dem einzelnen nur die persönliche Freiheit und das Eigen-tum zu schützen ...; der Zweck des Staates ist vielmehr gerade der, durch diese Vereinigung die einzelnen in den Stand zu setzen, solche Zwecke, eine solche Stufe des Daseins zu erreichen, die sie als Einzelne nie erreichen könnten, sie zu befähigen, eine Summe von Bildung, Macht und Freiheit zu erlangen, die ihnen sämtlich als einzelnen schlechthin unersteiglich wäre."[8]

Trotz der gegensätzlichen Staatsauffassungen lassen sich die unter-schiedlichen Konzeptionen nicht so einfach auf den Nenner bringen: „der den nationalen Staat bejahende sozial-demokratische Reformismus Lassal-les und der internationale, revolutionäre Sozialismus von Marx und En-

7 Zu hier und zum Folgenden siehe Anm. 4 und 5..
8 Lassalle, Gesammelte Reden und Schriften, Bd. 2, S. 197f., ähnlich auch in „Die Wissen-schaft und die Arbeiter" a.a.O., S. 267.

gels."[9] In der Einschätzung des kapitalistischen Systems, der Rolle der Arbeiterschaft und der Arbeiterbewegung, selbst in der Endzielvorstellung, herrschte weit gehende Übereinstimmung. Nicht zufällig hat Marx das „Arbeiterprogramm" Lassalles als Plagiat seiner eigenen Gedanken bezeichnet.[10] Die von ihm und Engels polemisch attackierte „Assoziation mit Staatsmitteln" galt Lassalle nur als ein praktisches Ansatz zur Änderung des Wirtschaftsgefüges. Eine Lösung der sozialen Frage war auch für ihn erst durch die Abschaffung des „Grund- und Kapitaleigentums" denkbar.[11] Allein, in der tagespolitischen Agitation reduzierte sich der revolutionäre Anspruch des ADAV mit seiner sozialistischen Endzielvision auf die Forderung nach allgemeinem Wahlrecht und Produktionsgenossenschaften. Der für die Sozialdemokratie des 19. Jahrhunderts so charakteristische Dualismus zwischen radikaler Ideologie und reformerischer Praxis war so schon in Lassalles Allgemeinem Deutschen Arbeiterverein mit angelegt.

2. Die Erste Internationale

Marx und Engels haben an Lassalle seine einseitige Kampfrichtung gegen das liberale Bürgertum scharf kritisiert. Nach dem taktischen Konzept des Kommunistischen Manifests musste die Arbeiterklasse zunächst im Bündnis mit den demokratischen Kräften des Bürgertums gegen die Reaktion kämpfen. Erst bei dem Vorliegen bestimmter ökonomischer und politischer Bedingungen sahen sie den Zeitpunkt zu einem selbstständigen Auftreten des Proletariats gekommen. Wenige Jahre nach Lassalles Tod drängten sie nun Wilhelm Liebknecht und seinen Mitstreiter August Bebel dazu, den Bruch mit der „kleinbürgerlichen Demokratie" zu vollziehen und eine selbstständige Arbeiterorganisation zu gründen.

Marx hatte sich nach dem Scheitern der Revolution im Juni 1849 – zusammen mit seinem Kampfgefährten Engels – in England niedergelassen, wo er bis zu seinem Tode lebte. Neben seinem Eingreifen in die Kölner Kommunistenprozesse und Artikelserien in Tageszeitungen Diese Jahre

---

9 So u. a. Helga Grebing, Geschichte der deutschen Arbeiterbewegung. Ein Überblick, München 3. Aufl. 1972, S. 57.
10 Schreiben an Friedrich Engels, 28.1.1863, Marx/Engels, Gesamtausgabe. Hrsg. im Auftrage des Marx-Engels-Instituts, Frankfurt a.M.-Berlin-Moskau 1927-1935, 3. Abt., Bd. 3, S. 125f.
11 Schreiben Lassalles an Karl Rodbertus, 28.4.1863, in: Ferdinand Lassalle. Nachgelassene Briefe und Schriften, hrsg. von Gustav Mayer, Bd. 6, Stuttgart und Berlin 1925, S. 329. Zum Zusammenhang siehe Miller, Das Problem der Freiheit im Sozialismus, bes. S. 35ff.

standen vor allem im Zeichen wissenschaftlicher Arbeit. Außer seiner Analyse der Machtergreifung Napoleons III. („Der achtzehnte Brumaire des Louis Bonaparte", 1852) verfasste er mit den „Grundrissen der Kritik der politischen Ökonomie" (1938 aus dem Nachlass veröffentlicht) den ersten Entwurf seines Hauptwerkes. Hier wurden bereits die Kerngedanken des „Kapitals", dessen erster Band 1867 erschien, herausgearbeitet: die Lehre vom Warencharakter der menschlichen Arbeitskraft im kapitalistischen System und die Mehrwerttheorie. Mit Mehrwert bezeichnete Marx die Differenz zwischen dem Wert der vom Arbeiter in der Produktion hergestellten Güter und dem Lohn, den er für seine Arbeit erhielt.

Seine politische Bühne fand Marx in der „Internationalen Arbeiter-Assoziation" (1. Internationale), an deren Gründung am 28. September 1864 er zunächst als Zuhörer teilgenommen hatte.[12] Der Anstoß kam von einer Gruppe englischer und französischer Arbeitervertreter, die auf der Londoner Weltausstellung von 1862 Kontakt aufgenommen hatten. Gegen die Lohndrückerei durch billige ausländische Konkurrenz und die Unterdrückung des Proletariats halfen nach Auffassung der englischen Initiatoren nur grenzüberschreitende Solidarität und internationaler Zusammenschluss. Im September 1864 traf sich in London eine Schar von Männern aus England, Frankreich, Italien und Deutschland zur Gründung eines Dachverbandes für die Arbeiterorganisationen aller Länder. Weder unterschiedliche Organisationsformen (Parteien oder Gewerkschaften) noch verschiedenartige theoretische Orientierungen sollten ein Hinderungsgrund sein, sich der „Internationalen Arbeiter-Assoziation" anzuschließen. Verschiedenartige sozialistische Strömungen von französischen Proudhonisten bis zu englischen Gewerkschaftlern waren in der IAA vertreten. Daneben gehörten ihr nationalrevolutionäre Demokraten wie der Italiener Guiseppe Mazzini und ein anarchistischer Flügel an. Nach dem 1868 erfolgten Beitritt des russischen Anarchisten Michail Bakunin kam es zu heftigen inneren Kämpfen, die schließlich zur Spaltung (1872) führten. 1876 wurde die Internationale, die ihren Sitz mittlerweile nach New York verlegt hatte, aufgelöst. Obwohl sie nie Massencharakter gewann, erregte sie ein weit über ihre praktische Bedeutung hinausgehendes Aufsehen. Kam es irgendwo zu Streiks oder Unruhen, so sahen die herrschenden Mächte schon die Internationale am Werk. Sie malten das Gespenst einer gigantischen Re-

---

12 Einen guten Überblick geben Karl-Ludwig Günsche/Klaus Lantermann, Kleine Geschichte der Internationale, Bonn-Bad Godesberg 1977, S. 25 ff.

Maiplakat

volutionsorganisation an die Wand, die sich heimlich zu einer „zweiten Macht im Staate, einer zweiten Regierung" entwickele.[13]

In einer von Marx verfassten „Inauguraladresse" rief die Internationale bei ihrer Gründung zum Kampf gegen die Klassenherrschaft und zur Gründung von Genossenschaften und selbstständigen politischen Arbeiterparteien auf. Auf ihrem Genfer Kongress (1866) bekannte sich die marxistische Mehrheit der Internationale zu einer eigenständigen Rolle der Gewerkschaften im Ringen der Lohnabhängigen um eine neue soziale Ordnung. Gegen den Widerstand einer starken Minderheit wurde gleichzeitig die Forderung nach einer gesetzlichen Einführung des Achtstundentages in das Programm übernommen. Der Appell der IAA an die internationale revolutionäre Solidarität der Arbeiterklasse stieß auch in Deutschland auf Resonanz, obwohl sich die organisatorischen Erfolge in bescheidenen Grenzen hielten: Die Zahl der Mitglieder betrug gerade 385. Doch in der Vision der übernationalen Solidarität fanden sich gerade emanzipierende Arbeiter einen Ersatz für die gesellschaftliche und politische Isolierung, in die sie mit der Abkoppelung vom Bürgertum in den sechziger Jahren gerieten. Eine neu entstehende Arbeiterpartei, die „Eisenacher", schloss sich der Internationalen Arbeiterassoziation an.

3. Die „Eisenacher"

Das Scheitern der Fortschrittspartei im preußischen Verfassungskonflikt und die Erfolge der Bismarck'schen Schwertstrategie bei der Lösung der nationalen Frage deckten gnadenlos die Schwächen des bürgerlichen Liberalismus gegenüber dem Obrigkeitsstaat auf. Sowohl seine in Preußen erwiesene Unfähigkeit, die Demokratie durchzusetzen, wie seine zwiespältige Haltung in der nationalen Frage und sein Versagen gegenüber der sozialen Problematik des „Vierten Standes" verwiesen die politisch erwachenden Arbeiter auf sich selbst. Statt einer nahe liegenden Koalition zwischen bürgerlicher Radikaldemokratie und Arbeiterschaft zum Kampf für Demokratie und soziale Gerechtigkeit kam es zu einem Interessenbündnis zwischen der alten Agrararistokratie und der neuen industriellen Führungsschicht des Bürgertums.

Die mit dem Allgemeinen Deutschen Arbeiterverein einsetzende Bildung eigenständiger, sozialistisch orientierter Parteien war die logische

---

13 So ein Wiener Staatsanwalt nach Julius Braunthal, Geschichte der Internationale, Bd. 1, 2. Aufl. Berlin-Bonn 1974, S. 121 f.

„Antwort der deutschen Arbeiterbewegung auf ihre Ausschließung vom Zugang zu politischer Gleichberechtigung und wirtschaftlicher Umverteilung im nationalen Staat".[14] Das Unterfangen engagierter Demokraten, 1963 durch eine Zusammenfassung lokaler Bildungsvereine zum Verband Deutscher Arbeitervereine eine Gegenorganisation zu Lassalles ADAV zu schaffen, hatte nur kurzfristig Erfolg. Mit ihrer einseitigen Ausrichtung auf Fortbildung trugen sie viel zu dem später in der Sozialdemokratie verbreiteten Glauben bei, dass Wissen Macht sei.

Immer mehr gewannen die Kräfte die Oberhand, die nach einer wirksameren Wahrnehmung der politischen und sozialen Interessen der Arbeiterschaft strebten. Geradezu exemplarisch wirkte die Entwicklung des jungen Bebel.

August Bebel (1840–1913) war nach Jahren der Wanderschaft als Drechsler in Leipzig ansässig geworden und betätigte sich im dortigen gewerblichen Bildungsverein. Bebel hatte sich zuerst gegen eine Politisierung des Vereins gesperrt und sogar das allgemeine Wahlrecht abgelehnt, da die Arbeiter dafür noch nicht reif seien. Erst die Auseinandersetzungen mit Anhängern Lassalles, denen er zunächst vorgeworfen hatte, die Fahne des Kommunismus mit all ihren Schrecken zu entfalten, führte ihn auf den Weg zum Sozialismus und schließlich unter dem Einfluß von Liebknecht zu den Theorien von Marx.[15]

Wilhelm Liebknecht (1826–1900), ein Kämpfer der Revolution von 1848, war nach ihrem Scheitern nach London emigriert, wo er bald zum engeren Freundeskreis von Marx zählte. Als überzeugter Anhänger von dessen Lehren, die er jedoch nach seinen eigenen politischen Vorstellungen auslegte, kehrte er 1862 nach Deutschland zurück. In Leipzig lernte er Bebel kennen, mit der er 1866 die radikaldemokratische „Sächsische Volkspartei" gründete. Wie dieser wurde auch er im folgenden Jahr in den Norddeutschen Reichstag gewählt.

Im gleichen Jahr löste Bebel den Liberalen Dr. Max Hirsch als Vorsitzender des Verbandes Deutscher Arbeitervereine ab. Sofort begann er mit einer Agitation für die Politisierung der Vereine. An die Stelle der liberalen Konzeption, die bis dahin vorherrschend gewesen war, setzte Bebel Gesichtspunkte, wie sie von der Internationale vertreten wurden. Auf dem

14 Wolfgang Schieder, Das Scheitern des bürgerlichen Radikalismus und die sozialistische Parteibildung in Deutschland, in: Sozialdemokratie zwischen Klassenbewegung und Volkspartei, hrsg. von Hans Mommsen, Frankfurt/M. 1974, S. 21.
15 Siehe dazu Bebels Autobiographie, Aus meinem Leben, Bd. 1, Stuttgart 1910, S. 50ff.; Brigitte Seebacher-Brandt, Bebel. Künder und Kärrner im Kaiserreich, Bonn, 2. Aufl. 1990.

Nürnberger Vereinstag von 1868 kam es zum Bruch zwischen den Liberal-Demokraten und den Anhängern einer sozialistischen Ausrichtung. Eine von Bebel geleitete Mehrheit bekannte sich zu dem Grundsatz, dass die Emanzipation „der arbeitenden Klassen" durch diese selbst erkämpft werden müsse und beschloss ihren „Anschluss an die Bestrebungen der Internationalen Arbeiterassoziation".[16] Den Vereinsmitgliedern wurde gleichzeitig empfohlen, sich in Gewerksgenossenschaften (Gewerkschaften) zusammenzuschließen, um so eine wirksamere Vertretung ihrer Interessen im wirtschaftlichen Bereich zu schaffen. Parallel zu der Scheidung zwischen den bürgerlichen Demokraten und den späteren Sozialdemokraten in den Arbeitervereinen vollzog sich die Trennung in der Sächsischen Volkspartei und ähnlich zusammengesetzten Volksparteien in anderen deutschen Ländern. Die entscheidenden Initiativen kamen von Wilhelm Liebknecht und August Bebel, der in den kommenden Jahrzehnten zur herausragenden Persönlichkeit der Sozialdemokratie heranwuchs und ihr Gesicht mehr als jeder andere prägte.

Am 7. – 9. August 1869 wurde in Eisenach die Sozialdemokratische Arbeiterpartei gegründet. Neben dem ADAV war damit eine zweite Arbeiterpartei in Deutschland entstanden. Ihre Anhänger rekrutierten sich vor allem aus mittel- und süddeutschen Arbeitervereinen, ehemaligen Anhängern der Sächsischen Volkspartei und unzufriedenen Mitgliedern des Allgemeinen Deutschen Arbeitervereins. In ihrem Programm forderten die Eisenacher die Abschaffung der Klassenherrschaft und die „Errichtung des freien Volksstaates".[17] Eine gesetzlich geregelte Höchstarbeitszeit, Einschränkung der Frauen- und Verbot der Kinderarbeit, allgemeine Schulpflicht, Unabhängigkeit der Gerichte und Ersetzung der indirekten Steuern durch eine progressive Einkommens- und Erbschaftssteuer, Volksentscheid und das allgemeine, gleiche, direkte Wahlrecht waren weitere Programmpunkte. Es war nur konsequent, dass die Eisenacher bei Reichstagswahlen kandidierten und sich damit zum Parlament als Wirkungsstätte bekannten. Als spezifisch sozialistische Komponente ihres Programms galt der Punkt 10, die „staatliche Förderung des Genossenschaftswesens und Staatskredit für freie Produktivgenossenschaften unter demokratischen Garantien".

In der politischen Freiheit sah die neue Partei die Vorbedingung für die „ökonomische Befreiung der arbeitenden Klassen". „Die soziale Frage ist

16 Abgedruckt u. a. in Hermann Weber, Das Prinzip Links. Eine Dokumentation. Beiträge zur Diskussion des demokratischen Sozialismus in Deutschland 1847-1973, Hannover 1973, S. 29.
17 Hierzu und zum Folgenden Anhang Dokumente 1.

mithin untrennbar von der politischen, ihre Lösung durch diese bedingt und nur möglich im demokratischen Staat." Obwohl sich die Eisenacher ausdrücklich als „Zweig der Internationalen Arbeiter-Assoziation" bezeichneten, waren für viele ihrer Anhänger Begriffe wie Sozialismus und Kommunismus „böhmische Dörfer". Selbst führende Männer kannten, wie Kautsky im Rückblick bemerkte, bis Ende der siebziger Jahre die Lehren von Marx und Engels nur sehr oberflächlich. Was die Arbeiter um diese Zeit vor allem bewegte, waren die Nöte des Alltags, die Ungerechtigkeit und Unterdrückung, die sie täglich erfuhren und im solidarischen Zusammenwirken bekämpfen und überwinden wollten.

Die Existenz zweier Arbeiterparteien war deshalb weniger durch einen unterschiedlichen theoretischen Ansatz, als vielmehr durch aktuelle Probleme bedingt. In der nationalen Frage, die damals die öffentliche Diskussion beherrschte, vertraten die Eisenacher in der Tradition der Radikaldemokratie einen föderalistisch-großdeutschen Kurs. Sie lehnten eine Reichseinigung von oben durch die preußische Machtstaatspolitik als Zwangseinheit ohne Freiheit ab. Dagegen setzten Lassalle und seine Nachfolger auf die preußische Karte. Suchte Lassalle bei seinem Kampf gegen seinen Hauptfeind, das liberale Bürgertum, die Unterstützung Bismarcks, so waren Bebel und seine Freunde von tiefer Abneigung gegen die Blut- und Eisenpolitik des preußischen Junkers erfüllt. Den von Lassalle im ADAV eingeführten autoritären Organisationsaufbau, der einer Art plebiszitärer Herrschaft glich und so auch von seinem späteren Nachfolger, J. B. von Schweitzer, gehandhabt wurde, bekämpften die Eisenacher erbittert. Ihre Partei war demokratisch von unten nach oben aufgebaut. Die Hauptstützpunkte lagen in Sachsen. 1870 betrug die Mitgliederzahl ca. 10 000, 1875 ca. 9 000, während der ADAV 1872 über 21 000, 1875 ca. 15 000 Mitglieder in seinen Reihen zählte.

4. Einigung in Gotha

Die teilweise heftigen Auseinandersetzungen zwischen den beiden konkurrierenden Parteien begannen mit dem Jahr 1873 langsam abzuklingen. Mit dem Rücktritt des langjährigen und umstrittenen Präsidenten des ADAV von Schweitzer fiel ein persönliches Hindernis, und mit der Reichsgründung wie der Festigung des Bismarck-Staates wurden alte Gegensätze hinfällig. Die Eisenacher mussten ihre Hoffnungen auf eine großdeutsch-demokratische Einigung begraben. Doch auch die Erwartungen der eher kleindeutschpreußisch ausgerichteten Lassalleaner auf soziale Zugeständnisse des Staates erwiesen sich als illusionär. Die nach der Reichsgründung einsetzende staatliche Unterdrückungspolitik, bei der sich vor allem der Staatsanwalt Tessendorf hervortat, traf beide, ADAV und Eisenacher, in gleicher Weise und begünstigte so einen Verständigungs- und Aussöhnungsprozess. Nicht zuletzt zwang die 1873 einsetzende Wirtschaftskrise die beiden Parteien, ihr Augenmerk vordringlich auf unmittelbare Nöte der Arbeiterschaft, Streikkämpfe, Wohnungsmisere, Gewerkschaftsfrage, zu richten. So waren es gerade einfache Mitglieder, die auf einen Zusammenschluss drängten.

Mit dem Gothaer Einigungsparteitag vom 23. bis 27.Mai 1875 sahen sie ihr Verlangen von Erfolg gekrönt. Das dort beschlossene Programm der neuen Sozialistischen Arbeiterpartei Deutschlands ist von Marx in seinen „Randglossen"[18] einer vernichtenden Kritik unterzogen worden. Oft wurde behauptet, dass die fehlende marxistische Grundlage durch die Zugeständnisse an die Lassalleaner bedingt sei. Über den lassalleanischen Unsinn des „ehernen" Lohngesetzes mokierte sich Marx allerdings zu Recht. Auch der von ihm angeprangerte Satz, gegenüber der Arbeiterklasse seien „alle anderen Klassen nur eine reaktionäre Masse", war sachlich unsinnig und politisch ungeschickt, da er Bündnisse mit anderen Parteigruppierungen erschwerte. Doch aus diesem Wort sprach die elementare Empörung einer von der bürgerlichen Gesellschaft weitgehend geächteten, vom Staat schikanierten und verunglimpften Minderheit. Der Solidaritätsgedanke und das Klassenbewusstsein bezogen gerade aus dieser Isolierung und Verfemung ihre Kraft.

Beim Gothaer Programm ging es im Kern gar nicht um einen Kompromiss zwischen gemäßigten, staatsbejahenden Lassalleanern und marxistischen Eisenachern. Liebknechts Argument, mit dem er später die Geheimhaltung der ihm von Marx zugegangenen „Randglossen" rechtfertigte, er habe im Interesse der Einigung Kompromisse machen müssen, entsprach kaum der Wahrheit. Die Lassalleaner, die in mancher Hinsicht radikalere Forderungen vertraten, hätten zweifellos auch ein „marxistischeres" Programm angenommen. So erklärte sich der Vertreter des ADAV Tölcke im Interesse der Einigung zur Annahme jedes Programms bereit, und sei es nur ein „Stück weißes Papier mit einer geballten Faust darauf".[19] In Wirklichkeit hatte Liebknecht, den Marx und Engels trotz ihrer Zornesausbrüche über „Wilhelmchens Dummheit" lange als „einzige zuverlässige Ver-

18 „Randglossen zum Programm der deutschen Arbeiterpartei", u. a. veröffentlicht: Karl Marx, Kritik des Gothaer Programms, Berlin 1946.
19 Volksstaat Nr. 58, 23. 5. 1875. Siehe auch Georg Eckert, Die Konsolidierung der sozialdemokratischen Arbeiterbewegung zwischen Reichsgründung und Sozialistengesetz, in: Sozialdemokratie, hrsg. von Hans Mommsen, S. 47ff.

Gedenkblatt zum Einigungsparteitag 1875

bindung" in Deutschland betrachteten[20], bei der Programmgestaltung weitgehend freie Hand. So spiegeln sich in seinem Entwurf, abgesehen von einigen Komponenten des Lassalleschen Ideengutes, vornehmlich seine eigenen Vorstellungen wider. Sie wichen zwar erheblich von den Theorien seiner Freunde Marx und Engels ab, doch fanden sie die einstimmige Billigung des Kongresses, da Bebel seine Bedenken zurückstellte.

In diesen Anfangsjahren der Arbeiterbewegung konnte von einer geschlossenen, festgefügten Theorie noch nicht die Rede sein. Die programmatischen Kundgebungen wurden vielmehr vordringlich von dem Gesichtspunkt bestimmt, der Arbeiterbewegung in ihrem Kampf ein schlagkräftiges, die Anhänger ansprechendes und begeisterndes Instrument an die Hand zu geben. Gerade in den letzten Jahren vor Gotha wurde das Interesse an abstrakter Theorie durch die aus der Verschärfung der sozialen und politischen Auseinandersetzungen resultierenden Nöte überwuchert. Gesetzliche Arbeitszeitbegrenzung und Erhöhung der Löhne, Arbeitsschutzbestimmungen und Verbot der Kinderarbeit, unbeschränktes Koalitionsrecht und Vereins- und Versammlungsfreiheit, waren konkrete, die Arbeiter bewegende Anliegen. Ihnen zur Seite gesellte sich das Verlangen nach dem allgemeinen, gleichen Wahlrecht und nach politischer Demokratie, der Aufruf zum Kampf gegen die Herrschaft der „einen reaktionären Masse" und das Bekenntnis zur internationalen Solidarität der Arbeiterschaft.

Von hier aus führte keine Brücke mehr zu den bürgerlichen sozialen Reformbewegungen.[21] Schulze-Delitzschs Konzept der reinen Selbsthilfegenossenschaften hatte immer mehr an Anhang verloren. Ein Versuch württembergischer Demokraten, doch noch von liberaler Seite die soziale Frage aufzugreifen, verlief schnell im Sande. Im katholischen Lager erkannten zwar Männer wie der Mainzer Bischof Ketteler und der „Gesellenvater" Kolping die Brisanz der sozialen Missstände und forderten Maßnahmen zur Beseitigung der schlimmsten Auswüchse des Frühkapitalismus. Doch sah Ketteler, ebenso wie der Protestant Wichern, die sozialen Probleme vornehmlich unter dem Aspekt der Seelsorge. Kolpings vom Fürsorgegedanken geprägte Bestrebungen richteten sich weniger auf die Arbeiter, als vielmehr auf die Handwerksgesellen. Größeren Einfluss gewann daneben später der Verein für Sozialpolitik, ein Zusammenschluss engagierter Wissenschaftler, der durch Wort und Schrift das Bewusstsein der Bürger für die Notlage des Vierten Standes zu wecken suchte und die spätere

20 Schreiben von Engels an Marx, 7. 8. 1865, Marx/Engels Gesamtausgabe, Abt. 3, Bd. 3, S. 284.

21 Vgl. zum folgenden insgesamt Carl Jantke, Der Vierte Stand. Die gestaltenden Kräfte der deutschen Arbeiterbewegung im XIX. Jahrhundert, Freiburg 1955.

staatliche Sozialpolitik entscheidend mit befruchtete. Doch zu einem Brückenschlag zwischen der Sozialdemokratie auf der einen Seite, kirchlichen Sozialpolitikern und bürgerlichen Sozialreformern auf der anderen, ist es, anders als beispielsweise in England, im deutschen Kaiserreich nicht gekommen. Zwei Ereignisse vertieften den Graben zu einer tiefen Kluft, die fast unüberwindbar schien: die Pariser Kommune und das Sozialistengesetz.

III. Von der Reichsgründung bis zum Fall des Sozialistengesetzes

1. Die Pariser Kommune

Die Kriegskreditfrage, die im Ersten Weltkrieg zum Spaltpilz der deutschen Sozialdemokratie werden sollte, war schon beim Deutsch-Französischen Krieg von 1870/71 umstritten. Auch damals ging es im Kern um das gleiche Problem, ob der Krieg zur Verteidigung geführt wurde oder nicht. Schweitzer vom ADAV und der Eisenacher Fritzsche stimmten im Reichstag des unter preußischer Führung stehenden Norddeutschen Bundes der ersten Vorlage zu, während sich Bebel und Liebknecht der Stimme enthielten. Sie setzten sich damit in Widerspruch zur Mehrheitsmeinung der Partei, auch Sozialisten hätten „als Deutsche für Deutschland" einzustehen. Doch als nach der Abdankung Napoleons III. der Kampf gegen die französische Republik weitergeführt wurde, wandten sich sowohl die Eisenacher wie bald auch die Lassalleaner gegen die Fortführung des Krieges und die beabsichtigte Annexion Elsass-Lothringens. In den hochgehenden Wogen der nationalistischen Leidenschaften erhob allein ein kleines Häuflein seine Gegenstimme und solidarisierte sich statt mit Annexionen mit dem Aufstand der Pariser Kommune vom 19. März 1871. Eisenacher wie Lassalleaner begrüßten die Pariser Revolution als Anbruch einer neuen Zeit und protestierten mit Leidenschaft gegen die Massaker der Maiwoche, in der französische Regierungstruppen mit stiller Unterstützung Bismarcks das Experiment einer neuen Demokratie und Sozialordnung in einem Meer von Blut erstickten. Von der Bühne des Reichstages bezeugte Bebel der niedergeworfenen Kommune seine Hochachtung und rief den Abgeordneten zu, sie sei nur ein Vorpostengefecht und „dass, ehe wenige Jahrzehnte vergehen, der Schlachtruf des Pariser Proletariats: ‚Krieg den Palästen, Friede den Hütten, Tod der Not und dem Müßiggang!' der Schlachtruf des gesamten europäischen Proletariats wird".[1]

---

1 Stenographische Berichte über die Verhandlungen im Deutschen Reichstag, 1. Legislaturperiode, S. 921.

Diese Rede habe ihm, so behauptete Bismarck später bei den Beratungen über das Sozialistengesetz, die Augen über den staatsgefährdenden, umstürzlerischen Charakter der Sozialdemokratie geöffnet. Bismarck schürte damit geschickt die Revolutionsfurcht, die Adel und Bürgertum seit der Pariser Kommune verstärkt ergriffen hatte. Die Solidarisierung der deutschen Sozialdemokraten mit den Pariser Kommunarden und die von Marx verfasste „Adresse" der Internationale, in der er die Kommuneverfassung als „die endlich entdeckte politische Form der Herrschaft des Proletariats" feierte[2], lieferten die Argumente, um die deutsche Arbeiterbewegung weithin als „Partei der sittlichen Verwilderung, der politischen Zuchtlosigkeit und sozialen Unfriedens"[3], als Partei des Umsturzes und der Gewalt zu verfemen. Sicher hat die aggressive und oft revolutionäre Sprache der Sozialdemokratie zur Schürung solcher Ängste beigetragen, doch reichten die Wurzeln tiefer. Die Beschwörung der „roten Gefahr" diente den auf Erhaltung ihrer Privilegien bedachten Herrschaftsschichten als Leimrute, um das wirtschaftlich nach vorn drängende Bürgertum an den Ruhe und Ordnung garantierenden Obrigkeits- und Militärstaat zu binden.

Objektiv gab es kaum Anlass zur Revolutionsfurcht. Mit dem „Mythos" der Kommune gewann die deutsche Sozialdemokratie zwar in ihren theoretischen Bekenntnissen eine revolutionäre Tradition, doch in der Praxis wurde, gerade nach den Erfahrungen der Kommune, der „revolutionäre" Umsturz der Gesellschaftsordnung als eine Umwandlung ohne das Mittel der Gewalt ausgelegt. Sie setzte mehr denn je auf das, was nach der Meinung vieler Sozialdemokraten der Pariser Kommune gefehlt hatte: den Aufbau einer schlagkräftigen, disziplinierten Organisation. Die Reichstagswahlen nach dem allgemeinen, gleichen Wahlrecht lieferten den zuverlässigen Gradmesser der Stärke der Bewegung. Von 3,2 Prozent („Eisenacher" und ADAV) im Jahre 1871, über 6,8 Prozent für die beiden Parteien bei den Wahlen von 1874, stieg der Stimmenanteil 1877, zwei Jahre nach Gotha, auf 9,1 Prozent der Wähler. Weder staatliche Repressionen noch die Schaffung von Gegenorganisationen auf Unternehmerseite (1875 Zentralverband der Industriellen) hatten die Bewegung stoppen können. Sie war auf dem besten Wege, ein Faktor in der deutschen Innenpolitik zu werden, als das Sozialistengesetz diese Entwicklung in eine neue Bahn lenkte.

2 Karl Marx, Politische Schriften, hrsg. von Hans Joachim Lieber, Stuttgart [1960], S. 953.
3 So u. a. Heinrich Treitschke, Der Sozialismus und seine Gönner, in: Preußische Jahrbücher, Bd. 34 (1874), S. 67ff. und 248 ff.

2. Das Sozialistengesetz

Zwei Attentate auf Kaiser Wilhelm, mit denen die Sozialdemokraten, die Terrormaßnahmen entschieden ablehnten, nichts zu tun hatten, lieferten Bismarck den willkommenen Vorwand zur Einreichung des sogenannten Sozialistengesetzes. Nun war für ihn der Moment gekommen, um gegen das weitere Anwachsen „der bedrohlichen Räuberbande, mit der wir gemeinsam unsere Städte bewohnen", vorzugehen. Reichstagsneuwahlen nach dem zweiten Attentat brachten ihm das benötigte willfährige Parlament. Trotz einer beispiellosen Kampagne gegen die Sozialdemokratie errang sie in der Hauptwahl noch 437 000 Stimmen gegenüber 493 000 Stimmen im Jahre 1877. Im Oktober 1878 verabschiedete der Reichstag mit 221 gegen 149 Stimmen das „Gesetz gegen die gemeingefährlichen Bestrebungen der Sozialdemokratie".[4] Sozialdemokraten, das katholische Zentrum, die linksliberale Fortschrittspartei stimmten dagegen, während die konservativen Parteien und die Mehrheit der Nationalliberalen, die zunächst ein Ausnahmegesetz abgelehnt hatten, dafür votierten.

Das Sozialistengesetz galt vorerst für drei Jahre. Dreimal wurde es verlängert, bis es endlich am 30. September 1890 aufgehoben wurde. Die Sozialdemokraten – so charakterisierte Bebel in einem Schreiben an seinen großen Mitstreiter in Bayern, Georg von Vollmar, die bedrückende Situation – sind jetzt Freiwild: „Recht und Gesetz gibt es für uns jetzt nicht."[5]

Das Gesetz verbot alle Organisationen, „welche durch sozialdemokratische, sozialistische oder kommunistische Bestrebungen den Umsturz der bestehenden Staats- und Gesellschaftsordnung bezwecken", sowie Vereine, „in welchen sozialdemokratische, sozialistische oder kommunistische auf den Umsturz der bestehenden Staats- und Gesellschaftsordnung gerichtete Bestrebungen in einer den öffentlichen Frieden, insbesondere die Eintracht der Bevölkerungsklassen gefährdenden Weise zu Tage treten".[6] Alle Versammlungen und Presseerzeugnisse, „in denen sozialdemokratische ... Bestrebungen zu Tage treten", verfielen dem gleichen Verdikt. Neben der Androhung von Gefängnis- und Geldstrafen wurden die Landespolizeibehörden ermächtigt, „Personen, von denen eine Gefährdung der öffentlichen Sicherheit zu besorgen ist", aus den betreffenden Orten und Bezirken auszuweisen. Die kautschukartigen Paragraphen des Gesetzes boten den Behörden Spielraum zu einer extensiven Auslegung. Nicht nur die Partei-

---

4 Reichs-Gesetzblatt [1878] Nr. 34, S. 351.
5 So Bebel in einem Schreiben an Vollmar vom 12.12.1878, zit. nach Bebel, Aus meinem Leben, Bd. 3, S. 28f.
6 Siehe Anm. 4.

organisationen, auch der Sozialdemokratie nahe stehende Gewerkschaften verfielen der Auflösung. Bereits bis November 1878 waren 153 Verbände sowie 175 Zeitungen und Zeitschriften verboten und 67 Sozialdemokraten allein aus Berlin verbannt. Insgesamt wurden in den 12 Jahren des Sozialistengesetzes zwischen 800 und 900 „Verdächtige" mit nahezu 1 500 Familienangehörigen aus ihrer Heimat verwiesen. Allein in den beiden Jahren 1878/79 verhängten die Gerichte 600 Jahre Gefängnis wegen Vergehen gegen das Unterdrückungsgesetz und Majestätsbeleidigung und bis 1888 noch einmal 881 weitere Jahre. Als einzige legale Betätigung war der Sozialdemokratie die Beteiligung an den Reichstagswahlen und an einzelnen Landtagswahlen geblieben. Hier zeigte sich, dass alle Restriktionen und Lockungen die Bewegung nicht dauerhaft stoppen konnten. Nach dem Fall des Sozialistengesetzes zog August Bebel auf dem Parteitag in Halle eine stolze Bilanz[7]:

„Es wurden abgegeben bei den allgemeinen Wahlen im Jahre 1871: 102 000 Stimmen; 1874: 352 000 Stimmen; 1877, zwei Jahre nach dem Vereinigungskongress der bis 1875 gespaltenen Partei: 493 000 Stimmen. Das war der höchste Stand der Stimmen vor dem Ausnahmegesetz. Ein Jahr darauf bereits wurde infolge der beiden Attentate der Reichstag aufgelöst, eine ungeheure Hetze gegen unsere Partei, der man infamerweise die Urheberschaft der Attentate zuschrieb, wurde in Szene gesetzt, und unter dem Hochdruck jener Hatz ging im Sommer 1878 die Zahl der Wahlstimmen von 493 000 auf 437 000 zurück; wir erhielten 56 000 Stimmen weniger als anderthalb Jahre zuvor. Dann kam das Gesetz mit seinen Schlägen, aber trotz alledem erhielten wir 1881 bei den allgemeinen Wahlen, die unter ganz beispiellosen Verhältnissen sich vollzogen, 312 000 Stimmen. Das war umso höher anzuschlagen, als unter den Ausnahmezuständen und dem Drucke jener Zeit ein großer Teil der Wahlkreise nicht einmal Flugblätter, nicht einmal Stimmzettel erhalten konnte, weil keine gegnerische Druckerei sie uns drucken wollte und die eigenen Druckereien fast sämtlich vernichtet waren und auch Flugblätter, wo man sie hatte, nur mit den größten Schwierigkeiten und Fährlichkeiten verbreitet werden konnten. Dann kamen die Wahlen von 1884. Diese Wahlen zeigten schon ein ganz anderes Bild. Die Partei hatte sich mittlerweile mächtig erholt, die Parteitage von Wyden und Kopenhagen waren vorüber und hatten das Selbstgefühl der Partei bedeutend gehoben. Hier und da waren auch mit Erfolg Versuche gemacht, neue Blätter ins Leben zu rufen, Druckereien zu

7 Protokoll über die Verhandlungen des Parteitages der Sozialdemokratischen Partei Deutschlands, abgehalten zu Halle a. S. vom 12. bis 18. Oktober 1890, Berlin 1890 (Neudruck 1978), S. 32f.

erhalten usw., und so gelang es diesmal 550 000 Stimmen, 238 000 mehr als 1881, aufzubringen. Aber 1887 wuchsen wir auf 763 000 und bei den letzten allgemeinen Wahlen dieses Jahres (20. Februar 1890), die noch in Aller Erinnerung sind, auf 1 427 000 Stimmen. Die Partei war damit zugleich die stärkste Partei Deutschlands geworden."

Sie war es geworden, obwohl Bismarck neben den Büttel den Almosen-korb gestellt hatte. Auch der preußische Junker an der Spitze des deutschen Kaiserreiches wusste, dass eine Bewegung wie die Sozialdemokratie nicht aus dem Nichts heraus entstand, sondern in den sozialen und gesellschaft-lichen Missständen wurzelte. Hier setzte er mit seiner Sozialpolitik an, die mit einer kaiserlichen Botschaft vom 17. November 1881 angekündigt wurde. 1883 wurde das Krankenversicherungsgesetz vom Reichstag verab-schiedet. Ihm folgte 1884 die Unfallversicherung und 1889 das Invalidi-täts- und Alterssicherungsgesetz. Leitgedanke dieser ersten und als bahn-brechend gepriesenen Sozialgesetzgebung war das staatliche Fürsorgeden-ken, eine Art „Weiterentwicklung der Form" – wie Bismarck es charakterisierte –, „welche der staatlichen Armenpflege zugrunde liegt". Die tieferen Beweggründe dieser Initiativen ließen seine Worte erahnen: „Wenn es keine Sozialdemokratie gäbe und wenn nicht eine Menge Leute sich vor ihr fürchteten, würden die mäßigen Fortschritte, die wir über-haupt in der Sozialreform bisher gemacht haben, auch noch nicht existie-ren."[8] Politisch-taktische Motive „und allenfalls noch der Ausdruck eines praktischen Christentums"[9] bestimmten sein Handeln. Mit staatlichen Wohltaten wollte er der verhassten Sozialdemokratie den Boden unter den Füßen entziehen, die Arbeiter für die bestehende monarchisch-konservative Ordnung gewinnen und sie an das bürokratisch-obrigkeitliche Gängelband eines so gestärkten Staates nehmen.

3. Die politischen Folgen der Unterdrückung

Auch mit der Doppelstrategie aus Zuckerbrot und Peitsche ließ sich die Arbeiterschaft nicht so einfach ködern. Sie wollte Gleichberechtigung und ihr soziales Recht, nicht gnädig von oben gewährte Almosen. Es ging der Arbeiterbewegung dabei auch um die demokratische Selbstverwaltung der Unterstützungskassen, die sie sich teilweise schon selber aufgebaut hatte. Die Arbeiter konnten es hautnah erleben, wie dieser gleiche Staat als Sozi-

8 Rede im Reichstag vom 26. 11. 1884; Sten. Ber. über die Verhandlungen des Reichstags, VI. Legislaturperiode, I. Session 1884/88, 1. Bd., Berlin 1885, S. 25.
9 So Grebing, Geschichte der Arbeiterbewegung, S. 75.

aldemokraten Verdächtigte weiter verfolgte. So wie August Bebel empfanden viele: „Dass man uns wie Vagabunden und Verbrecher ausgewiesen und ohne eine gerichtliche Prozedur von Weib und Kind gerissen hatte, empfand ich als eine tödliche Beleidigung, für die ich Vergeltung geübt, hätte ich die Macht gehabt. Kein Prozess, keine Verurteilung hat je bei mir ähnliche Gefühle des Hasses, der Er- und Verbitterung hervorgerufen, als jene sich von Jahr zu Jahr erneuernden Ausweisungen, bis endlich der Fall des unhaltbar gewordenen Gesetzes dem grausamen Spiel mit menschlichen Existenzen ein Ende machte."[10]

Tief drang der Stachel des Misstrauens und der Verbitterung in die Herzen der geächteten und als Staatsschädlinge verketzerten sozialdemokratischen Arbeiter. Trotzdem wurde die von einer kleinen Gruppe um Johann Most und Wilhelm Hasselmann verfochtene anarchistische Untergrundtaktik von der Partei entschieden abgelehnt und mit Ausschluss geahndet. Die auf dem Wydener Kongress 1880 in der Schweiz erfolgte Streichung des Wortes „gesetzlich" aus dem Gothaer Programm sollte nur zum Ausdruck bringen, dass die Partei unter den Bedingungen der ihr durch Gesetz aufgezwungenen Illegalität ihre Arbeit fortsetzen wollte.

Die tief greifenden Folgen des Sozialistengesetzes lagen auf einer anderen Ebene. Aus der Empörung über den gegenwärtigen Staat wuchs eine von Misstrauen und Abneigung geprägte Feindschaft gegen den Staat schlechthin. Wer konnte es Sozialdemokraten verdenken, dass sie im Staat zunehmend nur noch das Unterdrückungsinstrument der herrschenden Klassen sahen? Aus dem radikalisierten Bewusstsein der von der bürgerlichen Gesellschaft Geächteten und von der Obrigkeit Verfolgten erwuchs das Bedürfnis nach einem Fundament, das ihrer Erbitterung entsprach, den Stab über das ganze System brach und eine rosigere Zukunft verhieß. Diesen, ihr Los erleichternden Halt fanden sie in den marxistischen Lehren, für deren Verbreitung und Popularisierung vor allem Eduard Bernstein und Karl Kautsky wirkten. Entscheidend für die Hinwendung zu Marx wurde nicht ein differenziertes Verständnis seiner Theorien, sondern eine spezifische, dem Bewusstseinsstand entsprechende Interpretation und Schwerpunktsetzung. Hier bot sich ein System, das im Gewande der Wissenschaftlichkeit die Gewissheit vom zwangsläufigen Untergang der bürgerlichen Klassengesellschaft vermittelte und den naturnotwendigen Sieg der sozialistischen Arbeiterbewegung voraussagte, und dies in einer aggressiv-revolutionären Sprache, die eigene Empfindungen traf.

10 August Bebel, Aus meinem Leben, Bd. 3, S. 183.

Vergangenheit – Gegenwart – Zukunft

Trotz äußerlicher Radikalität und den Reden von der proletarischen Revolution, „eine Partei der Revolution ist", wie der langjährige Parteisekretär Ignaz Auer es präzise ausdrückte, „die deutsche Sozialdemokratie nie gewesen und das soll und will sie auch heute, trotz dem Ausnahmegesetz, nicht werden. Die Kraft der deutschen Sozialdemokratie bestand und besteht darin, dass sie tatsächlich die Vertreterin des politisch denkenden Arbeiters ist. ... Wollen wir bloß eine Sekte sein, dann können wir uns den Luxus einer Revolutionspartei aus Prinzip gestatten; wollen wir aber die Partei der deutschen Arbeiter bleiben, dann muss im Vordergrund unseres Strebens das Verlangen stehen, auf dem Wege der friedlichen – ich sage nicht der gesetzlichen – Propaganda auf politischem und wirtschaftlichem Gebiet Reformen und Umwälzungen herbeizuführen, die der arbeitenden Bevölkerung zum Nutzen gereichen und zugleich uns um eine Etappe dem sozialistischen Staat näher bringen."[11]

Gerade das Sozialistengesetz, das die Partei verbot, die Beteiligung an Wahlen und die Parlamentstätigkeit aber zuließ, begünstigte die Ausprägung einer reformerischen Praxis. Die Reichstagsfraktion, auf die die Führung der Partei nun überging, gewann zusehends ein eigenständiges Gewicht. Im Parlament bot sich eine Bühne, deren Nutzen man zu schätzen lernte: Von ihr aus konnten die Sozialdemokraten öffentlich wirken, ihr Programm und ihre konkreten Anliegen vorbringen. Die nach den ersten Rückschlägen scheinbar unaufhaltsam steigenden Wählerstimmen schienen zu demonstrieren, dass unter den Bedingungen des allgemeinen, gleichen Wahlrechts der Stimmzettel die richtige, Erfolg versprechende Methode war, die Macht zu erobern und das System aus den Angeln zu heben. Es war nicht zuletzt Friedrich Engels, der mit seinem Vorwort von 1895 zu den „Klassenkämpfen in Frankreich" diesen Wählerstimmenoptimismus bekräftigte. Mit der erfolgreichen Handhabung des allgemeinen Wahlrechts durch die deutsche Sozialdemokratie sei „eine ganz neue Kampfesweise des Proletariats in Wirksamkeit getreten." Die „Masse" der SPD nehme „unablässig zu. Ihr Wachstum geht so spontan, so stetig, so unaufhaltsam und gleichzeitig so ruhig vor sich wie ein Naturprozess."[12] So hatte das Sozialistengesetz eine in sich widerspruchsvolle doppelte Wirkung: vom Bewusstsein her eine Radikalisierung der Theorie, von der Methode her eine Orientierung auf die praktisch-parlamentarische Reformarbeit.

11 Zitiert bei Eduard Bernstein, Ignaz Auer. Eine Gedenkschrift, Berlin 1907, S. 37f.
12 Karl Marx, Die Klassenkämpfe in Frankreich 1848 bis. 1850. Neuausgabe, eingeleitet von Friedrich Engels, 1895. Abdruck u.a. in: Friedrich Engels, Studienausgabe 4, hrsg. und eingeleitet von Harmut Mehringer und Gottfried Mergner, rororo Nr. 296, S. 195ff.

IV. Zwischen radikaler Theorie und reformerischer Praxis
– der Weg als Massenpartei bis zum 1. Weltkrieg

1. Das Erfurter Programm

Auf ihrem Erfurter Parteitag 1891 nahm die deutsche Sozialdemokratie einen neuen Namen, „Sozialdemokratische Partei Deutschlands", an und gab sich auch ein anderes Programm. Acht Jahre nach dem Tod von Marx am 14. März 1883 stellte Engels 1891 triumphierend fest: „Wir haben die Satisfaktion, dass die Marx'sche Kritik [des Gothaer Programms] komplett durchgeschlagen hat."[1] Mit dem „Erfurter Programm" wurde der Marxismus offizielle theoretische Grundlage der deutschen Sozialdemokratie. Ohne lange Diskussion billigte der Parteitag einstimmig den von den beiden führenden Parteitheoretikern Kautsky und Bernstein vorgelegten Entwurf. Die halb spöttisch, halb bewundernd „jüngere Kirchenväter" genannten Verfasser waren bestrebt, „die aus dem Marx-Engels'schen Arsenal stammenden geistigen Waffen"[2] in eine für den Alltagsgebrauch passende Form zu gießen. Heraus kam dabei ein zweischneidiges Schwert.

Das Erfurter Programm zerfiel in zwei sich deutlich voneinander abhebende Teile: einen theoretischen und einen praktisch-politischen. Nicht zuletzt aus dieser Doppelpoligkeit zog die Kritik an der „Widersprüchlichkeit" ihre Nahrung.

Der erste, grundsätzliche Teil stützte sich stellenweise fast wörtlich auf das 24. Kapitel (7. Abschnitt) des „Kapital". Er stellte im eigentlichen Sinne gar kein Programm dar, sondern bot eine kurze Analyse der „ökonomischen Entwicklung der bürgerlichen Gesellschaft" und daraus zu folgernder Konsequenzen. Immer schroffer wurde danach der Abgrund zwischen Besitzenden und Besitzlosen, immer größer „die Armee der überschüssigen Arbeiter", immer stärker die Not, Knechtung und Ausbeutung, immer schärfer der Klassenkampf zwischen Bourgeoisie und Proletariat. „Nur die Verwandlung des kapitalistischen Privateigentums an

---

1 Briefe und Auszüge aus Briefen von Joh. Phil. Becker, Jos. Dietzgen, Friedrich Engels, Karl Marx u. a. an F. A. Sorge und andere, Stuttgart 1906, S. 370.
2 Susanne Miller, Zur Rezeption des Marxismus in der deutschen Sozialdemokratie, in: Freiheitlicher Sozialismus, hrsg. von Heiner Flohr, Klaus Lompe, Lothar F. Neumann, Bonn-Bad Godesberg 1973, S. 24.

Produktionsmitteln – Grund und Boden, Gruben und Bergwerke, Rohstoffe, Werkzeuge, Maschinen, Verkehrsmittel – in gesellschaftliches Eigentum und die Umwandlung der Warenproduktion in sozialistische, für und durch die Gesellschaft betriebene Produktion kann es bewirken, dass der Großbetrieb und die stets wachsende Ertragsfähigkeit der gesellschaftlichen Arbeit für die bisher ausgebeuteten Klassen aus einer Quelle des Elends und der Unterdrückung zu einer Quelle der höchsten Wohlfahrt und allseitiger harmonischer Vervollkommnung wird. Diese gesellschaftliche Umwandlung bedeutet die Befreiung nicht bloß des Proletariats, sondern des gesamten Menschengeschlechts, das unter den heutigen Zuständen leidet." Doch erkämpfen müsse und werde sie die Arbeiterklasse allein: im „ökonomischen" Ringen, durch die Ertrotzung politischer Rechte und die Eroberung der politischen Macht als Basis zum „Übergang der Produktionsmittel in den Besitz der Gesamtheit".[3]

Schien es nach dem ersten Programmteil, dass nur die Vergesellschaftung der Produktionsmittel die Lage der Arbeiter nachhaltig bessern könne, so erhob der zweite praktische Forderungen zur Demokratisierung des Staates und der Gesellschaft sowie zur sozialen Besserstellung der Arbeiterschaft. Neben dem allgemeinen, gleichen Verhältniswahlrecht für alle Parlamente, Wahl der Behörden und Selbstverwaltung auf allen staatlichen Ebenen, verlangte das Programm u. a. Gleichstellung und Wahlrecht der Frau, Weltlichkeit der Schule, Unentgeltlichkeit der Rechtspflege und ärztlicher Leistungen, progressive Einkommen- und Vermögenssteuern, Einrichtung von Arbeitsämtern, Meinungs- und Versammlungsfreiheit und volles Koalitionsrecht, „Übernahme der gesamten Arbeiterversicherungen durch das Reich" unter demokratischer Mitwirkung der Arbeiter und die „Festsetzung eines höchstens acht Stunden betragenden Normalarbeitstages". Die ausgeprägte plebiszitäre Komponente des Gothaer und früher schon des Eisenacher Programms wurde im Erfurter Programm abgeschwächt. Statt „Rechtsprechung durch das Volk" hieß es nun „Rechtsprechung durch vom Volk gewählte Richter", und die Entscheidung über Krieg und Frieden wurde nicht mehr wie in Gotha dem Volk, sondern der „Volksvertretung" zugewiesen.

Auffällig war das Fehlen jeder grundsätzlichen Aussage zur staatlichen Ordnung. Engels hatte zum Entwurf bemerkt, wenn „man in den Sozialismus hineinwachsen" wolle, so müsse man auch bekennen, dass die SPD nur „unter der Form der demokratischen Republik zur Macht" kommen

3 Siehe Anhang Dokumente 3.

könne.[4] Hier klaffte in der Tat eine Lücke. Die demokratische Republik offen zu fordern, war unter den Bedingungen des Kaiserreiches kaum möglich. Das hätte als Aufruf zum Umsturz gegolten und der Staatsmacht eine Handhabe zum Eingreifen geboten. Doch es fehlte wohl auch bei der Sozialdemokratie dieser Zeit an Verständnis für den zentralen Stellen- und Eigenwert einer demokratischen Republik. Marx und Engels waren nicht unschuldig daran, weil sie das Verhältnis zwischen naturnotwendiger Entwicklung und praktischem Handeln, zwischen revolutionärer Zielsetzung und Reformarbeit nie eindeutig beschrieben und nur auf die Auflösung des Gegensatzes in der dialektischen Einheit von Theorie und Praxis verwiesen. Die Sozialdemokratie übernahm aus ihren Lehren mit dem Erfurter Programm und den Marx-Interpretationen von Kautsky die Überzeugung von der nach den strengen Regeln eines Naturgesetzes ablaufenden gesellschaftlichen Entwicklung, die in die Abschaffung der Klassenherrschaft und des dann überflüssig gewordenen Staates münden sollte. Friedrich Engels prägte dafür das berühmt gewordene Wort: „Der Staat stirbt ab und wird ins Museum der Altertümer neben das Spinnrad und die bronzene Axt versetzt."[5]

Der Sozialismus wäre dann an sein Ziel gelangt. Doch wie dieses Ziel genau zu erreichen und die Ergreifung der Staatsgewalt durch das Proletariat zu bewerkstelligen war, welcher politisch-gesellschaftlichen Strukturveränderungen und institutionellen Durchgangsstadien es dazu bedurfte, das musste man im Erfurter Programm schon zwischen den Zeilen lesen. Gerade wegen der fehlenden Präzisierung forderte es unterschiedliche Schwerpunktsetzungen heraus. Unter Berufung auf das Programm konnte man den Kampf vor allem für die Erringung demokratischer Freiheiten und sozialer Reformen führen, oder man versuchte, vom grundsätzlichen Teil her auf eine Verschärfung der Klassengegensätze und die soziale Revolution zu setzen. Trotz solcher divergierender Strömungen blieb das Handeln der Sozialdemokratischen Partei von dem bestimmt, was sie im Erfurter Programm als ihren Grundsatz verankerte: dem Einsatz „für die Abschaffung der Klassenherrschaft und der Klassen selbst und für gleiche Rechte und gleiche Pflichten aller, ohne Unterschied des Geschlechts und der Abstammung" und dem Kampf nicht nur gegen die Ausbeutung der Arbeiter, sondern gegen „jede Art der Ausbeutung und Unterdrückung,

---

4 So Engels in seiner Kritik am Erfurter Programm, Auszug in: Das Prinzip Links, S. 65.
5 Friedrich Engels, Herrn Eugen Dührings Umwälzung der Wissenschaft („Anti-Dühring"), 3. Aufl., Stuttgart 1894, S. 311.

richte sie sich gegen eine Klasse, eine Partei, ein Geschlecht oder eine Rasse".[6]

2. Wirtschaftlicher und sozialer Wandel

Bei den Reichstagswahlen am 20. Februar 1890 errang die Sozialdemokratie 19,7 Prozent der Stimmen. Mit diesem Ergebnis war sie zur stärksten Wählerpartei des Kaiserreiches geworden. Die 1 427 000 Männer, die sich mit dem Stimmzettel zu der verpönten SPD bekannten, signalisierten den endgültigen Durchbruch zu einer Bewegung der Massen. In einem stetigen, nur 1907 kurzfristig gebremsten Aufstieg setzte die Partei ihre Expansion bis zum 1. Weltkrieg fort. Von 23,3 Prozent im Jahre 1893 (= 1 786 000 Wähler) über 27,2 Prozent 1898 (= 2 107 000), 31,7 Prozent 1903 (= 3 010 000) und 28,9 Prozent 1907 (= 3 258 000) stieg ihr Stimmenanteil 1912 auf 34,8 Prozent (= 4 250 000) der Wähler.[7] Hunderttausende Männer und Frauen bekundeten mit dem Parteibuch ihre Zugehörigkeit zur SPD, obwohl ihnen daraus häufig Schwierigkeiten und Nachteile für Arbeit und Beruf erwuchsen. Das absolute Mehrheitswahlrecht verhinderte, dass sich die Stimmenzahlen in einem entsprechenden Mandatsanteil niederschlugen. Die in der Reichsgründungszeit festgelegte Wahlkreiseinteilung begünstigte, da sie der großen Bevölkerungsverschiebung nicht angepasst wurde, die dünn besiedelten agrarischen Gebiete gegenüber den Ballungszentren. Erst 1912 wurde die SPD mit 110 Abgeordneten zur größten Fraktion im Reichstag. Trotz des beispiellosen Aufschwungs blieb die Sozialdemokratie im Wesentlichen eine Partei der industriell-gewerblichen Arbeiterschaft. Sie konnte weder nennenswerte Erfolge bei den Landarbeitern erringen, die unter dem Einfluss der Gutsherren, Lehrer und Pfarrer meist konservativ stimmten, noch gelang ihr der Einbruch bei den katholisch geprägten Arbeitern, unter denen nach wie vor die Zentrumspartei dominierte.

Ähnlich stürmisch erfolgte das Anwachsen der Gewerkschaftsbewegung.[8] Buchdrucker und Zigarrenarbeiter, die sich in der Revolution von 1848 schon zu Organisationen zusammenschlossen, waren auch die ersten, die sich in den sechziger Jahren wieder regten. Die Gründung des Zigar-

6 Siehe Anhang Dokumente 3.
7 Siehe auch die Tabellen und Diagramme Nr. 1 und 2 im Anhang.
8 Die neueste Überblicksdarstellung über die Geschichte der Gewerkschaften gibt Michael Schneider, Kleine Geschichte der Gewerkschaften, 2. überarbeitete und aktualisierte Aufl., Bonn 2000.

renarbeitervereins 1865 und des Buchdruckerverbandes 1866 sowie die von den sozialistischen Parteien ausgehenden Anstöße führten zur Schaffung weiterer Verbände. Ihr Versuch eines zentralen Überbaus (1878) wurde durch das Sozialistengesetz zunichte gemacht, durch das auch die der Sozialdemokratie nahe stehenden Gewerkschaften der Auflösung verfielen und höchstens in getarnter Form weitergeführt werden konnten.

Erst mit dem Fall des Ausnahmegesetzes wurde wirkliche Gewerkschaftsarbeit wieder möglich. Differenzen über die geeigneten Organisationsformen konnten weitgehend überwunden werden. Schon 1890 kam es mit der Schaffung der „Generalkommission der Gewerkschaften Deutschlands" zu einer lockeren Spitze, die 1891 über 277 000 Gewerkschaftsmitglieder zählen konnte. Nach einer bis 1895 im Zeichen einer Wirtschaftskrise stehenden Stagnation begann der steile Aufstieg. 1899 wurde die 500 000-Grenze überschritten. 1904 war die erste Million erreicht, 1910 die zweite, und vor Ausbruch des Weltkrieges standen schließlich 2,5 Millionen Mitglieder in ihren Reihen. Neben diesen, der Sozialdemokratie eng verbundenen und sich „Freie Gewerkschaften" nennenden Verbänden gab es noch die christlichen Gewerkschaften und die den Liberalen nahe stehenden Gewerkvereine. Beide konnten nur Minderheiten für sich gewinnen und erreichten 1913 mit 340 000 bzw. 105 000 Mitgliedern ihren Höchststand vor dem Kriege.

Der Wachstumsprozess der sozialdemokratischen Arbeiterbewegung vollzog sich vor dem Hintergrund einer vehementen wirtschaftlichen Expansion. Die Eisenbahn wirkte dabei durch ihren Stahlbedarf und die Verbesserung der Transportwege als Motor der Industrialisierung. Ihr Streckennetz stieg von 549 km im Jahre 1840 über 6044 km (1850), 19 575 km (1870) auf 51 678 km im Jahre 1900.[9] Vom Jahr der Reichsgründung, mit der die industrielle Revolution erst auf volle Touren kam, wuchs die Roheisenproduktion von 1,6 Millionen Tonnen auf 14,8 Millionen im Jahr 1910. Neue technische Verfahren (Bessemerbirne 1855/60, Dynamo 1866, Chemie) schufen die Basis für die Entstehung neuer Industriezweige. Die wie Pilze aus dem Boden schießenden Aktiengesellschaften, Trustbildungen, Monopole, die ersten Großkonzerne z.B. in der Elektroindustrie, Großbanken, wie die Deutsche Bank, Dresdner Bank, sowie eine sich zusehends verstärkende Verflechtung zwischen Banken und Konzernen waren typische Erscheinungen dieser Epoche. Deutschland wandelte sich vom Agrar- zum Industriestaat. Der von der Landwirtschaft erwirtschaftete Sektor des Bruttosozialproduktes sank von 47 Prozent im

9 Vgl. Fritz Voigt, Verkehr, Bd. II, Berlin 1965, S. 505, 529 und 537.

Der Fortschritt ist nicht aufzuhalten

Jahre 1850 auf 23 Prozent 1913, während sich im gleichen Zeitraum der von der gewerblichen Wirtschaft aufgebrachte Anteil vervielfachte und bei Ausbruch des Weltkrieges fast 60 Prozent erreichte. Das Bevölkerungswachstum (1871 40 Millionen, 1914 67 Millionen) und die Massenabwanderung aus den agrarisch geprägten Gebieten führten zur Bevölkerungskonzentration in den Ballungsräumen. Die industriellen Zentren an Rhein und Ruhr, in Sachsen und in Berlin prägten das Gesicht der neuen Wirtschaftsgroßmacht Deutschland. Allein in der Zeit zwischen 1887 und 1914 verdoppelte sich die Zahl der Industriearbeiter. Lebten 1871 noch 65 Prozent der Bevölkerung in Dörfern und Kleinstädten, so waren es 1910 nur noch 40 Prozent. Im gleichen Zeitraum stieg der Anteil der Großstädte über 100 000 Einwohner von 5 auf 20 Prozent. Mit der Verstädterung und Landflucht vollzog sich eine Loslösung aus bisherigen traditionellen Bindungen und die Hinwendung zu einem durch eine gleichartige Arbeits- und Lebenswelt geprägten neuen Gemeinschaftsbewusstsein.[10] Obwohl die Arbeitsproduktivität durch technische Verbesserungen und zunehmende Arbeitsteilung rasch zunahm, kam es nicht zu der vom Erfurter Programm und Marx vorausgesagten Massenarbeitslosigkeit. Sie sank vielmehr auf ein relativ niedriges Niveau, das erst die Voraussetzung für einen Erfolg versprechenden Kampf der Arbeiterschaft bot. Unter gewerkschaftlich organisierten Arbeitnehmern pendelte die Arbeitslosenquote in etwa zwischen 1 und 3 Prozent.[11] Seit den 70er Jahren zeichnete sich daneben eine allmähliche Reduzierung der Arbeitszeit auf 12, dann – seit den 90ern – auf 11 und schließlich auf annähernd 10 Stunden ab, wobei allerdings große Unterschiede in den verschiedenen Branchen und Betrieben bestanden.

In der Lohnfrage zeigte sich ab 1880 ein Trend nach oben. Entscheidend war, dass nicht nur eine Erhöhung der Nominallöhne erfolgte, sondern dass die Reallöhne, wenn auch nicht immer kontinuierlich, wuchsen. Besonders in den 80er und 90er Jahren erfolgte ein steiler Anstieg, der vielleicht eher den Titel einer „wirklichen, materiellen Sozialreform"[12] verdiente als das Bismarck'sche Sozialversicherungssystem. Musste um 1850 ein preußischer Arbeiterhaushalt allein 58 Prozent seines Lohnes für die notwendigsten Nahrungsmittel ausgeben, so betrug der Anteil 1913 noch 33 Prozent.

10 Zur Lage der Arbeiterschaft siehe bes. das faktengesättigte Werk von Gerhard A. Ritter/Klaus Tenfelde, Arbeiter im Deutschen Kaiserreich, Bonn 1992.
11 Siehe dazu Gerhard Bry, Wages in Germany 1871-1945. A Study by the National Bureau of Economic Research New York, Princeton 1960, S. 325ff.
12 So Hans Rosenberg, Große Depression und Bismarckzeit, Berlin 1967, S. 217.

Trotzdem reichte das Einkommen nur gerade dazu aus, mit einer nicht zu großen Familie ohne schwere Ernährungssorgen zu existieren, nicht aber, ein menschenwürdiges Dasein zu führen. Die Mitarbeit der Frauen blieb deshalb für die meisten Arbeiterhaushalte eine Lebensnotwendigkeit. Trostlos war es um die Wohnbedingungen bestellt. Meist lebte man mehr schlecht als recht in düsteren Hinterhäusern und rasch aus der Erde gestampften, grauen Mietskasernen. Noch 1895 zählte man in Berlin 25 000 Wohnungen, die nur aus einem einzigen Raum bestanden. Beinahe 80 000 sogenannte Schlafburschen verfügten nur über eine Schlafstelle in einer fremden Wohnung, die sie obendrein oft noch umschichtig mit anderen teilen mussten.

Doch es waren nicht allein die trotz mancher Verbesserungen weiter bestehenden materiellen Existenzsorgen, welche die Arbeiter bedrückten. Die Wurzeln des Unmuts reichten tiefer. Der protzig zur Schau gestellte Reichtum der Wohlhabenden, das Andauern der politischen und gesellschaftlichen Diskriminierung und vor allem die weit gehende Rechtlosigkeit und Abhängigkeit im Arbeitsprozess riefen immer wieder berechtigte Gefühle der Erbitterung gegen „die da oben" wach. Sie richteten sich ebenso gegen die als Antreiber verachteten Werkmeister wie gegen Kapitalisten, Arbeitgeber, Unternehmer, die, abgesehen von positiven Ausnahmefällen wie Ernst Abbe und Robert Bosch, in ihrer Mehrzahl einem starren, autoritären „Herr-im-Hause"-Kurs anhingen. Ihren Standpunkt formulierte der Großindustrielle Kirdorf anlässlich des Bergarbeiterstreiks von 1899 selbstherrlich: „Weder Kaiser noch Könige haben in den Betrieben etwas zu sagen. Da bestimmen wir allein."[13]

Allein auf sich gestellt, stand der einzelne Arbeiter diesem Herrschaftsanspruch als ohnmächtiges Objekt gegenüber. Nur im solidarischen Zusammenstehen boten sich Chancen zur wirksamen Wahrnehmung der Interessen. Gerade aus dem täglichen Erleben der gleichen Situation der Arbeitskameraden erwuchs das Bewusstsein der Zugehörigkeit zu der einen großen, ausgebeuteten und unterdrückten Klasse der Arbeiterschaft. In der Sozialdemokratie erkannten sie die Partei, die ihre Belange vertrat und für eine bessere Zukunft kämpfte. In ihren Organisationen und den Gewerkschaften fand man eine Gemeinschaft Gleichgestellter und Gleichgesinnter, in der das Gefühl der eigenen Machtlosigkeit überwunden wurde. Die SPD bot Schutz und Heimat zugleich und vermittelte den Arbeitern das

13 Siehe Dieter Schuster, Die deutsche Gewerkschaftsbewegung/DGB, Düsseldorf 4. Aufl. 1973, S. 24 – Zur Haltung der bekannten Industriellen Alfred Krupp und Carl Ferdinand von Stumm-Halberg: Ernst Schraepler, Quellen zur Geschichte der sozialen Frage in Deutschland, Bd. II, Göttingen 1957, S. 87ff.

Bewusstsein, dass ihre Lage nicht aussichtslos sei, sondern Ausbeutung und Unterdrückung eines nicht fernen Tages enden würden. Beflügelt vom Glauben an den kommenden Sieg der Sozialdemokratie und die verheiße-ne sozialistische Zukunftsgesellschaft fühlten sich ihre Anhänger als stolze, selbstbewusste Bahnbrecher einer neuen Zeit. Diesen Empfindungen gab ein junger Metallarbeiter mit den bezeichnenden Worten Ausdruck: „Hoffnungslos bin ich nicht, denn wer vom Sozialismus so durchdrungen ist wie ich, der glaubt an eine Befreiung wie an ein neues Evangelium."[14]

3. *Praktische Politik und theoretischer Streit*

Mit dem Fall des Sozialistengesetzes und dem Sturz Bismarcks als Zeichen eines innenpolitischen Kurswechsels sah sich die Sozialdemokratie einer gewandelten Situation gegenüber. Dennoch blieb die Diskriminierung weiter bestehen. Mit behördlichen Eingriffen, Prozessen wegen Majestäts-beleidigung und den Mitteln des Vereinsgesetzes bereitete der Staat der SPD und den Gewerkschaften immer wieder Schwierigkeiten. Von Zeit zu Zeit wurden darüber hinaus Versuche unternommen, neue verschärfte Kampfmittel gegen die Sozialdemokratie einzusetzen. Die bekanntesten sind die so genannte „Umsturzvorlage" von 1894/95 und die so genannte „Zuchthausvorlage" von 1898/99. Beide fielen jedoch im Reichstag durch. Ungeachtet all dieser Repressionsversuche konnte die Sozialdemokratie seit 1890 im Vergleich zu den vorhergehenden 12 Jahren endlich im Rahmen der Legalität als Partei agieren. Damit stellte sich die Frage der künftigen politischen Taktik in einer neuen Dimension.[15] Die Oppositionsbewegung der sogenannten „Jungen" mit ihrer Polemik gegen die „Führer" und revolutionären, teilweise antiparlamentarisch und syndikalistisch gefärbten Parolen blieb eine kurzlebige Randerscheinung. Vergebens beriefen sie sich auf Engels, der ihnen vorwarf, sie seien nicht fähig, „die einfachsten Dinge mit Augen zu sehen" und bei „ökonomischen oder politischen Sachlagen"

14 Adolf Levenstein, Die Arbeiterfrage. Mit besonderer Berücksichtigung der sozialpsy-chologischen Seite des modernen Großbetriebes und der psychologischen Einwirkungen auf den Arbeiter, München 1912, S. 314.
15 Vgl. zum folgenden insgesamt Gerhard A. Ritter, Die Arbeiterbewegung im Wilhelmi-nischen Reich. Die Sozialdemokratische Partei und die Freien Gewerkschaften 1890-1900, Berlin Dahlem 1959 (2. Aufl. 1963), und Hans-Josef Steinberg, Sozialismus und deutsche Sozialdemokratie. Zur Ideologie der Partei vor dem Ersten Weltkrieg, 5. Aufl., Berlin-Bonn 1979.

das Gewicht der „Tatsachen, noch die Stärke der ins Spiel kommenden Kräfte unbefangen abzuwägen".[16]

Auf einer ganz anderen Grundlage als die „Jungen" stand das Aufkommen des Reformismus, der, wie Kautsky analysierte, „einem realen Bedürfnis" entsprang: „Wir sind zu groß geworden, um bloße Demonstrationspartei bleiben zu können."[17] In diesem Sinne forderte Georg von Vollmar, der lange zum radikalen Flügel gehört hatte, 1891 in seinen berühmten „Eldorado-Reden" (nach dem Tagungslokal in München genannt) zu einer entschiedenen Reformpolitik auf dem Boden der bestehenden Staats- und Gesellschaftsordnung auf. Statt andere, außerhalb ihrer Reihen stehende progressive Kräfte durch eine unversöhnliche Haltung und revolutionäre Reden zu verprellen, solle die Sozialdemokratie mit ihnen zusammenarbeiten, um so leichter eine entschiedene Politik der sozialen und demokratischen Reformen voranzutreiben. Unter dem Motto „Dem guten Willen die offene Hand, dem schlechten die Faust!"[18] wollte Vollmar auf dem Boden des bestehenden Staates den Emanzipationskampf des Proletariats durch die Konzentrierung der Kräfte auf die praktische Reformarbeit beschleunigen. August Bebel warnte zu diesem Zeitpunkt die Partei dagegen vor der Gefahr, sich in Kleinarbeit zu verzetteln und das große Ziel darüber aus den Augen zu verlieren. Er rechnete damit, dass der Endkampf bevorstehe. Bei seiner Kritik an Vollmars Vorstoß rief er den Delegierten auf dem Erfurter Parteitag zu: „Ich bin überzeugt, die Verwirklichung unserer Ziele ist so nahe, dass wenige in diesem Saale sind, die diese Tage nicht erleben werden."[19] Obwohl Vollmars Thesen zunächst offiziell zurückgewiesen wurden, fanden sie zunehmend Widerhall. Sie deckten sich – wegen des Vorrangs der Realpolitik – weitgehend mit dem Kurs der Freien Gewerkschaften, die um Verbesserungen „auf dem Boden der heutigen Gesellschaft" rangen[20] und sich gleich den Reformisten nicht in ein starres theoretisches Konzept pressen lassen wollten. Die mit Vollmars Vorstoß

---

16 Karl Marx/Friedrich Engels, Werke. Hrsg. Institut für Marxismus Leninismus beim ZK der SED, Bd. 22, Berlin – DDR 1963, S.84.

17 Schreiben an Eduard Bernstein, 8. 12. 1896, zitiert bei Hans-Josef Steinberg. Die deutsche Sozialdemokratie nach dem Fall des Sozialistengesetzes. Ideologie und Taktik der sozialistischen Massenpartei im Wilhelminischen Reich, in: Sozialdemokratie, hrsg. von Hans Mommsen, S. 54.

18 Georg von Vollmar, Über die nächsten Aufgaben der deutschen Sozialdemokratie, München 1891, S. 7.

19 Protokoll über die Verhandlungen des Parteitages der Sozialdemokratischen Partei Deutschlands, abgehalten zu Erfurt vom 14. bis 20. Oktober 1891, Berlin 1891, S 172.

20 Siehe den Aufruf der Generalkommission von 1891, zit. bei Schuster, Die deutsche Gewerkschaftsbewegung, S. 27.

entfachten leidenschaftlichen Diskussionen dürfen nicht den Blick dafür versperren, dass in der tagespolitischen Arbeit weit gehende Übereinstimmung herrschte. Der Kampf um demokratische Freiheiten und sozialen Wandel, den auch Marx und Engels ausdrücklich verfochten, war durch den zweiten Teil des Erfurter Programms vorgezeichnet und bestimmte auch das Handeln derer, die den unversöhnlichen Klassenkampf und die kommende soziale Revolution propagierten. Paul Kampffmeyer hat 1899 diese Einstellung mit den Worten gekennzeichnet: „Wunderbarerweise geht der heute vorhandene Zwiespalt zwischen den Radikalen und den Possibilisten mitten durch das Erfurter Programm, und er läuft – fast mit Händen greifbar – durch die Seele unserer begabtesten Theoretiker und Parteiführer. Auf der einen Seite überhäufen sie die bürgerliche Gesellschaft mit Bannflüchen über Bannflüchen, auf der anderen bessern sie mit glühender Tatkraft an dieser Gesellschaft herum."[21]

Grundlage dieser Arbeit waren Parteiorganisationen, Parlamente, Gewerkschaften, Genossenschaften und die Mitwirkung in Einrichtungen der Sozialversicherung und des Arbeitsrechts. Die Organisationsstruktur der Partei wurde elastisch den gesetzlichen Beschränkungen angepasst und damit auch den Frauen in den meisten Ländern eine Mitwirkung ermöglicht. Erst 1908 erlaubte ihnen der Gesetzgeber eine offene Mitgliedschaft im ganzen Reich. Nach der Aufhebung des Verbindungsverbotes im Jahre 1900 hatte die Partei ihr Organisationsgefüge mit dem Statut von 1905 vom bis dahin vorherrschenden Vertrauensleutesystem auf Vereine mit festen Mitgliedsbeiträgen umgestellt. Sie bauten sich von Orts- über Wahlkreisvereine, über Bezirks-, Provinzial- und Landesverbände bis zur Reichsorganisation mit dem Parteivorstand auf. In dem Anstieg der Mitgliederzahlen von 384 327 im Zeitabschnitt 1905/06 auf 1 085 905 im Jahre 1913/14 dokumentierte sich der Aufschwung der Organisation.[22] Das Anwachsen der Parteibürokratie durch Anstellung besoldeter Funktionäre war eine nahezu unausweichliche Begleiterscheinung einer Massenpartei, von der man Rat und Hilfe in allen Lebenslagen erwartete. Mit der kostenlosen Beratertätigkeit der zumeist von den Gewerkschaften unterhaltenen Arbeitersekretariate gewährte die Sozialdemokratie einer Vielzahl von Menschen Unterstützung bei der Wahrnehmung ihrer Rechtsansprüche, vor allem auf dem Sektor der Sozialversicherung. Daneben stand die intensive Bildungstätigkeit mit Hunderten von Kursen und Einzelvorträgen,

21 Paul Kampffmeyer, Schrittweise Sozialisierung oder gewaltsame Sprengung der kapitalistischen Wirtschaftsordnung, in: Sozialistische Monatshefte, 1899, Nr. 10, S. 466.
22 Vgl. Dieter Fricke, Zur Organisation und Tätigkeit der deutschen Arbeiterbewegung (1890-1914). Dokumente und Materialien, Leipzig 1962, S. 64ff.

Die Arbeiterbewegung als Bildungsbewegung

eigenen Bibliotheken, Theatervorstellungen und der Schaffung der „Freien Volksbühne", Wanderlehrern und der Einrichtung einer zentralen Arbeiterbildungsschule und der berühmten Parteischule. SPD und Freie Gewerkschaften vermittelten damit nicht nur das Rüstzeug für den politischen und gewerkschaftlichen Kampf, sondern waren damit auch eine Kulturbewegung im weitesten Sinne.

Stärker im Blickfeld der Öffentlichkeit stand jedoch die Arbeit in den Parlamenten. Die grundsätzlichen Gegensätze über die Staats- und Gesellschaftsordnung und der ihr gegenüber weitgehend geschlossen auftretende Block der bürgerlichen Parteien setzten dem Wirken der Sozialdemokratie im Reichstag enge Grenzen. Nur in wenigen Fällen fanden sich im bürgerlichen Lager für sie Bündnispartner. Bei ihrem Einsatz für größere Rechte des Parlaments und mehr Demokratie konnte die SPD am ehesten auf linksliberale Gruppierungen rechnen, während es im Bereich der Sozialpolitik schon einmal Brücken zum Zentrum und seinem christlichen Arbeitnehmerflügel gab. In entscheidenden Punkten, wie etwa bei dem Verlangen nach gesetzlicher Einführung des 8-Stunden-Tages oder nach Abschaffung des diskriminierenden preußischen Dreiklassenwahlrechts, stand sie nahezu ohnmächtig dem Block der Gegenkräfte gegenüber.

Nur durch eine Kompromiss-Taktik konnte die SPD in Grenzfällen direkten Einfluss auf die Gesetzgebung ausüben. 1894 stimmte die Fraktion zum ersten Mal einer Regierungsvorlage zu, die eine Ermäßigung der Getreideimportzölle vorsah und damit eine Verbilligung von Nahrungsmitteln erhoffen ließ. 1913 kamen durch ihre Stimme neue, wegen der Erhöhung der Militärausgaben notwendige Steuergesetze zu Stande, die endlich auch die Besitzenden trafen. Damit wurde das Prinzip des „Diesem System keinen Mann und keinen Groschen", das seinen sinnfälligen Ausdruck in der Ablehnung des Haushaltsetats fand, an einem wichtigen Punkt durchlöchert.

In den Landtagen war das schon früher geschehen, zuerst (1891) in Hessen und Baden. 1894 stimmte auch die bayerische Landtagsfraktion im Widerspruch zur Politik der Gesamtpartei dem Haushalt zu. Während in Preußen mit seinem nach dem Steueraufkommen gestaffelten Dreiklassenwahlrecht erst 1908 sozialistische Parlamentarier ins Abgeordnetenhaus einziehen konnten und die Norddeutschen so ihre Auffassung vom Staat als Unterdrückungsinstrument der herrschenden Klasse augenfällig demonstriert sahen, herrschte in den süddeutschen Staaten Baden, Hessen, Württemberg und Bayern ein liberaleres Klima. Durch Wahlbündnisse mit bürgerlichen Parteien, Zustimmung zum Etat und Gesetzesvorlagen errang die SPD hier sozialpolitische und demokratische Zugeständnisse, wie u. a. die Ersetzung von Klassenwahlsystemen durch ein allgemeines, gleiches Wahlrecht.

Mit besonderem Nachdruck wandten sich die Sozialdemokraten der Arbeit in den Kommunen zu und begründeten damit die nach 1945 intensivierte kommunalpolitische Tradition. Die an einigen Orten geschaffene Erwerbslosenunterstützung und die Einrichtung lokaler Arbeitsnachweise waren nicht zuletzt ihren unermüdlichen Anstrengungen zu verdanken. 1913 wurden annähernd 13 000 Gemeindevertreter der SPD gezählt.[23] Hier und in der Tätigkeit in Verwaltungs- und Vertretungskörperschaften der Arbeiterversicherung, der kommunalen Arbeitsnachweise und der Gewerbe- und Kaufmannsgerichte (für 1910 wurden fast 100 000 Sozialdemokraten geschätzt) lag eine der Wurzeln für das allmähliche Hineinwachsen der Sozialdemokratie in den Staat des Kaiserreiches.

Eine andere wuchs aus der Arbeit der Gewerkschaften. Mit ihrem System der Unterstützungseinrichtungen, für die sie in den Jahren 1891–1914 insgesamt 389,9 Millionen Mark ausgaben, davon 143,5 Millionen für Streik-, 89,9 für Arbeitslosen- und 91,0 Millionen für Krankenunterstützungen[24], boten sie ihren Mitgliedern ein System sozialer Sicherungen, das eine starke Attraktion auch auf bisher Nichtorganisierte ausübte. Erst

---

23 Vgl. dazu auch die detaillierte Statistik bei Ritter, Die Arbeiterbewegung im Wilhelminischen Reich, S. 233f.

24 Siehe Paul Umbreit, 25 Jahre deutsche Gewerkschaftsbewegung 1890 bis 1915, Berlin 1915, besonders die Schautafel auf S. 175.

Streikfonds schufen die Grundlage, Arbeitskämpfe länger durchzustehen. Seit der Jahrhundertwende brach sich der Gedanke der Tarifverträge, der zuerst als „Harmonieduselei" und „Verrat am Klassenkampf" angeprangert wurde, stärker Bahn. Carl Legien, der Vorsitzende der Generalkommission der Freien Gewerkschaften, sah in ihnen nicht nur ein wirksames Instrument zur Verbesserung der Löhne und Arbeitsverhältnisse, sondern auch eine „Anerkennung des Mitbestimmungsrechtes der Arbeiter bei der Festsetzung der Arbeitsbedingungen".[25] Wie Legien, so waren die meisten Gewerkschaftsfunktionäre, bedingt durch ihre auf praktische Verbesserungen gerichtete Tätigkeit, reformistisch eingestellt. Sie hielten nicht viel von Reden über Revolutionstheorien wie von abstrakten Theorien überhaupt und wollten möglichst alles vermieden sehen, was die Geschlossenheit ihrer Organisation und ihre bisherigen sozialpolitischen Erfolge gefährdet hätte.

4. Revisionismusstreit und Massenstreikdebatte

Wer Zweifel an der Gültigkeit der „rechten Lehre" hegte, wurde im Kommunismus schnell als „Revisionist" angeprangert. Der Vorwurf des „Revisionismus" wog schwer. Der Begriff ist alt. Er verbindet sich mit Eduard Bernstein, der mit seinen Reformtheorien um die Jahrhundertwende heftige Auseinandersetzungen in der deutschen Sozialdemokratie entfachte. Der Reformismus eines Vollmar und anderer zielte auf einen Wandel der politischen Strategie und Zielkonzeption, ohne die Substanz der marxistischen Theorie direkt in Frage zu stellen. Doch wurden in der „Reformismusdebatte" erstmals Stimmen des Zweifels an der Allgemeingültigkeit der marxistischen Lehre laut. In der praktischen Konsequenz bedeuteten diese Auseinandersetzungen die Vorboten des späteren Revisionismusstreites.

Ausgelöst wurde er durch Eduard Bernstein. In einer Artikelserie in der „Neuen Zeit" (Probleme des Sozialismus 1896/97) und in seinem Buch „Die Voraussetzungen des Sozialismus und die Aufgaben der Sozialdemokratie" (1899) meldete er begründete Zweifel an, ob die tatsächliche Gesellschaftsentwicklung wirklich dem vom Kommunistischen Manifest und vom Erfurter Programm prognostizierten Trend zu einem Zweiklassenschema entspreche. Die Mittelschichten verschwänden nicht, sondern änderten nur ihren Charakter. Auch die mit der Katastrophentheorie verknüpften Voraussagen von den sich stetig verschärfenden Krisen und

25 Carl Legien, Tarifgemeinschaften und gemeinsame Verbände von Arbeitern und Unternehmern, in: Sozialistische Monatshefte, 1902, Nr. I, S. 29.

der wachsenden Verelendung der Arbeiterschaft hätten sich so nicht bewahrheitet. Vielmehr zeichneten sich gegenläufige Tendenzen ab, die von einem Wandlungsprozess und einer gewissen Zügelung des schrankenlosen Kapitalismus kündigten. Die Gründe für diese Entwicklung sah Bernstein vor allem in dem zähen Ringen der organisierten Arbeiterschaft um demokratische Mitsprache und soziale Besserstellung. Reformpolitik war somit für ihn zugleich systemveränderndes wie systemstabilisierendes Mittel.

Die Sozialdemokratie dürfe sich ihre Politik daher nicht von der Aussicht auf die „bevorstehende große soziale Katastrophe", den naturnotwendigen Zusammenbruch des Kapitalismus und seine zwangsläufige Ablösung durch den Sozialismus diktieren lassen. Sie müsse vielmehr ihre radikal-revolutionären Dogmen revidieren und sich auch in ihrer theoretischen Zielsetzung zu dem bekennen, „was sie heute in Wirklichkeit ist: eine demokratisch-sozialistische Reformpartei".[26] In diesem Sinne wollte Bernstein seinen häufig missdeuteten Ausspruch verstanden wissen: „dass mir die Bewegung alles – das, was man gemeinhin Endziel des Sozialismus nennt, nichts sei".[27]

Bernsteins Thesen, die sich vornehmlich auf sein Studium der industriellen Entwicklung in England, aber auch auf deutsche Statistiken stützten, entfachten eine leidenschaftliche, Jahre andauernde Diskussion. Mit der Verurteilung des Revisionismus durch die Parteitage, zuletzt den von 1903, und dem Bekenntnis zum von Kautsky vermittelten und von Bebel leidenschaftlich verfochtenen Marxismus war der Streit nicht entschieden. Auf die politische Praxis bezogen konstatierte Vollmar zu Recht, er kenne keinen Fall, bei dem sich im Reichstag geschlossene Fronten der „radikalen" Marxisten und der Revisionisten gegenüber gestanden hätten. Im Kern drehte sich die Auseinandersetzung gar nicht um das Problem, Reformpolitik oder nicht. Als Angelpunkt der Kontroverse erwies sich vielmehr die Vorstellung von der gesetzmäßigen Entwicklung zum Sozialismus über das notwendige Durchgangsstadium einer sozialen Revolution. Für Bernstein, der einen ethisch begründeten Sozialismus vertrat, der „Ideale, aber keine Doktrinen zu verwirklichen hat", war diese Erwartung „Utopisterei". Mit der Vorstellung der Revolution verband sich für ihn das Element der direkten Aktion und der Gewaltanwendung. In diesem, dem normalen Sprachgebrauch nahe stehenden Sinne wurde „Revolution" in der Partei jedoch kaum mehr gebraucht. Kautskys Wort, die Sozialdemokratie sei

---

26 Eduard Bernstein, Die Voraussetzungen des Sozialismus und die Aufgaben der Sozialdemokratie, Stuttgart 1904 (1. Aufl. 1899), S. 165.
27 So in einer Zuschrift an den Parteitag von 1898, u. a. abgedruckt bei Wilhelm Mommsen, Deutsche Parteiprogramme, München 1960, S. 371.

„eine revolutionäre, nicht aber Revolutionen machende Partei"[28], deutete die Vielschichtigkeit des Begriffes an. Als seine entscheidenden Merkmale kristallisierten sich die Erringung der politischen Macht durch die Arbeiterklasse und die radikale Umgestaltung der Wirtschaftsstrukturen heraus. Der Kampf für soziale Reformen fügte sich so ohne Bruch in die revolutionäre Zielvorstellung ein.

Die in der Partei vorherrschenden Marxisten sahen in den sich seit dem Gründerkrach von 1873 wiederholenden Konjunkturkrisen die Vorzeichen des Zusammenbruchs des Kapitalismus. Beredt verkündete August Bebel den Glauben, dass das Ende des Kapitalismus mit einer letzten schweren Wirtschaftskrise kommen und im Zusammenbruch der bisherigen Gesellschaftsordnung münden werde. „Schließlich", so meinte er 1884, „stürzt der ganze Plunder durch einen tüchtigen Ruck wie ein Kartenhaus zusammen"[29] und das Zeitalter des Sozialismus breche an. In seinem Buch „Die Frau und der Sozialismus", dem meistverbreiteten Werk der Sozialdemokratie, hat Bebel es eindrucksvoll ausgemalt: eine Gesellschaft vollkommener Freiheit, Gerechtigkeit und mit allen Segnungen der Gemeinschaftseinrichtungen, in der die Menschen in Eintracht und Harmonie die schöpferischen Kräfte frei entfalten könnten.

Seit ihren Anfängen verstand sich die Sozialdemokratie als Bannerträger einer neuen Zeit. Die Revolutionstheorie erfüllte dabei eine Doppelfunktion: 1. die radikale Kampfansage gegen die bestehende Klassen- und Ausbeutergesellschaft und 2. die Hoffnung auf eine sozialistische Zukunftsgesellschaft. Aus den Lehren von Marx und Engels bezog sie die „wissenschaftlich" untermauerte Gewissheit, mit der Geschichte im Bunde zu stehen, und die Überzeugung, dass die große Vision des Sozialismus mit Naturnotwendigkeit kommen werde. Gegen diese doppelte Zuversicht richteten sich die Zweifel der Revisionisten. Bebel warf ihnen darum vor, sie raubten der sozialistischen Arbeiterbewegung den Glauben und die Begeisterung.

Die Überzeugung vom kommenden Zusammenbruch der bürgerlichen, kapitalistischen Gesellschaftsordnung und dem unaufhaltsamen Sieg des Sozialismus erfuhr durch die Realität kräftige Dämpfer. Der seit 1896 einsetzende Wirtschaftsaufschwung zeigte eine für die SPD erstaunliche

---

28 Karl Kautsky, Zur Frage der Revolution, erstmal veröffentlicht in der Neuen Zeit 1893, XIV, 1. Danach in: Karl Kautsky, Der Weg zur Macht, 2, Aufl. 1910, Nachdruck Frankfurt/M. 1972, S. 154ff.

29 Bebel in einem Brief an Hermann Schlüter, 24.2.1884, zit. bei Hans-Josef Steinberg, Die deutsche Sozialdemokratie nach dem Fall des Sozialistengesetzes, in: Sozialdemokratie, hrsg. von Hans Mommsen, S. 57.

Die Wählerpartei (Plakat)

Lebens- und Anpassungsfähigkeit des Kapitalismus. Die Jahrhundertwende stand im Zeichen steigender Unternehmergewinne und beginnender Stagnation der Reallöhne, eines Stillstandes der staatlichen Sozialpolitik und erneuter staatlicher Repressionsversuche durch die sogenannte Umsturz- und Zuchthausvorlage. Auch der große Wahlerfolg von 1912, bei dem die Sozialdemokratie für die Stichwahlen ein Abkommen mit der linksliberalen Fortschrittspartei eingegangen war, führte sie kaum weiter, sondern mobilisierte vor allem ihre Gegner. Im sogenannten „Kartell der schaffenden Stände" schmiedeten sich die Interessenverbände aus Industrie, Landwirtschaft und gewerblichem Mittelstand eine mächtige Kampforganisation gegen die Sozialdemokratie.

Das sich zu Anfang des 20. Jahrhunderts deutlicher herauskristallisierende Unvermögen, die wachsende Größe in entsprechenden politischen Einfluss umzumünzen, mobilisierte die Kräfte in der Partei, die nach neuen Wegen Ausschau hielten. Die aufflammende Diskussion über den politischen Massenstreik war ein Reflex auf die sich verschärfenden inneren Gegensätze des Kaiserreichs und die Sackgassensituation der Sozialdemokratie. Von Engels, Bebel wie der im Juli 1889 in Paris aus der Taufe gehobenen Zweiten Internationale wurde der Massenstreik zunächst als untaugliches Mittel verworfen. Auch bei der von ihr erstmals für 1890 proklamierten Kundgebung zum 1. Mai lag eine allgemeine Arbeitsruhe außerhalb der Realitäten. Die belgischen Wahlrechtsstreiks, die „Umsturzvorlage", die russische Revolution von 1905 und befürchtete reaktionäre Staatsstreichpläne zur Abschaffung des Reichstagswahlrechts entfachten neue, heftige Erörterungen in der Parteipresse und auf den Parteitagen. Sie mündeten 1906 im Beschluss des Mannheimer Parteitages, die Massenarbeitseinstellung als geeignetes Abwehrkampfmittel bei einem Anschlag auf das Reichstagswahlrecht und das Koalitionsrecht anzuerkennen. Das bedeutete nicht nur eine Absage an jede offensive Nutzung, sondern auch einen gravierenden Vorbehalt gegenüber einem defensiven Einsatz.

Die Formulierung des Parteitages nahm Rücksicht auf die Gewerkschaften, die auf ihrem vorhergehenden Kölner Kongress jede Festlegung auf den Generalstreik energisch zurückgewiesen hatten. Mit dem sogenannten Mannheimer Abkommen setzten sie durch, dass solche, beide Organisationen berührende Aktionen nur gemeinsam entschieden werden durften. Mit dieser Abmachung erhielten sie ihre lange umstrittene Unabhängigkeit von der Partei garantiert, die nunmehr gezwungen war, sich mit der Generalkommission bei wichtigen politischen Entscheidungen abzusprechen. Neben dem vor allem von den Gewerkschaften verfochtenen Konzept, unnötige Risiken zu meiden und konsequent auf die Stärkung und Geschlossenheit der Organisation zu setzen, zeichneten sich in der Massenstreikdebatte die Konturen einer ganz anderen Strategie ab. Um Rosa Luxemburg, Franz Mehring und Karl Liebknecht sammelte sich eine „Linke", die in der revolutionären Komponente des Marxismus die Antwort auf die verschärften Klassengegensätze und den Wegweiser zu neuen Ufern zu finden glaubte. Unter dem Eindruck der russischen Revolution von 1905/06 wurde für sie der politische Massenstreik zum entscheidenden Kampfmittel zur Mobilisierung der Massen. Aus einer spontanen Erhebung der Arbeiterschaft, etwa zur Verhinderung eines Krieges, würden sich revolutionäre Kämpfe entwickeln, die schließlich in die sozialistische Revolution mündeten. Eine geschlossene Strategie zur Eroberung der politischen Macht haben die Linksradikalen nicht entwickelt. Sie wollten den revolutionären Kampfwillen der Massen wecken und mussten erleben, dass die Arbeiterschaft kaum für so einen risikoreichen Kurs zu gewinnen war.

In einem Punkt berührte sich ihr Konzept mit Vorstellungen des führenden Mannes des reformistischen Flügels, Ludwig Frank, und selbst mit Ansichten Bernsteins. Frank, den August Bebel zeitweise als seinen „Kronprinzen" betrachtete und der von rechts her auf eine Aktivierung der Politik drängte, wollte mit Hilfe des Massenstreiks die preußische Wahlrechtsreform erzwingen. Diese Vorstöße ordneten sich in seine Strategie der „totalen Mobilisierung der Kräfte der Partei im Dienste der Demokratisierung Deutschlands" ein, mit der er die Sozialdemokratie auf den Weg einer konsequenten demokratisch-sozialen Reformpartei führen wollte.

Keine der beiden Strömungen, die zur Aktion drängten, setzte sich durch, weder die linke, die mit der revolutionären Theorie in der Praxis ernst machen, noch die rechte, die den demokratisch-sozialen Reformkurs zur *der* Richtschnur des Handelns und der Aussagen nehmen wollte.[30] Den Parolen der radikalen Linken blieb die Resonanz in der Anhängerschaft weitgehend versagt. Die Einbindung in die praktische Gegenwartsarbeit der Gewerkschaften mit ihren Unterstützungskassen und die staatliche Sozialversicherung, die auf lange Sicht Wirkung gezeitigt hatte, führten zu einer partiellen Integration der Arbeiterschaft in den bestehenden Staat. Zu ihr trug auch bei, dass sich die Sozialdemokratie mit Mühe und Arbeit eine eigene Welt der vielfältigen Organisationen, der Volkshäuser und der Presse, der Bildungsinstitutionen und der Selbsthilfeeinrichtungen hatte aufbauen können, auf die sie zu recht stolz war. Bei einem nicht unerheblichen Teil der Arbeiter wuchs der Glaube, dass die bestehende Gesell-

---

30 Zum Zusammenhang vgl. Detlef Lehnert, Reform und Revolution in der Strategiediskussion der klassischen Sozialdemokratie, Bonn 1977.

schaftsordnung reformierbar sei und sie mehr zu verlieren hätten als ihre Ketten. Wenn sich trotz dieser Tendenzen der Revisionismus als Theorie nicht durchsetzte, dann zunächst schon deswegen, weil er keinen eingängigen Ersatz für den in der herrschenden Marxismusideologie verankerten visionären Zug liefern konnte. Trotz positiver Ansätze zum Ausbruch aus der Isolierung, wie in Süddeutschland, dem erfolgreichen Wahlbündnis mit der Fortschrittspartei von 1912, einer partiellen Zusammenarbeit in Fragen der Demokratie und Sozialpolitik mit Linksliberalen und Zentrumspartei, entsprach die revisionistische Theorie in der großen Linie nicht der inneren Situation des Kaiserreichs. Die Staatsverfassung des Wilhelminischen Reiches, die politisch-sozialen Machtverhältnisse und die Intransigenz der herrschenden Führungsschichten verhinderten eine konsequente konstruktive Mitwirkung im Sinne der Revisionisten und Reformisten.

Bestimmend für die Partei blieb das breite Spektrum der Parteimitte, die praktische Reformarbeit mit dem Festhalten an einer populärmarxistischen Theorie verband. Sie wurde zusehends zu einer bloßen Integrationsideologie, die nur noch eine Ventilfunktion für die aus der politischen und sozialen Situation erwachsenden Aggressionen erfüllte. Obwohl die Partei es strikt von sich wies, Revolutionen zu machen, und in ihrer Politik einen eindeutigen Reformkurs verfolgte, prägte der Wortradikalismus mit seinem revolutionären Pathos weiter das Gesicht der Sozialdemokratie. Dabei verstand sie unter sozialer Revolution zusehends einen wirtschaftlich-politischen Umgestaltungsprozess, der sich ohne ihr direktes Zutun vollziehen würde. Die Folge dieses Denkens war ein Verlust an aktivem Gestaltungswillen und das Warten auf das unvorhersehbare große Ereignis. Für diesen Moment galt es gerüstet zu sein, die einzig feste Bastion, die Organisationen, intakt zu halten und ihre Macht oder vermeintliche Macht nicht durch gewagte Manöver zu gefährden.

Als August Bebel am 13. August 1913 starb, hinterließ er eine Partei, die für die künftigen schweren Aufgaben nur unzulänglich gewappnet war. Als harter Kern der auf Parlamentarismus, freiheitliche Demokratie und soziale Gerechtigkeit drängenden Kräfte musste sie sich der Attacken derer erwehren, die eine Änderung der politisch-gesellschaftlichen Struktur des kaiserlichen Deutschland blockieren wollten. Mit den Wahlerfolgen der SPD verhärtete sich auch die Fronde aus „Junkern und Schlotbaronen", preußisch-deutscher Armee und völkisch orientierten Alldeutschen. Im Imperialismus fanden sie ein, namentlich bei den Reichstagswahlen von 1907 erfolgreich gehandhabtes Instrument, mit dem sie die bürgerlichen Massen unter der Fahne einer neuen Ideologie gegen die „vaterlandslosen Gesellen" ins Feld führen konnten.

V. Im Ersten Weltkrieg

1. Vaterlandsverteidigung und „Burgfrieden"

Am 25. Juli 1914, als sich die aufkommenden Wetterwolken der Kriegsgefahr immer drohender zusammenballten, erhob der sozialdemokratische Parteivorstand warnend seine Stimme: „Gefahr ist im Verzuge. Der Weltkrieg droht! Die herrschenden Klassen, die Euch im Frieden knebeln, verachten, ausnutzen, wollen Euch als Kanonenfutter missbrauchen. Überall muss den Machthabern in den Ohren klingen: Wir wollen keinen Krieg! Nieder mit dem Krieg! Es lebe die internationale Völkerverbrüderung!"[1] Nur wenige Tage später vernahm man einen neuen Ton aus der sozialistischen Presse: „Wenn die verhängnisvolle Stunde schlägt, werden die vaterlandslosen Gesellen ihre Pflicht erfüllen und sich darin von den Patrioten in keiner Weise übertreffen lassen."[2] Am 4. August schließlich stimmte die Fraktion, auch Karl Liebknecht, im Reichstag geschlossen für die von der Regierung geforderten Kriegskredite. Als ihr Sprecher erklärte der Parteivorsitzende Hugo Haase: „Wir lassen in der Stunde der Gefahr das eigene Vaterland nicht im Stich."[3]

Wie konnte es zu dem Stimmungsumschwung und zur Bewilligung der Kriegskredite kommen? Diese Frage war stets heftig umstritten. Die Urteile schwankten von Verrat und Sündenfall bis zu der Aussage, die Haltung der Sozialdemokratie habe nur einer festbegründeten Tradition entsprochen. Vertreter dieser Auffassung beriefen sich u.a. darauf, dass sich schon Marx und Engels zum Verteidigungskrieg bekannt hätten und August Bebel erklärte, er werde im Falle eines russischen Angriffs „die Flinte auf die Schulter" nehmen.[4] Auch das Erfurter Programm war nicht pazifistisch, sondern forderte die „Erziehung zur allgemeinen Wehrhaftigkeit" und eine

---

1 Aufruf des Parteivorstandes in: Vorwärts, 25.7.1914.
2 Artikelkorrespondenz (Friedrich Stampfer) vom 31.7.1914 mit dem Artikel „Sein oder Nichtsein", der in der Parteipresse am 2.8.1914 gebracht wurde.
3 Stenographische Berichte des Deutschen Reichstags, Bd. 306, S. 8f.
4 Am 7.3.1904 im Reichstag; Sten. Ber. Bd. 198, S. 1588. Noch im Sommer 1913, einige Wochen vor seinem Tode, führte er in der Budgetkommission des Reichstages aus: „Es gibt in Deutschland überhaupt keinen Menschen, der sein Vaterland fremden Angriffen wehrlos preisgeben möchte. Das gilt namentlich auch von der Sozialdemokratie."

„Volkswehr anstelle der stehenden Heere".[5] Gegner dieser Argumentation führten dagegen ins Feld, dass es um keinen Verteidigungskrieg, sondern um ein imperialistisches Völkermorden gegangen sei und die sozialdemokratischen Führer Verrat an der Sozialistischen Internationale und dem Prinzip des Internationalismus geübt hätten. Mit den Resolutionen der Kongresse von Stuttgart (1907), Kopenhagen (1910) und Basel (1912) verpflichteten sich die sozialistischen Parteien, „durch die Anwendung der ihnen am wirksamsten erscheinenden Mittel den Ausbruch des Krieges zu verhindern und falls das nicht zu verhindern sei, für dessen rasche Beendigung einzutreten"[6]. Dies war äußerst dehnbar. Da keine konkreten Maßnahmen verabredet wurden, blieb eigentlich alles offen.

In der moralischen Verurteilung des Krieges waren sich die Parteien der 2. Internationale einig, und sie suchten nach Wegen, den Ausbruch eines drohenden Konflikts zu verhindern. Vor dem Forum des Reichstages und des Parteitages erhob August Bebel immer wieder seine Stimme gegen das Wettrüsten und die Kriegstreiber. Die begründete Sorge, dass eine nationalistisch-militaristische Fronde in Deutschland den Kriegsbrand entfachen würde, lag ihm wie ein Albtraum auf der Seele. Er bestimmte seine Züricher Gespräche mit Generalkonsul Angst, der Bebels Warnungen an die englische Regierung weiterleitete. Vor dem Forum ihres Kongresses im Baseler Münster 1912 prangerten die führenden Sozialisten Europas, August Bebel und Jean Jaurès, Victor Adler und Keir Hardie, Hermann Greulich und Edoauard Vaillant, den Krieg als Geißel der Menschheit an. Ihre an die Adresse der Regierungen gerichtete Warnung, die Gewehrläufe könnten sich im Kriegsfall umdrehen, enthüllte sich im August 1914 als das, was sie war: eine Drohgebärde zur Einschüchterung der Kriegstreiber, doch für den Ernstfall ohne reale Stoßkraft.

Solange es um eine der üblichen Marokko- oder Balkankrisen zu gehen schien, demonstrierten die Bataillone der Arbeitermassen wie im Juli 1914 einhellig gegen den Krieg; doch in dem Moment, als der regionale Konflikt am 31. Juli definitiv in den großen Krieg umschlug, brach die 2. Internationale auseinander. In Russland und Serbien, wo die Sozialisten, brutal unterdrückt und zahlenmäßig schwach, einen Weg der gewaltsamen Revolution verfolgten, wandten sie sich gegen Kriegskredite. In allen anderen Krieg führenden Ländern, in denen die Arbeiterbewegung über eine breite, gut organisierte Massenbasis verfügte und den Weg einer parlamentarisch

5 Siehe Anhang Dokumente 3.
6 Internationaler Sozialistischer Arbeiter- und Gewerkschaftskongreß, Protokoll 1907, S.41, 66, 162, sowie Julius Braunthal, Geschichte der Internationale, Bd.2, Hannover 1961, S. 325, 349ff. und 370ff. (Neuauflage Bonn 1978).

orientierten, demokratisch-sozialen Reformpartei gegangen war, solidarisierten sich die Sozialisten in der Mehrheit mit ihrer Nation und unterstützten die Regierung. Gerade der Stimmungsumschwung in den Arbeitermassen bei Kriegsausbruch deutete an, wie sehr die Arbeiterschaft in diesen Ländern sich als Teil ihrer Nation fühlte und in den bestehenden Staat hineingewachsen war.

„Welche der verschiedenen Begründungen" – so heißt es zusammenfassend bei Susanne Miller – „für die im August 1914 inaugurierte Kriegspolitik der [deutschen] Partei- und Gewerkschaftsführung man auch untersuchen mag – die Anpassung an die allgemeine Volksstimmung; die Verteidigung gegen den russischen Zarismus, den britischen Imperialismus und die französischen Ansprüche auf Elsass-Lothringen; die Hoffnung auf Verbesserung des eigenen Status durch innenpolitische Reformen; die Sorge um die Bewahrung der sozialdemokratischen und gewerkschaftlichen ‚Errungenschaften' sowie des materiellen ‚Besitzstandes' ihrer Organisationen – jede Einzelne von ihnen und alle zusammengenommen weisen auf die Tatsache hin, dass der deutschen Arbeiterbewegung das Wilhelminische Reich als der Boden ihrer Existenz und ihres Wirkens erschien, den sie sich erhalten wollte."[7] Am klarsten hat diese Haltung vielleicht August Bebel auf dem Parteitag von 1907 mit den Worten gekennzeichnet: „Wenn wir wirklich einmal das Vaterland verteidigen müssen, so verteidigen wir es, weil es unser Vaterland ist, als den Boden, auf dem wir leben, dessen Sprache wir sprechen, dessen Sitten wir besitzen, weil wir dieses unser Vaterland zu einem Land machen wollen, wie es nirgends in der Welt in ähnlicher Vollkommenheit und Schönheit besteht."[8] Das hier formulierte Bekenntnis zur „Landesverteidigung" brach sich bei Kriegsausbruch mit elementarer Wucht unter den Massen Bahn, die noch wenige Tage zuvor für den Frieden auf die Straße gegangen waren. Es wurde in der Sozialdemokratie auch vom überwiegenden Teil derjenigen bejaht, die eine Bewilligung der Kriegskredite ablehnten und sich im Reichstag nur der Fraktionsdisziplin beugten. Selbst Karl Liebknecht lehnte zunächst den Grundsatz der Vaterlandsverteidigung nicht kompromisslos ab. Worum es

---

7 Susanne Miller, Die Sozialdemokratie in der Spannung zwischen Oppositionstradition und Regierungsverantwortung in den Anfängen der Weimarer Republik, in: Sozialdemokratie, hrsg. von Hans Mommsen, S. 84. – Eine ausführliche Darstellung gibt die gleiche Autorin in ihrem Buch: Burgfrieden und Klassenkampf. Die deutsche Sozialdemokratie im Ersten Weltkrieg, Düsseldorf 1974.

8 Protokoll über die Verhandlungen des Parteitags der Sozialdemokratischen Partei Deutschlands, abgehalten zu Essen a.d. Ruhr vom 15. bis 21. September 1907, Berlin 1907, S. 255. – Ganz ähnlich am 7.3.1904 im Reichstag; Sten. Ber. Bd. 198, S. 1588, vgl. auch Bd. 199, S. 3263.

den 14 Abgeordneten, darunter auch dem Parteivorsitzenden Hugo Haase, die in der Fraktionssitzung vom 3. August 1914 gegen die Kriegskredite votierten, wirklich ging, war die Einschätzung des Weltenbrandes als eines imperialistischen Raubkrieges sowie die Haltung zur Regierung und zu den bürgerlichen Parteien. Ihr Widerstand versteifte sich, als sich die politischen und wirtschaftlichen Kräftegruppen in einem sogenannten „Burgfrieden" zur Einhaltung eines innenpolitischen „Waffenstillstandes" für die Dauer des Krieges verpflichteten. Im Zeichen des Burgfriedens verstand sich die Parteimehrheit als eine Art Stütze der Reichsregierung unter dem Kanzler Bethmann Hollweg. In Angriffsstellung ging sie nur dann, wenn sie innenpolitische, die Arbeiterschaft besonders treffende Missstände anprangern wollte oder scheinbar über die Regierungslinie hinausgehende Kriegsziele und Restaurierungsversuche im Innern attackierte.

Diese Hinwendung zur Regierung wurde nicht zuletzt durch das taktische Geschick und die Persönlichkeit Bethmann Hollwegs erleichtert, der eine offene Anlehnung an die Bestrebungen annexionistischer und konservativ-reaktionärer Kräfte aus Wirtschaft, Militär und Parteien vermied. Statt für ihre Mitarbeit feste, garantierte innen- und außenpolitische Zugeständnisse auszuhandeln, hoffte die Parteimehrheit auf eine innenpolitische „Neuorientierung", vor allem in Form der preußischen Wahlrechtsreform. Bis in das Jahr 1917 hinein ist es dem Kanzler und den bürgerlichen Parteien der linken Mitte immer wieder gelungen, die Sozialdemokraten durch Versprechungen und äußeres Entgegenkommen an die Regierungspolitik zu ketten.

2. Parteispaltung und Entstehung der USPD

Im Gegensatz zur Parteimehrheit plädierte die Gruppe der Kriegskreditverweigerer für die Beibehaltung der traditionellen Oppositionsrolle der Partei. Es spricht vieles dafür, dass diese Gegensätze nicht zur Spaltung hätten führen müssen, wenn sich nicht mit jeder neuen Abstimmung über Kriegskredite das Problem in seiner ganzen Schärfe wieder und wieder gestellt hätte. Als erster brach Karl Liebknecht aus der Fraktionsdisziplin aus und stimmte am 2. Dezember 1914 im Reichstag offen gegen die zweite Kriegskreditvorlage. Ihm schloss sich bei der nächsten Vorlage Otto Rühle an, während andere oppositionelle Abgeordnete vor Beginn der Abstimmung den Plenarsaal verließen. Im Dezember 1915 waren es schon 20 Abgeordnete, die unter Abgabe einer Erklärung, in der sie dem Reichskanzler Begünstigung der Annexionstreiber vorwarfen, im Reichstag gegen die Kredite votierten. Der endgültige Bruch kam im März 1916, als die Mehrheit der Fraktion dem Notetat zustimmte, während die Minderheit mit dem Parteivorsitzenden Haase unter Berufung auf den Magdeburger Parteitagsbeschluss von 1910 das Notbudget ablehnte. Da die Opposition ihre Absicht, im Plenum des Reichstages entgegen dem Fraktionsbeschluss zu stimmen, geheim hielt, sah eine Mehrheit darin nicht nur einen „Disziplinbruch", sondern einen „Treubruch". Mit 58 zu 33 Stimmen sprach sie den 20 Dissidenten die Rechte der Fraktionszugehörigkeit ab. Unter dem Namen „Sozialdemokratische Arbeitsgemeinschaft" konstituierten sie sich als selbstständige Fraktion. Die Fraktionsspaltung bedeutete zunächst noch nicht die Parteispaltung. Erst mit der Einberufung einer Reichskonferenz der Opposition im Januar 1917, die der Parteiausschuss als Gründung „einer Sonderorganisation gegen die Partei" verurteilte, erwies sich die Kluft in der Partei als unüberbrückbar. Am 6./7. April 1917 wurde im Volkshaus in Gotha die „Unabhängige Sozialdemokratische Partei Deutschlands" (USPD) ins Leben gerufen.

Die Frage, ob diese organisatorische Spaltung hätte vermieden werden können, lässt sich nicht eindeutig beantworten. Sicher reichen die Wurzeln zu den ideologischen, programmatischen und politischen Gegensätzen in der Vorkriegssozialdemokratie zurück. Stets galt für die Partei der Grundsatz, den der Parteiveteran Richard Fischer auf die knappe Formel brachte: „Solange die Partei existiert, haben wir Meinungsverschiedenheiten gehabt und nicht verborgen. ... Aber solange es eine Partei gibt, war es ihr Grundsatz, nach außen die Einigkeit zu bewahren."[9] Doch gerade die starre Handhabung der zum Dogma gewordenen Parteitradition der „Einigkeit nach außen", die Disziplinbruch geradezu als Meuterei wertete, hat die Gegensätze besonders verschärft. Ließen sich vor dem Krieg die Spannungen noch durch mehr oder weniger theoretische Kompromissresolutionen und eine Taktik des Vertagens auffangen, so wurde die Sozialdemokratie im Weltkrieg vor eine Situation gestellt, die ein Ausweichen blockierte und unmittelbare Entscheidungen forderte.

Schon die Tatsache, dass zu Kriegsausbruch Vertreter der radikalen Linken wie Konrad Haenisch und Paul Lensch in das nationale Fahrwasser einschwenkten, während „Revisionisten" wie Eduard Bernstein und Kurt Eisner zur USPD gingen, deutete an, dass der Schnitt nicht zwischen revolutionären Marxisten auf der einen, Revisionisten und Reformisten auf der anderen Seite erfolgte. Die Trennungslinie wurde vielmehr durch die

---

9 In der Fraktionssitzung vom 20.12.1915, in: Die Reichstagsfraktion der deutschen Sozialdemokratie 1898 bis 1918. Bearbeitet von Erich Matthias und Eberhard Pikart, Düsseldorf 1966, Bd. 2, S. 106ff., Zitat S. 107.

Streitpunkte Kriegskredite, Burgfrieden wie insbesondere Stellung zur Regierung und den bürgerlichen Parteien markiert. Während die Parteimehrheit auf einen Kurs der Kooperation einschwenkte, setzte die USPD die Linie der durchgängigen Opposition fort. Sie verstand sich als die wahre Erbin der „alten" Sozialdemokratie eines Marx, Engels, Lassalle und Bebel, einer von allen anderen gesellschaftlichen Gruppierungen scharf geschiedenen Gegenpartei. Ungehindert durch den Zwang der Kompromisse wollte sie den Kampf gegen den Krieg und gesellschaftliche Missstände, für Frieden, Demokratie und Sozialismus führen.

Neben Vertretern der linken Parteimitte, pazifistisch eingestellten Revisionisten wie Bernstein und Eisner, fanden in der USPD auch radikale Linke ein Operationsfeld. Während die sogenannte Bremer Linke als „Internationale Kommunisten Deutschlands" den Weg der Selbstständigkeit wählte, schloss sich die am 1. Januar 1916 um Rosa Luxemburg und Karl Liebknecht gebildete „Gruppe Internationale", nach ihren „Spartakusbriefen" „Spartakus"-Gruppe genannt, zunächst organisatorisch der USPD an. Der Partei nahe standen die „Revolutionären Obleute", eine Gruppe qualifizierter, in Berlin aktiver Metallarbeiter, die sich vor allem bei der Organisierung von Streikbewegungen hervortaten.

Im Streik vom Frühjahr 1917, den Marineunruhen im Sommer 1917 und bei dem großen Januarstreik 1918 zeigte sich, wie sehr die Mehrheitssozialdemokraten (MSPD) an Einfluss unter den Arbeitern verloren hatten. Für viele unter den hungernden, verbitterten, kriegsmüden Massen war die USPD zu der Partei der Hoffnung geworden. Eine eindeutige Antwort, warum sie zunächst nur, wie die Reichstagsersatzwahlen belegten, eher dürftige Erfolge erzielte, lässt sich nicht geben. Mit soziologischen Ursachen ist es allein nicht zu erklären. Die Mitglieds- und Anhängerschaft war heterogen. Große Bedeutung hatte es sicherlich, dass die Parteimehrheit weiterhin über den größten Teil des Parteiapparates und der Parteipresse verfügte, die USPD von der Obrigkeit durch Zensur und andere Repressionsmaßnahmen stärker getroffen wurde und schließlich für viele Arbeiter die MSPD trotz allen Ärgers doch noch immer *die* Traditionspartei darstellte, von der man nicht einfach zu einer neuen Partei überlief.

3. Der Weg der Mehrheitssozialdemokratie in die Regierungsverantwortung

Mit der Abspaltung der USPD hatte die SPD ihre Monopolstellung als *die* Repräsentation der deutschen Arbeiterbewegung eingebüßt. Umfasste bisher die Sozialdemokratie den ganzen linken Sektor des Parteienfeldes, so füllte die Mehrheitssozialdemokratie davon nur noch einen Teilbereich aus. Mit dem Auftreten der linken Konkurrenz rückte die Mehrheitspartei im politischen Spektrum zur Mitte. Trotz aller Aktivität des äußersten rechten Flügels, der für eine radikale Neuorientierung plädierte, blieb für ihre Politik die breite Parteimitte ausschlaggebend, repräsentiert vor allem durch Scheidemann und Ebert.

Philipp Scheidemann (26. 7. 1865 – 29. 11. 1939), gelernter Buchdrucker, begann seine politische Laufbahn als Redakteur an sozialdemokratischen Zeitungen. Im Reichstag, dem er seit 1903 angehörte, trat er als brillanter Redner hervor. Das Parlament blieb – ungeachtet seines 1911 erfolgten Eintritts in den Parteivorstand – die Haupttribüne seines Wirkens, die ihn nach dem Tode Bebels zum bekanntesten Führer der Sozialdemokratie machte. 1913 wurde er zum Mitvorsitzenden der Fraktion gewählt. Im Kriege ging faktisch die Fraktionsführung immer stärker auf ihn über, da Haase schon vor seinem Ausscheiden aus der Fraktionsspitze an Gewicht verloren hatte. In seiner politischen Grundhaltung vertrat Scheidemann den für die Parteiführung typischen Kurs der Mitte. Erst im Kriege rückten er und Ebert durch die Auseinandersetzungen mit der Parteiminderheit an den gemäßigten rechten Flügel der Partei heran. Von 1917 bis 1919 war er neben Ebert Vorsitzender der SPD.

Friedrich Ebert (4. 2. 1871 – 28. 2. 1925) schloss sich als junger Sattlergeselle der sozialdemokratischen Arbeiterbewegung an. Nach bitteren Erfahrungen auf der Wanderschaft – Arbeitslosigkeit, Aussperrungen – entfaltete er seit 1891 in Bremen eine rege agitatorische und organisatorische Aktivität. Mit gerade 23 Jahren übte er eine Fülle von Funktionen aus: Redakteur an der Bremer Bürgerzeitung, Vorsitzender des lokalen Sattlerverbandes, des Bremer Gewerkschaftskartells und der dortigen SPD. Seit 1900 war er als Arbeitersekretär in Bremen tätig. Vom Jenaer Parteitag 1905 wurde Ebert als hauptamtlicher Sekretär in den Parteivorstand gewählt, leitete die Arbeiterjugend und war zuständig für die Beziehungen zur Gewerkschaftsführung. Seit 1912 MdR trat Ebert 1913 als Nachfolger August Bebels neben Haase an die Spitze der Partei. An der im Erfurter Programm verankerten theoretischen Grundlage wollte auch Ebert nicht rütteln. Er setzte auf die Erringung der politischen Macht durch den Stimmzettel. Beharrliche Reformarbeit, Wahrung der Parteieinheit und Vorsicht prägten seine politische Taktik.

Ebert wie auch Scheidemann legten großen Wert darauf, die Politik der Sozialdemokratie im Kriege als eine logische Fortsetzung der traditionellen Linie zu motivieren. Obwohl bei günstiger Kriegslage selbst in ihren Reihen verschiedentlich annexionistische Tendenzen durchschimmerten, blieben Ablehnung aller Eroberungspläne und Selbstbestimmungsrecht der Völker, wie schon am 4. August 1914 verkündet, die Grundsätze für den geforderten „Verständigungsfrieden". Als „Scheidemann-Frieden" erhielt diese Formel für Freunde und Feinde personifizierte Gestalt.

Die russische Februarrevolution von 1917 gab den enttäuschten Hoffnungen der kriegsmüden Massen mächtigen Auftrieb. In einer großen Streikwelle im April 1917 brach sich die Friedenssehnsucht von Arbeitern und Arbeiterinnen und der Protest gegen Hunger, „Kriegsverlängerer" und das Ausbleiben innerer Reformen Bahn. Die Wucht dieser Ereignisse spiegelte sich in einer Resolution der Führungsgremien der MSPD. Mit „leidenschaftlicher Anteilnahme" begrüßte sie den „Sieg der russischen Revolution" und erklärte sich mit der Forderung des Petersburger Arbeiter- und Soldatenrates solidarisch nach einem Frieden „ohne Annexionen und Kriegsentschädigungen auf der Grundlage einer freien Entwicklung aller Völker".[10]

In der Sache trafen sich damit die Mehrheitssozialdemokraten weitgehend mit den Forderungen der Unabhängigen. Sicher hat auch die Gründung der USPD auf die Entscheidungen der MSPD eingewirkt, musste sie doch fürchten, dass ihre Anhängerschaft zu der linken Konkurrenzpartei überlief. Der große Durchbruch blieb der USPD versagt, der Druck von links dadurch beschränkt und der Spielraum der Mehrheitssozialisten zur Mitte erhalten. Statt zur Einigungsbasis zwischen den sozialistischen Gruppen wurde die Formel „Keine Annexionen, keine Kontributionen!" mit der sogenannten Friedensresolution des Reichstages vom 19. Juli 1917 zur Sammlungsplattform für MSPD, Zentrum und Fortschrittspartei. Unter dem Eindruck der zunehmenden Aussichtslosigkeit eines baldigen Sieges der deutschen Waffen wuchs bei den Linksliberalen und dem Zentrum, bei denen lange expansionistische Strömungen dominiert hatten, der Wunsch nach einem „Verständigungsfrieden". Vorangetrieben durch den unermüdlich agierenden Zentrumsabgeordneten Matthias Erzberger schufen sich die drei Parteien in dem „Interfraktionellen Ausschuss" ein ständiges Kontaktforum. Die bisherigen Fronten im Reichstag wurden damit verschoben. Es war eine neue Mehrheit entstanden, die das Muster für die spätere Weimarer Koalition abgab. Links von ihr stand die USPD, die von vornherein eine Mitwirkung verweigerte, rechts die zum ersten Mal in eine Isolierung gedrängten konservativen Gruppierungen.

10 Abgedruckt in: Protokoll über die Verhandlungen des Parteitages der Sozialdemokratischen Partei Deutschlands, abgehalten zu Würzburg vom 14. bis 20. Oktober 1917, Berlin 1917, S. 36.

Diese neue Parteienkonstellation bedeutete eine wichtige Etappe der Sozialdemokratie auf dem Weg von einer nahezu reinen Oppositionspartei zu einer möglichen Regierungspartei. Allerdings wurde durch diese Bindung der Spielraum für die Entfaltung und Durchsetzung einer eigenständigen Politik auch sichtlich eingeengt. Beim großen Januarstreik von 1918, in dem mächtiger als je zuvor der Ruf nach „Frieden, Freiheit und Brot" erschallte, bewiesen die bürgerlichen Partner der MSPD nur wenig Loyalität, während sie nicht zuletzt für diese Kooperation mit einem tiefen Entfremdungsprozess zu ihrer Anhängerschaft büßen musste. Trotzdem glaubten die Sozialdemokraten sich Ende September 1918 nicht mehr dem Ruf zum Eintritt in eine neue Regierung versagen zu können.

In dem Moment, als die militärische Niederlage offenkundig wurde, unternahmen die Parteien der späteren Weimarer Koalition den Versuch, durch eine vom Vertrauen der Reichstagsmehrheit getragene Regierung unter dem Prinzen Max von Baden den drohenden Zusammenbruch zu verhindern. Grundsätzlicher Einspruch wurde von niemandem in der Fraktion erhoben, sondern nur taktische Bedenken geltend gemacht. Mit Philipp Scheidemann und dem als Vertrauensmann der Gewerkschaften bestimmten 2. Vorsitzenden der Generalkommission, Gustav Bauer, gehörten zum ersten Mal in Deutschland Sozialdemokraten als Staatssekretäre einer Regierung an. Obwohl es diesem Kabinett vordringlich auf Beendigung des Mordens durch einen Frieden der Verständigung ankam, brachte es doch zugleich die Verwirklichung eines anderen Kernanliegens der SPD: die Einführung des parlamentarischen Regierungssystems in Deutschland. Doch die demokratischen Neuerungen wurden überschattet durch den alles überlagernden militärischen Zusammenbruch. Dadurch, dass nach außen hin die Regierung und in vorderster Front Erzberger die Verantwortung für den Waffenstillstand übernahmen, konnten die Initiatoren dieses Schrittes sich vor der Öffentlichkeit der Verantwortung entziehen. Es waren die Generale an der Spitze der Obersten Heeresleitung Hindenburg und Ludendorff, die auf den Waffenstillstand gedrängt, die Politiker vorangestoßen und im Falle Hindenburg die Annahme der Waffenstillstandsbedingungen gebilligt hatten. Die Militärs und die nationalistischen Kräfte jeder Couleur nutzten die Verschleierung der wahren Hintergründe aus, um mit der sofort ins Spiel gebrachten „Dolchstoßlegende" die demokratischen Kräfte zu diskreditieren und zu kaschieren, dass sie selbst es waren, die das Kaiserreich in die militärische Niederlage geführt hatten.

VI. Von der Revolution zur Weimarer Republik

1. Die deutsche Revolution 1918/19

Als Ende Oktober 1918 die deutsche Admiralität hinter dem Rücken von Regierung und Parlament die Flotte in ein letztes Gefecht führen wollte, rissen die Matrosen das Feuer unter den Kesseln fort. Nun, wo der Friede vor der Tür stand, sahen sie keinen Sinn darin, ihr Leben für ihre Offiziere in einer Todesfahrt zu opfern. So spontan wie diese Aktion verlief die ganze „Novemberrevolution". Am 4. November beherrschte in Kiel ein Arbeiter- und Soldatenrat die Stadt, und drei Tage später hatten die Aufständischen fast die gesamte Flotte in ihren Händen. Wie von einem Sturmwind angefacht sprang der revolutionäre Funke von den Hafenstädten ins Landesinnere über. Von Kiel bis München, von Köln bis Breslau, zuletzt in Berlin begehrten Soldaten und Arbeiter auf gegen die Obrigkeit und den Militarismus, motiviert von dem Verlangen nach Frieden, Freiheit, Brot und getragen von der Hoffnung, dass nun alles anders und besser würde.

Die Monarchen konnten nicht schnell genug ihren Thron räumen. Wie ein morsches Gemäuer brachen die alten Staatsorgane bei dem ersten Anstoß zusammen. In den Arbeiter- und Soldatenräten, die allerorten wie Pilze aus der Erde schossen, schuf sich die Massenbewegung ihre Revolutionsorgane. Sie griffen auf das russische Vorbild zurück und waren in Deutschland in Vorformen schon bei den Marineunruhen von 1917 und im Januarstreik von 1918 aufgetreten. Weder Mehrheitssozialdemokraten noch die Unabhängigen und auch nicht die Revolutionären Obleute und die Spartakusgruppe hatten diese Revolution „gemacht". Ihr Charakteristikum war nicht planmäßige Vorbereitung und lenkende Führung, sondern die Spontaneität der kriegsmüden Massen. Das Symbol des Sozialismus, die rote Fahne, erkoren sie sich vor allem deshalb zu ihrem Banner, weil sich darin Frieden nach außen und Opposition gegen die herrschenden Mächte verkörperte.

Mehrheitssozialdemokraten wie die Führungskräfte der Unabhängigen gaben letztlich nur dem Druck der Umstände nach. Der sehnlich erwartete, sich aber verzögernde Frieden und die mit ihm zusammenhängende revolutionäre Bewegung bestimmten das Gesetz des Handelns. In der

Nacht vom 7. zum 8. November proklamierte, unabhängig von der Matrosenbewegung, Kurt Eisner von der USPD in München die sozialistische Räterepublik. Zum gleichen Zeitpunkt stellte die MSPD in Berlin ein Ultimatum, in dem sie den Rücktritt Kaiser Wilhelms II. forderte. Ihr Schritt stieß ins Leere. Die revolutionäre Welle war auch in der Reichshauptstadt nicht mehr zu bremsen. Am Morgen des 9. November verließen die Arbeiter in Berlin ihre Betriebe. In machtvollen Demonstrationszügen, die Zuzug von Soldaten und aus der kriegsmüden Bevölkerung erhielten, marschierten sie zum Parlaments- und Regierungsviertel. Unter dem Eindruck der Massenstimmung verkündete Prinz Max von Baden eigenmächtig die Abdankung des Kaisers und übergab Friedrich Ebert, dem Vorsitzenden der Mehrheitssozialdemokraten, das Amt des Reichskanzlers. Dessen Überlegungen, zunächst auf die Abschaffung der Monarchie zu verzichten, um das befürchtete Chaos und den Bürgerkrieg zu vermeiden, erwiesen sich als illusorisch. Die monarchische Staatsform war unter dem Ansturm der Massen gefallen. Am frühen Nachmittag rief Philipp Scheidemann vom Reichstag aus die Republik aus, während Karl Liebknecht vom Balkon des Berliner Schlosses die Sozialistische Republik proklamierte.

Doch nicht ein Gegeneinander, sondern ein Miteinander der sozialistischen Gruppierungen unter der Parole „Kein Bruderkampf" war die beherrschende Stimmung dieser Tage. Ihr entsprach auch Ebert mit dem Angebot an die Unabhängigen zur Bildung einer gemeinsamen, paritätisch zusammengesetzten Regierung aus MSPD und USPD. Selbst einem Eintritt Karl Liebknechts stellte sich Ebert nicht entgegen, sondern bezeichnete ihn als „angenehm". Doch Liebknecht lehnte ab, ebenso wie Georg Ledebour, ein Vertreter des radikalen Flügels der USPD.

Am 10. November trat in der Reichskanzlei die Revolutionsregierung erstmals zusammen. Diesem „Rat der Volksbeauftragten", wie er sich nannte, gehörten je drei Vertreter der MSPD (Ebert, Scheidemann und Otto Landsberg) und der USPD an (Haase, Wilhelm Dittmann und Emil Barth als Vertrauensmann der Revolutionären Obleute). Der Rat der Volksbeauftragten verdankte sein Mandat der Revolution, was äußerlich mit der Bestätigung der Revolutionsregierung durch die Versammlung der Berliner Arbeiter- und Soldatenräte im Zirkus Busch dokumentiert wurde. Aber es war nicht minder charakteristisch, dass in der vorhergehenden „Koalitionsvereinbarung"[1] zwischen den beiden Parteien das Verbleiben der amtierenden bürgerlichen Staatssekretäre auf ihren Posten vorgesehen war.

1 U.a. abgedruckt in: Die deutsche Revolution 1918-1919. Dokumente. Hrsg. von Gerhard A. Ritter und Susanne Miller, Neuauflage Hamburg 1975, S. 85f.

Die Gründung der deutschen Republik.

Für Ebert-Scheidemann!

Gegen Spartakus!

Volksbeauftragte (Friedrich Ebert, Philipp Scheidemann, Otto Landsberg, Hugo Haase, Wilhelm Dittmann und Emil Barth) und Volksmassen

Mit der Vereinigung des Großteils der Funktionen, die bis dahin von Parlament, Regierung, Kaiser und Bundesrat ausgeübt wurden, verfügte der Rat der Volksbeauftragten über weit reichende Kompetenzen. Doch ebenso groß waren die Probleme, mit denen er sich konfrontiert sah: die Erbschaft des verlorenen Krieges mit den drückenden Waffenstillstandsbedingungen und die Fortsetzung der Blockade durch die ehemaligen Kriegsgegner. Das Reich drohte in Hunger und Chaos zu versinken und auseinander zu fallen. Hier hat die Revolutionsregierung Vortreffliches geleistet. Die Not des Augenblicks wurde gelindert, die schlimmsten Folgen des Krieges beseitigt, die Hungersnot bekämpft, die zurückkehrenden Soldaten weitgehend integriert und mit einem Bündel sozialpolitischer Regelungen über Arbeiterschutz, Krankenversicherung, Arbeitsbeschaffung und Arbeitslosenunterstützung wichtige Reformen eingeleitet. Die Aufhebung der Zensurbestimmungen und der Ausnahmegesetze war für Sozialdemokraten ein Akt der Selbstverständlichkeit, ebenso wie die Freiheit der Meinungsäußerung und die Freiheit und Sicherheit der Person. Mit der Einführung des allgemeinen, gleichen Verhältniswahlrechts für alle Parlamente und dem Wahlrecht der Frauen verwirklichten sie einige ihrer großen traditionellen Ziele, mit der Verkündung des Achtstundentages ein anderes. In den Jahren der Weimarer Republik galt die gesetzliche Festlegung der achtstündigen Höchstarbeitszeit bei der arbeitenden Bevölkerung als *die* große Errungenschaft der Revolution. Aus einer tief verwurzelten Demokratieauffassung heraus verstand sich die Volksbeauftragtenregierung unter Ebert und Haase nur als ein Provisorium für die revolutionäre Umbruchsperiode. Mit der Ankündigung der Nationalversammlung legte sich das Kabinett sofort auf ein aus allgemeinen Wahlen hervorgehendes Volksparlament als verfassunggebendes Organ fest. Sie entsprach damit nicht nur dem Willen der MSPD-Spitze, sondern sie fand dabei auch Unterstützung bei der USPD-Führung und dem Großteil der Arbeiter- und Soldatenräte. In ihrer Mehrheit verstanden sich die Räte, in denen zunächst die Anhänger von Ebert und Scheidemann dominierten, als eine aus der Revolution geborene Übergangslösung und nicht als die Verfechter eines „Rätesystems" bzw. einer „Diktatur des Proletariats". Der in der öffentlichen Diskussion hochgespielte Gegensatz zwischen „Nationalversammlung" und „Rätesystem" spiegelte in keiner Weise die realen politischen Kräfteverhältnisse wider. Mit seiner Parole „Alle Macht den Räten" verfügte der Spartakusbund in der ersten Revolutionsphase nur über eine schmale Basis, wie die Wahlen zum Allgemeinen Kongress der Arbeiter- und Soldatenräte Deutschlands anschaulich demonstrierten. Unter den 489 Delegierten, die vom 16. bis 20. Dezember als eine Art Revolutions-

parlament in Berlin tagten, fanden sich nur 10 „Vereinigte Revolutionäre".
Mit 344 gegen 98 Stimmen lehnte die Vertretung der Arbeiter- und Soldatenräte die von Ernst Däumig propagierte sozialistische Republik auf der
Basis eines Räteaufbaus ab. Die große Mehrheit aus Mehrheitssozialisten,
dem rechten Flügel der USPD, den Soldatenvertretern und den wenigen
bürgerlichen demokratischen Delegierten entschied sich für eine aus allgemeinen, gleichen Wahlen hervorgehende Nationalversammlung. Als
Wahltermin bestimmte der Kongress ganz im Sinne der mehrheitssozialis-
tischen Volksbeauftragten den 19. Januar 1919. Aus diesen Wahlen gingen
die MSPD mit 37,9 Prozent, die USPD mit 7,6 Prozent der abgegebenen
Stimmen hervor. Sowohl in der Nationalversammlung wie in den eine
Woche später in Preußen durchgeführten Wahlen mit 36,4 Prozent für die
MSPD und 7,4 für die USPD kam keine sozialistische Mehrheit zu Stande.

Zu diesem Zeitpunkt war die Koalition zwischen den beiden Parteien
schon zerbrochen. In der Nacht vom 29./30. Dezember räumten die
USPD-Volksbeauftragten nach einem Streit über den Einsatz von Militär
gegen revoltierende Matrosen ihre Plätze im Kabinett und wurden durch
zwei Mehrheitssozialdemokraten, Rudolf Wissell und Gustav Noske,
ersetzt. Anstelle der euphorischen Stimmung der Novembertage herrschte
nun eine Atmosphäre der Konfrontation innerhalb der sozialistischen
Arbeiterbewegung.

In der Übernahme der staatlichen Verantwortung lag eine der Ursachen
für die aufkommenden Gegensätze. Das galt sowohl für die Stellung der
sozialistischen Parteigruppen MSPD, USPD und Spartakus/KPD zueinander, wie auch für das Verhältnis zwischen Führung und Anhängerschaft
innerhalb dieser Gruppierungen. Als Gegenpol zu dem Elend des Krieges
wirkte der 9. November für die revolutionären Massen wie der Anbruch
einer neuen Zeit. Die Arbeiterklasse schien wieder eins, die Macht im
Staat errungen und durch ihre eigenen Vertreter wahrgenommen; alle lang
gehegten Verheißungen des Sozialismus sollten nun ihre Erfüllung finden.
Jahrzehntelang hatte man von Klassenkampf und der Eroberung der politischen Macht durch die Arbeiterklasse gesprochen und sich vorgestellt, dass
die „Sozialisierung" der Produktionsmittel die unabdingbare Voraussetzung des Sozialismus sei. Nun, da an der Spitze des Staates und der Länder
ihre Revolutionsregierungen und Revolutionsorgane standen, erwartete
man, dass mit den Verheißungen Ernst gemacht werde.

Statt dessen musste man erleben, dass in der Bürokratie, bei dem Militär und in der Wirtschaft beinahe alles beim Alten blieb. Auf den Land-
rats- und Bürgermeisterstühlen, in den Schaltstellen der Industrie und der
Wirtschaft, auf den Offiziersposten und in den Behörden des Reiches und

der Länder saßen, abgesehen von einzelnen Vertretern und „Kontrolleuren" der Arbeiterklasse, immer noch die Repräsentanten des Obrigkeitsstaates und der Militärkaste, der „Landlords" und der Industriebosse. So gab es ein halbes Jahr nach Ausbruch der Revolution unter den 470 preußischen Landräten erst einen einzigen Sozialdemokraten. In den Weihnachtsunruhen von 1918, als sich herbeigeeilte Berliner mit den meuternden Matrosen gegen das eingesetzte Militär solidarisierten, machte sich die beginnende Unzufriedenheit schon deutlich Luft. Im Ruhrgebiet und Oberschlesien, Berlin, Bremen und Braunschweig, Sachsen und Thüringen flammten Unruhen auf. Neben Streikbewegungen für höhere Löhne und bessere Ernährung zielten andere Massenaktionen auf Sozialisierung der Betriebe, dauernde Beibehaltung der Arbeiterräte, bis hin zum gewaltsamen Sturz des kapitalistischen Systems.

Das demokratische Potenzial, das in diesen Massenbewegungen lag, blieb weitgehend ungenutzt. Es schlug sich im Wesentlichen nur in formalen Gesetzesbestimmungen wie dem Sozialisierungsgesetz vom März 1919 und dem Räteartikel 165 der Weimarer Verfassung nieder, nicht aber in einer wirklichen, dauerhaften Demokratisierung und sozialen Umstrukturierung von Staat und Gesellschaft.

Über die Ursachen ist viel geschrieben worden. In der DDR steckte das Zentralkomitee der SED mit seinen „Thesen" über „Die Novemberrevolution 1918 in Deutschland" den Bewertungsrahmen ab „als eine bürgerlich-demokratische Revolution, die in gewissem Umfange mit proletarischen Mitteln und Methoden durchgeführt wurde".[2] Neben dem anfänglichen Fehlen einer „marxistisch-leninistischen Kampfpartei" spielte für die kommunistische Geschichtsschreibung der „Verrat" der SPD-Führer eine entscheidende Rolle. In der Bundesrepublik wurde dagegen lange Zeit die Ansicht vertreten, dass es 1918/19 nur die Wahl zwischen der „sozialen Revolution im Bund mit den auf eine proletarische Diktatur drängenden Kräften oder die parlamentarische Republik im Bund mit konservativen Elementen wie dem Offizierskorps" gegeben habe.[3] In den Reihen der

2 Siehe: Die Novemberrevolution 1918 in Deutschland. Thesen anläßlich des 40. Jahrestages, in: Zeitschrift für Geschichtswissenschaft 6 (1958), Sonderheft, S. 1-27, Zitat S. 21; vgl. dazu im gleichen Heft, S. 28-54, Walter Ulbricht, Begründung der Thesen über die Novemberrevolution 1918. Dieser Linie folgte in den Grundzügen auch die Bewertung von Georg Fülberth/Jürgen Harrer, Die deutsche Sozialdemokratie 1890-1933, Darmstadt und Neuwied 1974, S. 127, ebenso in Jutta von Freyberg/Georg Fülberth/Jürgen Harrer u.a.: Geschichte der deutschen Sozialdemokratie 1863-1975, Köln 1975.

3 So lautete die Formulierung von Karl Dietrich Erdmann, Die Geschichte der Weimarer Republik als Problem der Wissenschaft, in: Vierteljahrshefte für Zeitgeschichte 3, 1955, S. 6f.

Sozialdemokraten hieß es überwiegend, die SPD sei, als Not am Mann war, in die Bresche gesprungen und habe Deutschland vor dem Bolschewismus und der Rätediktatur bewahrt. Dagegen führte Willy Brandt ins Feld, dass die Behauptung der Bolschewismus-Gefahr „eine unerlaubte Vereinfachung" darstelle und die Alternative eher durch Rosa Luxemburgs Vision, „eine demokratisch-sozialistische, ... nicht eine terroristisch-kommunistische" verkörpert wurde.[4]

Rosa Luxemburg stand in den Revolutionsmonaten in der vordersten Reihe des Spartakusbundes, einer in sich heterogenen Gruppe. In ihr dominierten die Anhänger einer utopisch-anarchistischen Richtung. Gegen den Widerstand Rosa Luxemburgs, Karl Liebknechts und Paul Levis lehnte die große Mehrheit auf dem Gründungsparteitag der KPD (31. Dezember 1918/1. Januar 1919) eine Wahlbeteiligung an der Nationalversammlung ab und erkor sich die Straße als wichtigste Plattform zur Durchsetzung ihrer revolutionären Parolen.

Wie bei Rosa Luxemburg und Karl Liebknecht bestimmte die Furcht, den Kontakt zu den radikalen Massen zu verlieren, auch weitgehend die Taktik der USPD-Führung um Haase und Dittmann. In der USPD verband sich der Gedanke, zunächst die „Errungenschaften" der Revolution auszubauen, mit dem der parlamentarischen Demokratie und der Nationalversammlung. Mit der wachsenden Enttäuschung in der Arbeiterschaft gewann der linke Flügel um Ernst Däumig und Richard Müller an Gewicht und drückte auf dem Rätekongress vom Dezember 1918 gegen den Willen Haases die Nichtbeteiligung der USPD am Zentralrat durch. In dieser Institution, die als eine Art Kontrollorgan der Reichs- und preußischen Regierung fungierte, waren so nur MSPD- und Soldatendelegierte vertreten. Den USPD-Volksbeauftragten wurde der Boden unter den Füßen entzogen. Die Linke in ihrer Partei drängte zurück in die Opposition und suchte das Heil in einer Konfrontationspolitik gegen die mehrheitssozialdemokratische Konkurrenzpartei. Am 28./29. Dezember 1918 schieden die USPD-Volksbeauftragten aus der Regierung aus.

Die Mehrheitssozialdemokraten stellten nun mit Ebert, Scheidemann, Landsberg, Rudolf Wissell und Gustav Noske allein die Regierung. Ihre Leitlinie wurde markiert durch eine parlamentarische Demokratie, in der das mündige Volk in freien Wahlen das Vernünftige entschied und die Sozialdemokratie, legitimiert durch die Mehrheit des Volkes, in einem Klima geordneter demokratischer Zustände soziale Reformen durchführen

---

4 Willy Brandt, Fünfzig Jahre danach. Rede auf der Feierstunde der SPD am 10.11.1968 in Godesberg; Pressemitteilungen und Informationen der SPD, 10.11.1968.

konnte. Das eigenmächtige Vorgehen einzelner Räte und spontane Massenaktionen empfanden viele Mehrheitssozialdemokraten und gestandene Gewerkschaftsführer als Verrat an den tief verankerten demokratischen Prinzipien der Arbeiterbewegung, als ungeheuren Verstoß gegen das Rechtsstaatsprinzip und als Schaffung „russischer Zustände", die eine geordnete Versorgung der Bevölkerung unmöglich machten, Ungleichheit in Einkommen und Versorgung mit sich brachten und das ganze Gefüge der Wirtschaft bedrohten. Die mit der Regierungsverantwortung betrauten Volksbeauftragten gerieten so in eine wachsende Konfrontation zu den Räten und suchten verstärkt Halt bei den sie stützenden Mächten des alten Systems. Besonders die Bürokratie galt den sozialdemokratischen Regierungsvertretern bis hin zu linken USPD-Repräsentanten als unentbehrlich für die Bewältigung der schwierigen Probleme der Übergangsperiode und gewann so noch ein verstärktes Gewicht.

In der Militärfrage schließlich fiel die Entscheidung nicht für ein von demokratischem Geist beseeltes Heer, sondern in Richtung auf den „Staat im Staate" der Reichswehr. Die alte kaiserliche Oberste Heeresleitung mit Hindenburg und Groener an der Spitze bewahrte als Träger der bewaffneten Macht eine weit gehende Selbstständigkeit. Versuche des Berliner Vollzugsrats der Arbeiter- und Soldatenräte und Eberts, eine demokratische Volkswehr aufzubauen, blieben im Ansatz stecken.

Der sogenannte Spartakusaufstand vom Januar 1919, als bewaffnete Aufständische die fast wehrlose Volksbeauftragtenregierung bedrohten, stellte Weichen für die künftige Wehrstruktur. Die Straßenkämpfe in Berlin besiegelten nicht nur die Spaltung der Arbeiterbewegung, sondern diese gewaltsame Bedrohung der neuen Ordnung von links mobilisierte die Gegenkräfte von rechts und öffnete indirekt den Militärs die ersehnte Chance zum Eingreifen. Nicht auf die sich in die Schanze werfenden mehrheitssozialdemokratischen Freiwilligenverbände setzte die Reichsregierung ihr Vertrauen, sondern auf das von Noske eingesetzte Militär der alten Offiziere und der neuen Freikorpsführer. Ihm kam es vor allem darauf an, militärische Macht zu demonstrieren und ein bleibendes Exempel zu statuieren. „Für Noske war die Anwendung von Gewalt nicht die Ultima Ratio, sondern das Mittel schlechthin, die Ordnung im Innern herzustellen."[5] Der Charakter und die politische Gesinnung der Truppen, in denen militärische Disziplin alles galt, nach demokratischen Überzeugungen nicht gefragt wurde, war für ihn nicht ausschlaggebend. Diese und

---

5 So das Resümee in der Studie von Susanne Miller, Die Bürde der Macht. Die deutsche Sozialdemokratie 1918-1920, Düsseldorf 1978, S. 270; zum Zusammenhang ebda. S. 225ff.

ähnliche Kader, in denen gegenrevolutionäre Bestrebungen deutlich genug in Erscheinung traten, bildeten den Kern der in den Nachkriegsjahren eingesetzten Militärmacht und das Fundament der Reichswehr. Mit Maschinengewehren, Kanonen und Granatwerfern wurden die nachrevolutionären Zuckungen erstickt.

Der Einsatz von Militär und Freikorps gegen demonstrierende und kämpfende Arbeiter, das völlige Verkennen der aufkommenden Gefahren von rechts und die bestialischen Morde an Rosa Luxemburg und Karl Liebknecht mobilisierten nicht nur die Radikalen in der Arbeiterschaft gegen die Reichsregierung, sondern die „Noskepolitik" belastete sie auch bei einem Großteil ihrer eigenen Anhänger. Der Januaraufstand markierte einen Wendepunkt. Von hier aus nahm das wechselseitige Aufschaukeln der Radikalen von links und rechts seinen Lauf, während gleichzeitig das von der Sozialdemokratie repräsentierte Element einer demokratischen und sozialen Umgestaltung der Gesellschaft zerrieben wurde. Die von den sozialdemokratischen Volksbeauftragten erstrebte parlamentarisch-demokratische Republik hätte nur dann die gewünschte tragfähige Basis bekommen, wenn die Demokratie nicht vor den Kasernen, Bürogebäuden und Fabriktoren Halt gemacht hätte, sondern die Strukturen und Machtverhältnisse in Bürokratie und Wirtschaft tief greifend aufgebrochen worden wären.

2. Ein neuer Staat auf alten Fundamenten

In der am 19. Januar 1919 gewählten Nationalversammlung waren die Mehrheitssozialdemokraten mit 165 Mandaten vertreten, während die Unabhängigen nur 22 Sitze erringen konnten. 91 Abgeordnete gehörten der Christlichen Volkspartei (Zentrum), 75 der Deutschen Demokratischen Partei (DDP), 19 der Deutschen Volkspartei (DVP), 44 der Deutschnationalen Volkspartei (DNVP) und 7 Splittergruppen an. In den überwiegend neuen Parteinamen spiegelte sich nur teilweise eine neue Programmatik wider. In der nur kurzfristig als Christliche Volkspartei auftretenden Zentrumspartei gewann der Arbeitnehmerflügel ein größeres Gewicht. Die DDP setzte im Wesentlichen den Kurs der Linksliberalen fort, doch ergänzt um eine soziale Komponente. In der DVP sammelte sich der rechte Flügel der ehemaligen Nationalliberalen um Stresemann, während sich in der DNVP die alten Konservativen mit ausgesprochen deutschnationalen Kreisen vereinigten. Der Wahlausgang, bei dem die sozialdemokratischen Parteien in der Minderheit blieben, stärkte das Selbstbewusstsein der bürgerlichen Parteien.

Rechnerisch wäre eine Bürgerblockregierung möglich gewesen, in der Praxis kam sie jedoch für die Deutschen Demokraten und das Zentrum nicht in Frage. Als die USPD das Angebot der MSPD zur Beteiligung an einer Koalitionsregierung zurückwies, erneuerte sich die Konstellation des Interfraktionellen Ausschusses. Im Theater von Weimar, dem aus Sicherheitsgründen gewählten Tagungsort der Nationalversammlung, wurde Friedrich Ebert am 11. Februar 1919 mit 277 von 379 Stimmen zum Reichspräsidenten gewählt. Zwei Tage später berief das Parlament Philipp Scheidemann zum Ministerpräsidenten (die Bezeichnung Reichskanzler wurde erst nach Inkrafttreten der Weimarer Verfassung – 14. 8. 1919 – wieder eingeführt). In der neugebildeten Regierung besetzten die Mehrheitssozialisten 6 Ministerposten, 6 weitere teilten sich DDP und Zentrum, während der Minister des Auswärtigen, der Berufsdiplomat Graf Brockdorff-Rantzau, offiziell keiner Partei angehörte. Als Grundlage der Regierungspolitik wurden von den beiden anderen Parteien drei Bedingungen der MSPD akzeptiert: 1. Rückhaltlose Anerkennung der republikanischen Staatsform, 2. in der Finanzpolitik eine scharfe Heranziehung von Vermögen und Besitz, 3. eine tief greifende Sozialpolitik und Sozialisierung der dazu reifen Industrien.

Aus der Fülle der Probleme, mit denen sich Regierung und Parlament konfrontiert sahen, nahmen das Ringen um den Friedensvertrag und die Ausarbeitung einer neuen Reichsverfassung den dominierenden Platz ein. Nicht nur die Parlaments- und Regierungsvertreter der Mehrheitssozialdemokraten, sondern auch Abgeordnete der Unabhängigen Sozialdemokratie arbeiteten intensiv an der Gestaltung der Verfassung mit. Als Mahner rührte die USPD an einige der wunden Stellen, die für die Entwicklung der Weimarer Republik so unheilvolle Folgen zeitigten. So traf ihre Kritik an der Entwicklung des sich einer demokratischen Kontrolle entziehenden Militärsystems einen heiklen Punkt, der von ihrer sozialdemokratischen Schwesterpartei nicht mit genügender Wachsamkeit beachtet und von Noske sträflich vernachlässigt wurde. Ebenso berechtigt war die Warnung vor der Überschätzung parlamentarischer Möglichkeiten angesichts der nahezu unveränderten gesellschaftlichen Strukturen. Die Durchsetzungskraft der USPD blieb jedoch beschränkt. Nicht nur ihre zahlenmäßige Schwäche im Parlament, sondern mehr noch die wachsenden innerparteilichen Richtungskämpfe erwiesen sich als ein schweres Hemmnis. Neben den Befürwortern einer parlamentarischen Demokratie, die sie nur durch Räteinstitutionen ergänzt sehen wollten, standen die Verfechter des reinen Rätesystems um Ernst Däumig, die schließlich die Mehrheit in der Partei eroberten. Ihr Programm sah in den Arbeiterräten auf politischem, in den

Betriebsräten auf wirtschaftlichem Gebiet *die* Organisationsform der werktätigen Bevölkerung. Das Prinzip der jederzeitigen Abberufbarkeit galt als besonders demokratisch, doch mit dem Ausschluss ganzer Bevölkerungsteile von der Vertretung in den Räten verstießen diese Modelle zutiefst gegen das demokratische Gleichheitsprinzip.

Eine andere Konzeption vertrat der von der MSPD-Fraktion auf dem Zweiten Rätekongress im April 1919 eingebrachte Antrag auf Errichtung einer Kammer der Arbeit. Danach sollten die Räte nicht *„an die Stelle* des Parlaments, sondern *neben* das Parlament" treten.[6] Der Gedanke, dass neben der politischen Demokratie auch die wirtschaftliche Demokratie verankert und den Arbeiterräten dabei bestimmte Aufgaben zugewiesen werden müssten, hatte seit dem Januar 1919 auch unter den Mehrheitssozialdemokraten an Boden gewonnen.

In den ersten Wochen nach der Revolution hatte sich das Hauptinteresse der politisch Verantwortlichen bis hin zu Männern wie Emil Barth und Kurt Eisner zunächst darauf gerichtet, erst einmal wieder die Produktion anzukurbeln. Grundsätzliche Eingriffe in das privatkapitalistische Wirtschaftssystem, dem man trotz aller sozialpolitischen Betätigung innerlich unsicher und fremd gegenüber stand, wurden unterlassen. Gerade die Gewerkschaften hatten sich durch die Gründung einer paritätischen Zentralarbeitsgemeinschaft mit den Unternehmern dafür entschieden, die Ankurbelung der Wirtschaft und die Bekämpfung von Hunger und Arbeitslosigkeit vordringlich in Angriff zu nehmen. Das Abkommen mit den Arbeitgeberverbänden vom 15. November 1918 brachte ihnen die volle Durchsetzung der Koalitionsfreiheit, die Ausdehnung der Tarifverträge auf alle Gewerbezweige und die Verbriefung einer achtstündigen Höchstarbeitszeit. Die Volksbeauftragten verliehen dieser Regelung Gesetzeskraft. Vor einer sofortigen Inangriffnahme der Sozialisierung schreckten Regierung wie Gewerkschaften angesichts der Trümmer des Weltkrieges zurück. Die nicht unbegründete Sorge, die alliierten Gegner würden bei den Reparationsforderungen die Hand zuerst auf vergesellschaftete Betriebe legen, und die trotz aller programmatischen Bekenntnisse völlig fehlenden konkreten Pläne wirkten sich gleichfalls negativ aus. Die Scheu, eine derartig weit reichende Entscheidung der Nationalversammlung vorwegzunehmen,

---

6 So die Formulierung von Eberhard Kolb, Rätewirklichkeit und Räte-Ideologie in der deutschen Revolution von 1918/19, wieder abgedruckt in: Vom Kaiserreich zur Weimarer Republik, hrsg. von Eberhard Kolb, Köln 1972, S. 177.
Siehe den Text der verschiedenen Anträge: Zweiter Kongreß der Arbeiter, Bauern- und Soldatenräte Deutschlands vom 8. bis 14. April 1919 im Herrenhaus zu Berlin. Stenografisches Protokoll, Berlin 1919, S. 267 und 269f.

wie die bitteren Erfahrungen in Sowjetrussland hemmten ebenso die Entschlusskraft der in der Regierungsverantwortung stehenden Sozialisten. In
den schweren Ernährungs- und Versorgungskrisen, die das noch stark
agrarisch geprägte Russland Lenins erschütterten, sah gerade ein Mann wie
Karl Kautsky, der jetzt in den Reihen der USPD stand, den abschreckenden Beweis, wohin überstürzte Sozialisierungsmaßnahmen führten. Nur
keine unvernünftigen Experimente, erst Produktionssteigerung und funktionierende Wirtschaft, dann Sozialisierung, lautete die These der Regierung. „Ohne Sozialisierung keine Produktionssteigerung" hieß dagegen die
immer lauter erschallende Gegenthese aus den Betrieben.[7]

Die weit gespannten Erwartungen vieler Arbeiter und ihr durch die Revolution gestärktes Selbstbewusstsein stießen sich an dem Weiteramtieren
der Bürokratie, dem Vorgehen des Militärs, an materiellen Unzulänglichkeiten und dem vor allem im Bergbau und der Schwerindustrie vorherrschenden starren „Herr-im-Hause-Standpunkt" der Unternehmer. Die
Revolution hatte in ihren Augen keine ausreichende Wandlung im Arbeits-
und Lebensbereich gebracht. Neben der Sozialisierung erschien ihnen die
Institution der Räte nun als ein Mittel zur Umstrukturierung der Betriebe
und zur Ersetzung der alten Herrschaftsordnung durch eine demokratische
Betriebs- und Wirtschaftsverfassung. In einer Fülle von Streikbewegungen
und Massenaktionen, deren Wucht im Frühjahr 1919 alles Bisherige weit
übertraf, machte sich die Unzufriedenheit Luft. Die Reichsregierung und
die Weimarer Koalitionsparteien, also auch DDP und Zentrum, wurden
sich darin einig, dass diese Krise nicht nur mit Verboten, Strafmaßnahmen
und Militär bewältigt werden konnte, sondern positive Regelungen nötig
waren. Am 1. März 1919 verabschiedete die Nationalversammlung mit
den Stimmen des Zentrums, der Deutschen Demokratischen Partei und
der Sozialdemokratie ein „Sozialisierungsgesetz". Das Reich erhielt darin
die Befugnis, „gegen angemessene Entschädigung" durch Gesetze

„1. für eine Vergesellschaftung geeignete wirtschaftliche Unternehmungen,
insbesondere solche zur Gewinnung von Bodenschätzen und zur Ausnutzung von Naturkräften, in Gemeinwirtschaft zu überführen;
2. im Falle dringender Bedürfnisse die Herstellung und Verteilung wirtschaftlicher Güter gemeinwirtschaftlich zu regeln".[8]

Das Gesetz über die Regelung der Kohlewirtschaft vom 23. März 1919
und die Gesetze über die Kaliwirtschaft und die Elektrizitätswirtschaft

---

7 Siehe Hans Schieck, Die Behandlung der Sozialisierungsfrage in den Monaten nach dem
Staatsumsturz, in: Vom Kaiserreich zur Weimarer Republik, S. 148.
8 Reichs-Gesetzblatt 1919, S. 341f.

bauten auf diesem Sozialisierungsgesetz auf. Praktische Wirkung besaßen sie kaum.

Nahezu parallel zu der Verabschiedung des Sozialisierungsgesetzes erfolgte die Annahme von Richtlinien über die Arbeiterräte durch die Regierung. Sie sahen neben Betriebs-, Bezirks- und Reichsarbeiterräten auch Wirtschaftsräte vor, in denen Arbeitnehmer und Arbeitgeber bei den gesamtwirtschaftlichen Aufgaben, besonders der Sozialisierung, mitwirken und dem politischen Parlament zur Seite stehen sollten. Als Artikel 165 ist dieser Entwurf fast unverändert in die Weimarer Reichsverfassung eingegangen.

Die Vorarbeiten zu diesem Grundgesetz der neuen Republik waren schon in der Volksbeauftragtenzeit geleistet worden. Maßgeblichen Anteil hatte daran der Staatssekretär des Innern, Hugo Preuß, Mitglied der DDP und engagierter Demokrat. Nach langen Beratungen durch Fachkommissionen, Volksbeauftragte, Ländervertreter, Verfassungsausschuss und Plenum der Nationalversammlung wurde die Verfassung schließlich am 31. Juli 1919 in Weimar verabschiedet. Für sie stimmten die Mehrheitssozialdemokraten, die Deutsche Demokratische Partei und das Zentrum, dagegen die Deutschnationale Volkspartei, die Deutsche Volkspartei, der Bayerische Bauernbund, Georg Heim von der Bayerischen Volkspartei und die Unabhängige Sozialdemokratische Partei Deutschlands. Nach der Unterzeichnung durch den Reichspräsidenten Ebert am 11. August trat die Verfassung am 14. August 1919 in Kraft.

Staatsform war jetzt die parlamentarische, demokratische Republik und der oberste Souverän das Volk, die Gesamtheit der über 20 Jahre alten Männer und Frauen. Sie wählten den Reichstag als das zentrale Organ der Reichsgewalt, den Reichspräsidenten als Staatsoberhaupt und konnten durch Volksbegehren und Volksentscheid ihren Willen direkt zur Geltung bringen. Neben dem ersten Teil der Verfassung, der den Aufbau und die Aufgaben des Reiches regelte, befasste sich ein zweiter Teil mit den Grundrechten und Grundpflichten der Deutschen. Er griff auf den Grundrechtskatalog der Paulskirchenverfassung von 1848 zurück und gewährleistete die Gleichheit vor dem Gesetz, die Freiheit der Person, die Meinungs-, Versammlungs- und die Vereinsfreiheit, Glaubens- und Gewissensfreiheit und Freizügigkeit. Dieser Komplex wurde erweitert durch Vorschriften über gleiche staatsbürgerliche Rechte von Mann und Frau, achtjährige Mindestschulzeit, Unentgeltlichkeit des Unterrichts und der Lernmittel und die Verpflichtung aller Staatsbürger, zu den öffentlichen Lasten beizutragen.

Eine dritte Gruppe fand sich im Abschnitt 5 über das „Wirtschaftsleben". Im einleitenden Grundsatzartikel 151 wurde bestimmt: „Die Ordnung des Wirtschaftslebens muss den Grundsätzen der Gerechtigkeit mit dem Ziele der Gewährleistung eines menschenwürdigen Daseins für alle entsprechen."[9] Dieses allgemeine Postulat konnte nicht den Kompromisscharakter des Wirtschaftsabschnittes verdecken. Auf der einen Seite enthielt er ein Bekenntnis zur Handels- und Gewerbefreiheit, zur Förderung des selbstständigen Mittelstandes, zur Garantie des Erbrechts und des Eigentums, während auf der anderen Seite spezifisch sozialdemokratische Forderungen darin aufgenommen wurden.

Außer Bestimmungen über den Schutz der Arbeitskraft und der Gewährleistung der Koalitionsfreiheit verpflichtete die Verfassung den Staat, ein umfassendes, demokratisch strukturiertes Versicherungssystem zur „Erhaltung der Gesundheit und der Arbeitsfähigkeit, zum Schutz der Mutterschaft und zur Vorsorge gegen die wirtschaftlichen Folgen von Alter, Schwäche und Wechselfällen des Lebens" aufzubauen und für den Unterhalt jedes Staatsbürgers zu sorgen, dem keine angemessene Arbeitsgelegenheit geschaffen und nachgewiesen werden konnte. Neben diesem sozialpolitischen Instrumentarium wurde die Eigentumsgarantie durch die Sozialpflicht eingeschränkt und bestimmt, dass eine „Wertsteigerung des Bodens, die ohne Arbeits- oder Kapitalaufwendung" entsteht, für die Allgemeinheit nutzbar zu machen sei. Darüber hinaus wurde dem Staat das Recht eingeräumt, Enteignungen, freilich gegen angemessene Entschädigung, vorzunehmen und durch Gesetz „für die Vergesellschaftung geeignete private wirtschaftliche Unternehmungen in Gemeineigentum [zu] überführen".

Das von den sozialdemokratischen Fraktionen beider Richtungen verfochtene Prinzip der entschädigungslosen Enteignung hatten sie weder beim Sozialisierungsgesetz noch in der Reichsverfassung verankern können. Ihnen fehlte die Mehrheit im Parlament. Immerhin schuf Artikel 156 die Möglichkeit, nach Erringung der notwendigen Mandatszahl die so lange propagierte Sozialisierung der Produktionsmittel einzuleiten. Neben diesem Instrument bot sich im Artikel 165 ein ganz anders gearteter Ansatz zur Umstrukturierung des Wirtschaftssystems. Die Räteidee, die in der revolutionären Übergangsperiode so sehr im Vordergrund gestanden hatte, schlug sich hier nieder, allerdings in stark abgeschwächter und eingeschränkter Form. Artikel 165 verkündete als Grundprinzip:

„Die Arbeiter und Angestellten sind dazu berufen, gleichberechtigt in Gemeinschaft mit den Unternehmern an der Regelung der Lohn- und

9   Die Verfassung ist vielfach abgedruckt u. a. in Ernst Rudolf Huber, Dokumente zur deutschen Verfassungsgeschichte, Bd. 3, Stuttgart, Berlin, Köln, Mainz 1966, S. 129ff. Die nachfolgenden Zitate sind ebenfalls der Reichsverfassung entnommen.

Arbeitsbedingungen sowie an der gesamten wirtschaftlichen Entwicklung der produktiven Kräfte mitzuwirken." Zur „Wahrnehmung ihrer sozialen und wirtschaftlichen Interessen" erhalten sie gesetzlich garantierte Betriebs- und Bezirksarbeiterräte sowie einen zentralen Reichsarbeiterrat. Auf Bezirks- und Reichsebene treten die Arbeitnehmerkörperschaften mit „den Vertretungen der Unternehmer und sonst beteiligter Volkskreise" zu Bezirkswirtschaftsräten und einem Reichswirtschaftsrat zusammen und wirken bei der „Erfüllung der gesamten wirtschaftlichen Aufgaben" sowie „bei der Ausführung der Sozialisierungsgesetze" mit. Mit diesen Leitlinien waren die Umrisse einer Wirtschaftsdemokratie abgesteckt. Voll ausgeführt wurde dieser Verfassungsauftrag nie. Das Betriebsrätegesetz vom 4. Februar 1920 und die Einrichtung eines vorläufigen Reichswirtschaftsrates im Mai des gleichen Jahres waren nur eine sehr unvollkommene und unvollständige Ausfüllung.

Nach dem Buchstaben der Reichsverfassung hatte die Sozialdemokratie Ziele erreicht, die weit über das hinausgingen, was sie vor dem Kriege zu hoffen wagte. Ihr auf die 1848er Revolution zurückgreifendes demokratisches Erbe schlug sich ebenso wie ihr sozialpolitisches Programm in der Weimarer Verfassung nieder. Selbst der Sozialisierungsgedanke fand seinen, wenn auch verwässerten Ausdruck, und die Grundsätze einer Wirtschaftsdemokratie wurden festgelegt.

Geradezu überschwänglich wurde die Verabschiedung der Verfassung von den mehrheitssozialdemokratischen Führungsgremien in Partei und Parlament gefeiert. Die Nationalversammlungsfraktion verstieg sich sogar zu der These: „Die Verfassung ist gestaltet wie es unser Erfurter Programm forderte."[10] Keine andere Verfassung sei „demokratischer, keine gibt dem Volk größere Rechte". „Die deutsche Republik ist fortan die demokratischste Demokratie der Welt"[11] war der vorherrschende Tenor, in dem kritische Stimmen zunächst untergingen. Doch hinter aller Euphorie war ein Unterton der Sorge zu verspüren, dass Verfassungsbuchstabe und Verfassungswirklichkeit zwei verschiedene Dinge seien. Trotz Marx und Lassalle haben die in der Revolution von 1918 zur politischen Verantwortung gelangten Männer zu sehr an der äußeren Fassade einer Demokratie gebaut und an den Fundamenten nur wenig geändert. Die durch die alten Klassenkampf- und Sozialisierungsparolen genährten Erwartungen ihrer sozialen Trägerschichten, vor allem der Industriearbeiter, vermochte die Sozial-

---

10 Protokoll über die Verhandlungen des Parteitages der Sozialdemokratischen Partei Deutschlands, abgehalten in Kassel vom 10. bis 16. Oktober 1920, Berlin 1920, S. 89.
11 Vgl. ebd., S. 89ff. und Anlagen S. 93ff.; ferner Stenographische Berichte der Verfassunggebenden Deutschen Nationalversammlung, Bd. 329, S. 2194f.

demokratie damit kaum zu befriedigen. „Aus den beschwörenden Appellen an die eigene Anhängerschaft, nicht nur als Zuschauer und Kritiker dazu-stehen, sondern durch tätiges Mitwirken das neue Haus wohnlich einzu-richten und mit Leben zu füllen, sprach die sich später so bitter bestätigen-de Einsicht: Eine Demokratie kann nur dann existieren, wenn sich genü-gend Demokraten für sie engagieren."[12]

3. „Versailles" und die Folgen

Eine der schwersten Belastungen, die auf die junge Demokratie drückte, war der Versailler Friedensvertrag. Die Sozialdemokratie sah sich dabei von zwei Seiten in die Zange genommen: von ihren innenpolitischen Gegnern auf der Rechten und von den alliierten Regierungen Frankreichs, Englands und Italiens. Die Waffenstillstandsbedingungen, die dem deutschen Un-terhändler Matthias Erzberger, einem führenden Zentrumsmann, im Walde von Compiègne vom französischen Marschall Foch diktiert wurden, trafen nicht die alten herrschenden Gewalten, sondern die Kräfte, die für Frieden, Verständigung und Demokratie eingetreten waren. Die Härte lag genau genommen nicht in der verständlichen Verpflichtung zur Ausliefe-rung von Kriegsgerät und Räumung der besetzten Gebiete. Unmittelbar an den Lebensnerv ging dagegen die Übergabe nahezu eines Drittels der Lokomotiven, Eisenbahnwagen, Lastwagen, die Entziehung der Handels-flotte, die Fortführung einer verschärften Blockade sowie die Abschnürung der linksrheinischen Gebiete vom Reich. Erzberger hat in zähen Verhand-lungen einige Erleichterungen durchsetzen können, die ausdrücklich von der Obersten Heeresleitung anerkannt wurden. Dennoch bewahrheiteten sich nur allzu schnell die Befürchtungen, die er, aber auch Sozialdemokra-ten, besonders Scheidemann, gehegt hatten.

Bereits vor der Novemberrevolution tauchten Begriffe wie „Dolchstoß" und „in den Rücken fallen" auf. Nach der Revolution fanden sie schnell weitere Verbreitung und verdichteten sich immer mehr zu der Behaup-tung, eine von langer Hand vorbereitete Revolution sei dem kämpfenden Heer in den Rücken gefallen und habe es, wie einst Hagen den Siegfried, in verräterischer Weise von hinten erdolcht. Die Legende fand einen günstigen Nährboden. Die Kriegspropaganda hatte der Bevölkerung lange ein viel zu optimistisches Bild der Lage vorgegaukelt und sie immer wieder

---

12 Siehe Heinrich Potthoff, Das Weimarer Verfassungswerk und die deutsche Linke, in: Archiv für Sozialgeschichte, Bd. XII, Bonn-Bad Godesberg 1972, S. 483.

in einem begreiflichen Wunschdenken bestärkt. So war auch bei den Sozialdemokraten vielfach der Blick für die militärischen Realitäten getrübt. Hinzu kam, dass die Niederlage nicht wie im Zweiten Weltkrieg als eine totale Katastrophe und eine militärische Besetzung des Landes unmittelbar erlebt wurde, standen doch die angeblich „siegreichen" deutschen Heere bei Kriegsende noch tief in „Feindesland". So war man schnell bereit, die Schuld anderen in die Schuhe zu schieben und Verrat zu wittern. Als Sündenbock mussten alle die herhalten, die sich, in welcher Form auch immer, für eine Beendigung des Völkermordens eingesetzt hatten. Gerade die alten Herrschaftsschichten des Kaiserreiches und die militärisch Verantwortlichen, die es wie Hindenburg und Ludendorff besser wussten, haben sich schamlos in den Dienst dieser „Dolchstoßlüge" gestellt und sie als Kampfinstrument gegen die „Sozen" und die ganze „Sippschaft der Erzberger und Scheidemann" benutzt.

Als die am 7. Mai 1919 übergebenen Friedensbedingungen eine Welle der „Proteste" auslösten, war die „Dolchstoßlegende" schon weit verbreitet. Bis zu diesem Zeitpunkt hatte man mit milden Friedensbedingungen gerechnet. Gerade in den Reihen der Sozialdemokratie dominierte die Vorstellung, dass die neue Demokratie einen Anspruch auf einen Frieden der Gerechtigkeit habe. Sie erwarteten einen Friedensvertrag auf der Basis des Selbstbestimmungsrechts der Völker, hofften auf einen Völkerbund gleichberechtigter Nationen und die Verankerung international verbindlicher sozialpolitischer Richtlinien. Das Versailler Vertragswerk empfanden sie dagegen als einen Gewaltfrieden und ein Instrument der Knechtung. „Würde dieser Vertrag wirklich unterschrieben" – so begründete Scheidemann am 12. Mai 1919 vor der Nationalversammlung das „Unannehmbar" –, „so wäre es nicht Deutschlands Leiche allein, die auf dem Schlachtfelde von Versailles liegen bliebe. Daneben würden als ebenso edle Leichen liegen das Selbstbestimmungsrecht der Völker, die Unabhängigkeit freier Nationen, der Glaube an all die schönen Ideale, unter deren Banner die Entente zu fechten vorgab, und vor allem der Glaube an die Vertragstreue."[13] Voller Empörung wischte er jeden Gedanken an Unterzeichnung als „Zustimmung zur erbarmungslosen Zerstückelung, das Einverständnis mit Versklavung und Helotentum" beiseite: „Welche Hand müsste nicht verdorren, die sich und uns in diese Fessel legt?"

Scheidemanns Rede war vielen aus dem Herzen gesprochen. Realismus zeichnete sie nicht aus. In diesem Moment, als die Emotionen mit den

---

13 Siehe den Text der Rede in: Stenographische Berichte der Verfassunggebenden Deutschen Nationalversammlung, Bd. 327, S. 1082ff.

meisten durchgingen, nahmen von den Parteien der Nationalversammlung allein die Unabhängigen Sozialdemokraten eine nüchterne, angesichts der Umstände einzig mögliche Position ein. Auch sie brandmarkten die vorgelegten Friedensbedingungen als einen Gewaltfrieden schlimmster Art, doch führte, wie sie offen erklärten, kein Weg an der Unterzeichnung vorbei. „Nichtunterzeichnung bedeutet die Zurückhaltung unserer Kriegsgefangenen, die Besetzung unserer Rohstoffgebiete, die Verschärfung der Blockade, Arbeitslosigkeit, Hungersnot, Massensterben, eine entsetzliche Katastrophe, die erst recht den Zwang zur Unterzeichnung herbeiführt."[14]

Auch die Mehrheitssozialdemokraten konnten sich auf Dauer, je näher das von den Alliierten gestellte Ultimatum rückte, dieser Einsicht nicht verschließen. Während sich Scheidemann und die Deutsche Demokratische Partei weiter sperrten, setzten sich vor allem Erzberger vom Zentrum und David von der MSPD für die Annahme als das kleinere Übel ein. Sie sahen keine realistische Alternative mehr, wie auch ein von Groener verfasstes und von Hindenburg gebilligtes Gutachten über die Aussichtslosigkeit eines militärischen Widerstandes darlegte. Nachdem Scheidemann aus Protest gegen Versailles zurückgetreten und die DDP aus der Regierung ausgeschieden war, übernahm eine neu gebildete Koalitionsregierung aus MSPD und Zentrum unter dem sozialdemokratischen Gewerkschaftler Gustav Bauer den unvermeidlichen Schritt. Als sich nach hartem Ringen die Nationalversammlung mit einfacher Mehrheit für die Annahme ausgesprochen hatte, unterzeichneten Hermann Müller (MSPD) und Johannes Bell (Zentrum) in Versailles den Friedensvertrag.

Von vielen Seiten wurde schnell verdrängt, dass dieser Schritt unumgänglich war, wollte man Deutschland nicht in ein noch größeres Unglück stürzen. Die Unterschrift von Versailles wurde für die „Nationalen" zu einem erneuten „Verrat an Deutschland". Ständig sah man sich an die Auswirkungen dieses „Schandvertrages" erinnert. Die Teilung Oberschlesiens im Jahr 1921, die andauernde Besetzung des Rheinlandes und der Ruhreinbruch der Franzosen und Belgier 1923, die Auseinandersetzung um den Kriegsschuldparagraphen des Versailler Vertrages und der ständige Kampf um die Reparationen konfrontierten die Bevölkerung immer aufs Neue mit den Folgen der unbewältigten Niederlage. In der „Schmach" des „Versailler Diktats" erblickten viele den Grund für ihre eigene, ganz persönliche Notlage und identifizierten sie mit dem Unglück der Nation. Die

---

14 Die Entschließung der Parteikonferenz der USPD ist u. a. zitiert bei Friedrich Stampfer, Die vierzehn Jahre der ersten deutschen Republik, 3. Aufl. Hamburg 1953, S. 117f.

Schuld trugen für sie die „Novemberverbrecher", die „Verräter" und das ganze von ihnen eingeführte „System".

Aus diesem Klima heraus erwuchs bei den republikfeindlichen Kräften eine Stimmung des Hasses und der ungezügelten, hemmungslosen Agitation, die nicht selten in Mord endete. Der Statistiker Prof. Emil Gumbel hat für die Jahre bis Ende 1922 die Bilanz in seinem Buch „Vier Jahre politischer Mord" gezogen: Durch Reichsminister Radbruch sei amtlich bestätigt, dass in Deutschland seit dem 9. November 1918 mindestens 376 politische Morde vorgekommen waren, fast alle von rechtsradikaler Seite begangen wurden und die überwältigende Zahl dieser Morde unbestraft geblieben sei.[15] Mördern fielen u. a. zum Opfer Rosa Luxemburg und Karl Liebknecht, Leo Jogiches, Hugo Haase und Kurt Eisner, Gustav Landauer, Karl Gareis, Hans Paasche, Matthias Erzberger und Walther Rathenau, um nur die Bekanntesten zu nennen. Die Justiz war meist schnell bei der Hand, wenn es galt, Linke zu verurteilen, doch gegenüber Verbrechen von rechts erwiesen sich die verbundenen Augen der Justitia als Blindheit im falschen Sinn.

Kennzeichnend für den antidemokratischen, republikfeindlichen Geist der Weimarer Justiz war die Behandlung des Reichspräsidenten Ebert, der sich in einer Vielzahl von Prozessen gegen maßlose Verleumdungen zur Wehr zu setzen suchte. Ein Gericht dieser Republik gab sich dazu her, das Staatsoberhaupt in einem Urteil „Landesverräter" zu nennen, nur weil Ebert im Januar 1918 in ein Streikkomitee eingetreten war und das noch mit der erklärten Absicht, den Streik zu einem geordneten Ende zu bringen. Mit den Mitteln der nationalen Verhetzung, den Schlagworten von „Dolchstoß", „Verrat", „Novemberverbrecher", „Schmachdiktat" wurden die demokratischen Kräfte, die diese Republik aufgebaut hatten und trugen, beschimpft und bekämpft. Die Sozialdemokratie, zugleich von links her heftig attackiert, wurde so in eine Defensivposition gedrängt. Manche Unsicherheit und Halbherzigkeit ihrer Politik in der Weimarer Zeit dürfte hier ihre Wurzel haben. Die Partei fühlte sich in dem Zwang, zu beweisen, dass sie nicht die Partei des revolutionären Umsturzes und des Verrates war, sondern die nationalen Belange vertrat und für Ruhe und Ordnung sorgte.[16] Die Neigung, lieber in Opposition zu gehen und die Regierung

---

15 Emil J. Gumbel, Vier Jahre politischer Mord, Berlin-Fichtenau 1922 [Neuauflage Heidelberg 1980], bes. S. 5f., 78, 119f. und 145.

16 Vgl. dazu besonders den Abschnitt „Kriegsschuldfrage und Friedensvertrag: Der Nationalismus in der Sozialdemokratie" bei Heinrich August Winkler, Von der Revolution zur Stabilisierung. Arbeiter und Arbeiterbewegung in der Weimarer Republik 1918 bis 1924, Berlin/Bonn 2. Aufl. 1985, S. 206-226.

indirekt zu stützen, statt selbst an der Spitze der Regierung offen die Verantwortung zu übernehmen, erfuhr so eine zusätzliche Motivation. Diese Defensivstrategie zielte darauf ab, bürgerliche Parteien dahin zu bringen, die Verantwortung für Versailles offen mitzutragen. Doch die Frage ist berechtigt, ob nicht ein anderer Weg möglich gewesen wäre: ein konsequenter Kurs einer nüchternen, sich allein an den Tatsachen orientierenden Außenpolitik, verbunden mit intensiver Aufklarungsarbeit im Innern und tatkräftiger Zusammenarbeit aller demokratischen Kräfte.

VII. Die Demokratie von Weimar

1. Arbeiterparteien und Gewerkschaften
in den Anfangsjahren der Republik

Im Gegensatz zur Vorkriegszeit, als es trotz divergierender Strömungen und der Doppelorganisation Partei und Gewerkschaften die einheitliche Sozialdemokratie gab, war für die Zeit nach der Revolution von 1918 eher das Nebeneinander und Gegeneinander kennzeichnend.[1] Allein drei Parteien beanspruchten zu Beginn der Weimarer Republik die Tradition der sozialistischen Arbeiterbewegung für sich. In der KPD, die zunächst eine Splitterpartei blieb, dominierten die Anhänger eines utopisch-revolutionären Kurses der direkten Aktion. Rosa Luxemburgs Konzeption war schon auf dem Gründungsparteitag unterlegen. Sie lehnte Lenins Form der Diktatur des Proletariats als eine Diktatur der Partei und der Unfreiheit entschieden ab. Die „Abschaffung der wichtigsten demokratischen Garantien" wie der Pressefreiheit, des Vereins- und Versammlungsrechts empfand sie als einen Schlag ins Gesicht des Sozialismus und hielt den Bolschewiken entgegen: „Freiheit nur für die Anhänger der Regierung, nur für die Mitglieder einer Partei – mögen sie noch so zahlreich sein – ist keine Freiheit. Freiheit ist immer nur Freiheit des anders Denkenden. Nicht wegen des Fanatismus der ‚Gerechtigkeit', sondern weil all das Belehrende, Heilsame und Reinigende der politischen Freiheit an diesem Wesen hängt und seine Wirkung versagt, wenn die ‚Freiheit' zum Privilegium wird."[2]

---

1 Für die Sozialdemokratie in der Weimarer Republik siehe die große dreibändige Darstellung von Heinrich August Winkler; von der älteren Literatur vor allem Arthur Rosenberg, Geschichte der deutschen Republik, Karlsbad 1935, und Richard N. Hunt, German Social Democracy 1918-1933, New Haven/London 1964; für die ersten Jahre dazu Susanne Miller, Die Bürde der Macht. Einen guten Überblick über die Gesamtentwicklung der Republik bieten Eberhard Kolb, Die Weimarer Republik, München/Wien 1984 (Grundriß der Geschichte Bd. 18), und Reich und Republik. Deutschland 1917-1933, von Karlheinz Dederke in Verbindung mit dem Institut für Zeitgeschichte München, Stuttgart 1969.
2 Zitiert nach Rosa Luxemburg, Die russische Revolution. Eine kritische Würdigung, Berlin 1922, S. 109.

Nach der Ermordung Rosa Luxemburgs und Karl Liebknechts verrannte sich die KPD mit ihrer Taktik des „Alles oder nichts" erst recht in eine Sackgasse. Wegen putschartiger Exzesse durch behördliche Verbote in die Illegalität gedrängt, setzte in ihren Reihen allmählich eine Umorientierung ein. Auf dem 2. Parteitag vom 20. – 23. Oktober 1919 kam es zur Spaltung. Der ultralinke, antiparlamentarische Flügel verließ mit etwa der Hälfte der Mitglieder die KPD und gründete im Frühjahr 1920 die „Kommunistische Arbeiterpartei Deutschlands" (KAPD). Sie spielte zwar in den blutigen Kämpfen der folgenden Jahre noch eine gewisse Rolle, verlor dann aber an Bedeutung. In der Rest-KPD setzte sich nun unter der Führung Paul Levis der Grundsatz der Beteiligung an den Parlamenten durch. Bei der Reichstagswahl vom Juni 1920, bei der sie erstmals kandidierte, errang sie 2,0 Prozent der Stimmen. Zu einer Massenpartei wurde die KPD erst, als sich im November 1920 der linke Flügel der USPD mit der alten KPD zur „Vereinigten Kommunistischen Partei Deutschlands" zusammenschloss.

In der USPD hatte sich im Laufe des Jahres 1919 immer deutlicher herauskristallisiert, dass die Partei im Grunde unvereinbare Strömungen in sich barg. Am stärksten traten die Gegensätze bei der Einschätzung des Parlamentarismus zu Tage. Zwei gleich starke Flügel standen sich auf dem Parteitag im März 1919 gegenüber. Während der eine sich zum parlamentarischen System bekannte, galt dem anderen das Parlament höchstens als eine Bühne „zur revolutionären Aufrüttelung der Massen".[3] Die erstrebenswerte Verfassungsform sahen die Männer und Frauen um Ernst Däumig, Curt Geyer und Clara Zetkin im Rätesystem, und sie waren gewillt, die Diktatur des Proletariats auch ohne eine Mehrheit im Parlament zu erkämpfen. Bei der Münchener Räterepublik und einer Reihe von bewaffneten Aufständen taten sich gerade Vertreter des radikalen Flügels der USPD hervor. Zusammengehalten wurde die Partei vornehmlich durch die gemeinsame Gegnerschaft gegen die regierende MSPD. Mit der Rückkehr der Mehrheitssozialisten in die Opposition fiel dieses Bindeglied fort.

In ihrer schwierigen Situation verlor die USPD den gemäßigten, stets um einen Ausgleich der Gegensätze bemühten Parteivorsitzenden Hugo Haase durch das Attentat eines Geistesgestörten, dem er am 7. November, erlag. Auf dem Leipziger Parteitag (30. November bis 6. Dezember 1919) setzte die dort dominierende Linke schließlich ein Programm durch, das sich zur Diktatur des Proletariats in der Form der Räteherrschaft bekannte.

3 So der von Däumig formulierte Antrag des linken Flügels; siehe Protokoll über die Verhandlungen des außerordentlichen Parteitages [der USPD] vom 2. bis 6. März 1919 in Berlin, Berlin o.J. [1919], S. 250.

Konsequent brach die Parteitagsmehrheit nun auch mit der Sozialdemokratischen 2. Internationale und beauftragte den Parteivorstand, den Anschluss an die Moskauer 3. Internationale (Komintern) in Gang zu setzen.

Trotz aller innerparteilichen Gegensätze und – im Vergleich zur MSPD – organisatorischer Schwächen war die USPD auf dem besten Wege, zu der Protestpartei der enttäuschten Massen zu werden. Große Scharen der mehrheitssozialdemokratischen Anhängerschaft wurden ihrer alten Partei abtrünnig, weil sie glaubten, dass die von ihr getragene Regierung zu wenig für ihre materiell-sozialen Belange und die sozialistischen Ziele tue, zumal die verheißene Sozialisierung ausgeblieben war und die Herren der Industrie fast überall nahezu unbehelligt noch auf ihren Stühlen saßen. Der Einsatz von Militär gegen revoltierende Arbeiter, die Unterdrückung von Streikbewegungen, permanente Versorgungskrisen, rasch kletternde Preise und Arbeitslosigkeit taten ein Übriges, um durch den Krieg entwurzelte und junge, nicht durch die organisierte Arbeiterbewegung geprägte Arbeitnehmer in die Reihen der USPD zu führen.

So dominierten beispielsweise im Schuhmacherverband und Textilarbeiterverband die USPD-Vertreter. In der größten Einzelgewerkschaft, dem Metallarbeiterverband, eroberte die USPD auf dem Verbandstag im Oktober 1919 den Vorstand und stellte mit dem erfahrenen, tüchtigen Robert Dißmann den neuen Vorsitzenden. Neben diesen Erfolgen in den Gewerkschaften zeigten der Mitgliederzustrom und die Reichstagswahlen im Juni 1920, dass die USPD erfolgreich mit der MSPD konkurrierte. Während ihr Stimmenanteil von 7,6 Prozent im Januar 1919 auf jetzt 18,0 Prozent stieg, sank er bei der MSPD im gleichen Zeitraum von 37,9 auf 21,6 Prozent. Rechnet man USPD und KPD zusammen (18 plus 2 Prozent), so standen sich nach außen zwei nahezu gleich starke konträre Lager gegenüber. Nimmt man jedoch die Einstellung zur parlamentarischen Demokratie als Kriterium, so verliefen die Scheidelinien mitten durch die USPD.

Der Konflikt in der USPD führte im Oktober 1920 auf ihrem Parteitag in Halle zum Bruch. Er entzündete sich an den 21 Bedingungen, die Moskau für den Anschluss an die Kommunistische Internationale gestellt hatte. Nach erbitterten Diskussionen, vor allem zwischen Rudolf Hilferding auf der einen, Gregorij Sinowjew, dem Vorsitzenden der Komintern, auf der anderen Seite, stimmte die Mehrheit für den Anschluss an die 3. Internationale und den Zusammenschluss mit der KPD. Der Weg dieser „Vereinigten Kommunistischen Partei" wurde in den folgenden Jahren durch Richtungskämpfe, Kurswechsel und „Säuberungen" gekennzeichnet.

Die deutschen Kommunisten gerieten dabei in immer stärkere Abhängigkeit von Moskau, als dessen Befehlsempfänger sie zusehends fungierten.

Die auf dem Parteitag in Halle überstimmte Minderheit in der USPD, zu der fast drei Viertel der Reichstagsfraktion zählten, versuchte zunächst, die Partei weiter fortzuführen. Im September 1922 schloss sich die Rumpfpartei dann, abgesehen von einer unbedeutenden Splittergruppe, wieder mit der MSPD zur „Vereinigten Sozialdemokratischen Partei Deutschlands" zusammen.

Während für die USPD bis zu ihrem Auseinanderbrechen die Oppositionsrolle festgeschrieben stand und jede Beteiligung an einer Koalitionsregierung schroff abgelehnt wurde, vollzog sich die Entwicklung der MSPD nach der Revolution im Spannungsfeld zwischen Regierungsverantwortung und Opposition. Die Probleme, mit denen sie sich in der Volksbeauftragtenzeit konfrontiert sah, traten auch in der folgenden Zeit immer wieder in Erscheinung. Bis zum Sommer 1920 war sie die führende Regierungspartei. Das Kabinett Scheidemann (MSPD, Deutsche Demokratische Partei und Zentrum) wurde nach seinem Rücktritt im Juni 1919 durch eine Regierung aus MSPD und Zentrum (Reichskanzler Bauer) ersetzt, dem im Oktober auch wieder Minister der DDP beitraten. Nach dem Kapp-Putsch vom März 1920 trat das Kabinett Bauer zurück. Ihm folgte die Regierung Hermann Müller, die sich erneut auf die „Weimarer Koalition" stützte. Neben dem Amt des Reichskanzlers, das ihr als mit Abstand stärkster Partei zufiel, besetzte die MSPD in den drei Kabinetten durchgängig zwei Ministerien: Wirtschaft und Arbeit. Das Innenministerium und das Ministerium der Finanzen waren dagegen ständig in bürgerlichen Händen. Die restlichen Ministerien wechselten zwischen den Parteien. Im Auswärtigen Amt löste im Juni 1919 Hermann Müller (MSPD) den bisherigen Amtsinhaber Graf von Brockdorff-Rantzau, ab. Nach Hermann Müllers Ernennung zum Reichskanzler folgte ihm sein Parteifreund Adolf Köster als Außenminister. Im Reichswehrministerium musste Gustav Noske, der immer mehr zu einer schweren Belastung für die Partei geworden war, seinen Stuhl nach dem Kapp-Putsch räumen. Die Sozialdemokraten gaben damit das wichtige Militärressort aus den Händen, das nun Otto Geßler von der DDP zufiel.

Nach der Revolution war bald deutlich geworden, dass sich die Kräfte von rechts schnell wieder von ihrem Schock erholten. Je stärker sich die Umrisse einer zum Kampf bereiten antidemokratischen Fronde abzeichneten, umso heftiger gärte es auch in der sozialdemokratischen Mitglieds- und Anhängerschaft. Nach den großen Streiks und Unruhen von 1919, denen die Regierung mit einer Mischung aus Härte und Entgegenkommen begegnete, ebbte die Rätebewegung ab. Untergründig blieb ein starkes Moment der Unruhe in der Arbeiterschaft bestehen. Hier lebte ein Bewusstsein weiter, dass ihnen als den Trägern der „Revolution" und der neuen Demokratie der Staat mehr schuldig war als nur formale bürgerliche Freiheiten. Außer den Sozialisierungsgesetzen, die kaum praktische Konsequenzen hatten, schönen Verfassungsbestimmungen über Wirtschaftsdemokratie und dem Achtstundentag konnten sie nichts erkennen, was einen wirklichen Fortschritt zum Sozialismus gebracht hätte. Nach langen Beratungen und Diskussionen, die sich über das Jahr 1919 hinzogen, wurde schließlich am 4. Februar 1920 ein Betriebsverfassungsgesetz (Betriebsrätegesetz) verabschiedet. Es brachte den Arbeitern im Betrieb eine gesetzlich garantierte Vertretung sowie ein von Unternehmer- und Arbeitgeberverbänden bekämpftes Mitbestimmungsrecht, u. a. bei Entlassungen und Einstellungen, Festlegung der Arbeitszeit und Arbeitsordnungen, Urlaubsregelungen und Einführung neuer Löhnungsmethoden. Doch rief das Gesetz nicht nur den Unwillen der radikalen Arbeiter hervor, die bei der zweiten Lesung vor dem Reichstagsgebäude unter Leitung der USPD eine Protestdemonstration veranstalteten, die in einer blutigen Auseinandersetzung mit der Polizei endete. Auch breite Gruppen der gemäßigten Arbeiterschaft wurden enttäuscht. Sie fühlten sich um die Früchte der Revolution betrogen und konnten nicht verstehen, dass die Sozialdemokraten in der Regierung nicht mehr für sie durchgesetzt hatten. Der Ärger über die „Kompromissregierung", die ja nicht „ihre" Regierung war, sondern eine Koalition, übertrug sich in ein Unbehagen an dem Kurs der Parteiführung. So herrschte, wie der Parteivorsitzende der MSPD, Otto Wels, schon Ende 1919 feststellte, „eine tief greifende Erregung, eine außerordentliche Unzufriedenheit mit der Partei und der Parteileitung".[4]

Wer nur auf die absoluten Zahlen der Mitglieder schaut, die von einer Million im April 1914 über den Tiefstand von 250 000 im April 1918 wieder auf eine Million im Jahr 1919 angewachsen waren und 1920 bis 1922 über 1,18 Millionen lagen, wird im ersten Moment nicht an eine Parteikrise denken wollen. Vergleicht man aber die Mitgliederentwicklung mit dem schnellen Wachstum der USPD und vor allem mit dem rapiden Aufschwung der Gewerkschaften, so muss man von einer Stagnation sprechen. Dass die MSPD nur so wenig von dem im Zeichen der neuen Zeit sich entwickelnden Trend zu den Organisationen profitierte, belegt den gravierenden Schwund ihrer Attraktionskraft.

4 Protokoll der Sitzung des Parteiausschusses, Berlin den 13. Dezember 1919, Berlin o.J., S. 1.

Ganz anders verlief die Entwicklung bei den Freien Gewerkschaften, die sich auf ihrem Kongress im Juni/Juli 1919 einen strafferen Überbau gaben und sich nun „Allgemeiner Deutscher Gewerkschaftsbund" (ADGB) nannten. An die Stelle der „Generalkommission" trat der Bundesvorstand, ihm zur Seite stand der Bundesausschuss, das Organ der Verbandsvorsitzenden. Der Vorkriegsstand von 2,5 Millionen Mitgliedern (Arbeitergewerkschaften und die mit ihnen verbundenen sozialistischen Angestelltenverbände), der kriegsbedingt Ende 1916 auf den Tiefpunkt von weniger als 1 Million abgesunken war, wurde noch vor Ende des Jahres 1918 wieder überschritten. Im rasenden Tempo kletterten die Mitgliederzahlen bis Ende 1919 auf über 7,33 Millionen und erreichten im Juni 1920 mit 8 144 981 Mitgliedern ihren Höchststand.[5]

Die für die Gewerkschaftsführung charakteristische nüchtern-praktische Haltung prägte zwar nach wie vor die gewerkschaftliche Taktik, doch daneben setzten nun eine intensive Strategiediskussion und eine Politisierung ein, die von der Basis bis zu den Führungsgremien hinaufreichte. Dieser Prozess hatte eine Reihe von Ursachen: der Massenzustrom neuer ungeschulter Mitglieder, das breite politische Spektrum der Mitgliedschaft vom radikalen Räteflügel der USPD über kritische Sozialdemokraten bis hin zu „trade-unionistisch" ausgerichteten Gewerkschaftern, die Einbindung der Mehrheitssozialdemokratie in eine Regierungskoalition mit bürgerlichen Parteien, das instinktlose militärische Vorgehen gegen Streikbewegungen und vor allem die Existenz mehrerer sozialistischer Parteien. Diese Faktoren führten dazu, dass die Gewerkschaften sich zusehends von ihrer engen Bindung an die MSPD lösten und ein starkes, eigenständiges politisches Gewicht entwickelten. Ein neuer Ton war zu hören, als Carl Legien, der Vorsitzende der Generalkommission und klassische Repräsentant der traditionellen Gewerkschaftspolitik, nun Scheidemann vorhielt, die Mehrheitssozialdemokratie werde zum „Annex" dieser „Kompromissregierung" und die Parteiführung müsse dafür sorgen, „dass wir eine selbstständige Partei bleiben".[6] Nicht minder aufschlussreich waren die Worte seines späteren Nachfolger, Theodor Leipart: er könne verstehen, wenn in dem Gewerkschaftshaus des ADGB nur das Zentralblatt der Unabhängigen, die „Freiheit", ausliege und nicht mehr der „Vorwärts", das Zentralorgan der MSPD.[7]

---

5 Zum Zusammenhang siehe Heinrich Potthoff, Gewerkschaften und Politik zwischen Revolution und Inflation, Düsseldorf 1979, bes. S. 40ff.
6 Protokoll der Parteikonferenz in Weimar am 22. und 23. März 1919, Berlin 1919, S. 19.
7 Siehe Konferenz der Vertreter der Verbandsvorstände [der Freien Gewerkschaften]. Sitzung vom 25. April 1919, Berlin o.J. [1919], S. 6 und 26.

In den Gewerkschaften verbreitete sich bis hinauf zu obersten Führungsgremien, Bundesausschuss und Bundesvorstand, das Gefühl, dass die von der Mehrheitssozialdemokratie geführte Koalitionsregierung nicht in der Lage sei, Durchgreifendes für die Arbeiterinteressen zu tun. Über die traditionellen Bereiche der Lohnbewegungen und Sozialpolitik hinaus müssten die Gewerkschaften deshalb in wirtschafts- und allgemeinpolitische Bereiche eingreifen. Der Wille, die politische Entscheidung nicht mehr nur der parlamentarischen Vertretung der Arbeiterschaft zu überlassen, sondern als eigenständige politische Kraft den Ausbau einer sozialen Demokratie selber in die Hand zu nehmen, erlebte seine Bewährungsprobe beim Kapp-Putsch im März 1920.

2. Der Kapp-Putsch und seine Auswirkungen

In den Kreisen der nationalistischen Rechten war bis zum Jahre 1920 die Zuversicht gewachsen, das „republikanische Zwischenspiel" sei an sein Ende gekommen. Besonders in den Freikorps sammelte sich der Kern eines neuen, kämpferischen, antidemokratischen Nationalismus, für den die verfassungsmäßige Regierung einfach die „Schandregierung" bedeutete. Gestützt auf zwei solcher Freikorps, die sich der Auflösung durch die Regierung widersetzten, putschten am 13. März 1920 der Reichswehrgeneral Lüttwitz, der frühere ostpreußische Generallandschaftsdirektor Kapp, der Freikorpsführer Korvettenkapitän Ehrhardt und andere Offiziere gegen die demokratische Republik. Mit wehenden schwarz-weiß-roten Fahnen und Hakenkreuzen an den Stahlhelmen, Symbol dessen, was Deutschland noch bevorstand, besetzten die putschenden Truppen Berlin. Die Reichswehr, deren Aufgabe es gewesen wäre, die Regierung zu schützen, weigerte sich, gegen die Putschisten zu kämpfen. Der Chef der Heeresleitung, General Walther Reinhardt, stand zwar treu zur Verfassung, doch er blieb allein. General von Seeckt und seine Offiziere ließen die Regierung im Stich, nun wo es galt, sie zum ersten Mal gegen rechts und nicht wie bisher gegen links zu schützen.

Reichspräsident Ebert, Reichskanzler Bauer und die Reichsminister entzogen sich mit knapper Mühe der drohenden Festsetzung durch die Flucht aus Berlin. In dieser bisher schwersten Krise der Republik sprangen die Freien Gewerkschaften unter Führung Legiens in die Bresche. Der Allgemeine Deutsche Gewerkschaftsbund (ADGB) rief zusammen mit der Arbeitsgemeinschaft freier Angestelltenverbände (AfA) die Arbeiter, Angestellten und Beamten zum Generalstreik gegen die Putschisten auf. Die gleiche Parole wurde vom Parteivorsitzenden der SPD Otto Wels ausgegeben; auf diesem Appell fanden sich auch die Namen von Ebert und von den sozialdemokratischen Mitgliedern der Reichsregierung. Die Unabhängigen Sozialdemokraten wirkten ebenfalls beim Generalstreik mit. Der Deutsche Beamtenbund (DBB), in dem vornehmlich untere Beamte organisiert waren, reihte sich in die Abwehrfront ein. Ebenso mochten die liberalen Hirsch-Dunckerschen Gewerkschaften nicht abseits stehen. Obwohl der christliche Deutsche Gewerkschaftsbund (DGB) offiziell den Generalstreik ablehnte, schloss er sich de facto dem Kampf an. Auch die Führung der KPD, die sich zunächst dem Kampf für die Rettung der demokratischen Republik verweigert hatte, sah sich schließlich zum Mitmachen gezwungen. Der Generalstreik entfaltete sich mit voller Macht; er entzog den Rebellen den Boden. Der entschlossene Einsatz der Arbeitnehmer – auch viele Beamte in den Ministerien verweigerten der illegalen Putschregierung die Mitarbeit – zwang Kapp und seine Komplizen in die Knie.

Carl Legien, dieser nüchterne, tatkräftige Gewerkschaftsmann, erwies sich während des Generalstreiks nicht nur als glänzender Organisator und Koordinator, sondern er wurde auch zum Dreh- und Angelpunkt zwischen Reichsregierung, Koalitionsparteien, USPD und der mobilisierten Arbeiterschaft. Mit der Kapitulation der Verfassungsbrecher wollte er es nicht bewenden lassen. Die in den Freien Gewerkschaften organisierten Arbeitnehmer erwarteten nun eine grundlegende Änderung des politischen Kurses. In einem gemeinsamen Programm stellten ADGB, AfA und DBB neun Bedingungen für den Abbruch des ersten politischen Generalstreiks in der deutschen Geschichte:

1. Entscheidender Einfluss „auf die Umgestaltung der Regierungen in Reich und Ländern sowie auf die Neuregelung der wirtschafts- und sozialpolitischen Gesetzgebung".
2. Schnelle Entwaffnung und Bestrafung aller am Putsch Beteiligten.
3. Sofortiger Rücktritt des Reichswehrministers Noske (MSPD) und der preußischen Minister Wolfgang Heine (MSPD) und Rudolf Oeser (DDP).
4. Säuberung der Verwaltung in Staat und Betrieb von allen reaktionären Personen.
5. Schnellste Demokratisierung der Verwaltung.
6. Sofortiger Ausbau der Sozialgesetzgebung und wirkliche Gleichberechtigung der Arbeiter, Angestellten und Beamten.
7. Sofortige Sozialisierung des Bergbaus und der Energiegewinnung.

110

8. Enteignung der Grundbesitzer, welche die Lebensmittelablieferung sabotieren.
9. Auflösung aller konterrevolutionären Formationen und Übernahme des Sicherungsdienstes durch die organisierte Arbeiterschaft.[8]

Das Bestreben der Gewerkschaften, der Weimarer Demokratie durch entschiedene Reformen doch noch ein stabileres Fundament zu geben, führte nicht zum Erfolg. Obwohl sich die Parteileitung der MSPD um Otto Wels stark engagierte und sich auch führende USPD-Vertreter zeitweise dahinter stellten, hat eine wirkliche Chance nicht bestanden, das beim Novemberumsturz Versäumte nachzuholen. Die Gewerkschaften hatten im Bunde mit anderen loyalen Kräften die demokratische Republik gerettet; stabilisiert wurde sie dadurch nicht. Ihr Eingreifen erwies sich als zweischneidiges Schwert. Unter den Schlagworten des Kampfes gegen die „gewerkschaftliche Nebenregierung" und den „Gewerkschaftsstaat" entfaltete sich im bürgerlichen Lager eine Antigewerkschaftsfronde, die nachhaltiger wirkte als die Abneigung gegen die Kapps. Die Gewerkschaften gingen aus dem Kapp-Putsch nur scheinbar als Sieger hervor. Zum eigentlichen Sieger wurde vielmehr das Militär. Das nach einigem Gerangel zusammengebrachte Kabinett Hermann Müller (SPD) basierte wieder auf der alten Koalition. Zwar nahm es mit verschiedenen Wenn und Aber, vor allem der DDP, das von den Gewerkschaften geforderte Programm an, ausgeführt wurde es jedoch nur zum kleinen Teil. Das innenpolitische Kernproblem des Kabinetts Müller wurde vielmehr die Niederschlagung von Aufständen, die im Gefolge des Generalstreiks in Berlin, Mitteldeutschland und vor allem im Ruhrgebiet aufflammten. Dort entstand eine „Rote Ruhrarmee", die nach schweren, oft brutalen Bürgerkriegskämpfen zeitweise fast das gesamte Industriegebiet beherrschte. Mit Zusagen der Regierung gelang es dem Staatskommissar Severing, einen Waffenstillstand zu vermitteln und die gemäßigten Kämpfer zu einem großen Teil aus der Roten Armee zu lösen. Den Widerstand des militanten Kerns brach die Reichswehr mit Bajonett, Gewehr und Kanonen. Dabei wurden auch Militärverbände gegen die Arbeiterformationen eingesetzt, die während der Kapp-Zeit den Putschisten nahe gestanden hatten. Ihr „weißer Terror" übertraf den „roten Terror" an Brutalität und Intensität. Bei vielen Arbeitern, die mit der Fortsetzung des Streiks und dem Aufbau eigener Formationen die Republik gegen die Verfassungsbrecher hatten verteidigen wollen und stattdes-

---

8 Siehe Korrespondenzblatt des Allgemeinen Deutschen Gewerkschaftsbundes, 30. Jg., 27. März 1920, S. 152f.

sen erlebten, dass solche Kappisten im Auftrag der Regierung Müller gegen sie selber oder ihre Kameraden vorgingen, wuchs die Verbitterung ins Grenzenlose. Republiktreue Streikende wurden unter den Bedingungen des Ausnahmezustandes vor allem von Militärgerichten oft hart bestraft, nur weil sie sich verdächtig gemacht hatten oder denunziert worden waren, während das Strafgericht der Republik über die Feinde von rechts ausblieb.

Die Reichstagswahlen vom Juni 1920 standen noch unter dem Eindruck des Kapp-Putsches und der nachfolgenden Arbeiteraufstände. Zwischen den beiden Parteigruppierungen der sozialistischen Arbeiterbewegung fand im Vergleich zu den Nationalversammlungswahlen ein Erdrutsch statt. Die MSPD erhielt nur mehr 21,6 Prozent, die USPD stieg auf 18 Prozent und dazu kamen noch die 2 Prozent für die KPD hinzu. Doch es vollzog sich nicht nur ein Linksruck im Lager der Arbeiterparteien, sondern dieses büßte gegenüber 1919 auch fast 4 Prozentpunkte ein. Mindestens ebenso gravierend waren die Verschiebungen unter den bürgerlichen Parteien. Von den bisherigen Koalitionspartnern der MSPD verlor das Zentrum, vor allem durch die Abspaltung der Bayerischen Volkspartei, 6,1 Punkte (13,6 Prozent gegen 19,7 Prozent im Januar 1919), während die DDP von 18,5 Prozent auf 8,2 Prozent absackte. Die großen Gewinner waren die nationalliberale DVP (von 4,4 auf 13,9) und die rechtsaußen angesiedelte DNVP (von 10,3 auf 15,0). Der Kapp-Putsch hatte sich entgegen den Erwartungen von Otto Wels, dem Parteivorsitzenden der MSPD, nicht gegen die Rechte ausgewirkt. Vielmehr trieben die bürgerkriegsähnlichen Zustände des Frühjahrs 1920 wohl erst recht viele Wähler in die Arme der „System"-Kritiker von rechts.

Hermann Müllers Versuch, doch noch eine Regierung unter Führung der MSPD zu bilden, misslang. Dem neuen Kabinett unter dem Zentrumsmann Konstantin Fehrenbach gehörten keine Sozialdemokraten mehr an. Es war die erste rein bürgerliche Regierung (DVP, DDP und Zentrum) der Weimarer Republik. In den kommenden acht Jahren bis zur Bildung des zweiten Kabinetts Müller 1928 war nun das Zentrum und nicht mehr die Sozialdemokratie die tragende Regierungspartei. Nur als Juniorpartner gehörte die SPD in diesen acht Jahren vier kurzlebigen Kabinetten für insgesamt neun Monate an.

3. Der Weg der Sozialdemokratie von 1920 bis 1928

Der Verlust der Regierungsverantwortung wurde von der Mehrheitssozial-demokratie überwiegend ohne Bedauern und Besorgnis registriert. Im Gegenteil, es herrschte geradezu Erleichterung. „Niemand von uns" – so fasste Müller diese auf dem Parteitag vom Oktober 1920 herrschende Stimmung zusammen – „hat Sehnsucht, wieder in die Regierung einzu-treten."[9] Hier drückte sich eine Haltung aus, die der „Vorwärts" 1925 in die einprägsamen Worte kleidete, die SPD habe sich nie zur Regierung gedrängt und sich nur an ihr beteiligt, „wenn die äußerste Not des Volkes dieses Opfer von ihr verlangte".[10] Gerade nach den Erfahrungen ihrer anderthalbjährigen Regierungstätigkeit bis zum Juni 1920, als ihr die Anhänger in Scharen davonliefen, wollte sie sich die Regierungsverant-wortung nur im Notfall aufbürden.

Ungeachtet dieser Vorbehalte sah sich die Reichstagsfraktion veranlasst, häufig von ihr nicht getragene Regierungen doch zu unterstützen, weil sich anders keine Mehrheit im Parlament fand und neue Krisen drohten. Die Partei erwartete von dieser Taktik der „Tolerierung" wohl, dass die „Bür-gerlichen" unumgängliche, durch die innere und äußere Notsituation bedingte Maßnahmen vor den Augen der Öffentlichkeit selbst verantwor-ten mussten und die Sozialdemokratie so aus der Schusslinie ihrer Gegner von rechts und links geriet. Diese merkwürdige Zwitterstellung zwischen halber Regierungspartei und halber Opposition hat aus der Sicht des Jahres 1928 Julius Leber, der seinen Widerstand gegen Hitler 1944 mit seinem Leben bezahlte, einer scharfen Kritik unterzogen: „Man muss entweder regieren oder man muss in ausgesprochener Opposition stehen. Zum einen nicht die Verantwortungsfreudigkeit, zum andern nicht den Mut zu haben, also eine Politik des Durchlavierens festen Entschlüssen vorzuziehen, das ist der größte Fehler, den eine politische Partei begehen kann."[11]

Immer, wenn unpopuläre Entscheidungen von großer Tragweite un-umgänglich wurden, sprang die SPD doch in die Bresche. Staatspolitischen Notwendigkeiten hat sie sich, im Unterschied zu vielen ihrer Gegner von rechts und links, zumeist nicht versagt. Als Koalitionspartner stützte sie

---

9 Siehe Protokoll über die Verhandlungen des Parteitages der Sozialdemokratischen Partei Deutschlands, abgehalten in Kassel vom 10. bis 16 Oktober 1920, Berlin 1920, S. 270. Ganz ähnlich auch die Sicht aus dem Jahre 1924, Protokoll des Parteitages in Berlin 1924, Berlin 1924, S. 83 und 130.
10 Vorwärts vom 6. 12. 1925.
11 Julius Leber, Ein Mann geht seinen Weg. Schriften, Reden und Briefe, hrsg. von seinen Freunden, Berlin 1952, S. 177.

den Versuch der Regierung Joseph Wirth (1921/22), durch eine sogenannte „Erfüllungspolitik" schließlich eine Revision des Versailler Vertrages zu erreichen. Während die Sozialdemokratie dem linken Zentrumsmann Wirth viele Sympathien entgegenbrachte, überwog gegenüber seinem Nachfolger, dem rechts stehenden, parteilosen Wirtschaftsmann
Wilhelm Cuno, die Reserve. Aber selbst dessen Kabinett, in dem die SPD
gar nicht vertreten war, fand ihre Hilfe bei dem Versuch, den Einfall der
französischen und belgischen Truppen im Januar 1923 ins Ruhrgebiet mit
dem passiven Widerstand zu beantworten. Als diese Politik den letzten
Anstoß zur inflationären Geldentwertung gab und die Mark ins Bodenlose
sackte, standen die Sozialdemokraten wieder als Nothelfer bereit. Das
Kabinett Gustav Stresemann, dem sie als Juniorpartner angehörten, übernahm die undankbare Aufgabe, den aussichtslos gewordenen Ruhrkampf
zu beenden und anschließend die Währung zu sanieren.

Das Jahr 1923 war eines der großen Krisenjahre der Republik. Der vor
allem von Arbeitern, Angestellten und Beamten getragene Widerstand an
der Ruhr, bei dem am 31. März 13 Krupp-Arbeiter den Kugeln französischer Truppen zum Opfer fielen, konnte auf längere Sicht nicht durchge-
halten werden. Die Notenpresse diente zur Finanzierung der horrend
wachsenden Ausgaben. Bis Mitte April gelang es noch, den Dollarkurs auf
ca. 20 000 Mark zu fixieren, dann gab es kein Halten mehr. Im August
kletterte der Kurs bis auf 4,6 Millionen, im Oktober auf über 25 Milliarden und am 15. November, dem Tag der Währungsreform, schließlich auf
4,2 Billionen. Die unvorstellbare Not förderte nicht nur separatistische
Bewegungen im Rheinland und der Pfalz. Bei den Kommunisten rüstete
man sich für eine revolutionäre Offensive, den „deutschen Oktober". In
Sachsen und Thüringen wurden die von ihnen geführten „Proletarischen
Hundertschaften" zu Kampfinstrumenten für den Ernstfall ausgebaut. Im
Lager der Rechten spielte man mit dem Gedanken einer diktatorischen
Krisenlösung und der Übertragung der Macht an einen „starken Mann".[12]
In Bayern lehnte sich das rechtsautoritäre Regime Kahr im Bund mit der
dortigen Reichswehr- und Polizeiführung offen gegen das Reich auf.
Gedacht war das als Signal für den „Marsch auf Berlin", der mit der Aus-
rufung der „nationalen Diktatur" seine Krönung finden sollte. Am 8./9.
November 1923 sah auch Adolf Hitler seine Stunde gekommen und un-

---

12 So äußerten sich etwa Graf Westarp, der Fraktionsvorsitzende der DNVP, und der
   führende Großindustrielle Hugo Stinnes. Auch der Chef der Heeresleitung Seeckt ten-
   dierte zu solchen Vorstellungen. Vgl. zum Zusammenhang Winkler, Von der Revolution
   zur Stabilisierung, S. 612-624, mit zahlreichen Belegen und Hinweisen.

ternahm mit Unterstützung Ludendorffs in München einen Putschversuch, der innerhalb von 24 Stunden scheiterte.

Unter tatkräftiger Mithilfe der Sozialdemokratie hat die Republik unter Führung von Stresemann diese Krise überstanden. Die von der Regierung mit Hilfe eines Ermächtigungsgesetzes ergriffenen Maßnahmen stürzten die Partei in einen schweren Konflikt. In Sachsen und Thüringen, wo reine SPD-Regierungen mit einer starken Linkstendenz im Amte waren, wurden angesichts der drohenden Revolution von rechts völlig legal Kommunisten in die Kabinette aufgenommen. Die SPD musste nun erleben, dass in Sachsen und Thüringen Reichswehrtruppen einmarschierten, um die Auflösung der Regierungen unter Erich Zeigner und August Fröhlich zu erzwingen, die von ihr mitgetragene Reichsregierung gegen die rechtsautoritär-völkische Bedrohung aus Bayern aber so gut wie nichts unternahm. Diese Doppelmoral, hart gegen links und konzessionsbereit gegen rechts, mochte die SPD nicht mitverantworten. Ihr Rückzug aus der Regierung leitete den anschließenden Sturz Stresemanns ein. Ebert hat damals dieses vom Standpunkt der Partei verständliche, für ihn aber staatspolitisch unkluge Verhalten mit den Worten gegeißelt: „Was Euch veranlasst, den Kanzler zu stürzen, ist in sechs Wochen vergessen, aber die Folgen Eurer Dummheit werdet Ihr noch zehn Jahre lang spüren."[13]

Gewiss war die Sozialdemokratie „aus der Regierung hinausgedrängt worden"[14], zugleich war dies aber auch ein Sieg der Parteiräson nach vorherigem halbherzigen Lavieren. Mit beeinflusst wurde der Rückzug aus der Staatsverantwortung durch den Druck der linken Konkurrenz, die Stimmung der eigenen Basis und die Rücksicht auf den linken koalitionsunwilligen Flügel der Partei. Im September 1922 war die Rest-USPD in den Schoß der alten Mutterpartei zurückgekehrt. Die Wiedervereinigung brachte zwar einen Mitgliederzuwachs, der 1923 die nie wieder erreichte Höhe von 1 261 072 erklomm, doch Werbekraft nach außen ging kaum von ihr aus. Links von der SPD hatte sich die KPD fest etabliert. Ihr Stimmenanteil verlief von 2,0 (1920) über 12,6 (Mai 1924), 9,0 (Dezember 1924), 10,6 (1928) auf 13,1 Prozent (1930). Die aggressive Politik der KPD gegen die Republik und die Sozialdemokratie trug dazu bei, dass in der sozialdemokratischen Führung oft sozialrevolutionäre Strömungen in der Arbeitnehmerschaft mit „kommunistisch" gleich gesetzt wurden. Da-

---

13 So überliefert bei Gustav Stresemann, Vermächtnis, Bd. 1, Berlin 1932, S. 245; vgl. auch Waldemar Besson, Friedrich Ebert, Verdienst und Grenze, Göttingen 1963, S. 89.

14 So Erich Koch-Weser, ein führender Politiker der DDP. Die Kabinette Stresemann I und II. 13. August bis 6. Oktober 1923, 6. Oktober 1923 bis 30. November 1923, bearb. von Karl-Dietrich Erdmann und Martin Vogt, Boppard a. Rh. 1978, Bd. 2, S. 945.

durch wurde eine Rückgewinnung der radikalisierten Arbeiter zu einem schier aussichtslosen Unterfangen.

Den schweren Rückschlag, den die regierende SPD bei den Wahlen von 1920 erlitt, hat sie auch in der Rolle der Opposition nicht wettmachen können. Im Mai 1924 sank die wiedervereinigte Partei auf 20,5 Prozent der Stimmen. Bei dem Urnengang vom Dezember des gleichen Jahres errang sie mit 26 Prozent einen achtbaren Erfolg. Im Zuge der Stabilisierung der Republik kam sie 1928 mit 29,8 gerade wieder an die 30-Prozent-Grenze heran.[15] Aus den Wahlergebnissen wurde deutlich, dass die SPD die Verluste an die KPD kaum ausgleichen konnte und das linke Wählerpotenzial insgesamt nur gut ein Drittel der Wähler umfasste. Von den Arbeitern, die nach der Berufszählung von 1925 45,1 Prozent der hauptberuflich Erwerbstätigen ausmachten, gewann die SPD stets nur einen, wenn auch den mit Abstand größten Teil der Wähler. Die katholischen Arbeiter blieben im Wesentlichen dem Zentrum treu, evangelisch gebundene Arbeiter zogen, soweit sie in christlichen Gewerkschaften organisiert waren, wohl eher „nationale" Parteien vor. Auch bei den Landarbeitern, die noch immer stark unter dem politisch-wirtschaftlichen Einfluss der Großagrarier standen, konnte die SPD nur schwer Fuß fassen.

In anderen sozialen Schichten, die sich wie die Büroangestellten und unteren Beamten, die Rentner und Kleinbauern, Teile der Handwerker und der kleinen Einzelhändler in ähnlicher finanzieller Lage wie die Arbeiter befanden, gelangen auch in der Weimarer Republik nur Teileinbrüche. Zwar ging der Arbeiteranteil in der Partei von ca. 90 Prozent vor dem Kriege über 73 Prozent 1926 auf 60 Prozent im Jahre 1930 zurück, während gleichzeitig der Anteil der übrigen Gruppen stieg: 1930 zählten 10 Prozent zu den Angestellten, 3 Prozent zu den Beamten und 17 Prozent zu den Hausfrauen. Dabei ist zu berücksichtigen, dass der Arbeitersektor in der Bevölkerung zu stagnieren begann, während der Anteil der Beamten und Angestellten wuchs und 1926 schon insgesamt 16,5 Prozent der Erwerbstätigen umfasste. Zum unteren Block der Gesellschaftspyramide mussten auch Teile des Mittelstandes gerechnet werden, die durch die Inflation in eine wirtschaftliche Notlage geraten und proletarisiert worden waren. Insgesamt zählten nach sozialstatistischen Berechnungen im Jahre 1926 über 50 Prozent der Bevölkerung zu der wirtschaftlichen Unter-

---

15 Zum Zusammenhang siehe bes. Heinrich August Winkler, Der Schein der Normalität. Arbeiter und Arbeiterbewegung in der Weimarer Republik 1924 bis 1990, Berlin/Bonn 2. Aufl. 1988.

schicht.[16] Weiteren 12 Prozent aus dem Kleinbürgertum ging es nicht viel besser. Angesichts dieser Ziffern stellt sich die Frage, warum es der SPD nicht gelang, dieses Stimmenpotenzial besser auszuschöpfen und zu *der* Partei der Unterprivilegierten zu werden.

Die Belastungen, die für die Partei aus der Niederlage, Revolution und „Versailles" erwuchsen, waren ein Grund. Negativ schlug für den demokratischen Sozialismus auch zu Buche, dass sich in der sozialen Machtverteilung der Republik die Waagschale schnell wieder zur Unternehmerseite neigte. Es war charakteristisch, dass der Achtstundentag von den Arbeitgebern bald in Frage gestellt wurde. Nach ihrer Argumentation konnte Deutschland sonst die ihm durch den verlorenen Krieg und die Reparationen aufgeladene Bürde nicht tragen. Die Arbeitnehmer waren sich durchaus bewusst, dass sie ihren Teil zur Bewältigung der Kriegsfolgelasten beizutragen hatten, doch vermissten sie eine entsprechende Bereitschaft der Unternehmerseite. In der Hyperinflationszeit mussten sie erleben, dass ihr Realeinkommen fortlaufend sank, weil die Preise den Löhnen davonliefen, während sich auf der anderen Seite Unternehmer und Händler ihre Ware in harter Goldwährung bezahlen ließen.

Dem Machtverlust ihrer Gewerkschaftsorganisationen (Mitgliederschwund und leere Kassen) stand ein enormer Machtzuwachs der Sachwertbesitzer gegenüber. Vor allem einzelne Großindustrielle zogen aus niedrigen Herstellungskosten und spekulativen Geschäften, kapitalisierten Steuern und Schulden, die sich über Nacht in nichts auflösten, riesenhafte Gewinne. Hugo Stinnes' bekanntes Industrieimperium überragte zwar alles an Größe, doch stand es keineswegs allein. Diesem ersten großen Konzentrationsprozess in der Industrie folgte nach der Stabilisierung der Mark ein zweiter. Nachdem die Reparationsfragen durch das Dawes-Abkommen von 1924 geregelt worden waren, strömte ausländisches Kapital, angelockt von dem hohen Zinsniveau, nach Deutschland und löste einen starken Konjunkturaufschwung aus. Das geliehene Geld bildete die finanzielle Grundlage für den nun in Gang kommenden stürmischen Rationalisierungsprozess. Von ihm profitierten vornehmlich die modernen exportorientierten Industrien aus Elektrotechnik, Maschinenbau und Chemie. Beispielhaft für die wirtschaftliche Machtkonzentration waren der 1926 erfolgte Zusammenschluss in der chemischen Industrie zu den IG Farben (ca. 9/10 des chemischen Sektors) und die im gleichen Jahr entstandenen Vereinigten

---

16 Siehe dazu Theodor Geiger, Die soziale Schichtung des deutschen Volkes. Soziographischer Versuch auf statistischer Grundlage. Nachdruck der Ausgabe von 1932, Darmstadt 1967, bes. S. 73.

Die Verteilung der Lasten (aus: Der wahre Jacob)

Stahlwerke mit einem Anteil von etwa 2/5 an der Kohle-, Eisen- und Stahlerzeugung.

Auch die Arbeitnehmer zogen Gewinn aus diesem Wirtschaftsaufschwung. So stieg der Reallohn der Arbeiter zwischen 1924 und 1927 um 37 Prozent. Doch sah dieser Zuwachs angesichts der Tatsache, dass in der Hochinflation das tatsächliche Lohneinkommen weit hinter das Vorkriegsniveau zurückgefallen war, nicht ganz so rosig aus. Nur in einem einzigen Jahr, 1929, wurde der Nettorealwochenlohn von 1913 um spärliche 2 Prozent übertroffen. Dazu wirkte sich negativ aus, dass fast in allen Jahren der Weimarer Zeit eine beinahe chronische Arbeitslosigkeit herrschte. Von etwa 1 Million Arbeitslosen Mitte 1919 sank zwar die Quote im kurzen Nachkriegsboom auf ca. 120 000 bis 400 000 offiziell registrierte Hauptunterstützungsempfänger. Doch im Winter 1923/24 stieg deren Zahl rapide auf 1,25 Millionen an. Insgesamt waren zu diesem Zeitpunkt um die 4 Millionen ganz oder überwiegend ohne Arbeit. Nach einem schnellen Rückgang waren 1922 noch 2 Millionen auf Erwerbslosenunterstützung angewiesen. Auch in den Jahren 1927-1928 hielt sich die Arbeitslosigkeit, allerdings mit erheblichen jahreszeitlich bedingten Schwankungen, mit ca. 1,4 Millionen im Jahresschnitt auf einem hohen Stand, ehe mit der großen Wirtschaftskrise die Ziffern zu bis dahin nie da gewesenen Höhen empor schnellten.

Unmittelbar nach dem Krieg lagen die Ursachen dieser Arbeitslosigkeit in der schwierigen Umstellung auf die Friedenswirtschaft. Nach 1923 waren für die hohen Zahlen vornehmlich demographische Veränderungen und konjunkturelle Einbrüche sowie die ohne Rücksicht auf die sozialen Folgen durchgeführte Rationalisierung verantwortlich. Neben der durch die neuen Produktions- und Arbeitsmethoden (z.B. Fließband) bedingten zunehmenden Einseitigkeit und Eintönigkeit der Arbeit sahen die Arbeiter auch noch ihre Arbeitsplätze gefährdet. Ständig blieb der lohnabhängige Berufstätige von wirtschaftlicher Unsicherheit bedroht. Die zunehmende Durchlöcherung des Achtstundentages trotz Arbeitslosigkeit – im Oktober 1926 arbeiteten 53 Prozent mehr als 48 Stunden – und empfindliche Rückschläge in der Sozialpolitik kennzeichneten die krisenbedingte Unterlegenheit der Arbeitnehmerorganisationen gegenüber der „Wirtschaft". Auch die sogenannten „goldenen" zwanziger Jahre brachten kein Wirtschaftswunder, sondern nur einen kurzfristigen, instabilen Aufschwung. Das volkswirtschaftliche Wachstum reichte nicht aus, um allen Bevölkerungsgruppen Wohlstand zu bringen und die Verteilungskonflikte zu entschärfen. So stand auch der erneuerte Sozialstaat auf schwachen Füßen.

In der politischen Landschaft bestimmten die Parteien rechts von der Mitte im Verbund mit dem Zentrum, das zu *der* Regierungspartei avancierte, das Geschehen. Nach der herben Wahlniederlage von 1920 hatten sich die Handlungsspielräume der Sozialdemokratie entscheidend verengt. Mit der großen Staats- und Wirtschaftskrise von 1923 schrumpften sie weiter. Das geschwächte sozialdemokratische Spektrum geriet in die Defensive und ins Schlingern. Dafür gab es eine Reihe von objektiven Gründen. Doch es erhebt sich die Frage, wieweit auch Theorie und Praxis der eigenen Partei dafür verantwortlich waren, dass politisches Gewicht und Durchsetzungsvermögen der SPD so beschränkt blieben.

Es fiel auf, dass eine Theorieauseinandersetzung – abgesehen von Flügelgruppen innerhalb und außerhalb der Partei – nur äußerst selten stattgefunden hat. Zwar kam es 1921, als sich die MSPD in Görlitz ein neues Programm gab, zu lebhaften innerparteilichen Diskussionen; aber sie drehten sich vornehmlich um praktische, konkrete Tagesfragen. Mit dem Görlitzer Programm stellte sich die SPD als „die Partei des arbeitenden Volkes in Stadt und Land" vor, als eine „Kampfgemeinschaft für Demokratie und Sozialismus". Trotz dieser Definition als Volkspartei behielt der Begriff des Klassenkampfes seinen programmatischen Stellenwert. Er wurde hier als eine durch die kapitalistische Wirtschaftsordnung bedingte „geschichtliche Notwendigkeit" und als „sittliche Forderung" interpretiert. In der „Überführung der großen konzentrierten Wirtschaftsbetriebe in die Gemeinwirtschaft" und der „fortschreitenden Umformung der gesamten kapitalistischen Wirtschaft zur sozialistischen" sah das Programm ein „notwendiges Mittel", um „die Menschheit zu höheren Formen wirtschaftlicher und sittlicher Gemeinschaft emporzuführen". Mit einem uneingeschränkten Bekenntnis zur demokratischen Republik bekundete die Sozialdemokratie zugleich ihre Entschlossenheit, „zum Schutz der errungenen Freiheit das Letzte einzusetzen" und jeden Angriff auf die Demokratie „als ein Attentat auf die Lebensrechte des Volkes" zurückzuweisen.[17]

Schon 1922 wurde nach der Wiedervereinigung mit der USPD eine Kommission zur Ausarbeitung eines neuen Programmentwurfs eingesetzt. In dem vom Parteitag 1925 verabschiedeten Programm, an dem u.a. auch Karl Kautsky maßgebend mitgewirkt hatte, überwogen wieder klassenkämpferisch-marxistische Töne. Das war nicht nur eine Konzession an die ehemaligen USPDler, sondern ein Reflex auf die mit den Krisenjahren verschärften sozialen Konflikte. Dieses Heidelberger Programm griff in seinem grundsätzlichen Teil weitgehend auf das Erfurter von 1891 zurück. Es wurde ergänzt durch einige im Wesentlichen auf Rudolf Hilferding zurückgehende Passagen über den wachsenden Einfluss des Finanzkapitals auf die Staatsmacht und das von ihm ausgehende imperialistische Machtstreben. Lange bevor andere Parteien Europa auf ihre Fahne schrieben, setzte sich die deutsche Sozialdemokratie in einem offiziellen Parteiprogramm schon ein „für die aus wirtschaftlichen Ursachen zwingend gewordene Schaffung der europäischen Wirtschaftseinheit, für die Bildung der Vereinigten Staaten von Europa".[18]

17 Siehe Anhang Dokumente 6.
18 Siehe Anhang Dokumente 7.

Der schon vor dem Krieg auf den Parteitagen von 1894 und 1895 vergeblich unternommene Versuch, ein spezielles Agrarprogramm auszuarbeiten, wurde auf dem Kieler Parteitag von 1927 wieder aufgenommen. Die einstimmig verabschiedete Plattform versprach, sich für die kleinen Landwirtschaftsbetriebe, bäuerliche Siedlung und Bodenreform einzusetzen. Dieser Ansatz, durch ein auf die Bedürfnisse einer sozialen Gruppe zurechtgeschnittenes Programm neue Wählerschichten zu erschließen, prallte weitgehend an den in Jahrzehnten verfestigten Vorbehalten der Bauern gegenüber der Sozialdemokratie ab.

Schwerwiegender wirkte sich für die Partei aus, dass sie mit ihrem politischen Konzept beim Kleinbürgertum und den Angestellten, abgesehen von geringeren Teilen, auf eine Mauer des Misstrauens stieß. Im Ringen um diese Schichten hielt die SPD ihnen „falsches Bewusstsein" vor und sprach sie als Proletarier bzw. werdende Proletarier an. Sie wollten aber in ihrer Mehrzahl nicht Klassengenossen der Arbeiter sein. Die einen – selbst proletarischer Herkunft – versuchten gerne alles abzustreifen, was sie an ihren früheren Status erinnerte. Die andere, größere Gruppe rekrutierte sich vornehmlich aus Angehörigen des alten Mittelstandes. Durch die Veränderungen im Wirtschaftsgefüge und die Folgen der Inflation erfuhren sie einen sozialen Abstieg. In ihnen lebte trotz oder gerade wegen ihrer gedrückten wirtschaftlichen Situation immer noch das Bewusstsein weiter, etwas Besseres zu sein. Sie neigten dazu, den Verlust ihrer eigenen Sicherheit auf das nationale Unglück zurückzuführen. Die Schuld an dieser Schmach gaben sie schnell den Sozialdemokraten. Ihr Ideal war nicht eine klassenlose Gesellschaft, sondern als Ausweg aus ihrer traurigen Lage galt ihnen ein anerkannter Rang in der „Volksgemeinschaft" und der Aufstieg des Reiches zu neuer Größe und Weltgeltung.

Solche emotional aufgeheizten Zukunftsvisionen boten ihnen die Rechte, völkische Gruppen und schließlich der Nationalsozialismus, nicht aber die SPD. Auch die Sozialdemokraten empfanden den Wiederaufstieg Deutschlands als eine vordringliche Aufgabe, für die sie sich mit Rat und Tat einsetzten. Doch ihre Politik blieb nüchtern, ohne zündenden Funken und mitreißenden Schwung. Die Frauen verdankten ihr Wahlrecht der Volksbeauftragtenregierung. Ihre Stimmen kamen dagegen vor allem dem katholischen Zentrum und der Deutschnationalen Volkspartei zugute, während ihr Anteil bei den sozialistischen Parteien unter dem Durchschnitt lag. Auf die Jugend übte die Sozialdemokratie eine vergleichsweise geringe Anziehung aus: 1930 waren z. B. nur 8 Prozent der Mitglieder unter 25 Jahre alt. Die sozialdemokratische Reichstagsfraktion wies am Ende der Republik das höchste Durchschnittsalter aller im Reichstag vertretenen

Parteien auf. Dem Parteivorstand gehörte, wer einmal gewählt worden war, praktisch auf Lebenszeit an. Zuverlässige, tüchtige Männer, doch ohne große persönliche Ausstrahlungskraft, bestimmten das Gesicht der Partei. In mühseliger, zäher Kleinarbeit führten sie den Kampf um soziale Verbesserungen und kleine Reformen. Bei dem von der KPD und der SPD 1926 veranlassten Volksentscheid zur Fürstenenteignung gelang zwar eine Mobilisierung von indifferenten Wählern weit über den eigenen Anhängersektor hinaus. Das Ganze blieb jedoch eine momentane Demonstration ohne nachhaltigen Nutzeffekt und konkreten Erfolg.

In Tausenden von Städten und Gemeinden wirkten Sozialdemokraten aktiv gestaltend mit und entwickelten eine beispielhafte moderne Kommunalpolitik, obwohl es weitaus weniger „rote Rathäuser" gab, als gemeinhin angenommen. Daneben übten sie in einer Reihe von Ländern Einfluss aus und stellten 1929 gut 1/3 aller Landtagsabgeordneten. Während die Partei in der „Ordnungszelle" Bayern, wo nach der Räterepublik konservativreaktionäre Kräfte den Ton angaben, bis 1932 fast auf eine Splittergruppe zurücksank (etwas über 10 %), bestimmte sie vor allem in den Landesregierungen von Hamburg, Baden, Hessen und Preußen maßgebend mit. Abgesehen von einigen kurzen Unterbrechungen hat die Sozialdemokratie in Preußen seit 1919 dauernd das Ruder des Staatsschiffes geführt. Nach Paul Hirsch übernahm 1920 Otto Braun, eine der eindrucksvollsten politischen Persönlichkeiten der Weimarer Republik, das Amt des Ministerpräsidenten. Mit den von ihm geführten Koalitionsregierungen aus SPD, Zentrum und DDP (zeitweise auch der DVP) versuchte er, in Preußen das Modell eines „republikanischen Volksstaates" zu verwirklichen. Gut funktionierende und korrekt verwaltete demokratische Institutionen und ein energisches Vorgehen der SPD-Innenminister Carl Severing und Albert Grzesinski gegen staats- und demokratiefeindliche Aktivitäten von rechts und links machten das „Rote Preußen" zum bevorzugten Hassobjekt der Feinde der Republik.

Selbst an dem „preußischen Bollwerk" der Republik wurde eine kennzeichnende Schwäche der SPD in der Weimarer Zeit deutlich. Die Sozialdemokraten fühlten sich, wie der erfahrene Kämpe Wilhelm Keil auf dem Parteitag von 1925 formulierte, „als die eigentlichen Träger der demokratischen Republik", als „Anwalt der Armen, der Schaffenden und Enterbten". In der Tat war die Sozialdemokratie *die* Hüterin der Verfassung und der Demokratie. Doch ihr Konzept von Demokratie blieb zu sehr auf das formale Funktionieren der demokratischen Institutionen und auf die bloße Verteidigung beschränkt. Immer wieder wurde als Begründung für ihr Bekenntnis zur demokratischen Republik angeführt, dass sie damit einen

„Stützpunkt" auf dem Wege „zum sozialistischen Volksstaat" gewonnen habe. Diese Motivation kleidete der hessische Ministerpräsident Karl Ulrich auf dem Kieler Parteitag von 1927 in die Worte: „Wir müssen den Massen sagen, dass wir entschlossen sind, die demokratische Republik mit Nägeln und Zähnen zu verteidigen, weil wir in ihr einen erfolgverheißenderen Kampfboden für unsere sozialpolitischen Forderungen und sozialistischen Ziele sehen als in der Monarchie."[19] Doch die Alternative zur Weimarer Republik war nicht eine monarchische Restauration der Wilhelminischen Ära. Die wirkliche Gefahr drohte vom modernen „Führerstaat" der kämpferisch-nationalistischen und faschistischen Kräfte, demgegenüber bloße Verteidigung nicht ausreichte. Hilferdings Anstoß, die Demokratie sei historisch die Sache des Proletariats „gewesen" und sei es auch jetzt noch, blieb ohne zündende Kraft. Am Rande der Partei erschallten u. a. aus den Flügeln von rechts und links Rufe, sich nicht nur auf Bewahrung der Demokratie zu beschränken, sondern sie aktiv weiterzutragen und sie in allen Bereichen des staatlichen und gesellschaftlichen Lebens wirksam durchzusetzen.

Eine solche Politik erforderte Schwerpunktsetzungen und Konsequenz: eine Unterordnung aller anderen Anliegen und Überlegungen unter das *eine* vordringliche Ziel. Der Mann, der am entschiedensten eine solche Position eingenommen hatte und entsprechende Autorität besaß, wurde der Sozialdemokratie durch seinen frühen Tod genommen. Am 28. Februar 1925 starb Friedrich Ebert an den Folgen einer verschleppten Blinddarmentzündung. In den sechs Jahren seiner Amtszeit als Staatsoberhaupt hatte er sich als Hüter der Republik, Wahrer des Reichs, Anwalt der Nation und pflichtbewusster Demokrat bewährt. Dem Einsatz für die Sicherung der demokratischen Staatsordnung und die Einheit des Reichs hatte er alles andere untergeordnet und seine Kräfte und Gesundheit geopfert. Mit seiner starren Kampfrichtung gegen links, dem großen Vertrauen auf die Fachleute und seinem Versäumnis, Vertreter der beharrenden Kräfte durch entschiedene Demokraten zu ersetzen, trug allerdings auch er Mitverantwortung für den beschränkten Einfluss der Sozialdemokratie. An Eberts Stelle rückte nun der legendenumwobene Nationalheros Hindenburg.

Beim ersten Wahlgang zur Reichspräsidentenwahl am 29. März 1925 erreichte der von DNVP und DVP aufgestellte Oberbürgermeister von Duisburg, Karl Jarres, mit 10,7 Millionen Stimmen vor Otto Braun (SPD) mit 7,8 Millionen und Wilhelm Marx (Zentrum) mit 3,9 Millionen die

---

19 Protokoll über die Verhandlungen des Parteitages der Sozialdemokratischen Partei Deutschlands, abgehalten in Kiel vom 22. bis 27. Mai 1927, Berlin 1927, S. 196 (Paul Löbe) und S. 210 (Karl Ulrich).

höchste Quote. Da keiner der Anwärter die erforderliche absolute Mehrheit aufbrachte, fand am 26. April ein zweiter Wahlgang statt. Das Zentrum, die DDP und die SPD hatten dafür gemeinsam Marx nominiert, während die Rechtsparteien nun Hindenburg präsentierten. Die Entscheidung war knapp: Hindenburg siegte mit 14 655 000 Stimmen vor Marx mit 13 751 000, während der von der KPD erneut ins Rennen geschickte Ernst Thälmann 1 931 000 Stimmen erhielt und so Wähler an sich band, die sonst wohl eher für Marx gestimmt hätten. Die schwerer wiegende Verantwortung für diesen Wahlausgang aber trug die Bayrische Volkspartei, eine Art Vorgängerin der CSU. Sie forderte ihre Wähler auf, nicht für den rheinischen Zentrumsmann und Kandidaten ihrer Schwesterpartei, Marx, zu stimmen, sondern für den greisen Feldmarschall. Das höchste Amt der Republik wurde damit in die Hände eines Mannes gelegt, der seine militärischen Wertvorstellungen auf den Staat übertrug und der parlamentarischen Demokratie innerlich ablehnend gegenüber stand.

4. Das zweite Kabinett Hermann Müller

Im Jahre 1928 erhielt die Sozialdemokratie noch einmal die Chance, die Reichspolitik von der Regierungsbank aus zu bestimmen. Am 20. Mai 1928 war ein neuer Reichstag gewählt worden. Die SPD vergrößerte gegenüber den Wahlen von 1924 ihren Stimmenanteil von 26,0 auf 29,8 Prozent und errang 153 (gegenüber vorher 131) Mandate im Reichstag. Gleichzeitig stieg der Anteil der KPD von 9 auf 10,6 Prozent. Die Zugewinne der SPD resultierten vor allem aus einer stärkeren Mobilisierung der Stammwählerschaft. Geschwächt wurde die bürgerliche Mitte, d.h. DDP und Zentrum, die sich in der Regierungskoalition verschlissen hatten.[20] Nach langen schwierigen Verhandlungen bildete Hermann Müller ein Kabinett aus SPD, Zentrum, DDP und der DVP. Die Deutsche Volkspartei war nur mit halbem Herzen dabei. Erst der energische Einsatz des seit langem kranken Gustav Stresemann hatte sie dazu bewogen, sich an der Regierung der „Großen Koalition" zu beteiligen.

Trotz der inneren Spannungen gelang es, in der Außenpolitik einen gemeinsamen Kurs zu verfolgen. Die Verständigungspolitik des langjährigen Außenministers Stresemann hatte schon in den Jahren, als die SPD in Opposition stand, an ihr eine sichere Stütze, während er in seiner eigenen

---

20 Zu den Wahlen und ihrem Ausgang siehe eingehend Winkler, Der Schein der Normalität, S. 521-527.

Partei auf hartnäckigen Widerstand stieß. Nach der am 27. August 1928 erfolgten Unterzeichnung des „Kellogg-Paktes" zur Ächtung des Krieges wandte sich die Regierung dem Reparationsproblem zu. Nach schwierigen Verhandlungen und Sachverständigenkonferenzen wurde schließlich der sogenannte Young-Plan im August 1929 auf einer Konferenz in Den Haag angenommen. Er brachte Deutschland nicht nur eine Verringerung der Reparationslast und eine Befreiung von den bisherigen alliierten Kontrollen, sondern gleichzeitig wurde auch ein Abkommen über die Räumung des besetzten Rheinlandes unterzeichnet. Fünf Jahre vor dem in Versailles bestimmten Termin 1935 sollten die alliierten Truppen den deutschen Boden schon bis 1930 verlassen.

Dieser große außenpolitische Erfolg fand bei den Nationalisten dennoch keine Gegenliebe, genauso wenig wie Hermann Müllers Plädoyer im Völkerbund – dem Deutschland seit 1926 angehörte – für eine Abrüstung auch der anderen Staaten. Den sogenannten nationalen Kreisen lag weniger an allgemeiner Abrüstung, sondern mehr an deutscher Aufrüstung. Aus diesem Geist heraus hatte die vorhergehende bürgerliche Regierung den Bau des „Panzerkreuzers A" beschlossen. Die SPD, die in ihrem Wahlkampf mit der Parole „Kinderspeisung statt Panzerkreuzer" dagegen zu Felde gezogen war, sah sich nun auf einmal mit der Tatsache konfrontiert, dass die von ihr getragene Regierung Mittel für das Schiff bereitstellen wollte. Die Wogen der Empörung gingen hoch und Partei und Reichstagsfraktion standen gegen ihre eigenen Genossen im Kabinett auf. Die SPD-Minister beugten sich der herrschenden Stimmung und der Fraktionsdisziplin und stimmten im Reichstag gegen den Panzerkreuzer A. Kaum war diese Klippe, die das Schiff ins Schlingern brachte, mühsam umschifft, da erschütterte die Wirtschaftskatastrophe die Republik bis in ihre Grundfesten.

Schon vor dem Ausbruch der großen Weltwirtschaftskrise mit dem Kurssturz an der New Yorker Effektenbörse am 24. und 29. Oktober 1929 stand die labile deutsche Wirtschaft im Zeichen einer nachlassenden Konjunktur, steigender Arbeitslosigkeit und sich verschärfender sozialer Spannungen. Der „Ruhreisenstreit", ein großes Arbeitskampf im rheinisch-westfälischen Revier vom Spätherbst 1928, warf ein Schlaglicht auf die rücksichtslose Konfliktstrategie, mit der Unternehmerkreise die Gunst der Stunde zu nutzen suchten. Mit der Missachtung des von Reichsarbeitsminister Rudolf Wissell für verbindlich erklärten Schiedsspruchs legten die Ruhrindustriellen die Axt an die Wurzel des Weimarer Tarif- und Schlichtungssystems. Ihr Kampf gegen die Zwangschlichtung war zugleich eine Kampfansage an den demokratischen Staat. Der seit 1929 einsetzende

Dauerstreit um die Arbeitslosenversicherung brachte die Grundfesten der Weimarer Sozialordnung dann vollends zum Wanken. Die jahreszeitlich mitbedingte Höhe von 2,85 Millionen Erwerbslosen im Januar 1929 sank zwar im Sommer stark ab, doch kletterte sie im folgenden Winter schon auf 3,2 Millionen. Die wachsenden Ausgaben der Versicherungsanstalt sollten nach einem im Kabinett ausgehandelten Kompromiss durch eine Erhöhung der Beiträge für Arbeitgeber und Arbeitnehmer von 3 Prozent auf 3 1/2 Prozent aufgefangen werden. Das wachsende Defizit in der Arbeitslosenversicherung brachte die Frage im Frühjahr 1930 erneut auf die Tagesordnung. Die industrie- und arbeitgeberorientierte DVP propagierte, ähnlich wie die Unternehmerverbände, einen Ausgleich durch verringerte Leistungen an die Erwerbslosen. Für die SPD war dagegen die Sicherung der unverschuldet in Not geratenen Arbeitnehmer maßgebend und so forderte sie eine Erhöhung der Beiträge auf 3 3/4, dann auf 4 Prozent. Ein von der DVP angenommener Kompromissvorschlag des Zentrums fand in der SPD-Fraktion keine Mehrheit. Arbeitsminister Wissell (SPD) und die Gewerkschaften sahen in der Arbeitslosenversicherung den Schutzwall für das ganze Lohntarifsystem und den Eckstein der Sozialpolitik. Er bildete die Grenze, „an der die Geduld, mit der die Arbeiterschaft und ihre Organisationen staatspolitische Erwägungen der Sozialdemokratie toleriert, ihr Ende findet".[21] Gestützt wurde diese unnachgiebige Haltung von dem linken Parteiflügel, der schon auf dem letzten Parteitag für die Aufkündigung der Koalition plädiert hatte. Aber auch für die Parteiführung war das Maß an Zugeständnissen für eine sozialdemokratisch geführte Regierung voll. So verwarf eine Mehrheit in der Fraktion am 27. März 1930 den Kompromiss. Das Zentrum und vor allem die Deutsche Volkspartei, die bewusst den Bruch mit den Sozialdemokraten herbeiführte, um die eigenen finanz- und sozialpolitischen Vorstellungen zu verwirklichen[22], nahmen diese Entscheidung der SPD zum Anlass, um die Koalition zu sprengen. Noch am gleichen Tag trat das Kabinett Müller, die letzte verfassungsmäßig gebildete Regierung, zurück. Die Agonie der Weimarer Republik begann.

21 Gewerkschaftszeitung Nr. 14 vom 4. April 1930, S. 209.
22 So u. a. in Äußerungen des DVP-Vorsitzenden Ernst Scholz und Entschließungen der DVP. Siehe dazu u.a. Werner Conze/Hans Raupach (Hrsg.), Die Staats- und Wirtschaftskrise des Deutschen Reichs 1929/33, Stuttgart 1967, S. 198. Eine ausführliche Darstellung des Bruchs der Großen Koalition mit einer Vielzahl von Literaturhinweisen gibt Winkler, Der Schein der Normalität, S. 736-823, für die DVP bes. S. 783f., 798-801 und 816.

VIII. Die Zerstörung der Demokratie

1. Faktoren der Staats- und Gesellschaftskrise

Die Zerstörung der Demokratie und die Eroberung der politischen Macht durch die Nationalsozialisten haben viele Ursachen:[1] innen- und außenpolitische, wirtschaftliche und soziale, rationale und emotionale, objektive und subjektive. Kaum einer der damals politische Verantwortung Tragenden konnte sich völlig von jeder Schuld freisprechen, auch die Vertreter der Sozialdemokratie nicht. Doch Ausmaß und Art der Schuld wie des Versagens umfassten eine so weite Spannbreite, dass es nicht angeht, sie auf einen gemeinsamen Nenner zu bringen. Sie reichte von den Kämpfern für das nationalsozialistische Regime über Politiker wie den deutschnationalen Hugenberg, die Hitler als Trommler bewusst förderten, Helfershelfern aus Kreisen der Industrie, Richter, Wissenschaftler, Lehrer, die Hitler direkt oder indirekt unterstützten, bis hin zur Kommunistischen Partei, die ihre Hauptstoßrichtung gegen die Sozialdemokratie wandte und glaubte, den Nationalsozialismus beerben zu können. Antidemokratische Strömungen im Bürgertum, autoritär-nationalistische Trends und soziale Verwerfungen bereiteten den Boden, auf dem der Nationalsozialismus wachsen konnte.

Beim Blick auf die Reichstagswahlergebnisse für den Gesamtzeitraum von 1919 bis 1933 zeigt sich, dass die staatstragenden, sich für die Weimarer Republik einsetzenden Parteien – abgesehen vom Sonderfall der Nationalversammlung – eigentlich nie mehr als die Hälfte der Wähler auf sich vereinigen konnten. Bei den Urnengängen am 14. September 1930, 31. Juli 1932, 6. November 1932 und den letzten, nach der nationalsozialistischen „Machtergreifung" durchgeführten, stark behinderten Wahlen vom 5. März 1933 schrumpfte diese demokratische Substanz noch mehr zusammen. Die SPD fiel von 29,8 im Jahre 1928 auf 24,5 (1930), 21,6 und 20,4 (Juli/Nov. 1932); 1933, unter den Bedingungen der Hitler-Herrschaft, konnte sie schließlich noch 18,3 Prozent der Wähler auf sich

---

1 Siehe zum folgenden vor allem: Das Ende der Parteien 1933, hrsg. von Erich Matthias und Rudolf Morsey, Düsseldorf 1960; Karl Dietrich Bracher, Die Auflösung der Weimarer Republik. Eine Studie zum Problem des Machtverfalls, 4. Aufl. Villingen/Schwarzwald 1964; Heinrich August Winkler, Der Weg in die Katastrophe. Arbeiter und Arbeiterbewegung in der Weimarer Republik, Berlin/Bonn 2. Aufl. 1990.

vereinigen. Die DDP, die seit 1930 unter dem Zeichen Deutsche Staatspartei auftrat, war bis auf einen kleinen Rest (1,0 Prozent November 1932) nahezu völlig verschwunden. Dagegen konnte das Zentrum seinen katholischen Wählerstamm auch bei den Wahlen zwischen 1930 und 1933 fast vollständig wahren (11,8; 12,5; 11,9; 11,2; zum Vergleich 1924: 13,6; 1928: 12,1). Geändert hatte sich dagegen sein politischer Kurs. Die auf dem Kölner Parteitag von 1928 neugewählte Führungsspitze steuerte die Partei in ein betont konservativ-nationales Fahrwasser. Sie vollzog damit eine Entwicklung, die ihre bayrische Schwesterpartei schon viel früher genommen hatte. Die Deutsche Volkspartei, die sich nur nach hartem Ringen an der Regierung Hermann Müller beteiligt hatte und bis zum Tode Stresemanns (1929) vor allem von dessen Ansehen profitierte, sank in den Wahlen nach 1930 auf den Stand einer unbedeutenden Splittergruppe herab (Juli 1932 1,2, November 1932 1,9 Prozent).

Rechts von der DVP stand die Deutschnationale Volkspartei. Die in ihr zunächst stark repräsentierten konservativen und monarchischen Kräfte wurden nach der Wahl von Alfred Hugenberg zum Parteivorsitzenden (1928) zurückgedrängt. Nach dem Ausscheiden eines gemäßigten Flügels unter dem Grafen Westarp im Jahre 1930 wurde die Partei zur „Hugenberg-Bewegung" umgeformt. Der Aufbau nach dem Führerprinzip, die Aufstellung von Kampfstaffeln und die bewusste Unterminierung der demokratischen Staatsordnung bestimmten von nun an den Kurs der Partei. Ihre Wahlergebnisse zeigten nach 1924 eine fallende Tendenz. Von 14,2 Prozent noch im Jahre 1928 verlief die Kurve über 7 Prozent (1930), 5,9 Prozent Juli 1932), 8,5 Prozent (November 1932) auf 8 Prozent im Jahre 1933.

In der nationalsozialistischen Bewegung Adolf Hitlers war der DNVP eine Konkurrenz erwachsen, die sie an Skrupellosigkeit und Propagandageschick übertrumpfte. Bei den Reichstagswahlen vom Mai 1924 waren zum ersten Male völkische Gruppen, unter denen der Nationalsozialismus bald die erste Geige spielte, mit 6,5 Prozent der Stimmen in den Reichstag eingezogen. In den Jahren der wirtschaftlichen und politischen Stabilisierung sank ihr Anteil von 3 Prozent im Dezember 1924 auf 2,6 bei den Wahlen von 1928. Im September 1930 schnellten die Stimmen für die NSDAP auf 18,3 Prozent hoch, stiegen im Juli 1932 auf 37,4 und erreichten über den Abfall von 33,1 Prozent im November 1932 bei den mit den Mitteln der Einschüchterung und des Terrors durchgeführten Wahlen vom 5. März 1933 43,9 Prozent.

Auch bei der KPD zeigten sich deutliche Parallelen zur wirtschaftlichsozialen Entwicklung. Nach einem Rückgang in der Stabilisierungsphase wuchs der Stimmenanteil der Kommunisten im Jahre 1930 auf 13,1 Prozent, Juli 1932 auf 14,3 und im November 1932 auf 16,9 Prozent. Bei den letzten Wahlen im März fiel der Anteil der Partei, die am stärksten dem nationalsozialistischen Terror ausgesetzt war, auf 12,3 Prozent zurück.

Beide Flügelgruppierungen, welche den bestehenden Staat radikal in Frage stellten und mit allen Mitteln bekämpften, profitierten von der Wirtschaftskatastrophe, welche die Republik in unvorstellbares Elend stürzte. Im Januar 1930 betrug die Zahl der registrierten Arbeitslosen schon über 3,2 Millionen. Über 2,7 Millionen im Juli 1930 kletterten die Ziffern auf 4,887 Millionen im Januar 1931, 6,042 Millionen im Januar 1932 und 6,014 Millionen im Januar 1933. Die höchsten Zahlen wurden mit 6,128 Millionen im Februar 1932 gemeldet. Der tatsächliche Stand dürfte noch um ca. 600000 höher gelegen haben. Nur rund 12,7 Millionen Arbeiter und Angestellte standen noch in einem Beschäftigungsverhältnis, davon allerdings mehrere Millionen in Kurzarbeit. Von den Gewerkschaftsmitgliedern waren 1932 im Jahresdurchschnitt 43,8 Prozent ohne Arbeit und weitere 22,6 Prozent wurden von Kurzarbeit betroffen.

Nach stundenlangem Schlangestehen erhielten die unverschuldet in Not geratenen Menschen schließlich gegen einen Stempel auf dem Arbeitslosenausweis ihre Unterstützung ausgezahlt. Bis Juni 1932 war sie noch so bemessen, dass sie halbwegs für das Existenzminimum ausreichte. Dann aber kürzte das Kabinett des Franz von Papen, das ohne Parlament und nur gestützt auf den Feldmarschall im Reichspräsidentensessel regierte, die Summe auf einen Satz, der zum Leben nicht mehr ausreichte. So erhielt beispielsweise eine Familie mit zwei Erwachsenen und einem Kind monatlich 51 RM Unterstützung, von denen allein 32,50 RM für Miete, Heizung und Beleuchtung ausgegeben werden mussten. Für Nahrungsmittel blieben ganze 18,50 RM. Das hieß bei den damaligen Preisen eine Ration pro Kopf der Familie von einem halben Brot, einem Pfund Kartoffeln, 100 g Kohl und 50 g Margarine. Dreimal im Monat konnte man sich noch einen billigen Hering kaufen und für das Kind sogar einen Extra-Hering sowie täglich einen halben Liter Milch.

Vergleichsweise ging es dieser Familie noch besser als vielen anderen; denn die Arbeitslosenunterstützung inklusive einer sogenannten „Krisenfürsorge" wurde längstens bis zu einem Jahr gewährt. Im Februar 1932 erhielten 12,6 Prozent der Erwerbslosen überhaupt keine Unterstützung. 29,9 Prozent = 1,833 Millionen, denen kein Arbeitslosengeld mehr gezahlt oder die wie viele Arme und Alte, Jugendliche und Freiberufliche nie Mitglied der Sozialversicherung geworden waren, blieben auf die örtliche Wohlfahrtsunterstützung angewiesen. Sie reichte an vielen Orten nicht einmal dazu aus, um sich etwas zum Essen zu kaufen, geschweige denn eine

Wohnung zu bezahlen. Im Freien, in Wartesälen und Obdachlosenasylen vegetierten die Menschen dahin und warteten auf ein Wunder, das der Not ein Ende machen werde. Die Hoffnung auf die Regierung hatten sie längst begraben.

Nach dem Auseinanderbrechen der Großen Koalition unter Hermann Müller sahen verschiedene Kräfte aus Politik, Wirtschaft und Reichswehr die Stunde für ein „Rechtskabinett" mit Sondervollmachten gekommen. Unter Ausschaltung des Parlaments sollte es entweder durch ein Ermächtigungsgesetz oder gedeckt durch den Reichspräsidenten die Zügel straff in die Hand nehmen. Während ein Teil der Unternehmer, vorwiegend aus der Fertigwarenindustrie, sich mit einem partnerschaftlichen System von Kapital und Arbeit abfand, erblickten andere in dem „Gewerkschaftsstaat" ein Hindernis für die volle Ausnutzung ihrer wirtschaftlichen Macht. Vor allem die Schwerindustrie unterstützte deshalb vorwiegend Verbände und Parteien, die eine Bändigung der Arbeiterschaft durch eine autoritäre Regierungsform verhießen.

Mitte Januar 1930, also noch während der Regierung Hermann Müller, war sich auch Hindenburg über ein Kabinett von eigenen Gnaden klar geworden. Seine Merkmale: 1. antiparlamentarisch, ohne die üblichen Koalitionsverhandlungen, 2. „antimarxistisch", um den sozialdemokratischen Einfluss auszuschalten. Außerdem sollte die Regierung Braun in Preußen durch ein Kabinett nach dem gleichen Hindenburg-Schema ersetzt werden.

Am 30. März ernannte Hindenburg den konservativen Zentrumsabgeordneten Heinrich Brüning zum Kanzler. Es war das erste, wenngleich noch etwas verdeckte Präsidialkabinett. Der Reichspräsident gab dem neuen Kanzler das Mandat, gestützt auf den ominösen Paragraphen 48 der Verfassung, mit Notverordnungen zu regieren. Schon bei der ersten großen Kraftprobe, als der Reichstag mit knapper Mehrheit Brünings Notverordnungen ablehnte, machte Brüning von der Vollmacht Gebrauch, einen nicht willfährigen Reichstag einfach aufzulösen. Mit diesem Schritt, der im Widerspruch zum Geist der Verfassung stand, vollzog sich der Übergang zum offenen Präsidialsystem mit der Diktaturgewalt des Reichspräsidenten als Grundlage der Staatsmacht.[2]

Die Gewinner der Wahlen vom 14. September 1930, die im Zeichen der Wirtschaftskrise, der rigorosen Sparpolitik Brünings und der Welle der nationalistischen Agitation standen, waren die radikalen Gegner der demo-

---

2 Zu diesen Vorgängen und den folgenden Abschnitten siehe vor allem Winkler, Der Weg in die Kastrophe, 2. bis 4. Kapitel.

kratischen Republik. Weit mehr als die Kommunisten profitierten die Nationalsozialisten: Sie schnellten von 12 auf 107 Mandate. Brünings Regierung „über den Parteien" und gestützt auf den Reichspräsidenten fiel in dem Moment, als ihm der Feldmarschall am 29. Mai 1932 nach Einflüsterungen des Reichswehrgenerals Schleicher und Pressionen ostelbischer Großagrarier sein Vertrauen entzog.

Das neue Kabinett unter dem ultrakonservativen früheren Zentrumsmann Papen trat in die offene Konfrontation gegen das Parlament; „es war Regierung gegen die Parteien und nicht mehr vermeintliche Regierung ‚über den Parteien'".[3] Mit der Aufhebung der vom Kabinett Brüning erlassenen SA-Verbote öffnete Papen dem Terror der „Braunen Armee" erneut die Straße. Er hauste schlimmer als je zuvor. Diktaturpläne und der Staatsstreich vom 20. Juli 1932, mit dem die preußische Regierung unter Otto Braun (SPD) ihres Amtes enthoben wurde, kennzeichneten den Kurs des Kabinetts der „Barone". Am 1. Dezember wurde Papen – vor allem auf Druck der Reichswehr – gestürzt. Für zwei Monate ließ Hindenburg nun, so seine Worte, „in Gottes Namen [den Reichswehrgeneral] Herrn von Schleicher sein Glück versuchen".[4] Der General hatte kein Glück. Am 30. Januar 1933 gab der Ex-Feldmarschall wieder einer Regierung, dieses Mal unter Adolf Hitler, eine Parole mit auf den Weg: „Und nun, meine Herren, vorwärts mit Gott!"[5] Es ging vorwärts – in die nationalsozialistische Diktatur.

In der Zeit der Präsidialkabinette stiegen die Nationalsozialisten nicht nur zur stärksten Partei auf, sondern sie wurden auch für weite Teile des bürgerlichen Parteilagers salon- und regierungsfähig. Als erster hatte der Vorsitzende der DNVP, Alfred Hugenberg, der Hitlerbewegung seine Hand gereicht. Im „Reichsausschuss gegen den Young-Plan" gingen Hugenberg und Franz Seldte als Bundesführer des „Stahlhelm", einer nationalistischen Wehrorganisation ehemaliger „Frontsoldaten", mit Hitler zusammen und entfesselten eine beispiellose Hetze gegen die Republik und ihre Repräsentanten. Ein vom „Reichsausschuss" initiierter Volksentscheid, der den für die Unterzeichnung des Young-Planes Verantwortlichen Zuchthaus androhte, brachte mit 13,8 Prozent der abgegebenen Stimmen nicht den durchschlagenden Erfolg.

Nutznießer dieser Kooperation wurden Hitler und seine Bewegung, die sich mit allen Mitteln der Demagogie nun erst in das Bewusstsein breiter

3 So Karl Dietrich Bracher, Deutschland zwischen Demokratie und Diktatur. Beiträge zur neueren Politik und Geschichte, Bern und München 1964, S. 45.
4 So überliefert bei Franz von Papen, Der Wahrheit eine Gasse, München 1952, S. 240.
5 Zitiert nach Theodor Duesterberg, Der Stahlhelm und Hitler, Wolfenbüttel-Hannover 1949, S. 41.

Bevölkerungsgruppen eingruben. Im Zuge der katastrophalen Wirtschaftskrise begann der Zustrom der Massen. Im Gegensatz zu ihrem Parteinamen war die „Nationalsozialistische Arbeiterpartei" eher eine populistische „Volks"- als eine Arbeiterpartei. Wähler und Mitglieder der NSDAP kamen aus einem breiten sozialen Spektrum, aus Angehörigen der Oberschicht, des neuen und alten Mittelstandes, des Kleinbürgertums und des Proletariats. Es waren oft Menschen, die durch den Krieg und die Wirtschaftskrisen aus ihrer Bahn geworfen waren und sich von Kapitalismus wie Sozialismus gleichermaßen bedroht fühlten. Besonders stark waren hohe Beamte, hohe Angestellte und Freiberufler, absinkende Mittelständler aus Handel und Gewerbe, protestantische Bauern und höhere Schüler und Studenten vertreten. In der Arbeiterschaft erzielte die NSDAP sowohl bei sozial entwurzelten wie ländlich verwurzelten und bei „nationalen", antimarxistisch gesonnenen Arbeitern Erfolge. Die sozialdemokratische und die christlich-katholisch sozialisierte Arbeiterschaft erwies sich dagegen als weitgehend immun. Im Zeichen der großen Arbeitslosigkeit zog der Nationalsozialismus auch Industriearbeiter, vor allem aber die sogenannten „Unpolitischen" und besonders viele junge Menschen in seinen Bann. Nach dem Schulabschluss bzw. nach dem Ende ihrer Ausbildung suchten sie vergeblich nach Arbeit und wandten sich in ihrer Verzweiflung denen zu, die Arbeit und Brot, Macht und Größe versprachen. Gerade innerlich unsichere Menschen, ohne feste soziale oder religiöse Bindung, fühlten sich in der NSDAP zu Hause. Die „Bewegung" kompensierte eigene Minderwertigkeitskomplexe und öffnete Aggressionen ein Ventil. Konkurrenzneid und Vorurteil, Wut und Hass, Gewalttätigkeit und Zerstörungslust konnten sich hier offen entladen, wenn sie nur den Feinden galten: den Juden und dem Bolschewismus, der Sozialdemokratie und dem ganzen „System".

Statt eine gemeinsame Kampffront gegen den Nationalsozialismus zu bilden, öffneten sich immer mehr Teile dieses „Systems" dem Faschismus. Dass der Nationalsozialismus in der Reichswehr, diesem „Staat im Staate", Fuß fassen konnte und jüngere Offiziere mit dessen wehrfreudigen, kämpferischen Ideen sympathisierten, verwundert nicht. Auch in der Reichswehrführung bahnte sich eine gewisse Hinwendung zur NSDAP an. Mit Wissen des Reichskanzlers Brüning sondierte General von Schleicher bei Hitler und Röhm die Möglichkeiten einer „starken nationalen Rechtsregierung".[6] Gegen die üblen Terrorausschreitungen unternahm die Regierung

---

6 Vgl. dazu die Niederschrift von Generalmajor Curt Liebmann vom 25.10.1930, in: Vierteljahrshefte für Zeitgeschichte, 2. Jg. 1954, S. 406ff.

zunächst so gut wie nichts, da Brüning die Nationalsozialisten bei den 1932 fälligen Reichspräsidentenwahlen für Hindenburg gewinnen wollte.

Es kam anders. Hitler – daneben noch Ernst Thälmann für die KPD und Theodor Duesterberg vom Stahlhelm – kandidierte am 13. März 1932 gegen Hindenburg. Im zweiten Wahlgang am 10. April 1932 siegte der Feldmarschall mit 53 Prozent der abgegebenen Stimmen (= 19,3 Millionen) vor Hitler mit 36,8 Prozent (= 13,4 Millionen) und Thälmann, auf den 10,2 Prozent (= 3,7 Millionen) entfielen. Neben der Deutschen Volkspartei und der Bayerischen Volkspartei, die ihn schon 1925 unterstützt hatten, stellten sich in Verkehrung der Fronten nun auch das Zentrum, die Deutsche Demokratische Partei und die SPD hinter Hindenburg. Während das Zentrum ihn als „Fels nationaler Sicherheit", als „Retter" und „Führer der deutschen Nation" feierte[7], stand die Entscheidung der SPD unter der Losung: „Gegen Hitler". So gesehen bedeutete selbst noch der Sieg Hindenburgs einen Sieg für die Republik.

Noch einmal wurde der Ansturm der Nationalsozialisten auf den Staat abgefangen. Im April 1932 schien es sogar, als würde sich die Regierung zu energischen Abwehrmaßnahmen aufraffen. Auf Druck der Länderregierungen, die dem Straßenterror und den Mordtaten der nationalsozialistischen Schlägerkolonnen nicht untätig zusehen wollten, wurden SA und SS verboten. Nach dem Rücktritt Brünings hatte der frisch gebackene Reichskanzler Franz von Papen nichts Eiligeres zu tun, als den Reichstag aufzulösen und das SA- und SS-Verbot außer Kraft zu setzen. Papen zahlte damit den Preis für die von General Schleicher ausgehandelte Tolerierung durch die Nazis.

Bei den folgenden Reichstagswahlen vom 31. Juli wuchs die NSDAP mit 37,4 Prozent zur mit Abstand stärksten Partei. Hitler wurde zu seinem Ärger dennoch nicht Reichskanzler. Trotz der bestialischen Mordtat in dem schlesischen Dorf Potempa (10. August 1932), bei der sich Hitler ostentativ hinter die Nazi-Mordgesellen stellte, führte das Zentrum mit ihm und Göring längere Koalitionsverhandlungen, im Endeffekt freilich ohne Erfolg. Papen blieb, obwohl ihm das Parlament mit 512 gegen 42 Stimmen das Misstrauen aussprach. Statt zurückzutreten, löste er, gestützt auf eine Blankovollmacht des Reichspräsidenten, den Reichstag auf.

Bei der anschließenden Neuwahl verloren die Nationalsozialisten 4,3 Punkte, während gleichzeitig die KPD von 14,3 auf 16,9 Prozent stieg. Die Parteiführung der Kommunisten sah sich dadurch in ihren Erwartungen

---

7 Siehe dazu u.a. Schultheß' Europäischer Geschichtskalender 1932, S. 59; Das Zentrum. Mitteilungsblatt der Deutschen Zentrumspartei (Berlin) 3, 1932, S. 89f.

bestärkt, dass die Wähler der NSDAP schließlich zu ihr überlaufen würden. In dem politischen Kampf der KPD wurden alle anderen politischen Strömungen in den einen Topf des „Monopolkapitalismus" geworfen. Ihre Attacken richteten sich zwar auch gegen den „Nationalfaschismus" (NSDAP), doch die Hauptstoßrichtung zielte auf den „Sozialfaschismus" (SPD). Sicherlich hatte der „Blutmai" 1929, als der Berliner Polizeipräsident und Sozialdemokrat Zörgiebel die kommunistische Maidemonstration niederwerfen ließ, Wunden geschlagen. Doch selbst nach den Reichstagswahlen 1932, als die Sozialdemokratie nur mehr 20,4 Prozent der Stimmen erhalten hatte, griff die KPD noch die SPD als „soziale Hauptstütze der Bourgeoisie" an. Aus ihrer Wahlanalyse schloss sie, dass „die Bedeutung der SPD für die faschistische Politik des Finanzkapitals" sich vielmehr verstärkt habe.[8] Vorsichtige Ansätze zu einer Kurskorrektur im April 1932 wurden zurückgenommen und als rechtsopportunistisch verurteilt, sogar vor einer Überschätzung des Faschismus gewarnt und der Frontalangriff gegen die SPD gerichtet. Unbeirrt hielt die führende Gruppe um Ernst Thälmann an der von Moskau befohlenen Taktik fest. Als im August 1931 NSDAP und DNVP in Preußen ein Volksbegehren zur Ablösung der sozialdemokratisch geführten Regierung Braun initiierten, schloss sich die KPD ihrem Vorgehen an. Beim Berliner Verkehrsarbeiterstreik Anfang November 1932 scheute sie sich nicht, erneut mit Nationalsozialisten zusammenzuarbeiten. Seite an Seite patrouillierten Faschisten und Kommunisten und dokumentierten damit sinnfällig ihre gemeinsame Feindschaft gegen diese Republik und die Sozialdemokratie im Besonderen.

Links und rechts standen die Truppen bereit, um der ausgehöhlten Demokratie den Todesstoß zu versetzen. Offener Faschismus, Kommunismus Stalinscher Prägung, autoritäre Herrschaftsbestrebungen und nationalistische Machtträume bedrohten die Republik. Wo sich nicht offene Feindschaft regte, da dominierten Anpassung an die Strömung der Zeit oder Resignation. Nach dem Ende der Regierung Müller und dem Übergang zu den Präsidialkabinetten Brüning, Papen, Schleicher „trat allein die Sozialdemokratie als konsequenter Verteidiger der demokratischen Verfassung und des parlamentarischen Systems hervor".[9]

---

8 Vgl. hierzu vor allem Siegfried Bahne, Die Kommunistische Partei Deutschlands, in: Das Ende der Parteien, S. 674ff.

9 So eines von vielen wissenschaftlichen Urteilen: Hans Mommsen, Sozialdemokratie in der Defensive. Immobilismus der SPD und der Aufstieg des Nationalsozialismus, in: Sozialdemokratie, hrsg. von Hans Mommsen, S. 107.

2. Der Abwehrkampf der Sozialdemokratie

Nach Brünings Berufung zum Reichskanzler agierte die sozialdemokratische Reichstagsfraktion zunächst ambivalent. Sie kritisierte die Drohung mit Artikel 48 und signalisierte zugleich Kooperationsbereitschaft. Im Juli 1930 kam es zur Konfrontation, als Brüning seine Vorlagen zur Deckung des Haushalts als Notverordnungen in Kraft setzte, obwohl die SPD unter gewissen Bedingungen zur Zustimmung bereit war. Die Fraktion sah darin eine Verletzung der Verfassung durch die Ausschaltung des Reichstages. Mit ihren Stimmen wurden die Notverordnungen aufgehoben und der Reichstag sofort vom Reichskanzler aufgelöst.

Nach den großen Gewinnen der antidemokratischen Parteigruppierungen bei den Reichstagswahlen vom September 1930 war die Situation im Reichstag völlig verfahren. Von den 577 Mandaten des Reichstages verfügten die offenen Staatsfeinde (NSDAP, DNVP, KPD) über 225 (= 39,1 Prozent). Die SPD rang sich dazu durch, „dass uns bei der gegebenen politischen Lage gar nichts anderes übrig bleibe, als Brüning zu stützen, wenn wir verhindern wollten, dass die Nationalsozialisten die Führung an sich rissen".[10] Die Bewahrung der demokratischen Grundordnung, die Sicherung der Verfassung und der Schutz des schon stark durchlöcherten parlamentarischen Systems hatten für die sozialdemokratische Reichstagsfraktion den Vorrang. Die Politik der Tolerierung des Brüning-Kabinetts und seiner Notverordnungen galt als das „kleinere Übel". Aus Furcht, Brüning werde sich sonst an die NSDAP anlehnen oder ein offenes Rechtskabinett aller reaktionären und faschistischen Kräfte bzw. die Diktatur an seine Stelle treten, geriet die Sozialdemokratie immer stärker in Defensive. Sie musste unpopuläre, von ihren Anhängern leidenschaftlich abgelehnte Not- und Sparmaßnahmen decken und es hinnehmen, dass einseitig den Interessen der Großagrarier dienende Gesetze erlassen wurden.

Welcher Kurs wäre sonst möglich gewesen? Sicher nicht der, den einige wenige in ihren Reihen propagierten, „man müsse die Rechte zur Regierung kommen lassen, damit sie sich einschließlich der Nationalsozialisten abwirtschafte".[11] Otto Brauns Plädoyer für eine „große Koalition der Vernünftigen" und eine enge Verzahnung von Reichsregierung und preußischer Staatsregierung scheiterte allein schon daran, dass Brüning gegenüber der Sozialdemokratie nicht über seinen Schatten springen konnte. Aber

---

10   So Wilhelm Keil schon Ende September 1930, zitiert nach Erich Matthias, Die Sozialdemokratische Partei Deutschlands, in: Das Ende der Parteien S. 106.
11   Vgl. dazu Otto Braun, Von Weimar zu Hitler, New York 1910, S. 308.

auch in der SPD war angesichts der kommunistischen Konkurrenz und des Druckes ihres linken Flügels kaum Bereitschaft für eine solche Lösung vorhanden. Auf dem Leipziger Parteitag von 1931 wurde deutlich sichtbar, dass die Mehrheit weiter auf die Taktik der Tolerierung setzte. Selbst der junge Wilhelm Hoegner, der seine Genossen vor einer Unterschätzung des Faschismus warnte, motivierte letztlich doch wieder diesen Kurs: „Der Faschismus ist wahrlich kein Feind, mit dem wir gemütlich die Klinge kreuzen können. Er ist ein Feind, der uns unmittelbar an die Gurgel will und alles, was uns heilig ist, morden will: Völkerfriede, demokratische Gleichheit, Befreiungskampf der Arbeiterklasse. Deshalb müssen wir den Notwendigkeiten dieses Kampfes gegen unseren stärksten Feind alles unterordnen, auch die Taktik und gerade die Taktik der sozialdemokratischen Reichstagsfraktion."[12]

Trotz inneren Widerstrebens rang sich die SPD so dazu durch, bei den Reichspräsidentenwahlen Hindenburg zu stützen. Denn: „Hitler statt Hindenburg, das bedeutet Chaos und Panik in Deutschland und ganz Europa, äußerste Verschärfung der Wirtschaftskrise und der Arbeitslosennot, höchste Gefahr blutiger Auseinandersetzungen im eigenen Volk und mit dem Ausland. Hitler statt Hindenburg, das bedeutet: Sieg des reaktionären Teils der Bourgeoisie über die fortgeschrittenen Teile des Bürgertums und über die Arbeiterklasse, Vernichtung aller staatsbürgerlichen Freiheiten, der Presse, der politischen, gewerkschaftlichen und Kulturorganisationen, verschärfte Ausbeutung und Lohnsklaverei. Gegen Hitler! Das ist die Losung des 13. März." (Wahlaufruf der SPD vom 27. Februar 1932.)[13]

Im Sinne dieses Aufrufs bedeutete selbst die Wiederwahl Hindenburgs einen Erfolg. Die großen Zugewinne der NSDAP bei den Landtagswahlen (u.a. in Preußen) im April 1932 und die Ersetzung Brünings durch Papen machten Hoffnungen auf Überwindung der Krise wieder zunichte. Allein mit parlamentarischen und rein formaldemokratischen Mitteln ließ sich der Ansturm der antidemokratischen Kräfte nicht mehr abwehren. Innerhalb und in Nachbarschaft zur SPD regten sich seit längerem Strömungen, die nach dem Einsatz außerparlamentarischer Mittel gegen die „Reaktion" und den Faschismus riefen.

---

12 Sozialdemokratischer Parteitag in Leipzig 1931 vom 31. Mai bis 5. Juni 1931 im Volkshaus, Protokoll, Berlin 1931, S. 134. Zum Gesamtzusammenhang vgl. besonders Wolfram Pytha, Gegen Hitler und für die Republik. Die Auseinandersetzung der deutschen Sozialdemokratie mit der NSDAP in der Weimarer Republik, Düsseldorf 1989.
13 Zitiert nach: Die Weimarer Republik, hrsg. von Walter Tormin, Hannover 1962, S. 214.

Wahlplakat der SPD 1932

Ähnlich wie schon bei der Massenstreikdebatte zu Beginn des Jahrhunderts kamen auch jetzt die Rufe nach mehr Aktivität hauptsächlich von den Flügeln, von links sowohl wie von rechts. Aus dem 1917 vom Göttinger Philosophen und Mathematiker Leonard Nelson gegründeten Internationalen Jugendbund entstand nach dem 1925 erfolgten Ausschluss aus der Sozialistischen Arbeiterjugend (SAJ) und der Partei der „Internationale Sozialistische Kampfbund". Der „ISK", der einen sich an Kant orientierenden nichtmarxistischen, radialsozialistischen Kurs vertrat, lehnte die „Anpassungspolitik" der SPD-Parteiführung ab und trat für einen gemeinsamen Einsatz von SPD und KPD im Kampf gegen den Rechtsradikalismus ein.[14]

Kämpferischen Aktivismus zur Erhaltung der demokratischen Republik entfaltete die im Oktober 1931 unter dem Vorsitz der Reichstagsabgeordneten Max Seydewitz, Kurt Rosenfeld und Heinrich Ströbel gegründete Sozialistische Arbeiterpartei Deutschlands (SAPD).[15] Der Wahlmisserfolg dieser Partei, der sich auch der Lübecker Gymnasiast Willy Brandt anschloss, hing vorwiegend damit zusammen, dass traditionelle Entscheidungsmuster und Organisationstreue die Wahlentscheidung stärker bestimmten als Kritik und Unzufriedenheit mit der Parteiführung.

Auf dem rechten Flügel bemühte sich der Hofgeismarer Arbeitskreis der Jungsozialisten um eine theoretische und praktische Neuorientierung der SPD-Politik. Seine Vorstellungen zielten auf eine bewusst nationale Ausrichtung unter dem Motto der Volksgemeinschaft. Daneben bekämpften jüngere Reformisten den Immobilismus der Parteiführung. Sie forderten einen konsequenten, militanten Einsatz für die Demokratie. Ihre führenden Männer, wie Carlo Mierendorff, Julius Leber, Theodor Haubach und Kurt Schumacher, haben unter der nationalsozialistischen Diktatur Freiheit und Leben im Kampf für ein anderes Deutschland eingesetzt.

In der Entstehung neuer Organisationen wie des ISK, Absplitterungen wie der SAP, dem Drängen nach Aktivität, besonders der Parteijugend, zeigte sich das Unbehagen gegen die Starrheit und Überalterung des Parteiapparates. Die Kritik der „Jungsozialistischen Blätter" und der „Neuen Blätter für den Sozialismus" wurde vom Parteivorstand, wie Theodor Haubach bemerkte, mit ziemlicher Rücksichtslosigkeit bekämpft.[16] Der Bannstrahl der Disziplinierungsmaßnahmen traf sowohl Rechts- wie Links-

---

14 Zum ISK siehe Werner Link, Die Geschichte des Internationalen Jugend-Bundes (IJB) und des Internationalen Sozialistischen Kampfbundes (ISK), Meisenheim 1964.
15 Für die SAP vgl. Hanno Drechsler, Die Sozialistische Arbeiterpartei Deutschlands (SAPD), Meisenheim 1965.
16 Vgl. den in Anm. 9 zitierten Aufsatz von Hans Mommsen.

opposition, der man allzu schnell Nähe zum Kommunismus unterstellte. Die Allianz, zu der sich die kritischen Flügelgruppen gegen das Parteizentrum teilweise zusammenfanden, zeigte, dass es bei diesen Auseinandersetzungen weniger um Richtungskämpfe zwischen pragmatischen Reformern und revolutionären Marxisten ging. Die Front verlief vielmehr eher zwischen denen, die Aktion forderten, sei es von rechts oder von links, und denen, die auf den traditionellen Strategien und Taktiken beharrten. Ihre politische Vorstellungswelt war geprägt durch die Erfahrungen des kaiserlichen Deutschlands und das Denken in Kategorien der Organisationsmacht. Disziplin und die Einheit der Bewegung bedeuteten ihnen Werte, die sie nicht leichten Herzens aufs Spiel setzen wollten. Vorsichtiges Lavieren, Tolerierung des kleineren Übels und Warten auf die nächsten Wahlen prägten den Maßstab ihres politischen Handelns.

Auch das Emporschnellen der nationalsozialistischen Stimmenzahlen am 14. September 1930 rief, wie Julius Leber bitter kritisierte[17], keine einschneidende Umorientierung hervor. An der Basis der sozialdemokratischen Anhängerschaft löste dieses Alarmsignal freilich eine Welle kämpferischer Impulse aus. Besonders die Jüngeren wollten sich nicht mit altvertrauten Methoden zufrieden geben, sondern drängten darauf, den Nazi-Bürgerkriegstruppen die militante Verteidigungsbereitschaft der Demokratie entgegenzusetzen.

Zum Rückgrat dieser Bestrebungen wurde der 1924 von SPD, Zentrum und Deutscher Demokratischer Partei gegründete „Bund republikanischer Frontsoldaten": das Reichsbanner Schwarzrotgold.[18] Bereits 6 Tage nach der Reichstagswahl fasste das Reichsbanner, das in der Praxis zu einer vorrangig sozialdemokratischen Schutztruppe der Republik geworden war, den Entschluss, eine schlagkräftige Elitetruppe, die Schufo (Schutzformationen) aufzubauen. Auch in den Gewerkschaften begann man mit der Aufstellung ähnlicher Einheiten, den „Hammerschaften". Ende 1931 schlossen sich diese demokratischen Kampfverbände im Bunde mit Arbeitersportorganisation zur Eisernen Front zusammen. Auf die „namenlosen Massen der alten Bebelpartei" habe, so Julius Leber, diese Initiative gewirkt „wie ein altes, halbvergessenes Sturmsignal auf eine kampf- und sieggewohnte Truppe".[19] Mit Massenveranstaltungen demonstrierte die Eiserne Front ihren Einsatzwillen gegen die „Faschisten". Neben Vorbereitungen

17 Julius Leber, Ein Mann geht seinen Weg, S. 238.
18 Über das Reichsbanner siehe Karl Rohe, Das Reichsbanner Schwarz Rot Gold. Ein Beitrag zur Geschichte und Struktur der politischen Kampfverbände zur Zeit der Weimarer Republik, Düsseldorf 1966.
19 Julius Leber, Ein Mann geht seinen Weg, S. 240.

für die Selbstverteidigung und den Schutz der Partei- und Gewerkschaftshäuser wurden an einzelnen Orten, so vor allem in Magdeburg, Abwehrmaßnahmen für den Fall einer Bürgerkriegssituation in Angriff genommen. Die SPD-Reichstagsfraktion rief die Arbeiterorganisationen dazu auf,
sie sollten sich bereithalten, den parlamentarischen Kampf für die Demokratie und die Sicherung der sozialen Belange „mit allen geeigneten Mitteln zu unterstützen".[20]

Die aufrüttelnde Wirkung dieser Aufbruchstimmung überdeckte zeitweilig die tatsächlichen Schwächen. Die Eiserne Front griff kaum über das
sozialdemokratische Lager hinaus, und selbst in der SPD gab es Vorbehalte
gegenüber einer solchen außerparlamentarischen Kampforganisation und
gegen individuelle Gewaltanwendung generell. Weder Reichsbanner noch
Eiserne Front waren eine wirklich schlagkräftige starke Macht. Im Kern
bildeten sie nur eine nützliche Hilfstruppe, die im Notfall dem republikanischen Staat beistand. Die meisten Sozialdemokraten hielten am Gewalt-
monopol des Staates fest. Sie vertrauten darauf, dass er mit seinen Machtmitteln einen Putsch der Nationalsozialisten niederschlagen würde.

Ihre Hoffnungen ruhten besonders auf dem republikanischen „Bollwerk" Preußen, in dem mit Innenminister Carl Severing und Albert Grzesinski als Berliner Polizeipräsident Sozialdemokraten an den Schalthebeln
für die Polizei saßen. Doch diese „Festung" wurde ihnen an einem einzigen Tag aus den Händen gerissen. Nach den preußischen Wahlen vom 24.
April 1932, mit denen die Koalitionsparteien in die Minderheit gerieten,
amtierte das Kabinett nur noch, wie auch in anderen Ländern des Reiches,
als geschäftsführende Regierung weiter. Resigniert trat Otto Braun, der
sonst unter den Politikern der Weimarer Epoche durch Tat- und Entschlusskraft herausragte, am 6. Juni einen Krankheitsurlaub an mit der
„festen Absicht, nicht wieder in das Amt zurückzukehren".[21] Nach der
Wahlniederlage fühlte er keinen festen Boden mehr unter seinen Füßen
und brach innerlich zusammen.

Am 20. Juli 1932 wagte Papen den entscheidenden Schlag. Er lockte
die Vertreter des preußischen Kabinetts in die Reichskanzlei und erklärte,
gestützt auf eine Blankovollmacht Hindenburgs, Braun und Severing für
abgesetzt. Die Last der Verantwortung trug in diesem Moment vor allem
Innenminister Carl Severing. Der rechtsbrüchigen Ämterenthebung und
der Übernahme der Regierungsgewalt durch einen Reichskommissar von
Papen, der kaum jemand im Parlament hinter sich hatte, begegnete Se-

---

20 Zitiert nach: Der Kochel-Brief. Mai/Juni 1955, S. 43; vgl. Matthias, Die Sozialdemokratische Partei, in: Das Ende der Parteien, S. 121.
21 Otto Braun, Von Weimar zu Hitler, S. 396.

vering mit den stolzen Worten, er weiche nur der Gewalt.[22] Die anschließend von Papen veranlasste Verhängung des Ausnahmezustandes über
Berlin und Umgebung und die Unterstellung der preußischen Polizei unter
den Kreiswehrbefehlshaber der Reichswehr vollzog sich reibungslos. Nach
der Verhaftung des Berliner Polizeipräsidenten Grzesinski und des Kom-
mandeurs der Polizei räumte Severing abends sein Amtszimmer. Völlig
anders als der rücksichtslose Gewaltpolitiker Papen verhielt sich die SPD.

Schon Tage zuvor hatte sich der Parteivorstand mit dem befürchteten
Zugriff auf Preußen befasst und sich schließlich mit der Auskunft aus der
Reichskanzlei getröstet, dass „vorläufig noch" nichts geplant sei. Vorwar-
nungen hatte es genug gegeben. Gleichwohl wirkte die Nachricht vom
„Preußenschlag" auf die am 20. Juli versammelte Sitzungsrunde, zu der
sich Otto Wels, Franz Künstler von der Berliner Parteiorganisation, Theodor Leipart, der ADGB-Vorsitzende, und der Chef des Reichsbanners, Karl
Höltermann, einfanden, wie ein lähmender Schock. „Der Eindruck der
Nachricht", so schildert uns Wels den Moment, „war deprimierend. Kein
Wort der Empörung, keine sichtbare Erregung war zu merken. Ich hatte
den Eindruck, dass man allgemein ratlos war, was zu tun sei."[23] Die Chancen eines politischen Generalstreiks wurden negativ beurteilt. Nationalsozialisten und Kommunisten stünden ihnen als Gegner gegenüber, ebenso
die Staatsmacht mit der Reichswehr an der Spitze. Mit dem Generalstreik
provoziere man nur eine sofortige Militärdiktatur. Mit der Parole von Wels
„Sicherung der Reichstagswahl am 31. Juli" reagierten SPD- und Gewerkschaftsführung auf den Staatsstreich.

Als Versagen und kampflose Kapitulation wurde dieses Verhalten vor
allem im nachhinein oft angeprangert. Doch nicht nur Otto Wels und der
SPD Parteivorstand, Theodor Leipart und der ADGB, sondern letztlich
auch Karl Höltermann vom Reichsbanner verzichteten auf aktiven Widerstand. Die Voraussetzungen für einen politischen Generalstreik waren
angesichts der desolaten Lage und des Heeres von Arbeitslosen ausgesprochen schlecht, ein Desaster nicht auszuschließen. Die Wirkung einer
Machtdemonstration der Eisernen Front schien mehr als zweifelhaft.
Gegen den Staatsapparat und gegen die Mehrheit des Volkes anzutreten,
war ein aussichtsloses Unterfangen, ein von vornherein verlorener Kampf.
Zwar warteten Einheiten der Eisernen Front in verschiedenen Orten auf

---

22 Hierzu und zum folgenden besonders Winkler, Der Weg in die Katastrophe, S. 646-
    680; Hans J. L. Adolph, Otto Wels und die Politik der deutschen Sozialdemokratie
    1894-1939, Berlin 1971, S. 240ff.
23 Handschriftliche Aufzeichnungen von Wels, „Um den 20. Juli 1932. Einige Erinnerun-
    gen", zitiert nach Adolph, Otto Wels, S. 243.

den Marschbefehl und hofften Arbeiter in den Betrieben auf das Signal zum Generalstreik. Der Fanfarenstoß zum Einsatz für die Republik ertönte nicht. Niemand an der Spitze wollte „mutig auf Kosten der Genossen" sein, wie Severing es formulierte.[24] Die scheinbare Aussichtslosigkeit des aktiven Widerstandes, die Furcht vor einem Desaster und die Angst vor einem möglichen Blutvergießen lähmten die Entschlusskraft sowohl der Gewerkschafts- wie der Parteiführer. Geprägt durch eine lange humanitäre und demokratische Tradition, erzogen in dem Bewusstsein, nüchterne Realpolitik zu betreiben und Experimente zu meiden, fest verankert in der Überzeugung, dass es vor allem darauf ankomme, die eigenen Organisationen möglichst intakt zu halten, ging man zum Staatsgerichtshof und appellierte in altgewohnter Weise an die Macht des Stimmzettels bei den bevorstehenden Reichstagswahlen am 31. Juli 1932.

Die Wahlen brachten den Nationalsozialisten, abgesehen von den schon nicht mehr freien Wahlen vom März 1933, ihren größten Erfolg. Durch die Reibungslosigkeit des Papen'schen Staatsstreiches ermuntert, setzten die antidemokratischen Kräfte von rechts mehr denn je darauf, dass Überrumpelung und kaltblütige Gewalt zum Ziele führten. Charakteristisch dafür ist die Tagebucheintragung Joseph Goebbels' vom 20. Juli 1932: „Alles rollt programmgemäß ab. ... Man muss den Roten nur die Zähne zeigen, dann kuschen sie." Einen Tag später heißt es bei ihm: „Die Roten haben ihre große Stunde verpasst. Die kommt nie wieder"[25] Der Nationalsozialismus sah die Stunde gekommen, den entscheidenden Sturm auf die Republik zu wagen.

Der Selbstbehauptungswille der Demokratie hatte durch das Fehlen jeder nachhaltigen Abwehraktion am 20. Juli einen tödlichen Stoß erhalten. Nichts hätte lähmender wirken können, selbst nicht ein Fehlschlag, als diese kampflose Kapitulation der Führung von Sozialdemokratie und Gewerkschaften. Doch eins ist dabei zu bedenken, will man zu einem gerechten Urteil kommen. Die in der Weimarer Verfassung niedergelegten Grundsätze waren im Jahre 1932 eigentlich nur noch in der Sozialdemokratie zu Hause, der zuverlässigsten und konsequentesten Kraft der parlamentarischen Demokratie. Stark war die SPD allerdings nur im Vergleich mit den anderen, sich mühsam am Leben erhaltenden demokratischen Strömungen. Mit einem Wählerstimmenanteil von 1932 gerade über 20 Prozent blieb die Sozialdemokratie mehr als je zuvor auf sich allein gestellt. Doch Verzweiflung und Lethargie zeigten sich auch in den eigenen Reihen,

---

24 Siehe Carl Severing, Mein Lebensweg, Bd. 2, Köln 1950, S. 347ff.
25 Siehe Joseph Goebbels, Vom Kaiserhof zur Reichskanzlei, München 1934, S. 131ff.

an der Basis wie bei der Führung. Die Autorität des demokratischen Verfassungsstaates, auf den die Sozialdemokratie bis zum Preußenschlag gebaut hatte, war gebrochen. Vom Staatsapparat konnte sie keine wirksame Hilfe im Kampf gegen die überlegenen Nationalsozialisten mehr erwarten, und die Mehrheit des Volkes stand gegen sie. Die geschwächte sozialdemokratische Schar der Verteidiger von Verfassung und demokratischer Grundordnung in Deutschland fand keinen Ausweg aus dem Dilemma. Sie tröstete sich mit dem Gedanken, die SPD „habe schon Schwereres durchgemacht" und im Laufe ihrer bisherigen Entwicklung „manche Gefahren siegreich überstanden ..., manchen Gegner überwunden".[26] Von allen Seiten her in die Zange genommen, kämpfte die Sozialdemokratie in doppelter Frontstellung: mit sozialistischen Parolen gegen die soziale Ungerechtigkeit des kapitalistischen Systems und mit demokratisch-rationalen Losungen gegen die irrationale Agitation des Faschismus. Gerade ihr tief verwurzelter Glaube an die Grundsätze der Vernunft und Humanität, der Demokratie und Rechtsstaatlichkeit machte es ihr schwer, das Wesen der nationalsozialistischen Bewegung wirklich zu begreifen. Sie stemmte sich der Gefahr entgegen und wollte Hitler von der Macht fernhalten. Trotz leidenschaftlicher Verurteilung des Nationalsozialismus verkannten allerdings auch Sozialdemokraten den totalitären Charakter des deutschen Faschismus, der nicht daran dachte, sich an Grundsätze des Rechts und der Freiheit zu halten, sondern sie mit Füßen trat und Gewalt und Terror, Knüppel und Mord skrupellos gegen seine Gegner einsetzte.[27] Die wenigen Monate, die der Sozialdemokratie nach dem Preußenschlag noch blieben, gaben ihr keine reelle Chance mehr, den Zugriff der Hitlerbewegung auf die Macht im Staate im letzten Moment doch noch abzuwehren. Mit der „Machtübernahme" am 30. Januar 1933 brach die Finsternis der Diktatur über Deutschland herein.

26 So u. a. Rudolf Breitscheid in seinem Referat vor dem Leipziger Parteitag 1931: „Die Überwindung des Faschismus"; Sozialdemokratischer Parteitag in Leipzig 1931 vom 31. Mai bis 5. Juni 1931 im Volkshaus, Protokoll, Berlin 1931, S. 119ff.
27 Das Urteil von Franz Walter, Die SPD. Vom Proletariat zur Neuen Mitte, Berlin 2002, S. 81f., die SPD-Mehrheit habe sich „keinerlei Illusionen über den Charakter des Nationalsozialismus" gemacht, trifft so nicht zu. Das gilt selbst für die angeführten „scharfsinnigen Analysen moderner Rechtsdiktaturen".

IX. Im Kampf für ein besseres Deutschland

1. Wider die totalitäre Gleichschaltung

Am Nachmittag und Abend des 30. Januar 1933, als die Marschkolonnen der SA siegestrunken durch die Straßen dröhnten, kam es in zahlreichen Großstädten zu spontanen Massendemonstrationen der sozialistischen Anhängerschaft gegen Hitler. Am nächsten Tag trafen sich Parteivorstand, Parteiausschuss und Reichstagsfraktion der SPD, Bundesausschuss des ADGB sowie Vertreter der Eisernen Front in Berlin. Skepsis und Resignation überwogen; Weichen zu einem letzten verzweifelten Aufbäumen wurden nicht gestellt. Dennoch und trotz Kontrollen durch die SA-Hilfspolizei wurden von einzelnen Gruppen weiter Vorbereitungen für Widerstandsaktionen getroffen. Manche kamen nächtelang nicht aus den Kleidern, weil sie auf das Startzeichen zum Losschlagen warteten. Doch zusehends drückte nun der von den Nationalsozialisten mit den Machtmitteln des Staates ausgeübte Terror auf den Widerstandswillen. Nach dem Reichstagsbrand wurden mit der Verordnung Hindenburgs vom 28. Februar „Zum Schutz von Volk und Staat" wichtige Grundrechte außer Kraft gesetzt und der Regierung Hitler umfassende Sondervollmachten zugeschanzt. Die nationalsozialistische Gewaltherrschaft konnte sich immer hemmungsloser entfalten. Die Kommunistische Partei wurde mit Gewaltmaßnahmen und Massenverhaftungen ihrer Funktionäre unterdrückt und verfolgt, die Presse der Sozialdemokratie im Wahlkampf mit Verboten überzogen, Versammlungen behindert und gesprengt, viele ihrer Funktionäre misshandelt und verhaftet. Die Gefängnisse waren überfüllt und schon im März entstanden die ersten Konzentrationslager (zuerst Dachau). Trotz aller Erschwernisse wahrte die sozialdemokratische Wählerschaft bei den Reichstagswahlen vom 5. März 1933 der Partei fast geschlossen die Treue. 7,181 Millionen Wähler, nur 66 400 weniger als im November 1932, hatten den Mut, auch jetzt zu ihrer Partei zu stehen. 4,8 Millionen bekannten sich noch zur KPD; doch die Regierung ließ ihre gewählten 81 Abgeordneten einfach ausschalten und verhaften; formell wurden ihnen die Reichstagsmandate erst am 31. März 1933 aberkannt.

Am 23. März 1933 holte sich Hitler von dem in der Kroll-Oper tagenden Rumpf-Reichstag die Scheinrechtsgrundlage für den Aufbau seines totalitären Herrschaftssystems. Für das „Ermächtigungsgesetz" votierten außer NSDAP und DNVP auch Deutsche Volkspartei, Staatspartei (frühere DDP), Zentrum, Bayerische Volkspartei und die Splittergruppen. Niemand aus ihren Reihen stimmte dagegen, keiner enthielt sich der Stimme. Selbst einen Antrag der SPD-Fraktion auf Freilassung der inhaftierten Abgeordneten mochten Zentrum, BVP, DVP und Staatspartei nicht unterstützen. Aus den Fraktionen der sogenannten „bürgerlichen Mitte" wurde die Reichstagsfraktion der Sozialdemokratie bestürmt, entweder der Sitzung fernzubleiben oder sich bei der Abstimmung über das „Ermächtigungsgesetz" der Stimme zu enthalten. Die SPD blieb fest, obwohl von ihren 120 Abgeordneten schon die ersten hinter Gittern saßen und andere sich dem drohenden Zugriff nur durch Flucht entziehen konnten. Wilhelm Sollmann, ein früherer Reichsminister, lag schwer misshandelt im Krankenhaus. Julius Leber und Carl Severing[1] wurden noch auf dem Weg zum Tagungsgebäude verhaftet. Durch eine Gasse von Nazi-Trupps bahnten sich die sozialdemokratischen Abgeordneten den Weg zum Sitzungssaal, wo sie sofort von bewaffneter SS und SA umstellt wurden. 94 Abgeordnete der SPD konnten an der Reichstagssitzung teilnehmen, 94 sagten bei der namentlichen Abstimmung zum Ermächtigungsgesetz ihr mutiges, unvergessliches „Nein".

In ihrem Namen ergriff der Parteivorsitzende Otto Wels das Wort. Keine Warnung hatte ihn davon abbringen können, die gefährliche Aufgabe selbst zu übernehmen. Von draußen dröhnten die Nazi-Chöre herein, als Otto Wels das Rednerpult betrat. Der nationalsozialistischen Gewalt- und Terrorgesinnung setzte er für die SPD das Credo entgegen: „Freiheit und Leben kann man uns nehmen, die Ehre nicht." Im Anblick der SS, unter der Drohung mit Mord, schloss Wels seine Rede mit dem Bekenntnis: „Die Verfassung von Weimar ist keine sozialistische Verfassung. Aber wir stehen zu den Grundsätzen des Rechtsstaates, der Gleichberechtigung, des sozialen Rechts, die in ihr festgelegt sind. Wir deutschen Sozialdemokraten bekennen uns in dieser geschichtlichen Stunde feierlich zu den Grundsätzen der Menschlichkeit und der Gerechtigkeit, der Freiheit und des Sozialismus. Kein Ermächtigungsgesetz gibt Ihnen die Macht, Ideen, die ewig und unzerstörbar sind, zu vernichten. Sie selbst haben sich ja zum Sozialismus bekannt. Das Sozialistengesetz hat die Sozialdemokratie nicht vernichtet. Auch aus neuen Verfolgungen kann die deutsche Sozialdemokratie neue Kraft schöpfen. Wir grüßen die Verfolgten und Bedrängten.

1 Severing gelang es, noch vor Schluss der Reichstagssitzung wieder frei zu kommen, so dass er an der Abstimmung teilnehmen konnte.

Wir grüßen unsere Freunde im Reich. Ihre Standhaftigkeit und Treue verdienen Bewunderung. Ihr Bekennermut, ihre ungebrochene Zuversicht verbürgen eine hellere Zukunft."[2]

Die Rede von Otto Wels zählt zu den großen geschichtlichen Dokumenten der Freiheit und der Menschlichkeit, des Bekennermuts und des Widerstandswillens. Trotzdem ist nicht zu übersehen, dass der Hitlerfaschismus in seiner Brutalität und Konsequenz noch unterschätzt wurde. Der viel verwandte und von Wels wieder gebrauchte Vergleich des NS-Regimes mit dem „Sozialistengesetz" zeigte, dass man sich in der Sozialdemokratie die Ungeheuerlichkeiten einer totalitären Herrschaft kaum ausmalen konnte. Immer hofften noch viele in ihren Reihen, dass der gesetzwidrige Zustand nur vorübergehend sei und der Nationalsozialismus eine kurzlebige Episode bleiben werde. Daraus resultierte vor allem in den Gewerkschaften, aber selbst in der Partei der Versuch, mit allen Mitteln so gut es ging die Organisationen intakt zu halten. Durch eine Distanzierung von der SPD und ein Neutralitätsbekenntnis gegenüber dem Staate und seinem Regime wollte der ADGB unter Führung Leiparts die gewerkschaftliche Selbstständigkeit retten. Dieser Anpassungskurs, dem sich vor allem Siegfried Aufhäuser vom AfA (Allgemeiner freier Angestelltenbund) heftig widersetzt hatte, wurde von der Parteiführung verworfen. Den Gewerkschaften hat diese Taktik nichts genutzt. Nachdem schon in den Wochen vor dem 1. Mai mehrere Gewerkschaftsbüros überfallen wurden, besetzten am 2. Mai 1933 SA und SS schlagartig alle Gewerkschaftshäuser. Dutzende von Funktionären wurden verhaftet, misshandelt oder wie in Duisburg ermordet.

Der Parteivorstand der SPD rechnete unter dem Eindruck dieses Schlages mit einem ähnlich plötzlichen Überfall auf die Partei. Am 10. Mai wurden Einrichtungen der Partei beschlagnahmt. Nachdem schon Otto Braun und Albert Grzesinski, Philipp Scheidemann und Wilhelm Dittmann, Artur Crispien, Rudolf Breitscheid und Rudolf Hilferding emigrieren mussten, schickte der Parteivorstand nun drei seiner Mitglieder, Otto Wels, Siegmund Crummenerl und Friedrich Stampfer ins noch unter französischer Verwaltung stehende Saarbrücken. Hans Vogel, Erich Ollenhauer und Paul Hertz mussten ihnen wenige Tage später folgen. Als am 17. Mai 1933 die Fraktion einer „Friedensresolution" im Reichstag zustimmte, kam es zum Konflikt mit der Vorstandsmehrheit im Exil. Die Rumpffraktion aus nur mehr 65 von 120 Abgeordneten steckte in einem

---

2 Stenographische Berichte über die Verhandlungen des Deutschen Reichstages, Bd. 457, S. 33f. – Siehe Anhang Dokumente 8.

Dilemma, nachdem sie sich mehrheitlich gegen den Widerstand einer Minderheit, zu der auch Kurt Schumacher gehörte, für eine Teilnahme an der Sitzung entschieden hatte. Hitlers Regierungserklärung triefte nur so von Friedenschalmeien und Verständigungswillen. Eine eigene Resolution, in der sie die Forderung auf Gleichberechtigung begrüßte und gleichzeitig die Repressionen und Schandtaten des Regimes anprangerte, wurde der SPD-Fraktion verwehrt, und ganz unverhohlen stieß NS-Reichsinnenminister Frick Morddrohungen gegen die Sozialdemokraten aus. Entweder, so brachte Paul Gerlach die verzweifelte Situation auf den Punkt, „wir geben jetzt der Welt ein Zeichen, indem wir uns drunten vor der Siegessäule alle miteinander eine Kugel in den Kopf schießen, oder wir müssen im Reichstag der Erklärung zustimmen. Ein Drittes gibt es nicht."[3] Die Zustimmung vom 17. Mai war kein Ruhmesblatt und sie warf einen Schatten auf den moralischen Kredit durch die Ablehnung des Ermächtigungsgesetzes. Es war eine Illusion, durch ein Festklammern an der parlamentarischen Fassade den Terror mildern und das Hitler-Regime bremsen zu können.

Der Emigrationsvorstand verlagerte nun seinen Sitz nach Prag, um die illegale Widerstandsarbeit zu forcieren. Der Konflikt mit dem Rumpfvorstand um Paul Löbe im Reich, der immer noch am Schein der Legalität festhielt, wurde schnell obsolet. Am 21. Juni untersagte Innenminister Frick der SPD jede Betätigung mit der Begründung, sie habe sich nicht eindeutig von den „hoch- und landesverräterischen" Aktionen des Exilvorstandes distanziert. Am 14. Juli 1933 folgte das offizielle Parteiverbot. Mit dem Ende jeglicher Form legaler Parteiarbeit verschwand auch die Wurzel des Streites zwischen Prag und Berlin. Für den Kampf gegen den Hitler-Faschismus gab es nur noch den Weg der Illegalität oder der Emigration.

2. Der Widerstand aus der Arbeiterbewegung

Der deutsche Arbeiterwiderstand gegen Hitler hat in der Bundesrepublik – abgesehen von wissenschaftlichen Spezialstudien – lange Zeit kaum das Interesse der Öffentlichkeit gefunden. Das lag nicht nur an unzulänglicher Kenntnis und einseitiger Ausrichtung auf den 20. Juli 1944. Vielmehr spiegelte sich hierin auch ein spezifisches Selbstverständnis der Bundesrepublik wider, bei dem, sofern überhaupt, fast nur an kirchliche, konservati-

---

3 Siehe eingehend dazu Winkler, Der Weg in die Kastrophe, S. 932ff. Von Sebastian Haffner, Geschichte eines Deutschen, Stuttgart/München 2001, werden auf S. 127 falsche Beschuldigungen vorgebracht. Dazu Heinrich Potthoff, in: Die Neue Gesellschaft/ Frankfurter Hefte 1/2 2002, S. 79ff.

ve und militärische Widerstandsregungen angeknüpft wurde. Der Arbeiterwiderstand sozialistischer und kommunistischer Prägung, den der von
der SED geführte andere deutsche Staat für sich reklamierte, blieb dagegen
bei der Traditionsfindung der Bundesrepublik weitgehend ausgespart.

Unter den Bedingungen einer totalitären Herrschaft rührte nicht nur
der aktive Widerstand an den Wurzeln des Systems, sondern jede Form
oppositionellen Verhaltens – angefangen vom politischen Witz über das
Hören ausländischer Radiosender bis hin zur Arbeitsverweigerung und der
Unterstützung Verfolgter. Als sich bei der Beerdigung der ehemaligen
SPD-Reichstagsabgeordneten Clara Bohm-Schuch im Mai 1936 3000 bis
4000 frühere Parteifreunde einfanden, sprach daraus nicht allein persönlicher Mut, sondern es war auch ein demonstratives Zeugnis ungebrochener
Solidarität.[4]

Trotz der Unterdrückungen und Lockungen erwies sich die sozialdemokratische Gesinnungsgemeinschaft zunächst als bemerkenswert stabil.
Bei den Betriebsrätewahlen vom April 1933 fielen die ersten Ergebnisse für
die „Nationalsozialistische Betriebszellenorganisation" (NSBO) so unbefriedigend aus, dass die Wahlen gestoppt wurden. Nach einer Zusammenfassung der vorliegenden Teilresultate errangen die Freien Gewerkschaften
allein 73,4 Prozent der abgegebenen Stimmen. Noch die „Vertrauensräte-
wahlen" von 1934 und 1935 zeigten so negative Zahlen für das NS-
Regime, dass die Machthaber zu Manipulationen und Fälschungen griffen.
Von freien und geheimen Wahlen konnte keine Rede sein. Durch Kontrollen, Schikanen, Druck und Manipulation sollten die Arbeiter gezwungen werden, für die Einheitsliste der Deutschen Arbeitsfront (DAF), der
NS-Monopol-Organisation, zu stimmen. Dennoch brachten noch immer
viele den Mut auf, gegen die DAF zu votieren. Nach diesen Wahlen zogen
es die Nationalsozialisten vor, in den Betrieben nicht mehr zu den „Urnen"
zu rufen.[5]

In den Lageberichten der Gestapo spiegelten sich Unmut in der Arbeiterschaft und Kritik an den politischen und sozialen Zuständen unter dem
NS-System deutlich wider. Sie entlarven den Mythos von der einigen,
kämpferisch geschlossenen „Volksgemeinschaft" als eine Propagandalüge.
Auch wenn solche Symptome der Missstimmung noch nicht mit Wider-

---

4 Siehe Frank Moraw, Die Parole der „Einheit" und die Sozialdemokratie, Bonn-Bad
   Godesberg 1973, S. 44.
5 Zu den Betriebsratswahlen insgesamt siehe schon Theodor Eschenburg, Streiflichter zur
   Geschichte der Wahlen im Dritten Reich, Dokumentation, in: Vierteljahrshefte für Zeitgeschichte 3.Jg. (1955), S. 311ff. – Angaben über einzelne Ergebnisse finden sich in verschiedenen Untersuchungen.

stand gleichzusetzen sind, war doch dessen Basis „wesentlich breiter, als Außenstehende annehmen und übersehen können. Engagierte Mitglieder der Sozialdemokratie hielten auch ohne Organisation den Kontakt aufrecht."[6] Unter dem Hakenkreuz war schon allein das eine moralische Leistung. Denn auch die Arbeiterschaft erwies sich nicht als immun Mit dem Verschwinden der Arbeitslosigkeit und den außenpolitischen Erfolgen bis hin zum Anschluss Österreichs wurde Hitler zusehends populär, auch bei deutschen Arbeitern, und es war nur eine Minderheit, die dem NS-Regime strikt ablehnend gegenüberstand.[7]

Schon vor der Machtübernahme Hitlers hatte eine Reihe von sozialdemokratischen Gruppen damit begonnen, sich für den Fall eines Verbots auf die illegale Arbeit einzurichten. Die Anregung war dazu u. a. auch von Otto Wels gekommen. Den entscheidenden Anstoß für die Herausbildung sozialdemokratischer Widerstandsgruppen gaben jedoch die örtlichen Initiativen. Seit dem Mai 1933 entfalteten illegal arbeitende Gruppen eine wachsende Aktivität.[8] Ohne Billigung durch den in Berlin verbliebenen Rumpfvorstand der SPD, der sich verzweifelt an der Legalität festklammerte, begannen einzelne Parteigliederungen damit, sich auf den Kampf im Untergrund umzustellen. Dazu versuchten vor allem Gruppen der Sozialistischen Arbeiterjugend (SAJ), des Reichsbanners bzw. der Eisernen Front und der sozialdemokratischen Studentenbewegung auch unter den Bedingungen nationalsozialistischer Herrschaft möglichst zusammenzuhalten. Obwohl oft nur notdürftig getarnt, besaßen sie anfänglich doch etwas bessere Chancen für eine oppositionelle Tätigkeit als ältere und prominentere, den Behörden und Nazis bekannte Sozialdemokraten. Sie galten von vornherein als verdächtig. So wurde z. B. der stellvertretende Vorwärts-Chefredakteur Franz Klühs schnell ein Opfer des Nazi-Staates.

---

6 Siehe Ludwig Bergsträsser, Geschichte der politischen Parteien in Deutschland, 10. Aufl., München 1960, S. 297.

7 Eine ausführliche Darstellung bietet Michael Schneider, Untem Hakenkreuz. Arbeiter und Arbeiterbewegung 1933 bis 1939, Bonn 1999.

8 Vgl. dazu insgesamt vor allem: Richard Löwenthal/Patrik von zur Mühlen (Hrsg.), Widerstand und Verweigerung in Deutschland 1933 bis 1945, Berlin/Bonn 1982; Der lautlose Aufstand, Bericht über die Widerstandsbewegung des deutschen Volkes 1933-1945, hrsg. von Günter Weisenborn, 2. Aufl. Hamburg 1954; Peter Grasmann, Sozialdemokraten gegen Hitler 1933-1945, München-Wien 1976, Hans-Joachim Reichardt, Möglichkeiten und Grenzen des Widerstandes der Arbeiterbewegung, in: Der deutsche Widerstand gegen Hitler, hrsg. von Walter Schmitthenner und Hans Buchheim, Köln und Berlin 1966, S. 169-213. – An lokalen Studien seien hier als Beispiele genannt: Hans-Josef Steinberg, Widerstand und Verfolgung in Essen 1933-1945, Hannover 1969; Kurt Klotzbach, Gegen den Nationalsozialismus. Widerstand und Verfolgung in Dortmund 1930-1945. Eine historisch-politische Studie, Hannover 1969.

Das ganze Ausmaß des sozialdemokratischen Widerstandes gegen die Hitler-Diktatur ist kaum exakt zu ermessen. Einen aufschlussreichen Einblick vermittelte schon das 1946 von der Exil-SPD (Sopade) herausgegebene „Weißbuch der deutschen Opposition gegen die Hitlerdiktatur".[9] Neben der Reichshauptstadt Berlin und dem thüringisch-sächsischen Traditionsgebiet mit ihren zahlreichen Widerstandszellen sind solche vor allem noch aus dem Rhein-Main-Neckar-Raum, Stuttgart, Nürnberg, München, Köln und dem Ruhrrevier bekannt. In Hannover operierte unter der Leitung von Werner Blumenberg eine gut organisierte Gruppe unter dem Namen Sozialistische Front, die sich schon vor der Machtübernahme gründlich auf die Bedingungen der Illegalität vorbereitet hatte. In ihr waren ca. 3000 zuverlässige, aktive Genossen organisiert. Trotz aller Umsicht fiel 1936 doch eine große Zahl der Gestapo in die Hände. In einem Schauprozess wurden 1937 über 200 Männer und Frauen zu hohen Zuchthaus- und Gefängnisstrafen verurteilt.[10] Schon Ende 1933 war der ähnlich strukturierte und zahlenmäßig etwa gleich starke Rote Stoßtrupp zerschlagen worden, der vor allem im Berliner Raum aktiv war.

Im Spektrum des Widerstandes aus dem demokratisch-sozialistischen Lager gewannen die Splittergruppen, die 1933 in kritischer Distanz zum Parteivorstand oder sogar außerhalb der Partei standen, ein besonderes Gewicht. Sie waren sowohl durch ihre größere Militanz, eine realistischere Einschätzung des Faschismus wie durch ihre Organisationsstruktur, die oft auf dem Prinzip der Zellen aufbaute, besser als die SPD-Parteiorganisationen für den Untergrundkampf gewappnet. So konnte sich der ISK trotz großer Opfer an Freiheit und Leben zunächst gut behaupten. Noch der „Lagebericht 1937" der Gestapo verzeichnet „eine beträchtliche Aktivität": „Typisch für die Flugschriften des ISK ist ein Symbol am Schluss derselben, welches ein am Galgen hängendes Hakenkreuz darstellt."[11]

Neben der vor allem in Sachsen verankerten SAP[12] trat besonders eine unter dem Namen „Neu-Beginnen" bekannt gewordene Gruppe hervor. Zunächst ein Geheimbund junger oppositioneller Kommunisten und kritischer junger Sozialdemokraten, gewann der Bund im Frühjahr 1933 größeren Einfluss, als sich die Berliner Sozialistische Arbeiterjugend (SAJ)

9 Weißbuch der deutschen Opposition gegen die Hitlerdiktatur, hrsg. vom Vorstand der Sozialdemokratischen Partei Deutschlands, London 1946.
10 Siehe Moraw, Die Parole der Einheit, S. 37; Günter Weisenborn, Der lautlose Aufstand, S. 141 und 179.
11 Zitiert nach Weisenborn, Der lautlose Aufstand, S. 152.
12 Siehe dazu Jörg Bremer, Die Sozialistische Arbeiterpartei Deutschlands (SAP). Untergrund und Exil 1933-1945, Frankfurt/M. – New York 1978.

zunächst gegen den Willen des Rumpfparteivorstandes der SPD auf die Illegalität umstellte. Die Kooperation zwischen dem zahlenmäßig kleinen Bund und der Mehrheit der Berliner SAJ wurde die Basis für eine selbstständig operierende Einheit. Die Gruppe wurde zunächst von Walter Löwenheim (Pseudonym Miles), später von Richard Löwenthal (Pseudonym Paul Sering) geleitet und bemühte sich intensiv und mit Erfolg um wirksame Methoden der Untergrundtätigkeit und um ein enges Zusammenwirken mit der Emigration.[13] Auch der junge SAJ-Funktionär Fritz Erler arbeitete in dieser Gruppe mit. 1938 wurde er verhaftet und im folgenden Jahr zu 10 Jahren Zuchthaus verurteilt. Bis 1944 hielt sich der von „Neu-Beginnen" dezentral organisierte Apparat des Widerstandes, dann fiel er dem Zugriff des Regimes zum Opfer. Von den Leitern der einzelnen Gruppen wurde eine große Zahl hingerichtet.

In den Reihen der Gewerkschaften richteten sich die Anstrengungen der NS-Gegner nach dem 2. Mai 1933 zunächst darauf, den persönlichen Zusammenhalt aufrechtzuerhalten, ein verdecktes Informationsnetz zu schaffen und Kontakte zwischen Widerstandsgruppen herzustellen. Mit zunehmender Pression und Verfolgung ging es zusehends nur mehr darum, im In- und Ausland erkennbar zu machen, dass es noch ein anderes Deutschland gab. Besondere Aktivität im Kampf gegen das NS-Regime entfalteten Eisenbahner und Transportarbeiter um Hans Jahn und Adolph Kummernuss und die „Internationale Transportarbeiter-Föderation" (ITF), gestützt und gefördert von ihrem Generalsekretär Edo Fimmen.

Die kommunistische Bewegung versuchte nach dem Parteiverbot zunächst, den Widerstand auf der Basis der alten Organisationsstruktur zu leisten. Der mit außerordentlicher Energie und Risikobereitschaft geführte Kampf gegen Hitler wurde mit einem hohen Blutzoll bezahlt. Der Mut und die Überzeugungstreue vieler Kommunisten bewahrten sie nicht davor, dass eine Reihe von Widerstandszellen von Spitzeln und Gestapoagenten durchsetzt wurde. Mit den Massenverhaftungen, der Anpassung der KPD an die von Moskau verkündete „Volksfrontstrategie" und dem plötzlichen Schwenk zum Hitler-Stalin-Pakt zerbrach die Basis für einen offensiven Massenkampf. Nach dem Überfall auf die Sowjetunion wurde der Widerstand wieder intensiviert, doch fehlte ihm nun die frühere Breitenwirkung.

---

13 Über „Neu-Beginnen" siehe insgesamt Kurt Kliem, Der sozialistische Widerstand gegen das Dritte Reich, dargestellt an der Gruppe „Neu-Beginnen", Phil.Diss. (Masch.) Marburg 1957; ferner Hans-Joachim Reichardt, Neu Beginnen. Ein Beitrag zur Geschichte des Widerstandes der Arbeiterbewegung gegen den Nationalsozialismus, in: Jahrbuch für die Geschichte Mittel- und Ostdeutschlands (Sonderdruck), Bd. 12, 1963.

Für alle Widerstandsgruppen lag es schon allein aus Sicherheitsgründen nahe, sich auf die früheren politischen und gewerkschaftlichen Zusammenschlüsse zu stützen. Neben Untergrundorganisationen der Sozialdemokratischen Partei standen solche der sozialistischen Gewerkschaften, des Arbeitersportbundes, des Reichsbanners, der SAP, des ISK, „Neu Beginnen", christliche Gewerkschaften und Arbeitnehmer, KPD und kommunistische Gewerkschaftsopposition. Das gemeinsame Ziel des Kampfes gegen Hitler und die Gefahr für Leib und Leben, die alle NS-Gegner bedrohte, schufen ein Gefühl der Verbundenheit. Dies trug dazu bei, dass alte Vorurteile abgebaut und politische Gegensätze in dieser Kampfsituation relativiert wurden. Obwohl in den Reihen des demokratischen Sozialismus starke Vorbehalte gegenüber den Methoden und Zielsetzungen der KPD bestanden, kam es bei unabhängig operierenden Widerstandsorganisationen doch zu einer Kooperation über alle ehemaligen Parteigrenzen hinweg. So arbeiteten in der „Saefkow"-Gruppe, einer der am weitesten verbreiteten Organisationen, sozialdemokratische und kommunistische Arbeiter mit Hitler-Gegnern aus bürgerlichen Kreisen zusammen.

Den meisten Widerstandsgruppen aus dem sozialdemokratischen Lager ging es vorrangig darum, durch Aufklärung demokratisches Bewusstsein wach zu halten und das nationalsozialistische Terrorregime zu entlarven. Das geschah unter anderem durch Flugblätter und Schriften, die heimlich verteilt wurden oder zu geeigneter Stunde auf die Straßen oder in die Betriebe flatterten. Diese Blätter waren zum Teil selbst hergestellt. Soweit die Gruppen Verbindung zur Emigration hielten, wurden sie von dieser mit Material versorgt. Bis zur Unterbindung der Kontakte durch den Krieg wurden in großen Mengen Broschüren, meist durch andere Titelblätter und Aufdrucke getarnt, nach Deutschland geschmuggelt und dort verbreitet. Eine der eindrucksvollsten und erschütterndsten Schriften ist der vom SPD-Parteivorstand in Prag herausgegebene Bericht über das KZ Oranienburg. Der ehemalige SPD-Reichstagsabgeordnete Gerhart Seger[14], dem als einem der wenigen die Flucht gelungen war, enthüllte darin schon früh das Grauen der Konzentrationslager.

In der Hilfe für Verfolgte, von Gefängnis, KZ und Henker Bedrohte lag eine andere entscheidende Aufgabe der Widerstandskämpfer. So hieß es beispielsweise 1944 in dem Urteil des „Volksgerichtshofs" des Blutrichters

---

14 Gerhart Seger, Oranienburg. Erster authentischer Bericht eines aus dem Konzentrationslager Geflüchteten. Mit einem Geleitwort von Heinrich Mann, Karlshad 1934; vgl. auch die vom Exil-Vorstand erarbeitete Dokumentation: Konzentrationslager. Ein Appell an das Gewissen der Welt. Ein Buch der Greuel. Die Opfer klagen an, Karlsbad 1934.

Freisler gegen die Gruppe „Europäische Union", die sich vor allem der ausländischen Zwangsarbeiter angenommen hatte: „Wie schamlos die Gesinnung der Angeklagten ist, ergibt sich auch daraus, dass sie geradezu systematisch illegal lebende Juden unterstützten, ja sogar mästeten. Aber nicht nur das, sie verschafften ihnen sogar falsche Ausweise, die sie vor der Polizei tarnen sollten, als wären sie nicht Juden, sondern Deutsche. ... Phrasengeschwollen betont ein anderes Flugblatt, dass die ‚Europäische Union' zusammen mit der SPD, der SAP und der KPD kämpft, dass sie aber auch die Vertreter bürgerlicher politischer Richtung nicht verschmäht. Noch deutlicher als das Manifest holen die Flugblätter all die lügnerischen Grundsätze der Menschenrechte der Weimarer Verfassung wieder hervor und verzichten auch nicht darauf, hervorzuheben, dass man auf die gewaltigen ausländischen Massen Arbeiter [sic!] in Deutschland rechne."[15]

Der Mangel an konspirativer Erfahrung und Organisationstechnik führte dazu, dass die Polizei des Hitler-Staates oft schnell die Widerstandskämpfer aufspüren konnte. Die sozialdemokratischen Widerstandsorganisationen der ersten Stunde wurden größtenteils bis Mitte der dreißiger Jahre von der Gestapo zerschlagen. Tausende von Verhaftungen wurden vorgenommen, andere konnten noch in letzter Minute ins rettende Ausland fliehen oder sich mit Hilfe von Freunden und Kollegen versteckt halten. Schon für das erste Jahr des NS-Staates führte selbst das „Statistische Jahrbuch des Deutschen Reiches" 20 565 politisch Verurteilte auf. Die Terrorurteile erfolgten hauptsächlich auf Grund der Verordnungen „zum Schutz von Volk und Staat", „zur Bekämpfung politischer Ausschreitungen", „zur Abwehr heimtückischer Angriffe gegen die Regierung der nationalen Erhebung" oder wegen „Hochverrats" und auf Grund des „Gesetzes über Schusswaffen und Munition". Die Opfer dieser Nazi-Justiz waren in den ersten Jahren vornehmlich Anhänger der sozialistischen Arbeiterbewegung. Unter ihnen fanden sich Funktionäre der KPD, Angehörige sozialistischer Splittergruppen, führende Sozialdemokraten wie der ehemalige Reichstagspräsident Paul Löbe und entschiedene antifaschistische Kämpfer wie der junge Kurt Schumacher, Mitglieder aktiver Widerstandsgruppen und Arbeiter, die im Betrieb ihre Meinung über die Hitler-Diktatur sagten. Unter den schweren Schlägen der Gestapo kam der Widerstand aus der Arbeiterbewegung in seiner ursprünglichen Form fast zum Erliegen. Allein 1936 wurden 11 687 Menschen wegen illegaler sozialistischer Tätigkeit festgenommen. Etwa 1937 setzten dann, gestützt auf die bisherigen Erfahrungen, neue Initiativen des antifaschistischen Widerstands ein. Sie basier-

15 Zitiert nach Weisenborn, Der lautlose Aufstand, S. 169.

ten meistens auf einem Zellensystem von Dreier-, Vierer- oder Fünfergruppen, so dass auch bei Verhaftungen einzelner Gruppen die Widerstandsarbeit der anderen weitergehen konnte. „Eine neue Generation von Widerstandskämpfern zog in die Gruppen ein, jung, illusionslos und erfahren. Es entstanden ‚harte' Gruppen, die hielten, die sich so umsichtig abdeckten, dass sie durch lange Jahre hindurch nicht angerührt wurden, was eine enorme Leistung bedeutet, wenn man bedenkt, wie allmächtig der Gestapo-Apparat war."[16]

Insgesamt forderte dieser Widerstand „von unten" einen hohen Preis. Tausende zahlten für ihr mutiges Eintreten für Freiheit, Recht und ihre Mitmenschen mit Kerker, Folter und Leben. Nüchterne Zahlen sagen fast nichts aus über die Fülle des Opfermuts und des Leids, über den Kampf gegen Unterdrückung und Gewaltherrschaft, den Einsatz für die Verfolgten und Gefährdeten, über den Mann oder die Frau, die einen von NS-Schergen verfolgten Juden vor dem sicheren Tod retteten. Wer weiß schon, dass eine Gestapo-Statistik am 10. April 1939 302562 politische Häftlinge aufführte. Die Arbeiterbewegung stellte bei den politischen Gefangenen der NS-Herrschaft das mit Abstand größte Kontingent. Wegen oppositioneller Tätigkeit wurden Zehntausende hingerichtet, darunter besonders viele Kommunisten. Nach einer Aufstellung des Reichsjustizministeriums wurden von 1933 bis 1944 auf Grund so genannter „regelrechter" Gerichtsentscheidungen 11881 Todesurteile vollstreckt. Militärjustiz und Sondergerichte schickten – vor allem in den letzten Kriegsmonaten – zahllose Menschen in den Tod. In der Liste dieser Opfer sind alle jene noch nicht aufgeführt, die in KZs und Zuchthäusern ums Leben kamen oder im Zusammenhang mit dem 20. Juli 1944 hingerichtet wurden.[17]

Dieser „Aufstand des Gewissens" wird gewürdigt. Des „lautlosen Aufstandes" des Heeres der Namenlosen, dessen Last vor allem auf den Schultern der Männer und Frauen der Arbeiterbewegung lag, gedenkt man kaum. Das „Gedenkbuch" für die Menschen, die als Sozialdemokraten verfolgt wurden und vielfach ihr Leben verloren, setzt hier ein Zeichen.[18]

Der Internationale Gewerkschaftsbund hat schon in dem mörderischen Krieg an diese Opfer erinnert. Auf einer Kundgebung der „Union deut-

---

16 So Weisenborn ebenda, S. 146.
17 Siehe dazu u. a. Bruno Gebhardt, Handbuch der deutschen Geschichte, 9. Aufl., Bd. 4, 2. Teilbd., Stuttgart 1976, S. 570, 572 und 579; Widerstand und Exil 1933-1945, Bonn 1985 (Artikel von Manfred Funke), S. 60-75, bes. S. 66; Weisenborn, S. 149 und Grasmann, Sozialdemokraten gegen Hitler, S. 109f.
18 Der Freiheit verpflichtet. Gedenkbuch der deutschen Sozialdemokratie im 20. Jahrhundert. Hrsg. vom Vorstand der SPD, Marburg 2000.

scher sozialistischer Organisationen in Großbritannien" am 29. Januar 1943 sprach Generalsekretär Walter Schevenels dem mutigen Einsatz der sozialistischen Arbeiterbewegung in Deutschland seinen Dank aus. Seine Worte mögen als Würdigung für alle die stehen, die sich dem Nationalsozialismus aktiv widersetzten und für ein Deutschland der Freiheit und Demokratie, der sozialen Gerechtigkeit und Menschlichkeit kämpften. „Zu leicht wird heute vergessen, dass in diesen Kämpfen Hunderte von deutschen Arbeitern ihr Leben verloren, dass Zehntausende ihr Leben aufs Spiel setzten. Es ist wahr, dass die deutsche Arbeiterbewegung Fehler gemacht und Schwächen gezeigt hat, aber es ist unwahr zu behaupten, dass unsere deutschen Genossen nicht gekämpft haben. ... Ich möchte noch ein Wort sagen für unsere Antinazikämpfer innerhalb Deutschlands. Bevor ich Deutschland verließ, hatte ich eine Konferenz mit unseren deutschen Kollegen. Eine Woche später waren die meisten Teilnehmer dieser Konferenz verhaftet. Ich werde die Konferenz nie vergessen. In dem überfüllten Raum gab mir der Vorsitzende die Hand und sagte: ‚Du gehst nun zurück in die freie Welt. Sage unseren Freunden, welche Fehler wir auch in der Vergangenheit gemacht haben mögen, wir sind ehrlich und aufrichtig in unserem Bemühen gewesen. Sage ihnen, dass wir unserer Gesinnung treu bleiben werden und dass sie uns nicht vergessen sollen.' Heute kann ich sagen, dass die Mehrzahl der deutschen Arbeiter ihr Wort gehalten hat."[19]

Beispielgebend für den ungebrochenen Widerstandswillen der Sozialdemokratie waren Männer wie Kurt Schumacher, Julius Leber, Wilhelm Leuschner, Carlo Mierendorff, Theodor Haubach, Gustav Dahrendorf, Adolf Reichwein und viele andere mehr. Haft und Konzentrationslager konnten sie nicht davon abbringen, den Widerstand gegen das Unrechtsregime fortzusetzen und zu erneuern. Selbst unter diesen mörderischen Bedingungen entfalteten sich neue Initiativen. Im KZ Buchenwald (bei Weimar) arbeitete über Jahre eine von Kommunisten geführte Häftlingsorganisation. Im Februar 1944 bildeten Hermann Brill und Ernst Thape (beide SPD) mit Werner Hilpert (Zentrum, später CDU) und Walter Wolf (KPD) ein Volksfrontkomitee und erarbeiteten die Plattform für das nach der Befreiung herausgegebene „Buchenwalder Manifest".[20]

Durch seinen kämpferischen Einsatz gegen den Nationalsozialismus war der junge Kurt Schumacher den Nazis besonders verhasst. Bei seiner Verhaftung im Juli 1933 triumphierte die Stuttgarter Zeitung, dass „einer der schamlosesten sozialdemokratischen Oberhetzer unschädlich gemacht

---

19 Zitiert nach Weisenborn, Der lautlose Aufstand, S. 181f.
20 Buchenwald. Mahnung und Verpflichtung, Frankfurt/M. 1960, S. 394ff.

worden ist".[21] Für den Schwerkriegsbeschädigten begann ein zehnjähriger Leidensweg in Gefängniszellen, KZs und zuletzt in dem berüchtigten Lager Neuengamme. Trotz Folterungen durch die Wachen blieb Schumacher ungebeugt und erwarb sich durch Mut und Solidarität Ansehen und Autorität unter seinen Mithäftlingen. Seiner beim Anrücken der Amerikaner angeordneten Erschießung durch die NS-Schergen konnte er sich noch gerade rechtzeitig entziehen.

Wilhelm Leuschner, der stellvertretende Vorsitzende des aufgelösten ADGB, tat sich durch den Aufbau einer gewerkschaftlichen Widerstandsorganisation hervor. Zusammen mit Jakob Kaiser von den Christlichen Gewerkschaften und Max Habermann von dem Deutschnationalen Handlungsgehilfenverband schuf er das Konzept künftiger Einheitsgewerkschaften. Sie wollten mit ihnen gemeinsam den „für das deutsche Volk richtigen Weg einer gesunden Synthese von Sozialismus und Freiheit gehen".[22] Leuschners Gewicht in der Widerstandsbewegung dokumentierte sich darin, dass er von der Bewegung des 20. Juli 1944 als Vizekanzler vorgesehen war. Er wie sein als Innenminister ins Auge gefasster Freund Julius Leber hatten frühen Kontakt zu dem Kreis um den ehemaligen Leipziger Oberbürgermeister Goerdeler aufgenommen. „Die Entscheidung der am 20. Juli beteiligten Gewerkschafter und Sozialdemokraten, den Sturz des Systems durch die Generalität zu betreiben, war richtig. Die seitherige geschichtliche Erfahrung mit totalitären oder autoritären Regimen beweist, dass ein erfolgreicher Umsturz ohne die Hilfe des Militärs unmöglich ist."[23]

Mit Oberst Graf Stauffenberg, dem führenden militärischen Kopf des 20. Juli, verband Leber eine persönliche Freundschaft. Eine Kontaktaufnahme mit kommunistischen Gruppen, die von der Gestapo observiert wurden, führte zur Verhaftung von Leber und Reichwein. Die Angst vor der Aufdeckung des Unternehmens trieb Stauffenberg zum schnellen Handeln am 20. Juli 1944. Der Aufstand des anderen Deutschland scheiterte. Das Blutgericht des Hitler-Staates traf Direktbeteiligte, Mitwissende und Unbeteiligte. Grausame Verhörmethoden mit brutalen Misshandlun-

21 Stuttgarter Zeitung, 12.7.1933. Zu Kurt Schumacher siehe u. a. die Biographien Lewis J. Edinger, Kurt Schumacher, Persönlichkeit und politisches Verhalten, Köln und Opladen 1967, S. 80ff. und besonders Peter Merseburger, Der schwierige Deutsche. Kurt Schumacher. Eine Biographie, Stuttgart 1995.
22 Zitiert nach Peter Hoffmann, Widerstand-Staatsstreich-Attentat, München 1969, S. 229.
23 Hans Mommsen, Gewerkschaften zwischen Anpassung und Widerstand, in: Vom Sozialistengesetz zur Mitbestimmung. Zum 100. Geburtstag von Hans Böckler, hrsg. von Heinz Oskar Vetter, Köln 1975, S. 297f.

gen mussten diese Männer erleiden, ehe sie dem Henker zum Opfer fielen. Für sie alle, Leuschner, Leber, Haubach, Reichwein (Mierendorff war bei einem Luftangriff ums Leben gekommen) und viele andere gilt das Wort von Julius Leber kurz vor seiner Hinrichtung am 3. Januar 1945 in Plötzensee: „Für eine gute und gerechte Sache ist der Einsatz des Lebens der angemessene Preis."[24] Sie standen mit ihrem Leben ein für die 1933 so eindrucksvoll formulierten sozialdemokratischen Grundsätze „der Menschlichkeit und Gerechtigkeit, der Freiheit und des Sozialismus".[25]

3. Wege und Ziele des demokratischen Sozialismus im Exil

In die Worte „Emigration" und „Emigrant" mischte sich lange der unterschwellige Vorwurf, man könne die Schicksalsgemeinschaft des Volkes nicht einfach verlassen, wenn einem persönlich Gefahr drohe. Über Jahre hielten sich solche Vorbehalte und beeinflussten das politische Klima. Wer so argumentierte, ob böswillig oder gedankenlos, der verharmloste entweder die NS-Diktatur oder war selbst ein Gefangener ihrer Volksgemeinschaftsideologie. Niemand von denen, die nach 1933 aus Deutschland flohen, verließ leichten Herzens das Land, dessen Sprache er sprach und in dem er wurzelte. „Fast allen Emigranten, gleichgültig ob sie wegen ihrer politischen Exponierung oder ihrer jüdischen Herkunft – nicht selten traf beides zusammen – das Land verließen, war gemeinsam, dass sie ihre Existenz, ihre Freiheit und ihr Leben durch die Diktatur bedroht sahen; und nicht wenige entschlossen sich erst zur Flucht, nachdem sie Bekanntschaft mit dem Terror, den Konzentrationslagern und den Gefängnissen des Regimes gemacht hatten."[26] Für die jüdischen Flüchtlinge, die bis zu

24 Julius Leber, Ein Mann geht seinen Weg, S. 295.
25 Siehe die Erklärung von Otto Wels in der Reichstagssitzung vom 23. März 1933 (Dokumente 8).
26 So Erich Matthias in: Mit dem Gesicht nach Deutschland. Eine Dokumentation über die sozialdemokratische Emigration. Aus dem Nachlass von Friedrich Stampfer ergänzt durch andere Überlieferungen. Hrsg. von Erich Matthias. Bearbeitet von Werner Link, Düsseldorf 1968, S. 8. Neben diesem Werk und der Literatur zum Exil insgesamt sei für die sozialdemokratische Emigration vor allem hingewiesen auf Werner Röder, Die deutschen sozialistischen Exilgruppen in Großbritannien 1940-1945. Ein Beitrag zur Geschichte des Widerstandes gegen den Nationalsozialismus, Hannover 1968; Erich Matthias, Sozialdemokratie und Nation. Ein Beitrag zur Ideengeschichte der sozialdemokratischen Emigration in der Prager Zeit des Parteivorstandes 1933-1938, Stuttgart 1952. – In dem Buch von Arno Klönne, Die deutsche Arbeiterbewegung. Geschichte – Ziele – Wirkungen, Düsseldorf-Köln 1980 (Neuauflage München 1989), wird merkwürdigerweise die Emigration überhaupt nicht behandelt.

der Oktober 1941 einsetzenden „Endlösung" das Hitlerreich noch rechtzeitig verlassen konnten, gab es keine Rückkehr mehr. Durch die Hitler'schen Blitzeroberungen fielen Zehntausende, die sich sicher wähnten, doch dem Zugriff der Mörder zum Opfer.

Der Großteil der Emigranten gehörte zu den rassisch Verfolgten, von Konzentrations- und Vernichtungslagern bedrohten jüdischen Bürgern eines ehemals freien Landes. Etwa jeder zehnte der Gesamtemigration hatte den Machtbereich des NS-Staates vorwiegend aus politischen Gründen verlassen müssen. Zu dieser Gruppe zählten Sozialdemokraten und bürgerliche Demokraten, Kommunisten und Pazifisten, Christen und andere. Vornehmlich aus ihnen rekrutierte sich der harte Kern der aktiven Hitlergegner. Das Exil galt ihnen als eine politische Aufgabe, als Basis ihres Kampfes gegen die nationalsozialistische Diktatur und für ein anderes, besseres Deutschland. Die demokratischen Sozialisten nahmen unter ihnen, abgesehen von der Emigration in die Sowjetunion, den dominierenden Platz ein.

Nach dem Verbot der SPD von Juni/Juli 1933 und der Aberkennung ihrer Reichstagsmandate verblieb als Sprachrohr der Partei der Exilvorstand. Er verstand sich als Vertretung der Gesamtpartei und bestimmte Prag zu seinem Sitz. Ihm gehörten u. a. der 1. Vorsitzende Otto Wels, Hans Vogel als 2. Vorsitzender, Siegmund Crummenerl als Parteikassierer, Friedrich Stampfer, Paul Hertz, Erich Ollenhauer und seit dem Herbst 1933 auch Siegfried Aufhäuser an, der frühere Vorsitzende des Allgemeinen freien Angestelltenbundes (AfA). Der Exilvorstand sah seine Aufgabe vor allem darin, „der Welt die Wahrheit zu sagen" und sich in den Dienst der illegalen Arbeit in der Heimat zu stellen.[27] Dazu gehörten Beschaffung und Bereitstellung finanzieller Mittel, Versorgung mit Aufklärungsmaterial, das vielfach als Werbebroschüren oder Reclam-Klassikerausgaben getarnt wurde, Hilfen für die Opfer, wie der Versuch, dem Ausland die Augen über das Wesen der Hitler-Diktatur zu öffnen.

Durch ein rings um Deutschland errichtetes Netz von Grenzsekretariaten wurde die Verbindung mit den Vertrauensleuten im Reich aufrechterhalten, um den in der Heimat Kämpfenden Unterstützung zu gewähren. Mit dem Buch von Gerhart Seger über seine Erlebnisse im KZ Oranienburg und der 1934 erstellten Dokumentation über die Konzentrationslager des Dritten Reiches versuchte die Exil-SPD, das Gewissen der Welt wachzurütteln. Seit 1934 kamen die von Erich Rinner redigierten „Grünen

---

27 Neuer Vorwärts vom 18.6.1933.

Konzentrationslager

Ein Appell an das Gewissen der Welt

Ein Buch der Greuel
Die Opfer klagen an

DACHAU — BRANDENBURG — PAPENBURG
KÖNIGSTEIN — LICHTENBURG — COLDITZ
SACHSENBURG — MORINGEN — HOHNSTEIN
REICHENBACH — SONNENBURG

Eine Dokumentation des Exil-Parteivorstandes

Berichte"[28] heraus, in denen die von den Vertrauensleuten im Reich gesammelten Informationen zusammengetragen und weitergeleitet wurden. Sie vermittelten – ungeachtet verständlicher Fehler – ein ungeschminktes Bild über die harte Wirklichkeit unter dem NS-Regime. Gegen die nationalsozialistische Gewalt und Lüge setzte die Sozialdemokratie auf die Macht der Wahrheit und der Aufklärung. „Hitler bedeutet den Krieg" war die Kernparole ihres Kampfes gegen den Hitler-Faschismus vor und nach 1933. Denn so formulierte es Stampfer in dem in Prag herausgegebenen „Neuen Vorwärts": „Soll nicht ganz Europa ein Trümmerhaufen werden,

---

28 So genannt, weil sie auf grünem Papier vervielfältigt wurden; die offizielle Bezeichnung lautete „Deutschlandberichte". Sie sind veröffentlicht unter dem Titel: Die geheimen Deutschlandberichte der SPD 1934-1940, 7 Bde., Frankfurt a. M. 1980.

unter dem der zerrissene Kadaver Deutschlands liegt, dann darf man nicht mit den Händen im Schoß der Katastrophe entgegensehen."[29]

Der Aufruf an die „zivilisierte Welt", Hitler entschieden entgegenzutreten, solange es noch Zeit war, fand kein Gehör. Im Gegenteil, die europäischen Großstaaten empfanden die Warnungen der deutschen Sozialdemokratie als eine Störung ihrer Appeasement-Politik (Befriedungspolitik) gegenüber dem „Dritten Reich". Berichte wurden – wie die britische Regierung eingestand – bewusst unter Verschluss gehalten, um die Beziehungen zum Hitler-Deutschland nicht zu trüben. So wenig sich die Hoffnung auf das Ausland erfüllte, so wenig Aussicht bestand auch unter den Bedingungen der nationalsozialistischen Diktatur für eine erfolgreiche Erhebung in Deutschland. Aller Mut und alle Hingebung der aktiven Gegner des NS-Regimes, die vor Kriegsausbruch ganz überwiegend aus dem sozialistischen Lager kamen, änderten nichts daran, dass ein Sturz der Hitler-Herrschaft durch einen isolierten Aufstand von unten nicht möglich war.

Im „Prager Manifest" der Sopade (Sozialdemokratische Partei Deutschlands) vom 28. Januar 1934 wurde die revolutionäre Komponente des Kampfes gegen Hitler beschworen. In dieser programmatischen Erklärung des Exilvorstandes mischten sich marxistische Theorien über den Charakter der nazistischen Konterrevolution mit aktuell-politischen Aufrufen zum Kampf für den Frieden und den „Sturz der Despotie". „Die Einheit und Freiheit der deutschen Nation kann nur gerettet werden durch die Überwindung des deutschen Faschismus." Der Aufruf schloss mit dem Bekenntnis zu den „großen und unvergänglichen Ideen der Menschheit": „Wir wollen nicht leben ohne Freiheit und wir werden sie erobern. Freiheit ohne Klassenherrschaft, Freiheit bis zur völligen Aufhebung aller Ausbeutung und aller Herrschaft von Menschen über Menschen. ... Durch Freiheit zum Sozialismus, durch Sozialismus zur Freiheit! Es lebe die deutsche revolutionäre Sozialdemokratie, es lebe die Internationale!"[30]

Das Bekenntnis zum revolutionären Charakter des Sozialismus entsprach den Umständen. Er ergab sich aus den Bedingungen des Kampfes gegen die NS-Diktatur, der nicht anders als revolutionär, d. h. umstürzlerisch sein konnte. In der Absage an Kompromisse, Reformismus und Legalität spiegelte sich jedoch auch eine neue Radikalität wider. Sie erwuchs aus dem Bestreben, die Splittergruppen wieder an die alte Mutterpartei zu binden. Im Kampf gegen die Diktatur bestimmten die kompromisslos der Sache und Idee verpflichteten Sozialdemokraten stärker das Profil.

---

29 Neuer Vorwärts vom 8.4.1934.
30 Abgedruckt in: Stampfer, Mit dem Gesicht nach Deutschland, S. 215ff.

In der Ausnahmesituation, in der sich die Sozialisten im Exil befanden, blieb es nicht aus, dass zunächst alte und neue Differenzen in besonderer Schärfe aufbrachen. So wurde über die Ursachen für den Sieg des Faschismus, Versagen und Fehler des demokratischen Sozialismus in der Vergangenheit wie über die wirksamsten Formen des Kampfes gegen den Nationalsozialismus gestritten. Zündstoff lieferte die Frage, wieweit Kommunisten in eine Einheitsfront der Sozialisten gegen den Hitler-Faschismus einbezogen werden sollten. So führte das Einheitsfrontangebot der KPD vom November 1935 zu teilweise heftigen Kontroversen. Der Bogen reichte von bedingungsloser Ablehnung über eine partielle Zusammenarbeit bis zu Hoffnungen auf die Überwindung der Spaltung der sozialistischen Arbeiterbewegung.

Die Arbeitsgemeinschaft „Revolutionärer Sozialisten" mit Karl Böchel und Siegfried Aufhäuser, dem ehemaligen USPD-Mann und AfA-Vorsitzenden, an der Spitze, forderte den radikalen Bruch mit allen reformistischen Traditionen und den „Klassenkampf des vereinigten deutschen Proletariats".[31] Im Gegensatz zu dieser sogenannten „alten Linken", die sich 1937 wieder auflöste, propagierten die Verfechter eines „Volkssozialismus" um Wilhelm Sollmann und Wenzel Jaksch gerade die Abkehr von den Theorien des Klassenkampfes und eine Hinwendung zum „patriotischen Sozialismus Lassalles".[32]

Beim Internationalen Sozialistischen Kampfbund (ISK) standen vor allem alte, noch nicht vernarbte Wunden sowie ideologische Differenzen und seine Beteiligung an Konzentrationsversuchen linkssozialistischer Exilgruppen zunächst einer Annäherung im Wege. Noch 1939 wies der Parteivorstand auf die Unvereinbarkeit der Mitgliedschaft in beiden Organisationen hin. Heftig, teilweise stürmisch verliefen die Auseinandersetzungen mit der „Neuen Linken" um die Gruppe „Neu-Beginnen", der u. a. Karl Frank, Richard Löwenthal (Pseudonym Paul Sering), Waldemar von Knoeringen und Erwin Schoettle angehörten. Den Sopade-Vorstand verbitterte besonders, dass sein Mitglied Paul Hertz und andere Mitarbeiter heimlich für „Neu-Beginnen" gearbeitet hatten und „Neu-Beginnen" den Anspruch als gleichberechtigte Sektion der deutschen Sozialdemokratie in der Internationale erhob.

---

31 Siehe „Der Weg zum sozialistischen Deutschland/Plattform für die Einheitsfront", veröffentlicht in: Zeitschrift für Sozialismus, Monatsschrift für die Probleme des Sozialismus, Nr. 12/13, Karlsbad 1934, S. 375ff.
32 So eine Formulierung von Wilhelm Sollmann; vgl. Zeitschrift für Sozialismus, Nr. 24/25, Karlsbad 1935, S. 736.

Die sozialistischen Emigrantengruppen waren in viele Länder verstreut. Das Zentrum blieb zunächst die Tschechoslowakei, die ihnen so etwas wie eine zweite Heimat bot. Letztlich musste sich die tschechoslowakische Regierung jedoch der Erpressung Hitlers beugen, die durch Interventionen des um einen Ausgleich mit dem Dritten Reich bemühten englischen Premierministers Neville Chamberlain noch verstärkt wurde. Die Sopade wie auch ihre österreichische Schwesterorganisation entschlossen sich 1938 zur Übersiedlung nach Paris. In der tschechoslowakischen Republik hatten sie, wie Friedrich Stampfer schrieb, „die Luft der Freiheit geatmet und verständnisvolle Freundschaft gefunden. Das sollte nun anders werden. Das Wort ging von Mund zu Mund: ‚Jetzt beginnt erst unsere Emigration.'"[33]

Was die Sozialdemokraten in Paris erwartete, hatte der schon früher nach Frankreich geflohene Rudolf Breitscheid dem Vorstand geschrieben: „Noch niemals hat eine Emigration mit so viel Schwierigkeiten zu kämpfen gehabt wie die unsere. Wir sind, zumindest in Frankreich, nur lästige Ausländer, derer man sich so schnell als möglich entledigen möchte."[34] Mit dem deutschen Angriff auf Frankreich kam es für die Emigranten, die sich dem Kampf gegen den Hitler-Faschismus verschrieben hatten, noch schlimmer. Die Regierung Daladier, die bei der Abwehr des nationalsozialistischen Expansionsdranges selbst versagt hatte, sperrte unter dem Eindruck einer weit verbreiteten Stimmung gegen die „feindlichen Ausländer" deutsche Staatsangehörige wahllos in Internierungslager. Während die deutschen Truppen in einem Blitzfeldzug immer weiter nach Frankreich eindrangen, saßen in den Lagern Zehntausende von Deutschen, die bei der Gefangennahme durch die NS-Schergen für Leib und Leben fürchten mussten. Aktive Politiker aller Richtungen, unpolitische Nazi-Gegner und vor allem die große Zahl der Juden, die sich nach Frankreich gerettet hatten, erlebten Wochen voller Angst und grauenhafter Not.

Erst in letzter Minute wurden die Lagertore geöffnet. In wilder Flucht versuchte man, sich vor Gestapo und SS in Sicherheit zu bringen. Durch den Waffenstillstandsvertrag vom 22. Juni 1940 wurde die französische Regierung zur Auslieferung der deutschen Flüchtlinge verpflichtet. So blieb für die meisten nur der illegale Grenzübertritt nach Spanien, in ein Land, in dem gerade nach einem blutigen Bürgerkrieg der von Mussolini und Hitler unterstützte General Franco seine Diktatur angetreten hatte. Über Portugal ging der Weg weiter in die Vereinigten Staaten – wohin der

---

33 So Stampfer, Mit dem Gesicht nach Deutschland, S. 101.
34 Abgedruckt ebenda, S. 109.

Hauptstrom floss – oder nach Großbritannien. Von den vielen Flüchtlingen gelang es allerdings nur einem Bruchteil, die Hindernisse und Gefahren auf diesem Weg zu überwinden.

Bei der Rettung halfen vor allem die Vereinigten Staaten, sozialistische Bürgermeister französischer Städte, namenlose Unbekannte, die ihr Leben für andere einsetzten, und die sogenannte „German Labor Delegation" (die deutsche Arbeiterdelegation) in den USA. Sie war von sozialdemokratischen Emigranten, u. a. Albert Grzesinski, Rudolf Katz, Gerhart Seger, Max Brauer und Hedwig Wachenheim am 10. März 1939 in New York gegründet worden. Mit Unterstützung des Jewish Labor Committee (dem Arbeitsausschuss der jüdischen Arbeiterorganisation) und der American Federation of Labor (der Dachorganisation der amerikanischen Gewerkschaften) organisierte sie vorbildliche Hilfs- und Rettungsaktionen. Hunderte verdankten ihr Freiheit und Leben.

Nicht alle brachten sich in Sicherheit. Wie Rudolf Breitscheid und Rudolf Hilferding, die von französischen Behörden zur Auslieferung an die Nazis festgenommen wurden, erging es auch anderen. Hilferding fand in einem Pariser Gefängnis den Tod, Breitscheid starb im Konzentrationslager Buchenwald. Besonders tragisch ist der Fall der Frankfurter Sozialdemokratin Johanna Kirchner. Nachdem französische Widerstandskämpfer sie zunächst aus dem berüchtigten Internierungslager von Gurs befreit hatten, fiel sie dem Zugriff der Vichy-Behörden zum Opfer und wurde dem NS-Regime übergeben. Sie starb, verurteilt durch den Blutrichter Freisler, unter dem Fallbeil des Henkers.

Wer nach Großbritannien hatte entkommen können, war der akuten Gefahr entronnen, doch Nöte und Schwierigkeiten erwarteten ihn auch hier. Die Situation dieser Flüchtlinge wie die der Emigranten, die sich schon früher, meist wegen ihrer jüdischen Abstammung, nach England gerettet hatten, sah zunächst wenig günstig aus. Zwar nahm sich eine Reihe privater Hilfskomitees in aufopfernder Arbeit ihrer an, doch trieben strenge Einwanderungsbestimmungen und fehlende Arbeitsmöglichkeiten viele Flüchtlinge dazu, das Land wieder zu verlassen und nach Übersee auszuwandern. Nach dem Fall Frankreichs erfuhren Tausende das bittere Los der Zwangsinternierung als „feindliche Ausländer". Nahezu 8000 Personen wurden im Juli 1940 nach Australien und Kanada deportiert, ein fast doppelt so großer Kreis einer strengen Polizeiaufsicht unterstellt.

Erst als sich der Schock der ersten Kriegsmonate gelegt hatte und die Spionagehysterie nüchterneren Erwägungen Platz machte, setzte unter dem Druck aus der öffentlichen Meinung und durch die Bemühungen einzelner Parlamentsabgeordneter eine Überprüfung der Internierungen ein. Selbstkritisch bekannte die englische Regierung, dass sie schwere Fehler begangen hatte. Damit gewannen auch die nach England geflüchteten Repräsentanten der Sopade Bewegungsfreiheit. Unterstützung erfuhren die verschiedenen sozialistischen Emigrationsgruppen von der Fabian Society, Persönlichkeiten wie Victor Gollancz, James Middleton u. a. sowie partiell von der Labour Party (der britischen Arbeiterpartei), zu der besonders die Exilvertretung von „Neu-Beginnen" einen guten Kontakt unterhielt. Gleichzeitig gingen von der Labour Party Anstöße zu einem Zusammenschluss der rivalisierenden Exilgruppen aus.

Seitdem die Furie des Krieges über Europa raste, relativierten sich unter dem demokratischen Exil-Sozialismus manche bisher hart umstrittenen Fragen. Der Gedanke an eine Erhebung des Volkes in Deutschland wie die Hoffnung auf ein bedingungsloses Zusammenwirken mit den sozialdemokratischen Parteien der gegen Hitler im Kampf stehenden Länder erwiesen als illusorisch. Für eine innerdeutsche Opposition war bei den alliierten Regierungen auf keine Hilfe zu rechnen. An die von Roosevelt und Churchill am 14. August 1941 proklamierte „Atlantik Charta" und frühere Erklärungen der Labour Party hatten sich Erwartungen auf einen Frieden der Verständigung nach einem Sturz Hitlers geknüpft. Sie wurden bitter enttäuscht. Bei der Mehrheit der Labour Party überlagerte mit der Dauer des Krieges allmählich eine stark nationale Komponente das Solidaritätsdenken mit den deutschen Demokraten. Die Grundsätze der Atlantik Charta erklärte der konservative englische Premierminister Churchill für Deutschland als ungültig. Den Aufstand des 20. Juli 1944 degradierte er am 2. August 1944 im Parlament zu einem bloßen Machtkampf der „höchstgestellten Persönlichkeiten des Deutschen Reiches", die sich gegenseitig zu ermorden suchten. Eine Unterstützung für die Erhaltung der Einheit des Reiches nach dem Sturz des Hitler-Faschismus konnten die deutschen Exilgruppen so gut wie nirgendwo mehr erwarten.

Mit dem Hitler-Stalin-Pakt hatten die linkssozialistischen Strömungen in der Exil-Sozialdemokratie, die zu einer Kooperation mit den Kommunisten im Kampf gegen den Nationalsozialismus bereit schienen, erheblich an Kredit und Gewicht verloren. In der Londoner Gruppe der Sozialistischen Arbeiterpartei setzte unter Betonung eines „Sozialismus ohne bürokratische Diktatur" und „mit demokratischen Freiheiten" ein rascher Annäherungsprozess an die Sopade ein[35]. Ebenso machte sich in der Gruppe „Neu-Beginnen" nach der Trennung von ihrem Gründer Walter Löwenheim

---

35 Hierzu und zum folgenden Röder, Sozialistische Exilgruppen, S. 43ff., Zitat S. 44, sowie Jörg Bremer, Die sozialistische Arbeiterpartei Deutschlands (SAP), S. 252f. und 259ff.

und unter dem Einfluss ihres führenden Theoretikers Richard Löwenthal eine Hinwendung zur sozialdemokratischen „Gesamtbewegung" bemerkbar. Nach der Beilegung organisatorischer Streitfragen stand einer engen Zusammenarbeit mit dem Exil-Parteivorstand nichts Grundsätzliches mehr im Wege. Beim ISK setzte unter seinem Auslandsleiter Willi Eichler, der schon 1933 aus Deutschland hatte flüchten müssen, während des Krieges eine Hinwendung zur Sozialdemokratie ein und er zeigte sich kooperationsbereit.

Bei der 1935 als Exil-Organisation gegründeten Auslandsvertretung Deutscher Gewerkschaften (ADG), die von Heinrich Schliestedt und ab 1938 von Fritz Tarnow geleitet wurde, blieben Versuche zur Zusammenfassung der Emigranten in den verschiedenen Ländern zunächst in Ansätzen stecken. Zwar bestand über das Konzept einer zukünftigen Einheitsgewerkschaft grundsätzlich Übereinstimmung. Umstritten war dagegen, ob diese im Sinne Tarnows ihren Ausgang von der nach einem Sturz Hitlers zerschlagenen DAF nehmen sollte. In der „Landesgruppe deutscher Gewerkschafter in Großbritannien" setzte sich unter Leitung von Hans Gottfurcht und dem Einfluss Walter Auerbachs die Linie eines völligen Neuaufbaus durch. Unter dem Dach dieser gewerkschaftlichen Emigrantenorganisation saßen die verschiedenen sozialistischen Gruppen zum ersten Mal gemeinsam an einem Vorstandstisch. Sie leistete damit auch einen Beitrag zur Gründung der „Union deutscher sozialistischer Organisationen in Großbritannien".

Zur Überwindung von Vorbehalten und Gegensätzen trugen nicht zuletzt auch der Zwang der Verhältnisse, persönliche Bekanntschaften und gemeinsam erduldete Härten der Emigration bei. Vogel und Ollenhauer auf Seiten der Sopade, Knoeringen und Schoettle von „Neu-Beginnen" und Eichler vom ISK waren Männer, die das Gemeinsame über das Trennende zu stellen wussten und persönlich Vertrauen zueinander fassten.

Am 25. Februar 1941 wurden die offiziellen Verhandlungen zur Gründung eines Kartells aus SPD (Sopade), „Neu-Beginnen", Internationaler Sozialistischer Kampfbund, Sozialistische Arbeiterpartei und der „Landesgruppe deutscher Gewerkschafter in Großbritannien" aufgenommen. Eine Einigung in den Kernfragen wurde bald erzielt. Am 19. März 1941 trat die „Union" ins Leben. An ihrer Spitze stand Hans Vogel (SPD) als Vorsitzender. Neben ihm bestimmten vor allem Ollenhauer, Fritz Heine (SPD), Schoettle (Neu-Beginnen), Eichler (ISK) und Hans Gottfurcht (Gewerkschaften) die praktische Politik der „Union" in den folgenden Jahren. Mit einer einstimmig gebilligten Erklärung bekundeten die in der „Union" zusammengefassten Sozialisten ihre Entschlossenheit, „mit allen ihnen zur

Verfügung stehenden Mitteln" an der Niederzwingung der „totalitären Kräfte" zu arbeiten und für einen demokratischen Frieden zu wirken, „der einem neuen Deutschland die Möglichkeit gibt, als freies Glied der europäischen Völkergemeinschaft seinen Beitrag zum Wiederaufbau Europas zu leisten". „Die deutschen Sozialisten in Großbritannien sind einig in der Überzeugung, dass die militärische Niederlage und der Sturz des Hitler-Regimes, die endgültige Überwindung des deutschen Militarismus und die Beseitigung der sozialen Grundlagen der Hitler-Diktatur unerlässliche Voraussetzungen bilden für einen dauernden Frieden, den Wiederaufbau Europas und eine demokratische und sozialistische Zukunft Deutschlands."[36]

Die fruchtbare Zusammenarbeit in der „Union" ließ die alten organisatorischen Abgrenzungen in den Hintergrund treten. Auch in der Diskussion über den künftigen Weg des demokratischen Sozialismus zeichnete sich eine Klärung der Standpunkte ab. Zwar wurden hier und dort die Akzente nach wie vor etwas anders gesetzt, doch kristallisierte sich in einer Reihe von entscheidenden Punkten immer stärker eine gemeinsame Linie heraus. Lange schwelende Hoffnungen, Hitler durch ein Bündnis aller freiheitlich-demokratischen Kräfte in und außerhalb Deutschlands zu stürzen, mussten begraben werden. Eine Überwindung der nationalsozialistischen Diktatur schien nur mehr durch eine militärische Niederlage möglich. Die sozialdemokratische Emigration stand dabei vor dem Dilemma, dass sie mit den Alliierten zwar der gemeinsame Kampf gegen den Hitler-Faschismus verband, sich gleichzeitig aber eine wachsende Kluft zwischen ihren Vorstellungen von einer Friedensregelung und den Kriegszielen der Anti-Hitler-Koalition auftat. Nach der Konferenz von Teheran zwischen Stalin, Roosevelt und Churchill im Dezember 1943 wurde offenbar, dass der Krieg mit einer Zerstückelung des Deutschen Reiches enden würde.

Mit Protesten und Memoranden wandte sich die „Union" gegen alle Aufteilungs-, Abtrennungs- und Fremdherrschaftspläne. Sie stellte sich der Kollektivschuldthese und dem deutschfeindlichen „Vansittartismus"[37] entgegen, der dem deutschen Volkscharakter den Nationalsozialismus anlastete. In diesem Ringen gewann die nationale Komponente der Emigration als einigendes Band deutliche Konturen. Die politisch aktiven

---

36 Abgedruckt in: Zur Politik deutscher Sozialisten. Politische Kundgebungen und programmatische Richtlinien der Union deutscher sozialistischer Organisationen in Großbritannien, London 1945, S. 26.

37 So genannt nach dem diplomatischen Chefberater der britischen Regierung und früheren Unterstaatssekretär im Foreign Office (Auswärtigen Amt) Lord Robert Vansittart.

Exilsozialdemokraten fühlten sich als Glieder des deutschen Volkes, dessen Schicksal sie nach der Niederwerfung Hitlers zu teilen hatten. Als Deutsche unter Deutschen wollten sie die Last der Kriegsfolgen mittragen und, gestützt auf ihren moralischen Anspruch als früheste Kämpfer gegen den Faschismus, die Belange der Nation gegenüber den Siegern wahrnehmen.

Dieses nationale Anliegen vertiefte den Graben zur Sowjetunion, deren Expansionsdrang die Exilsozialdemokratie fürchtete. Nach Hitlers Überfall auf Russland, als die Sowjetunion zum Bollwerk des mit ungeheuren Opfern bezahlten Abwehrkampfes wurde, konnte kaum jemand ihre entscheidende Rolle für die Niederringung der NS-Diktatur übersehen. Von der im Lager der westlichen Alliierten teilweise verbreiteten Sowjetfreundlichkeit wurde die Einstellung der Sozialdemokraten zum kommunistischen System kaum berührt. Zwar gab es in den Reihen von „Neu-Beginnen" und der SAP traditionell starke Sympathien für das „große sozialistische Experiment" der Leninschen Sowjetrepublik, doch konnten diese Gruppen nicht die Augen vor den Auswüchsen des Stalinistischen Systems verschließen. Der Hitler-Stalin-Pakt dokumentierte die Skrupellosigkeit der russischen Machtpolitik. Die Stalin-Diktatur mit den „Säuberungen" und Schauprozessen, der tausende von emigrierten deutschen Kommunisten zum Opfer fielen, entlarvte den totalitären Charakter eines Systems, das für sich beanspruchte, sozialistisch zu sein. Die nahezu bedingungslose Loyalität der Exil-KPD zu Stalin, ihre Verteidigung von Annexionen und Vertreibungen durch die siegreich vordringenden sowjetischen Truppen und die Beschimpfung der Sozialdemokratie als „Agentin des Hitlerismus im Ausland"[38] machten auch für am linken Flügel angesiedelte demokratische Sozialisten den Gedanken an eine Einheitsfront mit den Kommunisten zunichte.

„Sie gehörten nicht zur Einheit der sozialistischen Bewegung"[39], deren künftige Konturen sich in den Diskussionen der „Union" deutlich abzeichneten. Die Zersplitterung in den Reihen der Arbeiterbewegung sollte überwunden und alle auf dem Boden eines freiheitlichen und demokratischen Sozialismus stehende Organisationen, Gruppen und Strömungen in einer neuen, einigen sozialdemokratischen Partei aufgehen. Schon 1943 konnte ein gemeinsames außenpolitisches Programm vorgelegt werden, in dem sich die „Union" u. a. zu einer „Föderation europäischer Völker", Abrüstung, Wiedergutmachung und einem internationalen Sicherheitssystem bekannte. Die Dauerhaftigkeit eines künftigen friedlichen Zusam-

---

38 So die Zusammenfassung bei Röder, Sozialistische Exilgruppen, S. 214.
39 So Willi Eichler, Hundert Jahre Sozialdemokratie, Bielefeld 1963, S. 69.

menlebens der Völker hinge aber „weitgehend davon ab, dass dem deutschen Volk eine Möglichkeit gegeben wird, bei der Gestaltung seines inneren politischen, sozialen und wirtschaftlichen Lebens seiner eigenen Initiative zu folgen".[40]

Wie sich die in der „Union deutscher sozialistischer Organisationen" vereinigten demokratischen Sozialisten die Ausgestaltung Deutschlands zu einem Staat der Freiheit, Gerechtigkeit und des Friedens dachten, legten sie 1945 in ihren „Programmatischen Richtlinien" dar. Mit ihren Aussagen zur Kulturpolitik, zum Erziehungswesen und zum Aufbau von Justiz und Verwaltung wie besonders in den Richtlinien über die Wirtschaftspolitik und eine „deutsche Staatsverfassung" skizzierten sie das Gerippe einer radikaldemokratischen Republik, deren wirtschaftliche und politische Struktur die Fehler von Weimar vermeiden sollte. „Die Ziele der Sozialisten in der Wirtschaft sind: Freiheit von wirtschaftlicher Ausbeutung, Gleichheit der wirtschaftlichen Entwicklungsmöglichkeiten, Sicherung einer menschenwürdigen Existenz für alle, Vollbeschäftigung aller Arbeitsfähigen, Hebung des allgemeinen Wohlstandes und freie Entfaltung der Fähigkeiten aller."[41] In der „Präambel" zu den Richtlinien für eine deutsche Staatsverfassung gab die „Union"[42] der deutschen Sozialdemokratie die Summe ihrer Erfahrungen mit auf den Weg. Eine neue Staats- und Gesellschaftsordnung müsse auf den folgenden Prinzipien aufbauen:

„Die Achtung und der Schutz der Freiheit und der Würde der Persönlichkeit sind die unveräußerlichen Grundlagen des staatlichen und gesellschaftlichen Lebens der deutschen Republik.

In diesem Geiste erstrebt sie eine gesellschaftliche Ordnung der sozialen Gerechtigkeit, der Humanität und des Friedens;

eine politische und soziale Demokratie, getragen von der Mitbestimmung und Mitverantwortung aller Bürger;

die Befreiung der Wirtschaft von den Fesseln des privaten Monopoleigentums und die Planung der Wirtschaft;

Schutz vor jeder wirtschaftlichen Ausbeutung;

Sicherung einer menschenwürdigen Existenz für alle;

Gleichheit der wirtschaftlichen und kulturellen Entwicklungsmöglichkeiten;

---

40 Entschließung der „Union" vom 23.10.1943, abgedruckt in: Zur Politik deutscher Sozialisten, S. 16f.
41 „Richtlinien für die Wirtschaftspolitik", ebenda, S. 3f.
42 Am 2.12.1945 trat dann an die Stelle der „Union" in London der Zusammenschluss zu einer „einheitlichen Parteiorganisation".

Förderung des geistigen und kulturellen Lebens der Nation und Erziehung ihrer Jugend im Geist der sittlichen Verantwortung, der Demokratie und der Völkerverständigung;

Ausschaltung des Krieges als Mittel der Politik;

internationale Einrichtungen, denen zur Sicherung des Friedens und des Wohlstandes aller Völker die nationalstaatliche Souveränität untergeordnet wird."[43]

---

43 „Richtlinien für eine deutsche Staatsverfassung", ebenda, S. 5ff., Zitat S. 5.

X. Erbe und Auftrag

Im Rückblick mag es wie selbstverständlich erscheinen, dass die Sozialdemokratie mit ihrem demokratischen Sozialismus zu der großen linken Volkspartei wurde. 1945, nach dem Zusammenbruch des nazistischen Deutschland, war es das nicht. Links von der Sozialdemokratie blieb die KPD, anders als in den Tagen von Weimar, wo sie zur drittstärksten Partei aufgestiegen war, auf die Anhänger des Lenin'schen Weges beschränkt. Selbst für die Millionen der Hungernden und Verelendeten bildete sie im westlichen Deutschland keine ernst zu nehmende Alternative. In dem östlichen Teil Deutschlands konnte sie sich hingegen mit Hilfe der sowjetischen Besatzungsmacht und der Zwangsvereinigung zur SED als Staatspartei eines neuen, kommunistisch bestimmten Staates etablieren.

Die Anhänger eines freiheitlichen Sozialismus hatten in der Sozialdemokratie *ihre* politische Heimat gefunden. Über den Rahmen von Weimar mit seinem engen Korsett hinaus wurde sie zur Partei all derer, die unabhängig von ihrer theoretischen Fundierung eine demokratische, sozialistisch geprägte Gesellschaft in Freiheit erstrebten. Sozialdemokraten, die im Herrschaftsbereich des Hitler-Regimes zwölf Jahre Diktatur überstanden hatten, fanden sich mit den Sozialdemokraten zusammen, die im Ausland das bittere Los der Emigration erleiden mussten. Über alte organisatorische und theoretische Gegensätze hinweg einigte das Banner des demokratischen Sozialismus Frauen und Männer unterschiedlicher Herkunft und verschiedenartiger Ausgangspunkte. Sozialdemokraten, die wie selbstverständlich in Sturm und Not der Partei ihre Treue bewahrten, trafen sich mit Sozialisten, die lange in Konflikt mit der alten Mutterpartei gelebt hatten und engagierten Demokraten, die in der SPD die Gewähr für eine bessere Zukunft sahen. Die Erfahrungen mit der nationalsozialistischen Diktatur und dem Kommunismus Stalinscher Prägung, die Erkenntnis der Schwächen der Weimarer Republik und die Notwendigkeit des Zusammenstehens im Kampf für eine soziale Demokratie bildeten die feste Brücke über alles Trennende hinweg.

1945 bedeutete für die deutsche Sozialdemokratie einen Neubeginn, nicht einen Bruch. Der Sozialismus entstand in Europa als eine Protestbewegung gegen die Auswüchse des frühkapitalistischen Systems, als eine Partei, die gegen Ausbeutung, wirtschaftliche Not und Unterdrückung zu

Felde zog und für die Lösung der sozialen Frage durch eine Änderung der Staats- und Gesellschaftsstruktur eintrat. Anders als in den westeuropäischen Staaten, wo das liberale Bürgertum zu dem Vorkämpfer für eine parlamentarische Demokratie geworden war, lag in Deutschland auch die Hauptlast im Ringen für demokratische Freiheiten auf den Schultern der sozialistischen Arbeiterbewegung. Bei dieser doppelten Aufgabe, soziale Gerechtigkeit und freiheitliche Demokratie zu erkämpfen, sah sich die deutsche Sozialdemokratie weitgehend auf sich allein gestellt. Unterstützung bei dem Ringen um die Abstellung sozialer Übel erfuhr sie partiell bei dem christlichen Arbeitnehmerflügel der Zentrumspartei, während sie beim Kampf für die Demokratie am ehesten auf die Linksliberalen rechnen konnte. Doppelt schwer wog das Gewicht ihrer Gegner. Gegen sie verbanden sich alle die Kräfte, die ihre Herrschaftspositionen in Staat und Wirtschaft wahren oder erneuern wollten. Als stärkste und doch zugleich schwache Macht stemmte sie sich am konsequentesten dem Nationalsozialismus entgegen.

Gerade das Erlebnis des deutschen Faschismus und die Pervertierung des Kommunismus zum Stalinismus haben unter den freiheitlich eingestellten Sozialisten die Besinnung auf die Triebkräfte und Leitprinzipien dieser großen Emanzipationsbewegung belebt und vertieft. Wie ein roter Faden zog sich durch die Geschichte des demokratischen Sozialismus der Kampf gegen Ausbeutung und Unterdrückung, richte sie sich gegen Klassen, Rassen, Konfessionen oder einzelne Menschen.[1] Sein Streben war die Befreiung von Not und Furcht, wirtschaftlicher und sozialer Unsicherheit, gerechte Verteilung der Einkommen und Vermögen, Überwindung der Ungleichheit und Ungerechtigkeit durch eine Wirtschaftsordnung, die sich an den Interessen der Gemeinschaft orientierte. Demokratie galt für die Sozialdemokratie nicht nur als das gestaltende Prinzip für die staatliche Ordnung, sondern als das Leitbild für den Aufbau des gesamten gesellschaftlichen Lebens.

Demokratisierung in diesem Sinne hieß nicht nur Gewährung von Rechten. Sie beinhaltete auch den Auftrag, den Menschen zur Wahrnehmung seiner Freiheit zu befähigen. Neben der Schaffung und Erweiterung organisatorischer und materieller Voraussetzungen nahmen Erziehung und Bildung so einen wichtigen Platz ein. Staat und Gesellschaft brauchen den kritisch prüfenden, mündigen Bürger, der in Selbstbestimmung und Achtung vor den anderen tätigen Anteil an der Gestaltung des Gemeinschafts-

---

1 So oder ähnlich lauteten diese Grundsatzforderungen im Erfurter, Görlitzer und Heidelberger Programm; siehe Dokumente 3, 6 und 7.

lebens nimmt. Die Wahrung und Sicherung des Friedens nach außen und die Lösung von Konflikten mit friedlichen Mitteln waren von der Sozialdemokratie seit ihren Anfängen angestrebte Grundforderungen für eine bessere Zukunft. Das große Ziel, mit dem die Arbeiterbewegung antrat, bedeutete im Laufe ihrer Geschichte immer aufs neue Auftrag und Verpflichtung: eine Welt des Friedens in Freiheit und Gerechtigkeit, eine gesellschaftliche Ordnung, in der sich die Persönlichkeit des einzelnen in Solidarität mit dem anderen frei entfalten kann.

Zweiter Teil

Susanne Miller:

Die SPD – die linke Volkspartei

Neubearbeitung Heinrich Potthoff

I. Sozialdemokratie im Nachkriegsdeutschland

1. Organisatorische Wiedergründung

Am 8. Mai 1945 ging der von Nazi-Deutschland entfesselte Krieg zu Ende. Das „Dritte Reich" mit seinen mörderischen Verbrechen war unter großen Opfern niedergerungen. Europa wurde in zwei Einflusssphären, eine westliche und östliche getrennt, die deutschen Gebiete östlich von Oder-Neiße unter polnische bzw. sowjetische Verwaltung gestellt und Restdeutschland in Besatzungszonen der vier Siegermächte aufgeteilt. Die Städte lagen in Trümmern, Millionen von Ausgebombten, Evakuierten und Vertriebenen suchten nach einer Bleibe, Hunger und Obdachlosigkeit waren Alltag, Not, Chaos und Kampf ums Überleben fast allgegenwärtig. Die alliierten Sieger bestimmten über die Deutschen, deren Zukunft für sie im Dunklen lag. Als „Stunde Null" wurde es oft empfunden, und erst langsam und allmählich setzte sich die Einsicht durch, dass der Zusammenbruch in Wahrheit eine Befreiung war.

Noch bevor die bedingungslose Kapitulation die Niederwerfung NS-Deutschlands besiegelte, betrat in Hannover Kurt Schumacher am 6. Mai 1945 mit einer programmatischen Rede[1], in der er den Kurs der Sozialdemokratie absteckte, die politische Nachkriegsbühne. Der willenstarke, charismatische Kurt Schumacher wurde zu der beherrschenden Führungsgestalt der deutschen Sozialdemokratie der Nachkriegszeit. Seine Wirkung ging weit über seinen Tod am 20. August 1952 hinaus. Die Fixierung auf die eine große Heroengestalt der SPD wie die langjährige Orientierung an einer vorrangig bundesrepublikanisch-westdeutschen Sicht haben aber auch eine perspektivische Verengung bedingt. Schon die vielschichtigen Dimensionen der Partei in den drei westlichen Besatzungszonen kamen etwas zu kurz. Erst recht geriet die Entwicklung der Sozialdemokratie in der sowjetischen Besatzungs- und Einflusszone dadurch fast völlig aus dem Blick.

Wie in Hannover, wo schon neun Tage nach der Einnahme der Stadt durch alliierte Truppen am 19. April eine Zusammenkunft von Sozialde-

---

1 Veröffentlich in: Kurt Schumacher, Erich Ollenhauer, Willy Brandt, Der Auftrag des demokratischen Sozialismus, Bonn-Bad Godesberg 1972, S. 3ff.

mokraten stattfand, auf der sie beschlossen, ihre Partei wieder aufzubauen, fanden sich an vielen anderen Orten Initiativgruppen zusammen. Der Reorganisationsprozess der Partei mit der ältesten ungebrochenen historischen Tradition setzte zumeist unmittelbar nach dem Zusammenbruch der nationalsozialistischen Herrschaft ein. Er erfolgte spontan auf lokaler und regionaler Ebene und zunächst ohne die Erlaubnis der Alliierten Militärregierungen, die erst Anfang August 1945 mit der Potsdamer Konferenz die Zulassung demokratischer Parteien gestatteten. Vor allem in den Großstädten und den industriellen Zentren war das organisatorische Gefüge in wenigen Monaten wiederhergestellt. Im Sommer 1945 meldeten die Leipziger Sozialdemokraten an den Bezirksvorstand: „Der größte Teil der früheren Ortsvereine arbeitet wieder."[2] Zwar kam das parteipolitische Leben in den ländlichen und kleinstädtischen Gebieten zögerlicher in Gang, doch erfolgten gerade in dörflichen Gegenden auch viele Neugründungen von Ortsvereinen durch aus dem Osten geflüchtete, in Parteiarbeit versierte Sozialdemokraten.

Mitgliedschaft und Funktionärskörper rekrutierten sich ganz überwiegend aus Sozialdemokraten, die schon in der sozialdemokratischen Arbeiterbewegung der Weimarer Republik sozialisiert worden waren und ihrer Bewegung über die zwölf Jahre der Diktatur die Treue gehalten hatten.[3] Dennoch war es nicht einfach nur die Formierung der „alten Traditionskompanie". Denn zu der Partei stießen viele Aktivisten ehemaliger sozialistischer Splittergruppen von ISK, SAP und „Neu-Beginnen", die wie Willy Brandt, Fritz Erler und Willi Eichler ihren Platz in der SPD sahen, Neu-Sozialdemokraten aus einem bürgerlichen Milieu wie Carlo Schmid und Adolf Arndt, ein gestandener früherer kommunistischer Arbeiterführer wie Herbert Wehner und junge Ex-Soldaten wie Helmut Schmidt, Peter von Oertzen und Hans Matthöfer. Das Spektrum war trotz der Anknüpfung an Weimar breiter geworden und trotz der Rückbesinnung auf Altes, Bewährtes gab es tastende Ansätze eines Neubaus. Von der Fortsetzung der alten Partei bis zu einer demokratisch-sozialistischen Arbeiterpartei neuen Stils, von sozialistischer Einheitspartei bis zum Modell Labour Party und linke Volkspartei reichten zunächst die Varianten des politischen Wieder-

2 Zitiert nach Helga Grebing, „Neubau" statt „Wiederaufbau" der SPD – Die Lehren aus der Weimarer Republik, in: Dieter Dowe (Hrsg.), Kurt Schumacher und der „Neubau" der deutschen Sozialdemokratie nach 1945, Bonn 1996, S. 85.
3 Vgl. Albrecht Kaden, Einheit oder Freiheit. Die Wiedergründung der SPD 1945/46, 2. Aufl. Berlin/Bonn 1980, S. 125f. und 22; Klaus Schütz, Die Sozialdemokratie im Nachkriegsdeutschland, in: Parteien in der Bundesrepublik, Stuttgart und Düsseldorf 1955, S. 158.

beginns in den sozialdemokratischen Reihen. Nach dem Ende der Nazi-Herrschaft und der Befreiung von Furcht und Grauen sehnten sich nicht wenige Sozialdemokraten und viele Linkssozialisten nach einer Überwindung der Spaltung der Arbeiterbewegung, die ihren Feinden das Spiel erleichtert habe. Doch ungeachtet solcher Sehnsüchte war dies, wie Klaus-Dietmar Henke konstatierte, nur ein „Schein der Einheit der Arbeiterklasse".[4]

Weniger als anderthalb Jahre nach der bedingungslosen Kapitulation des Reichs zählte die SPD am 30. September 1946 in den drei Westzonen und Berlin 633 244 Mitglieder und gewann bis zum Jahresende über siebzigtausend weitere dazu; damit war der Mitgliederstand von Ende 1931 im gleichen Gebiet um 18 Prozent übertroffen. Es war der wiedergegründeten SPD auch gelungen – in erster Linie dank der durch Krieg, Flucht, Vertreibung und andere Faktoren bedingten Änderungen der Bevölkerungsstruktur –, ihr Organisationsnetz weit über den Stand der Weimarer Zeit hinaus auszubauen: Ende 1946 bestanden im Westzonengebiet über 8 000 sozialdemokratische Ortsvereine, fast 3 000 mehr als 1931 in dem gleichen Raum.[5] Noch höher lag die Organisationsdichte in der sowjetisch besetzten Zone, wo die traditionellen Hochburgen der SPD lagen. Ende März 1946 zählte sie allein in Thüringen 92 000 Mitglieder, in der Provinz Sachsen über 170 000 und im Land Sachsen über 200 000. Schon bis zum Jahresende 1945 war es der SPD in der SBZ gelungen, Mitgliederzahlen zu erreichen, die etwa dem Vorkriegsstand entsprachen. Trotz der Behinderungen und Einschüchterungen durch Sowjets und Kommunisten gewann sie 1946 noch 300 000 weitere hinzu, so dass sie Ende März 1946 mit insgesamt 685 000 Mitgliedern sogar mehr aufwies als die Sozialdemokraten in den drei westlichen Zonen.[6]

In diesem ersten Nachkriegsjahr fielen die weichenstellenden Entscheidungen über die Existenz und den Kurs der Sozialdemokratie im geteilten Land. Im Westen formierte sie sich unter Schumacher als freie eigenständige Kraft, im Osten kam es zur Zwangsvereinigung. Die in London lebenden Mitglieder des Exilvorstandes der SPD, Hans Vogel und Erich Ollenhauer, hatten sich bereit erklärt, ihr Mandat einer in Deutschland wieder legal wirkenden Partei zur Verfügung zu stellen.[7] Mitte Juni 1945 meldete

---

4 Klaus-Dietmar Henke, Die amerikanische Besatzung Deutschlands, München 1995, S. 646-656.
5 Jahrbuch der SPD 1946, S. 18ff.
6 Beatrix Bouvier, Ausgeschaltet! Sozialdemokraten in der Sowjetischen Besatzungszone und in der DDR 1945-1953, Bonn 1996, S. 42ff., bes. S. 61.
7 Vgl. Schütz, Die Sozialdemokratie im Nachkriegsdeutschland, S. 160.

der in Berlin gebildete „Zentralausschuss der SPD" unter Vorsitz von Otto Grotewohl Führungsansprüche an. Sein erster Aufruf schloss mit der Willenserklärung, „den Kampf um die Neugestaltung auf dem Boden der organisatorischen Einheit der deutschen Arbeiterklasse [zu] führen".[8] Für die KPD, die sich zunächst reformistisch gab und sich sogar zur parlamentarisch-demokratischen Republik bekannte, lehnte Walter Ulbricht aber eine sofortige Verschmelzung ab.

Kurt Schumacher hatte schon in seiner Rede vom 6. Mai 1945 allen Bestrebungen zu einer „Einheitspartei" mit Kommunisten eine unzweideutige, kompromisslose Absage erteilt. Als einen entscheidenden Grund nannte er die feste Gebundenheit der deutschen Kommunisten an Russland und ihre Funktion als Handlanger sowjetischer Macht- und Systempolitik. Sozialdemokraten müssten es ablehnen, „das autokratisch gehandhabte Instrument irgendeines fremden imperialen Interesses" zu werden. Was Sozialdemokraten und Kommunisten trenne, sei nicht „eine Verschiedenheit in der Radikalität, sondern ein anderer Blickwinkel in der Betrachtung der politischen Welt, eine andere Art, die Verhältnisse und Ideen zu werten".[9]

Die Rigorosität, mit der Schumacher den Kommunisten eine Abfuhr erteilte, war damals auch im Westen keine Selbstverständlichkeit. Diese wurden von den Alliierten unter „demokratischen Parteien" geführt, galten auch in den Westzonen zunächst als Partner in einer Art antifaschistischem Konsens und ein diffuser Drang nach Einheit der Arbeiterbewegung war jedenfalls zunächst häufiger anzutreffen. Gemeinschaftsaktionen mit den Kommunisten, die in manchen Städten des Westens nach dem Kriege gestartet worden waren[10], wurden jedoch bald, zumeist ohne größere parteiinterne Konflikte eingestellt. Die Behandlung der Sozialdemokraten in der sowjetisch besetzten Zone zerstörte noch vorhandene Hoffnungen in der SPD, mit Kommunisten zusammenarbeiten zu können. Doch erst im Zuge des Kalten Krieges schieden Kommunisten endgültig aus westdeutschen Landesregierungen aus.

Die Sozialdemokratie Kurt Schumachers hat in der ersten Nachkriegszeit vor allem den Kampf mit dem kommunistischen System ausgetragen. Sie hat damit die Freiheit über die Einheit und die Weichen für einen

8 Vgl. Kaden, Einheit oder Freiheit, a.a.O., S. 26f.
9 Kurt Schumacher u.a.. Der Auftrag des demokratischen Sozialismus, S. 30.
10 Zu Bremen: Peter Brandt, Antifaschismus und Arbeiterbewegung, Hamburg 1976; zu Hamburg: Holger Christier, Sozialdemokratie und Kommunismus. Die Politik der SPD und der KPD in Hamburg 1945-1949, Hamburg 1975; allgemein: Lutz Niethammer u. a. (Hrsg.), Arbeiterinitiative 1945, Wuppertal 1976.

Kurt Schumacher auf einer SPD-Kundgebung 1946

damals noch keineswegs so selbstverständlichen antikommunistischen Konsens der Demokraten gestellt. Als Schumacher auf der Konferenz in Wennigsen im Oktober 1945 die Sozialdemokratie in den Westzonen auf seinen Kurs einschwor, war der „Zentralausschuss" unter Otto Grotewohl schon von einer Fusion mit der KPD abgerückt. Nach den Erfahrungen mit den Kommunisten und der sowjetischen Besatzungsmacht wuchs bei den Sozialdemokraten in der SBZ der Wunsch nach Eigenständigkeit und Unabhängigkeit und die Neigung zu einer Vereinigung schwand. Im Vordergrund stand nun die Verkoppelung der SPD auf nationaler Ebene. Mit dieser gesamtdeutschen Strategie und der Forderung nach einem „Reichsparteitag" spielte der „Zentralausschuss" auf Zeit. Doch der Druck der sowjetischen Besatzungsmacht und ihrer kommunistischen deutschen Helfershelfer nahm immer stärker zu. Denunziationen, Einschüchterungen und Verhaftungen von sozialdemokratischen Funktionären sollten den Widerstand brechen. Unter diesem physischen und psychischen Gleichschaltungsdruck knickte der „Zentralausschuss" ein und eine Reihe von Landesvorsitzenden und Funktionären begann sich anzupassen, indem sie sich in die scheinbar unausweichliche Vereinigung fügte. Schon nach der mit Tricks und Zwang arrangierten sog. „Sechziger Konferenz" vom 21./22. Dezember 1945 musste durch manipulierte Berichterstattung der Eindruck entstehen, die Ost-SPD sei auf die KPD-Linie der Einheit eingeschwenkt. Am 11. Februar 1946 stimmte der „Zentralausschuss" in einer Art Selbstaufgabe schließlich der Vereinigung mit der KPD zu.[11]

Für die sozialdemokratischen Parteigliederungen in der SBZ gab es kaum einen Ausweg, denn eine Urabstimmung war ebenso unmöglich wie offener Protest. Der eigentliche Kampf ging um die Partei in Berlin. Im Berliner Bezirksverband formierte sich die Opposition unter Führung von Franz Neumann gegen die Vereinigung. Sie nahm Kontakt zu Kurt Schumacher auf, der endgültig mit dem „Zentralausschuss" gebrochen hatte und einen scharfen Trennungsstrich zog. In einer dramatischen Funktionärskonferenz im „Admiralspalast" beschlossen die Berliner Sozialdemokraten eine Urabstimmung. Sie fand am 31. März 1946 in den drei Westsektoren der Stadt statt – im Sowjetsektor war die Abstimmung durch die sowjetischen Militärstellen untersagt worden. Zwar erklärte sich eine

11 Bouvier, Ausgeschaltet, S. 54ff. mit Hinweisen auf weiterführende Literatur, u.a. Andreas Malycha, Auf dem Weg zur SED. Die Sozialdemokratie und die Bildung einer Einheitspartei in den Ländern der SBZ. Eine Quellenedition, Bonn 1995, sowie eine Reihe von Publikationen von Harold Hurwitz. Bei Walter, Die SPD, S. 112-117 wird stark darauf abgehoben, die Sozialdemokraten in der SBZ hätten „die Einheit" der beiden Parteien „aus freien Stücken" angestrebt.

Mehrheit von 62 Prozent durchaus zu einer loyalen Zusammenarbeit bereit, aber über 82 Prozent der Sozialdemokraten verneinten die Frage: „Bist Du für den sofortigen Zusammenschluss der beiden Arbeiterparteien?" Am 7. April 1946 wurde die Sozialdemokratische Partei Groß-Berlins neu konstituiert.

Das Abstimmungsvotum wäre wahrscheinlich auch bei der Sozialdemokratie in der sowjetisch besetzten Zone kaum anders ausgefallen. Doch dort war eine Urabstimmung nicht möglich und die Vereinigung wurde nach dem von den Sowjets und der KPD festgelegten Fahrplan durchgeführt. Am 21./22. April 1946 fand im „Admiralspalast" im Ostsektor Berlins der „Vereinigungsparteitag" statt, auf dem die „Sozialistische Einheitspartei Deutschlands" (SED) mit Pomp und Pathos konstituiert wurde. Die Gründung der SED war das Resultat einer durch massive Einschüchterung, Repression und Täuschung herbeigeführten „Einheit", die ungeachtet mancher Illusionen und opportunistischer Anpassungen eben letztlich eine Zwangsvereinigung war.

In der sowjetischen Besatzungszone hatte damit die SPD aufgehört, als eigenständige Kraft zu bestehen. Nur in Ost-Berlin hielt sich die SPD unter dem Schutz des Viermächtestatus noch weiter und konnte sich stabilisieren. Bei den Stadtbezirkswahlen am 20. Oktober 1946 erzielte sie im Ostsektor Berlins 43,6 Prozent der Stimmen. Sie lag damit weit vor der SED (29,9) und der CDU (18,7). Mit der Blockade West-Berlins 1948 wurde die SPD im Ost-Sektor zusehends unterdrückt, und die Mitgliederzahlen sanken in den folgenden Jahren auf etwa ein Drittel (1948: 15 437, 1952: 7 621, 1956: 6 627, 1961: 5 327). Aber erst nach dem Mauerbau 1961 wurde die Parteiorganisation im Ostsektor am 23. August 1961 ganz aufgelöst.[12]

Bis 1989, als mutige Frauen und Männer eine neue sozialdemokratische Partei in der DDR ins Leben riefen, existierte eine freie, eigenständige SPD nur im Westen. Der organisatorische Rahmen dafür war abgesteckt, als am 9. Mai 1946 die Delegierten aus den drei Westzonen und aus Berlin zum Parteitag in Hannover zusammentraten. Einstimmig wählten sie Kurt Schumacher zum ersten Vorsitzenden der Partei. Erich Ollenhauer wurde zu seinem Stellvertreter bestimmt. Die besoldeten Vorstandsmitglieder – neben Schumacher und Ollenhauer Fritz Heine, Herbert Kriedemann und Alfred Nau – bildeten das sogenannte „Büro", den engeren Führungszirkel. Der in Hannover gewählte fünfundzwanzigköpfige Parteivorstand bestand

---

12 Zum Vorhergehenden: Siehe Manfred Rexin, Die SPD in Ost-Berlin 1946-1961. Mit Beiträgen von Siegfried Heimann und Horst Hoffke, Berlin 1989, S. 1-30, bes. S. 8 und 29.

zum großen Teil aus Männern und Frauen, die in den Jahren der nationalsozialistischen Herrschaft in Gefängnissen und Konzentrationslagern oder
im Exil überlebt hatten. Sie alle waren schon vor 1933 Mitglied der SPD
gewesen, einige von ihnen hatten allerdings in der Weimarer Zeit oder in
der Illegalität die „Mutterpartei" verlassen oder waren ausgeschlossen
worden und hatten in unabhängigen sozialistischen Gruppen gewirkt.
Vom Zeitpunkt ihrer Wiedergründung an wurde die SPD die „Einheitspartei" der nichtkommunistischen Sozialisten, während die SED, die
„Sozialistische Einheitspartei" des Ostens zur kommunistisch-stalinistischen Kaderpartei mutierte.

2. Programmatisch-politische Perspektiven

Die Wiedergeburt der Partei, die ein halbes Jahrhundert lang den Anspruch erhob, auf dem sicheren Fundament des „wissenschaftlichen Sozia-
lismus" zu stehen, erfolgte praktisch in einem theoretischen Vakuum.
Trotz – oder vielleicht auch dank – der relativen Uninteressiertheit vieler
Führungskräfte, Funktionäre und Mitglieder an ideologischen Fragen
bildete sich schon frühzeitig eine „Parteilinie" heraus, die grundsätzliche
Festlegungen der Politik der SPD umfasste, ihre Politik viele Jahre hindurch bestimmte und das Gesicht der Partei prägte. Den überragenden
Anteil an diesem Prozess hatte Kurt Schumacher.
  Schumacher wurde am 12. Oktober 1895 in Kulm in Westpreußen ge-
boren. Er besuchte dort das Gymnasium. Nach Kriegsausbruch meldete er
sich sofort als Freiwilliger und wurde zwei Wochen nach seinem ersten
Einsatz schwer verwundet. Er verlor seinen rechten Arm, wurde aus dem
Heeresdienst entlassen und widmete sich daraufhin seinem Studium, das
er mit der Promotion zum Dr. rer.pol. abschloss. Seit 1918 Mitglied der
SPD, wurde er 1924 Abgeordneter des Württembergischen Landtags und
1930 des Reichstags. Zehn Jahre lang von den Nationalsozialisten in verschiedenen Konzentrationslagern in Haft gehalten und fast zu Tode ge-
quält, wurde er im Sommer 1943 entlassen, jedoch nach dem 20. Juli 1944
erneut für einige Wochen verhaftet. Danach lebte er bis Kriegsende in der
Nähe von Hannover. In dieser alten Hochburg der deutschen Sozialdemokratie knüpfte er sofort nach dem Zusammenbruch die ersten Kontakte zu
seinen Parteifreunden und leitete den Aufbau seiner Partei zunächst vom
„Büro Schumacher" in Hannover aus, das nach dem Beitritt von Ollenhauer und Heine im Februar 1946 (Hans Vogel war im Oktober 1945 in
London gestorben) zum „Büro der Westzonen" erweitert wurde.

So müßig der Versuch wäre, aus Schumachers Denken eine geschlossene politische Philosophie zu konstruieren, so sind doch die Elemente sozialistischer Theorien, die ihn bleibend beeinflussten, unverkennbar. Dazu gehörten vor allem Lassalles Staatsbejahung und die für diesen Denker charakteristische Betonung des unlösbaren Zusammenhangs von demokratischer Freiheit eines Volkes innerhalb des Staates und dessen Unabhängigkeit nach außen hin. Schumachers Äußerung, dem Marxismus als Methode sei mehr zu verdanken „als jeder anderen wissenschaftlichen und soziologischen Methode in der Welt"[13], war zweifellos mehr als nur die Achtungsbezeugung für eine Lehre, zu der sich zu bekennen zwölf Jahre lang nur unter Lebensgefahr möglich gewesen war. In Schumachers Deutung gesellschaftlicher Phänomene, seiner Gesellschaftskritik und besonders seiner Konzeption über den Standort seiner Partei im historischen Prozess dominierte häufig eine Begriffssprache, die der marxistischen Gedankenwelt entstammte. Von noch stärkerer Prägekraft für Schumachers geistige Haltung als jedes wissenschaftliche System war aber die unmittelbare, persönliche *Erfahrung:* der Erste Weltkrieg, die krisengeschüttelte Weimarer Republik und ihr Zusammenbruch, die Leidenszeit unter den Nationalsozialisten, der Zweite Weltkrieg und die Zertrümmerung des Reichs.

Schumachers Bejahung von Staat und Nation und sein kämpferisches Engagement für die Republik von Weimar verbanden ihn mit Sozialdemokraten wie Carlo Mierendorff, Julius Leber, Theodor Haubach. Wenn er auch ein scharfer Kritiker des Immobilismus und der Ineffektivität seiner Partei in der Endphase von Weimar war, so war und blieb die SPD für ihn doch die Repräsentanz des „anderen Deutschland", die in ihrer Substanz unberührt gebliebene Antithese zum Staat Hitlers und seiner Wegbereiter und Stützen. Der Führungsanspruch seiner Partei im neuen Deutschland erschien ihm daher als eine zwingende moralische und historische Konsequenz, ebenso wie der Anspruch dieses neuen Deutschland auf Gleichberechtigung und Selbstbestimmung.

Für die KPD/SED-Führung wurde Schumacher mit seinem Antikommunismus, seinem freiheitlich-demokratischen Sozialismus und seinem Einsatz für ein freies Deutschland zum härtesten Antipoden. Seine Ausstrahlung reichte in die Ostzone hinein. Er markierte das Feindbild für die Kommunisten. Sozialdemokraten, die sich der Vereinigung widersetzt hatten, Bedenken gegen die Parteilinie hegten oder sich des „Sozialdemo-

---

13 Rede auf dem Parteitag der SPD im Mai 1946, Protokoll SPD-Parteitag 1946, S. 23-56; abgedruckt u.a. auch in: Willy Albrecht (Hrsg.), Kurt Schumacher, Reden – Schriften – Korrespondenzen 1945-1952, Berlin/Bonn 1985, S. 385-422.

kratismus" verdächtig machten, wurden als „Schumacher-Agenten" verfolgt und „unschädlich" gemacht. Dieser Prozess wurde im Zuge der Umformung der SED in eine „Partei neuen Typs", also ihrer Stalinisierung, gezielt verschärft. Mit der Behauptung, die „Ostbüros" der SPD in Hannover und Berlin (West) arbeiteten mit westlichen Geheimdiensten zusammen, wurden Sozialdemokraten als „Spione" und „Agenten" verfolgt, verhaftet und verurteilt. Schon der Verdacht oder die Unterstellung, die Betreffenden unterhielten Kontakt mit der West-SPD oder ihrem Ostbüro, reichten, um sie wegen Spionage oder Sabotage in die Zuchthäuser und sowjetischen „Speziallager" zu stecken. Nach der Auflösung dieser „Speziallager" Anfang 1950 wurden über 10513 von der Sowjetischen Militäradministration Verurteilte zur weiteren Haftverbüßung sowie 3482 andere Gefangene zur Aburteilung an die DDR-Behörden übergeben.[14] Sowohl die Sowjets wie ihre deutschen Vasallen gingen mit aller Härte vor. Verurteilungen zu 25 Jahren Zwangsarbeit bzw. Haft waren fast die Regel, 15 Jahre schon eine milde Strafe, Todesurteile nicht selten, so auch 1950 bei den „Waldheimer Prozessen". Bautzen und Hoheneck stehen stellvertretend für das Leid und die unerträglichen Haftbedingungen, denen viele zum Opfer fielen. Die West-SPD nannte Anfang der 60er Jahre die Zahl von 20000 SPD-Mitgliedern, die allein in der Zeit von Dezember 1945 bis April 1946 Repressalien in der SBZ ausgesetzt waren. Nach Angaben des Kurt-Schuhmacher-Kreises wurden etwa 5000 Sozialdemokraten von sowjetischen oder ostdeutschen Instanzen verurteilt, wovon 400 in der Haft zu Tode kamen. Nach neueren russischen Zahlen und westdeutschen Erhebungen „könnte eine Größenordnung von 5000 bis 6000 verurteilten Sozialdemokraten realistisch sein".[15]

Für die der Freiheit verpflichteten Sozialdemokraten begann der Widerstand mit der Zwangsvereinigung. Aus der schon mit Gefahren verbundenen Opposition wandelte sich dieser nach der SED-Gründung zur „illegalen Form" des politischen Kampfes. Die Grenzen zwischen Selbstbehauptung, Resistenz, Protest, politischer Opposition und widerständigem Handeln waren oft fließend. Diejenigen, die mehr oder minder freiwillig den Weg in die SED mitgegangen waren, wurden zusehends ausgeschaltet oder passten sich wie Otto Grotewohl so an, dass sie zum Gehilfen einer kommunistisch-stalinistischen Diktatur verkamen. Viele andere zogen sich aus Protest zurück oder/und flüchteten in den Westen. Andere wurden das Opfer von Säuberungen und teilten nun selbst das Los der Verfemung und

---

14 Vgl. Wolfgang Eisert, Die Waldheimer Prozesse. Der stalinistische Terror 1950. Ein dunkles Kapitel der DDR-Justiz, Esslingen/München 1993, S. 15ff.
15 Bouvier, Ausgeschaltet, S. 258.

Verfolgung. Das Banner der sozialdemokratischen Werte aber bewahrten vor allem Sozialdemokraten, die als Gesinnungsfreunde in losen Kreisen und konspirativen Gruppen zusammen hielten. Es war eine schwierige und gefährliche Gratwanderung. Der hartnäckige Kampf der Verfolger gegen „Saboteure", „Spionagegruppen" und „gegnerische Elemente" war Indiz für ein breiteres Oppositions- und Widerstandspotential. Das Handeln und der Widerstand dieser Sozialdemokraten wurden von der Hoffnung auf ein wiedervereinigtes Deutschland getragen. Kurt Schumacher war für sie der Fels in der Brandung, der ihren Durchhalte- und Widerstandswillen stützte und an den sie sich klammerten.

Schumacher identifizierte seine eigene Rolle völlig mit der seiner Sozialdemokratie. Seine einzigartige Position in der Organisation wurde fast von niemandem ernsthaft bestritten. Offene Kritik wurde nur selten geäußert, und wenn überhaupt, dann hauptsächlich an seinem persönlichen Führungsstil. Doch unter der Oberfläche gab es zum Teil auch einen Konflikt um die Strukturen und Zielsetzungen der Partei. Gegen den dezidiert zentralistischen, von den Kritikern als militant preußisch empfundenen Kurs Schumachers setzten Männer wie Hoegner in Bayern und Kaisen in Bremen stärker auf ein föderalistisches, bürgernahes Modell.[16] Durch die Kraft seiner Persönlichkeit und sein großes Ansehen drängte Schumacher jedoch die Opponenten zurück und drückte der Partei seinen Stempel auf.

Auf der zentralen Parteiebene herrschte nach außen weitgehende Harmonie. Sie erscheint im Rückblick schon deshalb nicht selbstverständlich, weil Persönlichkeiten zur SPD gestoßen waren und zu führenden Stellungen aufstiegen, deren politische Vergangenheit und weltanschauliche Prägung von der für die Weimarer Sozialdemokratie charakteristischen abwichen, in manchen Fällen sogar im Gegensatz zu ihr standen, so etwa Carlo Schmid, Adolf Arndt, Herbert Wehner, Karl Schiller. Hinzu kam, dass auch Männer wie Willy Brandt, Waldemar von Knoeringen, Erwin Schoettle, Willi Eichler, die sich in Weimar von der SPD getrennt hatten, nun wichtige Funktionen innerhalb der Organisation ausübten. Die damit bewiesene Integrationskraft der wiedergegründeten Partei war zweifellos in hohem Maße durch das Charisma von Schumachers Persönlichkeit bestimmt. Er war es auch, der von Anfang an die Offenheit der wiedererstandenen Partei in weltanschaulicher Hinsicht betonte und dabei insbesondere

---

16 Vgl. dazu Emil Werner, Im Dienst der Demokratie. Die bayerische Sozialdemokratie nach der Wiedergründung 1945, München 1982, bes. S. 40f. und 56.

an Menschen, die aus christlicher Motivation den Sozialismus bejahten, die Aufforderung richtete, in der SPD ihr politisches Wirkungsfeld zu suchen.

„Sozialismus als Gegenwartsaufgabe" war das von der Sozialdemokratie der ersten Stunde plakativ verwendete Schlagwort für ihre gesellschaftspolitischen Ziele. Darin kristallisierte sich die Überzeugung, dass der Aufbau eines in Ruinen liegenden Landes nicht nach Prinzipien einer kapitalistischen Wirtschaft erfolgen könne und dürfe. Diese besitze weder die nötige Effektivität, noch genüge sie den Erfordernissen der Gerechtigkeit. Auf dem ersten Nachkriegsparteitag der SPD im Mai 1946 präzisierte Victor Agartz diese Position, die Partei lehne „als ungerecht und insbesondere für die heutige Lage des deutschen Volkes ungeeignet ab": 1. „den Liberalismus in seiner ursprünglichen Form", 2. „den Monopolkapitalismus mit imperialistischen Tendenzen", 3. „den Ständestaat", 4. den „zentralistischen Staatskapitalismus in Form der marktlosen Wirtschaft" und 5. „den im Entstehen begriffenen Neu-Liberalismus".[17] Die Zustimmung zu Agartz drückte sich bei der Wahl zum Parteivorstand aus: Er erhielt nach Schumacher die höchste Zahl von Stimmen, nur zwei weniger als dieser.[18]

„Lenkungswirtschaft und Sozialisierung", so Erik Nölting als Berichterstatter des Wirtschaftspolitischen Ausschusses beim Parteivorstand im darauf folgenden Jahr, bedeute die „Verwirklichung der sozialistischen Idee auf wirtschaftlichem Gebiete", wobei jedoch Sozialisierung nicht identisch sei mit Verstaatlichung.[19] „Ein neuer Ordnungsrahmen auf sozialistischer Grundlage" müsse für die Wirtschaft geschaffen werden, der „die zu sozialisierenden Grundstoffindustrien und die staatlich kontrollierten Finanzinstitute" umfassen solle.[20] Noch 1950 präsentierte Hermann Veit als Parteitagsreferent einen umfassenden Sozialisierungskatalog: Bergbau, Eisen und Stahl, Energiewirtschaft, Großchemie, Großunternehmen der Baugrundstoffe, Großbanken, große Versicherungsgesellschaften, schließlich solche Monopolbetriebe, bei denen die Überführung in Gemeineigentum der Monopolkontrolle vorzuziehen sei.[21]

Doch der Zeitpunkt war im Westen längst verpasst, da auch nur eine Chance zu einer Teilrealisierung bestand. In der sowjetisch besetzten Zone wurden unter der Kampfparole „Junkerland in Bauernhand" die Großgrundbesitzer enteignet, Banken und Sparkassen verstaatlicht, größere gewerbliche Unternehmen entschädigungslos in Staatsbesitz überführt und

---

17 Protokoll des SPD-Parteitags 1946, S. 65f.
18 Ebenda, S. 180.
19 Protokoll des SPD-Parteitags 1947, S. 158 und 161.
20 Beschluß des Parteitags; ebenda, S. 228.
21 Protokoll des SPD-Parteitags 1950, S. 192.

sowjetische, in Eigenregie betriebene Aktiengesellschaften der Schwerindustrie etabliert. Im Zeichen der „Entnazifizierung" und des „Antifaschismus" sollte die kapitalistische Gesellschaftsordnung gebrochen und durch eine „sozialistische" ersetzt werden. Im Westen hielten sich die gesellschaftlichen Eingriffe in engen Grenzen. Sie betrafen im wesentlichen die Zerschlagung der IG Farben und die Aufgliederung der größten Montangesellschaften. In der Anfangsphase des politischen Aufbaus nach dem Zusammenbruch lag das Verlangen nach einer grundlegenden strukturellen Änderung des Gesellschaftssystems allerdings in der Luft. Der Sozialisierungsgedanke fand seinen Niederschlag sowohl im Ahlener Programm der CDU vom Februar 1947 als auch in mehreren Landesverfassungen und, allerdings abgeschwächt, im Grundgesetz. In Hessen votierten bei der Volksabstimmung im Dezember 1946 71,9 Prozent für eine Überführung von Großindustrien in Gemeineigentum. Im Sommer 1948 erhielt im Landtag von Nordrhein-Westfalen ein SPD-Antrag, der von der britischen Militärregierung die Ermächtigung verlangte, Betriebe der Kohlenwirtschaft in Gemeineigentum überführen zu können, die Zustimmung von etwa einem Drittel der CDU-Fraktion. Die Gesichtspunkte für dieses Sozialisierungsvorhaben, das am Einspruch der Besatzungsmacht scheiterte, waren nicht nur wirtschafts- und sozialpolitischer Natur. Seine Initiatoren wollten damit eine „demokratiefeindliche großkapitalistische Vorherrschaft" in Zukunft verhindern, „Befürchtungen ausräumen, dass der Wiederaufbau an der Ruhr zu einer Gefahr für die Sicherheit" Europas werden könnte, und „Forderungen auf industrielle Demontage" den Boden entziehen.[22] Wenn „die Überführung der Produktionsmittel in Gemeineigentum" auch *die* klassische Forderung sozialdemokratischer Programmatik von Gotha (1875) bis Heidelberg (1925) war, so gewann sie doch neue Aspekte. Sie sollte die Macht des Großkapitals und der Schwerindustrie brechen, die Hitler mit möglich gemacht hätten. Gerade im völligen Ruin der Wirtschaft sahen sie nun die Chance, ein radikal neues System zu errichten, das egalitär, demokratie- und friedenssichernd wirken sollte. Zweierlei wurde dabei vorausgesetzt: Dass sich unweigerlich und in kurzer Zeit das Scheitern aller Versuche herausstellen werde, die Probleme des Aufbaus mit kapitalistischen Methoden zu lösen. Und dass die durch Nationalsozialismus, Krieg, Zusammenbruch, Flucht und Vertreibung schwer geprüften, proletarisierten Massen von einer antikapitalistischen Sehnsucht erfüllt seien, die die Sozialdemokratie durch konkrete Aktionen

22 So der Vorsitzende der SPD-Fraktion im Landtag von NRW Fritz Henßler; Protokoll des SPD-Parteitags 1948, S. 54.

SPD-Wahlplakat 1946

befriedigen könne und müsse. Beide Prämissen sollten sich als Irrtum erweisen.

Für die Außenpolitik, die unter Schumachers Einfluss zum ersten Mal in der Geschichte der deutschen Sozialdemokratie einen Rang erhielt, den man als Primat bezeichnen kann, wurde die Wiedervereinigung Deutschlands in Freiheit das Ziel, an dem sich alles zu messen hatte. Im Mittelpunkt des Wiedervereinigungsverlangens stand selbstverständlich das Verhältnis der sowjetisch besetzten Zone zu den Westzonen, doch war die Politik der SPD generell auf die Wiederherstellung Deutschlands in den Grenzen von 1937 gerichtet, zu der die Wiederangliederung des Saargebiets, die Aufrechterhaltung des Hauptstadtanspruchs Berlins und die Nichtanerkennung der Oder-Neiße-Grenze gehörten. Die Emphase, mit der diese Forderungen besonders von Schumacher verfochten wurden, ist häufig als Ausdruck eines neuen Nationalismus angesehen worden, der das Odium mangelnden Patriotismus auslöschen sollte, mit dem die Sozialdemokratie der Kaiserzeit und der Weimarer Zeit behaftet war. Solch eine Interpretation übersieht, mit welchem Nachdruck sie im Ersten Weltkrieg für die „Unversehrtheit des Reichs" eintrat und wie einmütig sie während der Revolution und der Weimarer Republik alle separatistischen Bestrebungen bekämpfte. Das Streben nach der „Einheit des Reichs" kann man in der Geschichte der SPD bis zu ihrer Gründung zurückverfolgen – ihre Politik nach 1945 bedeutete in dieser Hinsicht jedenfalls keinen Bruch mit der Tradition. Sie erhielt einen aktuellen Akzent durch die Überlegung, die ebenfalls ihren überkommenen Wertvorstellungen entstammte, dass es Aufgabe eines jeden in Freiheit wirkenden deutschen Politikers sein müsse, die Wiedervereinigung als Konsequenz des Rechts auf nationale und demokratische Selbstbestimmung anzustreben. Hinzu kam die Überzeugung, dass ein gespaltenes Deutschland eine ständige latente oder offene Gefahr für den Frieden in Europa und in der Welt bedeuten werde. Die Fixierung auf die Wiedervereinigung verlieh der Außenpolitik der SPD und ihrer Haltung zur Wehrfrage etwa fünfzehn Jahre lang zwar eine innere Logik, gleichzeitig aber eine Starrheit, die ihre Erfolgschancen in erheblichem Maße minderte.

Freilich ist die sozialdemokratische Wiedervereinigungspolitik stets im Zusammenhang mit der Tatsache zu sehen, dass Schumacher – wie Peter Merseburger in seiner Schumacher-Biographie herausstellte und es Hans-Peter Schwarz in seiner Analyse sozialdemokratischer Außenpolitik der ersten Nachkriegsjahre formulierte – „der SPD von Anbeginn an eine Richtung gewiesen [hatte], in der sie nur im Westen auf Unterstützung rechnen konnte. Und da er 1945 und 1946 mit dem Durchbruch der

Sozialdemokratie zur Macht fest rechnete, bedeutete dies nichts anderes als eine vorzeitige, zumindest unter seiner Führung unwiderrufliche Option für eine Westorientierung Deutschlands".[23] Diese Option implizierte weit mehr als die Präferenz eines machtlosen Objekts im internationalen Kräftespiel für den einen der beiden Machtblöcke. Sie bedeutete vielmehr ein Bekenntnis zu dem aus der westlichen Tradition hervorgegangenen politischen System mit seinen Werten und Formen, wenn auch keineswegs für die jeweilige Politik der Westmächte. Nicht nur damals befand sich Schumacher mit dieser Grundentscheidung in voller Übereinstimmung mit der Gesamtpartei[24] – auch später wurde sie in keiner Phase in Frage gestellt.

3. Die Entscheidung zur Opposition

Auf die in einer Meinungsbefragung der britischen Militärregierung im Jahre 1947 gestellte Frage nach dem am meisten bewunderten Nachkriegspolitiker wurde nur Kurt Schumacher genannt. Eine etwa zur gleichen Zeit veranstaltete Umfrage der amerikanischen Militärregierung in ihrer Zone ergab, dass 40 Prozent der Befragten schon einmal etwas von Schumacher gehört hatten; Adenauer wurde überhaupt nicht erwähnt.[25] Zwischen dem Bekanntheitsgrad und der Wertschätzung, die der Parteivorsitzende genoss, und dem Vertrauen, das seiner Partei von den Wählern entgegengebracht wurde, bestand jedoch ein krasses Missverhältnis, obwohl die SPD im öffentlichen Bewusstsein als „die Schumacher-Partei" galt. Bei den ersten Wahlen in den Westzonen blieb sie zumeist hinter ihrer größten

---

23 Hans-Peter Schwarz, Vom Reich zur Bundesrepublik. Deutschland im Widerstreit der außenpolitischen Konzeptionen in den Jahren der Besatzungsherrschaft 1945-1949, Neuwied und Berlin 1966, S. 500; Peter Merseburger, Der schwierige Deutsche. Kurt Schumacher. Eine Biographie, Stuttgart 1995.

24 „Was wir am dringendsten brauchen", so schrieb Erich Ollenhauer am 6. 4. 1946 an den Vorsitzenden der holländischen Sozialisten, „ist die moralische und politische Unterstützung der westeuropäischen Arbeiterbewegung und aller wirklich demokratischen Kräfte im Westen. ... Wir werden uns nicht beugen und wir werden unseren Weg gehen, soweit unsere Kräfte reichen, denn hier geht es nicht um Taktik und um Manöver, hier geht es um Sein oder Nichtsein einer freien deutschen Arbeiterbewegung und damit um die Lebensmöglichkeiten einer neuen lebensfähigen deutschen Demokratie." Zitiert bei Schwarz, Vom Reich zur Bundesrepublik, S. 499.

25 Vgl. Lewis J. Edinger, Kurt Schumacher. Persönlichkeit und politisches Verhalten, Köln und Opladen 1967, S. 271.

Rivalin, der CDU, zurück, besonders deutlich bei einem Vergleich der Mandate:[26]

Amerikanische Zone

Gemeindewahlen (1946)	SPD 17,3 %	CDU 35,2 %
Kreiswahlen (1946)	SPD 27,2 %	CDU 62,6 %
Landtags-/ Bürgerschaftswahlen (1946/47)	SPD 36,2 %	CDU 41,5 %

Britische Zone

Gemeindewahlen (1946)	SPD 24,4 %	CDU 28,2 %
Kreiswahlen (1946)	SPD 35,1 %	CDU 46,4 %
Landtags-/ Bürgerschaftswahlen (1946/ 47)	SPD 49,0 %	CDU 27,4 %

Französische Zone

Gemeindewahlen (1946)	SPD 11,9 %	CDU 45,9 %
Kreiswahlen (1946/47)	SPD 23,9 %	CDU 61,0 %
Landtagswahlen (1947)	SPD 28,0 %	CDU 52,4 %

Groß-Berlin

Stadtverordnetenwahlen (1946)	SPD 48,7 %	CDU 22,2 %
Bezirksverordnetenwahlen (1946)	SPD 48,9 %	CDU 22,9 %

Der SPD war es nur in wenigen Wahlen gelungen, die CDU zu überflügeln, und zwar in den Hansestädten (Bürgerschaftswahlen vom 13. 10. 1946, in Bremen zusätzlich vom 12. 10. 1947), bei allen Gemeinde-, Kreis- und Landtagswahlen 1946/47 in Hessen, Niedersachsen, Schleswig-Holstein sowie bei den Gemeindewahlen im Landesbezirk Württemberg des Landes Württemberg-Baden. Am eindrucksvollsten war ihr Ergebnis in Berlin.[27]

Die Wahlergebnisse in den drei Westzonen lösten bei den Sozialdemokraten zwar Enttäuschung, jedoch nicht eine allgemeine Diskussion aus.

26 Wahlergebnisse entnommen aus: Richard Schachtner, Die deutschen Nachkriegswahlen (1956) sowie den Statistischen Jahrbüchern und Monatsberichten der einzelnen Länder. Bei den Wahlen in der französischen Zone wurden die Ergebnisse des Saargebiets mitberücksichtigt; unter CDU wurden die in den Ländern unterschiedlich firmierenden Unionsparteien zusammengefasst. Die Zusammenstellung besorgte Rüdiger Wenzel.
27 Vgl. Willy Brandt und Richard Löwenthal, Ernst Reuter. Ein Leben für die Freiheit. Eine politische Biographie, München 1957, S. 357.

Die aktiven Funktionäre waren zumeist völlig von der Bewältigung der öffentlichen und persönlichen Alltagsnöte in Anspruch genommen und kaum in der Lage, gründlichere Überlegungen über die Zukunft der Partei anzustellen. Auch die Führungsspitze zog offensichtlich nicht in Erwägung, dass angesichts dieses Votums der Wähler manche Prämissen, auf denen die programmatischen Grundpositionen der Partei aufbauten, möglicherweise auf Fehleinschätzungen beruhten und überprüft werden müssten.

Für die Weichenstellung, die auf Jahre hin den Standort der SPD bestimmte, waren die Landtagswahlergebnisse mittelbar von erheblicher Bedeutung. Anfang des Jahres 1947 beschlossen die Briten und die Amerikaner, ihre Zonen wirtschaftlich zu vereinigen und den Deutschen durch die Schaffung eines Wirtschaftsrats für diese Bizone eine politisch-parlamentarische Vertretung über der Länderebene zuzugestehen. Die Abgeordneten des Wirtschaftsrats, zu dessen Sitz Frankfurt am Main bestimmt worden war, wurden von den Landtagen delegiert und sollten dann die Direktoren von fünf zentralen Wirtschaftsverwaltungen wählen. Von ursprünglich 52 Abgeordneten des Wirtschaftsrats (ihre Zahl wurde später verdoppelt, der Parteienproporz blieb bestehen), der seine Arbeit im Mai 1947 begann, entfielen auf die SPD 20, die CDU 21, die FDP 4, die KPD 3 und die übrigen auf kleinere Parteien. Die SPD forderte für sich das Recht, den Posten des Direktors der Verwaltung für Wirtschaft mit einem Sozialdemokraten zu besetzen. Als sie damit scheiterte, weil die CDU, unterstützt von der FDP, darauf bestand, dieses Amt einem Mann ihrer Richtung zu übertragen, lehnte sie auf Drängen Schumachers jede Beteiligung an der Verwaltung ab und entschied sich für die Opposition. Freilich sollte es, wie von der SPD betont wurde, eine „konstruktive Opposition" sein. In der Tat haben die sozialdemokratischen Abgeordneten im Wirtschaftsrat intensiv mitgearbeitet und nahmen, wie ihr Fraktionsvorsitzender mit Genugtuung feststellte, einen erheblichen „Einfluss auf die Gestaltung der Dinge im einzelnen, die leider in der breiten Öffentlichkeit nicht beachtet worden sind".[28] Als sich jedoch nach der Währungsreform vom Juni 1948 die Lebensverhältnisse allmählich besserten, da waren es Ludwig Erhard und die ihn stützenden Parteien, denen der anlaufende Wirtschaftsaufschwung gutgeschrieben wurde, während die SPD als „die Opposition" negativ abgestempelt war.

---

28 So Herbert Kriedemann auf dem Parteitag im September 1948, Protokoll, S. 120. – In diesem Zusammenhang verdient die insbesondere von Anni Krahnstöver und Wilhelm Mellies (1952-1958 zweiter Vorsitzender der SPD) geleistete Arbeit für die Lastenausgleichsgesetzgebung Erwähnung.

Dabei hatte sich die Partei gerade von der Oppositionsrolle, für die sie sich im Wirtschaftsrat entschlossen hatte, einen entscheidenden Zuwachs an Zustimmung und Popularität erhofft. In den nach 1945 geschaffenen Ländern waren Koalitionsregierungen gebildet worden, in denen die SPD meist u.a. das Wirtschaftsministerium erhalten hatte; die äußeren Umstände, insbesondere die Abhängigkeit von den Militärregierungen, und die begrenzten Möglichkeiten, im Landesrahmen die Probleme des Aufbaus in den Griff zu bekommen, betrachtete die Schumacher-SPD als Hindernis, Erfolge zu erzielen. Nun baute sie darauf, in der Opposition dem Volk die Augen dafür öffnen zu können, dass, wie es in Schumachers Referat für den Parteitag 1948 hieß, „die Rücksichtslosigkeit dieses Klassenkampfes von oben" so groß sei, „dass in dem letzten Jahr in keiner wichtigen Frage die Verständigung möglich gewesen wäre, ohne die Interessen der arbeitenden Massen aufzugeben und den Kampf um den Sozialismus als eine Gegenwartsaufgabe zu verleugnen".[29]

Nicht nur hinsichtlich der Wirkungen der Erhardschen Wirtschaftspolitik hat sich die SPD geirrt. Noch entscheidender war, dass sie darauf gesetzt hatte, die mit dieser verbundenen sozialen Ungerechtigkeiten würden die „arbeitenden Massen" in das Lager des Sozialismus treiben, während es sich zeigen sollte, dass die Mehrheit bereit war, sie in Kauf zu nehmen, wenn sich ihr eigener Lebensstandard – gemessen an der Verelendung der unmittelbaren Nachkriegsjahre – relativ hob. Zudem hatten die Erfahrungen der Kriegs- und Nachkriegswirtschaft zu einer weit verbreiteten Ablehnung des staatlichen Dirigismus und zu einer Identifizierung von sozialistischer Planung mit Zwangswirtschaft und Mangel geführt.

Im Rückblick mag man feststellen, dass die SPD ihren Entschluss, in die Opposition zu gehen, später nicht wiederholt hätte, wenn sie vor eine vergleichbare Situation wie im Frühjahr 1947 gestellt worden wäre. Auch der Hinweis auf die staatspolitische Bedeutung der Tatsache, dass durch diesen Entschluss „der jungen Demokratie eine zuverlässige und radikalen Absichten unverdächtige Oppositionspartei" geschenkt worden sei[30], verdient Beachtung. Die Konstellation im Frankfurter Wirtschaftsrat nahm die der Bundestage und Bundesregierungen der ersten siebzehn Jahre der Bundesrepublik vorweg. In der Geschichte der deutschen Nachkriegssozialdemokratie bildete somit die Entscheidung, die diese Konstellation ermöglichte, eine Zäsur: Für lange Zeit waren von da an die Rollen verteilt.

29 Protokoll des SPD-Parteitags 1948, S. 32.
30 So Ulrich Dübber, Die deutsche Sozialdemokratie nach 1945, in: Aus Politik und Zeitgeschichte. Beilage zur Wochenzeitung Das Parlament, B 21/62, 22. 5. 1963, S. 56.

Eine Koalition „bürgerlicher" Parteien stellte die Bundesregierung, die Sozialdemokratie war die „konstruktive Opposition".

4. Die Schaffung des Grundgesetzes

Die Haltung der SPD zur Bildung der Bundesrepublik war eine logische Konsequenz ihrer Entscheidung für die Westorientierung. Diese hing mit der von Kurt Schumacher artikulierten „Magnettheorie" zusammen. Sie ging von der Anziehungskraft westlicher Lebensverhältnisse auf die Bevölkerung im sowjetischen Machtbereich aus und versprach sich von dieser „Magnetwirkung" politische Ergebnisse. Versuche, mit Politikern der sowjetisch besetzten Zone in Verhandlungen einzutreten oder gar mit ihnen Kompromisse einzugehen, galten als sinnlos und schädlich.[31] Schumacher stand den Initiativen, durch Konferenzen der Ministerpräsidenten in den vier Zonen zunächst zu wirtschaftlichen, dann auch zu politischen Vereinbarungen zu gelangen, ablehnend gegenüber und scheute dabei nicht Konflikte mit führenden Sozialdemokraten, deren Parteitreue über jeden Zweifel erhaben war.[32]

Als die Sowjetunion aber zusehends, so Schumacher in einer Rede von Dezember 1947, „die Umwandlung ihrer Besatzungszone in einen totalitären Einparteienstaat nach eigenem Muster vorantrieb"[33], wurde der Weg zu einer Weststaatsgründung vorgezeichnet. Er ging einher mit dem im Juni 1947 angekündigten und im April 1948 in Gang gesetzten Marshall-Plan, der am 20. Juni 1948 in den Westzonen vollzogenen Währungsreform und der fast gleichzeitig von Ludwig Erhard betriebenen Aufhebung der Bewirtschaftung. Wirtschafts- und Währungsreform markierten im Bewusstsein der meisten Westdeutschen die signifikanten Wegpunkte zum Staat Bundesrepublik und sie dokumentierten die Trennscheide zum Osten. 1947/48 zogen die dunklen Wolken des „Kalten Krieges" am Horizont immer drohender auf. Die Gleichschaltung der mittel-osteuropäischen Staaten nach dem sowjetischen Modell kam voll in Gang. Der „Prager Fenstersturz" im Februar 1948, d.h. die Übernahme der alleinigen Macht durch die Kommunisten, besiegelte das Ende von Hoffnungen auf wenigstens semidemokratische Verhältnisse in den im sowjetischen Machtbereich

31 Siehe Albrecht (Hrsg.), Kurt Schumacher. Reden-Schriften-Korrespondenzen, S. 124f.
32 Dazu besonders Wilhelm Kaisen, Meine Arbeit, mein Leben, München 1967, S. 236ff., 267f.
33 Willy Albrecht, Kurt Schumacher. Ein Leben für den demokratischen Sozialismus, Bonn 1985, S. 59.

liegenden Staaten. Schon ab April 1948 wurde der Berlin-Verkehr behindert und auf die Währungsreform mit der DM antwortete die Sowjetunion im Sommer 1948 mit der Blockade der Berliner Westsektoren. Der gesamte Verkehr (Straße, Schiene und Wasserweg) wurde unterbunden. Neun Monate wurde West-Berlin durch eine Luftbrücke der westlichen Alliierten versorgt. In Berlin wurden aus Gegnern und Besatzern zuerst Helfer und Beschützer und schließlich Freunde. Der schon gewählte, aber nicht bestätigte Oberbürgermeister Ernst Reuter wurde zum Symbol für den Selbstbehauptungswillen dieser Insel der Freiheit im roten Meer. Als Partei der Freiheit, die den Kommunisten die Stirn bot, war die SPD in den Wahlen in West-Berlin vom 5. Dezember 1948 mit 64,5 Prozent die große Siegerin und Reuter wurde zum Regierenden Bürgermeister gewählt.

Das Wort und die Argumente des charismatischen Ernst Reuter hatten Gewicht. Neben dem Parteiführer Kurt Schumacher wurde er zur großen Politikergestalt der Sozialdemokratie und im Kreise der Ministerpräsidenten wog sein Votum schwer. Mit den Londoner Beschlüssen vom Juni 1948 hatten die Westalliierten die Vorgaben für einen westdeutschen, betont föderalistischen Bundesstaat erteilt. Im Grundsätzlichen standen die Ministerpräsidenten und die Parteien der drei Westzonen, auch die SPD, der Schaffung eines provisorischen Weststaates positiv gegenüber und sie nahmen den wichtigsten Auftrag dieser Beschlüsse, die Ausarbeitung einer Verfassung, an. Noch verbliebene Zweifel, ob dies nicht doch die Spaltung Deutschlands besiegeln werde, räumte Ernst Reuter auf der Zusammenkunft der Militärgouverneure mit den westdeutschen Ministerpräsidenten am 20./21. Juli 1948 mit dem überzeugenden Argument aus, dass „die politische und ökonomische Konsolidierung des Westens eine elementare Voraussetzung für die Gesundung auch unserer Verhältnisse und für die Rückkehr des Ostens zum gemeinsamen Mutterland ist".[34]

Am 1. September 1948 trat in Bonn der Parlamentarische Rat zu seiner konstituierenden Sitzung zusammen. Die Mitarbeit der SPD stand unter der Devise, das zu schaffende Verfassungswerk könne nur ein Provisorium darstellen, da „Restdeutschland" keine Souveränität besitze und zudem die russische Besatzungszone als auch die Gebiete jenseits der Oder-Neiße-Linie von der Mitwirkung ausgeschaltet seien.[35] Auf den vorausgehenden Ministerpräsidentenkonferenzen und beim vorbereitenden Verfassungskonvent von Herrenchiemsee wurden diese Gesichtspunkte von den Sozialdemokraten nachdrücklich vertreten. Dennoch ist unverkennbar, dass die

---

34 Vgl. Brandt/ Löwenthal, Ernst Reuter, S. 468ff., Zitat S. 474.
35 Vgl. den Bericht über den Parlamentarischen Rat im Jahrbuch der SPD 1948/1949, S. 12ff., bes. S. 13.

Perfektionierung des Grundgesetzes nicht zuletzt auf die Intensität sozial-demokratischer Mitarbeit zurückzuführen ist. Aber noch im Rückblick bezeichneten sozialdemokratische Mitglieder des Parlamentarischen Rats als das Hauptcharakteristikum ihrer Tätigkeit dort ihr Bemühen, „Festle-gungen zu verhüten".[36]

In Anbetracht der zahlenmäßigen Stärke und sachlichen Qualifikation der sozialdemokratischen Repräsentanz im Parlamentarischen Rat – von seinen 65 Mitgliedern gehörten 27 der SPD an, ebenso viele wie der CDU/CSU – und der herausragenden Position ihres führenden Staats-rechtlers Carlo Schmid (Vorsitzender des Hauptausschusses) mag es ver-wundern, dass im Grundgesetzt gerade im sozialen Bereich Konkretisie-rungen weitgehend fehlen. Die Gründe dafür lagen auf verschiedenen Ebenen. Die SPD hatte sich nach 1945 zu einem früheren Zeitpunkt als die übrigen Parteien mit Verfassungsfragen beschäftigt und bereits auf ihrem zweiten Nachkriegsparteitag „Richtlinien für den Aufbau der Deut-schen Republik" verabschiedet.[37] Aber sowohl in diesen „Richtlinien" als auch im Referat des Vorsitzenden ihres Verfassungsausschusses Walter Menzel fehlten materielle Ausführungen über die sozialen Grundrechte und -pflichten[38], eine Tatsache, die programmatische Unsicherheit wie eine Zielvorstellung verriet, „nach der Demokratie nur als Staatsform einer sozialistisch geordneten Gesellschaft begriffen" wurde.[39] Carlo Schmid nannte als Begründung , dass „man sich auf die klassischen Grundrechte beschränkt und bewusst darauf verzichtet [habe], die sogenannten Lebens-ordnungen zu regeln", sonst wäre man „über die durch den Auftrag, nur ein Provisorium zu schaffen, gezogenen Grenzen hinausgegangen".[40] Die besondere sozialdemokratische Motivation fasste ein SPD-Mitglied des Parlamentarischen Rats 20 Jahre später in die Formel zusammen: Sozialar-tikel sollten „nicht ohne die sächsischen Genossen" geschaffen werden.[41]

Während die Sozialdemokraten einerseits den Übergangscharakter der kommenden Bundesrepublik betonten, setzten sie sich andererseits mit

36 So im Schreiben von Fritz Eberhard vom 16. 11. 1972 an Susanne Miller.
37 Protokoll des Parteitags 1947, S. 225ff. – Dazu ausführlich Werner Sörgel, Konsensus und Interessen. Eine Studie zur Entstehung des Grundgesetzes für die Bundesrepublik Deutschland, Stuttgart 1969, S. 59ff.
38 Vgl. ebenda, S. 121-142.
39 So Volker Otto, Das Staatsverständnis des Parlamentarischen Rates. Ein Beitrag zur Entstehungsgeschichte des Grundgesetzes für die Bundesrepublik Deutschland, Düssel-dorf 1971, S. 205.
40 So in der Einleitung zu: Werner Matz, Grundgesetz für die Bundesrepublik Deutsch-land und Besatzungsstatut, Stuttgart und Köln 1949, S. 7.
41 Otto, Das Staatsverständnis des Parlamentarischen Rates, S. 86.

großer Energie für ein Optimum an Funktionsfähigkeit dieses Provisoriums ein. Das erforderte die Bildung einer gemeinsamen Front mit der FDP gegen den Föderalismus sowohl in der CDU/CSU und der Deutschen Partei als auch bei den Amerikanern und Franzosen. Diese Zusammenarbeit mit den Liberalen war ein weiterer, unmittelbar zwingender Grund für die SPD, eine Präzisierung der sozialen Grundrechte zu unterlassen. Unter Schumachers Führung nahm der Kampf gegen föderalistische Lösungen eine dramatische Entwicklung, die ihren Höhepunkt in einer Sitzung vom 20. April 1949 in Hannover fand, zu der er, von seiner Beinamputation kaum genesen, die Spitzengremien der Partei, die sozialdemokratische Fraktion des Parlamentarischen Rats und die sozialdemokratischen Ministerpräsidenten zusammengerufen hatte. Die dort beschlossene Resolution wandte sich gegen die Intervention der westlichen Besatzungsmächte, die für den Aufbau der Bundesrepublik, insbesondere deren Finanzverfassung, ein höheres Maß an Föderalismus verlangten. In den sechs Punkten dieser Resolution wurden „die notwendige deutsche Entschlussfreiheit" gegenüber den Besatzungsmächten, „die Erhaltung der deutschen Rechts- und Wirtschaftseinheit" und eine Finanzregelung, „die dem Bund Mittel und Möglichkeiten gibt, deren er zur Erfüllung seiner Aufgaben bedarf", gefordert und angekündigt, die SPD werde ein Grundgesetz ablehnen, das einer der sechs Forderungen nicht genüge.[42] Kurz darauf kam eine Einigung zwischen Parlamentarischem Rat und den Alliierten zustande, die zwar keine restlose Erfüllung der sozialdemokratischen Bedingungen, jedoch entscheidende Konzessionen in den Fragen der Rechts- und Wirtschaftseinheit und der Kompetenzen des Bundes im Finanzwesen bedeutete. Es war ein eindeutiger Erfolg Kurt Schumachers.[43]

Auf dem Erfahrungshintergrund von Weimar war das Streben nach Stabilität bei der Verfassungsschöpfung für die SPD eine wesentliche Motivation. Aus diesen Beweggründen wird auch verständlich, dass die

---

42 Jahrbuch der SPD 1948/49, S. 139. Der Antrag von Ernst Reuter, Wilhelm Kaisen und Hermann Lüdemann (Ministerpräsident von Schleswig-Holstein), den ultimativen Schlusssatz zu streichen, wurde gegen acht Stimmen abgelehnt; Brandt/Löwenthal, Ernst Reuter, S. 487.

43 Die Interpretation von Theo Pirker (Die SPD nach Hitler, München 1965, S. 100), es sei ein „Pyrrhussieg" gewesen, beruht auf seiner Annahme, Schumacher habe das Verfassungswerk scheitern lassen wollen, um eine Vertiefung der Spaltung durch die Schaffung eines Weststaates zu verhindern. Diese Annahme hält Susanne Miller für falsch. Die These, Schumacher sei von der bereits am 8. 4. 1949 beschlossenen, aber geheimgehaltenen Absicht der Alliierten, auf alle Fälle einzulenken, unterrichtet gewesen, wird in der wissenschaftlichen Literatur übereinstimmend vertreten, von engen Mitarbeitern Schumachers jedoch bestritten.

Sozialdemokraten sich für die starke Position des Bundeskanzlers, wie sie in der Verfassung verankert wurde, eingesetzt haben. Ihr Eintreten dafür war zudem an die optimistische Erwartung geknüpft, es werde die SPD sein, die den ersten – und möglichst auch die weiteren – Kanzler der Bundesrepublik stellen könne. Adenauers „Kanzlerdemokratie" hatten die sozialdemokratischen Väter und Mütter des Grundgesetzes nicht vorausgesehen.

II. Die „konstruktive Opposition"

Am 8. Mai 1949, dem Jahrestag der Kapitulation, wurde das Grundgesetz vom Parlamentarischen Rat verabschiedet. Nachdem die Landtage mit Ausnahme Bayerns zugestimmt und die alliierten Militärgouverneure es gebilligt hatten, wurde es am 23. Mai 1949 feierlich verkündet. Das Grundgesetz war bewusst für eine „Übergangszeit" gedacht, für die das deutsche Volk seinem staatlichen Leben eine neue Ordnung gegeben habe. Die Präambel rief dazu auf: „Das gesamte Deutsche Volk bleibt aufgefordert, in freier Selbstbestimmung die Einheit und Freiheit Deutschlands zu vollenden."

Der Wahlkampf zum ersten Bundestag stand im Zeichen der Alternative „Planwirtschaft oder soziale Marktwirtschaft", für die Ludwig Erhard warb. Bei den Wahlen am 14. August 1949 erhielten die SPD 29,2 Prozent der Stimmen, die CDU/CSU 31,0, die FDP 11,9 und die KPD 5,6 Prozent. Die übrigen Stimmen verteilten sich auf kleine Parteien, die im Laufe der nächsten Jahre ausnahmslos verschwanden. Bei diesem Ergebnis war die Bildung einer von der SPD geführten Regierung praktisch ausgeschlossen. Die Initiative zur Kabinettsbildung lag bei der stärksten Fraktion, der CDU/CSU, deren Vorsitzender Konrad Adenauer weder Anlass noch Neigung hatte, mit der geringfügig schwächeren Konkurrenzpartei ins Gespräch zu kommen. Dass sich die FDP und andere bürgerliche Parteien für die Koalition mit der Partei Adenauers und die Wirtschaftspolitik Erhards entscheiden würden, stand außer Frage. Es sollten dreizehn Jahre vergehen, ehe auch nur Ansätze dafür sichtbar wurden, dass sich die durch Wählervotum und politische Standortwahl der einzelnen Parteien herbeigeführte Fixierung der SPD auf die Oppositionsrolle lockern konnte. Und erst nach weiteren vier Jahren gelang es ihr, diese Rolle zu wechseln. Dabei hat die deutsche Sozialdemokratie nie zuvor eine Persönlichkeit besessen, die so drängend und selbstbewusst den Anspruch auf Macht für die Partei angemeldet hätte, wie Kurt Schumacher es tat. Und doch ist unverkennbar, wie seine Politik dazu beigetragen hat, dass sie ihr so lange versagt blieb.

Vierzehn Tage nach der Bundestagswahl beschloss der Vorstand der SPD die sogenannten Dürkheimer 16 Punkte, die kurz darauf von der Bundestagsfraktion und den Ministerpräsidenten der SPD gebilligt wurden. Sie markierten das Selbstverständnis der SPD von ihrer Funktion und Verantwortung als „konstruktive Opposition". Erich Ollenhauer – nunmehr Stellvertreter Schumachers nicht nur im Partei-, sondern auch im Fraktionsvorsitz – unterstrich dies mit den Worten: „Unser Oppositionsprogramm von heute soll und wird unser Regierungsprogramm von morgen sein."[1] Die SPD hatte in Dürkheim zum ersten Mal nach 1945 eine umfassende programmatische Festlegung ihrer nächsten Aufgaben und Ziele vorgenommen. Wirtschafts- und sozialpolitische Forderungen bildeten den Hauptteil der Dürkheimer Beschlüsse. Sie zielten auf Planung und Lenkung, sozialen Lastenausgleich, Mitbestimmung und „Entmachtung des großen Eigentums" bei „Sicherung der freien Entfaltung des gewerblichen und bäuerlichen Mittelstandes".[2]

Im ersten Jahr der Bundesrepublik richtete die SPD ihre Kritik an der Regierung vor allem gegen deren Passivität in der Arbeitsmarktpolitik – im Winter 1950 gab es fast zwei Millionen Erwerbslose. Im Zuge des wirtschaftlichen Aufschwungs und des Rückganges der Arbeitslosigkeit änderte sich jedoch die Substanz der sozialdemokratischen Vorwürfe: Die Effektivität der Erhardschen Politik wurde immer weniger in Frage gestellt, es wurde aber weiter nachdrücklich auf die sozialen Ungerechtigkeiten und Härten hingewiesen, die sie hervorbrachte. Sie mache die Reichen reicher und die Armen ärmer, lautete die einprägsame Formel. Dennoch schwächten sich die *prinzipiellen* Gegensätze zur Regierung ab. Statt auf Sozialisierung und Planung setzten die Fraktion und allmählich auch die Partei auf mehr Mitbestimmung und aktive Konjunkturpolitik. Das im September 1952 auf dem Parteitag in Dortmund angenommene Aktionsprogramm der SPD zeigte bereits eine wichtige Akzentverschiebung. Die SPD, wurde erklärt, werde neben der Planung „den echten Leistungswettbewerb in allen dafür geeigneten Wirtschaftszweigen" sowie „das kleine und mittlere Privateigentum" fördern. Zwei Jahre später wurde auf dem Parteitag in Berlin durch Ergänzung und Änderung des Aktionsprogramms das Verhältnis zwischen Planung und Wettbewerb unter die vom Hamburger Wirtschaftssenator Karl Schiller geprägte Devise gestellt: „Wettbewerb soweit wie möglich, Planung soweit wie nötig."[3]

Auf dem Gebiet der Innenpolitik im weitesten Sinne entsprach die parlamentarische Praxis der SPD durchaus ihrem früh gefassten Entschluss, als „konstruktive Opposition" zu wirken. Das kam nicht nur in ihrem wichtigen Anteil an dem umfangreichen Gesetzgebungswerk zum Aus-

1 Protokoll des SPD-Parteitags 1950, S. 91.
2 Jahrbuch der Sozialdemokratischen Partei Deutschlands 1948/49, Bonn 1950, S. 18ff.
3 Siehe Anhang Dokumente 10.

druck, das in den ersten Legislaturperioden des Bundestages geschaffen wurde, sondern auch in der Tatsache, dass der weitaus größte Teil aller Gesetze mit den Stimmen der Sozialdemokraten verabschiedet wurde. Besonders zu erwähnen war ihre Rolle bei der Gesetzgebung zum sozialen Wohnungsbau, zur Integration der Heimatvertriebenen und zur Neuordnung der Rentenversicherung. Profil zeigte sie mit ihrem Kronjuristen Adolf Arndt auch in der Rechtspolitik, so bei der parlamentarischen Entscheidung über das Bundesverfassungsgericht, und bei der Wiedergutmachung für Opfer des Nationalsozialismus. Von dem pragmatischen Politikkurs einer partiellen Kooperation wich die SPD nur bei einigen bedeutenden Gesetzen zur sozialen Neuordnung ab, bei denen die CDU/CSU-Fraktion auf Konfrontation ging und die SPD ihre Vorstellungen nicht genügend einbringen konnte. So versagte sie dem Lastenausgleichs- sowie dem Kindergeldgesetz die Zustimmung. Während im Frühjahr 1951 das Gesetz über die „Mitbestimmung" der Arbeitnehmer in Unternehmen des Bergbaues sowie der Eisen und Stahl erzeugenden Industrie noch mit den Stimmen von CDU und SPD – gegen die der FDP – angenommen wurde, stand die SPD mit ihren Vorschlägen für das Betriebsverfassungsgesetz allein und lehnte den Regierungsentwurf ab. Der Verabschiedung des Bundeshaushalts setzte die sozialdemokratische Fraktion regelmäßig ihr Nein entgegen. Dies war kein Widerspruch zur innenpolitischen Kooperationslinie, sondern eine althergebrachte parlamentarische Symbolhandlung der Opposition.

Die eigentliche, harte Konfrontation spielte sich nicht auf dem Feld der Innenpolitik, sondern auf dem der Außen-, Europa- und Wehrpolitik ab. Dort prägte sich das Image einer Neinsagerpartei aus, mit dem die SPD in die Defensive geriet.[4]

1. Kampf für „ein neues nationales Selbstbewusstsein"

Der spektakulärste Zusammenstoß zwischen den beiden beherrschenden Gestalten der Anfangsphase der Bundesrepublik, Konrad Adenauer und Kurt Schumacher, ereignete sich bereits Ende 1949, als Schumacher bei der Beratung des Petersberger Abkommens in einem Zwischenruf Adenauer vorwarf, „Kanzler der Alliierten" zu sein. Als Strafe wurde er für zwanzig

---

4 Auf die Rückwirkung der Gegensätze in außenpolitischen Fragen auf Verständigungsmöglichkeiten zwischen CDU und SPD in der Sozial- und Wirtschaftspolitik, exemplifiziert am Betriebsräte- und am Lastenausgleichsgesetz, weist Klaus Schütz hin in: Die Sozialdemokratie im Nachkriegsdeutschland, S. 251ff.

Sitzungstage von den Bundestagsitzungen ausgeschlossen. Kurz vor seinem Tode (20. August 1952) fasste Schumacher im Vorwort zum Entwurf des Dortmunder Aktionsprogramms die Grundgedanken zusammen, die seine Politik seit 1945 bestimmten. Es las sich wie eine zorn- und schmerzerfüllte Abrechnung mit Adenauer, wenn es darin hieß, „unter keinen Umständen" dürften die Deutschen „in die Position der Unterworfenen sinken"; „die Politik der deutschen Demokratie darf nicht eine Funktion der westlichen Besatzungsmächte sein"; dem deutschen Volk müsse „ein neues nationales Selbstbewusstsein" gegeben werden, „gleich fern von dem frevelhaften Übermut der Vergangenheit und der heute weit verbreiteten Neigung, in jedem alliierten Wunsch eine Offenbarung europäischer Gesinnung zu sehen". Und auch der leitmotivische Satz, für die SPD „ist die deutsche Einheit kein Fernziel, sondern das Nahziel", hatte einen polemischen Unterton.

Auf dem Hintergrund dieser Konzeption des SPD-Vorsitzenden, die er umso leidenschaftlicher verfocht, je schärfer sie mit den Zielsetzungen und der taktischen Anpassungsfähigkeit seines siegreichen Konkurrenten um die Macht im Staate kontrastierte, sind die von Schumacher herbeigeführten und von seinem Nachfolger Erich Ollenhauer zunächst fortgesetzten Entscheidungen der SPD sehen. Es ging dabei um drei Komplexe, die eng miteinander verbunden waren: die politische und wirtschaftliche Eingliederung der Bundesrepublik in Westeuropa; ihre Stellung innerhalb des Westblocks; ihre militärische Aufrüstung.

Im Frühjahr 1950 lud der Europarat auf Betreiben des französischen Außenministers Robert Schuman die Bundesrepublik und das von Frankreich verselbständigte Saarland zum Beitritt ein. Anschließend wurde der von Jean Monnet entworfene Schuman-Plan für eine Europäische Gemeinschaft für Kohle und Stahl vorgelegt. Der rheinische Europäer Adenauer begrüßte beide Vorhaben, der „nationale" Deutsche Kurt Schumacher war entschieden dagegen. Seine Gegenargumentation bezog sich zunächst darauf, dass mit der Aufnahme des Saargebiets in Straßburg dessen Eigenstaatlichkeit anerkannt würde, dazu aber generell auf den Charakter des sich anbahnenden „Sechsereuropa" als „konservativ, klerikal, kapitalistisch, kartellistisch".[5] Der tiefere Beweggrund war zweifellos Schumachers Sorge, dass durch die Integration immer größere Hindernisse gegen eine Wieder-

---

5 Diese „4 Ks" wurden von Schumacher als Charakteristikum des „Europa der Sechs" oder „Kleinst-Europa" immer wieder angeführt. Die konziseste Zusammenfassung seiner Gesamtkritik an diesen Planungen findet sich in einer Rede Schumachers, die vom Parteivorstand der SPD unter dem Titel „Deutschlands Forderung: gleiches Risiko, gleiches Opfer, gleiche Chancen!" als Broschüre herausgegeben wurde. (Hannover o. J.)

vereinigung Deutschlands aufgebaut würden. Seine Einwände gegen die Beschränkung der deutschen Souveränität erhielten zudem einen gewissen nationalistischen Zug durch den als gewichtigstes Argument gegen eine westdeutsche Beteiligung an der Montanunion herausgestellten Vorwurf, der französische Partner werde zu Lasten des deutschen profitieren.

Auf dem Hamburger Parteitag von Mai 1950 erhielt Schumacher, besonders in der Europarat-Frage von Carlo Schmid wirkungsvoll unterstützt, ein überwältigendes Vertrauensvotum für seine Position: Die Entschließung des Parteivorstandes wurde gegen nur elf Stimmen angenommen. Allerdings waren die Dissidenten Männer von politischem Gewicht: Ernst Reuter, Willy Brandt, Max Brauer, Paul Löbe. Auch der Bremer Bürgermeister Wilhelm Kaisen, der auf dem Parteitag nicht anwesend war, stand auf Seiten der Opposition und verlor seinen Sitz im Parteivorstand.

Trotz ihrer Ablehnung des deutschen Beitritts zum Europarat entsandte freilich auch die SPD ihre Vertreter nach Straßburg, die dort bald zu den angesehensten Mitgliedern zählten. Auch in allen anderen politischen und wirtschaftlichen Europa-Institutionen spielten deutsche Sozialdemokraten in der Folgezeit eine wichtige, in manchen sogar eine führende Rolle. In den wirtschaftlichen Organisationen verdankten sie dies nicht zuletzt dem Umstand, dass der Deutsche Gewerkschaftsbund eine positive, allerdings nicht unkritische Haltung der Montanunion gegenüber einnahm. Ungeachtet ihres anfänglichen Widerstandes gegen das „Sechsereuropa" hatte die SPD einen bedeutenden Anteil an seiner Entwicklung, Prägung und Erweiterung.[6]

Die tiefsten Gegensätze zwischen Regierung und Opposition wurden durch den Streit über die Wiederbewaffnung aufgerissen. Nach dem Überfall des kommunistischen Nordkorea auf den Süden des geteilten Landes im Juni 1950 bot Kanzler Adenauer an, zum westlichen Sicherheitssystem durch die militärische Aufrüstung der Bundesrepublik einen deutschen Beitrag zu leisten. Obwohl mit dem Koreakrieg die Furcht vor den Kommunisten wuchs und in der DDR schon vor ihrer Gründung mit der Kasernierten Volkspolizei paramilitärische Verbände aufgebaut wurden, war die Wiederbewaffnung zunächst sehr unpopulär. Eine pazifistische und antimilitaristische Grundhaltung war in der sozialdemokratischen Mitgliedschaft, aber auch bei gewerkschaftlich organisierten Arbeitern und im Linksprotestantismus weit verbreitet. Der Widerstand, den die SPD-Führung der Schaffung der Bundeswehr und der Eingliederung in eine

---

6 Ein eindrucksvolles Zeugnis dafür aus der Sicht eines führenden französischen „Europäers" war ein Brief Jean Monnets an Herbert Wehner, veröffentlicht in Die Zeit vom 13. 10. 1972.

europäische Verteidigungsgemeinschaft entgegensetzte, konnte sich darauf stützen, ohne sich jedoch mit dieser Haltung zu identifizieren.

Schumacher war kein grundsätzlicher Gegner einer deutschen Wiederbewaffnung. In seinem Verteidigungskonzept mit der Formel, Deutschland müsse an der Oder, nicht an der Elbe verteidigt werden, spielte die Forderung, die Bundesrepublik müsse ein voll gleichberechtigter Partner der Siegermächte sein, eine zentrale Rolle. Wie schon bei der Ablehnung des Beitritts zu den ersten Europainstitutionen erfolgte der sozialdemokratische Protest gegen einen westdeutschen Wehrbeitrag vorwiegend unter dem Gesichtspunkt der Priorität der deutschen Wiedervereinigung. Die Stalin-Note vom 10. März 1952 gehört zu den strittigsten Ereignissen in der Geschichte des geteilten Landes. Adenauer sah darin nur ein sowjetisches Störmanöver, andere eine Chance, vielleicht doch zur deutschen Einheit zu kommen. Die SPD drängte darauf, ihre Ernsthaftigkeit auszuloten. Sie wollte alle Möglichkeiten einer Verständigung der vier Besatzungsmächte über eine Wiedervereinigung Deutschlands ausgeschöpft sehen, um zu vermeiden, dass durch eine bundesdeutsche Wehrmacht innerhalb eines westlichen Verteidigungssystems die mitten durch Deutschland gehenden Fronten der beiden Blöcke weiter verhärtet würden. Die Bundesregierung war jedoch unwiderruflich auf den Westkurs und die „Politik der Stärke" festgelegt und zu Verhandlungen mit Stalin, die eine Revision dieser Linie erfordert hätten, nicht bereit.

Der Tode des sowjetischen Diktators Stalin am 5. März 1953 weckte im Osten wie im Westen Hoffnungen auf einen weniger restriktiv-aggressiven Kurs. In der DDR war nach der Staatsgründung im Oktober 1949 die Sowjetisierung von Staat und Gesellschaft nach dem Modell der Moskauer kommunistischen Diktatur vorangetrieben worden. Die Konsequenzen des forcierten „Aufbau des Sozialismus" waren eine steigende Fluchtwelle und eine schwere Versorgungs- und Wirtschaftskrise, die das Politbüro nach dem Machtwechsel in Moskau mit dem „Neuen Kurs" aufzufangen suchte. Die Unzufriedenheit wuchs in fast allen Bevölkerungsschichten und es kam bereits ab dem 11. Juni zu Protestkundgebungen und vereinzelt zu Streiks. Aus dem Streik und Demonstrationen der Berliner Bauarbeiter wurde am 17. Juni 1953 in Ost-Berlin und vielen anderen Großstädten der DDR eine Massenbewegung, eine allgemeine Arbeitererhebung, ja fast ein Volksaufstand. Sozialdemokratisches Gedankengut und noch lebendige Traditionen kamen u.a. in Forderungen auf Wiederzulassung der SPD und im Singen des alten sozialdemokratischen Liedes von „Brüder zur Sonne, zur Freiheit" zum Tragen. Der Aufstand war weit mehr als sozialer Protest, vielmehr eine breite politische Bewegung für freie Wahlen und auch für die deutsche Einheit.

Zur Niederwerfung der Volkserhebung reichten die Machtmittel des DDR-Regimes nicht aus. Sowjetische Panzer fuhren auf und die Sowjetarmee schlug den Aufstand nieder. Mindestens 50 Demonstranten kamen zu Tode, 3000 wurden von den Sowjets festgenommen, 13000 Menschen später von DDR-Organen verhaftet. Aber auch 40 Angehörige der Roten Armee verloren ihr Leben, die meisten durch Erschießung wegen Befehlsverweigerung. Als Konsequenz aus der Massenauflehnung baute das Ulbricht-Regime das Spitzel- und Überwachungssystem aus. Für den Großteil der Menschen in der DDR wurde der Juni 1953 zu einem Trauma, erst das Blutbad, dann verschärfte Unterdrückung und der Westen hielt still.[7]

Der Bundestag erhob noch im Sommer 1953 den 17. Juni zum „Tag der deutschen Einheit", der alljährlich mit Bekenntnissen zur Einheit und Freiheit feierlich begangen wurde. Für Willy Brandt waren die aufständischen Arbeiter die „Vorkämpfer an der Spitze des Ringens um Einheit und Freiheit"[8], für Konrad Adenauer die Ereignisse in der DDR eine Bestätigung seiner Politik der Westintegration und der Wiederbewaffnung zum Schutz vor der gefährlichen Sowjetunion.

Bei den Bundestagswahlen am 6. September 1953 war die CDU/CSU mit 45,2 Prozent (1949 nur 31,0) der große Sieger, die SPD verlor mit ihrem schwächsten Ergebnis von 28,8 Prozent sogar ihre Sperrminorität und Adenauer verfügte nun mit seiner Koalition über eine verfassungsändernde Zweidrittelmehrheit. Gegen die Stimmen der SPD beschloss der Bundestag im Februar 1954 eine Ergänzung des Grundgesetzes, mit der Streitkräfte und Wehrpflicht ermöglicht wurden. Alle sozialdemokratischen Bemühungen, die Aufstellung der Bundeswehr zu verhindern, waren vergeblich. Als die Europäische Verteidigungsgemeinschaft 1954 am französischen Nein scheiterte, erfolgte der westdeutsche Wehrbeitrag daraufhin im Rahmen der neugegründeten NATO. Mit den Pariser Verträgen von Oktober 1954 erhielt die Bundesrepublik durch eine Revision des Deutschlandvertrages von 1952 nun fast volle Kompetenzen eines souveränen Staates, allerdings unter Verzicht auf sog. ABC- und strategische Waffen. „In bezug auf Berlin und Deutschland als Ganzes" blieb es allerdings bei den Vorbehaltsrechten der Westmächte. Am 5. Mai 1955 traten

7 Vgl. Heinrich August Winkler, Der lange Weg nach Westen. Deutsche Geschichte vom „Dritten Reich" bis zur Wiedervereinigung, München 2001, Bd. II, S. 157f.
8 Am 1.7.1953 im Deutschen Bundestag. Verhandlungen des Deutschen Bundestages, Stenographische Berichte, Bd.17, S. 13883.

der geänderte Deutschlandvertrag und die Pariser Verträge in Kraft, am 14. Mai konstituierte die Sowjetunion mit ihren Satelliten im Gegenzug den Warschauer Pakt. Die in Paris vereinbarte vorläufige Lösung der Saarfrage, mit der Adenauer den deutschen Anspruch preisgab, wurde von den Sozialdemokraten erbittert bekämpft und von den Saarländern bei der Abstimmung vom 23. Oktober mit großer Mehrheit (67,7 Prozent) verworfen. Zum 1. Januar 1957 erfolgte die Eingliederung des Saarlandes in die Bundesrepublik Deutschland, ein erster (Frankreich abgerungener) Schritt zur Einheit in Freiheit.

Die SPD lehnte die Pariser Verträge und alle der Aufstellung von Streitkräften dienenden Gesetze als „Vertragsfolgegesetze" ab. Durch ihren Widerstand gegen die politische, wirtschaftliche und militärische Westintegration zog sie sich das Odium der Neinsagerpartei zu und geriet im westeuropäisch-atlantischen System ins Abseits. Erst allmählich vollzog die Partei unter dem Eindruck vollendeter Tatsachen und weltpolitischer Realitäten eine Modifikation, auch in der Wehrfrage und Sicherheitspolitik. Die Bemühungen von Fritz Erler hatten daran großen Anteil. Der Stuttgarter Parteitag von 1958 plädierte für „eine zahlenmäßig begrenzte, dafür aber bewegliche und gut ausgebildete Truppe aus Freiwilligen".[9] Gesetze, in denen es um die Grundrechte der Soldaten und deren soziale Stellung ging, kamen unter intensiver Mitarbeit der SPD zustande und wurden mit ihren Stimmen verabschiedet.[10] Das Amt des Wehrbeauftragten wurde von ihr durchgesetzt. Im Unterschied zu ihrer Grundsatzopposition gegen die von Adenauer betriebene feste Westintegration zeigte sie sich in der parlamentarischen Alltagspraxis als „konstruktive Opposition".

Das Engagement der SPD gegen die Wiederaufrüstung erhielt noch dadurch eine besondere Note, dass dieser Kampf von der Partei auch im außerparlamentarischen Raum geführt wurde.[11] So versuchte sie, durch Unterschriftensammlungen für ein „Deutsches Manifest", das in der Frankfurter Paulskirche am 29. Januar 1955 beschlossen worden war, eine Massenbewegung gegen Wiederbewaffnung und Westverträge in Gang zu setzen. Das Ergebnis entsprach jedoch nicht ihren Erwartungen. Für ihre vier Jahre später lancierte Kampagne „Kampf dem Atomtod" mit dem Ziel

---

9 Protokoll des SPD-Parteitags 1958, S. 488.
10 Vgl. dazu Udo F. Löwke, Für den Fall, dass .... Die Haltung der SPD zur Wehrfrage 1949-1955, Hannover 1969, S. 119-121.
11 Vgl. Hans Karl Rupp, Außerparlamentarische Opposition in der Ära Adenauer: Der Kampf gegen die Atombewaffnung in den fünfziger Jahren. Eine Studie zur innerpolitischen Entwicklung der BRD, Köln 1970, bes. S. 47ff., 98ff., 127ff., 149ff., 173ff., 213ff., 250ff. und 263ff.

einer atomwaffenfreien Zone gewann die SPD zwar einige bekannte Schriftsteller, Wissenschaftler und Theologen. Es gelang auch, einige eindrucksvolle Massenkundgebungen auf die Beine zu bringen. Doch es verhalf der SPD weder dazu, die von ihr erstrebte „Volksbefragung" über die Atombewaffnung durchzusetzen, noch die allgemeine Stimmung zu ihren Gunsten zu beeinflussen, wie die nordrhein-westfälischen Wahlen vom Juli 1958 zeigten, bei denen die CDU die absolute Mehrheit errang. So war der jähe Abbruch der Anti-Atomkampagne politisch zwar begreiflich, hat aber insbesondere Menschen enttäuscht, die, durch sie angezogen, sich der SPD eben erst genähert hatten.

Nach dem Berlin-Ultimatum Nikita Chruschtschows von Ende 1958 und der Offensive des Ostens zur Änderung des Status quo in Deutschland unternahm die SPD einen verzweifelten, aber problematischen Versuch, für die Wiedervereinigung Deutschlands als „Nahziel" einen „Dritten Weg" in der Form einer „Konföderation" zu propagieren. Der von Herbert Wehner maßgeblich inspirierte und formulierte „Deutschlandplan der SPD" wurde im März 1959 vorgelegt. Er sah eine militärisch „verdünnte", aus der NATO und dem Warschauer Pakt entlassene Zone in Mitteleuropa sowie eine stufenweise politische und wirtschaftliche Zusammenführung der beiden Teile Deutschlands als Vorbereitung gesamtdeutscher Wahlen vor. Der Deutschlandplan wurde in der Öffentlichkeit heftig angegriffen. Er war machtpolitisch illusionär, vertrug sich nicht mit den Interessen des Westens, der auf Entspannung und eine Lösung der Berlinfrage setzte, wobei die deutsche Einheit in den Hintergrund rückte, und selbst die Sowjetunion sah darin nur so etwas wie Aufweichung. Der Plan wurde schnell beiseite gelegt. Auch die Tatsache, dass seine Veröffentlichung mit der Rückkehr von Fritz Erler und Carlo Schmid von einer Moskaureise zusammenfiel, von der sie den Eindruck der sowjetischen Intransigenz mitbrachten, mag zu seiner stillen Beerdigung beigetragen haben.

So endete das erste Jahrzehnt der Bundesrepublik für die SPD mit der Erkenntnis, von der Erreichung ihres „wesentlichsten nationalen Zieles, die Einheit Deutschlands in Freiheit wiederherzustellen ... weiter entfernt [zu sein] als je zuvor seit dem Ende des Krieges". Und „auch innenpolitisch hat sich ... nichts Wesentliches an den gegensätzlichen Positionen der Adenauerschen Einparteienregierung und der sozialdemokratischen Opposition geändert". Als Erich Ollenhauer im Juli 1960 diese Bilanz der Stagnation zog[12], waren aber bereits in der Partei Signale gesetzt, die der festgefahrenen Maschine SPD die Weiterfahrt auf anderen Gleisen freigaben.

12 Im Vorwort zum Jahrbuch der SPD 1958/59, S. 7.

2. Parteireform und Godesberger Programm

Verfolgt man die Entwicklung des sozialdemokratischen Stimmenanteils bei den Bundestagswahlen von 1949 bis 1972, so ergibt sich eine Aufwärtskurve mit einer fast konstanten Steigerung von drei bis vier Prozent bei jeder Wahl, die nur zu Anfang einen Knick nach unten zeigte: 1953 verlor die SPD gegenüber 1949 0,4 Prozent des Stimmenanteils und die CDU/CSU gewann 14,2 Punkte hinzu. Adenauer und Erhard waren die großen Sieger. Dieses Ergebnis löste in der Partei eine Diskussion von einer nach 1945 noch nie da gewesenen Breite und Lebhaftigkeit aus.[13] Die Kritik befasste sich dabei sowohl mit der Organisation der Partei als auch mit ihrem Erscheinungsbild und der Form ihrer Propaganda. Die praktische Politik der SPD nach 1945 wurde aus der Diskussion faktisch ausgeklammert. Diese zu ändern wurde kaum gefordert, wohl aber sie besser zu „verkaufen".

Um die Unruhe, von der die Partei seit 1953 erfasst wurde, mit einem Schlagwort charakterisieren, könnte man sagen, es ging damals um die Bewältigung der Parteivergangenheit. Von Carlo Schmid stammte das Wort von der Notwendigkeit, ideologischen „Ballast abzuwerfen", das alsbald aufgegriffen und heftig diskutiert wurde. Zu diesem „Ballast" gehörten die Parteisymbole und -gepflogenheiten: die rote Fahne, die Anrede „Genosse", das parteiübliche Duzen; über diese Äußerlichkeiten hinaus aber auch der Gesamtkomplex der bewusstseinsprägenden Rolle des Marxismus.

Für die Auswertung der Diskussion setzte der Parteivorstand zwei Kommissionen ein; eine zur Organisation, die andere für alle übrigen Fragen. Während deren vom Parteivorstand übernommenen Empfehlungen[14] keine sichtbare Wirkung ausübten, waren andere Beschlüsse für die weitere Entwicklung der Partei von Bedeutung: Die 1954 beschlossene Präambel zum Dortmunder Aktionsprogramm von 1952 ließ bereits wichtige Grundzüge des Godesberger Programms von 1959 erkennen; so die weltanschauliche Offenheit in der Begründung des Sozialismus und das Selbstverständnis der SPD, aus einer Arbeiterpartei „zur Partei des Volkes"

13 Eine gedrängte Darstellung dieser innerparteilichen Auseinandersetzung gibt Heinz-Joachim Mann, Das Godesberger Programm als Ergebnis innerparteilicher Willensbildung, in: Geist und Tat, 24. Jg., Heft 4 (1969). Eine ausführliche Darstellung findet sich bei Kurt Klotzbach, Der Weg zur Staatspartei. Programmatik, praktische Politik und Organisation der deutschen Sozialdemokratie 1945 bis 1965, Berlin/Bonn 1982, S, 308-325. (Neuaufl. Bonn 1996).
14 Veröffentlicht im Jahrbuch der SPD 1954/ 55, S. 320ff.

geworden zu sein. Ferner wurden die Intensivierung der innerparteilichen Bildungsarbeit und die Gründung einer theoretischen Zeitschrift eingeleitet. Auf dem Berliner Parteitag (1954), der einen gewisser Abschluss der Diskussion von 1953 brachte, wurde die Einsetzung einer Kommission zur Erarbeitung eines Grundsatzprogramms beschlossen.

Die Personaldebatte, die nach 1953 in der SPD bereits eine gewisse Rolle gespielt hatte, wurde nach der Enttäuschung über die Bundestagswahlen 1957, bei denen die SPD zwar drei Prozentpunkte dazugewann, die CDU/CSU jedoch die absolute Mehrheit errang, noch verschärft. Im Mittelpunkt stand die Person des Parteivorsitzenden Erich Ollenhauer, mit dessen mangelnder Ausstrahlung als Spitzenkandidat die Wahlniederlage in Zusammenhang gebracht wurde. Die Blockierung der Möglichkeit, für die Wähler attraktive Persönlichkeiten als Kanzleranwärter und Regierungsmannschaft herauszustellen, wurde dem „Apparat", das heißt dem „Büro" der besoldeten Parteivorstandsmitglieder in der Parteizentrale, zur Last gelegt. Die von einflussreichen Persönlichkeiten und den hinter ihnen stehenden Parteiorganisationen erstrebte Reform zielte darauf ab, den „Apparat" zu entmachten, die Partei- und Fraktionsspitze umzustrukturieren und personell neu zu besetzen. Die Fraktion ging 1957 voran. Sie wählte mit Fritz Erler, Carlo Schmid und Herbert Wehner drei neue stellvertretende Vorsitzende, die ihr politisches Gewicht für eine Modernisierung der Partei und ihrer Politik einsetzten. Auf dem Stuttgarter Parteitag von Mai 1958 folgte die Partei. Dort wurde zwar Erich Ollenhauer als Vorsitzender wiedergewählt, es wurden ihm jedoch mit Waldemar von Knoeringen und Herbert Wehner zwei Stellvertreter beigegeben, die die Breite des sozialdemokratischen Spektrums zum Ausdruck bringen sollten: Wehner galt damals als der prominenteste Exponent des linken Flügels, Knoeringen war ein insbesondere in Bayern sehr populärer Politiker, der in der Tradition seines bedeutenden Landsmannes Georg von Vollmar stand. Die Institution des „Büros" wurde abgeschafft, zwei seiner Mitglieder – Herta Gotthelf und Fritz Heine – nicht mehr in den Vorstand gewählt. Nach den in Stuttgart beschlossenen Änderungen des Organisationsstatuts oblag seitdem die Geschäftsführung einem vom Parteivorstand aus seiner Mitte gewählten Parteipräsidium.

In Stuttgart fand auch die erste Lesung des Entwurfs eines Grundsatzprogrammes statt, den eine Kommission unter Vorsitz von Willi Eichler erarbeitet hatte. Der Entschluss dazu war schon auf dem Berliner Parteitag (1954) gefasst worden. Aber die Arbeit der erst im März 1955 eingesetzten Programmkommission schleppte sich hin. Nach dem Schock der dritten Wahlniederlage drängte Erich Ollenhauer nun auf die zügige Erarbeitung

Eigentum !!! am Plan!

W. Eichler

Die Neuformung der Wirtschaft.

Anfang + Analyse 12-13 + 15 (Schluss!)   W. Recht = politische Macht.

Das Interesse aller steht über dem Interesse des einzelnen.
Der stets wachsende Wohlstand des ganzen Volkes, seine gerechte
Verteilung und ein Leben in Freiheit von Abhängigkeit und Ausbeutung sind die Ziele der Wirtschaft im demokratischen Sozialismus. Gesellschaftliches Wirken und persönliche Leistung müssen
ineinandergreifen, um den Erfolg für alle zu sichern.

Kontrolle der Macht.
Die Konzentration wirtschaftlicher Macht in den Händen
einzelner oder weniger birgt die Gefahr ihres Missbrauches
in sich und erfordert darum eine ständige, wirksame und öffentliche Kontrolle. Kapitalistische Monopole und totalitäre
Staatsplanung widersprechen gleichermassen einer demokratisch-
sozialistischen Wirtschaftsordnung; sie werden daher von der
Sozialdemokratie bekämpft.

Eigentum
Das private Eigentum, auch das an Produktionsmitteln, hat Anspruch
auf Schutz und Förderung, soweit es eigenen Arbeitsdienst und
keine Konzentration der Macht darstellt. Es darf daher nicht
enteignet werden. Ebenso darf Eigentum, das Konsumzwecken dient,
in seinen Verwendungsmöglichkeiten nicht beschränkt werden.

Vollbe-schäfti-gung.
Da die Wirtschaft allen und nicht nur einigen Sicherheit und
Wohlstand bringen soll, müssen die Gefahren abgewendet werden,
die in der heute herrschenden Struktur in Preisschwankungen,
Krisen und Arbeitslosigkeit, in der Zerstörung wirtschaftlicher
Werte und als deren Folge in der Einengung oder Aufhebung der
persönlichen Freiheit des Menschen bestehen. Eine aktive Konjunkturpolitik muss mit allen zur Verfügung stehenden gesellschaftlichen und staatlichen Mitteln auf die Sicherung der Vollbeschäftigung und auf eine gleichmässige Entwicklung der Wirtschaft in allen ihren Zweigen im Sinne des Begriffes einer echten
Volks-Wirtschaft hinwirken.

Korrigierter Programmentwurf (Willi Eichler)

und Verabschiedung. Sein Vertrauen in die Möglichkeit, in diesem Stadium ein Grundsatzprogramm zu schaffen, und seine Erwartung, es werde ein wichtiger Hebel sein, Attraktivität und Schlagkraft der Partei zu steigern, wurden keineswegs von der gesamten Parteispitze geteilt. Gerade Männer, die zu den „Reformern" zählten, wie Willy Brandt, Fritz Erler, Helmut Schmidt, Herbert Wehner, hatten Bedenken, die Grundsätze des demokratischen Sozialismus programmatisch neu zu fixieren und die Partei damit auf längere Zeit hin festzulegen. Sie hätten es lieber gesehen, wenn sich die Partei auf Aktionsprogramme beschränkt hätte.

Bis Stuttgart zeigte die Gesamtpartei an der Programmvorbereitung so gut wie keine Anteilnahme und auch nach der Veröffentlichung des Entwurfs zunächst nur eine schwache. Dann aber kam auf allen Ebenen der Parteiorganisation eine intensive Diskussion in Gang. In Hunderten von Versammlungen setzten sich insbesondere Eichler als Vorsitzender der Programmkommission und Heinrich Deist als Verfasser des Wirtschaftsteils mit den sehr zahlreichen Einwänden und Änderungsvorschlägen auseinander. Nachdem in verschiedenen Kommissionssitzungen, zuletzt unter Mitwirkung des Parteivorstandes, der erste Entwurf gestrafft, überarbeitet und im Abschnitt „Die staatliche Ordnung" von Adolf Arndt neu formuliert worden war, wurde ein außerordentlicher Parteitag zur Beschlussfassung einberufen. 340 Delegierte tagten vom 13. bis 15. November 1959 in Bad Godesberg und hatten sich mit 200 Anträgen zum zweiten Entwurf zu befassen. In der Schlussabstimmung wurde der auch noch in Godesberg an einigen Stellen abgeänderte Entwurf fast einstimmig angenommen. Es gab nur 16 Gegenstimmen.

Das Bemerkenswerteste am Godesberger Programm war sein Verzicht auf jede weltanschauliche oder theoriegeschichtliche Festlegung. Es bekannte sich zu „Grundwerten" und „Grundforderungen", die auf unterschiedliche Weise religiös oder philosophisch begründet werden konnten. Durch diese Offenheit wurden Barrieren abgebaut, die der deutschen Sozialdemokratie den Weg zur Gewinnung von Anhängern, insbesondere aus religiös gebundenen Kreisen, bis dahin versperrt hatten.[15] Die Achtung vor dem „besonderen Auftrag" der Kirchen und deren „Eigenständigkeit" wurde zudem ausdrücklich erklärt.

Der auch noch in Godesberg umstrittenste Teil des Programms waren seine Aussagen zur Wirtschaftspolitik. Die schon im Dortmunder Aktions-

---

15 Obwohl in dieser Hinsicht nach 1945 bereits eine Lockerung eingetreten war, war es der SPD beispielsweise in Nordrhein-Westfalen noch in den fünfziger Jahren nicht gelungen, in Landtagswahlkreisen mit mehr als 40 % Katholiken ein Direktmandat zu erreichen.

programm hervorgehobene Bedeutung des Wettbewerbs wurde im Grundsatzprogramm noch stärker betont. Der Terminus „Sozialisierung" tauchte nicht mehr auf, jedoch war ein Absatz der Funktion des „Gemeineigentums" gewidmet: Als „eine legitime Form der öffentlichen Kontrolle" sei es „zweckmäßig und notwendig" da, „wo mit anderen Mitteln eine gesunde Ordnung der wirschaftlichen Machtverhältnisse nicht gewährleistet werden kann". Im Zusammenhang mit Aussagen über „Die Gewerkschaften in der Wirtschaft" wurde darauf verwiesen, dass die bereits in einigen Industrien bestehende Mitbestimmung „ein Anfang zur Neuordnung der Wirtschaft" sei.

Im Abschnitt über Landesverteidigung wurde zunächst ohne Einschränkung festgestellt, die SPD „bejaht die Landesverteidigung". Nachfolgend markierte sie als sicherheits- und friedenspolitische Ziele: internationale Entspannung, Abrüstung und Ächtung von Massenvernichtungsmitteln, Verbot von Herstellung und Verwendung von atomaren und anderen Massenvernichtungswaffen in der Bundesrepublik, Einbeziehung ganz Deutschlands in eine europäische Entspannungszone.

Im Übrigen resümierte das Godesberger Programm im Wesentlichen die Grundsätze, von denen sich die SPD nach 1945 hatte leiten lassen: Bekenntnis zur parlamentarischen Demokratie, Abgrenzung gegenüber dem Kommunismus, Schutz der Freiheitsrechte des Individuums, Streben nach sozialer Gerechtigkeit, Solidarität gegenüber den Schwachen, Förderung von Wissenschaft und Bildung. Zum umstrittenen Begriff „Sozialismus" gab es nur wenige Aussagen. Das Programm verwies auf die historischen Wurzeln des demokratischen Sozialismus in Europa: christliche Ethik, Humanismus und klassische Philosophie. In „Unser Weg" hieß es dann: „Die Vorrechte der herrschenden Klassen zu beseitigen und allen Menschen Freiheit, Gerechtigkeit und Wohlstand zu bringen – das war und das ist der Sinn des Sozialismus." Frühere, aus dem Marxismusverständnis abgeleitete Vorstellungen von einem sozialistischen „Endziel" wurden implizit zurückgewiesen durch die Feststellung, der Sozialismus sei „eine dauernde Aufgabe – Freiheit und Gerechtigkeit zu erkämpfen, sie zu bewahren und sich in ihnen zu bewähren".

Zweifellos hat die Annahme des Godesberger Programms viel zu einer innerparteilichen Beruhigung und Klärung, vor allem aber zu einem Wandel des Erscheinungsbildes der SPD in der Öffentlichkeit beigetragen. Damit war eine Voraussetzung geschaffen, das von ihr angestrebte Ziel erreichen zu können: eine von verschiedenen Schichten wählbare „Volkspartei" zu werden.

Willy Brandt und Erich Ollenhauer im Gespräch (1954)

Freilich bedurfte es nach Godesberg noch wichtiger personeller und politischer Entscheidungen, um aus dem „Turm" der 30 Prozent Wählerstimmen endlich herauszukommen. Die SPD der Weimarer und der Wilhelminischen Zeit hatte auch in Form eines umfassenden Vereinslebens – Arbeiterturn-, Sport- und Wanderorganisationen, Freidenker-Verband, Arbeiter-Sängerbund und -Orchester, Buchgemeinschaften, Volksbühne, Schachklubs usw. – ihren Mitgliedern „Vaterhaus und Lebensinhalt" (um ein treffendes Wort von Otto Bauer zu gebrauchen) geboten, sie damit aber zugleich von der übrigen Bevölkerung isoliert. Nach dem Zweiten Weltkrieg ist das sozialdemokratische Milieu in der DDR durch Einschüchterung, Ausschaltung und Verfolgung trotz beachtlicher Gegenwehr schließlich zerstört und zerschlagen worden. Im Westen hat sich die sozial-demokratische „Subkultur" im alten Sinne entweder weitgehend aufgelöst oder sich in die Gesellschaft geöffnet. So entfaltete sich in einer Region wie dem Ruhrgebiet, in dem die Sozialdemokratie vor 1933 eher schwach gewesen war, eine umfassende sozialdemokratisch geprägte Lebens- und Arbeitskultur der „kleinen Leute". Sie basierte auf der engen Verzahnung von Betrieb und Kommune und fand ihren deutlichsten Ausdruck in dem bürgernahen „Multifunktionär", der sich mit Rat und Tat der Alltagsnöte seiner Mitbürger annahm. Das bewirkte eine nachhaltige Verankerung der Sozialdemokraten im allgemeinen gesellschaftlichen Leben, die im Laufe der Zeit ihren Einfluss verstärkte. Am augenfälligsten zeigte sich das in der Popularität, die viele lokale und regionale SPD-Größen bei der Bevölke-rung erwarben, so beispielsweise die „Landesväter" Hinrich Wilhelm Kopf in Niedersachsen und Georg August Zinn in Hessen, die „Väter" der Stadtstaaten Hamburg und Bremen Max Brauer und Wilhelm Kaisen und die bekannten Oberbürgermeister, die in den meisten Städten, von Kiel bis Regensburg und von Köln bis Kassel, der SPD angehörten. Als die Verkör-perung des Freiheits- und Lebenswillens West-Berlins galten seine Bürger-meister, von Louise Schroeder angefangen. Ernst Reuters Bedeutung frei-lich reichte weit über die eines Stadtoberhauptes hinaus: In seiner verhält-nismäßig kurzen Amtszeit – er starb 1953 – wurde er ein Staatsmann von europäischem Rang. Das Gleiche traf auf Willy Brandt zu.

Das Ansehen sozialdemokratischer Landes- und Kommunalpolitiker beruhte in erster Linie auf ihren sachlichen Leistungen; viele von ihnen erwarben aber ihre besondere Beliebtheit zusätzlich durch Teilnahme an traditionellen volkstümlichen Veranstaltungen und Festen, durch die sie ungleich mehr Menschen erreichten als durch politische Kanäle. Diese populären SPD-Politiker der fünfziger und sechziger Jahre waren zumeist „gestandene" Sozialdemokraten der Weimarer Zeit; manche von ihnen, wie Kaisen, Brauer und Reuter, hatten auch damals schon verantwortungsvolle Positionen inne. Die Kennzeichnung als Sozialdemokraten „neuen Typs", im Gegensatz zu Ollenhauer und anderen „Funktionären" des „Apparats"[16], traf daher nicht ganz den Sachverhalt. Es handelte sich auch um Menschen in verschiedenen Funktionen, die von ihrer jeweiligen Aufgabe geprägt wurden. Für das Erscheinungsbild der SPD als „Volkspartei" war es wich-tig, Persönlichkeiten herauszustellen, die dank ihrer Position vom „Appa-rat" unabhängig und durch ihr Wirken und Auftreten bei breiten Schich-

---

16 Vgl. H. K. Schellenger, The SPD in the Bonn Republic. A Socialist Party modernizes, Den Haag 1968, S. 131ff.

ten der Bevölkerung bekannt und beliebt waren. Auf der Landes- und Kommunalebene besaß die SPD im Vergleich zu anderen Parteien das größte Reservoir an solchen Politikern. Auch auf der Bundesebene traten mit Brandt, Erler, Möller, H. Schmidt und Schiller zusehends Persönlichkeiten in den Vordergrund, die sich nicht in das Korsett des Apparates einzwängen ließen und durch ihre Ausstrahlung, Sachkompetenz und Energie Profil in der Öffentlichkeit gewannen. Es war ein Verdienst Erich Ollenhauers und der Frauen und Männer, die mit ihm die Grundlagen der SPD nach 1945 gelegt hatten, dass sie ihr Erscheinungsbild wandeln konnte, ohne dabei zu einer Honoratiorenpartei oder einem Wahlverein zu werden. Sie blieb eine Mitgliederpartei, ja sie konnte ihre Basis in den kommenden Jahren noch bedeutend verbreitern.

3. Im Wartestand

„Wir müssen wissen, dass wir bei dem augenblicklichen Stand der Gesellschaft nicht mit dem Strom, sondern gegen ihn schwimmen." Als Fritz Erler diese Feststellung 1950 vor dem obersten Parteigremium traf[17], war die damit ausgesprochene Erkenntnis noch keineswegs Allgemeingut seiner Partei. Und doch lässt sich die Politik der deutschen Sozialdemokratie nach dem Zweiten Weltkrieg bis Ende der fünfziger Jahre nicht treffender charakterisieren als mit dem von Erler gebrauchten Bild des Gegen-den-Strom-Schwimmens. Das Godesberger Programm verbreitete den Manövrierraum der Partei beträchtlich, die eigentliche Wende ihrer Politik war ihr jedoch nicht unmittelbar durch die darin fixierten Grundsätze vorgezeichnet, sondern beruhte auf veränderten Konstellationen und daraus gezogenen Konsequenzen.

Die Eingliederung der Bundesrepublik in die westeuropäischen Organisationen und in das atlantische Verteidigungssystem war abgeschlossen. Mit der blutigen Niederschlagung des ungarischen Volksaufstandes und der gewaltsamen Niederwerfung der polnischen Arbeiter im Jahr 1956 hatte Moskau sein Machtimperium gewaltsam konsolidiert. Im Zeichen der sowjetischen Interkontinentalraketen und des „Sputnik"-Schocks von 1957 bildete sich allmählich ein Gleichgewicht der atomaren Waffen heraus und es wurde deutlich, dass es nur noch zwei Weltmächte gab. In der Großwetterlage zeichnete sich ein erster vorsichtiger Trend zur Entspannung und partiellen Kooperation zwischen den beiden Vormächten

17 Protokoll des SPD-Parteitages 1950, S. 247.

ab, während in der Deutschlandfrage eine Stagnation eintrat. Seit 1958 lag das Berlin-Ultimatum von Nikita Chruschtschow auf dem Tisch und die Genfer Vier-Mächte-Verhandlungen über die deutsche Frage kamen 1959 auf den toten Punkt.

Von der SPD kamen nun deutliche Signale für ein möglichst hohes Maß an „Gemeinsamkeit" von Bundesregierung und Opposition in den Lebensfragen des deutschen Volkes, besonders in der Außen- und Deutschlandpolitik. Motor dieser „Gemeinsamkeitsstrategie" war vor allem Herbert Wehner. Der „Deutschlandplan" von 1959 wirkte insofern eher wie ein selbstveranstaltetes Störfeuer gegenüber den eigenen Bemühungen.

Nach dem spektakulären Abbruch der Pariser Gipfelkonferenz von Mai 1960 durch Nikita Chruschtschow hielt Wehner in der außenpolitischen Bundestagsdebatte vom 30. Juni 1960 eine Rede, die Aufsehen erregte und als Sensation galt. Aber sie war kein Überraschungscoup, sondern intensiv in der Partei vorbereitet worden und eine taktische Meisterleistung. Sie offerierte die Bereitschaft zu einer gemeinsamen Außenpolitik, beschwor die Gemeinsamkeit der Demokraten „gegen jede Diktatur und für die westliche Gemeinschaft" und bekannte sich für die SPD eindeutig zum europäisch-atlantischen Vertrags- und Sicherheitssystem. Worauf es ankomme sei, „die Zeichen der Zeit so zu deuten: nicht Selbstzerfleischung, sondern Miteinanderwirken im Rahmen des demokratischen Ganzen, wenn auch in sachlicher innenpolitischer Gegnerschaft. ... Das geteilte Deutschland ... kann nicht unheilbar miteinander verfeindete christliche Demokraten und Sozialdemokraten ertragen."[18] Mit der Wehner-Rede erkannte die Partei die in der Adenauer-Zeit geschaffenen Realitäten der festen Westbindung an. Durch das klare Votum für eine Gemeinsamkeit im Interesse der Nation und der Demokratie schlug sie erste Brücken zur FDP und riss Barrieren zu den Christdemokraten ein. Das so festgefahrene Verhältnis zwischen Regierung und Opposition geriet nun in Bewegung. Der auch in der Folgezeit konsequent von der SPD durchgezogene Kurs der „Gemeinsamkeit" kam beim einfachen Bürger überwiegend an, während ihn Intellektuelle kritisierten. Selbst von der Springer-Presse, voran „Bild", erhielt die Sozialdemokratie dafür Unterstützung.

Der Bundestagswahlkampf 1961 stand zunächst ganz im Zeichen des „neuen Stils". Personelle Entscheidungen waren sein augenfälligstes Merk-

---

18 Verhandlungen des Deutschen Bundestages, Sten. Ber., Bd. 46, S. 7058-7061. Zum Kontext der Rede und ihrer Vorbereitung siehe Heinrich Potthoff, Herbert Wehner '60. Anerkennung der außenpolitischen Realitäten, in: Die Neue Gesellschaft/Frankfurter Hefte, H. 1/2 2001, S. 39ff.; Walter, Die SPD, S. 164 kolportiert weiter die falsche Legende, Wehner habe niemanden „vorher auch nur ein Sterbenswörtchen verraten".

mal. Ende November 1960 wurde Willy Brandt auf dem Parteitag von Hannover als Kanzlerkandidat vorgestellt, ebenso seine „Mannschaft", bestehend aus Max Brauer, Heinrich Deist, Fritz Erler, Wenzel Jaksch, Alex Möller, Willi Richter, Carlo Schmid, Fritz Steinhoff, Käte Strobel und Georg August Zinn. Diese Persönlichkeiten waren von einer aus Vorstandsmitgliedern bestehenden Siebenerkommission unter dem Gesichtspunkt ihrer Befähigung für ein Regierungsamt, aber auch ihres Popularitätsgrades und ihres werberischen Einzugsbereichs (z. B. Jaksch als führender Repräsentant des Bundes der Vertriebenen, Richter als Vorsitzender des Deutschen Gewerkschaftsbundes) ausgesucht worden.

Den kühnsten Beschluss, an traditionellen parteihierarchischen Kategorien gemessen, bedeutete die Aufstellung Willy Brandts als Kanzlerkandidat. Brandt war erst 1958 in den Parteivorstand gewählt worden und gehörte zunächst nicht dem Parteipräsidium an. Seine innerparteiliche „Hausmacht" besaß er in Berlin, wo er nach einem langen, zähen Machtkampf mit der Gruppe um Franz Neumann 1958 Vorsitzender der Landesorganisation der SPD geworden war. Sein großes Ansehen in der Öffentlichkeit weit über die Grenzen der Bundesrepublik hinaus erwarb er als Regierender Bürgermeister von Berlin. Diesen Posten hatte er nach dem Tode von Otto Suhr 1957 übernommen. Besonders in den Krisensituationen dieser Stadt zeigte er sich als besonnener, überlegener Politiker, der auch das Vertrauen der „Schutzmacht" USA in hohem Maße genoss. Willy Brandt galt als ein Mann des Westens, der wie Ernst Reuter zur Symbolfigur für den Selbstbehauptungswillen Berlins gegen die kommunistische Bedrohung wurde. Sein Konzept einer festen europäisch-atlantischen Verankerung bei gleichzeitigen vorsichtigen Verständigungsversuchen mit dem Osten deckte sich weitgehend mit dem seit Sommer 1960 eingeschlagenen neuen Kurs der Parteiführung.[19] Brandt sprach auch Nicht-Stammwähler an. Er war populär. Als eine Art deutscher Kennedy sollte er den vierundachtzigjährigen Konrad Adenauer ausstechen.

Auf dem Parteitag in Hannover bezeichnete Brandt die „Gemeinsamkeit und den Anstand" als die „beiden Grundpfeiler einer Politik neuen Stils".[20] Der dort beschlossene „Appell" konzentrierte sich auf innenpoliti-

19 Die Bedeutung der außenpolitischen Orientierung Brandts für seine Nominierung zum Kanzlerkandidaten wurde schon erkannt, jedoch überbetont bei Abraham Ashkenasi, Reformpartei und Außenpolitik. Die Außenpolitik der SPD, Berlin-Bonn, Köln und Opladen 1968, S. 196. Übergangen wird dies von Gregor Schöllgen, Willy Brandt. Die Biographie, Berlin-München 2001. Diese Darstellung, die Brandts politisches Leben als eine Kette von Niederlagen zeichnet, bleibt an der Oberfläche und wird Brandt nicht gerecht.
20 Protokoll des SPD-Parteitags 1960, S. 674.

sche Forderungen bis hin zum Umweltschutz („Wieder Blauer Himmel über der Ruhr" wurde zur Parole), während für die Außenpolitik das Bemühen „um eine breite Grundlage" zur Vertretung des Rechts auf Selbstbestimmung und Wiedervereinigung sowie zur Verhinderung einer Trennung Berlins vom Westen betont wurde.[21] Im Regierungsprogramm von April 1961 wurden dazu konkretere Aussagen gemacht: so die Ablehnung der Zweistaatentheorie wie die Forderungen, die EWG zu erweitern, die Beziehung zu den osteuropäischen Völkern zu versachlichen und die Entwicklungshilfe zu verbessern.

Mit dem Bau der Berliner Mauer am 13. August 1961 veränderten sich die Rahmenbedingungen grundlegend. Es war die „Stunde der großen Desillusion".[22] Doch mit einer Abriegelung Berlins war zu rechnen. Seit 1960 war der Flüchtlingsstrom vor allem als Folge der forcierten Kollektivierung der Landwirtschaft rapide angestiegen. Schon im März 1961 hatte Walter Ulbricht bei einer Warschauer-Pakt-Tagung die Absperrung gefordert. Mit der Angst vor dem Schließen des letzten Schlupflochs schwoll der Strom der Flüchtenden noch weiter an. In den frühen Morgenstunden des 13. August wurde die Grenze nach West-Berlin mit Stacheldraht und Barrikaden abgesperrt und anschließend durch eine Mauer und eine dahinter liegende Sperrzone unpassierbar gemacht. Wer die Flucht wagte, setzte fortan Leib und Leben aufs Spiel.

Die Bundesregierung reagierte auf den Mauerbau mit hilflosem Abwarten und selbst Parteifreunde waren von Adenauer enttäuscht. „Der Westen tut NICHTS! US-Präsident Kennedy schweigt ... MacMillan geht auf die Jagd und Adenauer schimpft auf Brandt", so intonierte die Bild-Zeitung am 16. August eine verbreitete Stimmung. Die Bevölkerung, vor allem die Berliner, regierten zunächst mit heller Empörung. Bundeskanzler Adenauer hielt sich eisern zurück und polemisierte weiter gegen „Herrn Brandt alias Frahm". Dieser unterbrach sofort seinen Wahlkampf. Willy Brandts Platz war nun in Berlin. Energisch und zugleich verantwortungsvoll bot er den Moskowitern die Stirn und drängte die zögerlichen Amerikaner, energischer aufzutreten. Die drei Westalliierten nahmen den Mauerbau jedoch hin. Ihre Schutzmachtfunktion galt nur für West-Berlin. Das Ansinnen der USA an die deutsche Politik, die Realität der Teilung anzuerkennen, wirkte als desillusionierender Schock.

---

21 Jahrbuch der SPD 1960/61, S. 420.
22 So der CDU-Politiker Heinrich Krone am 18.8.1961 in seinen Aufzeichnungen zur Deutschland- und Ostpolitik 1954-1969, in: Rudolf Morsey/Konrad Repgen (Hrsg.), Adenauer-Studien, Bd. 3, Mainz 1974, S. 162f.

Allmählich aber setzte sich die Erkenntnis durch, dass mit dem 13. August 1961 eine Phase der Nachkriegsgeschichte geendet und eine neue begonnen hatte. Der Mauerbau markierte eine tiefe Zäsur. Für die Bevölkerung in der DDR bedeutete er die fast völlige Abschnürung und die scheinbar endgültige Verbannung in ein Lager, aus dem es kaum noch ein Entkommen gab. Die DDR, so sah es aus, hatte sich als eigenständiges kommunistisches deutsches Staatswesen fest etabliert, und viele Menschen in dieser Diktatur sahen für sich nur den Weg, sich irgendwie einzurichten oder zu arrangieren. Auf der anderen Seite fanden sich die Bürger der Bundesrepublik in den nächsten Jahren zunehmend damit ab, die Spaltung als Faktum zu akzeptieren. Sie suchten ihrem provisorischen Staat Bundesrepublik ein Eigenrecht zuzuerkennen und ihren politisch-gesellschaftlichen Ort in Europa und der westlichen Welt zu finden.

Die Bundestagswahl vom 17. September 1961 brachte der SPD mit 36,2 Prozent der Stimmen das bis dahin beste Ergebnis auf Bundesebene, einen Zuwachs von 4,4 Punkten. Nach dem Mauerbau überrundeten Brandt und die SPD zunächst Altkanzler Adenauer und seine Union sogar deutlich in der Wählergunst, doch dann kippte die Stimmung im Schatten von Kriegsfurcht und Ängsten wieder um. Die SPD blieb in Bonn weiter Oppositionspartei. Ihr Vorschlag, in dieser schweren Zeit eine Allparteienregierung zu bilden, stieß zwar in der öffentlichen Meinung auf Widerhall, doch noch setzte Adenauer seine Koalition mit der FDP fort.

Aber es wurde zusehends deutlicher, dass auf die Dauer gegen die SPD nicht mehr regiert werden konnte und die politischen Fronten sich auflockerten. Adenauers Autorität hatte gelitten, und er war nur mehr ein Bundeskanzler auf Zeit. In der Außenpolitik war die Union zwischen „Gaullisten" und „Atlantikern"[23] zerrissen, und in der Innenpolitik brachen in der Regierungskoalition immer wieder Spannungen und Konflikte auf, die sich sowohl an der Sache (Sozial-, Haushalts- und Steuerpolitik, Verjährung von NS-Verbrechen) wie an der Person Franz Josef Strauß' und seinen zahlreichen Affären (z.B. Fibag, HS 30, Starfighter-Affäre) entzündeten. Das eröffnete der SPD Möglichkeiten, ihr Gewicht stärker in die Waagschale zu werfen, in wechselnden Konstellationen mit der FDP oder Teilen der CDU/CSU zu kooperieren, so eigene Vorstellungen umzusetzen und gleichzeitig den Zusammenhalt der Koalition weiter zu lockern.

Als die Kuba-Krise die Welt in Sorge und Angst versetzte und im Gefolge der „Spiegel-Affäre" die CDU/CSU-FDP-Koalition im November

---

23 Als Gaullisten galten die Verfechter einer engen Kooperation mit Frankreich unter de Gaulle, als Atlantiker die stärker den USA zuneigenden Politiker.

1962 platzte, wurde deutlich, dass die SPD schon einen Fuß in die Tür zur Regierung zu setzen vermochte. Im Zusammenwirken linksliberaler und sozialdemokratischer Strömungen zeichneten sich zum einen Konturen einer möglichen sozialliberalen Koalition ab, zum anderen führten die Gespräche von Wehner und den CDU/CSU-Abgeordneten Karl Theodor Freiherr von Guttenberg und Paul Lücke zu ersten Verhandlungen über eine Große Koalition. Beides blieb zwar ohne konkretes Ergebnis, und die alte Koalition wurde erneuert, doch nach dem Dezember 1962 waren alle drei Fraktionen im Bundestag miteinander koalitionsfähig, Für die SPD bot sich für beide Optionen eine Möglichkeit. Die Debatte über die Notwendigkeit und Zweckmäßigkeit einer Großen Koalition schwelte weiter, und die Aussicht auf eine SPD-FDP-Koalition blieb am Horizont sichtbar.

In der Notstandsgesetzgebung besaß die SPD ein Faustpfand; denn ihre Stimmen wurden für eine Grundgesetzänderung gebraucht. Sie nutzte diese Situation mit Zähigkeit, Umsicht und Weitblick, um den Regierungsvorlagen die autoritären Giftzähne zu ziehen und eine Lösung anzubahnen, die sich mit dem Geist einer parlamentarischen Demokratie vertrug. Der Kurs der Fraktionsmehrheit und der Parteiführung stieß zwar bei Teilen der SPD, bei den Gewerkschaften, der Jugend und linksliberalen Professoren auf oft heftige Kritik, doch er schärfte das Profil der SPD als einer für die Staatsverantwortung geeigneten und reifen Partei.[24]

In den Augen der Öffentlichkeit wurde die SPD in diesen Jahren mehr und mehr zu der Kraft, die Verantwortungsbewusstsein, Sachkompetenz und Modernität miteinander verband. Sie galt als Anwalt und Ansprechpartner einer zukunftsorientierten Bildungs-, Wissenschafts- und Verkehrspolitik und verfügte in der Haushalts-, Finanz- und Wirtschaftspolitik mit Alex Möller und Karl Schiller über Persönlichkeiten, die Autorität und Solidität verkörperten. In der Außen- und Deutschlandpolitik fand die Partei aus der am 13. August 1961 sichtbar gewordenen Sackgasse der deutschen Politik heraus. Im Einklang mit den globalen Entspannungsbemühungen zwischen Ost und West und der westlichen Führungsmacht USA leiteten Brandt und sein Berliner Stab die Politik der „kleinen Schritte" ein, die mit dem ersten Passierscheinabkommen von Weihnachten 1963 und den weiteren bis 1966 die Mauer zum ersten Mal für die Westberliner wieder etwas durchlässiger machten und den Menschen neue Hoffnung gaben.

24 Umfassend dazu Michael Schneider, Demokratie in Gefahr? Der Konflikt um die Notstandsgesetze. Sozialdemokratie, Gewerkschaften und intellektueller Protest (1958-1968), Bonn 1986.

Nach dem Tode von Erich Ollenhauer (14. Dezember 1963) wurde Willy Brandt zum Parteivorsitzenden gewählt. An der Spitze der Bundestagsfraktion stand nun Fritz Erler, der als brillanter, kompetenter Parlamentarier wie scharfsinniger Analytiker beeindruckte und Liberalität mit Führungskraft verband. Die Fäden der Parteiorganisation hielt Wehner als zweiter Vorsitzender fest in der Hand. Diese „Troika" war im Zusammenspiel mit so herausragenden Köpfen wie Alex Möller und Karl Schiller der sich abnützenden Spitze der Regierungsparteien sichtlich überlegen. Mit Helmut Schmidt, der besonders bei der Hamburger Flutkatastrophe von 1962 als Innensenator seine Führungsqualitäten bewies und sich großes Ansehen erwarb, stand ein weiterer Hoffnungsträger bereit.

Der Ausgang der Bundestagswahlen 1965 blieb aber hinter den Erwartungen zurück. Mit einem Stimmenanteil von 39,3 Prozent lag die SPD weit hinter der CDU/CSU, die 47,6 Prozent errang. Der 1963 zum Kanzlernachfolger Adenauers gekürte Ludwig Erhard erfüllte seine Funktion als Wahllokomotive. Der Nimbus des Vaters des Wirtschaftswunders brachte der Union 1965 noch einmal den Wahlerfolg. Doch gerade auf seinem eigenen Terrain als Symbol des Wohlstandes verlor Erhard rasch an Ansehen. Haushaltsdefizite und die Rücknahme von Wahlgeschenken, eine rückläufige Konjunktur und die Kohlekrise prägten das politische Klima. In der von Erhard zum bundespolitischen Testfall hochstilisierten Landtagswahl in Nordrhein-Westfalen erlitt die CDU eine schwere Schlappe. Die SPD, seit dem Frühjahr 1966 mit dem geplanten Redneraustausch mit der SED schon deutschlandpolitisch in der Offensive, ergriff nun mit Karl Schiller wirtschafts- und finanzpolitisch die Initiative. Sie fand dafür einen Rückhalt in der Wirtschaft, bei Teilen der Union und vor allem bei den Bundesländern, die sich mehrheitlich gegen Erhards Kurs stellten und schließlich den Haushaltsplan der Bundesregierung einstimmig verwarfen.

III. Sozialdemokratie an der Regierung

1. Die SPD in der Großen Koalition

Die SPD erhielt ihre Chance, an die Macht zu kommen, in dem Augenblick, als die bisherige Regierungskoalition in eine offene, allgemein als solche empfundene Krise geraten war. Im Herbst 1966 zeigte sich überdeutlich, dass Bundeskanzler Ludwig Erhard den innenpolitischen Schwierigkeiten, die sich in wirtschaftlicher Rezession, steigender Arbeitslosigkeit, der „Generals-Affäre" bei der Bundeswehr und Stimmengewinnen der NPD bei Landtags- und Kommunalwahlen manifestierten, nicht mehr gewachsen war. Zudem bestand außenpolitisch die Gefahr einer Isolierung der Bundesrepublik auf dem Hintergrund der Entspannungspolitik. Als die FDP ihre vier Minister aus der Regierung zurückzog, wurde Erhard auch abrupt von seiner Partei fallen gelassen. Ein Vorschlag Brandts, Neuwahlen abzuhalten, besaß keinerlei Realisierungschance.[1] Während Erhard als Kanzler noch weiter amtierte, begannen die Verhandlungen über eine neue Regierungskoalition. Alle Möglichkeiten – Wiederauflage der alten Koalition, Große Koalition und sozialliberale Koalition – wurden dabei erwogen und darüber Koalitionsgespräche geführt. Die Tendenz wies jedoch deutlich in Richtung Große Koalition. Anzeichen dafür waren die Nominierung Kurt Georg Kiesingers zum Kanzlerkandidaten der CDU/CSU, der über den Exponenten einer CDU-FDP-Koalition Gerhard Schröder siegte. Auch die mit dem Einzug der NPD in den hessischen Landtag geweckte Besorgnis über die Stabilität der Bonner Demokratie und der Zwang zu einer Konsolidierung des Haushalts durch Sparmaßnahmen und Steuererhöhungen sprachen für eine Regierung auf breiter Basis. Am 26./27. November kamen die Verhandlungen von CDU/CSU und SPD in der Sache zu einem positiven Abschluss. Die Bundestagsfraktion der SPD und die zuständigen Parteigremien entschieden sich schließlich mit großer Mehrheit für die Bildung einer Regierung aus CDU/CSU und SPD.

Die Bildung der Großen Koalition des Jahres 1966 gehört in die Reihe der parteiintern hart umstrittenen politischen Entscheidungen in der

---

1 Brandt hatte diesen Vorschlag schon am 22.10.1966 auf dem Berlin-Treffen der SPD gemacht. Vgl. Süddeutsche Zeitung vom 24.10.1966; ferner SPD-Jahrbuch 1966/67, S. 21.

Geschichte der deutschen Sozialdemokratie.[2] Eine Alternative wäre die Regierungsbildung mit der FDP gewesen, bei der die SPD den Kanzler gestellt hätte und dem Partner gegenüber in einer weit überlegenen Position gewesen wäre. Die SPD konnte sich jedoch nicht entschließen, das Risiko einer Regierung mit so knapper parlamentarischer Mehrheit einzugehen, das durch die Divergenzen innerhalb der FDP noch erhöht worden wäre. Die drängenden Finanz-, Haushalts- und Wirtschaftsprobleme waren, wie sich in den Verhandlungen zeigte, mit einer von Existenzängsten geplagten FDP kaum zu bewältigen. Dagegen zeigte sich mit der CDU/CSU in diesen Bereichen ein weit gehender Konsens, und in der Ost- und Deutschlandpolitik näherte sich die CDU/CSU dem Sachprogramm der SPD an. Den Kritikern der Großen Koalition schließlich, die meinten, die SPD solle es denen überlassen, „den Karren ... auch wieder raus[zu]holen", die ihn festgefahren hätten, , antwortete Brandt: „Dazu sind wir zu groß geworden." Es müsse „die Anstrengung gemacht werden, es zu dem begrenzten aber doch möglichen Erfolg für Deutschland einschließlich der SPD werden zu lassen, die dann, wenn sie sich auf wichtigen Gebieten bewährt, zusätzliches Vertrauen gewinnen wird".[3]

Die weitere Entwicklung bestätigte die Richtigkeit dieses Kalküls. Die Regierung der Großen Koalition unter Bundeskanzler Kiesinger, in der die SPD neun Minister und acht Staatssekretäre stellte, war auf wichtigen Gebieten erfolgreich, und der SPD sollte der so erworbene „Amtsbonus" schließlich zu ihrem Ziel verhelfen. Die entscheidendsten, unmittelbar fühlbaren Resultate wurden auf wirtschafts- und finanzpolitischem Gebiet erzielt. Es gelang Wirtschaftsminister Karl Schiller in Zusammenarbeit mit Finanzminister Franz Josef Strauß – dessen Mitgliedschaft im Koalitionskabinett viele Sozialdemokraten zunächst als die härteste Zumutung empfanden –, die Arbeitslosenquote erstaunlich schnell zu senken; im Herbst 1968 lag sie dann unter einem Prozent. Die industrielle Produktion stieg 1968 um fast 12 Prozent. Zum Erfolg der Wirtschafts- und Finanzpolitik der neuen Bonner Regierung trug in hohem Maße die Tatsache bei, dass sie sowohl Gewerkschaften als auch Unternehmer für eine „konzertierte Aktion" gewonnen hatte. Die Kooperation der Gewerkschaften und der

---

2 Einen guten Überblick vermittelt die vom Vorstand der SPD herausgegebene Dokumentation: Bestandsaufnahme 1966, Bonn 1966. Noch auf dem Parteitag in Nürnberg vom 17.-21.3.1968 gab es darüber heftigen Streit.

3 Brandt vor dem SPD-Parteirat am 28.11.1966, ebenda, gekürzt abgedr. auch in: Willy Brandt. Berliner Ausgabe, Bd. 7: Mehr Demokratie wagen. Innen- und Gesellschaftspolitik 1966-1974, bearb. von Wolther von Kieseritzky, Bonn 2001, S. 114-124, Zitat S. 124.

Arbeitgeber generell ermöglichte es der Regierung, ihre Pläne zur Belebung der Konjunktur verhältnismäßig reibungslos durchzuführen.

Von besonderer Bedeutung waren die verschiedenen Maßnahmen zur Behebung der Krise im Ruhrkohlenbergbau, die in Kooperation zwischen der Landes- und Bundesregierung getroffen wurden. In Nordrhein-Westfalen war in der Landtagswahl vom Juli 1966 die SPD die stärkste Partei geworden und hatte knapp die absolute Mehrheit verfehlt. Ihr Einbruch insbesondere in ländliche und kleinstädtische Gebiete ebenso wie ihre Gewinne bei der katholischen Bevölkerung waren ein unübersehbares Zeichen des politischen Klimawandels: Die SPD war auch in ehemaligen CDU-Hochburgen wählbar geworden. Nach fünfmonatiger Amtszeit gab der CDU-Ministerpräsident angesichts der wachsenden Schwierigkeiten auf, und der Sozialdemokrat Heinz Kühn bildete ein Kabinett mit der FDP.[4] Die positive Bilanz der „Kleinen Koalition" im größten Bundesland und Ministerpräsident Kühns persönlicher Einfluss blieben nicht ohne Wirkung auf spätere Entscheidungen der FDP auf Bundesebene.

Als das anfängliche Unbehagen, das viele Mitglieder und Anhänger der SPD über deren Verbindung mit der CDU empfanden, im Abklingen war, wurde es durch die Verabschiedung der Notstandsgesetze im Frühjahr 1968 neu belebt. Seit den Auseinandersetzungen über die militärische Aufrüstung der Bundesrepublik hat kein Gesetzgebungswerk über Jahre so heftige Reaktionen der Öffentlichkeit hervorgerufen und in Kreisen, die zum Wählerreservoir der SPD gehörten, solch einen Protest ausgelöst. Auch in der SPD-Bundestagsfraktion gab es eine Minderheit, die grundsätzliche Bedenken gegen eine Notstandsverfassung hatte, bei ihrer Beratung einen nicht zu unterschätzenden Einfluss ausübte und schließlich gegen das Gesetzeswerk stimmte. Nachdem diese Gesetze mit großer Mehrheit auch der SPD-Stimmen verabschiedet worden waren, ist die Erregung jedoch schnell verflogen, jedenfalls spielte sie politisch keine Rolle mehr.

Auf uneingeschränkt positive Resonanz innerhalb der Partei stieß hingegen von Anfang an die Tätigkeit des Außenministers Willy Brandt. Sie richtete sich darauf, die Europäische Gemeinschaft zu festigen und zu erweitern, das Verhältnis der Bundesrepublik zu ihren westlichen Nachbarn weiter zu pflegen – wobei Brandt sich darum bemühte, die unter Außenminister Schröder abgekühlten Beziehungen zu Frankreich wieder

---

4 Für die Stimmung in der SPD war bezeichnend, dass Kühns ursprüngliche Absicht, analog zur Bonner Konstruktion mit der CDU zusammenzugehen, am Widerstand der sozialdemokratischen Landtagsfraktion scheiterte. Vgl. dazu Heinz Kühn, Aufbau und Bewährung, Hamburg 1981, S. 163f., 167, 169, 196-200, 203f.

freundlicher zu gestalten – und die Westpolitik durch eine systematisch entwickelte Ostpolitik zu ergänzen. Schritte dazu waren die Vorbereitung eines Gewaltverzichtsabkommens mit der Sowjetunion, die Wiederaufnahme der 1957 abgebrochenen diplomatischen Beziehungen mit Jugoslawien und schließlich die Anbahnung von Verhandlungen mit der DDR.

Neben dem unschätzbaren Gewinn, den die Große Koalition der SPD verschaffte, indem sie ihr zum ersten Mal auf Bundesebene die Gelegenheit bot, die Bevölkerung von der Regierungsfähigkeit der „ewigen Oppositionspartei" zu überzeugen, brachte sie ihr aber auch parteiinterne Probleme. Stärker denn je zuvor machte sich in jener Zeit eine Unruhe unter den in der Arbeitsgemeinschaft der Jungsozialisten zusammengefassten Parteimitgliedern bemerkbar. Zwar hatte die Parteiführung schon Ende der fünfziger Jahre so schwere Differenzen mit dem von der SPD finanzierten und protegierten Sozialistischen Studentenbund (SDS) gehabt, dass sie schließlich 1960 die Mitgliedschaft im SDS mit der in der SPD für unvereinbar erklärte und die Gründung des Sozialdemokratischen Hochschulbundes (SHB) veranlasste. Auch mit der Jugendorganisation „Die Falken" hatte es öfter Ärger und Krach gegeben – die Jungsozialisten jedoch hatten zwei Jahrzehnte niemals Anlass zu ernster Beunruhigung für die Partei geboten, zumal sie damals keinen Machtfaktor darstellten. Das änderte sich nun fundamental mit der „Studentenrevolte" und der Protestbewegung.

In den Reihen der Jusos setzte ausgehend von den Universitäten ein Radikalisierungsprozess ein. Der Protest gegen den US-amerikanischen Vietnamkrieg, gegen die Verdrängung der Vergangenheit, gegen tatsächliche und vermeintliche faschistische Tendenzen und gegen einen ungezügelten Kapitalismus war unter der kritischen Jugend verbreitet. Er verband sich mit einem antiautoritären Aufbegehren gegen das „Establishment" und den Lebensstil der älteren Generation. Nach dem Höhepunkt der „68er Bewegung" mit der Anti-Notstandskampagne setzten der allmähliche Niedergang und zugleich eine Ausdifferenzierung ein. Die realistischeren, gemäßigten Jungakademiker und ihre jungen Gefolgsleute begannen nun mit ihrem Marsch durch die Institutionen, bei der Sozialdemokratie, den Gewerkschaften und der kleinen FDP.

In der damaligen SPD überwog die Orientierung an politischen Erfolgsleitbildern gelegentlich so stark alle anderen Überlegungen, dass Beobachter dieses Prozesses ihn als das Bemühen ironisierten, die beste CDU zu werden, die es je gab. Über grundsätzliche Fragen wurde kaum mehr geredet, Godesberg bestenfalls zitiert, aber nicht interpretiert. Auf diesen Pragmatismus der Macht reagierten junge Parteimitglieder mit Skepsis, Kritik und Opposition, einer Haltung, für die sie beim Partei-„Establishment" kein Verständnis fanden und mit der sie oft – wie sie es empfanden – auf autoritäre Ablehnung stießen. Doch die häufig aus dem akademischen Milieu kommenden Jungsozialisten lernten, Strategien zu entwickeln und sich erfolgreicher, wenn auch nicht immer fairer Taktiken zu bedienen, die sie an vielen Orten in organisatorische Schlüsselpositionen brachten und ihnen auf Kommunal- und Landesebene wichtige Ämter verschafften. Dass auf diese Weise der notwendige Wechsel der Generationen in verantwortungsvollen Stellungen oft beschleunigt, das Reservoir an Aktivisten erweitert und die Konkurrenz um Mandate verschärft wurde, war eine Seite der jungsozialistischen Aktivität. Dies schuf manche harten Konflikte, führte besonders in den Universitätsstädten zu einer Akademisierung und ausgesprochen theorielastigen Orientierung. Dem nach Godesberg eingetretenen Pragmatismus der SPD hat dies zwar entgegengewirkt und wieder eine Diskussion in Gang gebracht, die trotz der Unausgegorenheit mancher politischer Forderungen der „Jusos" und ihrer einseitigen Überschätzung von Theorien und „Modellen" eine Besinnung auf fundamentale Fragen sozialdemokratischer Politik anregte. Aber dieser innerparteiliche Vormarsch der „68er" belastete die Partei zugleich mit langfristigen Flügelkämpfen, die zu Reibungsverlusten führten und Parteifunktionäre fast zur Verzweiflung trieben.

2. Aufbruch zu neuen Ufern

Auch für die Architekten der Großen Koalition, so verschieden ihre Motive im Einzelnen waren, lag es auf der Hand, dass diese Koalition als „eine Ehe auf Zeit" anzusehen war. Die Perspektive einer neuen, für die SPD günstigeren und im Ganzen mehr Dauer versprechenden Konstellation wurde gegen Ende der Legislaturperiode durch die Wahl des Bundespräsidenten im März 1969 eröffnet. Die beiden Regierungsparteien stellten je einen Kandidaten auf: die CDU/CSU den damaligen Verteidigungsminister Gerhard Schröder, die SPD Gustav Heinemann, Justizminister im Kabinett der Großen Koalition. Der Wahlausgang hing von den beiden Oppositionsparteien FDP und der rechtsradikalen NPD ab, auf deren Stimmen die Unionsparteien für ihren Bewerber bauten. Die Führung der FDP hatte sich für Heinemann entschieden, doch blieb es bis zum Wahltag ungewiss, ob alle ihre Abgeordneten dieser Parole folgen würden. Das geschlossene Votum der Freien Demokraten für Heinemann gab nicht nur den Ausschlag für dessen Wahl, sondern beseitigte bei Sozialdemokraten auch durch vergangene Erfahrungen begründete Zweifel an der Zuverlässigkeit der FDP.

Helmut Schmidt und Gustav Heinemann nach der Bundespräsidentenwahl
1969

Ende der sechziger Jahre war im gesellschaftlichen Klima der Bundesrepublik ein Wandel eingetreten. Die als „Studentenrevolte" bekannt gewordene Bewegung, die in den USA eingesetzt hatte und in Paris im Mai 1968 ihren europäischen Höhepunkt erlebte, griff schnell auf die bundesdeutschen Universitäten über. Der Protest gegen bestehende Zustände, den diese Studentengeneration am heftigsten zum Ausdruck brachte, war die Speerspitze einer breiteren und sich schon länger andeutenden Umbruch- und Aufbruchstimmung. Die „konservative Demokratie" und die NS-Vergangenheit wurden kritisch hinterfragt und Liberalität und Aufarbeitung eingefordert. Ein Stimmungswandel machte sich auch in Kreisen breit, die sich bis dahin gesellschaftspolitisch eher passiv verhalten hatten. Frauen artikulierten ihre Unzufriedenheit mit ihrer Stellung sowohl im privaten als auch im öffentlichen Leben und organisierten sich mit neuem Selbstbewusstsein und Selbstverständnis in Gruppen, die ihre Anliegen vertraten. In verschiedenen Schichten der Bevölkerung wurden etablierte Autoritäten, Rollenverteilungen, überkommene Denkmuster und Verhaltensweisen in Frage gestellt. In der öffentlichen Diskussion wurden Themen aufgegriffen, die früher allenfalls Fachkreise oder Außenseiter beschäftigt hatten. Eine zunehmende Anzahl von Bundesbürgern gewann die Überzeugung, dass vieles geändert und Verkrustungen aufgebrochen werden müssten. Politisch schlug sich dieser kritische, antikonservative Trend zu Gunsten der SPD nieder. Das Projekt einer offeneren Bürgergesellschaft, schon seit Anfang der 60er auf dem Weg, wie der Ausgleich mit den östlichen Nachbarn und mehr Demokratie in Staat und Gesellschaft kamen auf die Agenda. Mit einer „Strategie des begrenzten Konfliktes" profilierte sich die SPD in der Endphase der Großen Koalition als Partei der Bewegung und Reform.

Nach einem Wahlkampf, in dem die SPD wie nie zuvor durch bekannte Persönlichkeiten außerhalb ihrer Reihen – Schauspieler, Regisseure, Schriftsteller, Wissenschaftler, Journalisten, Sportler – unterstützt wurde, errang sie am 28. September 1969 42,7 Prozent der Stimmen. Am auffallendsten waren ihre Gewinne in den Mittelschichten und zwar bei Angestellten und Beamten, weniger bei Selbständigen. Gegenüber 1966 legte die SPD 3,4 Punkte zu, die Unionsparteien verloren leicht, blieben aber mit 46,1 Prozent stärkste politische Kraft. Die FDP sank nach ihrem Linksschwenk von 9,5 auf 5,8 Prozent. Ein „Machtwechsel" war rechnerisch möglich, barg aber angesichts der knappen Mehrheit und unsicherer Kantonisten bei der FDP Risiken.

Mit zupackender Energie stellte Willy Brandt noch in der Wahlnacht die Weichen für eine Koalition mit der FDP Walter Scheels. Die Außen-

und Deutschlandpolitik wirkte als Triebkraft für das Zusammengehen von Sozial- und Freidemokraten. Die Koalitionsverhandlungen verliefen zügig. Schon Anfang Oktober stand das neue Regierungsbündnis und am 21. Oktober 1969 wurde Willy Brandt zum Bundeskanzler gewählt. Die FDP erhielt zwei Schlüsselressorts – Äußeres für Walter Scheel, der zugleich Vizekanzler wurde, und Inneres für Hans-Dietrich Genscher – sowie Landwirtschaft für Franz Josef Ertl, um so auch den rechten Parteiflügel der FDP einzubinden. Die SPD bekam elf Ministerien. Karl Schiller, die Wahllokomotive der SPD, blieb Wirtschaftsminister und der angesehene Georg Leber Verkehrsminister. Neu im Kabinett waren u.a. Alex Möller als Finanz- und Helmut Schmidt als Verteidigungsminister, dessen Nachfolger als Fraktionsvorsitzender nun Herbert Wehner wurde. Die Besetzung des Bundesministerium für Bildung und Wissenschaft mit dem parteilosen Professor Hans Leussink rief zum Teil in der SPD Befremden hervor, da eine Reform des Bildungswesens als spezifisch sozialdemokratisches Anliegen galt; nach Leussinks Rücktritt wurde der Sozialdemokrat Klaus von Dohnanyi sein Nachfolger.

„Im Zeichen der Kontinuität und im Zeichen der Erneuerung" solle die Politik der sozialliberalen Koalition stehen, hieß es in Bundeskanzler Brandts Regierungserklärung vom 28. Oktober 1969. Sie betonte in der Außenpolitik die Kontinuität zur Vorgängerregierung und signalisierte innenpolitisch unter dem Leitmotiv „Wir wollen mehr Demokratie wagen" einen Aufbruch zu neuen Ufern. Sie schloss mit den Worten: „Wir stehen nicht am Ende unserer Demokratie, wir fangen erst richtig an. Wir wollen ein Volk der guten Nachbarn sein und werden im Inneren und nach außen."[5]

Misst man die Taten der Regierung Brandt an den beiden Merkmalen „Kontinuität" und „Erneuerung", so zeigte sich die Kontinuität eher in der Innenpolitik. Wirtschafts- und Finanzpolitik standen weniger im Zeichen von Reformen, als von Versuchen, sich der jeweiligen Konjunktur- und Haushaltslage anzupassen. Das innenpolitische Gesetzgebungswerk, insbesondere auf sozialpolitischem Gebiet, war beachtlich, wenn auch in keinem einzigen Fall bahnbrechend, sondern seinem Charakter nach eine Fortsetzung auf dem von der Großen Koalition, zum Teil auch schon von früheren Regierungen eingeschlagenen Wege. Manche Reformen wurden nicht verabschiedet, weil die Amtsperiode der Regierung Brandt/Scheel bereits nach drei Jahren beendet wurde. Andere, so die des Bodenrechts und des

---

5 Verhandlungen des Deutschen Bundestages, Sten. Ber., Band 71, S. 20-34. Auszug in Dokumente 12 sowie in Willy Brandt, Berliner Ausgabe, Bd. 7, S. 218-224.

Steuerwesens, boten so große immanente Schwierigkeiten, dass sie nicht zum Ziel gelangten. Mit dem Bafög eröffnete die Regierungskoalition auch Kindern aus einkommensschwachen Schichten bessere Chancen zu höherer Bildung, bei der „Demokratisierung der Hochschulen" stieß sie an Grenzen. Zeichen für mehr Liberalität und Entgegenkommen an die junge Generation setzte sie beim Demonstrationsrecht und mit der Herabsetzung des Wahlalters auf 18 Jahre. Doch der im Januar 1972 von Kanzler Brandt und den Länderregierungschefs vereinbarte sog. „Radikalenerlass" rief im In- und Ausland Kritiker auf den Plan. Er sollte den Einzug von Linksextremen in den Staatsdienst bremsen und wie zuvor schon ein scharfer Abgrenzungsbeschluss der SPD zu den Kommunisten von Winter 1970/71[6] den Willen von Regierung wie Sozialdemokratie dokumentieren, einer linken Unterwanderung einen Riegel vorzuschieben. Dies erfolgte nicht nur mit dem Blick auf Wähler der politischen Mitte, sondern resultierte auch mit aus der neuen Ost- und Deutschlandpolitik. Die Führung der Sozialdemokratie stellte damit klar, dass friedliche Koexistenz und Annäherung an die Staaten des Ostens den fundamentalen Gegensatz von freiheitlicher Demokratie und kommunistischer Diktatur nicht verwischen durften.

Kräftige neue Akzente setzte die sozialliberale Regierung unter Willy Brandt sofort in der Außenpolitik. Schon Mitte November 1969 vereinbarte sie mit Moskau Verhandlungen über einen gegenseitigen Gewaltverzicht und eine Woche später verständigten sich Bonn und Warschau auf Gespräche. Ende November wurde der Atomwaffensperrvertrag unterzeichnet. Anfang Dezember stieß Willy Brandt eine Erweiterung der EG und eine engere Zusammenarbeit mit dem Ziel einer Wirtschafts- und Währungsunion an. Unmittelbar danach schlug die Nato dem Warschauer Pakt Verhandlungen über Truppenreduzierungen in Europa vor und stärkte der Bundesregierung den Rücken für ostpolitische Initiativen.

Die feste Verankerung im westeuropäisch-atlantischen System war die Grundlage für die neue Deutschland- und Ostpolitik. Gerade Willy Brandt hat oft betont, dass seine Ostpolitik nur die notwendige Ergänzung der Westpolitik Adenauers sei. Es ist jedoch unverkennbar, dass durch sie neue Wege eingeschlagen, erstarrte Fronten gelockert und bis dahin als versperrt betrachtete Möglichkeiten eines internationalen Modus vivendi eröffnet wurden. Aus der Einsicht, dass der Schlüssel für eine Auflockerung bei der Sowjetunion lag, richtete Bonn die ostpolitischen Antennen primär nach

---

6 Jahrbuch der SPD 1970-1972, Bonn o.J. S. 557ff. (Parteirat vom 14.11.1970 und Parteivorstand vom 26.2.1971).

Moskau aus. Seit Januar 1970 verhandelte Egon Bahr mit Außenminister Andrej Gromyko und anderen Kreml-Beauftragten. Parallel dazu fanden in Erfurt (März 1970) und Kassel (Mai) die beiden ersten deutschen Gipfeltreffen von Bundeskanzler Brandt und DDR-Ministerpräsident Willi Stoph statt und verhandelten die Vertreter der Vier-Mächte über Berlin. Dazu kamen noch die Gespräche mit Polen. Dieses ganze Netzwerk der Verhandlungen war ineinander verwoben und miteinander verkoppelt. Ende Mai 1970 gelang schließlich der Durchbruch, als sich Außenminister Gromyko und mit ihm die Sowjetführung bereit fanden, den berühmten „Brief zur deutschen Einheit" entgegenzunehmen.

Am 12. August 1970 wurde der Moskauer Vertrag unterzeichnet. Ihm folgte am 7. Dezember der Warschauer Vertrag. Mit seinem Kniefall am Mahnmal für die Opfer des Warschauer Ghettos setzte Willy Brandt ein wirkungsmächtiges Zeichen. Mit dem Vier-Mächte-Abkommen von September 1971 über Berlin bekam die Stadt nun endlich eine Garantie für eine gesicherte Lebensfähigkeit und Zukunft. Es wurde ergänzt durch das Transitabkommen der Bundesrepublik mit der DDR. Mit dem Grundlagenvertrag von Dezember 1972 mit der DDR schloss sich der Kreis dieser bahnbrechenden ostpolitischen Vertragspolitik.

Die Ost-, Deutschland- und Entspannungspolitik der Regierung Brandt war eine historische Tat. Mit ihr leistete die sozialliberale Koalition einen unschätzbaren Beitrag zur Entspannung zwischen Ost und West, zum Abbau von Feindbildern, zur Schaffung eines Klimas des Vertrauens, zur Verständigung und Aussöhnung mit den Nachbarn im Osten. Der Rechtsstatus des eingeschnürten Berlin (West) war solider, der Verkehr auf den Transitstrecken zügiger, sicherer und einfacher, Reisen von Deutschland (West) nach Deutschland (Ost) für viele Bürger wieder möglich geworden und West-Reisen wenigstens für ältere DDR-Bürger zugestanden worden. Mauer und Stacheldraht wurden endlich wieder durchlässiger und die Folgen der deutschen Teilung wenigstens etwas erträglicher. Diese Politik war Politik für die Menschen im geteilten Land. Dies spürten gerade die Deutschen, die nun schon seit Jahren in Unfreiheit unter dem SED-Regime lebten. Beim Erfurter Treffen von 1970 zerriss für einen Moment der Schleier, als die vor dem „Erfurter Hof" versammelte Menge laut und vernehmlich „Willy, Willy" (Brandt) rief. Dies waren unüberhörbare Signale. Das Gefühl der Zusammengehörigkeit der Deutschen war bei den Bürgern der DDR lebendig. Die Hoffnung auf eine Wende zum Besseren richtete sich auf den sozialdemokratischen Bundeskanzler Willy Brandt. Erfurt wurde zum Symbol für die Sehnsüchte der Menschen nach einem Wandel, die sich mit Brandts Dialogs- und Öffnungspolitik verbanden.

Die neue Ost- und Deutschlandspolitik befreite die Bundesrepublik aus den alten Fesseln der Politikunfähigkeit gegenüber dem Osten. Durch den Ausgleich mit den östlichen Nachbarn im Konsens mit den westlichen Mächten stärkte Bonn seine internationale Handlungsfähigkeit und gewann an politischem Gewicht. Die Verleihung des Friedensnobelpreises an Willy Brandt im Oktober 1971 bezeugte die hohe Achtung und Anerkennung für die von Brandt verkörperte und symbolisierte Verständigungs-, Friedens- und Aussöhnungspolitik eines demokratischen Deutschlands, das ein Volk guter Nachbarn werden wollte. Dies strahlte weit und tief bis in die DDR hinein. Der charismatische Willy Brandt wurde für viele ihrer Bürger zum Hoffnungsträger für Öffnung und Wandel und zur Leitfigur für einen friedlich-freiheitlichen Weg der Deutschen in der Mitte Europas.

Mit den Verträgen von Moskau, Warschau und dem Grundlagenvertrag erkannte die Bundesrepublik die Grenzen als „unverletzlich", aber nicht als „unveränderlich" und die DDR „staatsrechtlich", aber nicht „völkerrechtlich" an. Es wurde nichts preisgegeben, was nicht schon durch den von NS-Deutschland entfesselten Krieg verloren gegangen war. Die neue Ost- und Deutschlandpolitik bedingte den Bruch mit Tabus und sie stieß in der Bundesrepublik auf heftige Widerstände. Von der CDU/CSU wurde sie zum Teil hart attackiert. Im Januar 1972 beschloss der Bundesausschuss der CDU einstimmig die Ablehnung der Ostverträge. Nachdem drei FDP-Abgeordnete zur CDU/CSU übergewechselt waren, ebenfalls drei aus der SPD diesen Schritt taten[7] und weitere als potentielle „Überläufer" galten, verfügte die Koalition nicht mehr über eine sichere Mehrheit im Bundestag. Mit einem Misstrauensvotum suchte die CDU/CSU Willy Brandt zu stürzen und Rainer Barzel zum neuen Kanzler zu wählen. Es scheiterte am 27. April 1972 an zwei Stimmen, eine erwiesenermaßen erkauft, eine andere mit hoher Wahrscheinlichkeit.[8] SPD wie FDP und unzählige Brandt-Anhänger in der beispiellos aufgewühlten Öffentlichkeit jubelten, doch im Bundestag gab es danach ein „Patt" und das Schicksal der Ostverträge stand auf des Messers Schneide.

Einen Ausweg aus der Krise fanden Regierung und Opposition beim Moskauer und Warschauer-Vertrag durch einen Kompromiss: eine gemeinsame Bundestagsentschließung und Stimmenthaltung der meisten

---

7 Klaus-Peter Schulz 1971 sowie Franz Seume und Herbert Hupka 1972.
8 Neben Julius Steiner (CDU) hatte sich „mit an Sicherheit grenzender Wahrscheinlichkeit" der CSU-Abgeordnete Leo Wagner „sein Votum gegen Barzel" vom MfS „entlohnen lassen". Siehe Willy Brandt. Berliner Ausgabe, Bd. 7, S. 60 und 552, Anm. 91.

CDU-Abgeordneten bei der Abstimmung über die Verträge. Das Ringen um die Ostverträge, das alles andere in den Schatten stellte, hatte die Brandt-Regierung mit knapper Not bestanden. Doch es kamen weitere Herausforderungen auf sie zu. Mit einer Serie von Anschlägen forderte die RAF, die „Rote Armee Fraktion", seit Mai 1972 den Rechtsstaat heraus. Die heiteren Olympischen Sommerspiele 1972 in München wurden von einem Terroranschlag einer radikalen Palästinensergruppe auf die israelische Mannschaft überschattet. Der Befreiungsversuch der Geiseln endete in einem Desaster. Anfang Juli trat der zeitweise sehr populäre „Superminister" Karl Schiller zurück, der neben seinem Wirtschaftsressort im Mai noch das Finanzministerium von Alex Möller erhalten hatte. Die Leitung des „Superministeriums" übernahm der bisherige Verteidigungsminister Helmut Schmidt. Nach dem bisherigen „Patt" wurde die Situation mit Schillers Rücktritt und dem Übertritt des früheren SPD-Abgeordneten Günther Müller zur CSU nun unhaltbar. Da weder die Regierung noch die Opposition eine „Kanzlermehrheit" besaß, verständigten sich alle Parteien auf vorgezogene Neuwahlen. Nach einer komplizierten, durch das Grundgesetz bedingten parlamentarischen Prozedur löste Bundespräsident Heinemann den Bundestag auf.

Der Wahlkampf wurde mit großer Härte und in einer emotional aufgeheizten Atmosphäre geführt. Die Ostpolitik spielte eine herausragende Rolle. Am 8. November – wenige Tage vor den Wahlen – wurde der Grundlagenvertrag paraphiert. Die Koalition würdigte ihn als Beitrag zum Frieden, und wohlgesonnene Medien feierten ihn wie den Anbruch einer neuen Zeit. So wurden die Wahlen zu einer Art von Plebiszit über die Verständigungs-, Ausgleichs- und Friedenspolitik und über den charismatischen Friedensnobelpreisträger Willy Brandt.

Das politische Interesse und Engagement der Sympathisanten war enorm. Es bezog sich auf die Ost- und Versöhnungspolitik und entzündete sich stärker als in früheren Auseinandersetzungen an politischen Exponenten: den in der Bevölkerung wenig beliebten Barzel/ Strauß auf der einen und dem geliebten und gefeierten Willy Brandt auf der anderen Seite. Die beispiellose Emotionalisierung barg die Gefahr der nicht nur politischen, sondern auch moralischen Diffamierung des Gegners, aber sie bewirkte eben auch eine positive politische Mobilisierung. Neben vielen Intellektuellen, Schriftstellern, Wissenschaftlern und Künstlern engagierten sich bis dahin mehr oder weniger indifferente Kreise der Bevölkerung aktiv im politischen Geschehen. Mit „Wählerinitiativen", in Straßen- und Hausdiskussionen, durch das Tragen von Abzeichen und andere Symbolhandlungen bekannten sie sich öffentlich und offen zu dem von ihnen bevorzugten

Lager. Von dieser Politisierung des Wählervolkes haben die SPD und ihr „Willy" mehr profitiert als die CDU/CSU. Diese Bundestagswahlen mit ihrer Rekordwahlbeteiligung haben die bis dahin gängige Meinung widerlegt, dass eine hohe Wahlbeteiligung die Gegner der SPD begünstige.

Bei den vorgezogenen Neuwahlen vom 19. November 1972 überflügelte die SPD mit 45,8 Prozent zum ersten Mal die CDU/CSU (die auf 44,9 kam) und errang den größten Wahlsieg in ihrer Geschichte. Die im Verhältnis zu früheren Wahlen stärksten Zugewinne erzielte sie bei den Frauen, den Jungwählern und den Arbeitnehmern der unteren Einkommensstufen. Der Koalitionspartner FDP steigerte sich auf 8,4 Prozent und die Regierung verfügte nun über eine solide parlamentarische Mehrheit. Mit Annemarie Renger stellte die SPD jetzt die Bundestagspräsidentin, und zum erstenmal bekleidete dies hohe Staatsamt eine Frau. Mit 269 von 493 abgegebenen Stimmen wurde Willy Brandt am 14. Dezember 1972 wieder zum Bundeskanzler gewählt. Als Finanzminister mit erweiterten Kompetenzen galt Helmut Schmidt als der starke Mann im Kabinett. Kabinettsneulinge waren der bisherige Münchener Oberbürgermeister Hans-Jochen Vogel als Minister für Raumordnung und Bau, Katharina Focke im Familienministerium und Hans Friderichs, da nun die FDP das Wirtschaftsministerium erhielt. Horst Ehmke, im Kanzleramt zuvor Brandts rechte Hand, wechselte ins Forschungsministerium. Fraktionsvorsitzender blieb Herbert WehnerSchon die Koalitionsverhandlungen und die Regierungsbildung standen für Brandt unter keinem guten Stern. Gehandicapt durch einen Krankenhausaufenthalt und eine diesmal langwierigere Depression tat er sich schwer. Nach der euphorischen Hochstimmung der Willy-Wahlen und der Durchsetzung der neuen Ostpolitik setzte eine Ernüchterung ein. Brandts Regierungserklärung von Januar 1973 war auf Kontinuität, Ausgleich und „langen Atem" gestimmt. Die Ratifizierung des Grundlagenvertrags durch den Bundestag verlief im Mai glatt. Die CDU war durch eine Führungskrise geschwächt. Nach dem Rücktritt von Rainer Barzel wählte die Bundestagsfraktion von CDU/CSU im Mai Karl Carstens zum neuen Fraktionsvorsitzenden und im Juni löste Helmut Kohl Barzel im Parteivorsitz der CDU ab. Am 21. Juni 1973 trat der Grundlagenvertrag in Kraft und am 31. Juli fällte das Bundesverfassungsgericht sein Urteil, in dem es die Vereinbarkeit mit dem Grundgesetz festhielt, aber zugleich die Verpflichtung zur Wiederherstellung der staatlichen Einheit deutlicher festschrieb. Am 18. September wurden die Bundesrepublik Deutschland und gleichzeitig die DDR als vollwertige Mitglieder in die Vereinten Nationen aufgenommen.

234

Der Kreis der neuen Ost- und Deutschlandpolitik hatte sich geschlossen. Ein Durchbruch war erzielt worden, aber Enttäuschungen blieben nicht aus. Für die SED-Kommunisten, die den „Sozialdemokratismus" verdammten, blieb Bonn trotz sozialliberaler Regierung und Entspannung der „Klassenfeind", der „ideologische Diversion" betrieb, „um bürgerliche Ideologie bei uns einzuschleusen".[9] Die Sowjetunion behandelte West-Berlin weiter als besondere politische Einheit und das SED-Regime in der DDR igelte sich ein. Das Grenzregime wurde durch Minen und Selbstschussanlagen SM 70 noch todbringender gestaltet, der Kreis der West-Kontakt-Verbote ausgeweitet, der Stasi-Apparat ausgebaut und perfektioniert und die ideologische Abgrenzung verschärft.

Bei den humanitären Fällen, Familienzusammenführung und Häftlingsfreikäufen, die früher auf der „Anwaltsebene" geregelt wurden, lief seit der Unterzeichnung des Grundlagenvertrags nichts mehr. Um die 2 000 DDR-Bürger, denen ursprünglich die Ausreise genehmigt worden war, saßen buchstäblich auf ihren „Koffern". Herbert Wehner, seit seiner Zeit als Minister für gesamtdeutsche Fragen mit Freikäufen vertraut und persönlich sehr engagiert, machte sich zu ihrem Anwalt und fuhr Ende Mai 1973 zu einem Aufsehen erregenden Treffen mit Erich Honecker, dem jüngeren Kampfgefährten aus seiner früheren kommunistischen Zeit, in die DDR.[10] Bei den humanitären Fällen verbuchte Wehner einen Erfolg. Familienzusammenführung und Häftlingsfreikäufe kamen wieder in Gang. Bei diesem System des „Menschenhandels", bei dem das SED-Regime Profit aus dem traurigen Los von Menschen schlug, blieb es bis zum Ende der DDR. Nur die Preise stiegen. Doch neben unzähligen Familien, die so wieder zusammen kamen, wurden zwischen 1964 und 1990 über 33 000 Häftlinge freigekauft. Aus diesem düsteren Geschäft mit Menschenschicksalen erlöste der SED-Staat fast 3,5 Milliarden DM.

Brandt und andere waren über die Wehner-Reise informiert und zeitweise nahm an dem Treffen mit Honecker auch Wolfgang Mischnick von der FDP teil. Doch nachdem die deutsch-deutschen Beziehungen stagnierten, zeichnete sich in Bonn ein sachlicher Dissens über das Vorgehen gegenüber Ost-Berlin ab. Dazu kamen Animositäten zwischen dem engeren Umfeld Brandts und dem mächtigen Fraktionsvorsitzenden, der eine Art von „Nebenaußenpolitik" nach Osten zu betreiben begann. Bei einem

---

9 So das Politbüromitglied Werner Lambertz, Die Aufgaben von Agitation und Propaganda bei der Verwirklichung der Beschlüsse des VIII. Parteitags der SED, Berlin (Ost) 1972, S. 52.
10 Heinrich Potthoff, Bonn und Ost-Berlin 1969-1982. Dialog auf höchster Ebene und vertrauliche Kanäle. Darstellung und Dokumente, Bonn 1997, S. 38f., 102ff. und 280ff.

Besuch in Moskau kritisierte Wehner Ende September 1973 öffentlich die Berlinpolitik der eigenen Regierung und verstieg sich zu kritisch-hämischen Bemerkungen über Brandt: Er bade „gern lau", sei „entrückt" und „abgeschlafft".[11] Brandt war empört und tief getroffen, doch er scheute den offenen Konflikt und den Bruch. Wehners Verhalten war illoyal und durch nichts zu entschuldigen. Doch die Zweifel an der Führungskraft Brandts und an seiner Fähigkeit, das Kanzleramt zu meistern, waren in der Führungsriege verbreitet. Als sich Brandt darauf einließ, die Bruchstelle zu verkleistern, bestätigte er indirekt dieses Bild.

Das Prestige des Kanzlers war angeknackst und wurde durch eine ganze Reihe von Faktoren weiter beeinträchtigt: die Steiner-Wienand-Affäre, d.h. der begründete Verdacht eines Stimmenkaufs beim gescheiterten Misstrauensvotum, der erste „Ölpreisschock" im Gefolge des Jom-Kippur-Krieges im Herbst 1973 mit seinen Fahrverboten, herbe Rückschläge in der Deutschland- und Ostpolitik mit der Verdoppelung des Zwangsumtausches durch die DDR im November 1973 und Behinderungen im Berlin-Verkehr, der „Fluglotsenstreik", der 1973 für ein halbes Jahr für chaotische Zustände im Flugverkehr sorgte, und schließlich der Streik im öffentlichen Dienst Anfang 1974, bei dem die ÖTV unter ihrem Chef Heinz Kluncker der öffentlichen Hand Lohn- und Gehaltserhöhungen von fast 11 Prozent abtrotzte. Der Eindruck von einer hilflosen, schwächlichen Regierung war verbreitet, ihr Ansehen ramponiert und der Autoritätsverfall deutlich.

Als im Frühjahr 1974 schon einige der Getreuen wähnten, Brandt nehme die Zügel wieder in die Hand, platzte am 25. April die Nachricht von der Festnahme des Kanzleramtsmitarbeiters Günter Guillaume in die Öffentlichkeit. Versäumnisse und Fehler im Falle Guillaume hatten sich in der Bundesrepublik viele vorzuwerfen und vor allem dürfen wir nicht vergessen, dass der Spionagechef der DDR Markus Wolf und sein Stasi-Chef Erich Mielke diesen Spion in Brandts Umfeld lanciert hatten. Ein kampfbereiter Kanzler hätte diese Krise wohl durchgestanden. Doch Brandt war durch die Krisen nach 1972 geschwächt, durch die Schnüffeleien in seinem Privatleben getroffen und hatte nicht mehr das nötige Stehvermögen. An dem berühmten Wochenende von Bad Münstereifel fielen am 4./5. Mai die Würfel.[12] Mit einem Schreiben an Bundespräsident

---

11 Süddeutsche Zeitung vom 6.10.1973 und Der Spiegel vom 8.10.1973. Zu Wehners Moskau-Reise vgl. Arnulf Baring, Machtwechsel. Die Ära Brandt/Scheel, Stuttgart 1982, S. 616-620.
12 Zur Sicht der Geschehnisse durch Brandt siehe bes. seine Aufzeichnungen zum „Fall Guillaume", abgedr. in: Willy Brandt. Berliner Ausgabe, Bd. 7, S. 508-537 und dazu die Anmerkungen auf S. 606-609.

Willy Brandt und Helmut Schmidt bei dessen Wahl zum Bundeskanzler am 16. Mai 1974

Heinemann erklärte Brandt am 6. Mai 1974 seinen Rücktritt.[13] Unter den Anhängern und Sympathisanten von Willy Brandt war die Enttäuschung groß. Doch die Reibungslosigkeit, mit der sich die Staffelübergabe an Helmut Schmidt vollzog, verhinderte eine tiefergehende Vertrauenskrise, die leicht hätte entstehen können. Willy Brandt blieb Parteivorsitzender der SPD und genoss ein hohes Ansehen als der Kanzler des Aufbruchs zu neuen Ufern und als sozialdemokratische Vaterfigur.

3. Partei im Umbruch

Auch wenn die Bundestagswahlen von November 1972 vor allem Willy- und Ostpolitikwahlen waren, so sprachen die Wahlresultate der SPD doch dafür, dass sich ihr im Godesberger Programm zum Ausdruck gebrachtes Selbstverständnis, „aus einer Partei der Arbeiterklasse zu einer Partei des Volkes" geworden zu sein, in zunehmendem Maße mit der Realität deckte. Dies spiegelte sich auch in der soziologischen Zusammensetzung der Partei. Waren im Jahre 1960 von den Neuzugängen noch 55,7 Prozent Arbeiter, so sank dieser Anteil über 39,6 im Jahr 1969 auf nur noch 27,6 Prozent im Jahr 1972. Gleichzeitig wuchs die Quote von Angestellten und Beamten unter den Neumitgliedern von 21,2 über 33,6 auf 34 Prozent. Zu den Selbständigen rechneten sich jeweils etwa 5 Prozent, zur Gruppe freie und geistige Berufe 1960 nur 2,7, im Jahr 1969 schon 7,8 Prozent. Gut 9 Prozent galten als Hausfrauen, um 5 Prozent als Rentner und Pensionäre. Für 1972 wies die Parteistatistik erstmals Studenten und Schüler gesondert aus mit gleich 15,9 Prozent.[14] Zwar bildeten Arbeiter noch immer die größte Gruppe unter den Parteimitgliedern, aber die Tendenz lief unverkennbar in Richtung eines deutlichen Rückgangs[15] und einer Verschiebung zu Gunsten der Mittelschichten. Ein weiteres Charakteristikum der Entwicklung der SPD war das sinkende Alter der neu zu ihr Gestoßenen: Während 1960 55,3 Prozent der Eingetretenen unter 40 Jahre alt waren, betrug 1969 deren Anteil 67,2 und 1972 sogar 75,2 Prozent (dabei 19,7 unter 21 Jahren). Diese Tendenzen in der berufs- und altersmäßigen Zusammensetzung würden sich noch viel prononcierter bei einer umfassenden Auswertung der Veränderungen in den Führungsgremien und

---

13 Vgl. ebd. S. 538 und 609. Verfasst wurde das Schreiben schon am Abend des 5.5.1974.
14 Quelle: Jahrbücher der SPD sowie Susanne Miller vom Büro des SPD-Vorstandes zur Verfügung gestellte Unterlagen.
15 Einen Rückgang des Arbeiteranteils wies auch die Berufsstatistik der Gesamtbevölkerung auf, doch war er weit geringer als in der SPD: Von 1961 bis 1970 betrug er nur 1,2 %.

parlamentarischen Repräsentationen auf verschiedenen Ebenen zeigen. Die Mitgliedschaft der SPD, die im Frühjahr 1973 fast eine Million zählte, bestand damals zu zwei Dritteln aus Menschen, die in den vorhergegangenen zehn Jahren der Partei beigetreten waren. Die deutsche Sozialdemokratie der zweiten Hälfte der siebziger Jahre war also eine verjüngte, soziologisch stark veränderte Partei.

Die SPD war nun seit 1966 Regierungspartei und stellte seit 1969 mit Willy Brandt den Bundeskanzler. Dies tangierte natürlich entscheidend das Verhältnis von Partei und Regierung. Das Schicksal der vom sozialdemokratischen Reichskanzler Hermann Müller geführten Regierung (1928-1930) zeigte, welcher Problematik dieses Verhältnis in Weimar ausgesetzt war. In Bonn blieb es sowohl während der Großen Koalition als auch zunächst während der Kanzlerschaft Brandts von harten Belastungsproben frei. Der Grund dafür lag einerseits im Bewusstseinswandel der Gesamtpartei, die ihrer Oppositionsrolle überdrüssig geworden war, zielstrebig die Teilhabe an der Staatsmacht angesteuert hatte und diese Macht behalten wollte. Dann aber auch in der personellen Konstellation: Herbert Wehner, der einflussreichste Mann in der Parteiorganisation, war auch der Hauptmotor der Großen Koalition und galt als Vorsitzender der Bundestagsfraktion während der sozialliberalen Koalition als „Zuchtmeister". Das im allgemeinen relativ reibungslose Funktionieren der Großen Koalition war in erheblichem Maße auch dem Wirken von Helmut Schmidt zu verdanken, der nach dem Tode von Fritz Erler[16] den Vorsitz der SPD-Bundestagsfraktion übernommen hatte. Der wohl wichtigste Faktor, der ein Vertrauensverhältnis zwischen Partei und Regierung schuf, war die Tatsache, dass Willy Brandt als Außenminister und als Bundeskanzler auch Parteivorsitzender der SPD war. Er führte die Partei zwar mitunter an lockerer Leine, doch vermochte er zumeist mit Erfolg seine große Autorität und Popularität einzusetzen.

Obwohl die grundsätzliche Loyalität der SPD gegenüber den Brandt-Regierungen nicht in Frage stand, kam es nicht von ungefähr, dass Brandt nach dem Wahlsieg 1972 nachdrücklich betonte, der Wählerauftrag beinhalte eine Koalition von Sozialdemokraten mit Freien Demokraten, und er wie Wehner vor den Spitzengremien der SPD mit aller Schärfe vor rechten und linken Gruppenbildungen innerhalb der Partei warnten. Dahinter verbargen sich Befürchtungen, dass durch systematische Fraktionsarbeit innerhalb der Bundestagsfraktion und der Parteiorganisation der Versuch gemacht werden könnte, die Handlungs- und Entscheidungsfreiheit der

16 Erler starb am 22. 2. 1967.

Regierung einzuengen und das Vertrauen zu ihr zu untergraben. Schon angesichts des mancherorts erhobenen Anspruchs lokaler Parteiorganisationen, nach dem Prinzip des „imperativen Mandats" zu verfahren, waren diese Sorgen nicht von der Hand zu weisen. Das Anwachsen der Partei, die Verschiebungen in der sozialen und altersmäßigen Zusammensetzung der Mitgliedschaft, der zunehmende Einfluss jüngerer Akademiker in den Fraktionen und in den Parteigremien der SPD auf allen Ebenen, übersteigerte Erwartungen nach dem großen Wahlerfolg von 1972 und die starke Position der SPD im Bundestag, durch die früher notwendig gewesene Rücksichtnahmen entfielen – dies alles machte es schwieriger, Spannungen zwischen Partei und Regierung zu vermeiden. Es war nicht mehr zu übersehen, dass programmatisch-perspektivische Wunschvorstellungen in der Partei in Konflikt mit den Realitäten einer Koalitionsregierung und des verantwortlich Machbaren gerieten.

Das zeichnete sich auf dem Parteitag der SPD vom April 1973 in Hannover deutlich ab. Dort setzten sich zwar in fast allen zentralen Sachfragen, Festhalten an Godesberg und am außenpolitischen Kurs der Koalition, die Führungsgremien der Partei durch und Willy Brandt ging zunächst politisch gestärkt aus dem Parteitag hervor. Die Sachkonzessionen an die Jungsozialisten hielten sich in engen Grenzen, dafür aber erzielte der „linke Flügel" personell einen großen Erfolg. Etwa ein Viertel des neugewählten Parteivorstandes gehörte ihm an, was in etwa die innerparteiliche Entwicklung widerspiegelte. Eine Polarisierung in den eigenen Reihen wurde durch Hannover vermieden. Aber es zeigte sich in aller Deutlichkeit, dass es in der linken Volkspartei SPD verschiedene Strömungen gab, die sich artikulierten, und die Parteilinken nun in die Entscheidungsgremien vorrückten. Das sprach zwar für die demokratische Lebendigkeit der Partei, bewahrte sie vor Erstarrung und entschärfte Konflikte. Doch die Fähigkeit und die Bemühungen Willy Brandts, seine Partei zu einen und die aufmüpfigen Jungen zu integrieren, stießen an Grenzen.

Angesichts des fortwährenden Drängens der Jusos auf „systemverändernde" Reformen warnte der Parteivorsitzende im September 1973 vor einer „Selbstzerfleischung" und „selbstzerstörerischen Tendenzen".[17] Unbeeindruckt davon legten sich die Jungsozialisten auf ihrem Münchener Kongress von Januar 1974 auf eine „Doppelstrategie" fest, mit der sie sozialistische Ziele in der SPD wie außerhalb angehen wollten. Das Maß des Zumutbaren war nun auch für Brandt erreicht. Der Parteivorstand

17 Brandt im Parteivorstand am 9.9.1973 nach Karl Dietrich Bracher/Wolfgang Jäger/Werner Link, Republik im Wandel 1969-1974. Die Ära Brandt, Stuttgart 1986 (K.D. Bracher u.a., Geschichte der Bundesrepublik Deutschland, Bd. 5), S. 100.

antwortete mit einer scharfen Zurechtweisung „Eine Doppelstrategie gegen die eigene Partei" dürfe es nicht geben und die Mehrheitsmeinung müsse gelten. „Ohne die Mitte", so die Kernaussage, gebe es „in der Demokratie keine Mehrheit". Wer sie „preisgibt, opfert seine Regierungsfähigkeit".[18]

Die Sozialdemokratie musste sich in der Mitte behaupten, wenn sie weiter regieren wollte. Der Kanzlerwechsel von Brandt zu Schmidt stellte dafür wenige Wochen später die Weichen. Auf diesem Weg setzte Helmut Schmidt nun als Bundeskanzler die Wegmarken. Er regierte als Kanzler einer sozialliberalen Koalition mit Realismus und Nüchternheit und band Wähler aus der Mitte ein. Den Vorsitz der Partei behielt wie selbstverständlich weiter Willy Brandt. Auch wenn er den Schock des Rücktritts erst verwinden musste, stand die Identifikation mit seiner Sozialdemokratie nie in Frage. Er wusste, was er an der Partei hatte, und die Partei lebte von ihm, seiner Ausstrahlung, seiner Gabe zu integrieren und zu motivieren.

Das Bemühen, den Standort der Sozialdemokratie abzustecken, war intensiv. Im Kern ging es dabei nicht um die eher Verwirrung und Unruhe stiftenden Schlagworte „Systemstabilisierung" oder „Systemüberwindung", sondern um die Frage, wie weit und in welcher Form sich die SPD an längerfristigen Perspektiven orientieren sollte. Da Schmidt sich voll auf das Kanzleramt konzentrierte und Brandt der Partei lange Zügel ließ, meldeten sich nun eine ganze Reihe von sozialdemokratischen Praktikern und Theoretikern mit Publikationen öffentlich zu Wort.[19] Zumindest in drei Grundentscheidungen waren sich die meisten einig: 1. Maßstab und Richtschnur sozialdemokratischer Politik bildeten die im Godesberger Programm niedergelegten Grundwerte Freiheit, Gerechtigkeit und Solidarität. 2. Die neuen Herausforderungen erheischten nicht Verzicht, sondern Fortführung von Reformen, allerdings mit anderen Akzenten. 3. Sozialdemokratische Politik lasse sich nur mit Zustimmung und unter Mitwirkung der Bürger durchführen.

Die Akzente aber wurden verschieden gesetzt. In einer unter Leitung von Hans-Jochen Vogel, Heinz Ruhnau und Hermann Buschfort verfassten Schrift, einer Art von Programmbeitrag nachdenklicher Pragmatiker in der Partei, wurde als „unmittelbare Aufgabe" die „Bewahrung des Erreichten" und die Abwehr von Gefahren gefordert.[20] Hingegen hielt Erhard Eppler eine „Strukturpolitik" zur Änderung bestehender Strukturen im

18 Siehe Baring, Machtwechsel, S. 715 und 717 („Aprilbeschlüsse").
19 Siehe die unter „Literaturhinweise" angegebenen Schriften von Willy Brandt, Helmut Schmidt, Horst Ehmke, Erhard Eppler, Horst Heimann, Peter Glotz, Thomas Meyer, Joachim Steffen, Johano Strasser, Hans-Jochen Vogel u. a.
20 Godesberg und die Gegenwart, Bonn-Bad Godesberg 1975, S. 29ff.

241

Machtgefüge der Wirtschaft, der Bürokratie, der internationalen Beziehungen für unerlässlich, wenn wesentliche menschliche Werte bewahrt werden sollten.[21] Peter von Oertzen als angesehener Vertreter einer entschiedenen und dennoch gemäßigten Linken propagierte eine durchgreifende gesellschaftliche Demokratisierung.

Um die verschiedenen Ansätze zu bündeln und die unterschiedlichen Akteure einzubinden, setzte die Partei nicht ganz untypisch auf eine Kommission. Sie sollte die schon begonnenen Arbeiten an einem Orientierungsrahmen fortführen und zum Abschluss bringen. Der gemäß dem Parteitagsbeschluß von Hannover im Frühjahr 1973 vom Parteivorstand eingesetzten Kommission gehörten 30 Mitglieder an. Die Leitung lag bei Peter von Oertzen, Horst Ehmke und (nach dem Tod von Klaus Dieter Arndt) Herbert Ehrenberg. Unterstützt wurde sie von wissenschaftlichen Mitarbeitern sowie von Fachausschüssen der Partei. Dazu meldeten sich unzählige Parteigliederungen sowie Arbeitsgemeinschaften und Arbeitsgruppen mit Vorschlägen und eigenen Beiträgen zu Wort. Der im November 1975 dem SPD-Parteitag zur Beschlussfassung vorgelegte Entwurf war so „das Ergebnis einer langwierigen, umfassenden und tief greifenden Diskussion", an der sich neben Anhängern auch die christlichen Kirchen, Gewerkschaften und sogar Kritiker der Partei beteiligten.[22]

Auf dem Parteitag in Mannheim (11.–15. 11. 1975) wurde der Orientierungsrahmen '85 nach einigen Änderungen fast einstimmig angenommen. Horst Ehmke zog dort ein positives Resümee: „Wir haben einen Orientierungsrahmen erarbeitet, der zwar keine Patentlösung enthält, aber doch das leistet, worum es uns ging: für die politische Arbeit der Partei und für die Politik in diesem Lande für die nächsten zehn Jahre, die sicher nicht einfach sein werden, eine politische Orientierung zu bieten." Ebenso wichtig scheine ihm, „dass es gelungen ist, nach langen Jahren manchmal schwieriger, aber doch notwendiger Diskussion, vor allem mit der jungen Generation und dem, was man ,die junge Linke' nennt, wieder zu einer großen Übereinstimmung der Partei in der Sache gefunden zu haben. Daraus kann die Partei neues Selbstbewusstsein und neue Kraft schöpfen."[23]

21 Ende oder Wende, Stuttgart-Berlin-Köln-Mainz 1975, bes. S. 28-37, 72-79.
22 Siehe das Einleitungsreferat von Peter von Oertzen zum Orientierungsrahmen '85 auf dem Mannheimer Parteitag, in: Peter von Oertzen/Horst Ehmke/Herbert Ehrenberg (Hrsg.), Orientierungsrahmen '85, Text und Diskussion. Bearbeitet von Heiner Lindner, Bonn-Bad Godesberg 1976, S. 79f.
23 Ebenda, S. 297.

Als „Zwischenstück zwischen Tagespolitik und Grundsatzprogramm"
hat Willy Brandt den Orientierungsrahmen '85 bezeichnet.[24] Wenn Peter
Glotz einen „unaufgelösten Rest von Ratlosigkeit" in diesem Dokument
sah, das „Denkanstöße der späten 60er Jahre aufgenommen, die Irrtümer
und Illusionen aber abgetan" habe[25], so traf er sowohl Stärke als auch
Grenzen solch eines „Zwischenstücks". Differenzierter und zugleich bescheidener als jemals eine andere programmatische Aussage der Sozialdemokratie gab der Orientierungsrahmen Aufschluss über Ziele und Wege
der Partei. Er umriss in seinen vier Hauptkapiteln – 1. Die Ziele des demokratischen Sozialismus; 2. Bedingungen und Bezugsrahmen; 3. Die
Durchsetzung einer Politik des demokratischen Sozialismus als Aufgabe
der Sozialdemokratischen Partei; 4. Schwerpunktbereiche – entscheidende
Probleme einer modernen, demokratischen Reformpartei. Doch in anderen
wichtigen Dingen hinkte er der Entwicklung hinterher. Die Arbeitslosigkeit, die sich im Zeichen der Rezession zu einem schweren Problem ausge-
wachsen hatte, kam überhaupt nicht vor. Der Orientierungsrahmen entfaltete kaum Wirkung und verschwand bald in der Versenkung.

Noch vor der Verabschiedung des Orientierungsrahmens beauftragte
der Parteivorstand im Oktober 1974 eine Kommission, die Grundwerte
des Godesberger Programms – Freiheit, Gerechtigkeit und Solidarität – im
Hinblick auf neu in Erscheinung getretene Probleme zu präzisieren und zu
konkretisieren.[26] Unter dem Vorsitz von Erhard Eppler mit seinen Stellvertretern Richard Löwenthal und Heinz Rapp erarbeitete sie Themenpa-
piere zu: „Grundwerte in einer gefährdeten Welt" (1977), „Grundwerte
und Grundrechte" (1979), „Zur politischen Kultur in der Demokratie"
(1980), „Die Arbeiterbewegung und der Wandel gesellschaftlichen Be-
wusstseins und Verhaltens" (1982).[27] Diese Beiträge beleuchteten Chancen
und Gefahren einer im Wandel befindlichen Welt und ihrer Folgen für
eine an Werten des demokratischen Sozialismus ausgerichtete Politik. Sie
boten Anregungen und Orientierungshilfen für eine vertiefte Diskussion
bei geistig aufgeschlossenen und politisch-programmatisch interessierten

24 Geleitwort, ebenda, S. 3.
25 Der Mannheimer Parteitag der SPD 1975, in: Aus Politik und Zeitgeschichte. Beilage
    zur Wochenzeitung das Parlament, B 11/76, 13. März 1976, S. 3.
26 Die Bildung der Grundwertekommission ging auf einen Vorschlag von Willi Eichler aus
    dem Jahr 1971 zurück. Siehe: Willi Eichler, Zur Einführung in den demokratischen So-
    zialismus, Bonn-Bad Godesberg 1972, S. 117-124, sowie Klaus Lompe/Lothar Neu-
    mann (Hrsg.), Willi Eichlers Beiträge zum demokratischen Sozialismus, Berlin-Bonn
    1979, S. 187.
27 Alle veröffentlicht in Erhard Eppler (Hrsg.), Grundwerte für ein neues Godesberger
    Programm, Reinbek bei Hamburg 1984.

Multiplikatoren. Breitenwirkung entfaltete die Grundwertekommission damit nicht. Die Regierungspraxis hatte mit der Bewältigung der konkreten Herausforderungen zu kämpfen und die Schlagzeilen bestimmten andere Themen: Ölkrisen und Arbeitslosigkeit, Terrorismus und schließlich der aufkommende „2. Kalte Krieg".

Mit dem Orientierungsrahmen und durch die Arbeit der Grundwertekommission leistete die SPD Beiträge zur Klärung der eigenen programmatischen Positionen. Sie führte damit die nach der Verabschiedung des Godesberger Programms abgerissene Grundsatzdiskussion fort. Mit dem Orientierungsrahmen vollzog sie keine Abkehr von Godesberg, sondern setzte ihre Linie eines freiheitlichen, auf Grundwerte bezogenen Sozialismus fort. Die „politische Orientierung" für die Zukunft aber konnte der Orientierungsrahmen '85 nicht liefern, weil die Sozialdemokratie im Zuge der weltweiten Wirtschaftskrise seit der zweiten Hälfte der siebziger Jahre mit Problemen konfrontiert wurde, die bisherige Voraussetzungen in Frage stellten und im Orientierungsrahmen kaum berücksichtigt worden waren. Diese Lücke suchte die Grundwertekommission zu füllen. Weit stärker als an allen Theoriepapieren aber machten viele in der Partei ihre Identität an Willy Brandt fest. Für den innerparteilichen Zusammenhalt war dies wohl von Vorteil, auch wenn es vereinzelt kritische Stimmen gab, und für die Ausstrahlung ins Ausland zehrte die deutsche Sozialdemokratie stark von dem Ansehen Brandts. Doch eine solche Doppelspitze mit dem Willy für die Seele der Partei und die Visionen und dem Bundeskanzler Helmut Schmidt mit dem Machernimbus für eine nüchterne Ratio barg auch ihre Probleme. Dies wurde in der Sozialdemokratie lange unter den Teppich gekehrt. Strukturell jedenfalls bietet sich die Kombination beider Ämter in einer Hand an, um Regierung und Partei besser zusammenzuhalten. Die Aufsplitterung von Kanzleramt und Parteivorsitz leistete dagegen tendenziell doch Entfremdungsprozessen Vorschub, selbst bei noch so geschätzten Politikerpersönlichkeiten wie Willy Brandt und Helmut Schmidt.

IV. Sozialliberale Koalition im Schatten weltweiter Wirtschaftsrezession

Der Aufbruch zu neuen Ufern, der zum Markenzeichen der Brandt-Ära wurde, erfolgte vor allem mit der neuen Ost- und Deutschlandpolitik. Dort hinterließ sie ihre tiefsten Spuren. Mit Brandts Regierungszeit verband sich zugleich ein Prozess der inneren Reformierung des demokratischen Systems und der Gesellschaft im Sinne des „Mehr Demokratie wagen" und größerer sozialer Gerechtigkeit. Der große Elan, mit dem die sozialliberale Koalition angetreten war, begann 1973 jedoch sichtlich zu erlahmen und Ernüchterung machte sich breit. Mit einzelnen Rückschlägen war zu rechnen und nicht alle Träume ließen sich verwirklichen. Doch nun traten globale Veränderungen ein, die tiefgehende Rückwirkungen auf die Bundesrepublik Deutschland hatten. Mit dem 1973 vereinbarten Rückzug der USA aus Vietnam gestand die Weltmacht ihre Niederlage ein. Die Volksrepublik China und die Sowjetunion waren die Nutznießer aus dem US-amerikanischen Desaster, und die USA hatten an Ansehen und Gewicht verloren. Die weltpolitischen Koordinaten verschoben sich. Die Tragweite zeigte sich im Nahen Osten. Die arabisch-islamische Welt sah sich gestärkt. Der Regionalkonflikt mit Israel weitete sich nun zu einer globalen Auseinandersetzung mit weitreichenden Konsequenzen für die Weltwirtschaft aus.

Das auslösende Ereignis war der Angriff Ägyptens und der arabischen Staaten gegen Israel im Oktober 1973 („Jom-Kippur-Krieg"). Darauf setzte zunächst ein Lieferboykott der ölproduzierenden Staaten des Nahen Ostens gegen die westlichen Industriestaaten ein; nach dessen Auflockerung erfolgten drastische Preiserhöhungen für Rohöl. Die durch die Energiekrise verschärfte weltweite Wirtschaftsrezession traf auch die Bundesrepublik. Ihr Bruttosozialprodukt, das – verglichen mit dem entsprechenden Vorjahreszeitraum – 1973 noch real um 4,7 Prozent gestiegen war, wuchs 1974 nur noch um 0,2 Prozent und sank 1975, auf dem Höhepunkt der konjunkturellen Krise, um 1,4 Prozent. Erst 1976 ergab sich wieder ein Anstieg des Sozialproduktes, und zwar um 5,6 Prozent. In den darauf folgenden Jahren betrug die Wachstumsrate des Bruttosozialprodukts: 1977 2,7 Prozent, 1978 3,3, 1979 4,0 und 1980 1,5 Prozent. Steigende Preise und Zunahme der Erwerbslosigkeit, die von weniger als 250000 noch im Jahre 1972 auf über eine Million Arbeitslose in den Jahren 1975-1977 stieg, waren die Folgen der weltweiten Rezession.[1]

Die bitteren Erfahrungen mit der Inflation von 1923, der Arbeitslosigkeit der dreißiger Jahre und der Geldentwertung nach dem Zweiten Weltkrieg trugen zu einem Krisengefühl bei, das durch die Abhängigkeit der mobilen Wohlstandsgesellschaft von Heizöl und Benzin noch verstärkt wurde. Im internationalen Vergleich stand die Bundesrepublik freilich noch gut da: Sie hatte bei den Verbraucherpreisen eine der geringsten Steigerungsraten aller Industrienationen und gehörte zu den Ländern mit den niedrigsten Arbeitslosenquoten. Mehr noch als die Symptome im eigenen Land erforderte die Gesamtentwicklung der Weltwirtschaft eine gründliche Auseinandersetzung mit der gewandelten Situation und den daraus zu ziehenden Konsequenzen. Das Godesberger Programm wie die Wahlplattformen der SPD und die Reformpläne, die von den sozialliberalen Koalitionsregierungen seit deren Antritt ins Auge gefasst worden waren, setzten wie selbstverständlich die Möglichkeit ständiger Steigerung des materiellen Wohlstandes voraus. Die Prämisse war nun in Frage gestellt. Auf die „Grenzen des Wachstums" hatte schon eine 1972 veröffentlichte, viel diskutierte Studie des „Club of Rome" hingewiesen.[2] Die Erfahrungen von Herbst und Winter 1973/74 mit Sonntagsfahrverbot und völlig ungewohnten Energiesparmaßnahmen forderten dann weit eindringlicher dazu heraus, Ziele und Wege der Politik zu durchdenken. Es ging nicht mehr nur um eine konjunkturelle, sondern eine strukturelle Krise der Weltwirtschaft im Schatten des „Ölschocks", verengter Ressourcen und der Abhängigkeit von dem auftrumpfenden Opec-Kartell. Dies veränderte das gesellschaftliche Klima und statt Optimismus machten sich nun Sorgen breit.

1. Rückschläge und Bewährungsproben

Der Ölpreisschock traf die Regierung Brandt und die Sozialdemokratie zu einer Zeit, als die Partei schon nicht mehr in bester Verfassung war. Nach dem glänzenden Sieg in der Bundestagswahl vom November 1972 erlebte sie in den Landtagswahlen eine Serie von Niederlagen, die schwersten in Hamburg und Bremen, wo sie rund zehn Prozent der Stimmen verlor (verglichen mit den vorhergehenden Landtagswahlen). Auch bei Kommu-

---

1 Siehe unten, Tabellen und Diagramme 12 (Wirtschaftliche und soziale Rahmendaten) und 14 (Die Entwicklung auf dem Arbeitsmarkt).
2 Dennis Meadows, Donella Meadows, Erich Zahn, Peter Milling: Die Grenzen des Wachstums. Bericht des Club of Rome zur Lage der Menschheit, Stuttgart 1972.

nalwahlen schnitt die SPD nicht gut ab. In Großstädten wie Frankfurt und München, in denen sie seit Ende des Zweiten Weltkrieges die Mehrheit besaß, fiel das Amt des Oberbürgermeisters zum ersten Mal einem Vertreter der CDU bzw. CSU zu. Die rückläufige Tendenz bei diesen Wahlen ließ sich nicht allein damit erklären, dass die ökonomischen und sozialen Krisenerscheinungen der regierenden Partei zur Last gelegt wurden, obwohl sie durch die Weltwirtschaftslage bedingt waren und sich in der Bundesrepublik, verglichen mit anderen Staaten, in engen Grenzen hielten. Es kamen andere Momente hinzu. In traditionellen Hochburgen der SPD wie Hessen, Niedersachsen, Hamburg, Berlin zeigten sich nach jahrzehntelanger Regierungsführung gewisse Abnutzungserscheinungen. Einige der Nachfolger der populären und allgemein geachteten sozialdemokratischen „Landesfürsten" und Stadtoberhäupter reichten an deren Autorität nicht mehr heran und vermochten es nicht, manche Missstände in der Verwaltung und in den öffentlichen Institutionen zu verhindern. Parteiinterner Streit, der die unerfreulichsten Formen in der Münchener Organisation annahm, beeinträchtigte mancherorts eine fruchtbare politische Aktivität und verschreckte die Bürger. Unruhe wurde in der SPD und in vielen um die Liberalität der Bundesrepublik besorgten Kreisen durch die Handhabung des sogenannten Radikalenerlasses[3] ausgelöst.

Die Hochstimmung nach dem Wahlsieg vom November 1972 konnte nicht anhalten; sie schlug jedoch in nicht immer rationaler Weise in Enttäuschung über die Regierung um. In der Tat blieben manche Reformvorhaben stecken: so auf den Gebieten Schule, Bildung und Wissenschaft wegen der Verknappung finanzieller Mittel; in der Justiz wegen des Verfassungsgerichtsurteils zur Neufassung des § 218 des Strafgesetzbuches (Abtreibung); in der Unternehmensmitbestimmung wegen der Haltung des Koalitionspartners FDP. Auch in der Deutschlandpolitik zeigten sich trotz bedeutender Verbesserungen – Erleichterungen im Reiseverkehr, Familienzusammenführung, Zugang nach Berlin – die Grenzen des von der Bundesregierung Erreichbaren. Während die zunehmend polemischer und aggressiver werdende CDU/CSU-Opposition der sozialliberalen Koalition unverantwortliche Reformeuphorie vorwarf, wurde die Regierung von Mitgliedern und Wählern der SPD wegen deren mangelnder Entschlos-

3 Er ging zurück auf die am 28.1.1972 vom Bundeskanzler und den Ministerpräsidenten beschlossenen „Grundsätze über die Mitgliedschaft von Beamten in extremen Organisationen". Dazu sehr informativ die Darstellung und Dokumentation von Peter Frisch, Extremistenbeschluss, 2. Aufl., Leverkusen 1976. Siehe auch Hans Koschnick (Hrsg.), Der Abschied vom Extremistenbeschluss, Bonn 1979.

senheit kritisiert, sich dem unverkennbar gewordenen Trend zum Konservativen in der Bundesrepublik entgegenzustellen.

Nach dem Rücktritt Willy Brandts wurde Helmut Schmidt am 16. Mai 1974 zum neuen Bundeskanzler gewählt. Am Tage zuvor hatte die Bundesversammlung den bisherigen Außenminister Walter Scheel zum Nachfolger Gustav Heinemanns als Bundespräsident bestimmt. Schon der Wechsel von dem „Bürgerpräsidenten", wie sich Heinemann sah, zu Scheel, dessen Nachfolge als Außenminister und FDP-Vorsitzender Hans-Dietrich Genscher antrat, deutete eine Akzentverlagerung an. Ungleich stärker galt dies für den Übergang des Kanzleramtes an Helmut Schmidt. Auf den politischen Visionär, den couragierten Außenpolitiker und das sozialdemokratische Integrationssymbol folgte mit Schmidt ein tatkräftiger „pragmatischer Verantwortungsethiker"[4] mit hohem Pflichtbewusstsein, der in fast allen Politikbereichen über profunde Sachkenntnis verfügte. Neu in sein Kabinett berief er vorrangig ausgewiesene Praktiker und Pragmatiker wie Hans Apel, Hans Matthöfer, Helmut Rohde und Kurt Gscheidle, während das intellektuelle Trio des Brandt-Kabinetts – Egon Bahr, Klaus von Dohnanyi und Horst Ehmke – ihm nicht mehr angehörte.

Bundeskanzler Helmut Schmidt unterstrich die Kontinuität und die Notwendigkeit sozialliberaler Politik. Doch das Pathos des Aufbruchs und der Reformen war abgeklungen. Das Bündnis von SPD und FDP begriff sich nun als eine Art Zweckgemeinschaft zur Bewältigung drängender Probleme. Mit Nüchternheit und Realismus konzentrierte es sich auf das Notwendige und Machbare. Im Schatten der kriselnden Weltwirtschaft hieß dies vor allem Durchmanövrieren durch ein schwieriges Fahrwasser. Mit einer Mischung aus Haushaltskonsolidierung und Konjunkturbelebung suchte die Koalitionsregierung gegenzusteuern und die drohende Rezession zu überwinden.

Die Tatkraft und Sachkenntnis von Bundeskanzler Helmut Schmidt, insbesondere auf dem Gebiet der Wirtschaft, fanden schnell Anerkennung in der Bundesrepublik und im Ausland. Er bewährte sich im „Krisenmanagement" und auf der außenpolitischen Bühne. Die deutsch-französische Freundschaft bekam eine neue Qualität. Schmidt und Giscard d'Estaing zogen an einem Strang. Bei den von den beiden initiierten Weltwirtschaftsgipfeln verschaffte sich der Kanzler durch Kompetenz und politisches Urteilsvermögen großen Respekt. Im Ost-West-Verhältnis spielte er einen herausragenden Part durch eine abgewogene, besonnene Politik. Sie setzte auf militärisches Gleichgewicht wie auf Ausgleich im Interesse der

4 So die Kennzeichnung von Winkler, Weg nach Westen II, S. 329.

Menschen und der politischen Auflockerung. Durch das Abkommen mit Polen über einen Finanzkredit erhielten über 100 000 deutschstämmige Bürger die Möglichkeit zur Übersiedlung in die Bundesrepublik. Die Helsinki-Konferenz von 1975, auf der sich die Staatsmänner aus Europa, Nordamerika und der Sowjetunion trafen, und die Helsinki-Schlussakte mit dem berühmten Korb 3 über Grundrechte und humanitäre Fragen wurden zu einem Höhepunkt.

Bundeskanzler Helmut Schmidt besaß internationale Autorität. Äußerungen führender Blätter aus den USA, Frankreich und England konnte er Anfang 1976 so zusammenfassen: „Sie bestätigen uns, dass wir besser als andere vergleichbare Industriestaaten mit den Problemen einer sich dramatisch verändernden Weltwirtschaft fertig wurden; dass wir eine gleichgewichtige und gerechte Gesellschaft aufbauen und dass wir Freiheit und demokratische Teilhabe aller Bürger vermehren und sie anerkennen; und ebenso endlich, dass wir zu einem Aktivposten der Friedenssicherung in Europa geworden sind."[5] Die Bundestagswahl vom 3. Oktober 1976 war dann der große Test, der ergab, dass trotz der Binnenprobleme der SPD und der Verluste der Partei in der Wählergunst eine – allerdings knappe – Mehrheit die Verdienste des Kanzlers honorierte.

2. Erneuerung des Wählerauftrags

Die von sozialdemokratischen Bundeskanzlern geführten Regierungen haben das Land erfolgreich durch schwierige Zeiten gesteuert. Die Unionsparteien hatten keine konstruktive Alternative zu bieten. Durch ihren Kampf gegen die Ostpolitik, der 1975 sogar bis zur Ablehnung des Helsinki-Abkommens ging, hatten sie sich isoliert. Selbst unter den christdemokratischen Parteien Europas standen sie dabei allein. Dass die Opposition Schwächen der SPD oft übertreibend angriff, Regierungsmaßnahmen kritisierte und – im Bundesrat oder durch Anrufung des Bundesverfassungsgerichts – blockierte, verletzte nicht die Spielregeln einer funktionierenden Demokratie. Den Boden einer politischen Sachauseinandersetzung verließen die Unionsparteien jedoch, als sie auf bloße Konfrontation, Polarisierung und Polemik schalteten. Den Auftakt machte Franz Josef Strauß mit seiner Sonthofener Rede, die am 10. März 1975 im „Spiegel" zu lesen war. Sein Ministerpräsidentenkollege Hans Filbinger bestritt den

---

5 Erklärung der Bundesregierung zur Lage der Nation vor dem Deutschen Bundestag am 29.1.1976; Verhandlungen des Deutschen Bundestages, Sten. Ber., Bd. 96, S. 15081-15093, Zitat S. 15091.

Landtagswahlkampf in Baden-Württemberg im Frühjahr 1976 dann mit der Parole „Freiheit oder Sozialismus". Sie knüpfte an alte Klischees der Verunglimpfung an, mit der Konservative und die Union die SPD in die Ecke von roter Gefahr und sozialistischer Unfreiheit zu rücken suchten. Obwohl selbst in den Reihen der Unionsparteien Zweifel an dieser Strategie der polemischen Diffamierung – und ausgerechnet angesichts eines Kanzlers Schmidt – auftauchten, wurde diese Parole von der CDU/CSU im Bundestagswahlkampf in zwei Varianten „Freiheit statt/oder Sozialismus" übernommen. Die wirklichen Sachprobleme wurden von der Opposition verschleiert oder demagogisch verzerrt, so dass die Wähler kaum über die eigentlich strittigen Themen informiert wurden. Die Wahl sei „letztlich dadurch gekennzeichnet gewesen", kommentierte die der Union verbundene Konrad-Adenauer-Stiftung, „dass es im Problembewusstsein der Bevölkerung ein nahezu themenloser Wahlkampf war".[6] Das lag auch mit an den Parolen der CDU und CSU, mehr noch aber an der Entscheidung über den Kanzler. Helmut Schmidt oder Helmut Kohl lautete die Alternative, und die Mehrheit der Wähler vertraute dem angesehenen Kanzler.

„Weiterarbeiten am Modell Deutschland" war der Appell des Regierungsprogramms 1976-1980, der Wahlplattform der SPD. Stark durch die Handschrift von Bundeskanzler Schmidt geprägt, bildete das Herzstück eine Leistungsbilanz der sozialliberalen Regierungstätigkeit. Sie wirkte eindrucksvoll: eine erfolgreiche Friedens- und Verständigungspolitik; relativ hohe wirtschaftliche Stabilität; ein dichtes soziales Netz mit bedeutenden Verbesserungen wie flexible Altersgrenze, Sicherung der Betriebsrenten, Rentenversicherung für Selbständige, gesetzliche Krankenversicherung für Landwirte, ein neues Jugendarbeitsschutzgesetz, Neuregelung des Kindergeldes, Dynamisierung und Steigerung der Kriegsopferrente, Rehabilitationsmaßnahmen und ein Sonderrecht auf Beschäftigung für Schwerbehinderte; Erweiterung der Mitbestimmung; ein neues Ehe- und Familienrecht; die Reform des § 218 angegangen; auf die Herausforderung durch den Terrorismus der RAF besonnen, aber mit der notwendigen Härte reagiert.

„Wir wissen", so das Wahlprogramm, „Millionen von Menschen wären glücklich, wenn sie unter den materiellen Bedingungen unserer Republik und mit diesem Maß an persönlicher Freiheit und sozialer Sicherheit leben könnten, das wir für selbstverständlich halten. Wir wissen aber auch, dass noch vieles zu tun bleibt, um unseren Platz zu sichern und auszubauen."

6 Werner Kaltefleiter, Der Gewinner hat nicht gesiegt. Eine Analyse der Bundestagswahl 1976, in: Aus Politik und Zeitgeschichte. Beilage zur Wochenzeitung „Das Parlament", B 50/76, 11.12.1976, S. 31.

In der Bundestagswahl vom 3. Oktober 1976 erhielten die SPD 42,6 Prozent, die FDP 7,9 Prozent, die CDU/CSU 48,6 Prozent der Stimmen. Im Bundestag verfügten SPD und FDP zusammen über einen Vorsprung von 10 Mandaten gegenüber den Unionsparteien. Helmut Schmidt wurde wieder zum Bundeskanzler gewählt; der FDP-Vorsitzende Hans-Dietrich Genscher blieb Außenminister und Vizekanzler. Die seit 1969 bestehende sozialliberale Koalition in Bonn konnte fortgesetzt werden. Dennoch hatte die SPD allen Grund, beunruhigt zu sein, hatte sie doch trotz des Zugpferdes Helmut Schmidt Stimmen verloren. Die Gründe dafür waren vielfältig. Auf manche von ihnen – so die Entwicklung der Weltwirtschaft, die internationale Mächtekonstellation, die Alterspyramide der Bevölkerung – waren ihre Einwirkungsmöglichkeiten nur gering. Andere Schwachstellen waren hausgemacht. Die Reaktion auf den Ausgang der Bundestagswahlen zeigte, dass die Partei eigene Mängel und neuralgische Punkte prüfte, um Konsequenzen zu ziehen.

Holger Börner, von 1972 bis Oktober 1976 Bundesgeschäftsführer der SPD, und Hans Koschnick, von 1975 bis 1979 stellvertretender Parteivorsitzender, konstatierten in einer Analyse des Bundestagswahlkampfes 1976:[7] Das Erscheinungsbild der Sozialdemokraten wurde durch innerparteilichen Streit, Unzulänglichkeiten in der Ausübung öffentlicher Ämter und mangelnde Anpassungsfähigkeit an neue Lebensgewohnheiten der Bürger beeinträchtigt. Die von der SPD präsentierte Leistungsbilanz ließ nicht klar genug erkennen, an welchen Werten die Regierung ihre Politik orientierte[8], und zeigte nicht genügend Perspektiven für die Zukunft auf. Es war der SPD im Gegensatz zu 1972 nicht gelungen, offensiv Themen herauszustellen, die eine breite Diskussion auslösten und Wählerschichten für sie mobilisierten. Der Herausforderung durch eine vom rechtskonservativen Flügel gesteuerte CDU/CSU wurde nicht rechtzeitig und hinreichend offensiv begegnet. Zu diesen inhaltlichen Defiziten kamen organisatorische Schwächen und Kommunikationsdefizite. Egon Bahr, Nachfolger Börners als Bundesgeschäftsführer, deutete die Richtung an: „Die

7 Das „Bundestagswahlkampf 1976: Analyse und Folgerungen für die Arbeit der SPD" überschriebene Papier ist abgedruckt im Anhang zum Protokoll der Tagung des SPD-Parteirats am 27./28.1.1977 in Bad Godesberg, hrsg. vom Vorstand der SPD, Bonn 1977. Siehe dort auch Willy Brandts „Anregungen zur sozialdemokratischen Vertrauensarbeit".
8 Diese Thematik wurde ausgezeichnet behandelt in der Schrift von Marie Schlei und Joachim Wagner, Freiheit – Gerechtigkeit – Solidarität. Grundwerte und praktische Politik. Mit einem Vorwort von Helmut Schmidt, Bonn Bad Godesberg 1976. Der Wertbezug des sozialpolitischen Reformwerks der Regierung wurde auch dargestellt von Marie Schlei und Dorothea Brück, Wege zur Selbstbestimmung. Sozialpolitik als Mittel der Emanzipation. Mit einem Geleitwort von Herbert Wehner, Köln-Frankfurt a. M. 1976.

Organisation hat also Verbindungen zwischen Menschen herzustellen, zwischen den Bürgern und der Partei und innerhalb der Partei. Auf Neudeutsch heißt das ‚Kommunikation'."[9] Die SPD hatte also an Schwung und Profil als Partei verloren und zehrte in der Bundespolitik stark vom Ansehen des Kanzlers Helmut Schmidt.

Die Regierung der sozialliberalen Koalition zwischen 1976 und 1980 war durch ein hohes Maß an Stabilität gekennzeichnet. Dies war schon darum bemerkenswert, weil ihre Amtszeit in Jahre großer Erschütterungen und Krisen fiel: Die weltweiten Wirtschaftsprobleme hielten an, vor allem gelang es den meisten Industrieländern nicht, Inflation und Massenarbeitslosigkeit zu verhindern. Der Terrorismus erreichte in der Bundesrepublik zeitweise bedrohliche Ausmaße – im „deutschen Herbst" 1977 stand der demokratische Rechtsstaat mit der Entführung von Hanns Martin Schleyer, dem Präsidenten von BDA und BDI, der Kaperung der Lufthansa-Maschine Landshut und der Befreiung der Geiseln durch die GSG 9 in Mogadischu, der Selbsttötung inhaftierter Terroristen in Stammheim und der Ermordung Schleyers vor seiner härtesten Bewährungsprobe. Er hat sie bestanden und ein Zeichen gegen den zerstörerischen, lebensverachtenden Terrorismus gesetzt. Die steigenden Erdölpreise verschärften die Not der Entwicklungsländer; die Konflikte im Nahen Osten und die Diktatur islamischer Fanatiker in Iran bedeuteten eine Herausforderung der USA, also des wichtigsten Partners im westlichen Bündnis; die Rüstungspolitik der UdSSR mit ihren SS-20 und der russische Einmarsch in Afghanistan veränderten das militärische und politische Gleichgewicht der Blöcke. Schwierigkeiten in der Europäischen Gemeinschaft brachten für die Bundesrepublik, die sich energisch für deren Funktionsfähigkeit und für Direktwahlen zum Europäischen Parlament eingesetzt hatte, eine zusätzliche Belastung.

Der sozialliberalen Koalition war es gelungen, den Lebensstandard der Bevölkerung ihres Landes zu halten, schwer wiegende soziale Konflikte im Innern zu vermeiden und auf internationaler Ebene eine besonnene Politik mit Überzeugungskraft zu vertreten. Das hat der Regierung und besonders Bundeskanzler Helmut Schmidt im In- und Ausland hohes Ansehen verschafft. Der Kurs der von Helmut Schmidt geführten Regierungen war gekennzeichnet durch stetiges Fortsetzen von Begonnenem und durch die geglückte Abwehr von Gefahren für Erreichtes, nicht jedoch durch kühnes Ansteuern neuer Horizonte.

9 Protokoll der Tagung des SPD-Parteirats am 27./28.1.1977, S. 57.

3. Die SPD vor neuen Aufgaben

Das Vertrauen, das Helmut Schmidt mit seiner Amtsführung erworben hatte, ging weit über den „Kanzlerbonus" hinaus. Und selbstverständlich profitierte seine Partei davon, wie es sich bei den Landtagswahlen erwies, die Ende der siebziger Jahre stattfanden: im Vergleich zu den vorhergehenden zeigten sie meist einen Aufwärtstrend der SPD. Dagegen hatte die SPD während der Kanzlerschaft Schmidts als Organisation nicht an Anziehungskraft gewonnen. Das ließ sich nicht nur an den stagnierenden, zeitweise sogar sinkenden Mitgliederzahlen ablesen, sondern auch an anderen Faktoren. Bei den Wahlkämpfen von 1976 und 1980 konnten weit weniger Menschen außerhalb der SPD für ihre aktive Unterstützung gewonnen werden als 1969 und besonders 1972. Selbst bei den Parteimitgliedern war die Aktivität häufig geringer als früher. Menschen mit Bereitschaft zu einem sozialen und politischen Engagement, vor allem jüngere, suchten Zuflucht in Bürgerinitiativen und privaten Zirkeln. Der Frauenanteil an den neuen SPD-Mitgliedern war zwar erheblich gestiegen, doch vor allem Kreise jüngerer Frauen gaben sich damit nicht zufrieden. Die von Egon Bahr geforderte „Kommunikation"[10] war der SPD also nur unvollkommen gelungen. Sie hat in der zweiten Hälfte der siebziger Jahre keinen Aufschwung erlebt, der dem des vorangegangenen Jahrzehnts vergleichbar wäre.

Die Tatsache, dass die SPD die Partei geworden war, die seit Jahren die Führung einer erfolgreich amtierenden Koalitions-Regierung stellte, hat innerparteilich manche Probleme geschaffen. Nicht wenige Parteimitglieder befürchteten, dass die SPD auf dem Wege sei, lediglich eine „Kanzlerpartei" zu werden oder gar zu einem Apparat für die Vergabe von Posten auf verschiedenen Ebenen zu degenerieren. Viele standen dem „Establishment", so wie sie es sahen, nicht nur kritisch, sondern mitunter misstrauisch gegenüber. Ihr persönlicher Einsatz für die Partei ließ nach.

Dennoch hat es nicht an neuen Initiativen gefehlt, die von der „Basis" angeregt und von ihr getragen wurden. Erwähnt seien die sozialdemokratischen Betriebs-, Orts- und Stadtteilzeitungen, die vielen Informationsstände mit dem persönlichen Kontakt zu den Bürgern, ebenso wie die lokalen Informationsbüros und Bürgerberatungen. Solche Aktivitäten zeigten, dass die SPD eine Partei blieb, deren Organisationsleben mehr als bei jeder anderen durch die Mitglieder selber gestaltet wurde. Dennoch hatte sie Grund genug, die Schwächen dieses Organisationslebens immer wieder zu

10 Siehe oben, S. 251 f.

untersuchen und für neue Impulse offen zu sein, um die im Orientierungs-rahmen '85 dargestellte „Vertrauensarbeit der Partei" intensivieren zu können.

Die Spannungen mit den Jusos verloren an Gewicht, da diese durch eigene Flügelkämpfe gelähmt wurden. Als 1977 mit Klaus-Uwe Benneter ein Vertreter des „Stamokap"-Flügels[11] zum Juso-Vorsitzenden gewählt wurde und er gar eine Zusammenarbeit mit Kommunisten anvisierte, reagierte der Parteivorstand mit Härte. Er wurde seines Amtes enthoben und von der Partei schließlich ausgeschlossen. Es wuchs bald Gras über die ganze Angelegenheit.[12] Auf Bundesebene kam es nach dem „Fall Benneter" zu keiner weiteren Konfrontation zwischen Jusos und Parteivorstand, obwohl die Jusos weiterhin scharfe Kritiker verschiedener Aspekte aktueller sozial-demokratischer Politik blieben. Mit der Kritik standen sie allerdings in der Partei nicht allein.

Besonders umstritten waren in den Reihen der SPD und über sie hin-aus die Verschärfung der Strafgesetze zur Bekämpfung des Terrorismus, die Haltung gegenüber Kommunisten im Öffentlichen Dienst („Extremis-tenbeschluss"), die Sicherheits- und Verteidigungspolitik, die Nutzung von Kernenergie. Die Terroristengefahr ebbte in der Bundesrepublik nach dem „deutschen Herbst" von 1977 mehr und mehr ab. Die extremistische Fundamentalopposition war geschwächt und das Selbstbewusstsein des demokratischen Rechtsstaates gestärkt. Damit verloren auch die Maßnah-men zur Bekämpfung der terroristischen Bedrohung an Aktualität. Die sozialdemokratisch regierten Länder modifizierten die Praxis des „Extremis-tenbeschlusses" erheblich, was den Grundsätzen entsprach, die im Dezem-ber 1978 vom Parteitag der SPD in Köln angenommen wurden.

Probleme von zentraler Bedeutung blieben weiterhin die Sicherheits-politik und Fragen des Gebrauchs von Atomenergie. Auf dem Berliner Parteitag der SPD im Dezember 1979 bildeten sie die wichtigsten und kontroversesten Themen der Diskussion. Durch die forcierte sowjetische Aufrüstung mit atomaren SS-20-Raketen kam die Entspannungspolitik auf den Prüfstand. Die Rede war vom „2. Kalten Krieg". Helmut Schmidt setzte sich mit großem Nachdruck für eine Strategie des Gleichgewichts

---

11 Siehe dazu Hans Koschnick/Richard Löwenthal/Johano Strasser, Zur Klärung des Verhältnisses zwischen Sozialdemokratie und Stamokap-Richtung (hrsg. vom Vorstand der SPD), Bonn, o. J., S. 7: „Der Kern der Stamokap-Theorie liegt ... in der dogmatisch festgehaltenen Behauptung, dass auch die planenden Eingriffe eines demokratischen Staates in die Wirtschaft notwendigerweise und einseitig den Interessen des Monopol-kapitals dienen."

12 Vgl. Dieter Stephan, Jungsozialisten: Stabilisierung nach langer Krise?, Bonn 1979, bes. S. 83-87.

ein, die im Idealfall zu einer doppelten „Nulllösung" bei den Mittelstreckenraketen beider Seiten führen sollte und im Fall des Scheiterns eine westliche Nachrüstung vorsah. Dagegen gab es in der Sozialdemokratie Vorbehalte und nicht nur bei friedensbewegten Mitgliedern und Funktionären. Egon Bahr äußerte massive Bedenken, Herbert Wehner ging auf Distanz und selbst der Parteivorsitzende Willy Brandt stellte sich nicht voll hinter den Kanzler. Ein sicherheitspolitischer Dissens in der Partei war nicht mehr zu übersehen. Im Vorfeld des NATO-Doppelbeschlusses (am 12. Dezember 1979) musste der Berliner Parteitag der SPD über einen entsprechenden sicherheitspolitischen Antrag des Parteivorstandes entscheiden. Er rückte Rüstungskontrolle und Verhandlungen in den Vordergrund, aber gestand im Falle der Erfolglosigkeit eine Aufstellung westlicher Mittelstreckenraketen zu.[13] Eine deutliche Mehrheit der Delegierten stimmte dem zu, eine beträchtliche Minderheit aber verharrte in der Ablehnung. Schmidt hatte unter Einsatz seiner ganzen Autorität einen Erfolg errungen, wobei ihm half, dass nun als sein Gegner bei den nächsten Bundestagswahlen Franz Josef Strauß antrat.

Gegen die Feststellung in dem energiepolitischen Antrag, auf die Verwendung von Kernenergie zu friedlichen Zwecken könne nicht verzichtet werden, war der Widerstand noch stärker und die Zahl der Opponierenden größer. Das gewichtigste Argument der Atomkraftgegner betraf die Unabsehbarkeit der Gefahren, die für die heutige und für künftige Generationen mit der Nutzung von Kernenergie verbunden seien. Die kernenergiefeindliche Ökologiebewegung hatte sich in der Bundesrepublik zu schlagkräftigen Organisationen formiert. Unter diesen reüssierten besonders Die Grünen, die bei Wahlen nicht ohne Erfolg kandidierten. Zuerst in Bremen (1979) und dann in Baden-Württemberg (1980) überwanden sie die Fünf-Prozent-Hürde und zogen in die Parlamente ein. Ihre Stimmen holten die Grünen hauptsächlich, wenn auch nicht ausschließlich, aus dem Wählerpotenzial der SPD, was z. B. bei den Landtagswahlen in Schleswig-Holstein (1979) den Ausschlag für einen hauchdünnen Wahlsieg der CDU gab. Die Überlegung, dass die SPD sich der „grünen" Themen schon darum annehmen sollte, um ein „Zünglein an der Waage" auszuschalten, lag also nahe. Auf der anderen Seite hätte sich die SPD durch eine Absage an die Nutzung von Kernenergie in Gegensatz zu einem sehr wichtigen Teil ihrer Anhänger und Wähler gebracht und einen Konflikt mit

13 Siehe den Antrag „Sicherheitspolitik im Rahmen der Friedenspolitik" sowie den Abschnitt „Grundsätze und Eckwerte" des Antrags „Energiepolitik": Wortlaut in Energiepolitik. Dokumente, Hrsg. Parteivorstand der SPD, Bonn [1980], S. 3f., und Sicherheitspolitik. Dokumente, Hrsg. Parteivorstand der SPD, Bonn [1980], S. 8ff.

den Gewerkschaften heraufbeschworen. Eine Annäherung an die Grünen hätte sich für die SPD also selbst unter wahltaktischen Gesichtspunkten kaum gelohnt.

Das Aufkommen der Grünen wie die zahlreichen Bürgerinitiativen und Protestkampagnen von Kernenergiegegnern und Umweltschützern veränderten das innenpolitische Klima. Der Konflikt schwappte in die SPD hinein. Beim Berliner Parteitag dominierte letztlich die Entschlossenheit der SPD, als Partei *gemeinsam* mit ihren Vertretern in der Bundesregierung und in den Landesregierungen politische Konzepte zu entwickeln und ihre Umsetzung mitzuverantworten. Dies war ein unverkennbarer Zug ihrer Haltung, seit sie Regierungspartei in der Bundesrepublik geworden war. Ebenso deutlich zeigte sich aber das Bemühen der SPD, die Politik der von ihren Repräsentanten geführten Regierungen so zu beeinflussen, dass sie von der Partei vertreten und getragen werden konnte. Dass es dabei gelegentlich zu Spannungen zwischen Gruppen sowohl in der Partei als auch in der sozialdemokratischen Fraktion auf der einen und den sozialdemokratischen Regierungsmitgliedern auf der anderen Seite kam, war unvermeidlich. Solche Meinungsverschiedenheiten, die sich in einigen Fällen auch bei Abstimmungen im Bundestag zeigten, waren zwar ärgerlich und beeinträchtigten das Bild in der Öffentlichkeit, den Bestand der sozialliberalen Regierung hatten sie aber nicht gefährdet.

In der Sozialistischen Internationale nahm die SPD der siebziger Jahre eine herausragende Stellung ein: Anders als die meisten sozialdemokratischen Parteien Europas hat sie während dieser Zeit das Regierungsruder ununterbrochen in Händen behalten. Im November 1976 wurde Willy Brandt, der auch international hoch angesehene Vorsitzende der SPD, Präsident der Sozialistischen Internationale – eine Ehrung seiner Persönlichkeit und seiner Partei. Nach seiner Wahl in dieses Amt rief er die Internationale zur Offensive in drei Richtungen auf: für den gesicherten Frieden, für neue Beziehungen zwischen Nord und Süd, für die Menschenrechte. Eine Anerkennung von Brandts Bemühungen um diese Ziele und eine Ermutigung, sie weiter zu verfolgen, bedeutete auch der ihm Ende 1977 übertragene Vorsitz in der „Unabhängigen Kommission für Internationale Entwicklungsfragen" (Nord-Süd-Kommission). Das 1980 vorgelegte Dringlichkeitsprogramm dieser Kommission[14] sah als die drängensten Aufgaben an: Überwindung des Welthungers; umfassende energiepolitische

14 Vgl. Das Überleben sichern. Gemeinsame Interessen der Industrie- und Entwicklungsländer. Bericht der Nord-Süd-Kommission, Köln 1980.

Vereinbarungen; verstärkter Transfer der Ressourcen; Reform der internationalen Organisationen.[15]

Die wachsende Bedeutung in der internationalen Politik, die die Bundesrepublik als eines der reichsten und stabilsten Industrieländer der Welt gewann, erhöhte auch den Bereich der Verantwortlichkeit der SPD. Eine Trennung zwischen den nationalen und den internationalen Aufgaben einer sozialdemokratischen Partei, zumal wenn sie an der Regierung war, wurde weniger möglich denn je.

4. Die Bundestagswahlen vom 5. Oktober 1980

Gegen einen Bundeskanzler, der populärer war als seine Partei, und einen Vizekanzler Hans-Dietrich Genscher mit seiner FDP, die Nähe zu Schmidt demonstrierte, waren die Bundestagswahlen 1980 für die Unionsparteien schwer zu gewinnen. Als ihr Kanzlerkandidat trat Franz Josef Strauß, der Vorsitzende der CSU und bayerische Ministerpräsident, an. Nach dem Erfolg der sozialliberalen Koalition in den Bundestagswahlen von 1976 hatte Strauß den damaligen Unionskandidaten, den CDU-Vorsitzenden Helmut Kohl, hemmungslos „als total unfähig" kritisiert und die Trennung der Unionsparteien angedroht.[16] Das Vorhaben, die CSU bundesweit auszudehnen, gab Strauß dann zu Gunsten eines neuen Plans auf: Er wollte der „starke Mann" der Unionsparteien werden. Als er nach großen Widerständen in der CDU seine Kanzlerkandidatur schließlich durchgesetzt hatte, schien er dies erreicht zu haben. Der Tenor des Bundestagswahlkampfes von 1980 war damit vorprogrammiert. Mit dem Slogan „Gegen den SPD-Staat – Stoppt den Sozialismus" wollte Strauß durch einen demagogischen Konfrontationskurs den Sieg erringen. Bei den Wählern der Mitte kam dies angesichts eines Kanzlers Helmut Schmidt kaum an. „Schmidt oder Strauß" – hieß die von der SPD herausgestellte Alternative, und ihr schloss sich auch die FDP weitgehend an. Die Bundestagswahlen vom 5. Oktober 1980 wurden zum Plebiszit gegen Franz Josef Strauß.

Die SPD gewann geringfügig (0,3 Punkte) hinzu und kam auf 42,0 Prozent; die FDP stieg auf 10,6 Prozent (plus 2,7); die Unionsparteien dagegen verloren 4,1 Prozentpunkte, blieben aber mit 44,5 Prozent die zahlenmäßig stärkste politische Kraft. Das ergab für die sozialliberale

---

15 Siehe die Rede Willy Brandts in Santo Domingo am 26.3.1980, veröffentlicht in einer SPD-Mitteilung für die Presse vom 27.3.1980.
16 Vgl Der Spiegel Nr. 49 vom 29.11.1976: „Strauß' Wienerwaldrede: Kohl ist total unfähig zum Kanzler".

Koalition eine satte Mehrheit von 45 Mandaten im Bundestag, während sie in der vorigen Legislaturperiode nur zehn mehr besessen hatte.

Trotz der verbreiterten parlamentarischen Basis für die Koalition konnte der Ausgang der Bundestagswahlen 1980 für die SPD nicht befriedigend sein. Nach dem großen Erfolg der SPD bei den Landtagswahlen von Nordrhein-Westfalen im Mai 1980, als sie in diesem Bundesland zum ersten Mal unter ihrem neuen, aber schon populären Ministerpräsidenten Johannes Rau die absolute Mehrheit errang und allein die Regierung bilden konnte, wäre ein höherer Zuwachs an SPD-Stimmen zu erwarten gewesen. Enttäuschend musste für die SPD auch sein, dass der große Vorsprung an Sympathie und Vertrauen in der Bevölkerung, den – wie alle Umfragen ergaben – Schmidt gegenüber seinem Herausforderer Strauß besaß, sich nicht noch stärker in der Stimmabgabe für die Partei des Bundeskanzlers niederschlug. Offensichtlich war auch, dass bei diesen Wahlen sowohl die SPD als auch die FDP Stimmen von Wählern erhielten, die sie ihnen nur gaben, um einen Bundeskanzler Strauß zu verhindern. Dass die Grünen unter diesen Umständen nur 1,4 Prozent der Stimmen errangen, kam hauptsächlich der SPD zugute, während die FDP von der Abneigung potenzieller Wähler der Unionsparteien gegen deren Kandidaten profitierte und auch Stimmen von Wählern erhielt, die zwar eher zur SPD neigten, aber die FDP nicht an der 5-Prozent-Hürde scheitern lassen wollten.

Der sozialliberalen Koalition brachten die Wahlen vom 5. Oktober 1980 einen Vertrauensbeweis für ihre elfjährige Tätigkeit. Die Wahlergebnisse zeigten, dass die Wähler, insbesondere nördlich der Main-Linie, die von der Union versprochene, aber nie konkret definierte „Wende" der bundesdeutschen Politik nicht wünschten. Aber der SPD brachten sie nicht den erwarteten klaren Sieg. Sie hatte im Wesentlichen ihren Besitzstand an Wählerstimmen gewahrt, ohne ihn auf neue Regionen und Bevölkerungsgruppen ausdehnen zu können.

V. Krise und Ende der sozialliberalen Koalition

1. Unzufriedenheit und Konflikte in der SPD

An der Absicht beider Koalitionspartner, ihre gemeinsame Regierungstätigkeit fortzusetzen, ließen die Aussagen von SPD und FDP im Bundestagswahlkampf 1980 keinen Zweifel. Am 9. November wählte der Bundestag Helmut Schmidt wieder zum Bundeskanzler. Am gleichen Tag ernannte er sein drittes Kabinett, dem dreizehn SPD- und vier FDP-Minister angehörten, die mit wenigen Ausnahmen die gleichen Ressorts übernahmen, die sie bis dahin innegehabt hatten. Die Kontinuität der Zusammenarbeit schien gewährleistet zu sein.

Doch die Verhandlungen über die künftige Politik der sozialliberalen Regierung verliefen zähflüssig. Die Folgen des zweiten „Ölschocks" von 1978/79 schlugen jetzt erst richtig durch. Die Produktion sackte ab und die Verbraucherpreise stiegen, die Volkswirtschaft schlitterte in eine Rezession und die Arbeitslosigkeit wuchs ab Herbst 1980 deutlich an. Die Bewältigung dieser Krise erwies sich als eine schwere Belastungsprobe. Die Koalition stand vor dem Zwang, durch Einsparungen die Staatsverschuldung einzudämmen und Maßnahmen zu treffen, um die Löcher im Haushalt zu stopfen, ohne die Konjunktur noch weiter abzuwürgen. Zwischen dem von der FDP geforderten stärkeren Abbau der Sozialleistungen und der von Sozialdemokraten favorisierten Auflegung eines Beschäftigungsprogramms musste ein Kompromiss gesucht und gefunden werden. Dabei setzte sich im Wesentlichen der kleinere gegen den größeren Partner durch. Die Last des Sparprogramms hätten vor allem die traditionellen SPD-Wähler zu tragen, so kommentierte ein viel gelesenes Nachrichtenmagazin das Ergebnis.[1] Maßnahmen gegen die Arbeitslosigkeit wurden nicht beschlossen, die Entscheidung über die Sicherung der Montan-Mitbestimmung vertagt, und der FDP-Landwirtschaftsminister konnte Streichungen von Vergünstigungen für die Landwirtschaft abwehren. Die FDP bestand darauf, dass die SPD nicht versuchen dürfe, Gesetze mit wechselnden Mehrheiten durchzubringen, also etwa den Arbeitnehmerflügel der CDU gegen die Liberalen zu mobilisieren.

---

1 Der Spiegel, 10.11.1980, S. 20.

Die in den Koalitionsverhandlungen vereinbarte Weichenstellung für die künftige Regierungspolitik wurde in weiten Kreisen der SPD und der Gewerkschaften mit Enttäuschung, ja teilweise mit Verbitterung aufgenommen. Unter Sozialdemokraten herrschte aber auch eine durchaus realistische Erkenntnis des Dilemmas ihrer eigenen Situation. Selbst diejenigen – und es waren nicht wenige –, die Helmut Schmidt ein allzu großes Entgegenkommen gegenüber den Liberalen vorwarfen, wollten nicht die Koalition sprengen und damit das Ende sozialdemokratischer Regierungstätigkeit herbeiführen. Außerdem wussten sie, dass die SPD ihr relativ gutes Abschneiden in den Bundestagswahlen von 1976 und 1980 in hohem Maße der Zugkraft Schmidts verdankte und dass schon darum seine Position innerhalb der Partei nicht erschüttert werden durfte. Möglicherweise wieder jahrelang auf die Bänke der Opposition verwiesen zu werden, war für die bestimmenden Kräfte in der SPD eine abschreckende Perspektive. Andererseits mochte die Partei nicht darauf verzichten, Kritik an der Koalitionspolitik zu üben und sich gegen Konzessionen zu wenden, die von den Genossen als untragbar empfunden wurden. Den Maßnahmen der Koalition Forderungen entgegenzusetzen, die sich im innerparteilichen Willensbildungsprozess herauskristallisiert hatten, betrachtete ein großer Teil der SPD-Mitglieder nicht als Illoyalität gegenüber ihren Vertretern in der Regierung. Sie sahen darin ein legitimes und notwendiges Bemühen, ihnen durch Kritik und Gegenvorschläge den Weg zu weisen und ihnen den Rücken gegenüber ihrem Koalitionspartner zu stärken. „Wir Gewerkschaftler wollen keine andere Regierung, wir wollen eine andere Politik", schrieb selbst Leonhard Mahlein, Vorsitzender der IG Druck und Papier, im April 1982.[2] Damit drückte dieser Exponent des linken Gewerkschaftsflügels nicht nur den Wunsch seiner engeren Gesinnungsfreunde aus, sondern auch den vieler anderer Gewerkschafter und Sozialdemokraten, die sich seit dem Start des dritten Kabinetts Schmidt ähnlich geäußert hatten. Allerdings hielt die Gruppe innerhalb der sozialdemokratischen Bundestagsfraktion, die sich selber als „Kanalarbeiter" bezeichnete und sich unter Egon Franke als energische Stütze der Politik Helmut Schmidts und seiner Regierung verstand, diesen Wunsch für die Quadratur des Kreises. Mit den öffentlichen Kampagnen gegen den Sparkurs der Regierung und harschen Proteste unter der Parole, das Maß an Zumutungen sei erreicht, gingen die Gewerkschaften auf Distanz. Die regierenden Sozialdemokraten

2 Zitiert von Klaus Bohnsack, Die Koalitionskrise 1981/82 und der Regierungswechsel 1982, in: Zeitschrift für Parlamentsfragen, Heft 1/1983, S. 11.

und die tonangebenden Kräfte in den Gewerkschaften drifteten in dieser Phase auseinander.

Schärfer als in den beiden vorangegangenen Amtsperioden der sozialliberalen Koalition gingen in der dritten die Meinungen der SPD in der Beurteilung der Politik und des Verhaltens des Bundeskanzlers und der SPD-Minister auseinander. Dennoch dominierte das Bestreben in der Partei, die sozialliberale Regierung zu erhalten. Auch diejenigen Fraktionsmitglieder, die als Gegenspieler der „Kanalarbeiter" auftraten, unterließen es, im Bundestag Aktionen zu unternehmen, die wirklich die Koalition hätten gefährden können. Als zwei dem linken Flügel angehörende Bundestagsabgeordnete, Manfred Coppik und Karl-Heinz Hansen, nach jahrelangen Auseinandersetzungen die SPD-Fraktion verließen, wurden sie isolierte Außenseiter, und ihr Versuch einer Parteigründung schlug fehl.

Während sich die Regierung auf die Abstimmungsdisziplin der sozialdemokratischen Bundestagsfraktion unter der Führung von Herbert Wehner verlassen konnte, waren Konflikte außerhalb des Parlaments nicht zu vermeiden. Der Widerstand gegen die westliche Nachrüstung mit Pershing II-Raketen begann sich zu formieren. Die Friedensbewegung startete mit ihren Initiativen, in den evangelischen Kirchen überwog die Kritik und Teile der SPD näherten sich unübersehbar der Friedensbewegung an. Erhard Eppler wie Oskar Lafontaine, die Jungsozialisten und 150 SPD-Mandatsträger kritisierten öffentlich den „Doppelbeschluss" der NATO als eine „verhängnisvolle Fehlentscheidung".[3] Der Parteivorsitzende Willy Brandt stützte zwar nach außen den Kanzler, signalisierte aber Verständnis für die Friedensbewegung und für die Sorgen vor einem Wettrüsten. Der Dissens zeigte sich dramatisch anlässlich einer Friedensdemonstration in Bonn am 10. Oktober 1981, an der rund 250 000 Menschen teilnahmen, darunter viele Sozialdemokraten. Auch Mitglieder der SPD- und der FDP-Fraktion solidarisierten sich mit den Demonstranten. Helmut Schmidt sah in dieser Massenkundgebung eine Opposition gegen seine eigene Politik und war entschieden dagegen, dass Sozialdemokraten dabei auftraten. Im SPD-Präsidium setzte er sich damit nicht durch. Von Willy Brandt gestützt und ermutigt sprach Erhard Eppler, Mitglied des Präsidiums und Vorsitzender der SPD-Grundwertekommission, als prominenter Redner auf dieser Friedensdemonstration.

In der Sicherheitspolitik kündigten zunehmend Sozialdemokraten dem eigenen Kanzler die Gefolgschaft und beschritten einen Weg, der mit einer

3 Winkler, Weg nach Westen II, S. 373f. Erhard Eppler war Mitglied des Präsidiums der SPD, Oskar Lafontaine Oberbürgermeister von Saarbrücken. Zur Nachrüstung und zum Doppelbeschluss siehe oben S. 254 f.

Friedensdemonstration in Bonn am 10. Oktober 1981

eher einseitigen Kritik an westlichen Raketen und antiamerikanischen Vorbehalten, die sich vor allem, aber nicht ausschließlich an Ronald Reagan festmachten, zu einer Schieflage führte. Die Absetzbewegungen beschränkten sich nicht nur auf die friedensbewegten jüngeren Linken in der Partei; Egon Bahr begann mit seiner „Nebenaußenpolitik" und Willy Brandt pries nach einer Moskau-Reise Breschnews Friedenswillen. Gegenüber dem Freiheitskampf von Solidarnosc in Polen hielten nicht wenige Sozialdemokraten auf Distanz. Solidarnosc wurde eher als Störfaktor wahrgenommen, der Stabilität und Entspannung bedrohte, und anders als die 1973 errichtete Militärdiktatur Pinochets in Chile löste das im Dezember 1981 etablierte Jaruzelski-Regime und die Verhängung des Kriegsrechts keine Massenproteste aus. Helmut Schmidt war zu diesem Zeitpunkt gerade zum offiziellen Besuch in der DDR. Das Treffen mit dem SED-Chef und Staatsratsvorsitzenden Erich Honecker am Werbellin- und Döllnsee wurde nicht nur durch die polnischen Ereignisse, sondern auch durch die gespenstischen Szenen in Güstrow überschattet.[4] Stasi und Volkspolizei säumten in Uniform und Zivil die Straßen. Die Bürger der DDR wurden ausgesperrt und drangsaliert aus der durchaus berechtigten Furcht vor Sympathiebezeugungen für den sozialdemokratischen westdeutschen Kanzler. Trotz der verhärteten Fronten im Ost-West-Konflikt war Schmidt auf dem schwierigen deutschen Terrain durch eine besonnene Politik des Dialogs und des zähen Ringens um humanitäre Erleichterungen weit mehr als „Schadensbegrenzung" gelungen. Unter ihm wurde die Saat ausgebracht, deren Früchte dann sein Nachfolger Helmut Kohl ernten konnte.

Nicht nur die Friedensbewegung, sondern auch die Umweltschutz- und Alternativbewegungen sowie verschiedene Bürgerinitiativen und Protestaktionen, vor allem die gegen den Bau von Atomkraftwerken und gegen die Erweiterung des Frankfurter Flughafens („Startbahn West") gerichteten, zogen Teile der SPD und vor allem junge Menschen an, die früher zum Wählerpotenzial der SPD gehört hatten. An der Beurteilung dieser Bewegungen und Aktionen sowie der Zulässigkeit, sich als Sozialdemokraten an ihnen zu beteiligen, schieden sich die Geister in der Partei. Ebenso umstritten war die Frage, ob es gelingen könne, Teile dieser Bewegung für die SPD zu gewinnen. Ihre Beantwortung war schon darum von Bedeutung, weil die Grünen in Landtags- und Kommunalwahlen verschiedentlich Erfolg hatten.

---

4 Zum Verlauf dieses Besuches vgl. Helmut Schmidt, Die Deutschen und ihre Nachbarn, Berlin 1990, S. 57-73; Potthoff, Bonn und Ost-Berlin, S. 79-81 und 652-697; ders., Im Schatten der Mauer. Deutschlandpolitik 1961 bis 1990, Berlin 1999, S. 188-194.

Willy Brandt trat zum Thema „Sozialdemokratische Identität" für Offenheit gegenüber den neuen Strömungen ein, die „nichts anstreben, was den Zielen des demokratischen Sozialismus fremd sein müsste".[5] Denn, so sein Argument: „Sie wehren sich gegen den ungesteuerten Triumphzug einer Technik, die die Natur und erhaltenswerte Wohnformen zerstört. Manche wehren sich gegen die Anonymisierung der Menschen, gegen das Unmenschliche von Großstrukturen mit den dazu gehörenden Bürokratien. Manche bemühen sich um die Wiederherstellung von Lebens- und Erfahrungszusammenhängen. Sie suchen neue Formen des Zusammenlebens, neue Formen des Zusammenhangs zwischen Arbeit und Freizeit, der Zusammenführung von Arbeit und Kultur." Brandt schloss seine Charakterisierung des Strebens der „unruhigen Jungen", der „unbequem Drängenden" mit Fragen, die er selber bereits positiv beantwortet hatte: „Sind es nicht auch unsere eigenen Ziele? ...Drückt sich denn da nicht eben etwas von jenem Prinzip ‚Mehr Demokratie wagen' aus, das ich selber zum Motto nahm, als wir 1969 darangingen, den verkrusteten CDU-Staat umzuformen?"[6]

Willy Brandt stieß auf Widerspruch. Professor Richard Löwenthal, sein alter Weggefährte und geschätzter Berater sozialdemokratischer Politiker, warf Brandt vor, er habe sich seine Antwort „etwas zu leicht gemacht".[7] Löwenthal bezog sich auf die Tatsache, dass die SPD einerseits neue Jugendschichten an die Grünen, andererseits „Stammwähler" an die Unionsparteien verlor oder „Stammwähler" zu Nichtwählern wurden. Er warnte die SPD davor, Gruppen, die von den Rechtsnormen der parlamentarischen Demokratie nichts wissen wollten und die arbeitsteilige Industriegesellschaft ablehnten, durch eigene Anpassung integrieren zu wollen. Im Konflikt zwischen „Aussteigern" und „der Masse der Berufstätigen aller Art" müsse die SPD klare Stellung beziehen – gegen die „Aussteiger": Sonst würde sie „nur sich selbst desintegrieren".[8] Diese Auseinandersetzung, vielfach als eine zwischen Helmut Schmidt (dessen Position Löwenthal festigen wollte) und Willy Brandt verstanden, erhielt besondere Publizität, als Löwenthals Argumentation, in sechs Thesen gefasst, von Annemarie Renger, der Vizepräsidentin des Bundestages, prominenten Sozialdemo-

5 Brandt hielt die Rede auf einem Symposion am 21.10.1981 in Bonn, das der SPD-Parteivorstand zum 10. Todestag von Willi Eichler veranstaltete. Das Symposion ist dokumentiert in: Die Neue Gesellschaft, 28. Jg. /12.12.1981, S. 1062-1085.

6 Ebenda, S. 1066f.

7 Ebenda, S. 1086. Löwenthals Aufsatz „Identität und Zukunft der SPD" ist abgedruckt S. 1085-1089. Der Aufsatz erschien auch in der Wochenzeitung Die Zeit.

8 Ebenda, S. 1087.

kraten und Gewerkschaftsvorsitzenden mit der Aufforderung zur Unterschrift vorgelegt wurde. Dieser Versuch, dem Kanzler in der eigenen Partei den Rücken zu stärken, blieb ohne nachhaltige Wirkung. Der Parteivorstand bügelte ihn ab und auf den Zustand der Koalition übte er keinen Einfluss aus.

2. Genschers Forderung nach einer „Wende"

Weniger die Kontroversen in der SPD, die sich vor allem an Themen der Friedenssicherung und der Sicherheitspolitik entzündeten, belasteten im Sommer und Herbst 1981 das Verhältnis zwischen den Koalitionspartnern, sondern die Probleme, die sich aus der Verschlechterung der Wirtschaftsentwicklung ergaben. Für diese gemeinsam Lösungen zu finden, wurde im Regierungslager immer schwieriger. Die Zahl der Arbeitslosen hatte die Millionengrenze überschritten und stieg ständig weiter. Die Arbeitslosigkeit veränderte die Machtgewichte zwischen Unternehmerschaft und Arbeitnehmern, trieb die Gewerkschaften in die Defensive und erzeugte in der traditionellen Anhängerschaft der SPD ein Gefühl von Resignation und Enttäuschung über ihre Partei und Regierung. Gleichzeitig wurde mit der Arbeitslosigkeit das Problem der Staatsfinanzen und der Finanzierung des sozialen Netzes akut. Sinkenden Einnahmen durch den Rückgang von Sozialversicherungsbeiträgen und Steuern standen rasch steigende Ausgaben der Versicherungsträger und des Staats gegenüber. Verschärft wurde das Finanzproblem durch die Hochzinspolitik, die in allen westlichen Industrieländern zur Bekämpfung der schleichenden Inflation betrieben wurde. Für die klassische Keynes'sche Gegenstrategie waren die Voraussetzungen schlecht: Rücklagen waren nicht gesammelt worden, weil Politiker und Experten über Jahre in einem unkritischen Wachstumsglauben befangen gewesen waren. Gegen die Finanzierung von Arbeitsbeschaffungsmaßnahmen durch die Ausweitung der Nettokreditaufnahme bestanden angesichts der hohen Zinsen und der öffentlichen Schuldenlast Bedenken.

Die sozialliberale Koalition war nicht mehr in der Lage, Verteilungskonflikte dadurch zu entschärfen, dass jeder seinen Lebensstandard aus dem Zuwachs des Sozialprodukts verbessern konnte. Eine Politik zur Bewältigung der Finanz- und Wirtschaftskrise musste der Bevölkerung notwendigerweise Lasten auferlegen. Wie diese verteilt werden sollten, daran entzündete sich der Konflikt. Vorschläge der SPD, durch eine Ergänzungsabgabe gut Verdienender ein Beschäftigungsprogramm zu finanzieren, wurden von der FDP blockiert. Sie vertraute den Selbstheilungskräften des Marktes. Den Defiziten in der Staatskasse wollten die Wirtschaftsliberalen in der FDP durch die Verminderung staatlicher Ausgaben auf dem Sozialsektor Rechnung tragen.

Am 20. August 1981 meldete sich der FDP-Vorsitzende und Vizekanzler Hans-Dietrich Genscher mit dem sogenannten „Wendebrief" an seine Partei zu Wort, in dem es hieß: „Unser Land steht an einem Scheideweg." Er verglich die nun auszutragende Grundsatzkontroverse mit den Richtungsentscheidungen „wie beim Wiederaufbau nach dem Zweiten Weltkrieg". Es gelte, „eine Anspruchsmentalität zu brechen", die deshalb entstanden sei, „weil manches Gesetz geradezu zur ‚Inanspruchnahme' auffordert, um nicht zu sagen, ‚verleitet'". Genschers später noch oft zitierte Schlussfolgerung lautete: „Eine Wende ist notwendig."[9]

Vor dem Hintergrund der Koalitionspolitik seit Oktober 1980 erschienen Genschers Überlegungen wenig einleuchtend. Hatte sich doch auch ohne eine „grundsätzliche Auseinandersetzung" die FDP mit Wirtschaftsminister Otto Graf Lambsdorff im Kabinett in wesentlichen Fragen behaupten können. Ein kritischer Beobachter ohne erkennbare Sympathien für sozialdemokratische Beschwerden stellte rückblickend fest: „Der Wirtschaftsflügel der FDP regierte, der Arbeitnehmerflügel der SPD wurde angehört."[10] Die Liberalen wurden in dieser Zeit durch den Parteispendenskandal gebeutelt. Er hat zwar die Glaubwürdigkeit aller Bundestagsparteien beeinträchtigt, besonders aber die FDP und ihren Bundeswirtschaftsminister Otto Graf Lambsdorff getroffen. Als die zunächst angedachte große Amnestiekoalition am Veto des neuen Justizministers Jürgen Schmude (SPD) und am Widerstand der SPD-Fraktion scheiterte, war das Koalitionsklima beeinträchtigt.

Das wohl plausibelste Motiv für Genschers Ruf nach einer „Wende" lieferten aber die Einbrüche der Koalitionsparteien in der Wählergunst. Bei den Kommunalwahlen in Hessen im März 1981 und den Wahlen zum Berliner Abgeordnetenhaus im Mai 1981 wurde die CDU stärkste Partei, die SPD erlitt schwere Verluste, und die FDP übersprang nur knapp die Fünf-Prozent-Hürde. Auch demoskopische Umfragen im Bundesgebiet zeigten in jenen Monaten einen ständigen Rückgang der SPD. In dieser Situation wollte die FDP sich profilieren und die Möglichkeit voll ausspielen, sich ihren Koalitionspartner auszusuchen. Ihre Loyalität gegenüber der SPD fand da ihre Grenzen, wo ihre eigenen Chancen zur Teilhabe an der Regierungsmacht auf dem Spiel standen. So hatte sich die FDP in Rhein-

9 Wolfram Bickerich (Hrsg.), Die 13 Jahre. Bilanz der sozialliberalen Koalition. Spiegelbuch, Reinbek bei Hamburg, Nov. 1982, S. 241.
10 So Wolfram Bickerich, ebenda, S. 47.

land-Pfalz 1975 bereit erklärt, mit der CDU zu koalieren, wenn diese nicht die absolute Mehrheit erhalten werde. Sie war im März 1977 in die CDU-Regierung des Saarlandes eingetreten. Im Mai 1979 hatte sie die Offenhaltung ihrer Optionen gewissermaßen symbolisch demonstriert, als sie bei der Wahl des Bundespräsidenten weder für den Kandidaten der Unionsparteien, Karl Carstens, noch für die Kandidatin der SPD, Annemarie Renger, stimmte. Auf kommunaler Ebene bildete die Unterstützung der FDP für die Unionsparteien keine Ausnahme. Die Bonner Koalition wurde dadurch zunächst nicht in Frage gestellt.

Der doppelte Anhalter   waz-Zeichnung: Klaus Pielert

Entscheidend berührt wurde das Verhältnis der SPD zu ihrem Partner in der Bundesregierung durch die Entwicklung in Hessen. Dort war die FDP seit zwölf Jahren an einer von der SPD geführten Landesregierung beteiligt. Vor den für Ende September 1982 angesetzten Landtagswahlen machte sie eine Koalitionsaussage zu Gunsten der CDU. Landespolitische Gründe für diese Entscheidung gab es nicht, denn der hessische Ministerpräsident Holger Börner (SPD) hatte, gegen heftige Widerstände des linken Flügels seiner Partei und vor allem der Grünen, einen Kurs gesteuert, an dem die FDP kaum Anstoß nehmen konnte. Ungewiss war jedoch, ob die SPD nach den Landtagswahlen in Wiesbaden wieder die Regierung bilden werde. Hatten doch die Sozialdemokraten in einer ihrer traditionellen Hochburgen, in Hamburg, im Juni 1982 ihre absolute Mehrheit verloren, während die CDU zur stärksten Fraktion wurde und die FDP, wie bereits 1978, an der Fünf-Prozent-Klausel scheiterte. So lag für die FDP die Überlegung nahe, sie könne von dem Trend zur CDU profitieren. Was Hessen betraf, hatte sich die FDP verrechnet, sie erlangte bei den Septemberwahlen kein Mandat; doch für die Bundesrepublik war ihre hessische Koalitionsaussage ein Signal.

3. Der Münchener Parteitag der SPD

Nach den Konflikten in der Koalition um die Sanierung des Haushalts und das Amnestiegesetz wollte Bundeskanzlers Schmidt die FDP dazu bringen, Farbe zu bekennen, und die eigene Partei zur Geschlossenheit mahnen. Die Abgeordneten von SPD und FDP hielten ihm bei der Vertrauensfrage am 5. Februar 1982 einmütig die Stange, doch dass sie Helmut Schmidt überhaupt stellte, war eher ein Zeichen für den brüchig gewordenen Zusammenhalt. Eine Kabinettsumbildung von Ende April, bei der Schmidt wieder seine Vertrauten Hans-Jürgen Wischnewski und Klaus Bölling enger um sich scharte, brachte keine dauerhafte Entlastung. Sie betraf nur SPD-Minister; die FDP gab sich ungerührt.

Bei den Begründungen für den späteren Bruch der sozialliberalen Koalition wurden von der FDP wie ihr zuneigenden Kommentatoren die Beschlüsse des SPD-Parteitags vom April 1982 beschworen. In der Tat kam es den Delegierten, die in München tagten, darauf an, das eigene sozialdemokratische Profil herauszustellen. Denn, wie es in einem Informationsdienst der SPD hieß: „Dies war kein Parteitag der Koalition, sondern ein Parteitag, auf dem die Sozialdemokraten ihre Position neu bestimmt haben."[11] Dies wurde dort im Grundsatz auch von Kanzler Schmidt mit den Worten anerkannt: „Die Partei muss Vordenker für zukunftsträchtige sachliche Lösungen sein. Sie darf sich nicht zwischen Regierungstechnik und Alternativbewegungen zerreiben. Die Partei darf nicht nur der Regierung, der Koalitionsregierung, vorauseilen, sie muss es tun."[12] Am Ende der sozialliberalen Koalition rief er die SPD auf, in einem

---

11 Informationsdienst der SPD intern 7/82, 28.4.1982, S. 1.
12 Ebenda, S. 2.

kurzen Katalog ihre Politik zu formulieren „in Kontinuität mit unseren bisherigen Beschlüssen, einschließlich München natürlich".[13]

Das Thema Arbeitslosigkeit und ihre Überwindung nahm in den Münchener Beratungen einen zentralen Platz ein; es war auch das Thema, bei dessen Behandlung die Differenzen zwischen den Koalitionspartnern am deutlichsten zu Tage traten. Schließlich wurde vom Parteitag mit großer Mehrheit ein umfangreiches Dokument verabschiedet. Es trug die Überschrift: „Sozialdemokratische Perspektiven zur Wiedergewinnung der Vollbeschäftigung – Arbeit für alle". In der Öffentlichkeit wurde stark beachtet und von den Unionsparteien ebenso wie von der FDP heftig kritisiert, dass es Forderungen enthielt, die im Kabinett auf Druck vor allem des FDP-Wirtschaftsministers Graf Lambsdorff verworfen worden waren. Dazu gehörten: höhere Kreditaufnahme zur Bekämpfung der Arbeitslosigkeit; eine zeitlich befristete Ergänzungsabgabe für höhere Einkommen und eine Arbeitsmarktabgabe zur Restfinanzierung beschäftigungspolitischer Programme; Abbau ungerechtfertigter Steuerprivilegien; Erhöhung des Spitzensteuersatzes; Einführung einer Bodenwertzuwachsbesteuerung. Deutlich im Einklang mit den Gewerkschaften wurde verlangt, Mitbestimmung und Unternehmensverfassung so zu gestalten, dass „die volle Parität von Kapital und Arbeit in allen wichtigen Entscheidungsprozessen gewährleistet" werde. Auch die Forderung nach Verkürzung der Lebensarbeitszeit entsprach gewerkschaftlichen Vorstellungen.[14]

Mit diesen Beschlüssen zur Wirtschafts- und Finanzpolitik markierte der Parteitag sein „linkes" Profil, während sich in der Sicherheits- und Energiepolitik die Linie von Helmut Schmidt mit deutlicher Mehrheit gegen den Flügel der Kritiker des NATO-Doppelbeschlusses um Erhard Eppler und Oskar Lafontaine durchsetzte. Diese Kraftprobe hatte der Bundeskanzler bestanden, allerdings mit gewissen Konzessionen. Die „Münchener Erklärung" bekannte sich zum westlichen Bündnis wie zu einer „Sicherheitspartnerschaft mit den Staaten des Ostens" und bekundete den Friedensbewegungen Sympathie. Die Entscheidung, welche Folgerungen die SPD aus den laufenden Verhandlungen zwischen den USA und der Sowjetunion für die Frage der Stationierung neuer Raketensysteme auf deutschem Boden ziehen sollte, wurde auf einen Sonderparteitag im Herbst 1983 vertagt.[15]

13 Schmidt vor dem SPD-Parteirat am 19.9.1982 ; SPD-Service 416/82, S. 5.
14 Dokumente. SPD-Parteitag München 19. – 23. April 82, Beschlüsse zur Wirtschafts- und Beschäftigungspolitik, Teil 1, S. 1-14. Hrsg.: Vorstand der SPD, Bonn [1982].
15 SPD-Parteitag, München, 19. – 23. April 82, Beschlüsse zur Außen-, Friedens- und Sicherheitspolitik, S. 3-7. Hrsg.: Vorstand der SPD, Bonn [1982].

Die SPD, gebeutelt durch Niederlagen in Kommunal- und Landes-
wahlen, innerparteilichen Streit und kompromittierende Enthüllungen
über Vorgänge in der gewerkschaftseigenen Wohnungs- und Siedlungsge-
sellschaft „Neue Heimat", schöpfte auf dem Münchener Parteitag neuen
Mut. Die Partei hatte es dort geschafft, sich „zusammenzuraufen", Kontroversen auszutragen und dabei ihren Willen zur Gemeinsamkeit zu beweisen. Die auf dem Parteitag zum ersten Mal in solcher Fülle und Vielfalt
dargebotenen Beispiele der Aktivitäten von Ortsvereinen und Unterbezirken zeugten von der Lebendigkeit und dem Einfallsreichtum der Partei.
Helmut Schmidt, der wieder zum stellvertretenden SPD-Vorsitzenden
gewählt wurde – neben dem nordrhein-westfälischen Ministerpräsidenten
Johannes Rau –, wobei Schmidt 365 von 436, Rau 367 von 432 Stimmen
erhielt, konnte davon ausgehen, dass seine Partei die Fortsetzung der
sozialliberalen Koalition unter seiner Führung wünschte.[16] Diese Bekundung tat Not, denn die Spannungen innerhalb der Koalition nahmen zu.
Dass sie durch den Münchener Parteitag der SPD entscheidend verschärft
wurden, gehört zu den Legenden, die der Rechtfertigung des Koalitionswechsels der FDP dienen sollten.

4. Der Bruch der sozialliberalen Koalition

Im Frühsommer 1982 wurden die Eckwerte für den Haushalt 1983 von
den Koalitionspartnern mühsam ausgehandelt. Das Ergebnis befriedigte
niemanden, und es mehrten sich die Anzeichen für den Zerfall der Regierung. Seit der „Wende" der hessischen FDP wurde allgemein angenommen, dass die Amtsperiode der sozialliberalen Koalition ein vorzeitiges
Ende finden werde; die Frage war nur, wie und wann. Einzelne prominente Sozialdemokraten sprachen sich damals offen gegen das Verbleiben
in der Regierung aus. Am drastischsten tat dies der Oberbürgermeister von
Saarbrücken Oskar Lafontaine, Vorstandsmitglied der SPD. Er forderte
lautstark: „Die SPD muss raus aus der Regierung in Bonn." Nur in der
Opposition könne sie sich regenerieren. Er verband diesen Vorstoß mit
einer harschen Kritik an Bundeskanzler Schmidt.[17]

16 Siehe die „Münchener Erklärung" vom 19.4.1982 in: Informationsdienst der SPD
    intern, Nr. 7/82, 28.4.1982
17 In einem Telefongespräch mit dem Reporter Jürgen Serke sagte Lafontaine: „Helmut
    Schmidt spricht weiter von Pflichtgefühl, Berechenbarkeit, Machbarkeit, Standhaftig-
    keit ... Das sind Sekundärtugenden. Ganz präzis gesagt: Damit kann man auch ein KZ
    betreiben." Abgedruckt im Stern Nr. 29, 15.7.1982, S. 55f. Diese Äußerung wurde auch
    in der Bild-Zeitung am 15.7.1982 veröffentlicht.

Doch die Befürworter eines möglichst baldigen Austritts aus der Regierung repräsentierten nicht die Haltung der Mitglieder der Regierung und der Bundestagsfraktion. Diese waren bestrebt, keinen Anlass für den Vorwurf zu bieten, die SPD habe vor den Schwierigkeiten der Regierungsverantwortung durch die Flucht in die Opposition kapituliert. Helmut Schmidt machte zwar gelegentlich im Kreis von Parteigenossen keinen Hehl daraus, wie sehr er sich durch die Kritik aus den eigenen Reihen, zumal solch diffamierende wie die Lafontaines, verletzt fühlte und eine Reaktion der Parteispitze vermisste.[18] Es lag aber Schmidt fern, aus innerparteilichen Querelen der SPD die Konsequenz zu ziehen, seinen Posten als Regierungschef zu verlassen. Er wollte für sich und die SPD nicht die Schuld für ein Scheitern tragen.

Der letzte Stoß wurde der sozialliberalen Koalition denn auch von der FDP versetzt. Die Kampfansagen von Freidemokraten häuften sich. Am Abend des 9. September erhielt Schmidt ein von Wirtschaftsminister Graf Lambsdorff erstelltes Memorandum, das sich wie das wirtschaftsliberale Credo gegen die Sozialdemokratie las und darauf zielte, die Koalition mit der SPD zu beenden.[19] In der Kabinettssitzung vom 15. September 1982, fünf Tage nach der Veröffentlichung des Papiers, erklärte Schmidt, Lambsdorffs Konzept stimme nicht mit der Regierungspolitik überein und forderte ihn auf, sein Verhältnis zur Regierungspolitik klarzustellen. Schmidt ebenso wie die SPD-Fraktion fanden Lambsdorffs Ausführungen im Bundestag unbefriedigend.[20] Der „Scheidungsbrief" blieb auf dem Tisch.

Auch in der FDP wurde gegen die Scheidungsabsichten ihrer Führung opponiert. Doch die Mehrheit der FDP-Fraktion war nicht bereit, ihren Wirtschaftsminister Lambsdorff fallen zu lassen, um auf diese Weise die Koalition mit der SPD wenigstens auf Zeit zu retten. Genscher hatte beabsichtigt, die Entscheidung über eine „Wende" in Bonn erst nach der Hessenwahl am 26. September zu treffen. Diesen Plan durchkreuzte Schmidt. Die Lambsdorff-Denkschrift mit ihren „reaktionären additiv aufgezählten Wünschen", die „in eklatantem Widerspruch zur gemeinsam

---

18 Vgl. die auszugsweise Wiedergabe der Ausführungen Schmidts vor der SPD-Bundestagsfraktion am 26. 10. 1982 bei Helmut Herles, Machtverlust oder das Ende der Ära Brandt, Stuttgart 1983, S. 11f.

19 Siehe Klaus Bölling, Die letzten 30 Tage des Kanzlers Helmut Schmidt. Ein Tagebuch, Reinbek bei Hamburg 1982, S. 47f. Zur publizistischen Verbreitung des Lambsdorff-Papiers und dessen Diskussion in den Gremien der FDP und der SPD vgl. Klaus Bohnsack, Die Koalitionskrise 1981/82 (siehe Anm. 2), S. 19ff.

20 Bohnsack ebenda, S. 29f.

formulierten Wirtschafts- und Finanzpolitik der Koalition" stehe[21], und die Absetzsignale der FDP untergruben nicht nur die Autorität der Regierung, auch die parlamentarische Demokratie drohte Schaden zu nehmen. Da weder Helmut Kohl mit seiner Union noch die FDP um Genscher und Lambsdorff mit offenem Visier die Wende wagten, war Schmidt nun entschlossen, den Scheidungstermin selber zu bestimmen.

Am 17. September 1982 verkündete Helmut Schmidt im Deutschen Bundestag das Ende der sozialliberalen Koalition in einer eindrucksvollen Rede. Ihren Wortlaut hatte er vorher Genscher gegeben, der ihm kurz darauf den Rücktritt der vier FDP-Minister mitteilte. Schmidt würdigte die sozialliberale Ära als „eine geschichtliche Epoche in der Entfaltung unseres demokratischen Gemeinwesens" und betonte, dass die FDP durch das Verhalten ihrer führender Politiker die Basis für eine ehrliche Zusammenarbeit aufgekündigt habe. Er schlug die Auflösung des Bundestages und Neuwahlen vor, die so bald wie möglich stattfinden sollten. Dies sei, so habe eine Beratung zwischen ihm, Willy Brandt und Herbert Wehner ergeben, der beste Weg, „um [uns] aus der gegenwärtigen innenpolitischen Krise herauszuführen".[22]

Schmidts Vorschlag wurde nicht befolgt. Helmut Kohl wie Hans-Dietrich Genscher scheuten das Risiko, gegen den populären Helmut Schmidt mit dessen Amtsbonus als Bundeskanzlers in einen Wahlkampf zu ziehen. Obwohl die FDP bei den Hessenwahlen am 26. September für ihren „Verrat" abgestraft wurde, vollzog Genscher die mit Kohl angebahnte und verabredete „Wende". Am 1. Oktober 1982 brachten die Unionsparteien ein konstruktives Misstrauensvotum gegen Bundeskanzler Schmidt ein, das eine Mehrheit für Helmut Kohl (CDU) ergab. Vier Tage später wurde das neue Bundeskabinett, gebildet aus den Unionsparteien und der FDP, unter Bundeskanzler Kohl ernannt.

In der FDP-Fraktion war eine starke Minderheit gegen die Taktik Genschers, die zum Koalitionswechsel ihrer Partei geführt hatte, aufgetreten. Doch nur wenige FDP-Abgeordnete zogen Konsequenzen aus ihrer Opposition: Ingrid Matthäus-Maier, eine anerkannte Finanzexpertin, Günter Verheugen, bisheriger Generalsekretär der FDP, und Andreas von Schoeler, bisheriger parlamentarischer Staatssekretär im Innenministerium, schlossen sich der SPD an – Frau Matthäus-Maier und Verheugen erhielten am 6. März 1983 SPD-Mandate –, Helga Schuchardt verließ die FDP

---

21 So Schmidt vor dem SPD-Parteirat am 19. 9. 1982; SPD-Service 416/82, S. 1 u. 3.
22 Siehe den Text der Rede, Anhang Dokumente 13.

und wurde bald darauf parteilose Kultursenatorin eines SPD-Senats in Hamburg.

Helmut Schmidt hatte sich und seiner Partei einen Abgang in Würde verschafft. Sein hohes Ansehen, gegründet auf Sachkompetenz, Urteilsvermögen und Pflichtbewusstsein, überdauerte den Sturz. Die souveräne Art, mit der er den gordischen Knoten der unerträglichen Krise durchschlug, nötigte selbst Gegnern Respekt ab und die eigene Partei war ihm dankbar dafür. Er hatte sie aus einer Lage, in der sie in ihrem Selbstverständnis verunsichert und in ihrem Selbstbewusstsein erschüttert war, befreit. Viele empfanden das als eine Erleichterung. Doch es gab kaum einen Sozialdemokraten, ob an der Basis oder in der Spitze, der sich nicht auch klar darüber war, dass der Verlust der Regierungsverantwortung eine möglicherweise jahrelang während Zeit auf den harten Bänken der Opposition eingeleitet hatte, in der innenpolitische Reformen und außenpolitische Erfolge, die durch die sozialliberale Koalition erreicht worden waren, gefährdet sein könnten.

VI. Die sozialliberale Ära – eine Bilanz

Als Regierungspartei erzielten die Sozialdemokraten bei den Bundestagswahlen von 1972 das beste Ergebnis ihrer Geschichte. In den darauf folgenden Jahren erlitt die Partei jedoch Rückschläge, die nur in Ausnahmefällen – so im Mai 1980 bei den Landtagswahlen in Nordrhein-Westfalen
– wieder aufgefangen werden konnten. Bei neun Landtagswahlen der Jahre
1974/75 ging, verglichen mit den vier Jahre vorher stattgefundenen, überall, außer im Saarland, der Stimmenanteil der SPD zurück, am stärksten in
Hamburg und in Berlin, während die Unions-Parteien, außer in Schleswig-
Holstein, Gewinne erzielten.[1] Eine ähnliche Entwicklung vollzog sich bei
Kommunalwahlen in vielen Großstädten, in denen die SPD jahrzehntelang
die absolute Mehrheit besessen hatte.

Zur Selbstprüfung musste sich die Partei durch die Tatsache herausge-
fordert wissen, dass es Sozialdemokraten auf Landes- und Kommunalebene
nicht gelungen war, das Ansehen zu bewahren, das sich ihre Partei einst
erworben hatte. Das lag nicht nur an widrigen äußeren Umständen, sondern hatte auch Ursachen in der Partei selbst: ihre inneren Streitigkeiten,
die z. B. in München die Stellung der SPD in dieser Stadt ruinierten; die
Besetzung von Posten mit sachlich und menschlich ihrer Aufgabe nicht
gewachsenen Parteifreunden, deren Tun nicht kontrolliert und deren
Versagen hinterher möglichst vertuscht wurden (das Wort vom „Filz"
brachte es auf den Punkt); Fehlentscheidungen und Führungsschwächen
von Sozialdemokraten an der Spitze von Landesregierungen und Rathäu-
sern, wie sie sich in Hessen bei der Affäre um die Hessische Landesbank
und in Hamburg beim Giftmüllskandal gezeigt hatten; als 1976 in Niedersachsen der Ministerpräsident einer sozialliberalen Koalition, Alfred Kubel,
ein seit 1945 in Regierungsämtern bewährter Sozialdemokrat, verabre-
dungsgemäß in der Mitte der Legislaturperiode zurücktrat, erwies sich das
als ein Risiko, das für die SPD schlecht ausging: Kubels designierte Nachfolger (zuerst Helmut Kasimier, Finanzminister im Kabinett Kubel, dann
Karl Ravens, Wohnungsbauminister in Bonn) erhielten im Parlament
keine Mehrheit; der CDU-Kandidat Ernst Albrecht bildete eine neue
Landesregierung und gewann die nächsten Landtagswahlen.

1 Siehe Jahrbuch der SPD 1973-1975, S. 241.

Zu den im personellen Bereich liegenden Schwächen der SPD in Ländern und Kommunen kamen politische Maßnahmen, die von einem großen Teil der Bürger nicht mitgetragen wurden. Eine wichtige Rolle spielte dabei die Bildungspolitik, für die als kennzeichnend hessische Richtlinien für den Schulunterricht galten, die weniger Wert auf die Vermittlung von Wissen als auf kritisches Denken legten. Ihre Gesamtkonzeption wurde von vielen Seiten angegriffen, nicht nur von konservativ eingestellten Eltern, die des ständigen Herumexperimentierens müde geworden waren und sich nach Ruhe und Ordnung und Stetigkeit sehnten. Auf heftige Kritik stieß auch die sogenannte „Gebietsreform" vor allem in den von sozialliberalen Koalitionen regierten Ländern Niedersachsen und Hessen. Denn die Schaffung großer Verwaltungseinheiten, zum Teil unter neuen Namen, sah man als Verständnislosigkeit gegenüber gewachsenen Traditionen und als Missachtung lokaler Bürgerinteressen an. Den schärfsten Protest rief die Zusammenlegung der Städte Gießen und Wetzlar unter der Bezeichnung „Lahnstadt" hervor, die daraufhin rückgängig gemacht wurde. Nun war die „Gebietsreform" nicht ein Spezifikum sozialdemokratischer Landes- und Kommunalpolitik; in Bayern wurde sie von der CSU durchgeführt[2] und in Hessen vor allem von dem Koalitionspartner FDP vorangetrieben. Doch die Beanstandungen an der Bildungs- und Gebietsreform richteten sich in erster Linie gegen die SPD, weil diese als die führende Regierungspartei in Bonn vom Durchschnittsbürger mit allen Regierungsmaßnahmen in Bund und Ländern identifiziert wurde und weil sie als *die* „Reform"-Partei galt. Negativ beeinflusst wurde das öffentliche Urteil über die SPD durch Protesthandlungen meist junger Menschen – Demonstrationen nicht selten mit Gewalttätigkeiten verbunden sowie die Besetzung universitärer Einrichtungen und leer stehender Häuser –, gegen die nach Meinung vieler Bürger die sozialdemokratischen Landes- und Kommunalregierungen nicht energisch genug vorgingen. Die „Unregierbarkeit" von Frankfurt, wo sich sozialdemokratische Oberbürgermeister bemühten, die mit dem Aufbegehren der 1968er APO[3]-Generation einsetzenden, nicht abreißenden Unruhen zu beschwichtigen – zwei dieser Oberbürgermeister, Willi Brundert und Walter Möller, hatten sich dabei so aufgerieben, dass sie während ihrer Amtszeit starben –, wurde als fast schicksalhaft angesehen. Aber nachdem die SPD ihre Mehrheit in Frankfurt verloren hatte und der CDU-Kandidat Walter Wallmann 1977 Ober-

---

2 „In zahllosen Anträgen versuchte die [SPD]-Fraktion, die berechtigten Forderungen vieler Gemeinden zur Korrektur unsinniger Gebietsreform durchzusetzen", hieß es im Bericht der bayerischen SPD-Landesorganisation im Jahrbuch der SPD 1977-1979, S. 163.
3 Außerparlamentarische Opposition.

bürgermeister geworden war, ebbten die Krawalle ab. Ähnlich ging es in Berlin und in verschiedenen Universitätsstädten. Der Eindruck drängte sich auf, dass dies nicht etwa an der politischen Überlegenheit der Amtsträger aus den Reihen der Unionsparteien gegenüber ihren SPD-Vorgängern lag, sondern wahrscheinlich an der Tatsache, dass schon das Bewusstsein, Konservative würden weniger Skrupel als die auf Liberalität bedachten Sozialdemokraten haben, Ausschreitungen mit Mitteln der Staatsgewalt zu beantworten, die Hemmschwelle der Protestierenden erhöhte. Vielleicht meinten sie auch, es habe keinen Zweck, gegen konservative Autorität zu protestieren, während Sozialdemokraten solche Willenskundgebungen von unten berücksichtigen müssten.

Zu den fundamentalen Rahmenbedingungen des Wirkens der SPD gehörte es, dass an ihre Regierungstätigkeit hohe Erwartungen geknüpft wurden. Das war eine verständliche Haltung gegenüber einer Partei, deren Ziel es stets war, die Gesellschaft in Richtung auf mehr Freiheit, mehr Gerechtigkeit, mehr Menschlichkeit zu verändern. In den 16 Jahren, in denen die SPD in Bonn Regierungspartei war, hatte sie dieses Ziel nicht aus den Augen verloren. Als sie 1976 eine Bilanz der Leistungen der sozialliberalen Koalition – der drei Jahre maßgeblicher Beteiligung von Sozialdemokraten an der Bundesregierung vorangegangen waren – aufstellte, war ihr Stolz auf das Erreichte berechtigt.[4] Doch schon damals war zu erkennen, dass sich Probleme eingestellt hatten, für die von der sozialliberalen Regierung kaum Lösungen angeboten wurden.

Das soziale Netz verhinderte zwar, dass Menschen der Verelendung preisgegeben waren – wie das in den USA, dem reichsten Industriestaat der Welt, Schicksal von Millionen wurde –, und ein großer Teil der Bevölkerung lebte, verglichen mit anderen Nationen, im Wohlstand. Doch die Unterschiede im Einkommen und im Lebensstandard der verschiedenen Gruppen in der Bundesrepublik waren immer noch krass, so dass soziale Gerechtigkeit ein fernes Ideal blieb. Dies konnte von benachteiligten Gruppen hingenommen werden, solange sie mit stetigem Wirtschaftswachstum rechneten und hofften, im Laufe der Zeit an ihm teilhaben zu können. Aber mit dem Absinken der wirtschaftlichen Zuwachsraten und dem Ansteigen der Arbeitslosigkeit klaffte die Schere in der Verteilung der materiellen Güter wieder weiter auseinander.

Menschen, deren Arbeitsplätze und Einkünfte durch die wirtschaftliche Entwicklung vernichtet oder gefährdet wurden – und dazu gehörten nicht nur Arbeitnehmer, sondern auch selbstständige Handwerker, mittelständi-

4 Siehe oben, S. 250.

sche Geschäftsinhaber und Unternehmer, Angehörige Freier Berufe, kleine Landwirte –, empfanden ihre Lebenslage besonders angesichts des Umstands als bedrückend, dass eine, und zwar stark anwachsende Gruppe von diesen Risiken nicht betroffen war: die Angehörigen des Öffentlichen Dienstes, insbesondere die Beamten. Deren Privilegien wurden durch die sozialliberale Koalition noch erweitert. Das machte viel böses Blut in der Bevölkerung und schürte das Misstrauen gegen „die da oben", die einander Vorteile zuschanzten. So entstanden zunehmend Ressentiments, die die Haltung zum Staat beeinflussten.

Zu einer weiteren Belastung der sozialliberalen Regierung wurde das Problem der Gastarbeiter. Seit Anfang der 60er Jahre waren Arbeitskräfte aus aller Welt für Beschäftigungen angeworben worden, für die sich keine Deutschen fanden, ohne dass sich die Unternehmer und der Staat um die menschlichen Interessen und Lebensbedürfnisse dieser Ausländer kümmerten. 1980 gab es zwei Millionen ausländische Arbeitnehmer und insgesamt lebten 4,5 Millionen Ausländer in der Bundesrepublik. Das schuf in einer Zeit wachsender Arbeitslosigkeit zunehmende Schwierigkeiten. Die Spannungen vor allem zwischen Deutschen und Türken, also Menschen unterschiedlicher Kulturkreise, zeigten sich im Wohnviertel, in der Kneipe wie auf der Straße. Sie führten zu einer weit verbreiteten Ausländerfeindlichkeit, die unter Arbeitern am ausgeprägtesten war, weil sie sich am meisten von Ausländern tangiert fühlten und sie zudem als Konkurrenten auf dem Arbeitsmarkt ansahen. Den politisch Verantwortlichen bereitete dies Sorgen, doch sie hatten kein klares Konzept in der Ausländerpolitik und wussten, abgesehen vom Anwerbestopp, keine Abhilfe zu schaffen. Der Versuch, die Ausländer in die deutsche Gesellschaft zu integrieren, stieß sowohl bei Deutschen als auch namentlich bei Türken auf Ablehnung. Die Rücksendung der Ausländer in ihr Herkunftsland kam aus rechtlichen und humanitären Gründen für die sozialliberale Regierung nicht in Frage. Zur Popularität der Regierung trug das nicht bei.

Früher als andere Parteien und Bewegungen hatten sich die Sozialdemokraten dem Thema des Umweltschutzes zugewandt. Als die SPD in den sechziger Jahren „wieder blauen Himmel über der Ruhr" forderte, wurde das noch vielfach belächelt. Doch seit den siebziger Jahren erwachte mit einem Mal das Bewusstsein von der Bedeutung der Ökologie für die Lebensqualität, ja für das Überleben der Menschheit. In der Bundesrepublik verband es sich mit dem Unbehagen am durchorganisierten Staat und der wiederaufkommenden Protestbereitschaft zu einer politischen Kraft wie in keinem anderen westlichen Industrieland. Zu einem jahrzehntelang stabilen Dreiparteiensystem, das sich zeitweilig auf ein Zweiparteiensystem hin zu bewegen schien, gesellte sich eine vierte, ökologisch orientierte Partei: Die Grünen. In kurzer Zeit eroberten sie Mandate in Kommunen und in Landesparlamenten; im März 1983 zogen sie in den Bundestag ein.

Die SPD steckte in der Ökologiefrage in einem Zwiespalt. Er war nicht nur aktuell-politischer Natur, sondern hing mit ihrer ganzen Tradition zusammen. Den technischen Fortschritt hatte die Sozialdemokratie stets bejaht; Maschinenstürmerei war der deutschen Arbeiterbewegung fremd. Die friedliche Nutzung der Atomenergie galt der SPD lange als eine großartige Chance für eine Entwicklung zum Wohlstand und zu höheren Entfaltungsmöglichkeiten für alle Menschen. Gab es genügend unwiderlegbare Argumente, die Errichtung von Atomkraftwerken abzulehnen, wie Bürgerinitiativen, denen sich Sozialdemokraten anschlossen, und die Grünen es forderten? Auch die Meinungen der Wissenschaftler gingen auseinander, ob es ratsam und zweckmäßig sei, die Atomkraft beschleunigt auszubauen. Eine Entscheidung war für Politiker darum besonders schwer. Dass sie von Sozialdemokraten in Regierungsverantwortung zögernd und uneinheitlich getroffen wurde, erschien vielen als eine Anpassung an die Grünen oder gar als Sympathie für „Aussteiger" aus der Industriegesellschaft.[5] In Wirklichkeit war es eine verständliche, verantwortungsbewusste Scheu vor einem Schritt in eine möglicherweise falsche Richtung, der unabsehbare Folgen für künftige Generationen haben könnte.

In den letzten Jahren der sozialliberalen Koalition war jedoch keine der erwähnten, in der Öffentlichkeit kritisierten Schwächen der SPD so schwer wiegend wie die offensichtliche Unfähigkeit, die schwierigen ökonomischen Probleme durch Regierungshandeln zu meistern. Unter den gleichen Schwierigkeiten litten fast ausnahmslos alle Industrieländer der westlichen Welt, die meisten von ihnen unter konservativen Regierungen, in noch weit höherem Maße als die Bundesrepublik. Für diese Schwierigkeiten die von der SPD geführte Regierung verantwortlich zu machen, war daher widersinnig. Dennoch ließe sich fragen, ob die Politik den Folgen der weltwirtschaftlichen Rezession nicht besser hätte entgegenwirken können, wenn sie deren „Ursachen und Ausmaß" richtiger eingeschätzt hätte.[6] Im Wahlkampf 1976 das Problem der Rentenfinanzierung und im Wahlkampf 1980 das der Staatsverschuldung zu bagatellisieren, war von der SPD kurzsichtig und rächte sich bald. Denn unmittelbar nach den Wahlen musste die Regierung Farbe bekennen und sich vorwerfen lassen, die Wähler getäuscht zu haben.

---

5 Siehe oben, S. 263 ff.
6 Siehe die Formulierung im „SPD-Regierungsprogramm 1983-1987; unten, S. 291.

Die Bundesrepublik war unter der sozialliberalen Koalition lange Zeit mit den ökonomischen und sozialen Problemen besser fertig geworden als die meisten mit ihr vergleichbaren Staaten. Das hat wohl auch Helmut Schmidt veranlasst, darauf zu vertrauen, dass dies so bleiben werde. Doch es verwundert, dass gerade er, dessen ökonomische Kompetenz international hoch geschätzt wurde, nicht schon früher erkannte, dass es sich Ende der siebziger Jahre um eine tief gehende, lang anhaltende strukturelle Weltwirtschaftskrise handelte und man darum den Wählern nicht eine baldige Besserung der Wirtschaftslage in Aussicht stellen konnte. Spätestens im Wahlkampf 1980 hätte die Bevölkerung damit vertraut gemacht werden müssen, dass Sparmaßnahmen auf verschiedenen Gebieten und Abstriche an den Sozialleistungen unvermeidlich sein würden. Wären die Wähler darauf vorbereitet gewesen, hätte es die Regierung leichter gehabt, die von ihr für nötig befundenen Entscheidungen zu treffen. Darüber hätte es dann zwar auch Konflikte zwischen den Koalitionspartnern gegeben, aber eine weniger scharfe Reaktion der von finanziellen Streichungen betroffenen Gruppen hätte der SPD eine bessere Position verschafft.

Wichtig für die Vorbereitung auf kommende Härten und für die Bewältigung der durch sie geschaffenen Auseinandersetzungen wäre ein enger Kontakt mit den Gewerkschaften gewesen. Gerade in Zeiten zunehmender Schwierigkeiten bedurfte es einer festen Kooperation. Das Verhältnis zwischen SPD und Gewerkschaften hatte sich aber gelockert und die Gewerkschaften waren selber schwer angeschlagen. Sie wurden durch die Arbeitslosigkeit geschwächt und durch den Skandal um die „Neue Heimat" kompromittiert. Die Veröffentlichungen über die private Bereicherung von Direktoren dieser gewerkschaftseigenen Wohnungsbaugesellschaft durch trübe Geschäfte, das Bekanntwerden hoher Zusatzeinkommen führender Gewerkschafter und die zwar legale, aber für Männer in solchen Positionen nicht legitime Ausnutzung von Möglichkeiten, Steuern zu sparen, dazu Berichte über die unfaire Behandlung von Mietern der „Neuen Heimat" taten dem Ansehen der Gewerkschaften und indirekt auch der SPD schweren Abbruch.

Der Handlungsspielraum der Sozialdemokratie war enger geworden, teils durch Faktoren, die vermeidbar oder korrigierbar gewesen wären, in viel höherem Maße jedoch durch Entwicklungen, die sie kaum beeinflussen konnte. Die weltpolitisch bedrohlichste war die Verschärfung des Gegensatzes zwischen den USA und der Sowjetunion mit den daraus resultierenden Steigerungen der Rüstungen in den beiden Militärblöcken. Seit der Republikaner Ronald Reagan im November 1980 zum Präsidenten der USA gewählt worden war, zeigte sich in der Bundesrepublik, vor allem in den Kreisen, die der SPD nahestanden, ein tiefes Misstrauen gegen die amerikanische Regierung. Denn die Regierung Reagan stellte die Steigerung des amerikanischen Militärpotenzials in den Mittelpunkt ihrer Politik, unterstützte reaktionäre Regime in Mittel- und Südamerika und anderen Teilen der Welt, kürzte im eigenen Land das Sozialbudget, ließ die Arbeitslosigkeit anwachsen und betrieb eine Hochzinspolitik, die auf die wirtschaftliche Entwicklung in Europa einen ungünstigen Einfluss ausübte. Konservative in der Bundesrepublik konnten sich mit dieser Politik anfreunden und warfen deren Kritikern „Anti-Amerikanismus" vor, was als Argument gegen die SPD wirkte. Helmut Schmidt hatte während der Regierungszeit des USA-Präsidenten Jimmy Carter den NATO-Doppelbeschluss angestoßen[7], weil er dazu beitragen wollte, dass sich die USA und die Sowjetunion zusammensetzten, um über die neuen Atomraketen in Europa zu verhandeln mit dem Ziel, auf sie zu verzichten. Für die Sowjetunion bedeutete das, die bereits aufgestellten wegzuschaffen. Doch die in Genf darüber geführten Verhandlungen ließen wenig Hoffnung, dass dieses Ziel erreicht werden würde. In der SPD wuchs die Stimmung gegen den NATO-Doppelbeschluss, die Partei widerrief aber ihre 1979 auf dem Berliner Parteitag getroffene Entscheidung nicht, sondern wollte erst 1983 die Konsequenzen aus ihr ziehen. Den Vorwurf der Illoyalität gegenüber Bundeskanzler Schmidt konnte man also der SPD so nicht machen, auch wenn sie seiner Politik und seiner Person zunehmend kritischer gegenüberstand und Teile der Partei ihm die Gefolgschaft versagten.

Dieses Verhältnis nicht nur zu Helmut Schmidt, sondern auch zu anderen Sozialdemokraten in Regierungsämtern berührte ein Problem, das sich mindestens seit der Bildung der Großen Koalition in Bonn eingestellt und im Laufe der Zeit verschärft hatte: das Misstrauen von Mitgliedern und Anhängern der SPD gegenüber „denen da oben", dem „Establishment". Willy Brandt, der das Bild des nachdenklichen Politikers vermittelte, war es besser geglückt als Helmut Schmidt, der seine intellektuelle und politische Überlegenheit spüren ließ, diesem Misstrauen entgegenzuwirken. Dabei war das Tun Schmidts ebenso wie das Brandts von ethischen Kategorien bestimmt. Doch verstand es Schmidt weniger als sein Amtsvorgänger, die Motivationen, Überlegungen und Zielsetzungen, die ihn in seiner Politik leiteten, der Öffentlichkeit in und außerhalb seiner Partei zu vermitteln. Dem stand schon das lange Zeit in den Massenmedien gezeichnete Bild vom erfolgreichen „Macher" Schmidt im Wege. Es verstellte vielen

7 Siehe oben, S. 254 f.

die Sicht auf seine wahre Persönlichkeit: auf die eines nachdenklichen, gebildeten und im wörtlichen Sinne gewissenhaften Menschen.

*

Die große Leistung sozialdemokratischer Regierungstätigkeit war ihre Ost- und Entspannungspolitik, die man ohne Scheu eine historische nennen darf. Sie war von Außenminister Brandt zielstrebig angesteuert und durch Egon Bahr wirkungsvoll unterstützt worden, trat unter der Kanzlerschaft Brandts mit den Moskauer und Warschauer Verträgen (1970), dem Vier-Mächte-Abkommen über Berlin (1971) und dem Grundlagenvertrag mit der DDR (1972) in ihre entscheidende Phase und bildete einen integralen Bestandteil der Politik der sozialliberalen Koalition unter Bundeskanzler Schmidt. Die Stellung der Bundesrepublik wurde durch die Normalisierung ihrer Beziehungen zur Sowjetunion und deren Verbündeten bei gleichzeitiger Verankerung in der westlichen Allianz und intensivem Engagement in der Europäischen Gemeinschaft gestärkt. Ihr internationales Ansehen als ein wichtiger ökonomischer und politischer Faktor war in den siebziger Jahren außerordentlich gewachsen. „Das einst so treffende Wort vom westdeutschen ökonomischen Riesen, der zugleich ein politischer Zwerg sei, verschwand aus dem internationalen Lexikon", resümierte Richard Löwenthal.[8] Mit den abgeschlossenen Ostverträgen hatte die Bundesrepublik, für alle Welt sichtbar, die Folgen des von Deutschland entfesselten Zweiten Weltkrieges akzeptiert und damit ihre internationale Handlungsfähigkeit erweitert. Durch ihre Bemühungen um Entspannung des Ost-West-Gegensatzes leistete sie einen Beitrag zur Bewahrung des Friedens und zum Ausgleich zwischen Staaten und Völkern. Als sich dieser Gegensatz Ende 1979 durch den sowjetischen Einmarsch in Afghanistan wieder verschärfte, sorgte Helmut Schmidt dafür, dass sich die Bundesrepublik mit Amerika solidarisierte – z. B. durch den Boykott der Olympischen Spiele in Moskau –, ohne dass sich dadurch ihre Beziehungen zu den Ostblockstaaten verschlechterten. Einen Rückfall in die Zeit des Kalten Krieges wollte Schmidt, soweit es in seiner Macht stand, verhindern, und er trat, gestützt auf sein hohes internationales Ansehen, dafür ein, dass die beiden Großmächte wieder miteinander ins Gespräch kamen.

Es gelang der Bundesrepublik, die durch ihre Ostpolitik erzielten Fortschritte zu bewahren. Die Verträge und die Folgeabkommen mit der DDR haben Mauer und Stacheldraht wieder etwas durchlässig gemacht und einen regen Besucherverkehr zwischen den beiden deutschen Staaten

---

8 Bilanz der deutschen Ostpolitik, in: „Das Parlament" Nr. 49 vom 11.12.1982, S. 12.

ermöglicht, der aus dem Westen in die DDR freilich leichter, wenn auch mit Auflagen verbunden war, während Besuche aus der DDR in die Bundesrepublik nur mit großen Einschränkungen vom SED-Regime zugestanden wurden. Aber auf jeden Fall waren die durch die Abschnürung fast abgerissenen menschlichen Kontakte ausgeweitet und erleichtert. Für das Verhältnis zur Sowjetunion und zu den Staaten in ihrem Einflussbereich waren neben den politischen und wirtschaftlichen Beziehungen die kulturellen, wissenschaftlichen und persönlichen von Bedeutung. Obwohl die Ostpolitik in ihrer Entstehungsphase stark umstritten war und Einzelheiten der Verträge hart kritisiert wurden, haben die meisten Menschen in der Bundesrepublik ihre Ergebnisse anerkannt und viele haben sie genutzt.

Die Sozialstaatlichkeit der Bundesrepublik ist ein Verfassungsauftrag. Seit ihrem Bestehen wurden unter Mitwirkung verschiedener gesellschaftlicher Kräfte Gesetze geschaffen und Maßnahmen getroffen, oft gemeinsam von den Unionsparteien und der SPD, um diesen Auftrag zu erfüllen. Doch erst in der Regierungszeit von Sozialdemokraten in Bonn wurde das soziale Netz in der Dichte geknüpft, die nur in wenigen anderen Staaten erreicht wurde. Ob alle Einzelmaßnahmen dabei richtig waren und ob die großen, zentralisierten Sozialeinrichtungen, zu deren Ausweitung und Bürokratisierung die SPD beigetragen hatte, sich bewährt haben oder ob andere Wege in der Sozialpolitik eingeschlagen werden müssten, war Gegenstand kontroverser Diskussionen auch unter Sozialdemokraten. In ihren Überlegungen betonten sie, dass es darauf ankomme, einerseits entstandene Privilegierungen und Missbräuche abzubauen, andererseits den Gedanken der Hilfe zur Selbsthilfe wieder stärker in den Vordergrund zu rücken. Unbestritten war in der SPD das Prinzip des Rechtsanspruchs auf staatliche Sozialleistungen, die von der Solidargemeinschaft der gesamten Bevölkerung aufgebracht und dieser zugute kommen müssten, wie der Gesichtspunkt, dass diese Leistungen auch dazu bestimmt seien, die durch die Ungleichheit in der Verteilung von materiellen Gütern und Lebenschancen entstandenen Ungerechtigkeiten möglichst auszugleichen. An den Grundsätzen, von denen die sozialdemokratische Sozialpolitik bestimmt wurde, und an den Maßstäben, die sie setzte, hielt die SPD auch unter veränderten ökonomischen Bedingungen fest. Sie suchte sie gegen bereits vorgenommene und noch zu erwartende Einschnitte zu verteidigen und den Grundgedanken einer solidarischen Sozialpolitik zu bewahren.

Der Bildung der sozialliberalen Regierung ging in der Bundesrepublik wie in anderen westlichen Ländern eine viele Kreise erfassende Bewegung voraus, die darauf drängte, erstarrte Strukturen aufzubrechen, von hergebrachten Konventionen Abschied zu nehmen, im Zusammenleben der

Menschen humanere Formen zu finden. An den Universitäten revoltierten Studenten gegen die hierarchische Ordnung, Frauen entwickelten ein neues Selbst- und Gruppenbewusstsein, in Kindergärten, Schulen und Familien wurde antiautoritäre Erziehung erprobt. Von dieser Welle, die durch ein Streben nach mehr Freiheit, Emanzipation und Teilnahme an der Gestaltung des gesellschaftlichen Lebens gekennzeichnet war, wurde die SPD in den Wahlen mitgetragen und ihre Reformpolitik begünstigt.

Willy Brandts Aufforderung „Mehr Demokratie wagen" traf die Gefühls- und Bewusstseinslage besonders der Menschen, die neu zur Wähler- und Anhängerschaft seiner Partei gestoßen waren. Zwischen der damals vielfach herrschenden Stimmung und dem Vorhaben der SPD, die Demokratisierung im öffentlichen Leben, im Betrieb, in den Beziehungen zwischen Mann und Frau, im Verhältnis der Generationen zueinander, in den Kultur- und Bildungseinrichtungen voranzutreiben, bestand eine Wechselwirkung. Ohne das durch diese Stimmung erzeugte politische Klima wäre die SPD wahrscheinlich nicht an die Spitze der Regierung gelangt, und ohne die SPD in der Regierung wären die positiven Ansätze, die in der 1968er Bewegung steckten, verkümmert. Die Reformpolitik wurde von beträchtlichen Teilen der Aufbruchbewegung begrüßt, und so gelang es, Teile von ihr in die SPD zu integrieren.

Der reformerische Elan der ersten Jahre sozialliberaler Regierung hielt nicht an. Gebremst wurde er durch leerer werdende Kassen, Verfassungsgerichtsurteile, die Haltung des von den Unionsparteien dominierten Bundesrates, Widerstände aus der FDP, die Probleme der Weltwirtschaft und die Veränderung des Zeitgeistes. An die Stelle der Reformeuphorie traten unter Bundeskanzler Schmidt nüchterner Realismus, tatkräftiges Krisenmanagement und Schadensbegrenzung. Worauf Schmidt Wert legte und worin er vor allem von Justizminister Hans-Jochen Vogel und den FDP-Innenministern Werner Maihofer und Gerhart Baum unterstützt wurde, war, in der Gesetzgebung und in der Handhabung der Gesetze die Liberalität von Staat und Gesellschaft zu betonen. Zweifel, dass diese Liberalität vorhanden war, kamen unter der Kanzlerschaft Willy Brandts auf, als der „Radikalenerlass" in einer so umfassenden Weise praktiziert wurde, die sowohl in der Bundesrepublik als auch im Ausland scharf kritisiert wurde. Es war dies eines der Beispiele während der Amtszeit der Sozialdemokraten, dass die Resultate einer politischen Maßnahme im Widerspruch zu den Absichten standen, die ursprünglich mit ihr verfolgt worden waren.

Auf die härteste Probe gestellt wurde die Liberalität der Bundesrepublik Mitte der siebziger Jahre durch die von Terroristen verübten Gewalttaten: Geiselnahmen, Entführungen, Morde, Brandstiftungen. Gesetzesbestimmungen wurden verschärft, was nicht nur in Linkskreisen Bedenken hervorrief. Auch dass Sicherheitsmaßnahmen mit Stacheldrahtverhau, Panzerwagen, bewaffneten Polizisten das Bild des Bonner Regierungsviertels bestimmten, schuf Unbehagen. Alarmiert reagierten viele Menschen, als bekannt wurde, dass Verfassungsschützer in der Wohnung des Atomwissenschaftlers Klaus Traube – der zu Unrecht verdächtigt wurde, Kontakt zu Terroristen zu haben – heimlich Abhörgeräte („Wanzen") installiert hatten. Das Aufsehen, das dieser „Lauschangriff" erregte – Innenminister Maihofer trat damals zurück –, war ein Zeichen, wie empfindlich die Öffentlichkeit in der Bundesrepublik gegen obrigkeitliche Übergriffe geworden war. Auch dies war nicht zuletzt ein Ergebnis sozialliberaler Politik, denn sie hatte zu dieser Sensibilisierung beigetragen. Auf die Aktionen der Terroristen reagierte Bundeskanzler Schmidt mit Festigkeit ohne Panik. Es wurde nicht der „Notstand" ausgerufen, das Leben ging in der Bundesrepublik seinen gewohnten Gang weiter, auch in der Zeit, als die Terroristen gerade dies zu verhindern suchten. Die Freiheitsrechte wurden gewahrt, und es zeigte sich, dass das mit der Verpflichtung, die Bevölkerung vor den Terroristen zu schützen, vereinbar war.

Sechzehn Jahre sozialdemokratische Regierungstätigkeit in Bonn haben das Adenauerwort der 50er Jahre, ein Sieg der SPD bedeute den Untergang Deutschlands, ad absurdum geführt. Von 1969 bis 1982 stellte die SPD mit Willy Brandt und Helmut Schmidt die Bundeskanzler. Gemessen an dem, was sich Brandt und die Sozialdemokraten 1969 vorgenommen hatten, blieb manches unerfüllt. Aber die Bilanz der sozialliberalen Koalition konnte sich sehen lassen. Sie brachte dringend notwendige innere Reformen auf den Weg, und die Sozialdemokraten sorgten im Schatten weltweiter Rezession dafür, dass Einsparungen nicht einseitig zu Lasten der weniger Begüterten erfolgten. Mit ihrer Ost- und Entspannungspolitik löste sich die sozialliberale Bundesregierung von der Hypothek des Kalten Krieges und schuf die Voraussetzung, dass die Bundesrepublik im internationalen Mächtekonzert ein Mitglied mit zunehmendem politischen Gewicht wurde. Dazu trug in hohem Maße auch die Statur der beiden sozialdemokratischen Bundeskanzler bei. In der Regierungszeit der SPD und gefördert von ihr erhielt die Gesellschaft eine Prägung, die sich durch größere Offenheit und Toleranz sowie den Willen zu mehr demokratischer Selbstbestimmung und Mitwirkung auszeichnete. Die Ost- und Entspannungspolitik, der Ausbau des sozialen Netzes und erhöhte Liberalität der Gesellschaft waren Ergebnisse sozialdemokratischer Regierungstätigkeit, die auch für die Zukunft richtungsweisend wirkten und das Ansehen der Bundesrepublik in Europa und der Welt mehrten.

Dritter Teil

Heinrich Potthoff:

Partei im Wandel
Stagnation – Kurssuche –
Regierungsverantwortung

I. Opposition im Spagat

Nach dem Verlust der Regierungsmacht war klarsichtigen Akteuren und Beobachtern bewusst, dass der Sozialdemokratie ein langjähriges dorniges Oppositionsdasein beschieden sein werde. Herbert Wehner prophezeite seiner Partei 15 Jahre Opposition, was später von Journalisten und Publizisten jeweils nach Bedarf variiert wurde.[1] Es sollten schließlich sogar 16 Jahre werden. Helmut Kohl, zunächst von vielen belächelt und unterschätzt, baute in dieser Zeit seine Machtposition zielstrebig aus. Der neue Kanzler, bereits neun Jahre CDU-Vorsitzender, besaß ein scharfes Gespür für die Macht und für die Mittel, um an der Macht zu bleiben. Mit zumeist zielsicherem Instinkt und einem Netzwerk von Getreuen sowie persönlichen Abhängigkeiten hielt er seine Partei fest im Griff. Zug um Zug schaltete er unliebsame Konkurrenten aus und zurrte seinen Kanzlerstuhl so unverrückbar fest, dass er selbst den alten Adenauer-Rekord[2] übertraf. Das System Kohl, dessen dunkle Seiten zwar schon während seiner Regentschaft zu erkennen waren, die aber erst nach dem vom Wähler erzwungenen Rücktritt als Kanzler stärker in die Öffentlichkeit drangen, hat die politisch-gesellschaftliche Landschaft in Deutschland nachhaltig geprägt. Das Machtgeflecht seines Regiments hinterließ seine Spuren und die Schäden, die er der demokratischen Kultur zufügte, wirken nach. Auch wenn die langjährige konservativ-liberale Vorherrschaft mit dem System Kohl gewiss kein Naturgesetz war und Kohl seit 1989/90 natürlich von dem Mythos „Einigungskanzler" profitierte, so gab es 1982 für die Sozialdemokratie doch Anlass zur Sorge.

Tatsächlich aber überwog eine Stimmung, als atmeten viele in der Partei geradezu auf. So als ob sie unter der Last der Regierens und den Zwängen zum Kompromiss ihre Identität preisgegeben hätten, empfanden nicht wenige Sozialdemokraten die Ablösung ihres eigenen Kanzlers Helmut Schmidt fast wie die Befreiung von einer Bürde. Schon in den letzten Jahren seiner Kanzlerschaft, so das zugespitzte Urteil der beiden Parteienforscher Peter Lösche und Franz Walter, „trug das Gros der sozialdemokratischen Aktivisten den Kanzler und die Minister der eigenen Partei

---

1 Interview im Saarländischen Rundfunk am 18.9.1982: „...es kann fünfzehn Jahre dauern."
2 Konrad Adenauer war 14 Jahre (von 1949 bis 1963) Bundeskanzler.

bestenfalls noch aus Pflichtgefühl und Disziplin, vielfach nur noch mit Widerwillen, kaum jedoch aus Sympathie und Begeisterung mit".[3] Im Zuge der Nachrüstungsdebatte und der Friedens- und Ökologiebewegung vergrößerte sich die Kluft zwischen großen Teilen der Partei und dem eigenen Kanzler und seinen sozialdemokratischen Ministern.

Als der Parteivorsitzende Willy Brandt im Oktober 1981 seinen Integrationskurs gegenüber den Friedensbewegten und Angegrünten verteidigte und sich demonstrativ gegen die wandte, die mehr auf die „Kernwählerschaft" der Sozialdemokratie setzten, brach der Konflikt offen aus.[4] Die von Richard Löwenthal, seinem alten Weggefährten, formulierte Gegenposition wurde abgebügelt und der Parteivorstand stellte sich beinahe einmütig hinter den verehrten und geliebten Willy Brandt. Es ging, personifiziert, um eine Entscheidung zwischen dem Kurs Willy Brandts, der für eine Hinwendung zur Ökologiebewegung und das Auffangen der alternativ Gesinnten eintrat, und dem Helmut Schmidts, der für die Einbindung von Gewerkschaften und der politischen Mitte sowie die Absage an die „Aussteiger" und Friedensbewegten stand. Schmidt blieb, wie alle demoskopischen Befunde belegten, der mit Abstand beliebteste und am meisten respektierte Bonner Politiker. Dagegen verlor die SPD als Partei nicht nur Wähler an die Grünen, sondern noch weit mehr, d.h. doppelt so viele an die CDU. Sie rutschte in ein beispielloses Meinungstief.[5] Der damals viel zitierte Spruch: Helmut Schmidt ist ein sehr guter Kanzler, er ist nur in der falschen Partei, markierte – wenn natürlich auch überspitzt – ein immer spürbarer werdendes Dilemma. Es fehlte an der Identifikation der Partei mit dem Kanzler. Aber der Kanzler hatte wohl auch zu wenig Verständnis für das Gefühlsleben seiner Partei.[6]

1. Positionierung als Opposition

Nachdem die sozialliberale Koalition endgültig zerbrochen war, doch noch bevor Helmut Kohl am 1. Oktober 1982 zum neuen Kanzler gekürt wurde, sprach sich Willy Brandt im Parteirat für eine Kontinuität sozialdemo-

---

3 Peter Lösche/Franz Walter, Die SPD: Klassenpartei – Volkspartei – Quotenpartei. Zur Entwicklung der Sozialdemokratie von Weimar bis zur deutschen Vereinigung, Darmstadt 1992, S. 120.
4 Siehe oben S. 264 f.
5 Vgl. Wolfgang Jäger/Werner Link, Republik im Wandel. 1974-1982. Die Ära Schmidt, Stuttgart/Mannheim 1987, S. 216.
6 Vgl. Lösche/Walter, Die SPD, S. 120.

kratischer Politik aus: „In der Opposition könne unsere Partei die Welt nicht neu entdecken. Sie müsse sich stützen auf das, was in der Regierungsverantwortung getan wurde."[7] Helmut Schmidt unterstrich diese Aussage[8], aber er sah auch und sprach es vor der Bundestagsfraktion am 26. Oktober offen aus, dass die Partei in zentralen Fragen wie der Sicherheitspolitik und der Kernenergie von der Politik wegstrebte, für die er stand.[9] Es waren deshalb nicht nur gesundheitliche und persönliche Gründe, warum Helmut Schmidt trotz des Drängens seiner politischen Freunde für eine erneute Kanzlerkandidatur nicht mehr zur Verfügung stand. Wenige Monate nach seinem Sturz schien in der SPD schon fast vergessen, dass sie über Jahre Regierungspartei gewesen war und den Kanzler gestellt hatte. Nachdem sie schon die „Regierungsfähigkeit" eingebüßt hatte, sorgte sich Hans-Jochen Vogel, dass sie „auch die Oppositionsfähigkeit zu verlieren drohe – und das für lange Zeit".[10]

Die Abwahl des angesehenen Kanzlers Helmut Schmidt durch den Schwenk der von Überlebensängsten gepeinigten FDP erweckte nicht nur bei Sozialdemokraten Ärger und Zorn, sondern auch in größeren Teilen der Wählerschaft. Denn es wirkte wie eine Manipulation der Wahlen von Oktober 1980, bei der gerade die FDP Stimmen, die zur Stützung von Schmidt gedacht waren, eingeheimst hatte. Helmut Schmidt hatte noch vor seiner Abwahl Neuwahlen als Grundlage für einen demokratisch legitimierten Kanzler- und Regierungswechsel befürwortet. Nachdem Helmut Kohl durch den Frontwechsel der FDP auf den Kanzlerstuhl gelangt war, bedurfte er eines Mandates der Wähler, um den Regierungswechsel vor den Augen der Öffentlichkeit zu legitimieren. Aus durchsichtigen wahltaktischen Gründen entschieden sich Kohl und Genscher für Neuwahlen erst im März 1983, die der neue Bundeskanzler in seiner Regierungserklärung vom 13. Oktober 1982 ankündigte. Der Weg dahin wurde durch ein inszeniertes Vertrauensvotum mit bewusst negativem Ergebnis geebnet, gegen das verfassungsrechtliche Bedenken bestanden. Auch der von der Union gestellte Bundespräsident Karl Carstens hatte erkennbare Vorbehalte.[11] Angesetzt wurden die Neuwahlen auf den 6. März 1983.

---

7 Protokoll über die Sitzung des Parteirates am 19.9.1982 in Bonn (unveröffentlicht), S. 2.
8 Vor dem Parteirat am 19.9.1982; SPD-Service 416/82, S. 5.
9 Archiv der Gegenwart, 52. Jahrgang 1982, S. 26161.
10 Hans-Jochen Vogel, Nachsichten. Meine Bonner und Berliner Jahre, München/Zürich 1996, S. 165.
11 Eine von vier Bundestagsabgeordneten angestrengte Organklage wies das Bundesverfassungsgericht am 16.2.1983 ab. Das Urteil wurde allerdings kontrovers diskutiert.

Kanzlerkandidat Hans-Jochen Vogel auf dem Wahlparteitag der SPD am 21. Januar 1983 in Dortmund

Helmut Schmidt trat nicht mehr an, und schon damit verringerten sich die Wahlchancen der SPD. Auch Johannes Rau, der in Nordrhein-Westfalen beliebte Ministerpräsident, stand nicht zur Verfügung. Kanzlerkandidat der SPD wurde Hans-Jochen Vogel, der sich keineswegs „als Lückenbüßer oder gar als Parteisoldat" empfand, sondern sich das „Amt des Bundeskanzlers" durchaus zutraute. Das traf in der Sache zweifellos zu, doch „über die Erfolgsaussichten" machte auch er sich keine Illusionen.[12] Hans-Jochen Vogel, Jahrgang 1926, ein brillanter Jurist, hatte sich als Oberbürgermeister von München in den Jahren von 1960-1972 einen weithin bekannten Namen gemacht. Die Linksentwicklung der Münchener SPD verleidete ihm die Arbeit in Bayern. Unter Brandt zunächst Wohnungsbauminister wurde er im Mai 1974 unter Helmut Schmidt Bundesminister der Justiz. Besondere Achtung erwarb er sich in der SPD, als er seinen Bonner Ministerposten aufgab, um der in eine schwere Krise geratenen Berliner Partei zu helfen. Im Januar 1981 wurde er Regierender Bürgermeister von Berlin; nach den Abgeordnetenhauswahlen von Juni verlor er dieses Amt an Richard von Weizsäcker (CDU). Vogel blieb als Fraktionsvorsitzender in

12 Vogel, Nachsichten, S. 170f.

Berlin und gehörte als Mitglied des SPD-Präsidiums weiter zur Spitze der Bundespartei. Zum ersten Mal in seiner Laufbahn lernte er die Härten und Frustrationen der Oppositionsrolle kennen. Die Berliner Erfahrungen – Tumulte, Hausbesetzungen, Alternativszene, eine zerstrittene und politisch abgesunkene SPD – übten auf Vogel einen prägenden Einfluss aus. Er wandelte sich zu einem Politiker, der in der SPD einen Kurs der Integration fuhr.

„Das Regierungsprogramm der SPD 1983-1987", beschlossen vom Wahlparteitag am 21. Januar 1983 in Dortmund, war maßgeblich von Vogel konzipiert worden.[13] Es enthielt ein Bekenntnis zur „Kontinuität der 16 Jahre sozialdemokratischer Regierungsarbeit" wie ein Eingeständnis eigener Fehler und Versäumnisse. Mit seiner Ambivalenz und kritischen Nachdenklichkeit war es kaum zu vermitteln. Wahlprogramm und Wahlkampf der SPD waren auf ein breites Themenspektrum angelegt: Wirtschafts- und Sozialpolitik, Gesellschaftsgestaltung, Rechtsleben, Ökologie („Den Frieden mit der Natur suchen und die Umwelt erhalten") und Friedenssicherung. Ein einleuchtendes, attraktives Konzept zur Wiedergewinnung wirtschaftlicher Prosperität und Überwindung der Arbeitslosigkeit vermochte die Partei kaum zu bieten. Die Mehrheit der Wähler, darunter auch frühere der SPD glaubten, dass die Unionsparteien besser in der Lage wären, die Investitionsbereitschaft der Unternehmer anzuregen, die Wirtschaft anzukurbeln und die Finanzprobleme zu bewältigen.[14] Im Vorfeld der Wahlen machte sich in der SPD zwar so etwas wie ein Ruck bemerkbar, doch mit ihrer Kampagne für ein Beschäftigungsprogramm und umweltpolitische Vorhaben, gegen Raketenstationierung und Rüstungswettlauf kam sie beim Wahlvolk nur schwer an.

Die SPD saß zwischen zwei Stühlen. Die Union hatte mit ihren Themen „finanzielle Erblast", Arbeitslosigkeit und „geistig-moralische Wende" leichtes Spiel, indem sie die glorreichen Zeiten des Wirtschaftswunders und gefüllter Staatskassen beschwor, als sie früher in Bonn die Regierung stellte. Die Schuld an der Misere und am Zerfall der bürgerlichen Kultur schob sie der SPD zu. Auch außenpolitisch besaß sie die besseren Karten. Denn sie wusste bei ihrem Einsatz für NATO, feste Westverankerung und Raketenstationierung nicht nur die USA Reagans hinter sich, selbst Francois Mitterrand fungierte als ihr Wahlhelfer. Öffentlich und eindeutig

---

13 Hrsg. Vorstand der SPD, Bonn 1983; Grundzüge schon in Vogels Rede vor der SPD-Bundeskonferenz von November 1982; Text in: Politik. Aktuelle Informationen der Sozialdemokratischen Partei Deutschlands. Nr. 8, Dezember 1982, S. 18-26.
14 Vgl. Ursula Feist/Hubert Krieger/Pavel Uttitz, Das Wahlverhalten der Arbeiter bei der Bundestagswahl 1983, in: Gewerkschaftliche Monatshefte 7/83, S. 414-427.

nahm der sozialistische französische Staatspräsident Partei für die Nachrüstung und damit für Kanzler Kohl. Was Hans-Jochen Vogel als einen Affront gegen die SPD bezeichnete[15], hatte sie sich auch selber zuzuschreiben. Durch ihre Abkehr von Helmut Schmidt und seiner Sicherheitspolitik geriet sie außenpolitisch im Westen ins Abseits – und dies brachte in der ganzen Geschichte der Bundesrepublik schon immer innenpolitisch Minuspunkte. Nach dem altbewährten Schema der Verunglimpfung der Sozialdemokratie als national unzuverlässig und „sozialistisch" gefährlich operierte die Union wieder mit angeblicher Moskau-Nähe der SPD und dies wohl nicht ganz ohne Erfolg. Auf der anderen Seite konnte die SPD aber auch nicht die jungen friedens- und ökologiebewegten Wähler für sich gewinnen. Für diese verkörperten die Grünen eine attraktivere Alternative. Sie zogen denn auch mit 5,6 Prozent der Wählerstimmen erstmals in den Bundestag ein.

Bei den Neuwahlen vom 6. März 1983 erlitt die SPD eine schwere Niederlage. Gerade noch 38,2 Prozent der Wähler gaben ihr die Stimme, während die CDU/CSU mit dem neuen Bundeskanzler Helmut Kohl von zuletzt 44,5 auf 48,8 Prozent zulegte. Die FDP hatte nach ihrem Schwenk bei den Landtagswahlen in Hessen (26. September) und Hamburg (19. Dezember 1982) eine Quittung vom Wähler erhalten und war mit 3,1 bzw. 2,6 Prozent aus den Landtagen katapultiert worden. Auch bei den Bundestagswahlen verlor sie 3,6 Punkte und kam nur noch auf 7 Prozent. Insgesamt aber bestätigte der Wähler die „Wende" von Herbst 1982 und legitimierte so die konservativ-liberale Koalition zum Regieren. Helmut Kohl saß nun fest im Sattel, unterstützt von einer aufs Regieren versessenen FDP mit ihrem Daueraußenminister Hans-Dietrich Genscher. Kohl konnte sich jetzt daran machen, seinen unbequemen innerparteilichen Konkurrenten Franz Josef Strauß einzubinden und zu zähmen. Mit dem Milliardenkredit an die DDR, den der umtriebige Strauß mit dem DDR-Devisenbeschaffer Alexander Schalck-Golodkowski einfädelte, und der Aufwartung, die der Bayer im Juli 1983 SED-Chef Erich Honecker machte, wurde der Widersacher neutralisiert.

Nachdem mit Helmut Schmidt der Sozialdemokrat die politische Bühne verlassen hatte, der als über das höchste Ansehen bei den Wählern verfügte, zog sich nun auch das politische Urgestein Herbert Wehner zurück. Als Kärrner und Zuchtmeister hatte er die SPD-Bundestagsfraktion in der sozial-liberalen Ära geführt, zuletzt aber gezeichnet von Krankheit an Wirkung eingebüßt. Sein Nachfolger als Vorsitzender der

---

15 Vogel, Nachsichten, S. 174.

Bundestagsfraktion wurde am 8. März 1983 Hans-Jochen Vogel. Als Kanzlerkandidat war er für die SPD bei den Bundestagswahlen angetreten. Schon dies war eine undankbare Aufgabe, und auch das neue Amt war alles andere als Zuckerschlecken. Die Fraktion war nach der herben Wahlniederlage geschwächt, viele erfahrene Parlamentarier ausgeschieden, die Oppositionsrolle im Bundestag ungewohnt. Die Enttäuschung, dass die Wähler der gewendeten FDP nicht den Rücken gekehrt, sondern diese wieder in den Bundestag einzog und weiter am Kabinettstisch Helmut Kohls saß, wog schwer. Vor allem aber musste die SPD-Fraktion verkraften, dass mit den Grünen neben ihr noch eine weitere junge Oppositionsgruppe Platz nahm, die unkonventionell auftrat und ungewohntes neues Leben in den Bundestag brachte. Im eingefahrenen parlamentarischen Betrieb wirkte sie wie ein Fremdkörper, aber mit den frisch-frechen Aktionen und ihren „events" kamen die Grünen durchaus bei den Medien an und stahlen so der großen SPD die Show.

„Als Fraktionsvorsitzender", so Hans-Jochen Vogel im Rückblick, „war es gerade in jenen Jahren mein primäres Ziel, die Fraktion zusammenzuhalten und nach dem Verlust der Regierungsmacht zu einem Zentrum der Integration und Erneuerung der Gesamtpartei und damit wieder zu einem politischen Faktor von Gewicht zu machen".[16] Es begann mit einer Organisations- und Strukturreform. Der entstandene Wildwuchs von sich überschneidenden, eher verwirrenden Kompetenzen und Aufgaben von Arbeitskreisen, Arbeitsgruppen, stellvertretenden Fraktionsvorsitzenden und Geschäftsführern wurde unter einigem Murren beschnitten. Die Funktionen der Arbeitskreisvorsitzenden wurden mit der von stellvertretenden Fraktionsvorsitzenden verkoppelt. Das schuf insoweit klare Verhältnisse, aber um den Preis von gleich acht Stellvertretern, neuen Reibereien und einer „Bürokratisierung".[17]

Die Bundestagsfraktion wurde „rasch zu einer arbeitsfähigen parlamentarischen Gemeinschaft"[18] und machte sich an die Sacharbeit. Hans Apel, der ehemalige Verteidigungsminister und einer der Getreuen Helmut Schmidts, der Vogel eher distanziert gegenüberstand, fand anerkennende Worte für den Einsatz, mit dem dieser „die verluderte Fraktion und die Baracke auf Trab brachte".[19] Doch sein Führungsstil mit den „Klarsichthüllen" und den Wiedervorlagen, der ihm den Spitznamen „Oberlehrer"

16 Ebenda S. 182.
17 Vgl. Horst Ehmke, Mittendrin. Von der Großen Koalition zur Deutschen Einheit, Berlin 1994, S. 323-325.
18 Vogel, Nachsichten, S. 180f.
19 Hans Apel, Der Abstieg. Politisches Tagebuch 1979-1988, Stuttgart 1990, S. 233.

eintrug, weckte auch Aversionen. Nicht nur Hans Apel und Horst Ehmke empfanden ihn als bürokratisch-autoritär und vermissten die politischen Botschaften. Fünf Schwerpunkte legte die Bundestagsfraktion der SPD für ihre Arbeit fest: Sicherung des Friedens, Überwindung der Arbeitslosigkeit, Umwelt, soziale Gerechtigkeit und innere Liberalität. Wie bei Hans-Jochen Vogel kaum anders zu erwarten, war die Fraktion fleißig und brachte allein in den zwei ersten Jahren der Legislaturperiode (bis Sommer 1985) fast zweihundert Anträge im Bundestag ein. Doch Betriebsamkeit und Quantität garantierten noch nicht politische Durchschlagskraft. In den 60er Jahren, als sich die SPD zum Gang in die Regierung rüstete, hatte sie die übermäßige Antragsproduziererei aufgegeben und bewusst auf eine solche zumeist wirkungslose Erbsenzählerei verzichtet.

Mit fortlaufend veröffentlichten Übersichten über sog. Negativrekorde versuchte die Fraktion, der Öffentlichkeit und der Bevölkerung bewusst zu machen, dass unter der Regierung Kohl Arbeitslosigkeit und Abgabenbelastung stiegen und die Zahl der Sozialhilfeempfänger, also die Armut wuchs, während sich gleichzeitig der Einkommensanteil aus Vermögen und Unternehmertätigkeit vergrößerte. So lagen die Steigerungsraten bei diesen Einkommen in den Jahren 1983 und 1984 netto bei 17,7 bzw. 11,4 Prozent, während die Lohn- und Gehaltssumme nur geringfügig um 2,0 bzw. 1,7 Prozent zunahm.[20] Mit einem April 1984 vorgelegten Programm „Arbeit und Umwelt" bemühte sich die SPD um ein zukunftsweisendes Projekt, das Umweltschutz durch eine Verteuerung des Energieverbrauchs mit der Schaffung neuer Arbeitsplätze zu verbinden suchte. Mit der gleichzeitig erhobenen Forderung nach einer Geschwindigkeitsbegrenzung von 100km/h auf Autobahnen kam die Sozialdemokratie – wie eigentlich vorauszusehen – bei den autoverliebten Bundesbürgern nicht an, bei denen die zugkräftige Parole „Freie Fahrt für freie Bürger" weit mehr verfing. Der Widerstand gegen die Änderung des Paragraphen 116 des Arbeitsförderungsgesetzes[21], mit dem die Regierungskoalition die Streikfähigkeit der Gewerkschaften schwächte, trug ihr zwar deren Beifall ein, in der Bevölkerung erzielte sie damit aber kaum Pluspunkte. Durch die skandalträchtige Krise und den Zusammenbruch der „Neuen Heimat" wurde nicht nur der gemeinwirtschaftliche Gedanke nachhaltig diskreditiert, sondern auch das zuvor schon nicht übermäßig positive Ansehen der Gewerkschaften schwer beschädigt. Das Stichwort „Neue Heimat" genügte auf längere Zeit, um

20 Siehe Tabelle 12 im Anhang.
21 Durch eine Neufassung dieses § 116 wurde die Zahlung von Unterstützungsleistungen an Arbeitnehmer außerhalb des umkämpften Tarifgebietes durch die Bundesanstalt für Arbeit erschwert.

Gewerkschaften wie Sozialdemokratie auszubremsen. Das Hochspielen dieser Affäre durch die Union und die FDP half den Regierungsparteien, die Aufmerksamkeit etwas von dem Parteispendenskandal abzulenken, von dem sie am stärksten betroffen waren.

2. Bewegende Themen der Zeit

Am 13. Mai 1983 wurde der Untersuchungsausschuss des Bundestages zur Flick-Spendenaffäre eingesetzt. Parteiarbeit kostet Geld und Parteien brauchen für ihre politische Tätigkeit auch öffentliches Geld. Neben den direkten Zuwendungen profitierten sie noch von der steuerlichen Begünstigung der Mitgliederbeiträge und kleinerer Zuwendungen. Selbst bei Großspenden lieferte der Staat noch Anreize, indem sie bis zu 60 000 bzw. 100 000 DM steuerlich abgesetzt werden konnten. Der Staatsanteil an der Parteienfinanzierung stieg fortwährend an und machte schließlich über die Hälfte der Einnahmen aus.[22] Die Zeit, als die SPD fast ausschließlich von den „Arbeitergroschen" lebte und die Mitglieder die Hauptlast der Werbung mit Plakatkleben und Straßenaktionen trugen, war auch bei ihr vorbei. Verglichen mit den anderen Parteien aber finanzierte sich die SPD – bedingt durch Mitgliederstärke und progressive Beitragssätze – noch stark aus den Beiträgen. Zwischen 1984 und 1987 lag ihr Anteil im Schnitt bei 42 Prozent der Einnahmen[23], im Jahr 1988 sogar bei 58,2 Prozent, was 114 Millionen DM entsprach.

Vieles, was früher von den Mitgliedern getan und geleistet wurde, erbrachten nun professionelle und entsprechend honorierte Dienstleistungsunternehmen. Die dafür aufzubringenden Geldsummen wuchsen mit der zunehmenden Bild- und Medienfixierung. Die Wahlkämpfe wurden immer teurer und die Ausgaben der Parteien stiegen permanent an. Das betraf vor allem die Parteizentralen, von denen die großen Wahlkämpfe und Aktionen gemanagt wurden. Sie litten unter chronischen Finanznöten und mussten nicht selten Kredite aufnehmen. Es war aber auch in Bonn schon seit langem ein offenes Geheimnis, dass sich die Parteien nicht streng an die Finanzbestimmungen des Parteiengesetzes hielten, sondern sich über verschiedene Umwegfinanzierungen zusätzliche Mittel verschafften. Die berühmt-berüchtigten „staatsbürgerlichen Vereinigungen", über

---

22 So der Hauptkritiker von Arnim in vielen seiner Publikationen. Vgl. u.a Hans Herbert von Arnim, Die Parteien, der Abgeordnete und das Geld, Mainz 1991.

23 Vgl. u.a. Karl-Heinz Nassmacher, Parteifinanzierung im Wandel, in: Die Parteien in der Bundesrepublik, Stuttgart, Berlin, Köln 1990, S. 146.

die vor allem der Union Gelder zuflossen, spielten eine gewichtige Rolle. Ins Gerede kamen aber auch, besonders bei der politischen Schulung, die parteinahen Stiftungen, die Konrad-Adenauer- bei der CDU, Friedrich-Ebert- bei der SPD, Friedrich-Naumann- bei der FDP und Hanns-Seidel-Stiftung bei der CSU.

Durch staatsanwaltliche Ermittlungen war 1981 schon einiges von der Flick-Affäre an die Öffentlichkeit gedrungen. Gründlich recherchierte Enthüllungsgeschichten vor allem des „Spiegel", aber auch anderer Presseorgane und Medien, Staatsanwaltschaft, Steuerbeamte, Gerichtsverhandlungen und ein Untersuchungsausschuss des Bundestages deckten die Praktiken auf, mit denen ein Großkonzern auf die Politik einwirkte. Das von Flick eingesetzte Geld war großen Teils Schwarzgeld, das über die Geldwaschanlage Steyler Missionsgesellschaft in St. Augustin lief und an die Empfänger gern in bar und in geschlossenen Umschlägen überreicht wurde. Von dieser „Landschaftspflege" profitierten alle im Bundestag vertretenen Parteien, am stärksten freilich die Union. CDU und CSU erhielten so zwischen 1969-1980 von Flick allein 15 Millionen DM, die kleine FDP immerhin 6,5 und schließlich auch die SPD noch 4,5 Millionen. „Die gekaufte Republik", hieß der bezeichnende Untertitel eines viel beachteten Buches.[24] Der Eindruck, dass in Bonn politische Entscheidungen käuflich seien, war schon damals weit verbreitet. 1985/1986 geriet Bundeskanzler Kohl erstmals selbst wegen der Spendenpraktiken in Bedrängnis. Ende der 70er Jahre hatte der Flickkonzern seine politische Karriere mit insgesamt 55 000 DM Bargeld gefördert. Doch nun wusste er angeblich von Nichts. Vor einer möglichen Verurteilung wegen uneidlicher Falschaussagen suchte ihn der spitzfindige CDU-Generalsekretär Heiner Geißler damit herauszupauken, der Bundeskanzler habe wohl einen „blackout" gehabt. Gerettet wurde Kohl damals von den engsten Finanzpaladinen Walther Leisler Kiep, Horst Weyrauch und Uwe Lütje, die ihn durch Falschaussagen entlasteten, damit er weiter Kanzler bleiben konnte.[25]

Den Anstoß für das staatsanwaltliche Ermittlungsverfahren gab eine Strafanzeige des Bundestagsabgeordneten der „Grünen" Otto Schily. Dies war bezeichnend für das Bonner Klima in den Parteispendenaffären. Die Glaubwürdigkeit aller Parteien mit Ausnahme der gerade erst auf den Plan getretenen Grünen wurde dadurch geschädigt. Die SPD zog aus dem Flick-Skandal und den Verfehlungen von Union und FPD keinen politischen Gewinn, weil sie selber in dieses System der unzulässigen Finanz-

24 Hans Werner Kilz/Joachim Preuss, Flick. Die gekaufte Republik, Reinbek 1983.
25 Vgl. Winkler, Weg nach Westen II, S. 411 sowie S. 704, Anm. 16 mit weiterführender Literatur.

transfers verwickelt war, auch wenn sie nicht so stark wie die beiden anderen von der „Landschaftspflege" profitierte. Als der Bundestag im Dezember 1983 eine Neuregelung der Parteienfinanzierung beschloss, war die SPD mit von der Partie. Als Konsequenz aus den Skandalen wurden die Bestimmungen für rechtswidrige Spenden verschärft und die Annahme von Spenden von Stiftungen und gemeinnützigen Organisationen untersagt. Dafür erweiterte die Neufassung aber die steuerliche Abzugsfähigkeit von „Großspenden" auf bis zu 100000 DM, gewährte den weniger „kapitalfreundlichen" Parteien einen „Chancenausgleich" durch Staatszuschüsse und erhöhte die Wahlkampfkostenpauschale. Nur die Grünen stimmten dagegen und reichten 1984 sogar eine Klage beim Bundesverfassungsgericht ein. In seinem 1986 ergangenen Urteil schränkte es die steuerliche Absetzbarkeit von Parteispenden ein. Bei der dadurch erforderlichen Neuregelung erweiterte der Bundestag 1988 die Wahlkampfkostenerstattung, und erneut stimmten die Grünen dagegen.

In einer zentralen Frage für das Ansehen und die Glaubwürdigkeit der Parteien bei den Bürgern hatten nur die Grünen Flagge gezeigt, während die SPD von vielen Bürgern weitgehend in einen Topf mit den anderen Parteien und Politikern geworfen wurde, denen allen oft unterschiedslos Selbstbedienungsmentalität unterstellt wurde. Der Geldhunger der etablierten Parteien, so stellte es sich in der Öffentlichkeit vielfach dar, war kaum zu stillen. Mit der Explosion der Ausgaben hielten selbst die stark angestiegenen Einnahmen nicht Schritt. Wieder waren es die Grünen, die mit einer neuen Klage vom 23. Mai 1989 in Karlsruhe Front gegen das System der Parteienfinanzierung machten. Erst nach der deutschen Einigung erging am 9. April 1992 das Urteil, mit dem das Bundesverfassungsgericht sowohl „Sockelbetrag" wie „Chancenausgleich" und eine Reihe anderer Regelungen für verfassungswidrig erklärte, dagegen eine über die Erstattung von Wahlkampfkosten hinausgehende staatliche Parteienfinanzierung ausdrücklich als verfassungsgemäß gelten ließ.[26] Mit der Änderung des Parteiengesetzes und ergänzender Gesetzesbestimmungen verabschiedete der Bundestag schließlich im Januar 1994 ein System der Parteienfinanzierung, das den Vorgaben aus Karlsruhe entsprach.

Aus allen Parteispendenskandalen und Verfehlungen haben Helmut Kohl und seine Union nichts gelernt. Nach dem, was nach dem Ende der Ära Kohl über das verzweigte Netz der illegalen Konten, der Bargeldkuverts und der Firmenzuwendungen ans Licht der Öffentlichkeit drang,

---

26 Peter Ebbighausen u.a., Die Kosten der Parteienfinanzierung. Studien und Materialien zu einer Bilanz staatlicher Parteienfinanzierung, Opladen 1996. S. 141ff..

wissen wir, dass er und andere Mitstreiter in der Union beharrlich gegen Gesetz und Anstand verstießen. Ausgerechnet der Kanzler der „geistig-moralischen Wende" kannte, wenn es um die Macht ging, keine politische Moral und erhob sich über Recht und Gesetz. Der verheerende Eindruck, dass Politik auch käuflich sei, blieb jedenfalls haften. Er untergräbt die Glaubwürdigkeit der Politik bei den Bürgern. Der Sozialdemokratie aber gelang es in den ganzen langen 16 Jahren des Kohl-Systems nicht, aus dem Spendensumpf der Kohl-Union politisch Profit zu ziehen. Zu geschickt und skrupellos wurde vieles verschleiert, und zu sehr war auch die SPD in das System der Parteienfinanzierung eingebunden, um dagegen frontal anzugehen. Solange die Grünen noch nicht etabliert waren, spielten sie im Verbunde mit den Medien und dem Verfassungsrechtler Hans Herbert von Arnim, der sich öffentlichwirksam darzustellen verstand, diesen Part. Das verschaffte der jungen, noch prinzipiengläubigen Parteibewegung in diesem Punkt das Image der eigentlichen Opposition.

Angetreten waren die Grünen, bei denen der Feminismus auch eine bedeutende Rolle spielte, vor allem als Ökologie- und pazifistische Friedensbewegung.[27] Der Herbst 1983 wurde stürmisch, denn nun stand die Stationierung von Pershing II-Raketen und Cruise Missiles im Gefolge des NATO-Doppelbeschlusses an. Dieses Thema bewegte die Öffentlichkeit damals am stärksten. Die Friedensbewegung in der Bundesrepublik stand in ihrem Zenit. Viele Sozialdemokraten beteiligten sich an den großen Kundgebungen, und die meisten Bezirksparteitage markierten mit deutlichen Mehrheiten ihr Nein. Auf der Bonner Großkundgebung am 22. Oktober 1983 mit ca. 300 000 Teilnehmern sprach der SPD-Vorsitzende Brandt. Auf dem Außerordentlichen Parteitag der SPD am 18./19. November 1983 in Köln begründeten Willy Brandt und der neue Fraktionsvorsitzende Hans-Jochen Vogel gemeinsam das Nein der SPD zur Raketenstationierung, und mit überwältigender Mehrheit stimmten die Delegierten für die entsprechende Vorlage des Parteivorstandes. Nur vierzehn Delegierte lehnten sie ab. Es war eine bittere Stunde für Helmut Schmidt und kein Ruhmesblatt in der Geschichte der deutschen Sozialdemokratie. Denn alle Argumente, die Verhandlungsmöglichkeiten seien nicht ausgeschöpft und nur so sei dem Rüstungswettlauf entgegenzutreten, können nicht darüber hinwegtäuschen, dass die Sozialdemokratie auf einen Weg geriet, mit dem sie sich vom Mainstream der westlichen Welt und selbst ihrer großen westlichen Schwesterparteien entfernte. Bei der Bundestags-

27 Vgl. dazu besonders Joachim Raschke, Die Grünen. Wie sie wurden, was sie sind, Köln 1993.

abstimmung am 22. November über die Raketenstationierung stimmten die anwesenden SPD-Abgeordneten wie auch die Grünen dagegen. Ab Anfang Januar 1984 begann die Stationierung, begleitet von Sitzblockaden. Helmut Kohl konnte sich in den Augen des Westens als der verlässliche Bündnispartner präsentieren, während die SPD bündnispolitisch ins Zwielicht geriet.

Dies war eine Realität, die sie über Jahre der US-amerikanischen Administration wie auch den westeuropäischen Regierungen nicht mehr als einen wirklich verlässlichen Partner erscheinen ließ. Dabei stellte die SPD als Gesamtpartei die Zugehörigkeit zur atlantischen Allianz nicht in Frage. Aber mit der Abkehr vom Kurs Helmut Schmidts verweigerte sie sich konkreten bündnispolitischen Erfordernissen. Nicht allein Oskar Lafontaines 1983 publiziertes Buch „Angst vor den Freunden"[28], das auf eine Blockfreiheit als vorgebliche Konsequenz eines demokratischen Sozialismus hinauslief, sondern auch andere kritische Töne aus der SPD über die USA und ihre Politik gegenüber dem Osten erregten im befreundeten westlichen Ausland und bei Dissidenten im östlichen Europa Befremden. Nach dem Regierungswechsel zu Kohl machte sich die SPD daran, nun als Opposition ihre eigene „Nebenaußenpolitik" anzukurbeln. Sie betraf vorrangig die DDR und die Sowjetunion, und konkret hieß das Kontakte und auch Kooperation mit den dort herrschenden kommunistischen Parteien. Von den einen wurde dies als eine „Zweite Phase der Entspannungspolitik" positiv gewürdigt[29], von den politischen Gegnern zum Teil heftig attackiert.

Die Ost- und Deutschlandpolitik, die in der Ära Brandt zum sozialdemokratischen Markenzeichen wurde, war gouvernemental angelegt, d.h. es war die Regierung unter den Kanzlern Willy Brandt und Helmut Schmidt, die sie betrieb. Unterhalb dieser Schwelle gab es einzelne Kontakte, wie 1973 den Wehner-Besuch bei Honecker und im September 1981 die Bahr-Gespräche in Ost-Berlin. Sie ergänzten das System der staatlichen Dialogpolitik, waren aber nicht ganz unstrittig. Nach dem Verlust der Regierungsmacht in Bonn stand die SPD vor der Grundsatzentscheidung, wie sie als Opposition weiter gestaltend auf die Europa-, USA-, Deutschland- und Ostpolitik einwirken konnte. Ungeachtet mancher rhetorischer Distanzierungen stand die Außenpolitik der neuen Kohl-Regierung im Zei-

28 Oskar Lafontaine, Angst vor den Freunden. Die Atomwaffen-Strategie der Supermächte zerstört die Bündnisse, Reinbek bei Hamburg 1983.
29 Die Darstellung von Klaus Moseleit, Die „Zweite" Phase der Entspannungspolitik der SPD 1983-1989. Eine Analyse ihrer Entstehungsgeschichte, Entwicklung und der konzeptionellen Ansätze, Frankfurt/M. 1991, wurde durch Egon Bahr angeregt.

chen der Kontinuität zum Kurs Helmut Schmidts. Mit der Erneuerung der noch von diesem ausgesprochenen Einladung an Honecker zum Besuch in der Bundesrepublik, Telefonaten mit dem SED-Chef und zwei Milliardenkrediten (1983 und 1984) setzte Bundeskanzler Kohl auf die Fortführung des Dialogs und eine „Koalition der Vernunft".[30] Insofern konnte die SPD dagegen kaum grundsätzliche Einwände vorbringen.

Der eigentliche Dissens bezog sich auf die Sicherheitspolitik. Die SPD hatte unter dem Eindruck der Rüstungsdebatte und der Friedensbewegung eine Abkehr von der Linie Schmidts vollzogen. Zug um Zug setzte sich nun immer deutlicher das Konzept durch, dass es „Sicherheit nur gemeinsam gibt". Egon Bahr hatte dies schon 1981 erstmals so formuliert.[31] Der Begriff „gemeinsame Sicherheit" wurde zum Leitmotiv im Bericht der (Olof-)Palme-Kommission (Mai 1982)[32], in der Politiker aus Ost und West Vorschläge zur Abrüstung erarbeiteten und in der Egon Bahr eine herausragende Rolle spielte, wie bei den Versuchen sozialdemokratischer Sicherheitspolitiker, zu Abkommen mit der KPdSU und der SED über kollektive Sicherheitsmaßnahmen zu kommen. Die Fokussierung auf „Friedensbewahrung", „Sicherheitspartnerschaft" und „Verantwortungsgemeinschaft" beider deutscher Staaten „entwickelte eine Eigendynamik und Eigengesetzlichkeit, die eine problematische 'Antiideologisierung' der Ost-West-Beziehungen implizierte, Freiheit und Menschenrechte tendenziell eher vernachlässigte und der Erhaltung des äußeren Friedens äußerste Priorität zumaß".[33]

Die sicherheitspolitischen Gespräche und Vereinbarungen waren Teil der förmlichen Kontakte, die SPD und SED seit 1983 unterhielten. Im Mai 1983 machte der neue Fraktionsvorsitzende Hans-Jochen Vogel seinen Antrittsbesuch bei Erich Honecker. Es war das erste der nun regel-

---

30 Dazu Heinrich Potthoff, Die „Koalition der Vernunft". Deutschlandpolitik in den 80er Jahren, München 1995, S. 21ff., und ders. Im Schatten der Mauer, S. 223ff.; auch Timothy Garton Ash, Im Namen Europas. Deutschland und der geteilte Kontinent, München/Wien 1993, S. 231f. und 248f.; Karl-Rudolf Korte, Deutschlandpolitik in Helmut Kohls Kanzlerschaft. Regierungsstil und Entscheidungen 1982-1989, Stuttgart 1998, S. 129f., 136-140, 161-180, 185-194.

31 Vgl. Egon Bahr, Zum europäischen Frieden. Eine Antwort auf Gorbatschow, Berlin 1988, S. 23; Andreas Vogtmeier, Egon Bahr und die deutsche Frage. Zur Entwicklung der Ost- und Deutschlandpolitik vom Kriegsende bis zur Vereinigung, Bonn 1996, S. 243ff.; Garton Ash, Im Namen Europas, S. 460ff.

32 Der Palme-Bericht. Bericht der Unabhängigen Kommission für Abrüstung und Sicherheit „Common Security", Berlin 1982; vgl. zum Kontext auch Vogtmeier, Egon Bahr, S. 242 und 245ff.

33 Potthoff, Im Schatten der Mauer, S. 230.

mäßig im Mai stattfindenden Treffen.[34] Korrekt und unzweideutig machte Vogel klar, dass die Sozialdemokratie unverändert zur NATO und zu den Werten der westlichen Demokratie stehe. Dies war und blieb die offizielle Parteilinie der SPD. Aber es war nicht zu übersehen, dass sich in Teilen der Partei die Maßstäbe verschoben. Das Postulat deutsche Einheit verblasste, eine Distanz zu den USA wurde spürbar und eine illusionäre Überschätzung der eigenen Möglichkeiten griff um sich. In West wie in Ost kamen Zweifel auf, ob die SPD noch die Partei der Freiheit sei. Kritische Beobachter gewannen den Eindruck, dass bei einigen Sozialdemokraten der fundamentale Gegensatz von freiheitlicher Demokratie und kommunistischer Diktatur in den Hintergrund rückte. Die Fixierung auf die herrschenden kommunistischen Macheliten jenseits von Mauer und Stacheldraht hat die deutsche Sozialdemokratie bei den aufkommenden oppositionellen Bewegungen im östlichen Europa nachhaltig diskreditiert. Das galt vor allem für Solidarnosc in Polen, aber auch für Dissidenten in anderen Ländern. Es waren wenige – zu wenige – Sozialdemokraten, die Kontakt zu ihnen hielten und sie stützten. Aus einer Art von Anti-Antikommunismus, der in den Reihen der westdeutschen Linken ebenso verbreitet war wie Vorstellungen von einer postnationalen Identität, brachten auch viele Angehörige der „68er Generation", die nun zusehends den Ton in der SPD angaben, oft nicht die nötige Sensibilität auf.

3. Die Binnenentwicklung der SPD

Als Organisation durchlief die SPD in der Opposition eine Entwicklung, die für eine Volkspartei, welche möglichst breit in der Gesellschaft verankert und für die nachwachsende Generation attraktiv sein wollte, problematisch war. Zwar veränderten sich die Mitgliederzahlen insgesamt nur geringfügig, und nach dem Absinken von 926 000 im Jahr 1982 bis auf 910 063 am Jahresende 1987 stiegen sie bis Ende 1989 wieder auf 921 430.[35] Aus dem mit der Öffnung zur Volkspartei einhergehenden sozialen Wandel in der Parteimitgliedschaft wurde eine zunehmende Dominanz der neuen Mittelschichten und des öffentlichen Dienstes. Arbeiter waren nun im Vergleich zum Anteil an den Erwerbstätigen in der SPD unterrepräsentiert, Angestellte und Beamte überrepräsentiert. Bei den

---

34 Vogel, Nachsichten, S. 192f.; Potthoff, Koalition der Vernunft, S. 119-144.
35 Zahlen nach Statistiken des SPD-Parteivorstandes (im Politischem Archiv beim Willy-Brandt-Haus in Berlin), dem Verfasser zur Verfügung gestellt. Siehe auch Lösche/Walter, Die SPD, S. 162.

Funktionären und Mandatsträgern zeigte sich dieser Trend noch weit schärfer. In den Führungs- und Entscheidungsgremien der mittleren und oberen Ebene spielten Akademiker einen dominierenden Part. Nach einer Untersuchung besaßen 61 Prozent der Delegierten des Parteitages von 1986 einen akademischen Abschluss.[36] Die studierten 68er machten nun Karriere. Die nachwachsenden Jüngeren, die sich für Ökologie und Frieden engagierten, suchten und fanden ihre Heimat vornehmlich bei den Grünen. Kennzeichnend und alarmierend für die Binnenentwicklung der SPD war eine zunehmende Überalterung. Der Anteil der Mitglieder im Juso-Alter, also bis 35 Jahre, der in den 70er Jahren noch über dreißig Prozent betragen hatte (1974 30,9 Prozent), sank unter die Zwanzig-Prozent-Marke und lag 1989 nur mehr bei 18,62 Prozent.[37] Während die Jungen der SPD so eher die kalte Schulter zeigten, nahm der Frauenanteil fast kontinuierlich zu: Nach 18,7 Prozent im Jahre 1972 kletterte er Mitte der 80er Jahre auf 27,1 Prozent, und von den 1989 neu eintretenden Mitgliedern waren fast 37 Prozent Frauen. Auch unter den Funktions- und Mandatsträgern gewannen die Frauen an Terrain. Während beim Parteitag 1976 nur 10 Prozent der Delegierten Frauen waren, lag die Quote zehn Jahre später bei fast 33 Prozent. Im Parteivorstand waren 1986 ein Viertel der Mitglieder weiblichen Geschlechts, in der 1987 gewählten Bundestagsfraktion allerdings nur 16,1 Prozent, in deren Vorstand immerhin 29 Prozent.[38] Die Wende zu einem stärkeren Gewicht der Frauen war in der SPD schon auf dem Weg, bevor der Münsteraner Parteitag von 1988 feste Quoten vorschrieb.

Im Mai 1984 hielt die Partei ihren ersten ordentlichen Parteitag nach dem Regierungswechsel ab. Er verlief unspektakulär, nachdem die sicherheitspolitische Wende schon 1983 beschlossen worden war. Auch bei der Kernenergie vollzog die Partei nun eindeutig die Abkehr von den alten Positionen. Die Nutzung wurde nur mehr für eine Übergangszeit akzeptiert. Dass die Umsetzung erst im Jahr 2001 durch die rot-grüne Regierung Gerhard Schröders mit der Regelung über die Restlaufzeit von Atomkraftwerken auf den Weg gebracht wurde, hat wohl kaum einer der Delegierten erwartet. Wenige Tage nach diesem Parteitag wurde von der Bundesver-

---

36 Hermann Schmittgen, Von den Siebzigern in die Achtziger Jahre: Die mittlere Parteielite der SPD im Wandel. Mannheim o.J., S. 6 (angeführt bei Lösche/Walter, Die SPD, S. 166 und 407).
37 Lösche/Walter, Die SPD, S. 166f.; Schöllgen, Brandt, S. 258.
38 Lösche/Walter, Die SPD, S. 167; für den Bundestag vgl. Peter Schindler, Datenhandbuch zur Geschichte des Deutschen Bundestages 1949 bis 1999, Berlin 1999, Bd. 1, S. 636.

sammlung am 23. Mai 1984 Richard von Weizsäcker (CDU) zum neuen Bundespräsidenten gewählt. Die Grünen hatten mit Luise Rinser eine eigene Kandidatin nominiert. Die SPD unterstützte Weizsäcker bei seiner Kandidatur und in der Wahl. Für die politische Kultur der Bundesrepublik Deutschland war der Bundespräsident Richard von Weizsäcker ein großer Gewinn. Mit seiner großen Rede am 8. Mai 1985 zum Jahrestag der bedingungslosen Kapitulation erzielte er einen Durchbruch in der Sicht vom 8. Mai als einem Tag der „Befreiung" von NS-Diktatur und dem von ihr entfesselten mörderischen Krieg.

Der Verzicht der SPD auf einen eigenen Kandidaten war neben dem Respekt für Weizsäcker ein Ausdruck verminderter politischer Potenz. Nicht nur in Bonn, sondern auch in den Ländern war ihre Position nach dem Verlust der Regierungsmacht in Niedersachsen (1976) und Berlin (1981) geschwächt. Die Unionsparteien waren in den meisten Ländern an der Regierung, in fünf – Baden-Württemberg, Bayern, Niedersachsen, Rheinland-Pfalz und Schleswig-Holstein – sogar mit absoluter Mehrheit, und verfügten im Bundesrat über 41 Stimmen gegenüber nur 15 der SPD-Länder. In Hessen regierte Holger Börner, der schon seit 1982 nur geschäftsführend amtierte, seit 1984 mit einem Minderheitenkabinett. Die Grünen, mit deren Stimmen er im Juni 1984 wiedergewählt worden war, traten erst im Dezember 1985 in seine Regierung ein. Zum erstenmal gab es eine rot-grüne Regierungskoalition und die Öffentlichkeit musste sich an den Minister Joschka Fischer in Turnschuhen und Jeans gewöhnen, der sich seine ersten politischen Sporen in der Frankfurter Spontiszene verdient hatte. Nur in den Stadtstaaten Bremen und Hamburg sowie in Nordrhein-Westfalen verfügte die SPD über eine absolute Mehrheit. Der Ausgang der drei Landtagswahlen im Jahr 1985 war für die weitere Entwicklung der SPD von Bedeutung. In Berlin setzte sich am 10. März 1985 der Niedergang der einstmals so stolzen Berliner Partei mit einem weiteren Minus von fast 6 Prozentpunkten fort. Dagegen fuhr am gleichen Tage der bisherige Saarbrücker Oberbürgermeister Oskar Lafontaine einen glorreichen Sieg im Saarland ein. Er holte mit seiner Partei 49,2 Prozent der Stimmen, errang die absolute Mehrheit der Mandate und wurde im April zum saarländischen Ministerpräsidenten gewählt. Lafontaine wurde zur Symbolfigur für eine Art von sozialdemokratischer Strategie, die mit einem dezidiert ökologisch-friedensbewegten Vokabular jüngere, kritisch-alternative Wähler gewann und dabei auch einen Schuss Populismus und Antiamerikanismus nicht scheute. Er kam damit in der gewandelten SPD gut an und avancierte zum Lieblings-„Enkel" des Parteiidols Willy Brandt.

Den Gegenpol verkörperte der nordrhein-westfälische Ministerpräsident Johannes Rau, der mit seiner warmen persönlichen Ausstrahlung, seiner bürgernahen und auf Konsens angelegten Politik die Menschen zu gewinnen verstand. Bei den Landtagswahlen am 12. Mai 1985 baute die SPD in Nordrhein-Westfalen ihre absolute Mehrheit noch aus und steigerte sie auf 52,1 Prozent der Wählerstimmen. Bei nüchterner Betrachtung sprach viel dafür, dass dem Ministerpräsidenten des bevölkerungsreichsten Bundeslandes eine führende Rolle in der Gesamt-SPD zuwachsen musste. Tatsächlich wurden die Verhältnisse auf der Führungsebene der Partei nun erst recht kompliziert. Es gab verschiedene und verschiedenartige Machtzentren: die fleißige Bundestagsfraktion unter dem honorigen, pflichtbewussten „Oppositionsführer" Hans-Jochen Vogel, der Parteipatriarch Willy Brandt, der über dem alltäglichen Geschehen thronte und sich wie ein „elder statesman" in der weiten Welt tummelte, dazu der Parteiapparat um den intellektuellen Vordenker Bundesgeschäftsführer Peter Glotz, der umtriebige „kleine Napoleon" von der Saar mit einem grünlich-roten Look, der es verstand, sich zu inszenieren, und der Landesvater Johannes Rau mit seiner NRW-SPD, der für eine allen grünen Experimenten abholde SPD der kleinen Leute und eine feste Verankerung in traditionellen Werten stand. Die Unterschiede im Stil, in der Persönlichkeit und in der Politik waren nicht zu übersehen. Während früher die „Troika" bei allen Eigenarten doch an einem Strang gezogen hatte, glich das Bild jetzt eher einer Quadriga, bei der es bei der Feindabstimmung über die Richtung und an der Lenkung haperte. Die Partei krankte bis hinauf an die Spitze an divergierenden, kaum zu überbrückenden Gegensätzen. Sie schliffen sich nicht ab, sondern nahmen noch zu.

Im September 1985 warf Hans-Jürgen Wischnewski, einer der getreuen Stützen der Schmidt-Regierung, das Handtuch als Bundesschatzmeister der SPD. Äußerer Anlass waren Einsparvorschläge, die u.a. durch steigende Defizite des kränkelnden „Vorwärts" veranlasst waren. Seine Nachfolge trat der frühere Finanzminister (1978-1982) Hans Matthöfer an. Im gleichen September fiel im Parteivorstand die Vorentscheidung für die Nominierung von Johannes Rau zum Kanzlerkandidaten. Nach seinen überragenden Wahlsiegen im bevölkerungsreichsten Bundesland NRW, zuletzt im Mai 1985, galt Johannes Rau als die sozialdemokratische Politikerpersönlichkeit, die allein mit Erfolgsaussichten bei den Bundestagswahlen 1987 für die SPD antreten könne. Rau ließ keinen Zweifel daran, dass er für sich eine Koalition mit den Grünen definitiv ausschloss und eine eigene Mehrheit anstreben wollte. Mit einer programmatischen Rede in Ahlen, dem Ort, an dem die CDU 1947 ihr bald verdrängtes sozial und antikapitalis-

Kanzlerkandidat Johannes Rau auf dem Wahlparteitag am 25. Oktober 1986 in Offenburg

tisch gefärbtes Ahlener Programm verabschiedet hatte, eröffnete die SPD schon am 15. Dezember 1985 den Wahlkampf. Dies war extrem früh und, wie sich zeigte, wohl zu früh.

Nach der Fast-Eiszeit des „2. Kalten Krieges"[39] kam mit der Wahl von Michail Gorbatschow zum neuen Generalsekretär der KPdSU im März 1985 Bewegung in die internationale Politik. Fast gleichzeitig nahmen die USA und die Sowjetunion ihre abgebrochenen Rüstungskontrollgespräche wieder auf. Nach seiner Wiederwahl zum US-Präsidenten verfolgte Ronald Reagan nun einen flexibleren Kurs. Bei einem Treffen in Moskau bekundeten Kanzler Kohl und SED/DDR-Chef Honecker in der „Moskauer Erklärung" als gemeinsamen Willen: „Von deutschem Boden darf nie

39 Siehe oben S. 254 f.

wieder Krieg, von deutschem Boden muss Frieden ausgehen."[40] Im Juli
1985 legte eine 1984 eingerichtete gemeinsame Arbeitsgruppe von SPD
und SED, geleitet von Egon Bahr und Hermann Axen für die SED, ihren
„Rahmen" für eine chemiewaffenfreie Zone in Europa vor.[41] Es deutete also
vieles auf eine Rückkehr zu einer Periode der Entspannung hin. Mit Gor-
batschows „Glasnost" und „Perestroika" regten sich Hoffnungen auf eine
Öffnung des verkrusteten „Realsozialismus", auf Reformen und Wandel
sowie einen Abbau und die allmähliche Überwindung der Blockkonfron-
tation. Für viele in der Sozialdemokratie bedeuteten das Lichtblicke, die
der gebeutelten Partei neuen Schwung gaben.

Das Reaktorunglück von Tschernobyl im April 1986 weckte in der
Bundesrepublik tiefe Ängste und verstärkte die ohnedies vorhandenen
Vorbehalte gegen die friedliche Nutzung der Kernenergie. In der SPD
wurden sofort Rufe laut, den Ausstieg aus der Kernenergie zügig voranzutreiben. Gerhard Schröder, der als SPD-Spitzenkandidat in die Landtagswahlen in Niedersachsen ging, stellte sich an die Spitze dieser Bewegung.
Obwohl die SPD am 15. Juli in Niedersachsen kräftig hinzugewann (von
36,5 auf 42,1 Prozent, reichte es nicht für einen Wechsel. Ernst Albrecht
(CDU) konnte zusammen mit der FDP mit einer Stimme Mehrheit weiterregieren. In der SPD löste dies Enttäuschung aus. Statt sich stärker auf
Wähler der Mitte zu konzentrieren, die ihr Kanzlerkandidat Johannes Rau
im Visier hatte, trieb die Partei auch unter dem Eindruck von Tschernobyl
noch weiter in ein „alternatives" Fahrwasser. Auf dem Nürnberger Parteitag vom 25.-29. August 1986 setzten sich die Gegner der Kernenergie
endgültig durch. Nun sollte der Ausstieg in nur zehn Jahren vollzogen
werden.[42] Doch die dafür geforderten Gesetzgebungsmehrheiten standen
in weiter Ferne – die Bonner Regierungskoalition lehnte dies ab – und zu
bekommen waren sie bestenfalls bei einem Wahlsieg der SPD im Verbund
mit den Grünen. Auch der „breite gesellschaftliche Konsens" für den
schnellen Ausstieg kam nicht zustande. Selbst in der SPD gab es nach wie
vor Befürworter einer friedlichen Nutzung der Atomenergie, nicht zuletzt
in der SPD-NRW. Für Johannes Rau kam der Parteitagsbeschluss nicht
gelegen. Doch nach außen demonstrierte der Kanzlerkandidat mit einer
eindrucksvollen Rede den Schulterschluss mit seiner Partei.

---

40 Bulletin des Presse- und Informationsamtes der Bundesregierung vom 14.3.1985, S.
   230; Potthoff, Koalition der Vernunft, S. 305-310.
41 Zusammenfassend dazu Moseleit, Die „Zweite" Phase der Entspannungspolitik, S. 58ff.
42 Protokoll vom Parteitag der SPD in Nürnberg, 25. - 29.8.1986, bes. S. 279-337 und
   827-837.

Die SPD wähnte sich im Auftrieb. Mit ihren Themen – Warnung vor Raketen und Rüstungswahnsinn, gegen die Kernenergie und betonter Einsatz für Frieden und Entspannung – sah sie sich im Einklang mit einer verbreiteten Stimmung. Die Union betrieb dafür mit einer leicht verbesserten Wirtschaftslage eine Optimismuskampagne und spielte das Asylthema hoch. Offene und unterschwellige Vorbehalte gegen Ausländer waren weit verbreitet. Sie machten sich vor allem an dem sog. Asylantenzustrom fest. Viele kamen dabei mit der „Interflug" über Ost-Berlin. Für die Bundesregierung bemühte sich Kanzleramtsminister Wolfgang Schäuble, durch Deals mit der DDR-Führung dieses Tor in den Westen abzuriegeln. Gleichzeitig setzte die Union die SPD mit der Asylantenfrage unter Druck. Im Auftrag der Führungsspitze der SPD versuchte im Sommer 1986 nun Egon Bahr, über seinen SED-Gesprächspartner Axen und mit Erich Honecker eine Vereinbarung zu erreichen, die das Schlupfloch schloss und die Meriten für die SPD und ihren Kanzlerkandidaten Rau reklamierte. Diese „Wahlhilfe" des SED-Regimes war ambivalent und in mehr als einer Hinsicht problematisch.[43] Doch entschieden hat sie die Wahlen natürlich nicht.

Für Irritationen sorgte die SPD selbst. Willy Brandt zog in einem Interview mit der „Zeit" schon im Juli 1986 das erklärte Wahlziel von Johannes Rau in Zweifel, eine eigene Mehrheit zu gewinnen. Die beiden Wahlkampfstäbe im Bonner Erich-Ollenhauer-Haus und von Bodo Hombach in Düsseldorf rieben sich aneinander und es kam kein klarer Kurs zustande. Bei den bayerischen Landtagswahlen verlor die SPD am 12. Oktober mehr als vier Punkte und sank auf 27,5 Prozent. Noch ungleich heftiger traf es sie bei den Bürgerschaftswahlen am 9. November in Hamburg. Sie sackte um fast zehn Punkte auf 42 Prozent ab. Wolfgang Clement, SPD-Pressesprecher und Raus Mann in der „Baracke", trat noch in der gleichen Nacht zurück. Und als sei dies noch nicht genug, verkündete Anfang Dezember 1986 Gerhard Schröder in Hannover, der nächste Kanzlerkandidat der SPD müsse Oskar Lafontaine heißen. Die sogenannten und selbsternannten „Enkel" Willy Brandts puschten sich gegenseitig, wenn es gegen führende Repräsentanten der SPD ging, die ihrem weiteren Aufstieg im Wege standen. Schon dies belastete das Klima in der SPD. Zu einer wirklichen Bürde wurde es dann, als sie sich beim Sprung nach ganz oben ins Gehege kamen. Dieser Konflikt hat die SPD über Jahre geprägt,

---

43 Vgl. eingehender Vogel, Nachsichten, S. 215f. und Potthoff, Im Schatten der Mauer, S. 249-257.

ihre Durchsetzungskraft beeinträchtigt und sie im Verbund mit schwelenden sachlichen Differenzen gelähmt.

4. Tritt gefasst und hoffnungsfrohe Perspektiven

Bei den Bundestagswahlen am 27. Januar 1987 erhielt die SPD trotz ihres populären Kanzlerkandidaten Johannes Rau nur 37,0 Prozent der Stimmen. Das waren noch 1,2 Prozentpunkte weniger als vor vier Jahren und kaum mehr als der Stand von 1961. Sicherlich hatten sich Diskussionen und Differenzen bei der SPD im Vorfeld nicht gerade förderlich ausgewirkt, doch auch bei größerer Geschlossenheit hätte sie wohl kaum die Kohl-Regierung ablösen können. Die eigentlichen Gewinner der Wahl waren die beiden kleinen Parteien. Die Grünen verbesserten sich auf 8,3 Prozent und etablierten sich als vierte neue Kraft im Parlament. Die FDP, die sich als Korrektiv in der Koalition verkaufte und mit dem angesehenen Außenminister Hans-Dietrich Genscher warb, stieg auf 9,1 Prozent und hatte sich nach den Wirrungen des Koalitionswechsels sichtbar konsolidiert. Deutliche Einbußen mussten dagegen die Unionsparteien hinnehmen – ein Minus von 4,5 Prozentpunkten auf nun 44,3 Prozent. Insgesamt hatte das Regierungslager leicht verloren (53,4 gegenüber 55,8 Prozent), die Opposition etwas zugelegt (von 43,8 auf 45,3 Prozent). Doch sie war deutlich in Grüne und SPD gespalten und die Sozialdemokratie zudem noch uneins in ihrer Haltung zu den Grünen. Allerdings war auch die Kohl-Regierung bei weitem nicht so geschlossen, wie sie das nach außen gern vorgab. Bei der geheimen Kanzlerwahl am 11. März versagten 16 Abgeordnete aus der Koalition Helmut Kohl ihre Stimme. Nur wurden diese Krisensymptome dadurch überdeckt, dass die Sozialdemokratie für wenig freundliche Presseberichte sorgte.

Schon seit geraumer Zeit machten Spekulationen über den Rückzug von Willy Brandt vom Parteivorsitz die Runde, die er selbst mit einer Äußerung auf dem letzten Parteitag von August 1986 genährt hatte. Zweifel an seinen Führungsqualitäten wurden laut.[44] Mitte Februar 1987 traf sich eine kleine Runde: Brandt, Vogel, Rau und Lafontaine, um in Ruhe über den Zeitpunkt eines Stabwechsels zu reden. Johannes Rau hatte nach dem negativen Wahlausgang schon verzichtet. Der gerade erst wieder zum Fraktionsvorsitzenden gewählte Hans-Jochen Vogel kam in Frage, doch

---

44 Vogel, Nachsichten, S. 220; Schöllgen, Brandt, S. 259;Willy Brandt, Erinnerungen, Berlin/Frankfurt a.M. 1989, S. 367f.

Willy Brandt favorisierte Oskar Lafontaine als seinen kommenden Nachfolger für den 1988 angepeilten Wechsel. Aber Lafontaine zögerte und setzte wenig später (Ende Februar 1987) ein machtpolitisches Signal. Statt des von Brandt und dem Präsidium als Nachfolger für Matthöfer auserkorenen Kandidaten boxte er mit einem Überraschungscoup Hans-Ulrich Klose im Parteivorstand als Schatzmeister durch. Er untergrub damit die bereits angeschlagene Autorität von Willy Brandt noch weiter.

Doch letztlich war es Brandt selbst, der mit einer personellen Fehlkalkulation den Anstoß gab, der schließlich am 23. März 1987 zu seinem Rücktritt führte. Als Nachfolger für Wolfgang Clement als Pressesprecher der Partei schlug er Margarita Mathiopoulos vor. Sie war die Tochter eines bekannten Gegners des griechischen Obristenregimes, jung, gut aussehend, allerdings ohne journalistische Erfahrung und auch nicht Mitglied der SPD. Trotz vorsichtig im Präsidium geäußerter Bedenken hielt Brandt an ihr fest. Durch einen stillen Rückzug hätte die Angelegenheit wohl intern bereinigt werden können. Doch so kam es zu einer Eskalation. Öffentlich machten führende Sozialdemokraten gegen Mathiopoulos Front und deuteten an, dass es nun zu einem Wechsel an der Parteispitze kommen müsse. Bei einem Treffen der „Enkel" am 20. März stand das Signal auf „Generationswechsel". Doch Oskar Lafontaine winkte nach kurzer Bedenkzeit ab. Die ehrgeizige Margarita dachte nicht an Verzicht, um den Konflikt zu entschärfen, sondern antichambrierte schon bei beiden potentiellen Nachfolgekandidaten – Hans-Jochen Vogel und Oskar Lafontaine.[45] Am 23. März gab Willy Brandt auf und erklärte dem Parteivorstand, er gedenke seinen „Abschied" zu nehmen. Es war kein Abgang in Würde, sondern überhastet, geprägt von Verärgerungen und Verletzungen, wohl kaum „ein fröhlicher Abschied", wie Willy Brandt den entsprechenden Abschnitt in seinen „Erinnerungen" betitelte.[46]

Mit diesem Schritt ging „eine Epoche zu Ende, in der Willy Brandt die deutsche Sozialdemokratie fast ein Vierteljahrhundert lang in hohem Maße geprägt und verkörpert hatte".[47] In der Sozialdemokratie und über ihre Reihen hinaus wurde er bewundert, verehrt und von vielen geradezu geliebt. Als Kanzler und Symbolfigur eines neuen Deutschland, als Heros der sozialliberalen Ostpolitik und als Friedensnobelpreisträger, als staatsmännischer Denker und als Politiker mit Visionen und Charisma grub er sich in das kollektive Gedächtnis ein. Als „unser Willy" lebte er in der Erinnerung

---

45 Zum vorstehenden vgl. bes. Ehmke, Mittendrin, S. 336; ferner Vogel, Nachsichten, S. 223.
46 Brandt, Erinnerungen, S. 367-373.
47 Vogel, Nachsichten, S. 225.

Wahl von Hans-Jochen Vogel zum Parteivorsitzenden als Nachfolger Willy Brandts, Bonn 14. Juni 1987

vieler Menschen weiter. Doch auch dieser große Sozialdemokrat, eine Art August Bebel der Nachkriegsepoche, musste hinnehmen, dass seine Autorität beeinträchtigt wurde und seine Zeit als Parteivorsitzender abgelaufen war.

Auf Vorschlag von Willy Brandt nominierte der Parteivorstand am 23. März Hans-Jochen Vogel zum designierten Vorsitzenden. Auf einem Sonderparteitag am 14. Juni in Bonn wurde er offiziell gewählt und Willy Brandt zum Ehrenvorsitzenden erhoben. Oskar Lafontaine rückte nun zum stellvertretenden Parteivorsitzenden auf, und Anke Fuchs trat als Bundesgeschäftsführerin die Nachfolge von Peter Glotz an. Mit dem Wechsel an der Parteispitze und in der Bundesgeschäftsführung veränderte sich der Stil. Penibel und bis ins Detail wurden bei den wöchentlichen Präsidiumstagungen, den monatlichen Parteivorstandsitzungen und den regelmäßigen Bürobesprechungen im Erich-Ollenhauer-Haus wie im Vorstand der Bundestagsfraktion die Tagesordnungspunkte abgearbeitet. Die Mitgliederdichte war ein besonderes Steckenpferd des neuen Vorsitzenden, der sich sehr engagiert auch für die satzungsmäßige Verankerung einer Frauenquote einsetzte.

Die SPD war auf Bundesebene stark mit sich selbst beschäftigt. Trotz nun schon sechs Jahren Kanzler Helmut Kohl blies ihr bei den ersten Landtagswahlen nach der Bundestagswahl der Wind ins Gesicht. Die rot-grüne Koalition in Hessen unter Holger Börner und mit Joschka Fischer war im Februar 1987 zerbrochen. Bei den vorgezogenen Neuwahlen am 5. April erlitt die SPD eine herbe Schlappe (nur mehr 35,5 Prozent), während die Grünen mit einem blauem Auge davon kamen. Die Wähler hatten das erste rot-grüne Experiment nicht honoriert. Die CDU wurde stärkste Partei und bildete die neue Regierung. Das Präsidium bewertete dies so: „Der Verlust der Regierungsverantwortung in dem am stärksten sozialdemokratisch geprägten Flächenland der Bundesrepublik ist eine tiefgreifende Beeinträchtigung für die Durchsetzbarkeit sozialdemokratischer Politik."[48] So war es. Seit 1982 schon im Bund auf der Verliererstraße verlor die Partei nun auch noch ein altes Stammland. Der Regenerationsprozess aber konnte am ehesten aus den Ländern kommen, weil nach den Regeln des Wahlverhaltens die jeweils in Bonn Regierenden bei Landtagswahlen abgestraft wurden und sich über die Profilierung in den Ländern auch bundesweit Pluspunkte sammeln ließen. Der Barschel-Skandal in Schleswig Holstein kam dabei zu Hilfe.

Zuvor machten das SPD-SED-Papier und der Honecker-Besuch Schlagzeilen. Nach dem ersten gemeinsamen Dokument über eine chemiewaffenfreie Zone in Europa hatte die bilaterale sicherheitspolitische Arbeitsgruppe von SPD und SED im Oktober 1986 „Grundsätze für einen atomwaffenfreien Korridor in Mitteleuropa" vorgelegt.[49] Seit 1985 führten Mitglieder der Grundwertekommission der SPD unter Erhard Eppler, angeregt durch „Glasnost" und „Perestroika", Gespräche mit der Akademie für Gesellschaftswissenschaften beim Zentralkomitee der SED. Ende August 1987 wurde das gemeinsam erarbeitete Dokument „Der Streit der Ideologien und die gemeinsame Sicherheit" vorgestellt. Es erregte vor allem durch die Veröffentlichung im SED-Parteiorgan „Neues Deutschland" großes Aufsehen. Es befasste sich mit dem friedlichen Wettbewerb der Systeme, der Friedenssicherung und einer Kultur des Dialogs wie des „politischen Streits". Gespräche und Kooperation sollten zum „Normalfall" werden, wie „offene und klare Kritik", wenn „die Menschenrechte und die Demokratie" verletzt würden. Umstritten waren, auch in den Reihen der SPD, vor allem die Aussagen: „keine Seite" dürfe der anderen die „Exis-

---

48 Erklärung des Präsidiums der SPD vom 6.4.1987, Service der SPD für Presse, Funk, TV 292/87 vom 6.4.1987.
49 Vgl. zum Kontext u.a. Moseleit, Die „Zweite" Phase der Entspannungspolitik, S. 60ff.; Bahr, Zu meiner Zeit, S. 530ff.; Vogtmeier, Egon Bahr, S. 279ff.

tenzberechtigung" absprechen, und dass „beide Systeme reformfähig" seien und sich „einander Entwicklungs- und Reformfähigkeit" zugeständen. Dies konnte als eine Verwässerung der grundsätzlichen Absage an das kommunistische SED-System interpretiert werden. Trotz dieser problematischen Passagen wurde das Papier in Bonn selbst aus Kreisen der Regierungsparteien, u.a. von Vizekanzler Genscher, positiv gewürdigt, von anderen dagegen scharf kritisiert.[50] Mit der „Kultur des Streits" zielte die Grundwertekommission auf Offenheit, Meinungspluralismus und Reform. Für die SED barg das „Papier" ein erhebliches Risiko. Denn nach der Schlussakte von Helsinki mit dem Korb 3[51] gab es nun ein von der SED unterzeichnetes weiteres Dokument, auf das sich Dissidenten und kritische Bürger berufen konnten, und sie machten davon Gebrauch.

Das SPD-SED Papier fügte sich aus der Sicht des SED-Regimes in einen Kontext von Maßnahmen, mit denen es das Klima für den Honecker-Besuch positiv zu beeinflussen suchte. Die Abschaffung der Todesstrafe, eine allgemeine, auch politisch Verurteilte einschließende Amnestie sowie die Einrichtung einer Berufungsinstanz bei Gerichtsentscheidungen gehörten dazu und sollten einen Hauch von Liberalität vermitteln. Am 7. September 1987 wurde in Bonn der rote Teppich für den Genossen Staatsratsvorsitzenden ausgerollt. Der Honecker-Besuch in der Bundesrepublik Deutschland dauerte bis zum 11. September. Der Pulk von etwa 2400 Journalisten, davon allein 1700 aus dem Ausland, dokumentierte das enorme Interesse und den hohen politischen Stellenwert dieses deutsch-deutschen Gipfels. Der konkrete Ertrag war eher bescheiden, die eigentliche Bedeutung lag in der Symbolik – roter Teppich, Ehrenbataillon, Hymnen, Empfänge, bis auf kleine Nuancen wie bei jedem anderen hohen Staatsgast. Im Zentrum standen die Unterhandlungen und Veranstaltungen mit Kanzler Kohl. Bundespräsident Richard von Weizsäcker empfing Honecker in der Villa Hammerschmidt. Wer in der Politik der Bundesrepublik Rang und Namen hatte, fand sich ein zum Gespräch. Von Franz Josef Strauß, der Honecker in München mit allen Ehren empfing, über Bernhard Vogel bis zu Alfred Dregger reichte die Palette bei der Union, von Seiten der SPD kam es zu Treffen mit dem Partei- und Fraktionsvor-

---

50 Neues Deutschland vom 28. August 1987. Zur positiven Bewertung durch Genscher siehe Detlef Nakath/Gerd-Rüdiger Stephan, Von Hubertusstock nach Bonn. Eine dokumentierte Geschichte der deutsch-deutschen Beziehungen auf höchster Ebene 1980-1987, Berlin 1995, S. 329ff.; zusammenfassend vgl. Garton Ash, Im Namen Europas, S. 475-480; Potthoff, Im Schatten der Mauer, S. 267 und Winkler, Weg nach Westen II, S. 453.

51 Vgl. oben S. 251.

sitzenden Hans-Jochen Vogel, den „elder statesmen" Willy Brandt und Helmut Schmidt, NRW-Ministerpräsident Johannes Rau sowie den beiden „Enkeln" Oskar Lafontaine und Gerhard Schröder. Ein weiterer, Björn Engholm, der als SPD-Spitzenkandidat bei den Landtagswahlen in Schleswig Holstein antrat, erfuhr im Beisein von Hans-Jochen Vogel auch noch die Ehre.[52] Arrangiert wurde dies auf Wunsch der SPD, um den Kandidaten noch medienwirksam ins Bild zu bringen.

Nicht diese Honorierung durch den SED-Generalsekretär, die vorgeblich eine „große Hilfe" sein sollte, sondern die Aufdeckung der Machenschaften von Uwe Barschel, dem CDU-Regierungschef, verhalfen Engholm bei den Landtagswahlen in Schleswig-Holstein am 13. September zum Durchbruch. Erste Meldungen über üble Aktionen gegen Engholms Privatsphäre, so Bespitzelungen durch eine Detektei, Aids-Unterstellungen und fingierte Steueranzeigen, hatte der „Spiegel" schon am 7. September gebracht. In Vorausmeldungen zur nächsten Ausgabe wurden dann Anton Pfeiffer, Mitarbeiter der Staatskanzlei, und der regierende CDU-Ministerpräsident Uwe Barschel als Urheber dieser Machenschaften benannt.[53] In der an Skandalgeschichten nicht gerade armen CDU-Regierungspraxis war dies – selbst unter Einschluss der Spiegel-Affäre – ein Höhepunkt, jedenfalls was die Methoden anbetraf. Wenn es um den Machterhalt ging, war offenbar fast jedes Mittel recht, um den sympathischen, populären Rivalen Björn Engholm auszumanövrieren. Doch das niederträchtige Spiel war nicht allein Barschel anzulasten. Denn im Kern hatte es in Deutschland Methode, die „Sozen" zu diskreditieren und zu verunglimpfen. Von Adenauers „Alle Wege des Marxismus führen nach Moskau" über die Kampagnen gegen den Emigranten Willy Brandt, den Slogan „Freiheit statt Sozialismus" und nun Barschel bis zu den Spendenskandalen des Systems Kohl führte ein roter Faden. Die sogenannten Christlichen Demokraten suchten eben auch mit demagogischen und unfairen Instrumenten ihre Vorherrschaft im Nachkriegsdeutschland abzusichern, selbst um den Preis, dass sie nach der Aufdeckung solcher Skandale bei mündigen Bürgern Kredit verspielten.

Bei den Landtagswahlen am 13. September 1987 verlor die CDU kräftig und erhielt nur mehr 42,6 Prozent. Die SPD wurde mit 45,2 Prozent

---

52 Aufzeichnungen über die von Honecker während des Besuchs in der Bundesrepublik geführten Gespräche sind abgedruckt bei: Potthoff, Koalition der Vernunft, S. 564-661; vgl. auch ders., Im Schatten der Mauer, S: 267ff.; Winkler, Weg nach Westen II, S. 454-459.
53 Der Spiegel Nr. 37 vom 7.9, S. 17-21 und Nr. 38 vom 14.9.1987, S. 17-27. Vgl. auch Archiv der Gegenwart, 57. Jahrgang 1987, S. 31418f. und 31666f.

stärkste Partei. Nachdem ein Untersuchungsausschuss des Landtages die Vorwürfe gegen Barschel in den wesentlichen Punkten bestätigte, verständigten sich die Parteien, also einschließlich der dortigen CDU, auf Neuwahlen am 8. Mai 1988, bei denen die SPD die absolute Mehrheit (54,8 Prozent) errang. Am 31. Mai wurde Björn Engholm zum neuen Ministerpräsidenten gewählt. Nach 38 Jahren Dauerregiment hatte die CDU ihre Bastion in Kiel verloren. Das war für die Union ein herber Verlust, und es beflügelte die Sozialdemokratie. Der gut aussehende Sympathieträger Engholm, der mehr zur „Söhne"-, denn zur „Enkelgeneration" gehörte, avancierte zur neuen sozialdemokratischen Hoffnungsfigur und legte die Basis für sein kurzes Gastspiel als SPD-Parteivorsitzender von Mai 1991 bis Mai 1993 Es ist schon weitgehend in Vergessenheit geraten, zu Unrecht, denn unter ihm begann die SPD mit einer vorsichtigen Kurskorrektur und versuchte, sich stärker zur Gesellschaft zu öffnen.

Die Barschel-Affäre hat die politische Kultur in Deutschland schwer beschädigt und der Glaubwürdigkeit von Politikern einen harten Schlag versetzt. Es konnte nicht verwundern, dass die sogenannte Politik-, besser Politiker- und Parteienverdrossenheit, durch solch üble Machenschaften kräftige Nahrung erhielt. Verglichen mit dem „Fiesling" Barschel erschien Björn Engholm damals wie eine sozialdemokratische Lichtgestalt. Doch 1993 musste auch er sich Verfehlungen vorhalten lassen und trat deshalb als SPD-Parteivorsitzender zurück. Und wieder verlor Politik etwas an Glaubwürdigkeit. Stets wurde nach Skandalen Besserung gelobt und/oder so getan, als ob sie nun nie wieder vorkommen würden. Doch nach einiger Zeit wurden die guten Vorsätze offenbar vergessen und auch bei dem Wahlvolk gerieten solche Affären bald wieder in Vergessenheit. Doch untergründig verfestigten sich immer stärkere Vorbehalte gegenüber den „machtversessenen"[54] und auf eigenen Vorteil bedachten Politikern. Der deutliche Rückgang der Wahlbeteiligung durch bewusstes Nichtwählen ist dafür ein wichtiges, aber nicht das einzige Indiz.

Die von dem passionierten Privatflieger Franz Josef Strauß gepuschte Kampagne zur Steuerbefreiung von Flugbenzin für Sport- und Privatflieger trug ihren Teil zur Parteien- und Politikerverdrossenheit bei. Im Juni 1988 billigte eine knappe Koalitionsmehrheit dieses Steuerprivileg für die offenbar notleidenden Hobbyflieger, während gleichzeitig andere Steuern erhöht wurden. Zwei schwere Flugzeugabstürze von Militärmaschinen, bei einer Flugschau im August 1988 in Ramstein und im Dezember bei Remscheid,

---

54 So das scharfe Urteil von Bundespräsident Richard von Weizsäcker. Siehe Richard von Weizsäcker im Gespräch mit Gunter Hofmann und Werner A. Perger, Frankfurt a. M. 1992.

bei denen viele Menschen getötet wurden, erregten die Öffentlichkeit und schlugen gegen die Kohl-Regierung aus, die hartnäckig an Tiefflügen in der dicht besiedelten Bundesrepublik festhielt. In Rheinland-Pfalz stürzten ehrgeizige CDU-Politiker ihren Landesvorsitzenden Bernhard Vogel, der daraufhin auch als Ministerpräsident zurücktrat. Großes Aufsehen und vielfach helle Empörung erregte Bundestagspräsident Philipp Jenninger (CDU) mit seiner Rede zur 50. Wiederkehr der Pogromnacht im November 1988. Durch die Verwendung von Begriffen und Sprachbildern aus der NS-Zeit, die nicht als Zitate erkennbar waren, und die Erklärungsversuche für die NS-Ideologie und ihre Erfolge wirkte sie missverständlich und weckte große Empörung. Hans-Jochen Vogel sah darin „einen bestürzenden Mangel an Sensibilität" und gab Jenninger noch am gleichen Tag zu verstehen, dass er für die SPD in dem Amt kaum mehr tragbar sei. Am folgenden Tag trat Jenninger als Bundestagspräsident zurück.[55]

Helmut Kohl und seine Regierung mussten eine Reihe von peinlichen Schlappen hinnehmen. Abnutzungserscheinungen waren unverkennbar und der Machtanspruch Kohls, der keine potenziellen Rivalen neben sich duldete, trug das seine zum Ansehensverlust von Unionspolitikern bei. Nachdem der Kanzler mit einem unpassenden Gorbatschow-Goebbels-Vergleich gehörig ins Fettnäpfchen getreten war, mussten Bundespräsident Richard von Weizsäcker und Außenminister Genscher erst die Wogen glätten, bevor Kohl zum Treffen mit Gorbatschow im Oktober 1988 nach Moskau fuhr.[56] Gegenüber der inneren Entwicklung in der DDR mit den wachsenden Repressionen gegen Dissidenten hielt sich die Kohl-Regierung zurück und blieb beim „business as usual" mit dem SED-Regime. Außenpolitische Meriten konnte sich der Kanzler in dieser Zeit, die vor allem vom Zusammenspiel der beiden Großen, USA und Sowjetunion unter Gorbatschow, geprägt wurde, kaum erwerben. In der Innenpolitik sorgten neben der Barschel-Affäre vor allem die großen Proteste gegen die Schließung der Krupp-Stahlhütte Rheinhausen um die Jahreswende 1987/88 für Aufsehen. Die CDU, schien es, hatte kein soziales Herz, während die nordrhein-westfälische Landesregierung unter Johannes Rau in dieser Krise als Anwalt für Arbeitnehmer und Arbeitsplätze hervortrat.

In der Frauenfrage, die damals die öffentliche Meinung bewegte, blockten die Unionsparteien ab, während die SPD nun mit der Quotenregelung einen Schritt nach vorn tat. Nach längeren Diskussionen, bei denen

---

55 Vogel, Nachsichten. S. 275f.
56 Archiv der Gegenwart, 57 Jahrgang 1987, S. 30831f.; Potthoff, im Schatten der Mauer, S. 290; Korte, Deutschlandpolitik in Helmut Kohls Kanzlerschaft, S. 439; Garton Ash, Im Namen Europas, S. 160ff.

*Die „Quote", in Münster 1988 beschlossen, wird auch auf dem
Bremer Parteitag 1991 hochgehalten*

naturgemäß die ASF, die Arbeitsgemeinschaft sozialdemokratischer Frauen,
unter Inge Wettig-Danielmeier eine maßgebende Rolle spielte und sich
Hans-Jochen Vogel engagiert für eine Quotierung ins Zeug legte, beschloss
der Münsteraner Parteitag vom 30. August bis 2. September 1988 mit der
notwendigen Zweidrittelmehrheit, dass künftig in Parteifunktionen (ab
1994) und bei Mandaten (ab 1998) Frauen mindestens zu 40 Prozent
vertreten sein sollten.[57] Mit Herta Däubler-Gmelin rückte zum erstenmal
eine Frau zur stellvertretenden Parteivorsitzenden auf und mit Ingrid
Matthäus-Meier trat eine qualifizierte Finanzpolitikerin mit Ausstrahlung
die Nachfolge von Hans Apel als stellvertretende Fraktionsvorsitzende an.
In der SPD-Bundestagsfraktion stieg der Frauenanteil 1990 zunächst auf
27,2 und 1994 dann auf 33,7 Prozent.[58] Mit gestärktem Selbstbewusstsein
engagierten sich mehr Genossinnen in der Parteiarbeit und der Kommunalpolitik. Nicht alle mit der Quotierung verbundenen Erwartungen
erfüllten sich. Aber die SPD stand nun doch besser vor den Frauen dar und

---

57 Protokoll vom Parteitag der SPD in Münster, 30.8.2.9.1988, S. 84-128.
58 Schindler, Datenhandbuch Deutscher Bundestag 1949 bis 1999, Bd. 1, S. 636.

die Grünen mit ihrer Frauenriege besetzten nicht mehr so dominant das Feld der Gleichberechtigung der Geschlechter.

Der negative Trend für die Union setzte sich 1989 zunächst ungebrochen fort. Bei den Wahlen zum Berliner Abgeordnetenhaus verlor die CDU kräftig und damit die Regierung in einem weiteren Land. Walter Momper bildete mit der SPD, die sich auf 37,3 Prozent gesteigert hatte, und den sogenannten „Alternativen" einen neuen rot-grünen Senat. Mit seinem Markenzeichen, dem roten Schal, signalisierte Momper frischen Wind in dem so symbolträchtigen Berlin (West), das bedingt durch seine Insellage zu einer merkwürdigen Mischung von alt-verkrustet und jung-alternativ geworden war. Bei nüchterner Betrachtung stand die SPD in Berlin freilich gar nicht so gut da. Die 37,3 waren weniger als noch vor acht Jahren, als sie mit 38,3 Prozent in die Opposition verbannt wurde, und die innerparteiliche Situation der Berliner SPD war und blieb desolat. Doch mit den Grün/Alternativen, die vor allem in den großen, von Universitäten und Dienstleistungen geprägten Städten reüssierten, gab es in Berlin einen potenziellen Koalitionspartner, mit dem sich neue Mehrheiten organisieren ließen.

Bei den Kommunalwahlen in Hessen verlor die CDU auf Landesebene fast acht Prozentpunkte und büßte Frankfurt/M. ein. Der Unterbezirksvorsitzende Martin Wentz und der Oberbürgermeisterkandidat Volker Hauff zielten auf ein modernes, für Aufsteigerschichten attraktives rot-grünes Erfolgsmodell. Mit 40,1 Prozent in ihrer alten Hochburg reichte es für die SPD zu einem knappen Erfolg. Nach Jahren stetiger Einbrüche in den Großstädten schien die SPD dort Terrain zurückzugewinnen. Auch in München stellte sie mit Georg Kronawitter wieder den Oberbürgermeister. Dass die SPD dort mit dem früher von den Linken vergraulten Nachfolger Hans-Jochen Vogels und in Frankfurt mit dem früheren Forschungsminister unter Helmut Schmidt Erfolg hatte, war bezeichnend. Mit attraktiven Politikern, die Bürgernähe mit Kompetenz und Modernität verbanden, gab es Chancen für eine Regenerierung in den großen Städten und Dienstleistungszentren. Doch sie wurden oft leichtfertig durch die alten innerparteilichen Querelen verspielt. Schon im März 1991 warf Volker Hauff das Handtuch. In Berlin trat Walter Momper im Sommer 1992 zurück.

Im Jahr 1989 schienen der Union die Felle wegzuschwimmen. Bei Meinungsumfragen lag sie stets um mehrere Punkte hinter der SPD. Ins Zielfeuer der Kritik rückte besonders Helmut Kohl. Der als liberal bekannte Stuttgarter Oberbürgermeister Manfred Rommel und andere Repräsentanten aus der Union brachten das „Cleverle", den baden-württembergischen Ministerpräsidenten Lothar Späth, als Nachfolger von

Helmut Kohl im Kanzleramt ins Gespräch. Der rechtskonservative Publizist Rüdiger Altmann benannte in einem Aufsehen erregenden Artikel in der „Zeit" Kohls „miserablen Führungsstil" als „Wurzel der Malaise" und forderte, er solle Lothar Späth Platz machen.[59] In diesen Jahren sank das Ansehen Kohls in der Bevölkerung auf den Tiefpunkt. Nur noch 29 Prozent im Jahre 1988 und 1989 gar nur 27 Prozent erklärten sich bei der Kanzlerfrage des Allensbacher Instituts mit seiner „Politik" einverstanden.[60] Mit einer Kabinettsumbildung versuchte Kohl im April 1989 seine angeschlagene Position zu stabilisieren, den unbequemen Gerhard Stoltenberg auf die Hardthöhe abzuschieben, die CSU durch die Übertragung des Finanzministeriums an Theodor Waigel stärker einzubinden, der Kritik etwas den Wind aus den Segeln zu nehmen und den Putschgerüchten einen Riegel vorzuschieben. Wie angespannt die Lage für ihn war, drückte sich auch in seinem Versprecher aus, die Koalitionspartner wollten pfleglich mit einander „untergehen". Hans-Jochen Vogel hat in der Aussprache über die Regierungserklärung diese Freudsche Fehlleistung „nicht ohne Schadenfreude zitiert".[61]

Die Kohl-Regierung schwächelte und die Tage Helmut Kohls als Kanzler und als CDU-Parteivorsitzender schienen gezählt. Die SPD sah sich im Aufwind und nicht wenige dachten schon daran, dass sie bei der nächsten Wahl wieder den Kanzler stellen könnte. Doch bei den Europawahlen im Juni 1989 erhielt sie einen Dämpfer. Mit 37,3 Prozent lag sie zwar fast gleichauf mit der Union, die erhebliche Verluste erlitt und auf 37,9 kam. Für die Öffentlichkeit aber hatte es die SPD eben nicht geschafft. Trotz aller Schwächen behielt die Union die Nase vorn. Dies war psychologisch von nicht zu unterschätzender Bedeutung. Von der Unzufriedenheit vieler Wähler profitierten vorrangig die rechtsradikalen Republikaner unter Franz Schönhuber, die Arbeitslosigkeit, Wohnraummangel und „Asylantenzustrom" demagogisch ausschlachteten. Aber Europawahlen waren eben auch Denkzettelwahlen, bei denen Protestparteien in der Regel prozentual besser abschnitten. Bei nüchternerer Analyse erschien das Rennen für die nächste Bundestagswahl offen. Mit der FDP verfügte die Union über einen einigermaßen verlässlichen Koalitionspartner. Dessen gelegent-

59 Vgl. Vogel, Nachsichten, S. 277 (nach Die Zeit von Ende März 1999) sowie zum Kontext siehe Kai Diekmann/Ralf Georg Reuth, Helmut Kohl. Ich wollte Deutschlands Einheit, Berlin 1996, S. 75-80
60 Allensbacher Jahrbuch der Demoskopie, Bd. 9 (1984-1992), S. 684; vgl. auch Korte, Deutschlandpolitik in Helmut Kohls Kanzlerschaft, S. 464.
61 Vogel, Nachsichten, S. 278.

liche Nadelstiche dienten mehr der eigenen Profilierung vor dem Wähler, als dass sie schon tatsächliche Absetzbewegungen signalisierten.

Die SPD stand vor dem Problem, dass ihr für die Gewinnung der Bonner Regierungsmacht verlässliche und für die Partei tragfähige Partner fehlten. Die Grünen waren noch nicht reif für die Regierungsverantwortung in Bonn. Auf Landesebene war die erste rot-grüne Koalition in Hessen nach knapp eineinhalb Jahren gescheitert, in Berlin lief das zweite rot-grün/alternative Projekt schwierig an, auf Bundesebene waren die Grünen mit internen Streitereien beschäftigt und jedes Anbändeln mit ihnen stieß in der SPD auf erhebliche Widerstände. Entscheidend für ihre Wahlchancen aber war, ob sich die von Kohl geführte Regierung noch weiter diskreditierte. Im Sommer 1989 befand sich Kohl auf dem absoluten Tiefpunkt und auf dem bevorstehenden Bremer Parteitag (11. bis 13. September 1989) konnte es zum Show-down kommen. Doch die rapide Entwicklung im Osten mit der Flüchtlingswelle, der friedlichen Revolution und schließlich der deutschen Einigung kehrte die Stimmung um. Kohls Stuhl war nicht nur gerettet, sondern er regierte mit dem Nimbus des Einigungskanzlers noch neun weitere Jahre, bis er schließlich den Adenauer-Rekord übertraf.

5. Ein neues Grundsatzprogramm

Das Godesberger Programm hatte den Wandel der SPD zu einer offenen, linken Volkspartei signalisiert und den Weg zur Regierungsmacht in Bonn bereitet. Nach der Verweisung in die Opposition wuchs mit dem Aufkommen neuer sozialer Bewegungen und sich verändernder Werteorientierungen in der Partei das Bedürfnis, sich ein neues Grundsatzprogramm zu geben. Es sollte die gesellschaftlich-technischen Veränderungen aufgreifen und der politischen Orientierung der Partei dienen. Vorbereitet worden war das programmatische Konzept durch die „Grundwertekommission", die sich mit großer Intensität um eine Synthese von sozialdemokratischen Prinzipien und neuen gesellschaftlichen Tendenzen bemühte.

Auf dem Parteitag im Mai 1984 in Essen wurde eine Programmkommission eingesetzt. Den Vorsitz übernahm Willy Brandt. Mit hohem persönlichen Einsatz steckte er den Kurs zu einer Programmrevision ab und wies der Programmkommission den Weg. In der Abgeschiedenheit des Klosters Irsee im Allgäu trafen sich die sozialdemokratischen Theoretiker, assistiert von einigen programminteressierten Praktikern, zu einem Langzeitkonvent. In einem zweijährigen Diskussionsprozess näherten sich die

Positionen zwischen den ökologisch-wachstumsskeptischen Programmatikern und aufgeschlossenen Wirtschafts- und Arbeitsplatzpragmatikern an. Der intendierte Integrationsprozess, der allen Programmdebatten eigen ist, verlief aus der Binnensicht also erfolgreich.

Im Juni 1986 legte die Kommission ihren Entwurf vor, dessen Grundtenor Willy Brandt geprägt hatte. Der sog. Irseer Programmentwurf war ein Konvolut von 107 Seiten. Es las sich wie ein Reflex auf die komplexen Realitäten und auf die gestiegenen Integrationsaufgaben. Die Wegweisungen von Irsee hießen Ökologisierung von Produktion und Konsum statt Wachstumsdenken, Kontrolle der Technik und der Produktivkraft, Ergänzung des etablierten Sozialstaats durch Formen nicht-staatlicher Selbsthilfe, Abkehr von „männlichen Denkmustern" und Hinwendung zu feministisch beeinflussten „weiblichen" Tugenden. Mit tiefsitzenden Zweifeln am bisher vorherrschenden Politikverständnis erklang die Irsee-Partitur hörbar in Moll, und in dem dickleibigen Programmpaket gingen die Kernbotschaften unter. Als Resultat einer Selbstbesinnung erfüllte Irsee eine begrenzte, programmatisch interessierte Mitglieder ansprechende und die divergierenden Strömungen in der Partei integrierende Funktion. Doch Wirkung nach außen ging davon kaum aus. Carl-Friedrich von Weizsäcker kleidete seine Kritik in die Worte: „Schon früher stand, nebst manchem Schiefen, viel Wahres in den Hirtenbriefen."[62] Selbst auf die Partei sprang kein wirklicher Funke über.

Der Nürnberger Parteitag von 1986, so der zugespitzte Kommentar der Parteienforscher und Sozialdemokraten Peter Lösche/Franz Walter, beriet den Entwurf „eher wie eine lästige Pflichtübung".[63] Die Resonanz in der Öffentlichkeit war wenig ermutigend. In den Medien grassierte Spott über den griesgrämigen Zukunftspessimismus und über die auf Erhard Eppler gemünzte pietistische Fortschrittsfeindlichkeit. Als „säuerlichen Antimodernismus" kritisierte Peter Glotz das sozialdemokratische Erscheinungsbild.[64] Andere wie die beiden baden-württembergischen Sozialdemokraten Dieter Spöri und Ulrich Maurer machten für den Niedergang der SPD ihr Profil als „Neinsager-Partei" verantwortlich. Bei den dynamischen Aufsteigern in den neuen Technik-, Computer- und Kommunikationsbranchen kam dies nicht an. Tatsächlich hatte die SPD in den Bundestagswahlen vor

62 So berichtet bei Ehmke, Mittendrin, S. 330.
63 Lösche/Walter, Die SPD, S. 127. Vgl. Protokoll vom Parteitag der SPD in Nürnberg, 25.-29.8.1986, S. 522-529, 532-556 und 558-566.
64 Peter Glotz, Plädoyer für kollektive Lernprozesse der SPD im Spannungsfeld zwischen „konservativer" Entsolidarisierung und „grünem" Subjektivismus, in: Perspektiven ds (1984), S. 50. Dazu und zum folgenden Lösche/Walter, Die SPD, S. 127f.

allem bei den modernen Arbeitnehmergruppen in den boomenden Regionen Einbußen erlitten.

Ausgehend von Baden-Württemberg formierte sich eine Front in der Sozialdemokratie, die der „Modernisierung", dem technischen Fortschritt und dem Leistungsgedanken das Wort redete. Oskar Lafontaine orientierte sich nun in eine ähnliche Richtung. Unter seiner Federführung wurde an einem programmatischen Konzept „Fortschritt 90" gearbeitet. Als Willy Brandt nach seinem Rücktritt als Parteivorsitzender auch die Programmkommission nicht mehr leiten wollte, „zeigte" sich Lafontaine an deren Vorsitz interessiert.[65] Mit der Lösung, dass der neue Parteivorsitzende Hans-Jochen Vogel ihn erhielt und Oskar Lafontaine als geschäftsführender Vorsitzender fungierte, wurden die Reibungsflächen übertüncht. Formelkompromisse wie dieser wurden für eine Zeit fast zum Markenzeichen einer SPD, die Schwierigkeiten hatte, ihren Weg zu finden. Eine mögliche Blockierung der Programmarbeit aber konnte abgewendet werden. Der SPD-Chef von der Saar kam nur schwer mit so eigenständigen Kommissionsmitgliedern wie etwa Erhard Eppler und Peter von Oertzen zurecht. Er führte „ohne Lust und Laune und in der Regel schlecht vorbereitet Regie" und ließ die anderen spüren, dass er ihr Bemühen für „brotlose Kunst hielt".[66] Teamwork und programmatische Kärrnerarbeit waren nicht das Metier des Saarländers. Er zielte auf Wirkung nach außen und mediale Inszenierungen plakativer Botschaften, mit denen er Wähler ansprechen und sich selbst ins Rampenlicht stellen konnte.

Die von Spöri und Maurer angestoßene Debatte über den „neuen Fortschritt" fand Anklang bei anderen führenden Repräsentanten der „Enkelgeneration", wie Björn Engholm, Rudolf Scharping und Gerhard Schröder, und sie erhielt neuen Schwung, als sich Oskar Lafontaine „1988 an die Spitze der Modernisierungsbewegung in der SPD setzte".[67] Mit Instinkt, Geschick, Eloquenz und Medienprofessionalität produzierte er kontrovers ausgefochtene öffentliche Debatten. Die dicksten Schlagzeilen und die höchste Bildschirmpräsenz erzielte er mit seinen Attacken gegen die Gewerkschaften. Sie waren verknüpft mit einem Plädoyer für eine zukunftsorientierte, moderne marktwirtschaftliche Politik und eine Flexibilisierung von Arbeitszeit und Arbeitsmarkt.[68]

---

65 Vogel, Nachsichten, S. 234.
66 Lösche/Walter, Die SPD, S. 129.
67 Ebenda, S. 128.
68 Oskar Lafontaine, Die Gesellschaft der Zukunft. Reformpolitik in einer veränderten Gesellschaft, Hamburg 1988; Vogel, Nachsichten, S. 237f. Zur Bewertung der Rolle Lafontaines in dieser Zeit siehe auch Walter, Die SPD, S. 222-224.

Während Lafontaine mit seinem Modernisierungs- und Profilierungs-
kurs in Medien und Öffentlichkeit zum gesuchten Politstar wurde, stieß er
in der Partei auf Widerstand. Gerade viele sich links Dünkende in der
SPD, denen er sonst als Heros galt, sperrten sich energisch gegen solche
Zumutungen und auch die Parteiprogrammatiker kamen ihm in die Que-
re. Die vom Nürnberger Parteitag berufene Programmkommission geriet
bei ihrer Arbeit in eine gewisse Schieflage. Verfechter marxistischer Visionen wie weniger dogmatische Linke beeinflussten im Bund mit nachdenklichen Analytikern und politischen Theoretikern zunächst den Kurs. Die
politisch-parlamentarisch aktiven Praktiker zeigten weniger Interesse und
brachten bei ihrem vollen Terminkalender nur selten Zeit und Geduld für
die Programmdebatten auf. Mit der von einer Mehrheit getragenen Forderung nach wirtschaftspolitischer Lenkung und Planung ging die Kommission am Geist der Zeit vorbei und drohte hinter Godesberg zurückzufallen.
Nach einem verheerenden Echo in den Medien machten nun die Wirt-
schaftsexperten im Bund mit der Parteiführung mobil und brachten die
vom Kurs abgekommene Programmkommission wieder auf Richtung.
„Nichts", so das Fazit von Lösche und Walter, „konnte das Fiasko der
Programmdebatte deutlicher machen als die seufzende Erleichterung darüber, dass es wenigstens nicht so schlimm gekommen war", wie schon
befürchtet: „Die Programmdebatte der SPD in der zweiten Hälfte der
achtziger Jahre war, was ihre Außenwirkung anging, ein einziger, historisch
beispielloser Flop."[69]

Die Schlagzeilen machte Oskar Lafontaine mit seiner mediengerecht inszenierten Konflikt- und Modernisierungsstrategie. Er verstand es, Themen
zu besetzen und Gruppen von Sympathisanten und Wählern zu faszinie-
ren, die vordergründig wenig miteinander verband. Durch seine energische
Frontstellung gegen die Nachrüstung und sein Votum für Ökologie und
Ökosteuern sprach er die Generation der Friedens- und Ökologie-
Bewegten an und mit seinen Plädoyers für Modernität und Elastizität
bediente er Wünsche nach einem Aufbrechen verkrusteter Strukturen und
für zukunftsträchtige neue Wege. Die Beratungen über das neue Parteiprogramm drohten sich dagegen festzufahren. Erst Anfang 1989 war die
Stagnation so weit überwunden, dass im März 1989 der Entwurf der
Öffentlichkeit vorgelegt werden konnte. Das vorläufige Endprodukt, das,
so Horst Ehmke, „stellenweise immer noch mehr einem politischen Bil-
dungsprogramm als einem politischen Programm" glich[70], fand trotz seines

69 Lösche/Walter, Die SPD, S. 130.
70 Ehmke, Mittendrin, S. 330.

großen Umfangs und der vielen Differenzierungen zunächst Aufmerksamkeit in der Partei und den Medien. Seit dem Sommer 1989 wurde die Debatte jedoch immer mehr durch die dramatischen Ereignisse in der DDR überlagert und schließlich weitgehend verdrängt. Der ursprünglich in Bremen geplante außerordentliche Parteitag zur Verabschiedung des Programms wurde nach Berlin verlegt, der Termin Mitte Dezember aber beibehalten. So erhielt das mitten in der rapiden Umbruchperiode zwischen friedlicher Revolution und sich andeutender deutscher Einigung verabschiedete neue Grundsatzprogramm den Namen „Berliner Programm".

Vom 18. bis 20. Dezember 1989 tagte im Kongresszentrum am Funkturm der Programmparteitag der SPD. Der Programmentwurf war vor allem ein Spiegelbild der ökologisch gewendeten, sichtlich friedensbewegten und eher postnational ausgerichteten Sozialdemokratie der 80er Jahre. Er sollte das Profil der Partei schärfen und musste verschiedene Strömungen zusammenfügen. An der notwendigen Integration hatte Hans-Jochen Vogel ein großes Verdienst. Ökologische Erneuerung der Industriegesellschaft, soziale Gleichberechtigung der Frau, weniger Erwerbsarbeit und eine Gesellschaft „der menschenwürdigen Arbeit für alle", die Erwerbs- und Hausarbeit „zwischen den Geschlechtern gerecht verteilt", mehr Lebensqualität, „eine demokratische Gemeinschaft der Völker" und eine vom „Wahnsinn des Krieges und des Wettrüstens" befreite Menschheit waren die hochgesteckten programmatischen Ziele. Sie wurden ausführlich erläutert, begründet und in der Art eines akademischen Zirkels abgewogen präsentiert. Vor allem der Begriff „Fortschritt" wurde viel kritischer definiert, als das je in der so lange am gesellschaftlichen und technischen Fortschritt orientierten traditionellen SPD der Fall gewesen war. „Fortschritt" im Sinne des Berliner Programms meinte Abkehr von der „Quantität" und eine Wende zum „Umdenken, Umsteuern, Auswählen und Gestalten" mit dem Ziel einer „höheren Qualität menschlichen Lebens".

Über ihre engere historische Aufgabe hinaus – die Gestaltung von Staat und Gesellschaft in Richtung auf ein demokratisch-soziales Gemeinwesen – verschrieb sich die Sozialdemokratie mit ihrem Grundsatzprogramm dem Kampf für eine humane Welt, in der auch künftige Generationen menschenwürdig und in Frieden leben könnten. Als „Ausgangs- und Zielpunkte unseres Handelns" nannte die Sozialdemokratie die „Würde des Menschen" unter Berufung auf die Menschenrechtserklärung der Vereinten Nationen. „Der Mensch", so hieß es in „Unser Bild vom Menschen", sei „weder zum Guten noch zum Bösen festgelegt, ist lernfähig und vernunftfähig. Daher ist Demokratie möglich. Er ist fehlbar, kann irren und

Programmparteitag in Berlin, 18.–20. Dezember 1989

in Unmenschlichkeit zurückfallen. Darum ist Demokratie nötig." Diese
Demokratiebegründung aus einem realistischen Menschenbild markierte
gegenüber Godesberg einen Schritt nach vorn. Aber solche zitierfähigen
Passagen waren im Berliner Programm selten. Es war für ein symbolträch-
tiges, plakatives Programm viel zu lang, zu reflektierend und zu weit entfernt von den konkreten Erfordernissen der praktischen Politik. Ein „Angebot für ein Reformbündnis der alten und neuen sozialen Bewegungen"
sollte dieser Zukunftsentwurf sein, der schon von der Gegenwart überholt
wurde. Als der Parteitag in Berlin tagte, bestimmten nicht er, sondern
Hunderttausende Menschen auf den Straßen, die das unverhoffte Zusammenkommen feierten, das Bild. Und der Parteitag geriet vollends ins
Hintertreffen, als ihm Helmut Kohl mit seinem Auftritt in Dresden in
einem Meer von schwarz-rot-goldenen Fahnen die Show stahl.

II. In der friedlichen Revolution und im Einigungsprozess

Die Jahre 1989/90 markieren eine Zäsur, für Deutschland, Europa und die Welt. Veränderungen von ungeheurer Dramatik und Tragweite spielten sich ab. Die Epoche des Ost-West-Konfliktes, in der sich zwei von den beiden Supermächten USA und Sowjetunion geführte Blöcke gegenüberstanden, ging zu Ende. Mit dem Abbau der gegeneinander gerichteten Waffenarsenale wurde begonnen und frühere Gegnerschaft wandelte sich nun zur Partnerschaft. Der tiefe Gegensatz zwischen freiheitlich-demokratischen Verfassungsstaaten und totalitär-diktatorischen Systemen, der das „kurze 20. Jahrhundert" so entscheidend geprägt und zu mörderischen Kriegen, schweren Verbrechen und enormen Aufwendungen zur Behauptung im System- und Machtkonflikt geführt hatte, schien überwunden. Schon feierten US-amerikanische Politikwissenschafter wie Francis Fukuyama den Sieg der Demokratie als Endpunkt der Geschichte.[1] Der Traum von einem wirklich friedlichen Miteinander schien sich zu erfüllen und das Zeitalter ewigen Friedens gekommen.

Die Umwälzung im östlichen Europa und der Durchbruch zu Freiheit und Demokratie erfolgte in einem atemberaubenden Tempo, bei dem sich die Ereignisse überstürzten. Mit Ausnahme von Rumänien, wo das Regime sich mit Waffengewalt vergeblich gegen den Umsturz wehrte, vollzog sich der Wandel in Mittel- und Osteuropa ohne Blutvergießen und Anwendung von Gewalt. Die Bürger in diesen Staaten befreiten sich in friedlichen Revolutionen von den kommunistischen Diktaturen. Das glich fast einem Wunder. Denn heftige, von Massen getragene Auflehnungen gegen das kommunistische Regime hatte es schon früher immer wieder gegeben: in der DDR 1953, in Ungarn 1956, in der Tschechoslowakei 1968, in Polen Mitte der 50er Jahre und dann wieder mit der Bildung der gewerkschaftlichen Volksbewegung Solidarnosc. Doch die Manifestationen des Protests wurden damals durch sowjetische Panzer niedergerollt oder wurden wie 1981 in Polen aus Furcht vor einem sowjetischen Eingreifen von einem Militärregime unterdrückt.

---

1 Deutsche Ausgabe: Francis Fukuyama, Das Ende der Geschichte. Wo stehen wir?, München 1992.

Mit der unter Michail Gorbatschow eingeleiteten Politik von „Glasnost" und „Perestroika" schwand die Angst. Die Völker fühlten sich ermutigt, das Joch der kommunistischen Herrschaft abzuschütteln. Ohne den Wandel in der Sowjetunion und die herausragende Rolle von Michail Gorbatschow wäre die friedliche Umwälzung so nicht möglich gewesen. Dies sollten und dürfen wir nicht vergessen. Aber auch Länder wie Ungarn und Polen spielten eine wichtige Rolle. Sie wurden zu Wegbereitern von Reformen und Öffnung und leiteten schon im Frühjahr 1989 eine Demokratisierung ein. Als sich Ungarn nicht mehr als Büttel des halsstarrigen SED-Systems missbrauchen lassen mochte und seine Grenzen für DDR-Bürger öffnete, war dies ein unüberhörbares Signal. Nachdem auch noch die Tschechoslowakei und Polen DDR-Flüchtlinge ausreisen ließen und Gorbatschow seine kritische Distanz zum Honecker Regiment der „Gerontokraten" zu erkennen gab, geriet dieses immer weiter in die Isolation. Das kommunistische Regime in der DDR war innerlich und äußerlich ausgehöhlt, seine tragenden Eliten verunsichert und seine Fundamente brüchig geworden. Es implodierte.

Die SPD hatte mit ihrer Ost- und Deutschlandpolitik wie ihrer ganzen Ausgleichs-, Verständigungs- und Friedenspolitik dazu beigetragen, dass Feindbilder abgebaut und ein Vertrauenskapital aufgebaut wurden, mit dem der friedliche Wandel im östlichen Europa möglich wurde. Erst in diesem Klima konnten „Glasnost" und „Perestroika" gedeihen und erhielten die friedlichen Revolutionen ihre Chance zum Erfolg. Aber die Möglichkeiten der SPD, zunächst bis 1982 als Regierungspartei, danach als Opposition, zur direkten Einwirkung auf die Verhältnisse in der DDR waren beschränkt. Deutschlandpolitik unter Willy Brandt und Helmut Schmidt wie unter Helmut Kohl war das mühselige Unterfangen, durch Dialog, Kooperation und Verträge die Teilung ein wenig erträglicher zu machen, menschliche Kontakte zu ermöglichen und die Kommunikation zwischen den Deutschen beider Staates zu erleichtern. Darin lagen ihre Grenzen. Eine Destabilisierung der DDR wurde von den tragenden politischen Kräften der Bundesrepublik weder aktiv betrieben noch so gewollt. Für die entscheidende Bewegung sorgten die Menschen in der DDR, die sich ihre Ausreise erzwangen, ihre Stimme für Freiheit und Demokratie erhoben und mit ihren Demonstrationen die friedliche Revolution einleiteten. Das Volk in der DDR wurde zum wichtigsten Akteur, bestimmte die Gesetze des Handelns und riss wie ein mächtiger Strom Politiker, Parteien und Politik mit.

1. Von der Bürgerbewegung zur SDP/SPD

Unter der Jahrzehnte währenden SED-Herrschaft waren nicht nur sozial-demokratische Formationen und Bestrebungen unterdrückt, bekämpft und ausgemerzt, sondern auch sozialdemokratische Traditionen verfemt und aus dem historischen Bewusstsein verbannt worden. Nach der Auflösung der sozialdemokratischen Organisation in Ost-Berlin im Zuge des Mauer-baus 1961 gab es in dem zweiten deutschen Staat nun definitiv nichts mehr an Überresten der alten traditionsreichen Partei. Die frühen sozial-demokratischen Oppositionsgruppen waren zerschlagen, viele Sozialdemo-kraten eingekerkert und brutal verfolgt worden. Nach ihrer Entlassung kamen eine Reihe schließlich in den Westen, andere lebten unter traurigen Bedingungen in der DDR, zum Schweigen über ihr Leiden verdammt und ohne den Halt einer sozialdemokratischen „Parteifamilie". Es regte sich immer wieder Opposition und Widerstand gegen die kommunistische Herrschaft, in den 40er, 50er und auch in den 60er Jahren, aber, so hat es Markus Meckel auf einer Gedenkveranstaltung zur SDP-Gründung for-muliert, „es gab eigentlich keine Oppositionstradition", „keine Kontinuität oder Tradition des Widerstands", sondern „er entwickelte sich jeweils neu".[2] Und dennoch, so beschrieb Marianne Birthler eigene Erfahrungen bei der gleichen Tagung: „Es gab so etwas wie einen sozialdemokratischen Nährboden. In der DDR haben sich sehr viele Menschen sehr mit der SPD im Westen identifiziert, haben intensiv Diskussionen, Debatten verfolgt und am Schicksal der SPD und ihrer exponierten Vertreter lebhaft Anteil genommen."[3] Besonders Willy Brandt wurde zu einer Art von Identifikati-onsfigur.

Durch den Helsinkiprozess erhielt oppositionelles und widerständiges Denken und Streben eine wichtige Stütze. Denn Abweichler konnten sich damit auf ein offizielles Dokument berufen: die Schlussakte der KSZE-Konferenz in Helsinki (1975) mit ihrem Korb 3, die von der Staats- und Parteiführung der DDR mit unterzeichnet worden war. Impulse kamen auch aus Polen, das verglichen mit dem System in der DDR mehr an geistigen Freiräumen ließ. Mit Solidarnosc stellte sich dort eine mächtige Massenbewegung und -organisation gegen das Regime und trotzte ihm trotz des schweren Rückschlages durch das Jaruzelski-Regiment letztlich Wandel und Freiräume ab. Auch wenn der damalige Bundeskanzler Hel-mut Schmidt nach einem ersten problematischen Kommentar öffentlich

---

2 Bernd Faulenbach/Heinrich Potthoff (Hrsg.), Die deutsche Sozialdemokratie und die Umwälzung 1989/90, Essen 2001, S. 19.
3 Ebenda S. 20.

vor dem Bundestag bekundete, er „stehe mit ganzem Herzen auf der Seite der polnischen Arbeiter"[4], der DGB mit seinem internationalen Sekretär Chris Christoffersen viel für Solidarnosc tat und sich einzelne Sozialdemokraten für sie engagierten, so hat die westdeutsche Linke gegenüber dieser polnischen Freiheitsbewegung doch häufig nicht den richtigen Ton gefunden. Harsche Worte über die wildgewordenen Streikenden, von denen man sich nicht die Entspannungspolitik kaputt machen lasse, Willy Brandts Zögern gegenüber Lech Walesa, Wehners problematische Reise direkt nach dem Jaruzelski-Coup und vieles andere mehr kamen zusammen. „Das ohnehin bei vielen Polen lädierte Ansehen der SPD fiel unter den Nullpunkt."[5] Diese Erfahrungen haben bei vielen Polen, die hinter dem Wandel standen, auf Jahre tiefsitzende Vorbehalte gegen die deutsche Sozialdemokratie geweckt, die auch nach 1989/90 noch lange nachwirkten.

Mit der atomaren Aufrüstung und dem „2. Kalten Krieg" seit der Wende von den 70er zu den 80er Jahren formierte sich nicht nur in Westdeutschland eine Friedensbewegung. Auch in der DDR entstand eine unabhängige, eigenständige Friedensbewegung von unten, die sich zumeist unter dem Dach von Kirchengemeinden sammelte und sich zu vernetzen suchte, soweit dies unter den Bedingungen eines autoritär diktatorischen Systems möglich war. Während die westdeutsche Friedensbewegung überwiegend nur gegen westliche Raketen protestierte, nahm die in der DDR westliche und östliche Raketen ins Visier. Mit dem markanten Symbol „Schwerter zu Pflugscharen", von dem allein etwa 100 000 Siebdrucke hergestellt wurden, bekannten sich seit 1980/81 vor allem junge Menschen öffentlich zu ihrem Friedensengagement und nahmen dafür Demütigungen durch den Staat in Kauf. Das spektakuläre Umschmieden eines Schwertes zu einer Pflugschar im September 1983 auf dem Lutherhof in Wittenberg griff diese Friedensinitiative von unten erneut auf.[6] Über die Vernetzung und die jährlichen Treffen der Gruppen „Frieden konkret" bildete sich eine Plattform, auf der 1989 die Mahnwachen, Wahlüberwachungen und Demonstrationen aufbauen konnten.

---

4 Verhandlungen des Deutschen Bundestages, Sten. Ber., Bd. 120, S. 4289ff. (Erklärung von Bundeskanzler Schmidt in der Sitzung vom 18.12.1981).
5 So Klaus Reiff, Polen. Als deutscher Diplomat an der Weichsel, Bonn 1990, S. 303.
6 Zur Herausbildung dieser Bewegungen vgl. bes. Ehrhart Neubert, Geschichte der Opposition in der DDR 1949-1989, Berlin 1995, und die Bände VI/1-2 „Möglichkeiten und Formen abweichenden und widerständigen Verhaltens und oppositionellen Handelns, die friedliche Revolution im Herbst 1989, die Wiedervereinigung Deutschlands und Fortwirken von Strukturen und Mechanismen der Diktatur" der Enquete-Kommission „Aufarbeitung von Geschichte und Folgen der SED-Diktatur in Deutschland".

Neben den Friedensfragen waren oft Umweltprobleme und zunehmend auch der Ruf nach Menschenrechten der Ausgangspunkt für das Zusammenfinden kritischer Bürger. Nachdem die Sicherheitsorgane schon beim Rockkonzert im Juni 1987 am Brandenburger Tor massiv gegen die jungen Zuhörer vorgegangen waren, wurden Mitte November 1987 die Umwelt-Bibliothek bei der Zionskirche durchsucht und mehrere Personen festgenommen. Vor und beim Honecker-Besuch in der Bundesrepublik, die dem Staats- und Parteivorsitzenden auch Tore in andere westliche Hauptstädte aufstieß, gab sich das Regime möglichst moderat. Nachdem dieser absolviert war, zog es die Zügel der Repression an und ging mit rigorosen Mitteln gegen Abweichler und Dissidenten vor. Das Vorgehen des Sicherheitsapparates konnte die Flamme des Protestes nicht ersticken, sondern löste eine Solidarisierung mit den Verhafteten aus. Den traditionellen Massenaufmarsch zum Gedenken an die Ermordung von Karl Liebknecht und Rosa Luxemburg nutzten Mitglieder von Bürgerrechts- und Friedensgruppen am 17. Januar 1988, um das Luxemburg Wort „Freiheit ist immer Freiheit des anders Denkenden" einzuklagen. Mit Verhaftungen, Verurteilungen sowie Abschiebungen zahlreicher Oppositioneller und Abweichler schlug der Staats- und Sicherheitsapparat zu, die umfassendste Verhaftungsaktion seit dem 17. Juni 1953.

In den Kirchen der DDR wurden zahlreiche Fürbittegottesdienste abgehalten. In den Medien der Bundesrepublik fand das harte Vorgehen gegen die Dissidenten starke Resonanz. Führende Sozialdemokraten wie der Partei- und Fraktionsvorsitzende Hans-Jochen Vogel, Erhard Eppler von der Grundwertekommission und die Fraktionsvorsitzenden der SPD aus Bund und Ländern geißelten diese Repressionen mit deutlichen Worten. Helmut Kohl und seine Regierung hielten sich dagegen zurück. Sie verzichteten ganz bewusst auf Kritik, um wie es hieß, kein „Öl ins Feuer zu gießen", setzten die Kooperation mit dem SED-Regime fast ungerührt fort und der Kanzler gab der DDR gar eine Art von „Bestandsgarantie".[7] Zufrieden konstatierte SED-Generalsekretär Erich Honecker, „dass die BRD-Regierung sich bei den jüngsten Provokationen gegen die DDR, im Gegensatz zur SPD, zurückgehalten habe".[8] Sein Ärger richtete sich neben den

---

7 Siehe dazu u.a. Korte, Deutschlandpolitik in Helmut Kohls Kanzlerschaft, S. 384f. und 392f.; Potthoff, Koalition der Vernunft, S. 698-720 und 730-752; Werner Filmer/Heribert Schwan, Schäuble. Politik als Lebensaufgabe, München 1994, S. 219; Detlef Nakath/Gerd-Rüdiger Stephan, Countdown zur deutschen Einheit. Eine dokumentierte Geschichte der deutsch-deutschen Beziehungen auf höchster Ebene 1980-1987, Berlin 1996, S. 82ff.; Potthoff, Im Schatten der Mauer, S. 278-281.

8 Niederschrift über das Gespräch Honeckers mit Milos Jakes von der KP der Tschechoslowakei am 10.3.1988, in: Bundesarchiv SAPMO, DY 30, IV 2/1/679.

„Grünen", die sich schon seit längerem für Dissidenten in der DDR verwandten, nun zunehmend auch gegen Sozialdemokraten. Gert Weisskirchen, der sich engagiert für Friedensfreunde und Bürgerrechtler einsetzte, wurde mehrfach die Einreise verweigert. Zu den Kreisen um Friedrich Schorlemer und Rainer Eppelmann knüpften Weisskirchen, Horst Sielaff und Jürgen Schmude Kontakte. Schmude wie Johannes Rau und Erhard Eppler nutzten ihre Funktion in der Evangelischen Kirche, um sich auf Kirchentagen in der DDR mit Angehörigen von Bürgerrechts- und Friedensgruppen zu treffen.

Als in der Sylvesternacht die Feuerwerkskörper das neue Jahr 1989 ankündigten, ahnte wohl kaum jemand, dass in diesem Jahr die Mauer fallen würde. Noch in seinem Bericht zur Lage der Nation verkündete Kanzler Kohl am 1. Dezember 1988, die Bundesregierung sehe „die inneren Schwierigkeiten des politischen Systems" mit Sorge und habe kein Interesse, dass diese „weiter zunehmen".[9] Einen Monat später, im Januar 1989, machte ein unbekannter junger DDR-Theologe Martin Gutzeit einem ihm vertrauten Pfarrerkollegen Markus Meckel den Vorschlag, in der DDR eine sozialdemokratische Partei zu gründen, und dieser stimmte zu. Eigentlich eine Phantasterei, und dennoch war dies die geistige Geburtsstunde der SDP. Die Vision von der Wiederbelebung einer Sozialdemokratie hegten im Stillen gewiss auch andere. Doch im Unterschied zu den vorsichtigen Skeptikern schritten Meckel und Gutzeit zur Tat. Am 24. Juli 1989 legten sie letzte Hand an den „Aufruf zur Bildung einer Initiativgruppe" zur Gründung einer sozialdemokratischen Partei.[10]

In der DDR war in diesen Monaten viel geschehen. Seit Jahresanfang stieg die Zahl der Ausreiseanträge rapide an. Bei den Kommunalwahlen am 7. Mai 1989 schauten unabhängige Beobachter aus der Bürgerrechtsszene den Offiziellen auf die Finger und entlarvten so die altbewährten Wahlmanipulationen des Regimes. Ermutigt und vorangetrieben wurde der Prozess des Aufbegehrens durch die Ereignisse in Polen und Ungarn, wo der Weg demokratischer Reformen beschritten wurde und sich eine pluralistische Demokratie („Runde Tische" in Polen, Übergang zum Mehrparteiensystem in Ungarn) zu formen begann. Nachdem das sich reformierende

9 Abgedruckt u.a. in: Texte zur Deutschlandpolitik, Reihe III, Bd. 6, S. 472f. – Verhandlungen des Deutschen Bundestages, Sten. Ber., Bd. 147, S. 8094-8099, hier S. 8097.
10 Historische Kommission beim Parteivorstand der SPD, Von der SDP zur SPD, Bonn 1994, S. 44-48; Gero Neugebauer/Bernd Niedbalski, Die SPD in der DDR 1989-1990. Aus der Bürgerbewegung in die gesamtdeutsche Sozialdemokratie, Berlin 1992, Dokument 1 im Anhang. Ferner zahlreiche andere Belege.

Ungarn ab Mai/Juni 1989 den Stacheldraht an der Grenze zu Österreich abzubauen begann, flohen mehr und mehr DDR-Bürger auf diesem Weg in den Westen.[11] Viele andere drängten sich in den Botschaften der Bundesrepublik in Budapest, Prag, Warschau und Ost-Berlin, in Budapest allein schließlich etwa 6000 Menschen. Diese „Abstimmung mit den Füßen" war der erste Akt zu dem Massenexodus, der nach dem 11. September mit der öffentlich verkündeten Öffnung der ungarischen Grenze nach Westen immer dramatischere Züge annahm.

Der Prozess einer Destabilisierung der DDR war in Gang, aber noch konnte niemand voraussehen, wie das Regime reagierte. Der 17. Juni 1953 war blutig niedergeschlagen worden wie 1956 der ungarische Volksaufstand und 1968 der Prager Frühling. Am 4. Juni 1989 machten die chinesischen Hardliner um Li Peng mit dem blutigen Massaker auf dem Tiananmen-Platz, dem „Platz des Himmlischen Friedens", der Demokratiebewegung den Garaus und die SED stellte sich im Bunde mit den Blockparteien (CDU, LDPD etc.) hinter das Vorgehen der chinesischen Führung. Eine „chinesische Lösung" hing wie ein Damoklesschwert über der friedlichen Revolution. Mit einer Verhaftung mussten die SDP-Gründer immer rechnen. Weit stärker noch als die sich als Bürgerbewegung verstehenden Kreise forderten sie die SED direkt heraus. Am 26. August 1989 traten sie mit dem Aufruf zur Gründung einer Sozialdemokratischen Partei in der Berliner Golgatha-Gemeinde in die Öffentlichkeit. Er trug die Unterschrift von Martin Gutzeit, Markus Meckel, Studentenpfarrer Arndt Noack und von Ibrahim Böhme. In der DDR fand er schnell über Kanäle in der evangelischen Kirche und das Netzwerk von Dissidenten und Bürgerrechtsgruppen Verbreitung und in der Bundesrepublik wurde er durch die Presse bekannt.[12] In mehreren Treffen einer 10köpfigen Initiativgruppe wurde nun die Parteigründung vorbereitet. Für den Fall, dass die Staatssicherheit zuschlagen sollte, versuchte man Vorkehrungen zu treffen, u.a. durch eine „heimliche Vorabgründung". Ganz bewusst wurde für den formellen Gründungsakt der 7. Oktober, der 40. Jahrestag der DDR-Gründung, gewählt. Im Pfarrhaus von Schwante, nördlich von Berlin, fand er statt. Nach der Unterzeichnung der vier Gründungsurkunden

---

11 Zu den Fluchbewegungen vgl. vor allem Axel Schützsack, Exodus in die Einheit. Die Massenflucht aus der DDR 1989, Melle 1990; Fischer Weltalmanach, Sonderband DDR, Frankfurt/M. 1990, S. 138-142.
12 Markus Meckel/Martin Gutzeit, Opposition in der DDR. Zehn Jahre kirchliche Friedensarbeit – kommentierte Quellentexte, Köln 1994, S. 350f.; Petra Schuh/Bianca von Wieden, Die deutsche Sozialdemokratie 1989/90. SDP und SPD im Einigungsprozess, München 1997, S. 9-180 über die Anfänge der SDP.

Gründungsurkunde
der
Sozialdemokratischen Partei
in der DDR (SDP)

Schwante (Kr. Oranienburg), den 7. Oktober 1989

und Beschlüssen zu den Statuten und zum Aufnahmeersuchen in die Sozialistische Internationale wurden der Vorstand bestellt und die Parteiämter vergeben. Stephan Hilsberg wurde zum Sprecher gewählt, Angelika Barbe und Markus Meckel zu Stellvertretern, Ibrahim Böhme zum Geschäftsführer und Gerd Döhling zum Schatzmeister bestimmt.[13]

Mit der Gründung dieser Sozialdemokratischen Partei stellte die kleine Schar von Schwante das Monopol der SED direkt in Frage. Damit definierten sie die SED „nicht als Einheitspartei, sondern als kommunistische Partei, was sie war. Dies ging an ihre Wurzeln."[14] Die SDP knüpfte bewusst an die Tradition der ältesten deutschen Partei an und reklamierte das demokratische und soziale Erbe der Arbeiterbewegung für sich. Sie orien-

13 Aus der reichhaltigen Literatur zu Schwante vgl. neben dem schon Genannten vor allem Dieter Dowe (Hrsg.), Von der Bürgerbewegung zur Partei. Die Gründung der Sozialdemokratie in der DDR, Bonn 1993; Wolfgang Herzberg/Patrik von zur Mühlen, Auf den Anfang kommt es an: Sozialdemokratischer Neubeginn in der DDR, Interviews und Analysen, Bonn 1993.
14 Markus Meckel, in: Faulenbach/Potthoff, Die deutsche Sozialdemokratie, S. 25. Eine gute zusammenfassende Analyse liefert Konrad Jarausch, „Die notwendige Demokratisierung unseres Landes" – Die Rolle der SDP im Herbst 1989, ebenda S. 52-67.

tierte sich besonders an großen sozialdemokratischen Persönlichkeiten wie Willy Brandt. Ihre Politik sollte demokratisch und sozial wie auch ökologisch sein. Sie bekannte sich zur parlamentarischen Demokratie. Damit unterschied sie sich von den verschiedenen anderen Bürgerrechtsgruppen, die sich zur gleichen Zeit institutionell formierten, wie etwa „Neues Forum", „Demokratie Jetzt" und „Demokratischer Aufbruch". Denn diese begriffen sich vorrangig als basisdemokratisch. Die SDP jedoch war eine politische Partei und zwar die einzige unabhängige. Deshalb zog sie im Herbst 1989 Menschen aus verschiedenen Kreisen an, denen die alternative Szene der Bürgerbewegungsgruppen nicht mehr genügte und die sich endlich politisch betätigen wollten. Es gelang ihr, mit der Wiederbelebung einer sozialdemokratischen Alternative breitere Bevölkerungskreise anzusprechen. Die SDP leistete einen entscheidenden Beitrag zur Destabilisierung des SED-Systems wie zur Politisierung der Opposition. Sie trieb in der Umwälzung zielstrebig den Prozess in Richtung einer parlamentarischen Demokratie voran und stand in dieser friedlichen, demokratischen und erfolgreichen Revolution in vorderster Reihe.

Von der Absicht, eine sozialdemokratische Partei in der DDR zu gründen, erfuhr die westdeutsche Öffentlichkeit zunächst durch den Abdruck des Aufrufes in der „Frankfurter Rundschau" und der „taz" vom 31. August. Er fand fast in der gesamten westdeutschen Presse ein großes Echo. Nicht nur hier, sondern im gesamten Prozess der friedlichen Revolution spielten die westdeutschen Medien eine maßgebliche Rolle. Sie sorgten für die Herstellung einer breiten Öffentlichkeit, die über die Westmedien zurück wirkte in die DDR, und übten so eine verstärkende, ermutigende und beflügelnde Wirkung aus. Die ersten Reaktionen der großen Schwester West-SPD klangen demgegenüber mehr als verhalten. In der Präsidiumssitzung vom 30. August war dies noch kein Thema, auch am 11. September nur am Rande mit dem Ergebnis, „dass der Reifegrad für eine derartige Gründung noch nicht erreicht sei", die SPD-West sich dabei heraushalte und die Entscheidung über eine Neugründung in der DDR getroffen werden müsse.[15] Öffentliche Äußerungen von Karsten D. Voigt, Walter Momper und Egon Bahr fielen eher kühl distanziert aus.[16] Andere hielten sich aus der verständlichen Sorge zurück, die wagemutigen SDP-Gründer sonst noch mehr zu gefährden. Die Sozialdemokratie des Westens

---

15 Protokoll über die Sitzung des Präsidiums am 30.8. und am 11.9.1989, in: SPD-Vorstandsarchiv, jetzt Archiv der sozialen Demokratie der Friedrich-Ebert-Stiftung.

16 Vgl. Wolfgang Jäger, Die Überwindung der Teilung. Der innerdeutsche Prozess der Vereinigung 1989/90, Stuttgart 1998, S. 258 mit Belegen in Anm. 506, 507 und 510 auf S. 596.

war in dieser Phase des Umbruchs im Osten vor allem mit sich selbst beschäftigt. Sie schaute auf das Wahljahr 1990. Daneben befasste sie sich mit dem Ost-West-Verhältnis, darin eingeschlossen die Entwicklungen im östlichen Europa und der DDR. Dabei ging es vorrangig darum, wie sie ihre von der Union nun heftig attackierten Kontakte nach Osten handhaben sollte. Die Partei rang um einen Kurswechsel, doch in dem vielstimmigen Chor fand sie nicht zu einer klaren Linie, sondern verständigte sich zunächst auf einen Kompromiss: Suspendierung der Gespräche der Grundwertekommission, Durchführung fest verabredeter Besuche und Anmahnung von Glasnost, Reformen, korrekten Wahlen und Pluralismus. Am 18. September, eine Woche nach der Öffnung der ungarischen Grenze, mahnte der Parteivorstand in einer Entschließung Reise-, Informations- und Meinungsfreiheit sowie die „selbstverantwortliche Mitwirkung aller Bürgerinnen und Bürger der DDR an der Gestaltung der gesellschaftlichen Verhältnisse" an. Die DDR werde „durch Reformen nicht destabilisiert, sondern stabilisiert".[17]

Im Kern verzichtete die große SPD auf eigene Initiativen zur Wiederbelebung der Sozialdemokratie im Osten und überließ es den jungen, mutigen Initiatoren, das Wagnis der SDP-Gründung zu versuchen. „Für eine Partei mit einer solchen Freiheitstradition wie die Sozialdemokratie war dies zu halbherzig."[18] Es waren nur wenige West-Sozialdemokraten, die wie Gert Weisskirchen und Norbert Gansel schon zuvor Kontakt zu Dissidenten hielten und sich um die neu entstehende „kleine Schwester" kümmerten. Erst der Besuch von Steffen Reiche Ende Oktober in Bonn sorgte für mehr Aufmerksamkeit. Zwei Wochen nach der Gründung der SDP ergriff diese über Reiche die Initiative. Hilfe leisteten dabei der engagierte Berliner Rundfunkjournalist Manfred Rexin und Tilman Fichter von der Parteischule der SPD. Die Teilnahme Reiches an der Fernsehsendung „Brennpunkt", die sich mit dem Sturz Honeckers und dem Wechsel zu Egon Krenz befasste, sorgte für die nötige Publizität. Neben so illustren Gästen wie Helmut Schmidt, CDU-Kanzleramtsminister Rudolf Seiters und Oskar Lafontaine trat ein junger ostdeutscher Sozialdemokrat auf, der dann im Ollenhauer-Haus empfangen wurde. Hans-Jochen Vogel war sofort bereit zum Gespräch und nahm ihn mit ins Präsidium am 23. Oktober und anschließend noch zu einer Fraktionsvorstandsitzung. Diese Begegnungen hinterließen tiefen Eindruck. Die Führungsgarnitur der SPD erkannte, was mit Schwante auf den Weg gebracht worden war, und voll-

---

17 Vgl. Vogel, Nachsichten, S. 288f.
18 Potthoff, Im Schatten der Mauer, S. 300.

zog nun eine eindeutige Hinwendung zu dieser, ihrer Schwesterpartei. Vor allem Willy Brandt und Hans-Jochen Vogel setzten sich für die von der SDP gewünschte Aufnahme in die Sozialistische Internationale ein. Anfang November 1989 erhielt sie dort einen förmlichen Status und damit ein wenig Schutz gegen die noch amtierenden Machthaber in der DDR.

Die Gründung der SDP durch die kleine Schar von Aufrechten ist ein Markstein in der langen wechselvollen Geschichte der deutschen Sozialdemokratie als Anwalt von Freiheit und Bürgerrecht. Als sie diesen Schritt wagten, war die Zukunft in der DDR noch ungewiss. Zwei Tage später, am 9. Oktober, zuckten die aufmarschierten Sicherheitskräfte in Leipzig vor den Demonstranten zurück. Aus dem bisherigen friedlichen Protest einiger Tausender war eine Massenbewegung geworden und die friedliche Revolution hatten einen Durchbruch erzielt. Mit jeder Woche schwoll die Zahl der Demonstranten in der „Heldenstadt" Leipzig und vielen anderen Städten an, Ende Oktober/Anfang November schließlich auf über eine Million.[19] Am 4. November versammelten sich allein auf dem Berliner Alexanderplatz mehr als eine halbe, nach anderen Quellen sogar eine Million Menschen. Am 7. November trat die Regierung Willi Stoph zurück, am nächsten Tag erfolgte ein Wechsel im SED-Politbüro, am 9. November fuhr Helmut Kohl mit einer großen Delegation nach Polen. In Ost-Berlin befassten sich das Zentralkomitee der SED und der Ministerrat der DDR mit einem neuen Reisegesetz. Kurz vor 19 Uhr kramte Günter Schabowski in der Pressekonferenz den berühmt gewordenen Zettel hervor und verkündete dann auf Nachfrage eines Journalisten, die neuen, freieren Reiseregelungen träten „sofort, unverzüglich" in Kraft. Am späten Abend öffnete sich vor den anstürmenden DDR-Bürgern die Mauer. Zuerst ließen die Grenzer an der Bornholmer Straße nur einige der Anstehenden passieren, deren Ausweise sie ungültig stempelten. Um 23.30 Uhr gaben sie schließlich dem Druck nach. Ohne Kontrolle strömten die Menschen dort und im Verlaufe der Nacht auch an den anderen Übergangsstellen in Berlin und zur Bundesrepublik über die Grenze. Die Woge der Menschen, die nun in den folgenden Stunden und Tagen über die Grenze drängten, war so gewaltig und der Druck so unwiderstehlich, dass der Einsturz der Mauer, dieses Symbols der Trennung und Teilung, unumstößlich wurde. Der Jubel war unbeschreiblich, freudetrunken lagen sich die Menschen in den Armen. Berlin glich einem einzigen rauschenden Fest. Soweit die Trabis trugen, erkundeten DDR-Bürger nun den Westen. Allein in den

---

19 Zahlentabelle bei Konrad Jarausch, Die unverhoffte Einheit 1989-1990, Frankfurt a. M. 1995, S. 77.

ersten zwei Wochen fuhr der Großteil der Bevölkerung nach West-Berlin oder in die Bundesrepublik.

Der Fall der Mauer war von der SED-Führung gar nicht gewollt, vielmehr brach das ausgehöhlte, verunsicherte Regime vor dem sich steigernden Druck ein und implodierte. Doch auch die Politiker und Regierungsapparate in Bonn, Moskau und der westlichen Welt wurden von der Maueröffnung überrascht. Der Bundestag in Bonn unterbrach um 20.22 Uhr seine Sitzung und nach einer kurzen Pause würdigten die Sprecher der Fraktionen, für die SPD Hans-Jochen Vogel, die freieren Reiseregelungen. Am Ende stimmten einige Unionsabgeordnete die Nationalhymne an und die Abgeordneten der anderen Fraktionen, von der FDP über die Sozialdemokraten bis zu einigen Grünen, schlossen sich an.[20] Diese ungewöhnliche Szene war bezeichnend für die politische Konstellation der westdeutschen Parteien im kommenden Einigungsprozess. Kanzler Kohl und die Union bestimmten den Ton und gaben die Richtung vor, während die Sozialdemokratie (West) der rapiden Entwicklung hinterher lief.

Bundeskanzler Kohl unterbrach seinen Besuch in Polen, um zunächst an der großen Kundgebung am 10. November vor dem Schöneberger Rathaus und anschließend an einer gesonderten der CDU teilzunehmen. Von der Menge vor dem Rathaus, in der Anhänger der SPD und der Grün/Alternativen dominierten, wurde Kohl mit Pfiffen empfangen und während seiner Rede ständig gestört. Neben ihm sprachen noch Außenminister Hans-Dietrich Genscher und der Regierende Bürgermeister Walter Momper (SPD). Der Mann der Stunde aber war Willy Brandt. Er erhielt den stärksten Beifall und traf in diesen Stunden den richtigen Ton vom Zusammenfinden der Deutschen in Freiheit und vom Zusammenwachsen Europas. Sein „Jetzt wächst zusammen, was zusammengehört" wurde zum geflügelten Wort.[21] Mit einem Bild des gütig, glücklich wirkenden Willy Brandt vor einem strahlenden blauen Himmel wurde es von der SPD plakatiert.

Willy Brandt offenbarte in diesen Tagen und Wochen sein patriotisches Herz und fand mit sicherem Gespür die passenden Worte. Für den Regierenden Bürgermeister in der Zeit des Mauerbaus und den Kanzler der neuen Ostpolitik erfüllte sich mit dem Mauerfall und dem Zusammenkommen der Deutschen ein Traum, und er träumte, etwas weniger realis-

---

20 Vgl. Winkler, Weg nach Westen II, S. 511f.; Verhandlungen des Deutschen Bundestages, Sten. Ber., Bd. 151, S. 13221-13223.
21 In dieser Fassung hat Brandt es in der Rede vor dem Schöneberger Rathaus nicht gesagt, dafür mehrfach am gleichen Tage bei anderen Kundgebungen, so am Brandenburger Tor, sowie in Interviews und gegenüber Journalisten.

Plakat der SPD 1989

tisch, schon vom Anbruch eines neuen sozialdemokratischen Zeitalters. Auch andere in der Führungsspitze der SPD spürten, dass ein Kurs in Richtung deutsche Einheit angezeigt war. Johannes Rau, der schon im September im Präsidium die Prognose gewagt hatte, „die Wiedervereinigungsfrage komme zu einer Neubewertung"[22], fasste seine Eindrücke aus der DDR am 13. November dahin zusammen: „Bei den Menschen auf der Straße gebe es geradezu eine Wiedervereinigungseuphorie."[23] Der Partei- und Fraktionsvorsitzende Hans-Jochen Vogel sah durchaus, dass die deutsche Einheit nun auf die Tagesordnung kam, und baute auf eine stufenweise engere staatliche Verzahnung und Konföderation. Doch andere führende Genossen in der Partei, wie der neue Jungstar Björn Engholm und Gerhard Schröder, reagierten eher zögerlich, und Egon Bahr blieb ziemlich unbeirrt bei seinem Vorrang von Sicherheitsarchitektur, Stabilität und europäischer Friedensordnung. Trotz eines Willy Brandt, der Kurswende zur SDP und der Zustimmung zu Kohls Konföderationsplan war die westdeutsche SPD als Ganze nicht wirklich auf der Höhe der Zeit.

22 SPD-Präsidiumssitzung vom 11.9.1989, Protokoll in: SPD-Vorstandsarchiv, jetzt Archiv der sozialen Demokratie.
23 SPD-Präsidiumssitzung vom 13.11.1989, Protokoll wie vor.

Die SDP war auch beim Mauerfall erst eine kleine Gruppe von Sozial-demokraten. Kontakte mussten geschaffen, Mitglieder zunächst einmal aufgenommen und Organisationsgliederungen aufgebaut werden. Trotz des fast völligen Fehlens einer eigenen Infrastruktur wuchs die Mitglieder-zahl rasch, etwa 10000 bis 15000 sollen es an der Jahreswende 1989 gewesen sein.[24] Verglichen mit den über 1,4 von früher 2,3 Millionen Parteimitgliedern, die noch bei der Umtaufe zur „SED/PDS"[25] gehörten, und den mehreren hunderttausend der alten, sich nun wendenden Block-parteien, war und blieb die Mitgliederbasis allerdings schwach. Neben dem Aufbau der Partei, für die sie nun auch Unterstützung aus der West-SPD erhielt, spielte die Arbeit an den Runden Tischen eine ganz wichtige Rolle. Es ging dabei vor allem um eine Kontrolle der noch real existierenden alten Macht, eine Implementierung von Gegenstrukturen und die Anbahnung eines demokratischen Umbaus über künftige Wahlen. Im Unterschied zu den meist basisdemokratisch ausgerichteten anderen Bürgerrechtsgruppen zielte die SDP eindeutig auf eine parlamentarische Demokratie, doch sie teilte mit ihnen zunächst überwiegend die Vorstellung von einem „Dritten Weg", einer demokratisch-friedlichen Zivilgesellschaft in der DDR. Es waren vor allem die demonstrierenden Massen, die eine Art Wende in der Wende herbeiführten. Statt des „Wir sind das Volk" ertönte nun immer lauter das „Deutschland einig Vaterland" aus der Becher-Hymne der DDR und danach das „Wir sind ein Volk". Die SDP wollte und konnte sich diesem Sog nicht entziehen und Anfang Dezember bekannte sich ihr Vorstand ausdrücklich zur „Einheit der deutschen Nation" und sprach sich für eine konföderative Vertragsgemeinschaft aus.[26]

2. Sozialdemokratie und deutsche Einigung

Die Schaffung einer „deutschen Konföderation" hatte Hans-Jochen Vogel in der Bundestagsdebatte vom 28. November 1989 als erster Redner angeregt. Dies geriet fast ganz in Vergessenheit, weil anschließend Bundes-kanzler Helmut Kohl sein „Zehn-Punkte-Programm" verkündete, in dem er sich für freie Wahlen, Brechung des SED-Machtmonopols und für „konföderative Strukturen mit dem Ziel einer bundesstaatlichen Föderati-

---

24 Nach Jäger, Die Überwindung der Teilung, S. 260.
25 Die Namenserweiterung erfolgte auf dem Parteitag am 16./17.12.1989. Erst ab 1990 nannte sie sich dann nur „PDS".
26 Jäger, Die Überwindung der Teilung, S. 261; Potthoff, Im Schatten der Mauer, S. 313.

on" aussprach.[27] Die Mehrheit der SPD-Fraktion stimmte zu, die westdeutschen Medien begrüßten überwiegend diesen Vorschlag, der die Einheit näher bringen könne. Erst als die Kritik aus dem Ausland zu laut wurde, bekrittelten etliche den Kohlschen Alleingang.

„Nur die Linke störte die Harmonie", urteilte der US-amerikanische Historiker Konrad Jarausch.[28] Er meinte damit gewiss nicht Willy Brandt und auch nicht den SPD-Vorsitzenden Vogel, sondern hatte Linksintellektuelle wie Günter Grass, die „Grünen" und eben auch Teile der westdeutschen Sozialdemokratie vor Augen. Für besonderen Zündstoff sorgte Oskar Lafontaine, der gegen „Deutschtümelei" wetterte und Ende November forderte, die Übersiedlungen von DDR-Bürgern in die Bundesrepublik dadurch zu bremsen, dass man sie nicht mehr im Sinne des Grundgesetzes einfach als Deutsche behandelte.[29] Lafontaine war der Protagonist der sogenannten Enkelgeneration, die sich westlich-postnational und internationalistisch gab, kaum mehr eine innere Beziehung zur deutschen Staatsnation pflegte und Kohl bei den nächsten Bundestagswahlen im Jahr 1990 mit Ökologie und Sozialem in die Ecke drängen wollte. Und diese Sozialdemokraten bestimmten damals vorrangig das Bild der SPD in der Öffentlichkeit.

Der Berliner Programmparteitag vom 18. bis 20. Dezember 1989 glich einem Spagat auf glattem Parkett in einem deutschen Haus, das sich durch die friedliche Revolution und den Sog zur Einheit grundlegend verändert wurde. Markus Meckel, der für die SDP ein Grußwort sprach und die „Einigung der Deutschen und die Einigung Europas" befürwortete, wurde überaus herzlich begrüßt. Willy Brandt erhielt für seine Rede, die ganz auf deutsche Nation und baldige Einheit gestimmt war, stürmischen Applaus. Und nach ihm hielt Günter Grass als Gast ein leidenschaftliches Plädoyer gegen die Wiedervereinigung. Am nächsten Tag, dem 19. Dezember, schlug die Stunde von Oskar Lafontaine. Zweck der Rede war eigentlich die Erläuterung des Berliner Programms. Er nutzte sie, um sich von den patriotischen Bekenntnissen des Ehrenvorsitzenden Brandt und vom Nationalstaat abzusetzen und sich für den Internationalismus „der freiheitlichen Sozialdemokratie" einzusetzen.[30] Der Beifall war so lang und stür-

27 Voller Text u.a. in: Verhandlungen des Deutschen Bundestages, Sten. Ber., Bd. 151, S. 13502ff.
28 Jarausch, Die unverhoffte Einheit, S. 110.
29 Interview in der Süddeutschen Zeitung vom 25.11.1989; vgl. Vogel, Nachsichten, S. 306ff.; Winkler, Weg nach Westen II, S. 527f.
30 Protokoll vom Programm-Parteitag Berlin. 18.-20.12.1989, Bonn 1990, S. 93f. (Meckel), S. 127-130 (Brandt), S. 151-153 (Grass), S. 246-254 (Lafontaine) und S.

misch, dass er schon die Kür zum Kanzlerkandidaten einleitete. Auch wenn sich der Parteitag in einer zuvor im Parteivorstand ausgehandelten „Berliner Erklärung" zu einer bundesstaatlichen Einheit als Ziel des Einigungsprozesses bekannte, ging von ihm keine Botschaft aus, mit der sich die Sozialdemokratie positiv zur Einigung positionierte. Die Eckpunkte dafür setzte am gleichen Tag Helmut Kohl bei seinem Besuch in Dresden. In einem Meer von schwarz-rot-goldenen Fahnen schallte Jubel und frenetischer Beifall bei fast jedem Satz des Kanzlers über friedliche Revolution und Solidarität, Freiheit und „die Einheit unserer Nation" auf. „Helmut, Helmut", „Deutschland, Deutschland" und „Wir sind ein Volk" skandierte die Menge. Mit diesem durch das Fernsehen in Deutschland und über seine Grenzen hinaus verbreiteten Bild der Einigungseuphorie bündelte Helmut Kohl die diffusen, wachsenden Einheitshoffnungen auf seine Person.

Die SPD steckte in einem Zwiespalt. Auf dem Berliner Parteitag war dies mehr als deutlich geworden. Zwischen den verschiedenen Positionen, die kaum überbrückt werden konnten, fand sie keinen vorwärtsweisenden Kurs. Zentrale Streitpunkte wurden durch Formelkompromisse nach der Art des „sowohl, als auch" übertüncht und nach außen traten ganz unterschiedliche Sozialdemokratien in Erscheinung, die Verwirrung stifteten und die Partei letztlich lähmten. Die eindringliche Warnung von Johannes Rau, „wenn die SPD den Zug zur Einheit verpasse, verpasse sie auf lange Jahre die Chance, Wahlen zu gewinnen und wieder in Regierungsverantwortung zu gelangen"[31], erwies sich als zutreffende Prognose.

Im Januar 1990 wurde die Öffentlichkeit in der DDR mit dem Defacto-Bankrott ihres Staates konfrontiert, und es drohte ein völliger Verfall jeder Ordnung. In dieser schwierigen Situation ließen sich die SDP und die anderen Oppositionsgruppierungen auf das Risiko einer „Regierung der nationalen Verantwortung" unter dem weiter amtierenden Hans Modrow ein. Weder die ökonomische noch die politische Krise ließen sich dadurch meistern. In der Bevölkerung kamen die Botschaften der Bürgerrechtsbewegung von wirklicher Demokratie, Zivilgesellschaft und „Drittem Weg" kaum mehr an. Stattdessen ertönten die Rufe nach freien Wahlen, sozialer Markwirtschaft und deutscher Einheit als Hafen der Hoffnung zusehends lauter. Die Stimmung der Bürger in Ost und West wies immer stärker in Richtung deutsche Vereinigung. Nach Umfragen von Februar 1990 for-

539-545 (Berliner Erklärung „Die Deutschen in Europa"). Vgl. auch Vogel, Nachsichten. S. 316-318.

31 In SPD-Präsidiumssitzung vom 27.11.1989, Protokoll in SPD-Vorstandsarchiv, jetzt Archiv der sozialen Demokratie.

derten sie fast einhellig die Demonstranten in Leipzig. DDR-weit stieg die Quote der Einheitsbefürworter auf etwa zwei Drittel an.[32] In der Bundesrepublik unterstützten zum gleichen Zeitpunkt über drei Viertel der Befragten eine deutsche Vereinigung, auch wenn sich eine Reihe noch wegen des Tempos sorgten. Sogar im Ausland war die Sympathie der Bevölkerung für eine deutsche Einheit groß, am höchsten in Italien (78 Prozent), um 70 Prozent in Spanien, Frankreich und Ungarn, um 60 Prozent in den USA und Großbritannien, und selbst in der Sowjetunion war eine knappe Mehrheit (51 Prozent) dafür. Nur in Polen überwog deutlich die Zahl der Gegner einer Vereinigung (64 Prozent). Die Bürger in den meisten dieser Länder waren so oft weiter als ihre politische Klasse und erst recht als die Intellektuellen, die häufig mit Skepsis bis zur Ablehnung reagierten.

Anfang 1990 reifte in Moskau die Einsicht, dass eine deutsche Vereinigung kaum mehr aufzuhalten sei und die sowjetische Politik entsprechend umorientiert werden sollte. Bei den Besuchen von DDR-Ministerpräsident Hans Modrow Ende Januar, US-Außenminister James Baker am 8./9. Februar und anschließend von Bundeskanzler Kohl am 10./11. Februar zeichnete sich schon ein Durchbruch ab. Zwei Tage später wurden in Ottawa die Zwei-plus-Vier-Gespräche (Bundesrepublik und DDR, USA, UdSSR, Großbritannien und Frankreich) vereinbart. Bundeskanzler Kohl steuerte nun zielstrebig auf eine Beschleunigung des Einigungsprozesses zu. Mit der bereits am 6. Februar überraschend offerierten Währungsunion und der am Vortage geschmiedeten „Allianz für Deutschland" trieb er die Entwicklung voran. Der Machtpolitiker Kohl verschaffte sich damit eine Plattform für die Umsetzung seiner politischen Strategien. Mit der DM als Hebel und dem Versprechen „blühender Landschaften" im Osten zum Nulltarif für den Westen sollten die Vereinigung vorangetrieben und die Wähler in Ost und West für den Kanzler und seine Partei gewonnen werden.

Entscheidende Weichen wurden von den Bürgern der DDR bei den ersten freien Wahlen zur Volkskammer am 18. März 1990 gestellt. Der Ausgang schien ungewiss, doch die meisten Prognosen sprachen von einem voraussichtlichen Wahlsieg der jungen Sozialdemokratie. Seit ihrer Delegiertenkonferenz von Mitte Januar 1990 nannte sie sich offiziell SPD, verabschiedete sich endgültig von Vorstellungen einer eigenständigen DDR und setzte nun ausdrücklich auf die deutsche Vereinigung. Auf ihrem ersten ordentlichen Parteitag in Leipzig (22.-25. Februar 1990) beschlossen die 524 Delegierten ein Grundsatzprogramm. Das Leipziger

---

32 Nach Jarausch, Unverhoffte Einheit, S. 366 mit Belegen in Anm. 48.

Programm zeichnete sich durch eine klare Sprache, Sensibilität für die Vergangenheit, prägnante Formulierungen, eine stringente Gliederung und deutliche, verständliche Botschaften aus. Es bekannte sich selbstbewusst zur Eigenständigkeit der neuen Partei, deren Wurzeln in „der Menschenrechts-, Friedens- und Ökologiebewegung" lägen, und stellte sich zugleich „bewusst in die lange bewährte Tradition der deutschen und internationalen Sozialdemokratie". Es begriff die SPD „als breite demokratische Volkspartei" und formulierte als nächstes Ziel: „Wir wollen jetzt in der DDR und bald in einem geeinten Deutschland frei, sicher und gleichberechtigt zusammenleben."[33] Neben dem Grundsatzprogramm verabschiedete der Parteitag noch ein Parteistatut sowie ein Wahlprogramm. Zum Parteivorsitzenden und Spitzenkandidaten für die Volkskammerwahl wurde Ibrahim Böhme gewählt, der durch sein rhetorisches Talent und vor allem über die Medien große Popularität erlangt hatte. Markus Meckel, der zuvor auch Interesse am Parteivorsitz gezeigt hatte, bestimmten die Delegierten zusammen mit Angelika Barbe und Karl-August Kamilli zu Stellvertretern. Geschäftsführer wurde Stephan Hilsberg und Ehrenvorsitzender der Partei Willy Brandt.

Bis kurze Zeit vor den Volkskammerwahlen galt Ibrahim Böhme schon fast als Wahlsieger und künftiger Ministerpräsident. So wurde er auch in Moskau hofiert. Doch am Abend des 18. März 1990 erlebten die Sozialdemokraten in der DDR und mit ihnen die große Schwester im Westen eine herbe Enttäuschung. Die SPD erhielt nur 21,8 Prozent der Stimmen, während die von Kohl gestützte „Allianz für Deutschland" mit der gewendeten Ost-CDU mit 48,1 Prozent der große Gewinner war. Ursächlich für das schwache Abschneiden der SPD waren nicht nur organisatorische Schwächen und Vermittlungsprobleme, unzulängliche Wahlkampferfahrungen und Ressourcen, sondern auch die Stärke des sich um Kohl scharenden Lagers und die Position der Sozialdemokratie-West im sich anbahnenden Einigungsprozess. Der Kanzler und seine Verbündeten in der DDR verfügten über ungleich größere Machtmittel und Apparate. Zudem verstand es Kohl, die Hoffnungen auf eine Wende zum Besseren auf sich zu fokussieren und eine zügige Einigung über Artikel 23 des Grundgesetzes, also den Beitritt zur Bundesrepublik, zu suggerieren. Der Machtmensch Kohl hatte keine Skrupel, die alte belastete Blockpartei CDU zu vereinnahmen und die so unzweifelhaft demokratische, unbelastete junge

33 Siehe Auszug im Anhang Dokumente 15. Vollständiger Text u.a. in: Programmatische Dokumente der deutschen Sozialdemokratie. Hrsg. und eingeleitet von Dieter Dowe und Kurt Klotzbach, 3. überarbeitete und aktualisierte Ausgabe, Bonn 1990, S. 448-456.

SPD in die Nähe des Kommunismus und der SED zu rücken. Ein Plakat mit der Buchstabenfolge „PDSPD" war der Höhepunkt dieser Diffamierungskampagne.[34] Sie verunsicherte nicht nur potentielle Wähler, sondern auch die junge SPD selbst so stark, dass sie den ohnedies schon sehr restriktiv gehandhabten Beitritt früherer SED-Mitglieder stoppte.

Negativ für die SPD wirkte sich dazu aus, dass der Kurs in der alles überdeckenden Einheitsfrage nicht klar und zielorientiert war. Die Ost-SPD votierte für einen Beitritt zur Bundesrepublik über Artikel 23, also den zügigeren Weg, der Parteivorstand der West-SPD war gespalten, mehrheitlich aber für den Weg über Artikel 146 mit einem gründlichen Dialog und allmählicherem Zusammenwachsen. Nach außen klang der Chor der Westsozialdemokraten vielstimmig bis dissonant. Die Finanzexpertin Ingrid Matthäus-Maier, assistiert vom wirtschaftspolitischen Sprecher der Fraktion Wolfgang Roth, wagte sich schon im Januar als erste mit dem Vorschlag einer Währungsunion vor. Dagegen wandte sich Oskar Lafontaine, der nach seinem großen Wahlsieg an der Saar, wo er am 28. Januar mit 54,4 Prozent ein Rekordergebnis einfuhr, nun auch öffentlich als designierter Kanzlerkandidat der SPD benannt wurde. Sein Plädoyer gegen eine frühe Währungsunion und für eine „zurückhaltendere Gangart" bei der Vereinigung war angesichts der vorherrschenden Stimmung und der hochgeschraubten Erwartungen „für die SPD im Osten wie im Westen eine Katastrophe".[35]

Nach langwierigen Verhandlungen kam am 12. April die neue demokratisch legitimierte DDR-Regierung unter Lothar de Maizière zustande. Ihr gehörten neben den Parteien der „Allianz für Deutschland" und den Liberalen auch Vertreter der SPD an. Markus Meckel, der neben Richard Schröder zu den stärksten Befürwortern einer Regierungsbeteiligung zählte, wurde Außenminister. Er hat die Anliegen der nun wirklich demokratischen DDR im Einigungsprozess und besonders bei den Zwei-plus-Vier-Verhandlungen zäh und nachdrücklich vertreten. Ibrahim Böhme, für einige Monate Star der Ost-SPD, war Anfang April als Partei- und Fraktionsvorsitzender zurückgetreten. Ende März war bekannt geworden, dass er über Jahre für die Stasi gearbeitet hätte. Die Vorwürfe erwiesen sich als begründet. Er hatte den Auftrag, die Opposition und die junge SDP/SPD zu zersetzen. Dies war für die Mitstreiter ein herber Schlag, aber es zeigte

---

34 Vgl. u.a. Vogel, Nachsichten, S. 321f.
35 Vgl. Dieter Grosser, Das Wagnis der Währungs-, Wirtschafts- und Sozialunion. Politische Konflikte im Kampf mit ökonomischen Regeln, Stuttgart 1998, S. 190f.; ders., Zeit der Führung, Konsens und Konflikt 1989/90, in: Peter März (Hrsg.), 40 Jahre Zweistaatlichkeit in Deutschland. Eine Bilanz, München 1999, S. 309.

die innere Stärke dieser jungen Partei, dass sie auch dies verkraftete. An seiner Stelle übernahm Markus Meckel kommissarisch den Parteivorsitz und Richard Schröder wurde Fraktionsvorsitzender.

Die Tatsache, dass Sozialdemokraten in der DDR nun mitregierten und die Sozialdemokraten im Westen in Opposition zur Kohl-Regierung standen, glich schon allein einem Spagat. Er wurde noch erschwert durch divergierende Auffassungen über den Weg und die Ausgestaltung der zu vollziehenden Einigung und das tragische Attentat gegen Oskar Lafontaine. Am 25. April stach ihn eine geistig verwirrte Frau bei einer Kundgebung in Köln mit einem Messer nieder und verletzte ihn schwer. Nur eine rasche Notoperation rettete ihm das Leben. Der Schock wirkte nach und während der notwendigen Zeit der Rekonvaleszenz verstärkten sich die Dissonanzen zwischen dem Kanzlerkandidaten und Teilen der Fraktion und Partei. Weder Telefonate noch Pilgerfahrten nach Saarbrücken konnten sie ausräumen. Nachdem die SPD bei den Landtagswahlen in Niedersachsen am 13. Mai 1990 stärkste Partei und Gerhard Schröder neuer Ministerpräsident geworden war, besaßen die Sozialdemokraten nun erstmals seit 1949 im Bundesrat die Mehrheit. Da die Wirtschafts- und Währungsunion zustimmungspflichtig war, konnte Kohl seine erklärte Absicht, sie ohne die SPD zu exekutieren, nicht mehr umsetzen. Doch damit musste nun auch die Sozialdemokratie Farbe bekennen.

Lafontaines Schlaumeier-Taktik, die SPD-Fraktion solle im Bundestag mit Nein stimmen, ebenso die SPD regierten Länder im Bundesrat mit Ausnahme Hamburgs, das durch ein Ja die Annahme sichern sollte, geriet zu einem Possenspiel. Die Reaktion in der Öffentlichkeit wie auch in der SPD war fast einhelliges Unverständnis und verständliche Verärgerung. Nach einer Reihe von Krisengesprächen wurde schließlich ein mühsamer Kompromiss erzielt, der zwar das Schlimmste abwendete, aber das Bild der SPD nun wahrlich nicht aufpolierte: Oskar Lafontaine bleibt Kanzlerkandidat der Partei, die SPD stimmt dem Staatsvertrag über die Währungsunion nach Verbesserungen zu und Lafontaine wird, sofern er will, schon beim kommenden Vereinigungsparteitag neuer SPD-Vorsitzender. Doch als Horst Ehmke öffentlich die Ablösung von Hans-Jochen Vogel als Parteivorsitzender anregte und sich Gerhard Schröder dem anschloss, machte Lafontaine einen Rückzieher.[36] Es war nicht das einzige Mal, dass der von sich selbst so überzeugte Saarländer vorpreschte und wieder einknickte, als es ernst wurde. Das traurige Hickhack in und um die Vorsitzposten der Sozialdemokratie war der erste Höhepunkt der vielfältigen

---

36 Vgl. Vogel, Nachsichten, S. 336; Ehmke, Mittendrin, S. 429.

Auseinandersetzungen um die Führungsrolle. Es folgten später die Hahnenkämpfe unter den „Enkeln", bei denen sie sich nicht gerade mit Ruhm bekleckerten.

Die durch innere Querelen und divergierende Positionen lädierte westdeutsche Sozialdemokratie geriet bei der Gestaltung des Einigungsprozesses an den Rand. Ihr blieb im Grunde nur der Versuch beschränkter Korrekturen, wobei Nordrhein-Westfalen mit Johannes Rau und Wolfgang Clement den wichtigsten Part spielte, und der Mitvollzug der von der Kohl-Regierung produzierten Realitäten. Im Bundesrat votierten bis auf das Saarland und Niedersachsen die anderen SPD-Länder am 22. Juni für die Währungsunion, ebenso am 21. Juni im Bundestag die ganz übergroße Mehrheit der Fraktion. Bei der Verabschiedung des Einigungsvertrages am 20. September stimmten sogar alle SPD-Abgeordneten mit Ja. Doch die Wirkung dieses Aktes verpuffte durch das von Lafontaine geprägte Bild des Zögerns, der Skepsis und der Bedenken. Statt wie Brandt und viele andere Freude über die deutsche Einigung zu äußern und diese als große, aber mit allen Kräften durchaus zu bewältigende Aufgabe zu begrüßen, blieben so fast nur die in der Sache durchaus berechtigten Einwände haften und verdunkelten das Ansehen der Sozialdemokratie in der Öffentlichkeit.

Die SPD profitierte auch kaum davon, dass sie noch vor der staatlichen Einheit am 27. September die Vereinigung der beiden sozialdemokratischen Schwestern vollzog. Nachdem am Vortage zwei getrennte Parteitage der West- und der Ost-SPD diesen Schritt formell beschlossen hatten, trafen sich die Delegierten zum ersten gemeinsamen Parteitag im symbolträchtigen Berlin. Von einer Neuwahl des Vorstandes wurde abgesehen und stattdessen der alte Westvorstand um zehn Mitglieder aus dem Osten ergänzt. [37]Hier wie auch beim Delegiertenschlüssel kam die zahlenmäßig große Westschwester mit fast 900 000 Mitgliedern der jungen, kleinen Ostschwester mit noch nicht einmal 30 000 entgegen. Wolfgang Thierse, der auf dem außerordentlichen Parteitag am 9. Juni in Halle zum neuen Parteivorsitzenden der Ost-SPD gewählt worden war, wurde nun stellvertretender Vorsitzender der Gesamtpartei. Mit seiner eindrucksvollen Sprache, der Fähigkeit zur Reflexion und seiner Gabe, abgewogen, nachdenklich und doch zugleich klar Botschaften zu vermitteln, gewann er nicht nur im Osten große Beachtung, sondern etablierte sich als eine feste Größe in der Gesamt-SPD und der deutschen Öffentlichkeit.

---

37 Protokoll der Parteitage der SPD (Ost), der SPD (West) Berlin 26.9.1990; Protokoll vom Parteitag Berlin 27.-28.9.1990.

Ehrenvorsitzender

Vorsitzender

Stellv. Vorsitzender

Stellv. Vorsitzender

Stellv. Vorsitzende

Stellv. Vorsitzender

Bundesgeschäftsführerin

Schatzmeister

Willy Brandt, Oskar Lafontaine, Wolfgang Thierse und Hans-Jochen Vogel
mit dem „Manifest zur Wiederherstellung der Einheit" der SPD vom
27. September 1990.

Freude und auch Stolz waren die beherrschenden Gefühle auf diesem Parteitag, der von Reden Willy Brandts, Hans-Jochen Vogels, Wolfgang Thierses und Oskar Lafontaines geprägt wurde. In einem eindrucksvollen „Manifest: Zur Wiederherstellung der Einheit der sozialdemokratischen Partei Deutschlands" beschwor die SPD ihre Geschichte als Partei demokratischer Freiheit. „Die SPD ist vom heutigen Tage wieder das, was sie seit ihrer Gründung vor weit über einhundert Jahren hat sein wollen. Die Partei der sozialen Demokratie für das ganze Deutschland."[38] Doch im Glücksgefühl über die wiedergewonne Einheit wurden die Ziele zu hoch gesteckt. „Oskar Lafontaine soll Bundeskanzler werden", hieß der mit 470 von 482 Stimmen beschlossene Antrag nach der Rede des Kanzlerkandidaten, und noch anspruchsvoller im Manifest: „Die Sozialdemokratische Partei Deutschlands erhebt den Anspruch, das Deutschland der neunziger Jahre als bestimmende demokratische Kraft zu führen." Beides trat so nicht ein. Lafontaine wurde nicht Kanzler und es dauerte bis 1998, ehe die Wähler Helmut Kohls so überdrüssig geworden waren, dass sie ihm den Laufpass gaben und Gerhard Schröder das Tor zum Kanzleramt öffneten.

Die SPD, die sich vor der friedlichen Revolution im Aufwind gewähnt hatte, geriet im Zuge des Einigungsprozesses immer mehr ins Hintertreffen. Helmut Kohl, dessen Stuhl als Kanzler und Parteivorsitzender 1989 erheblich gewackelt hatte, stieg nun durch die Gunst der Stunde, instinktsicheres Gespür und großes politisches Geschick zu dem Einigungskanzler auf, der fast unantastbar schien. Am 2. Oktober 1990 um 24.00 Uhr gingen über vierzig Jahre Zweistaatlichkeit zu Ende. Die Trennung und Teilung des Landes, die so viel Leid über Menschen gebracht hatte, gehörte der Vergangenheit an. Am 3. Oktober um 00.00 Uhr wurde die staatliche Einheit Wirklichkeit. Mit dem Läuten der Freiheitsglocke, dem Hissen einer übergroßen schwarz-rot-goldenen Flagge vor dem Reichstagsgebäude und einem farbenprächtigen Feuerwerk wurde die Einheit begrüßt. Etwa eine halbe Million Menschen waren in Berlin auf den Straßen. Millionen verfolgten das historische Ereignis vor den Fernsehschirmen. Bei den offiziellen Staatsakten war ein gewisses Pathos wohl unumgänglich. Insgesamt aber prägte ein würdiger, demokratischer Stil diese Feiern. Auch die Hunderttausende auf den Straßen feierten den Tag der Freude über die wiedergewonnene Einheit ohne nationalen Überschwang. Mit der Erhebung zum neuen Nationalfeiertag durch den Einigungskanzler Kohl sollte der 3. Oktober 1990 bewusst herausgehoben und zelebriert werden. Dies zielte auf einen an Helmut Kohl geknüpften Gründungsmythos für das

---

38 Abgedruckt im Anhang Dokumente 16.

vereinte Deutschland. Festlich und feierlich wird er seitdem jedes Jahr begangen. Doch im Bewusstsein der Menschen hat sich als historisch-epochales Ereignis am stärksten der Fall der Mauer in der Nacht vom 9. Auf den 10. November 1989 eingeprägt. Dies waren die bewegenden Stunden, in denen sich die Bürger aus der DDR den Weg in die Freiheit gebahnt und die Glocke zur unverhofften deutschen Einheit angeschlagen hatten, die dann von Staatsmännern und Staaten am 3. Oktober 1990 förmlich besiegelt wurde.

Feier zur staatlichen Einheit vor dem Reichstagsgebäude, 3. Oktober 1990.

III. Auf Kurssuche im geeinten Deutschland

1. Wahlen, Wendungen und Wechsel

Bei den ersten gesamtdeutschen Wahlen am 2. Dezember 1990 erlitt die SPD eine schwere Niederlage. Zwar büßte auch die Union verglichen mit den Bundestagswahlen 0,5 Prozentpunkte ein, blieb aber mit 43,8 Prozent mit Abstand die stärkste Gruppierung. Zusammen mit der von 9,1 auf 11,0 Prozent gestiegenen FDP konnte Helmut Kohl weiter regieren und verfügte, da die Grünen im Westen an der 5-Prozent-Hürde scheiterten, über eine komfortable Mehrheit an Mandaten. Für ein denkbares rotgrünes Reformprojekt bedeutete der Wahlausgang einen schweren Rückschlag. Denn nicht nur die Grünen wurden kräftig zurechtgestutzt, sondern auch die SPD abgestraft. Dabei stiegen die Stimmen für die Sozialdemokratie in den neuen Ländern gegenüber den Volkskammerwahlen um fast 3 Prozentpunkte an. Dies war auch ein Resultat erster Enttäuschungen, die sich im Osten nach der Einigungseuphorie breit machten. Eindeutig verloren hatte die SPD die Wahlen im Westen. Zwar konnte die Partei im Saarland, wo der Kanzlerkandidat Oskar Lafontaine ein Heimspiel hatte, deutlich zulegen. In allen übrigen alten Ländern und auch in Berlin aber schnitt die SPD gegenüber den letzten Bundestagswahlen noch schlechter ab. Mit nur mehr 35,7 Prozent im alten Bundesgebiet und 33,5 im gesamten geeinten Deutschland war sie in der Wählergunst auf Werte wie in den fünfziger Jahren abgesackt. Die Strategie Lafontaines, mit Ökologie und Sozialem auf Stimmenfang zu gehen, als westlicher Internationalist aufzutreten und Bedenken gegen die Art der Einigung vorzubringen, ging nicht auf. Sicherlich überspitzt und wohl nicht ganz frei von alten Animositäten hatte sich Helmut Schmidt in einem Interview zu der Äußerung hinreißen lassen: „Lafontaine wird die Wahl verlieren, und das verdient er auch."[1] Ähnlich dachten auch andere Sozialdemokraten. Es war kein Wunder, dass viele aus dem Wählerpotential der SPD ihre Stimme bei diesen ersten Einheitswahlen nicht jemand geben wollten, der sich erkennbar nicht über die Einheit freuen mochte.

---

1 Nach Vogel, Nachsichten, S. 361. Zur früheren herben Kritik Lafontaines an Schmidt siehe oben S. 270, bes. Anm. 17.

Die SPD hatte allen Grund, ihre bisherige Orientierung zu überdenken. Mit dem Einigungsprozess wurde sichtbar, dass sich die Partei mit ihrem derzeitigen Kurs ins Abseits manövriert hatte. Ähnlich wie in den fünfziger Jahren, als sie sich mit ihrem Widerstand gegen die Westintegration gegen die dominierende Zeitströmung stellte, verstand sie auch jetzt nicht die Zeichen der Zeit, die der Instinkt- und Machtpolitiker Kohl richtiger zu deuten wusste. Am Tag nach der Wahlniederlage konstatierte der Ehrenvorsitzende Willy Brandt im Parteivorstand, es sei der Eindruck entstanden, „dass die Einheit und Freiheit mehr als Bürde denn als Chance begriffen werde". Dies zielte auf Lafontaine. Sekundiert wurde Brandt bei seiner Kritik u.a. von Erhard Eppler, Klaus von Dohnanyi, Hans Koschnick und Wolfgang Thierse.[2] Auf der anderen Seite standen die postnationalen Sozialdemokraten aus der Enkelgeneration, die ihre Schwierigkeiten mit der deutschen Nation hatten. Dieser Konflikt hatte die SPD in der Periode des Umbruchs und der Vereinigung gespalten und gelähmt. In einem ganz entscheidenden Punkt glich sie eher einer Partei mit zwei Gesichtern. Für ihre Zukunft als Volkspartei im geeinten Deutschland kam es entscheidend darauf an, ihren Platz in dem freiheitlich-demokratischen Nationalstaat des neuen Deutschland und seine Rolle in Europa und der Welt so zu verorten, dass sie fähig und bereit zur Regierungsverantwortung wurde.

Angesagt war ein Generationswechsel in der Führung. Nur lag ein Kernproblem darin, dass gerade bei den nach vorne stoßenden 68ern die Postnationalen dominierten, die sich in der beschränkten Souveränität der alten Bundesrepublik eingerichtet hatten und Vorbehalte gegen die Übernahme internationaler Verantwortung durch einen erwachsenen Nationalstaat hegten. Es war also abzusehen, dass ein langer mühsamer Lernprozess durchlaufen werden musste, bevor die SPD vor der Bevölkerung wieder als eine regierungsfähige Partei dastand, der zugetraut wurde, das geeinte Deutschland sicher durch das Fahrwasser der Herausforderungen durch Globalisierung und internationale Konflikte führen zu können. Die Schwierigkeit lag darin, dass als Thronprätendent für den Parteivorsitz zunächst nur an Lafontaine gedacht wurde. Der eigenwillige, von sich überzeugte Saarländer war aber bar jeder Einsicht in eigene Fehler, monierte mangelnde Solidarität und reagierte empfindlich auf jede Kritik. Das ihm einhellig vom Präsidium unterbreitete und mehrheitlich im Parteivor-

---

2 Protokoll über die Sitzung des Parteivorstandes am 3.12.1990, in: Archiv der sozialen Demokratie; vgl. auch Winkler, Weg nach Westen II, S. 603f. sowie zur Entfremdung von Brandt und Lafontaine aus dessen Sicht: Oskar Lafontaine, Das Herz schlägt links, München 1999, S. 31f.

stand unterstützte Angebot, den Parteivorsitz und wenn gewünscht auch den Fraktionsvorsitz zu übernehmen, lehnte er ab. So wurde Hans-Jochen Vogel am 5. Dezember 1990 wieder zum Vorsitzenden der Bundestagsfraktion gewählt. Die Suche nach einem neuen Parteivorsitzenden begann. Johannes Rau stand nicht zur Verfügung. Daher richteten sich die Erwartungen schnell auf den schleswig-holsteinischen Ministerpräsidenten Björn Engholm. Er wirkte sympathisch und attraktiv, genoss in der Öffentlichkeit viel Ansehen, hatte einen ganz eigenen Stil und war mit 51 Jahren Repräsentant einer jüngeren Politikergeneration, jedenfalls bezogen auf deutsche Verhältnisse. Am 10. bzw. 17. Dezember nominierten Präsidium und Parteivorstand ihn jeweils einstimmig für den Parteivorsitz. Die endgültige Wahl Engholms wurde dann auf dem Bremer Parteitag im Mai 1991 vollzogen. Eine Krise wurde überbrückt, aber die Sachdifferenzen in der SPD waren keineswegs ausgeräumt.

Nach den deprimierenden Wahlergebnissen bei der Volkskammerwahl von März 1990 und der Bundestagswahl von Dezember 1990 brauchte die Partei dringend wieder ein Erfolgserlebnis. Im Osten war und blieb sie schwach. Bei den ersten Kommunalwahlen am 6. Mai 1990 hatte sie gegenüber den Volkskammerwahlen sogar noch leicht verloren und kam insgesamt nur auf 21,3 Prozent. Auch die ersten Landtagswahlen in den neuen Ländern am 14. Oktober verliefen wenig zufriedenstellend. In Mecklenburg-Vorpommern, Sachsen-Anhalt, Thüringen und Sachsen, dort sogar mit absoluter Mehrheit, siegte die CDU und damit verlor die SPD ihre Mehrheit im Bundesrat. Noch trauriger sah es bei den gleichzeitig stattfindenden Landtagswahlen in Bayern aus, wo die Partei auf 26 Prozent absackte. Nur in Brandenburg wurde die SPD mit 38,2 Prozent stärkste Partei. Dies war vor allem ein Verdienst von Manfred Stolpe. Der Konsistorialpräsident der Evangelischen Kirche, von Helmut Schmidt wie Johannes Rau sehr geschätzt, verstand es mit seiner souveränen, persönlichen Art, die Wähler anzusprechen. Als Ministerpräsident gelang es ihm gemeinsam mit der populären Regine Hildebrandt, ein Identitätsgefühl zwischen seinen Brandenburgern und der SPD zu schaffen. Die Kampagnen, die später gegen ihn geführt wurden, haben sein großes Ansehen als Landesvater von Brandenburg nicht beeinträchtigt. Bei den Landtagswahlen 1994 errang er mit 54,1 Prozent für die SPD einen großen persönlichen Erfolg. Manfred Stolpe gehörte nun zu der Riege sozialdemokratischer Ministerpräsidenten, die in den kommenden Jahren ein gewichtiges Wort mitsprachen.

Nach den hessischen Landtagswahlen am 20. Januar 1991 reihte sich in diese Schar auch Hans Eichel ein. Endlich legte die SPD wieder einmal

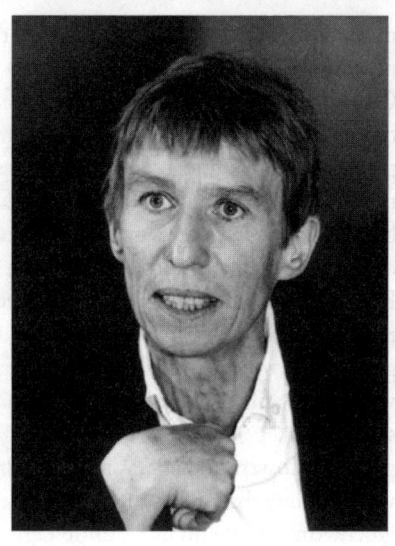

„Landesvater" Manfred Stolpe und die „Mutter Courage des Ostens"
Regine Hildebrandt

deutlich zu und überrundete mit 43,6 Prozent die CDU. Mit der neuen rot-grünen Regierung unter Hans Eichel und seinem Partner Joschka Fischer veränderte sich auch die Bundesratsmehrheit. Am 21. April 1991 war die SPD dann in Rheinland-Pfalz erfolgreich und löste in dem Land, in dem Kohl zu Hause war und so lange regiert hatte, die CDU als Regierungspartei ab. Rudolf Scharping, der über Jahre geduldig und zielbewusst um die Menschen im Wein- und Winzerland geworben hatte, wurde neuer Ministerpräsident. Er galt bald als ein weiterer Hoffnungsträger der Partei. Auch in Hamburg legte die SPD am 6. Juni 1991 zu und errang die absolute Mehrheit der Mandate. Die Erfolge in diesen Ländern waren natürlich in hohem Maße den Kandidaten und dem Einsatz der Landespartei zu verdanken, aber darin spiegelte sich auch ein Ansehensverlust der CDU auf Bundes- und Landesebene sowie eine veränderte Großwetterlage.

Gegen Saddam Hussein, der im Sommer 1990 Kuwait überfallen hatte, richteten die USA und ihre Verbündeten ihren Gegenschlag. Am 17. Januar 1991 begann die „Operation Wüstensturm" zunächst mit Luftangriffen und am 24. Februar mit den Bodenoperationen. Der Golfkrieg rief in der Bundesrepublik Deutschland nicht nur kräftige Ängste, sondern auch pazifistische Stimmen auf den Plan. Auch dies beeinflusste wohl die Wahlentscheidungen zugunsten von „rot" und „grün". Nicht nur die meisten Grünen, auch prominente Sozialdemokraten wie Oskar Lafontaine und Gerhard Schröder gehörten zu den entschiedenen Gegnern des Golfkrieges. Begründet wurde die Ablehnung u.a. mit den NS-Verbrechen.[3] Angesichts von Saddam Husseins Raketen auf Israel wirkte das peinlich und bezogen auf das Lernen aus der deutschen Vergangenheit merkwürdig verquer. Doch diese Art von Pazifismus und mit Auschwitz begründetem Isolationismus und deutschem Sonderweg traf nun im Lager der Sozialdemokratie und der Linken auf deutlichen Widerspruch.[4] Jürgen Habermas plädierte für einen differenzierten Weg: Widerstehen gegen machtpolitische Anmaßung, „die das zivile Zusammenleben der Völker gefährdet", aber Zurückhaltung gegenüber jeder Art alter Forschheit und von jedem „Bellizismus".[5] Der intellektuelle Deutungspapst der westdeutschen Linken bediente mit seiner Warnung vor den „Bellizisten" eine gängige Abstempelung. Wie eine Moralkeule wurde dieser Vorwurf der vorgeblichen Befürwortung von Kriegen gegen Politiker und Publizisten geschwungen, die nicht einem pazifistischen Dogma huldigten. Die gerade auch beim „Spiegel" beliebte Gegenüberstellung von „Bellizisten" und „Pazifisten" hat mit ihren moralisch-ethischen Ansprüchen die notwendige politische Auseinandersetzung eher behindert.

Erstmals wurde das vereinigte Deutschland beim Golfkrieg mit einer möglichen Beteiligung an Militärmaßnahmen konfrontiert, auf die es weder politisch noch militärisch vorbereitet war. Mit einigen Hilfsmaßnahmen für den US-Nachschub, Bundeswehrsoldaten im NATO-Land Türkei, Minensuchbooten im Mittelmeer und einer teuren „Scheckbuchdiplomatie" manövrierten sich Bundesregierung und Bundesrepublik hindurch. Vorsichtig zeigte sich auch in der SPD ein Hauch von Bewegung. Im Vorfeld des Bremer Parteitages vom 28. bis 31. Mai 1991 hatte der Parteivorstand nach zähen Beratungen eine Vorlage verabschiedet, in der eine Beteiligung „an militärischen Kampfeinsätzen" selbst unter UNO-Mandat abgelehnt, aber erstmals sog. Blauhelmeinsätze bei friedenserhaltenden Maßnahmen zugestanden wurden. Auf dem Bremer Parteitag gelang es, dafür eine Mehrheit der Delegierten zu finden.[6] „Viel Abschied, wenig Anfang", überschrieb Gunter Hofmann seinen Artikel über den

3 Vgl. etwa taz vom 9.2.1991 (Oskar Lafontaine Verzweifelte Aussichten).
4 Dazu u.a. Hans-Ulrich Klose, Die Deutschen und der Krieg am Golf – eine schwierige Debatte, in Frankfurter Allgemeine vom 25.1.1991; Cora Stephan, Der anständige Deutsche – zum Fürchten, in Süddeutsche Zeitung 9./10.2.1991.
5 Winkler, Weg nach Westen II, S. 625f.
6 Protokoll vom Parteitag Bremen 28.-31. Mai 1991, S. 558 und 649-651.

Parteitag in der „Zeit".[7] Obwohl sich von Willy Brandt und Helmut Schmidt bis zu Egon Bahr und Erhard Eppler fast die gesamte etablierte außenpolitische Elite der Sozialdemokratie für eine grundsätzliche Zustimmung zu militärischen Interventionen unter UNO-Kommando einsetzte, war die Mehrheit der Parteiaktivisten dazu nicht bereit.

In der Außenpolitik, mit der die SPD in den späten 60er und 70er Jahren die Meinungsführerschaft in der Bundesrepublik übernommen hatte, hinkte die Partei der Entwicklung weiter hinterher. Die Außenpolitik blieb ein ungeliebtes Stiefkind. Erst die dramatischen Entwicklungen auf dem Balkan mit den Massakern von Srebrenica im Juli 1995, denen etwa 7000 Menschen zum Opfer fielen, leiteten ein Umdenken ein. Wer das Bekenntnis zu Menschen- und Völkerrecht und gegen Diktatur ernst nahm, konnte kaum abseits stehen, wenn sie mit Füßen getreten und mörderische Gräueltaten verübt wurden. Selbst die Grünen mochten sich nicht mehr die Hände in Unschuld waschen. Joschka Fischer ging mit seiner Forderung nach einer „Interventionspflicht" bei Völkermord als einem „unveräußerlichen Kern des Antifaschismus" voran.[8] Der Entsendung von Sanitätern und der Verlegung von Tornado-Kampfjets nach Italien stimmten 1995 auch Abgeordnete der SPD wie sogar der Grünen zu. Bei den beiden militärischen UNO-Missionen IFOR und SFOR 1995/96 in Bosnien-Herzegowina war eine deutsche Beteiligung für die große Mehrheit der SPD-Abgeordneten kaum mehr strittig. Diese Linie setzte sich beim Bundestagsbeschluss von Oktober 1998 zur Beteiligung an einem möglichen Luftkrieg gegen Rest-Jugoslawien fort. Doch erst seitdem die Sozialdemokratie wieder den Kanzler stellte und die Verantwortung trug, bekannte sie unzweideutig Farbe. Sie akzeptierte, dass der Zugewinn an Souveränität wachsende Verpflichtungen mit sich brachte, die auch ein militärisches Engagement einschlossen.

Unter Björn Engholm, der vom Bremer Parteitag zum neuen Vorsitzenden gewählt wurde, zeichnete sich auch auf anderen Feldern ein Kurswechsel ab. Im Sommer 1992 leitete für viele überraschend der eher als liberal eingestufte Engholm eine asylpolitische Wende ein. Es wirkte auf den ersten Blick wie ein autoritärer Durchmarsch von oben, der gegen den lautstarken Widerstand vieler Funktionäre, Delegierter und anderer Parteiaktivisten umgesetzt wurde.[9] Tatsächlich aber reagierte die Parteispitze

7 Die Zeit vom 7.6.1991.
8 Siehe Der Spiegel vom 12.11.2001, S. 38.
9 Vgl. Franz Walter, Die SPD nach der deutschen Vereinigung – Partei in der Krise oder bereit zur Regierungsübernahme?, in: Zeitschrift für Parlamentsfragen, Heft 1/95, S. 87 und die dort in Anm. 5 angeführten Presseartikel.

Björn Engholm auf dem Parteitag in Bremen, 28.–31. Mai 1991

dabei auf den Druck sozialdemokratischer Kommunalpolitiker und eine verbreitete Stimmung im originär sozialdemokratischen Milieu. Die von vielen Aktivisten oft beschworene Basis, als die sie sich selbst sahen, verkörperte eben nicht die tatsächliche Basis, d.h. die Mitglieder. Bei einer Umfrage im Unterbezirk Rhein-Sieg, die viel Aufsehen erregte, stimmten über dreiviertel der Befragten einer Asylrechtsänderung und Blauhelmeinsätzen der Bundeswehr zu. Im Unterschied zu manchen Funktionsträgern standen die Mitglieder offenkundig hinter einem politisch erforderlichen Kurswechsel.[10] Denn nachdem die SPD schon im „grünen" Terrain Boden verloren hatte, drohte ihr Anfang der 90er Jahre nun ein Einbruch bei der alten Stammwählerschaft. In Scharen liefen Wähler aus Protest zu den rechtsradikalen Republikanern über. Von den Wählern der Reps kam jeder

10 Der Unterbezirk Rhein-Sieg führte in der letzten Oktoberwoche 1992 eine Mitgliederbefragung zu den Vorlagen zur Asylrechtsänderung und zu den Blauhelmeinsätzen durch, nachdem der Parteitag des Bezirks Mittelrhein am 10.10.1992 diese abgelehnt hatte. Danach sprachen sich 77,1 Prozent der befragten Parteimitglieder für Engholms Vorschlag zur Asyl-, Flüchtlings- und Zuwanderungspolitik aus und 75,3 Prozent für das Blauhelmkonzept des Parteivorstandes. Unterlagen mit den Abstimmungsergebnissen und Zeitungsberichten im Archiv des Unterbezirks. Der Verfasser dankt dem Unterbezirksgeschäftsführer Achim Tüttenberg für die Materialien.

vierte aus dem SPD-Lager, ungefähr 40 Prozent waren Arbeiter und, was besonders alarmierend war, gewerkschaftlich organisierte waren noch anfälliger für die Reps als unorganisierte.[11]

Nur in den neuen Ländern konnte die SPD bei den Landtagswahlen im Jahr 1994 Boden gut machen, abgesehen von Sachsen unter „König Kurt"[12], wo sie noch weiter zurückfiel. In Thüringen und Mecklenburg-Vorpommern steigerte sie sich auf fast 30 Prozent, in Sachsen-Anhalt zog sie mit 34 Prozent fast mit der CDU gleich und in Brandenburg errang Manfred Stolpe mit 54,1 Prozent einen fulminanten Wahlsieg.[13] Doch im Westen schauten die Zukunftschancen der SPD bei den Wählern nicht rosig aus. Die Offerten an die neuen sozialen Bewegungen trugen kaum Früchte. Besonders in Universitätsstädten und großen Dienstleistungszentren verlor die Partei weiter an Boden und die Grünen gewannen hinzu. Der Versuch, mit den Grünen zusammen zu regieren und sie so einzubinden, zahlte sich in der Regel nicht aus. Rot-grüne Stadtregierungen wurden vom Wähler empfindlich ebenso zurückgestutzt wie das rot-grüne Experiment in Hessen.[14] Nur in Niedersachsen, wo Gerhard Schröder als Ministerpräsident dem grünen Koalitionspartner wenig Luft zum Atmen ließ, konnte sich die SPD behaupten.[15] Auf der anderen Seite brachte auch ein dezidierter Modernisierungskurs, wie ihn die SPD im Südwesten unter Dieter Spöri betrieb, beim Wahlvolk nicht den erhofften Erfolg. Als Juniorpartner in einer Koalition mit der CDU in Baden-Württemberg erhielt sie für ihre Regierungstätigkeit zwar in der Öffentlichkeit zumeist gute Noten, dennoch gingen die Stimmenanteile für die dortige SPD in den 90er Jahren weiter zurück. Offenbar verfingen die Avancen an die Aufsteigerschichten auch deswegen nicht, weil der Kurswechsel vom pietistisch wirkenden Erhard Eppler zum flotten Yuppie Dieter Spöri derart abrupt erfolgte und kurzfristig nicht zu überzeugen vermochte. Als dann in den 90er Jahren noch Arbeiter der SPD den Rücken kehrten, zu den Republi-

11 Zu den entsprechenden Materialien und Analysen der Forschungsgruppe Wahlen, ihrer Mitarbeiter Matthias Jung und Dieter Roth, und Ergebnissen des Allensbacher Forschungsinstituts vgl. u.a. Süddeutsche Zeitung vom 1.10.1991, Frankfurter Allgemeine vom 18.3.1993 und Die Zeit vom 24. 9.1993.

12 Eine verbreitete Bezeichnung für den angesehenen Ministerpräsidenten Kurt Biedenkopf und seinen Regierungsstil.

13 Die genauen Prozentsätze bei diesen Wahlen von Juni bis Oktober 1994 für die SPD lauteten: Brandenburg, 54,1, Mecklenburg-Vorpommern 29,5, Sachsen 16,6, Sachsen-Anhalt 34,0 Prozent.

14 Nach 43,6 Prozent im Jahr 1991 fiel sie bei den Landtagswahlen am 19.2.1995 auf 38,0.

15 Vgl. Walter, Die SPD nach der deutschen Vereinigung, S. 93. – Bei den Landtagswahlen am 13.4.1994 steigerte sich die SPD noch leicht auf 44,3 Prozent (1990 44,2). Auch die Grünen legten dabei von 5,5 auf 7,4 Prozent zu.

kanern überliefen oder aus Protest und Desinteresse zu Hause blieben, vertiefte sich das Dilemma. Am trostlosesten sah es für den Partei bei den Jungen aus, denen die SPD Ende der 60er, Anfang der 70er Jahre ihre Wahlerfolge entscheidend verdankt hatte. Die Jungwähler bis hinauf zu den Mitdreißigern tendierten überwiegend zu den Grünen. Die SPD belegte mit weitem Abstand nur den zweiten Platz und dieser Trend verstärkte sich weiter.[16] Zumeist wird übersehen, dass sich gleichzeitig junge, dynamische, erfolgsorientierte Bürger der Union oder der FDP zuwandten. In der Internetgeneration, die in der zweiten Hälfte der 90er vom Börsen- und Gründungsfieber gepackt wurde, gewann die FPD um den forschen Parteimanager Guido Westerwelle an Attraktivität. Es bildete sich ein Klima heraus, dass den schon fast abgeschriebenen Liberalen wieder neue Chancen in der politischen Landschaft eröffnete.

2. Binnenprobleme einer fragmentierten Partei

Die Probleme der SPD mit den Wählern spiegelten sich auf andere Art auch in der Mitgliedschaft der Partei. In den 90er Jahren verstärkte sich der Schrumpfungsprozess bei den Mitgliederzahlen. Von 919 129 im Jahr der deutschen Einigung sackten sie bis zum Jahr 2000 auf 734 657 Mitglieder ab. Auch die Zahl der Genossinnen sank in diesem Zeitraum absolut von 250 906 auf 215 633, während sich der Frauenanteil prozentual leicht von 27,30 auf 29,35 Prozent erhöhte, da der Schwund bei den Männern mit ihrer niedrigeren Lebenserwartung ungleich stärker – von 668 223 auf 519 034 – ausfiel. In den neuen Ländern war und blieb die SPD organisatorisch ausgesprochen schwach: Am 31. Dezember 2000 zählte sie in Mecklenburg-Vorpommern gerade einmal 3 462 Mitglieder, in Sachsen-Anhalt 5 870, in Brandenburg 7 518, in Thüringen 5 694 und in Sachsen 5 198, zusammen also nur 27 742. Das war in etwa der Stand von Anfang der 90er Jahre. Dies machte es auch schwer, Kandidaten für alle politischen Ebenen zu finden. Angesichts dieser dünnen Personaldecke war es eher erstaunlich und in hohem Maße anerkennenswert, wie viel die Sozialdemokraten in den neuen Ländern politisch leisteten.

Im Vergleich zur wachsenden Akademisierung der Partei in früheren Jahren zog es nun weit weniger Akademiker in die so lange auf den Oppositionsbänken schmorende Partei, andere kehrten ihr den Rücken oder zogen sich aus der Parteiarbeit zurück. Auch dadurch verringerte sich die

---

16 Ebenda, S. 92f.

Theorielastigkeit und mehr Praxisbezug machte sich geltend. Ein wenig gewann die SPD wieder an Bodenhaftung, auch wenn die Dominanz der öffentlich Bediensteten anhielt. Von den SPD-Mitgliedern am 31. Dezember 2000 stellten die Angestellten mit 27,64 Prozent die größte Gruppe, dazu kamen 10,32 Prozent Beamte, zusammen also 37,96 Prozent. Zu den Arbeitern rechneten sich 21,05, zu Rentnern bzw. Pensionären 11,71, zu Hausfrauen 10,76 und zu den Arbeitslosen 2,08 Prozent. Schüler und Studenten, erstmals 1972 mit 15,9 Prozent ausgewiesen, stellten jetzt nur 7,22 Prozent. Dies war bezeichnend für den einschneidenden Attraktivitätsverlust bei der Jugend. Der schon in den 80er Jahren einsetzende rapide Rückgang bei den jüngeren Mitgliedern setzte sich in den 90er Jahren ungebremst fort. Nach 30,9 Prozent Mitglieder im Juso-Alter im Jahr 1974 und 18,62 im Jahr der friedlichen Revolution sackte die Quote bis Jahresende 2000 auf nur mehr 8,99 Prozent. Unter 25 Jahre waren gerade noch 2,41 Prozent.[17] Als Organisation droht die SPD zu vergreisen, wenn dieser Trend nicht gestoppt wird und Jüngere wieder für die politische Arbeit in und mit der Partei gewonnen werden können, und als lebendige Mitgliederpartei fast auszusterben. Ob mit Projekten wie der „Netzwerkpartei" oder organisatorischen Straffungen wie in NRW ein Mobilisierungseffekt erreicht werden kann, erscheint allerdings zweifelhaft. Eine stärkere Steuerung und Zentralisierung bedingt vielleicht mehr Effizienz, bremst aber zugleich auch die Bereitschaft, sich eigenständig an der Basis zu engagieren. Eine Partei lebt von den Menschen, die sich einbringen wollen, selbst im Zeitalter der Mediendemokratie und des Internet.

Eine Partei, die regieren will, braucht freilich Führung und einen klaren, verständlichen Kurs unter sachkundiger Hand. Die Probleme, den richtigen Hafen zu finden und ihn zielgenau anzusteuern, ergaben sich schon daraus, dass die Position des sozialdemokratischen Flottenverbandes nur schwer zu bestimmen war. Die SPD der 90er Jahre war eine dezidiert föderale Partei, in der die selbstbewussten Landesfürsten die eigentlichen Machtzentren verkörperten.[18] Dazu kam das Nebeneinander von Arbeitsgemeinschaften, die auf allen Parteiebenen vom Ortsverein über Unterbezirk und Bezirke bis zur Bundesebene ziemlich eigenständig agierten. Dies

---

17 Zusammenstellungen von SPD-Parteivorstand (im Politischen Archiv), dem Verfasser zur Verfügung gestellt. Zum Stichtag 31.12.2001 lag die Quote der Mitglieder im Juso-Alter bei 9 Prozent. Die Gesamtmitgliederzahl der Partei war weiter auf 717513 zurückgegangen.

18 So sagte etwa Gerhard Schröder: „Das Machtzentrum der SPD liege nicht in Bonn, sondern in den Ländern." Präsidiumssitzung vom 28.8.1995, Protokoll in Archiv der sozialen Demokratie. Vgl. auch Walter, Die SPD, S. 227.

Heide Simonis, Ministerpräsidentin von Schleswig-Holstein

machte es schwer, den Ort zu finden, wo die Partei als Ganzes jeweils präsent war. Die Parteienforscher Peter Lösche und Franz Walter haben dafür den Begriff der „lose verkoppelten Anarchie" geprägt, der sicher überspitzt war, aber doch ein Körnchen Wahrheit enthielt. [19]

Neben den zahlenmäßig schwächelnden Jusos hatte sich die ASF, die Arbeitsgemeinschaft sozialdemokratischer Frauen, fest etabliert, und beim Postenschacher in der Partei arbeiteten beide gerne und zumeist erfolgreich zusammen. Die langjährige frühere ASF-Vorsitzende Inge Wettig-Daniel-meier, deren Nachfolge in diesem Amt 1992 Karin Junker antrat, wurde Bundesschatzmeisterin. Mittels dieser Funktion hat sie politisch-personell im Führungsapparat der SPD eine gewichtige Machtposition errungen. Die innerparteiliche Erfolgsstory der ASF hat aber die Attraktivität nach außen kaum gefördert, auch nicht bei den Frauen. Selbstbewusste, jüngere dynamische Frauen machten eher woanders, etwa in den Medien, bei den Grünen oder mit Angela Merkel sogar in der CDU ihren Weg, während

---

19 Lösche/Walter, Die SPD, u.a. S. 77 in der Kapitelüberschrift und erneut als Abschnittsüberschrift auf S. 192.

sie die auf sich fokussierte ASF mit den Leitbildern der 60er Jahre links liegen ließen. Politikerinnen mit Sachkompetenz setzten sich in der SPD auch ohne die ASF durch, wie etwa Heide Simonis, die es 1993 zur Ministerpräsidentin in Schleswig-Holstein, der einzigen in Deutschland, schaffte, Jutta Limbach, die 1994 erste Präsidentin des Bundesverfassungsgerichts wurde, oder Ingrid Matthäus-Meier. Gegen ihre Aufstellung im Bundestagswahlkreis Rhein-Sieg II schoss die ASF sogar quer, weil sie eine eher farblose Kandidatin aus den eigenen Reihen favorisierte. Es war kein Ruhmesblatt für die Partei, dass Ingrid Matthäus-Meier später ins Abseits gestellt wurde.

Die 1973 als Gegengewicht gegen die Jusos gegründete Arbeitsgemeinschaft für Arbeitnehmerfragen (AfA) war zwar unter dem neuen Vorsitzenden Rudolf Dreßler, der 1984 Helmut Rohde ablöste, zeitweise durchaus präsent. Ihr sozialpolitischer Traditionalismus fand nach der deutschen Vereinigung Resonanz und Rudolf Dreßler gewann als anerkannter Sprecher für Sozialpolitik an Gewicht, doch den Zugang zu den modernen Branchen der Wirtschaft schaffte sie nicht. Als eine Art von ehrwürdiger Traditionskompanie war sie nicht wirklich zukunftsoffen. Mit der zunehmenden Veralterung der deutschen Gesellschaft kamen die Älteren als politische Zielgruppe stärker ins Visier. So schuf sich die SPD 1994 noch die AG 60plus, um die Seniorinnen und Senioren stärker einzubinden und ihre Erfahrungen und Kommunikationsmöglichkeiten zu nutzen. Neben einem Mehr an Sonderveranstaltungen und einem eigenen Betätigungsfeld für aktive ältere Parteimitglieder war der Effekt aber begrenzt. Denn Ausstrahlung nach außen entfaltete die AG 60plus trotz des ehrenhaften Engagements an verschiedenen Orten als Ganzes so gut wie kaum.

Der Fragmentierung der SPD in viele nebeneinander, gelegentlich gegeneinander und vorrangig auf sich selbst bezogene Suborganisationen musste entgegengewirkt werden, wenn die SPD überhaupt als stimmige Einheit wieder erkennbar werden sollte. Es ging nicht zuletzt um eine Organisationsreform, die unter Björn Engholm angepackt wurde. Schon die Wahl seines Bundesgeschäftsführers Karl-Heinz Blessing war eine Überraschung. Er kam von der IG Metall, war jung und bisher in der SPD kaum hervorgetreten. Im Erich-Ollenhauer-Haus hatte er keinen leichten Stand. Der Ausbau der Parteizentrale zu einem modernen, effizienten Kommunikations- und Führungszentrum kam nicht voran. Infolge von Stellen- und Kompetenzabbau, etwa bei den Referaten Wirtschaft, Bundeswehr und Umwelt, unzulänglicher Verzahnung, personellen Defiziten und schwindender Motivation verlor die „Baracke" an Gewicht, zumal sich die rasch wechselnden Parteivorsitzenden Björn Engholm und Rudolf

Scharping mehr auf ihren eigenen Apparat in Kiel und Mainz verließen, was zu zusätzlichen Reibungsverlusten führte. Die Modernisierungs- und Motivierungskampagne, mit der Engholm frischen Wind ins Parteileben bringen, die Partei durch neue Formen des Engagements öffnen und „Seiteneinsteiger" gewinnen wollte, blieb trotz der Wiesbadener Parteitagsbeschlüsse von 1993 und verschiedener Projekte für eine „Öffnung der Volkspartei" in Halbheiten stecken.[20] Zwar probte die Partei 1995 mit der Urabstimmung über den neuen Parteivorsitzenden Elemente direkter Demokratie, doch ein wirklicher Mobilisierungsschub war kaum zu verzeichnen.

Für die Mitglieder und Anhänger der SPD war es nicht einfach, Orientierungs- und Fixpunkte zu finden, an denen sich ein Profil der Partei symbolisch festmachte. Als Willy Brandt am 8. Oktober 1992 starb, hatten viele Menschen das Gefühl, das Ende einer Epoche mitzuerleben. Über Jahre und Jahrzehnte hatte Brandt die Sozialdemokratie geprägt, ihr Orientierung gegeben und ihre Identität verkörpert. Er war ein demokratischer Sozialist, deutscher Patriot, überzeugter Europäer und Internationalist mit Traditionsbewusstsein und Charisma. Für die Union war Helmut Kohl gerade nach der deutschen Einigung zu einem Übervater geworden, in dem sich beinahe alles bündelte: von der persönlichen Führung der Partei, dem Dirigieren der Wahlkämpfe bis zur Instrumentalisierung des Staatsapparates für die Hochstilisierung seiner Bedeutung und die Verfestigung seiner Macht. In der SPD, in der früher Willy Brandt die Partei personifiziert und Helmut Schmidt die Politik in Bonn gemacht hatte, gab es kein auch nur annähernd vergleichbares Macht- und Identifikationszentrum. Den Vorsitz der Bundestagsfraktion gab Hans-Jochen Vogel im Herbst 1991 auf. Drei Bewerber, die Rechtsexpertin und stellvertretende Parteivorsitzende Herta Däubler-Gmelin, der Sozialexperte und AfA-Vorsitzende Rudolf Dreßler und der frühere Hamburger Bürgermeister und nun Schatzmeister der SPD Hans-Ulrich Klose stellten sich zur Wahl. Nachdem der erste Wahlgang keine Entscheidung gebracht hatte, siegte Klose in der Stichwahl mit fünfzehn Stimmen Vorsprung über Däubler-Gmelin.[21] Die bisherige bürokratisch-straffe Organisationsstruktur der Fraktion wurde nun gelockert. An Schlagkraft gewann sie dadurch nicht. Unter dem gebildeten, nachdenklichen Hans-Ulrich Klose verlor die Bundestagsfrak-

---

20 Protokoll Parteitag in Wiesbaden 16.-19. November 1993, bes. S. 781-786 und 1158-1163.; vgl. dazu Thomas Meyer/Klaus-Jürgen Scherer/Christoph Zöpel, Parteien in der Defensive? Plädoyer für die Öffnung der Volkspartei, Köln 1994, und Karl-Heinz Blessing (Hrsg.), SPD 2000. Die Modernisierung der SPD, Marburg/Berlin 1993.
21 Vgl. Vogel, Nachsichten, S. 389f.; Jahrbuch der SPD 1991/92, S. 62.

tion noch mehr an Gewicht. Entscheidend dafür war letztlich, dass sich seit 1990 die Machtgewichte in der SPD von Bonn in die Landeshauptstädte verschoben.

Im Zuge der deutschen Einigung spielte Nordrhein-Westfalen mit Ministerpräsident Johannes Rau und dem Chef der Staatskanzlei Wolfgang Clement den gewichtigsten Part bei der Geltendmachung von Anliegen der Länder wie der sozialen Belange in der Ausgestaltung der deutschen Einheit. Seit Mai 1991 stellten die Sozialdemokraten in insgesamt neun Ländern, dabei im Westen in acht von zehn den Ministerpräsidenten. Während die Fraktion im Bundestag kaum mehr als mahnen und warnen konnte, verfügten die A-Länder im Bundesrat[22] mit ihrer Mehrheit über reales politisches Gestaltungsgewicht. Für eine harte Oppositionsstrategie im Bundesrat, wie sie Oskar Lafontaine zunächst anvisierte, taugte die Mehrheit jedoch nicht. Als 1991 beim Streit um die Erhöhung der Mehrwertsteuer Brandenburg unter Manfred Stolpe aus der Ablehnungsfront ausscherte, wurde exemplarisch sichtbar, dass eine Fundamentalopposition nicht machbar war. Die Interessen der Länder gingen eben in manchen Punkten auseinander. Die im Osten hingen so stark am finanziellen Tropf des Bundes, dass sie auf Hilfen im Konsens mit der Kohl-Regierung setzten. Im Kern bevorzugten deshalb die A-Länder – und vor allem wenn es um Finanzen ging – den Weg des Kompromisses und der Kooperation mit der seit 1990 gestärkten Regierung Kohl.[23]

Unter den Landesfürsten der SPD ragte Johannes Rau schon seit Jahren durch seine Popularität hervor, doch in der Partei spielte er im Prinzip eher die Rolle eines Moderators. Manfred Stolpe gewann als Ministerpräsident von Brandenburg über die Landesgrenzen hinaus als Sprecher von Anliegen der Menschen im Osten an Statur. Darin lagen aber auch seine Grenzen. Bei der eigentlichen Führungsfrage der SPD, d.h. dem Parteivorsitz und einer Kanzlerkandidatur, lag der Ball bei den Enkeln. Lafontaine hatte seinen Vorsprung zunächst einmal eingebüßt und nun lag Björn Engholm vorn. Aber die Rivalitäten fanden kein Ende, sondern setzten sich fort. Unter dem Parteivorsitz von Engholm wurde einiges an politischen Kurskorrekturen wie organisatorischer Neuerung angestoßen und auf den Weg gebracht. Ein neues, modernes wirtschaftspolitisches Image gehörte dazu, mit dem sich die Partei für Innovationen und die „Schlüsseltechnologien der Zukunft" aussprach. Doch bei den hessischen Kommunalwahlen vom 7. März 1993 erlitt der Modernisierungskurs einen herben Rück-

---

22 Als A-Länder wurden die mit einer SPD-geführten Regierung bezeichnet, als B-Länder diejenigen, in denen CDU und CSU den Regierungschef stellten.
23 Walter, Die SPD nach der deutschen Vereinigung, S. 97f.

schlag. Die SPD verlor über acht Prozentpunkte. Vor allem alte Stammwähler kehrten ihr den Rücken. Dies markierte den Auftakt zu einer Wende, bei der mehr Bodennähe angesagt schien. Eingeleitet wurde sie noch unter Engholm. Als im Frühjahr 1993 jedoch bekannt und von den Medien kräftig ausgeschlachtet wurde, dass ihm während der Barschel-Affäre auch Missgriffe angelastet werden konnten, warf Engholm am 3. Mai 1993 als Parteivorsitzender und zugleich auch als Kanzlerkandidat das Handtuch. Er zog sich fast völlig aus der Politik zurück.

10. Ein kurzes Interregnum

Ein Hoffnungsträger war auf der Strecke geblieben. Johannes Rau übernahm für eine kurze Zeit kommissarisch den Vorsitz. Nun musste ein neuer Parteivorsitzender gekürt werden. Es war nur zu einem Teil die neu entdeckte Liebe zur direkten Demokratie, sondern ebenso Ausdruck einer Entscheidungsschwäche bzw. gewissen Rat- und Hilflosigkeit in den Führungsetagen der Partei, dass die Entscheidung darüber in einer Urabstimmung der Mitglieder fallen sollte. Gerhard Schröder aus Hannover warf seinen Handschuh mit dem Anspruch in den Ring, dass er damit zugleich auch die Kanzlerkandidatur einforderte. Rudolf Scharping, der in Rheinland-Pfalz sehr erfolgreich als Ministerpräsident einer SPD-FDP-Regierung Politik machte, gab sich bescheidener und wirkte moderat-solide, wenngleich ohne große Ausstrahlung. Als dritte trat noch die frühere Juso-Vorsitzende Heidi Wieczorek-Zeul mit dem Argument an, eine Frau müsse sich um den Parteivorsitz bewerben. Als ausgewiesene Linke zog sie Stimmen auf sich, die sonst wohl eher Schröder zugefallen wären. Bei der Auszählung hatte Scharping mit 40,3 Prozent die Nase vorn, gefolgt von Schröder mit 33,2 und Wieczorek-Zeul mit 26,5 Prozent. Der Parteitag vom 25. Juni 1993 in Essen bestätigte die vom Parteivolk getroffene Entscheidung.[24] Als Bundesgeschäftsführer erkor Scharping sich Günter Verheugen, der nach Genschers Wende im September 1982 von seinem Amt als FDP-Generalsekretär zurückgetreten war und sich der SPD angeschlossen hatte. Dies war natürlich auch als ein Signal an jetzige und frühere Freidemokraten gedacht.

Mit dem „Pfälzer" war nun ein Enkel Parteivorsitzender, den manche vorher nicht in Betracht gezogen hatten. Er leitete die Partei eher nüchtern, diszipliniert und mit Bedacht. Aufregung gab es allerdings, als nach dem

---

24 Vgl. Archiv der Gegenwart, 63. Jahrgang 1993, S. 38031f.

*Rudolf Scharping mit Oskar Lafontaine und Gerhard Schröder als „Troika"
im Wahlkampf 1994*

Asylrecht nun auch noch eine Kurskorrektur zu „mehr staatlicher Härte" in
der Verbrechensbekämpfung vollzogen wurde. Eingeleitet wurde sie noch
von Engholm, doch abgeschlossen erst unter Scharping. Gegen den Widerstand vor allem aus der mittleren Ebene der Parteifunktionäre stimmte der
Wiesbadener Parteitag im November 1993 mit der knappen Mehrheit von
196 zu 181 Delegiertenstimmen dem „großen Lauschangriff" zu.[25] Gleichzeitig bemühten sich Sozialdemokraten unter der Ägide von Oskar Lafontaine um ein moderneres wirtschaftspolitisches Profil, das marktwirtschaft-
lich orientiert war und zugleich ökologische Strukturreformen anvisierte.
Es versackte im Sumpf der Bedenkenträger und der vielen innerparteilichen Sonderinteressen. Was letztlich blieb war der stetige Ruf „Arbeit,
Arbeit". Die Massenarbeitslosigkeit war nach dem kurzen Vereinigungs-
boom in den 90er Jahren kräftig gestiegen. Im Jahr 1994 lag die Arbeitslosenquote im Westteil bei 9,2 Prozent, d.h. bei 2,55 Millionen. Am stärks-

25 Dazu Walter, Die SPD nach der deutschen Vereinigung, S. 88.

ten betroffen waren die Menschen in den neuen Ländern. Über 14,8 Prozent im Jahre 1992 stieg die Quote dort auf 16 Prozent, d.h. über 1,14 Millionen Menschen waren dort in diesen Jahren ohne Erwerbsarbeit.[26]

In der Kritik an der „sozialen Kälte" der Regierung Kohl und ihren „sozialen Schweinereien" fanden die Sozialdemokraten zusammen. Sie stellten sie ins Zentrum ihrer politischen Agitation und versprachen dem Bürger im Falle des eigenen Wahlsieges soziale Sicherheiten. Noch im Winter 1993/94, als viele Deutsche um ihre Arbeitsplätze bangten und pessimistisch in die Zukunft schauten, erschienen den Sozialdemokraten ihre Wahlchancen rosig, zumal sie erstmals seit Jahren teilweise höhere Kompetenzwerte beim Wähler verbuchten als die CDU/CSU. Doch im Frühjahr 1994 begann sich der Wind zu drehen. Die Bürger sahen wieder etwas optimistischer in die Zukunft. Bei den Bundespräsidentenwahlen unterlag Johannes Rau am 23. Mai 1994 dem Unionskandidaten Roman Herzog im dritten Wahlgang, auch dies von symbolischer Bedeutung. Bei den Kanzlerpräferenzen hatte das alte Schlachtross Kohl trotz nicht zu verkennender Schwächen die Nasenspitze gegenüber dem Herausforderer Scharping vorn, zwar nur ganz knapp im Westen, dafür deutlicher in den neuen Ländern.[27] In den Augen der Bürger wies die SPD vor allem in der Finanz- und Wirtschaftspolitik Defizite auf, auch gegenüber der Union, die gerade diese ökonomische Karte spielte. Als sich Scharping eine Verwechslung von Brutto und Netto der steuerlichen Einkommensgrenzen leistete, schlachteten Medien diese Panne gnadenlos aus und machten seine Kompetenz madig.[28] Nur in der Frage sozialer Verantwortung verfügten die SPD und ihr Kandidat über einen deutlichen Bonus beim Wähler, während Kohl als „Siegertyp" und bei der Vertretung „deutscher Interessen" einen großen Vorsprung hatte. Im Wahlkampf bewies Rudolf Scharping Stehvermögen, und natürlich profitierte die Opposition auch von Enttäuschung und Unmut, die sich in der Bevölkerung über die Kohl-Regierung und die Unzulänglichkeiten ihrer Politik breit machten.

Bei den Bundestagswahlen vom 16. Oktober 1994 verlor die CDU vor allem im Osten kräftig, während sie sich im Westen einigermaßen behauptete. Insgesamt fielen CDU/CSU auf 41,4 und die FDP auf 7,3 Prozent. Die Grünen legten auf 7,3 Prozent zu und erstmals seit 1972

26 Statistisches Jahrbuch 1995 für die Bundesrepublik Deutschland. Hrsg. Statistisches Bundesamt, Wiesbaden 1995, S. 122f.
27 Im Westen lauteten die Prozentsätze 50,9 zu 49,1, im Osten dagegen 53,9 zu 46,1. Vgl. Oscar W. Gabriel/Angelika Vetter, Die Chancen der CDU/CSU in den neunziger Jahren, in: Aus Politik und Zeitgeschichte B 6/96, S. 14.
28 Vgl. etwa Bild-Zeitung 26.5.1994; Stuttgarter Zeitung 18.5.1994.

schaffte die SPD wieder einen deutlichen Zuwachs von fast drei Prozentpunkten. Sie kam auf 36,4 Prozent und hatte sich vor allem im Osten verbessert. Nur denkbar knapp konnte sich die konservativ-liberale Koalition behaupten. Doch aus der dürftigen Mehrheit von zwei Mandaten wurden durch Überhangmandate zehn. Die optimistische Prognose von Rudolf Scharping direkt nach der Wahl, die Tage der Regierung Kohl seien gezählt und die Stunde der SPD werde bald schlagen, erfüllte sich freilich nicht.

Mit der Übernahme des Fraktionsvorsitzes durch Scharping lagen beide Führungsämter der SPD nun in einer Hand. Strukturell waren damit eigentlich bessere Voraussetzungen gegeben, dass die Partei wieder mit einer Zunge sprechen und ein einheitlicheres politisches Erscheinungsbild auf der Bundesebene abgeben konnte. Doch statt des erhofften Rückenwindes begann kurz danach aus den eigenen Reihen, kräftig gefördert von den Medien, die Demontage des wenig glücklich agierenden „Pfälzers". So kündigte er Ende 1994 einen wirtschaftspolitischen Kurswechsel der SPD an und rückte dann rasch wieder davon ab. Die missliche Stimmung wuchs, als die erfolgsverwöhnte NRW-SPD bei den Landtagswahlen im Mai 1995 die absolute Mehrheit verlor und Johannes Rau nun eine ungeliebte Koalition mit den gestärkten Grünen eingehen musste.[29] Zum Streitobjekt in der SPD wurden das Jahressteuergesetz, bei dem Länderinteressen mit den finanziellen Forderungen der SPD-Fraktion kollidierten, und die Wirtschaftspolitik. Öffentlich und über die Medien wurden die Streitereien ausgetragen. Der als hölzern und steif etikettierte Rudolf Scharping verlor zunehmend an Rückhalt. Die Appelle zur Geschlossenheit verpufften. Sein Kraftakt, Gerhard Schröder nach heftigen Konflikten als SPD-Wirtschaftssprecher zu „suspendieren"[30] (August 1995), brachte keine Entlastung.

Hinter den Kulissen ging es noch um etwas ganz anderes: die Frage des Kanzlerkandidaten. Die Antipoden waren Scharping und Schröder. Schröder, der sich für 1998 Chancen ausrechnete, wehrte sich gegen eine frühzeitige Festlegung. Scharping bestand dagegen hartnäckig darauf, dass er mit der Wiederwahl zum Parteivorsitzenden in Mannheim gleichzeitig auch „der geborene Anwärter auf die Kanzlerkandidatur" sei und er „das in

---

29 Dies SPD erhielt bei den Landtagswahlen am 14.5.1995 46,0 Prozent (1990 waren es 50,0) und die Grünen stiegen auf 10,0.
30 Vgl. Sitzung des Präsidiums am 4.9.1995, Protokoll im Archiv der sozialen Demokratie.

Anspruch nehme".[31] Die „Troika" Scharping, Lafontaine, Schröder war „praktisch tot".[32] Beide Antipoden des Konflikts, Scharping wie Schröder, waren beschädigt. Der Gewinner war Oskar Lafontaine, der den Mangel an Loyalität in der Führungsspitze der SPD anprangerte sowie Geschlossenheit und Klarheit anmahnte. So stellte „Der Spiegel" denn auch an Scharping die Frage, ob es sein könnte, dass Lafontaine der „Nutznießer aus diesem Streit" sei?[33]

Der sich über Monate hinziehende Führungsstreit in der SPD schlug sich in rückläufigen Ergebnissen bei Meinungsumfragen nieder und in wachsender Verärgerung bei der SPD-Basis. Die Stimmung in der Partei schwanke „zwischen Frustration, Zorn und Aggression", konstatierte Bundesgeschäftsführer Verheugen in einer Klausurtagung am 8./9. September.[34] Kurz danach warf er entnervt das Handtuch und trat zurück. Sein Nachfolger wurde Mitte Oktober der Vorsitzende des mächtigen SPD-Bezirks Westliches Westfalen Franz Müntefering, eine richtungsweisende Entscheidung für den Wiederaufstieg der SPD. Er strahlte Vertrauen und Solidität aus und erreichte das Herz der Genossen. Doch noch am Vorabend des Mannheimer Parteitages gestand er zu, dass „an der Basis sich Wut und Zorn mischten".[35] Die verheerende Schlappe der Berliner SPD, die bei den Wahlen zum Abgeordnetenhaus am 22. Oktober auf 23,6 Prozent abstürzte, war auch ein Denkzettel für das Bild der Zerstrittenheit, das die Führungsgarnitur der Bundespartei abgab.

„Zoff" und „handfester Krach" kündigten sich für den Mannheimer Parteitag von November 1995 an. Scharpings Auftritt, mit dem er das Ruder herumreißen wollte, war schwach. Er fiel durch und bekam nun den Unmut der Delegierten zu spüren. Als Oskar Lafontaine am nächsten Tag das Plenum mit einer rhetorisch geschickten Rede zu Begeisterung hinriss, kam es zum sogenannten „Putsch". Scharping wurde abgelöst und Oskar Lafontaine am 16. November als neuer Parteivorsitzender inthronisiert.[36]

31 Sitzung des Präsidiums am 28.8.1995 mit dem entsprechenden Beschluss, ebenda. Ähnlich Scharping auch im Spiegel-Gespräch, in Der Spiegel vom 7.8.1995. Vgl. dazu auch Lafontaine, Das Herz schlägt links, S. 35f. und 41f.
32 So Hans Eichel in der Sitzung des Präsidiums am 28.8.1995.
33 Der Spiegel vom 7.8.1995, Spiegel-Gespräch mit Rudolf Scharping.
34 Präsidiumsklausur Berlin 8./9. September, Protokoll im Archiv der sozialen Demokratie. Siehe auch Präsidium vom 28.8.1995 mit Daten von Forsa und Emnid.
35 Siegfried Heimann, Die SPD in den neunziger Jahren, in: Werner Süß (Hrsg.), Die Bundesrepublik in den 90er Jahren, Leverkusen 2002, S. 89.
36 Lafontaine erhielt bei der Wahl des Vorsitzenden 321 Stimmen, Scharping nur 190. Vgl. aus seiner Sicht Lafontaine, Das Herz schlägt links, S. 42-44.

4. Schatten der Vergangenheit

Über Jahre hatte die Partei in den Augen vor allem junger Menschen davon profitiert, dass Sozialdemokraten dem NS-Regime Widerstand geleistet hatten. Mit der Wiederbelebung der AvS, der Arbeitsgemeinschaft verfolgter Sozialdemokraten (1979) erhielt dieses freiheitliche, antifaschistische Erbe einen besonderen Platz unter ihrem rührigen Vorsitzenden Heinz Putzrath. Von ihm angeregt entstand 1993 der überparteiliche Verein „Gegen Vergessen, für Demokratie". Unter dem Vorsitz von Hans-Jochen Vogel entfaltete dieses Projekt eine rege Tätigkeit bei der Auseinandersetzung mit den Erblasten der NS-Vergangenheit und im Kampf gegen Rechtsradikalismus und Rassismus. Wie die Reaktivierung der AvS war auch die Gründung der Historischen Kommission beim Parteivorstand der SPD im Jahr 1981 von Willy Brandt gefördert worden. Unter der ersten Vorsitzenden Susanne Miller und ihrem Nachfolger Bernd Faulenbach veranstaltete sie regelmäßig Foren zu historisch-politisch relevanten Themen, die viel Beachtung fanden.[37] Sie verkörperte ein intellektuelles Gegengewicht zu den mit hohem finanziellen und personellen Aufwand betriebenen Geschichtsprojekten der Regierung Kohl wie dem Bonner Haus der Geschichte der Bundesrepublik und vielen anderen ihr nahestehenden Einrichtungen und Vereinigungen.

In den 90er Jahren blies der Wind der jüngeren Vergangenheit der SPD ins Gesicht. Den Auftakt machte zunächst ein Artikel des Publizisten Christian von Ditfurth im „Spiegel", in dem er SPD-SED-Kontakte kritisch-tendenziös aufspießte.[38] Anfang 1994 startete Brigitte Seebacher-Brandt eine Attacke gegen den toten Herbert Wehner, dem sie vorwarf, er habe die „Sache der anderen Seite", gemeint waren die Kommunisten in der DDR und in Moskau, betrieben und den Sturz Brandts unter Nutzung seiner Ost-Kontakte bewerkstelligt.[39] Indirekt machte sich die Brandt-Witwe so zum Helfershelfer einer Kampagne der Union, deren Generalsekretär Peter Hintze mit seiner „Rote-Socken"-Polemik eben nicht nur die PDS, sondern auch die SPD ins Visier nahm.

Im März 1992 hatte der Deutsche Bundestag u.a. auf Vorschlag von Markus Meckel eine Enquetekommission zur „Aufarbeitung von Geschichte und Folgen der SED-Diktatur in Deutschland" eingesetzt. Den

---

37 Zur Tätigkeit der AvS siehe besonders den periodischen Informationsdienst der AvS; die meisten Foren der Historischen Kommission sind dokumentiert in Publikationen, die bei rowohlt und im Klartext-Verlag erschienen.

38 Der Spiegel Nr. 35 vom 24.8.1992, S. 44-63.

39 Vgl. dazu Vogel, Nachsichten, S. 430f.

Vorsitz erhielt der CDU-Abgeordnete und frühere Bürgerrechtler Rainer Eppelmann. Die Kommission leistete eine eindrucksvolle Arbeit, die sich in dem umfangreichen, 1995 in 18 Teilbänden publizierten Werk spiegelt.[40] Auch wenn sich die Kommissionsmitglieder und die einbezogenen Wissenschaftler in der Regel um eine redliche Aufklärung und faire Bewertung bemühten, war doch offensichtlich, dass etliche aus dem Unionslager im Verbund mit ihnen geneigten Zuarbeitern die „Aufarbeitung" gegen die Sozialdemokratie zu instrumentalisieren suchten. Eine wichtige Rolle spielte dabei der „Forschungsverbund SED-Diktatur" an der FU Berlin, bei dem „gewendete" frühere Spontis und Maoisten mitwirkten. Im Verein mit sensationslüsternen Medien wuchs sich dies zu einer Kampagne gegen bekannte Sozialdemokraten aus, denen Liebedienerei und Kumpanei mit der SED vorgehalten wurde. Die so Angeprangerten gerieten durch den mit großem Aufwand geführten Feldzug in die Defensive. Im Umfeld der SPD fanden sich nur wenige, die mit eigenen gründlichen Arbeiten dagegen hielten und dokumentierten, dass auch die Union bis hinauf zu Kanzler Kohl die Nähe zu SED-Oberen gesucht hatten.[41] Das erschien nach der deutschen Einigung nicht mehr opportun und wurde kaschiert. Und die Sozialdemokratie zeigte zu wenig Interesse, um diese Fakten von sich aus stärker ins öffentliche Bewusstsein zu rücken.

Im Frühjahr 1995, passend zur Landtagswahl in Nordrhein-Westfalen, trat „die Witwe" erneut als Kritikerin auf den Plan. Ihre Vorwürfe richteten sich nun auch noch gegen Egon Bahr, Hans-Jochen Vogel und Johannes Rau. Danach verließ sie die Partei. Aus der Ecke der Unionshardliner in der Enquetekommission, ihren Gehilfen vom SED-Forschungsverbund und einer geneigten Presse, voran „Welt am Sonntag" und „Frankfurter Allgemeine", wurden vor allem Egon Bahr, Karsten Voigt und die „Enkel" wegen ihrer Kontakte zur SED attackiert und – in besonders unfairer Weise – selbst Johannes Rau, der sich engagiert für die Bürger in der DDR eingesetzt hatte und dem die deutsche Einheit ein Herzensanliegen war. Aber es ging dabei eben nicht um Aufklärung, sondern um eine durchsichtige Diskreditierung des beliebten Johannes Rau im Vorfeld von Wahlen.[42] Im Jahr 1996 sorgte Egon Bahr für großes Aufsehen. Er, der selbst früher von der Union wegen seiner Ostdiplomatie verdächtigt wurde, bezichtigte

---

40 Enquete-Kommission Aufarbeitung von Geschichte und Folgen der SED-Diktatur in Deutschland, hrsg vom Deutschen Bundestag, Baden-Baden/Frankfurt a.M. 1995.
41 Grundlegend Potthoff, Koalition der Vernunft (1995); ders., Bonn und Ost-Berlin (1997); ders., Im Schatten der Mauer (1999).
42 So bei den NRW-Landtagswahlen vom 14.5.1995 und zuvor schon anlässlich der Bundespräsidentenwahl vom 23.5.1994.

öffentlich Herbert Wehner des „Verrats" an Willy Brandt und unterstellte ihm ein übles Zusammenspiel mit Erich Honecker.[43] Trotz der Widerlegung seiner Vorwürfe setzte er die Attacken gegen Wehner fort. Der Dauerbeschuss gegen die des Zusammenspiels mit Kommunisten angeklagten Sozialdemokraten entfaltete Wirkung, auch wenn manche Vorwürfe und vorgeblichen Belege nicht mehr neu waren, sondern nur aufgewärmt wurden. Zumindest erzeugte er Verunsicherung.

In der Sache gab es durchaus Anlass, sich in der SPD mit der Art und der Intensität ihrer Kontakte zu den östlichen Staatsparteien auseinander zu setzen. Gegenüber rechten Diktaturen war die Frontstellung der SPD stets eindeutig und klar, während sich in der CSU und Teilen der CDU vom Franco-Spanien bis zum Pinochet-Regime in Chile doch bedenkliche Aufweichungserscheinungen zeigten. Dies ist ebenso zu hinterfragen wie die Haltung der SPD gegenüber den kommunistischen Diktaturen und ihr Verhältnis zu den Bürgerbewegungen im östlichen Europa einschließlich der DDR. Im Zeichen des Macht- und Systemkonflikts mit den atomaren Zerstörungs- und Auslöschungspotenzialen wurde Stabilität zum Schlüsselbegriff und fixierte sich der Blick auf die Mächtigen. Von einer Zivilisierung des Beziehungsgeflechtes erhoffte man sich eine Förderung der Reformpotentiale im Osten. Das richtige Maß zwischen Kooperation im Dienst von Entspannung, Vertrauensbildung und konkreter Hilfe für die Menschen und der gebotenen Distanz von freiheitlicher Demokratie zu einem autoritär-diktatorischen System wurde dabei nicht immer gewahrt. Es gab bei einigen Politikern – nicht nur in den Reihen der Sozialdemokratie, sondern auch bei anderen Parteien – manchmal eine problematische Nähe, die kritisch reflektiert werden sollte. Dies gilt ebenso für manche Publizisten und Vertreter gesellschaftlicher Organisationen. Auch viele in der westdeutschen Bevölkerung sollten sich fragen, warum sie, die in Wohlstand und Freiheit lebten und sich gern in einer westlichpostnationalen Identität sonnten, so sehr das Interesse an den Deutschen verloren hatten, deren Los es war, im anderen Deutschland der DDR zu leben.

Der Zusammenbruch der kommunistischen Regime im östlichen Europa und des Sowjetimperiums hat die Rahmenbedingungen für das sozialdemokratische Projekt zunächst jedenfalls nicht verbessert. Willy Brandts Vision vom Anbruch eines neuen sozialdemokratischen Zeitalters erfüllte

43 Egon Bahr, Zu meiner Zeit, München 1996, S. 438-447. Der betreffende Abschnitt über Wehner erschien als Vorabdruck zuvor schon in Die Zeit vom 20.9.1996. Zur Widerlegung der Vorwürfe Bahrs siehe u.a. Heinrich Potthoff, in: Der Spiegel vom 14. 10. 1996; ferner ders., Im Schatten der Mauer, S. 125f.

sich so schnell nicht. Bei den Oppositionsgruppierungen, die wie Solidarnosc in Polen nun an die Regierung kamen, galt die westdeutsche Sozialdemokratie wegen zu dichter Kontakte mit den alten kommunistischen Regimen oft als verdächtig. Sie bevorzugten in der Regel den Dauerkanzler Helmut Kohl mit seiner Union als Partner und sahen in einem wirtschaftsliberalen Kurs, wie ihn die USA und die Bundesrepublik unter Kohl verfolgten, auch für sich ein erfolgversprechendes Modell. Das westlich kapitalistische System in Verbindung mit einer eher konservativ ausgerichteten parlamentarischen Demokratie hatte gesiegt. Mit dem Fall des Kommunismus schien alles, was Sozialismus hieß, diskreditiert.

Nicht nur der SED-Staat hatte sich angemaßt, sein Regime als „real existierenden Sozialismus" auszugeben, sondern auch im allgemeinen Sprachgebrauch der Bundesrepublik war zumeist die Rede von den „sozialistischen Staaten". Vom „Realsozialismus" oder vom „Sozialismus im östlichen Europa" sprachen andere und gestanden damit indirekt den Kommunisten den von diesen nachhaltig erhobenen Anspruch zu, einen bzw. „den" Sozialismus zu vertreten. Die Belastung des Sozialismusbegriffes durch die kommunistischen Systeme veranlassten die SPD, ihr traditionelles Programmwort „Demokratischer Sozialismus" mehr in den Hintergrund treten zu lassen. Gegner der Partei haben die Diskreditierung durch den „Staatssozialismus" immer wieder ausgenutzt, um sie in die Nähe und Nachbarschaft von Kollektivismus und Unfreiheit zu rücken. Nach dem Zusammenbruch der kommunistischen Diktaturen lag es für diese nahe, unter der Parole vom „Ende des Sozialismus" auch gleich noch den Stab über den „demokratischen Sozialismus" der Sozialdemokratie mit zu brechen. Der US-amerikanische Politikwissenschaftler Samuel Huntington, der später den „Clash of Civilizations" prognostizierte, verkündete wie sein Kollege Francis Fukuyama den finalen Sieg der Demokratie. Gemeint war dabei das Modell, wie es die USA mit einer privatkapitalistisch-neoliberalen gesellschaftlichen Ausrichtung verkörperten, also eine „liberale", keine „soziale Demokratie".

Das Bewusstsein einer tiefen Zäsur war weit verbreitet. In der Tat handelte es sich um einen epochalen Einschnitt. Das System einer vorwiegend bipolaren, von zwei großen Macht- und Systemblöcken dominierten Welt hatte durch die Waffenarsenale Ängste geweckt, aber zugleich auch eine kontrollierte Stabilität bedingt. Auf den Zerfall des Sowjetimperiums mit den Umwälzungen in den ostmitteleuropäischen Staaten einschließlich der DDR und der Auflösung des Rates für gegenseitige Wirtschaftshilfe (RGW) wie des Warschauer Paktes (beides 1991) folgte das Auseinanderbrechen der alten Sowjetunion. Im gleichen Jahre 1991 begann mit der

Unabhängigkeitserklärung von Slowenien und Kroatien der Zerfall Jugoslawiens. Er führte in Kroatien, Bosnien-Herzegowina und schließlich im Kosovo zu langwierigen, mörderischen Konflikten mit den Serben und dem Rest-Jugoslawien des Slobodan Milosevic. Europa hatte auf dem Balkan wieder einen gefährlichen Krisenherd mit Kriegen und ethnischen Säuberungen.

Nach dem Niedergang der Sowjetunion waren die USA als einzige Weltmacht verblieben. Sie waren ökonomisch die Nr. 1, bestimmten die Spielregeln, agierten als eine Art von Weltpolizist und intervenierten, wo sie US-amerikanische Interessen bedroht sahen. Das EU-Europa hatte im Zuge der deutschen Einigung zwar an innerer Stärke gewonnen. Dies resultierte vor allem aus dem deutsch-französischen Zusammenspiel von Helmut Kohl und François Mitterrand, die sich darin einig waren, dass Europa das gewachsene Deutschland am ehesten ertragen könne, wenn es in einen engeren europäischen Verbund eingebettet sei. Kanzler Kohl hatte gegenüber der SPD nicht nur bei der deutschen Einigung die besseren Karten, sondern er wirkte und galt auch grenzüberschreitend als der bessere Europäer. Die SPD, die als erste deutsche Partei schon im Heidelberger Programm von 1925 für eine „europäische Wirtschaftseinheit" und die „Bildung der Vereinigten Staaten von Europa" eingetreten war, bei der Westintegration der Bundesrepublik aber zunächst abseits gestanden hatte, geriet auch jetzt wieder ins Hintertreffen. Dabei verfügte sie mit Klaus Hänsch, u.a. von 1994 bis 1996 Präsident des Europäischen Parlaments, über einen ausgewiesenen, fähigen und nachdenklichen Europapolitiker. Doch abgesehen von den Wahlen zum europäischen Parlament lief Europa in der deutschen Sozialdemokratie der 90er Jahre eher auf einem Nebengleis. Die Europa-Politik der Partei, sowohl was das engere EU-Europa wie das größere, sich nach Osten öffnende europäische Projekt betraf, war weder in sich konsistent noch kontinuierlich-zielstrebig. Es kam fast der Eindruck auf, dass Sozialdemokraten im raschen Wechsel von pro-europäischen Bekundungen bis zum populistischem Reiten auf nationalen Vorbehalten eher konzeptionslos agierten. So spielten sich Scharping und Schröder im Vorfeld des Mannheimer Parteitages „als Hüter der DM und der Währungsstabilität auf" und warnten vor der Europäischen Währungsunion, während sich kurz zuvor das Präsidium in einem Treffen mit Bankenvertretern auf eine baldige Währungsunion festgelegt hatte.[44] Der Mannheimer Parteitag hielt an dieser fest, aber die Glaubwürdigkeit hatte

---

44 Peter Lösche, Die SPD nach Mannheim: Strukturprobleme und aktuelle Entwicklungen, in: Aus Politik und Zeitgeschichte B 6/96, S. 25f.

gelitten. Der Eindruck von Zerstrittenheit, fehlender Kompetenz und Führungskraft blieb haften. Dabei gab es für die Sozialdemokratie gute historisch-politische Gründe, den Platz des neuen, größer gewordenen Deutschland in Europa und der Welt präziser zu verorten und die tragenden Grundwerte zu bestimmen, von denen sich ein europäisches Deutschland und der europäische Verbund leiten lassen sollten.

Schon Anfang der 80er Jahre hatte der bekannte Soziologe Ralf Dahrendorf, einst einer der Wegbereiter und Theoretiker der sozialliberalen Wende der FDP, mit der These vom „Ende des sozialdemokratischen Jahrhunderts" Aufsehen erregt. In seiner Argumentation, die er in dem Buch „Chancen der Krise" zusammenfasste[45], erwies er der Sozialdemokratie seine Referenz. Als Partei habe sie die „Verbindung von Rechtsstaat und den Institutionen der offenen Gesellschaft", also die Demokratie, „durchgesetzt und verteidigt". Dies sei ihr bleibendes Verdienst. Seine These, mit dem er dennoch das „Ende" begründete, lautete so: die besonderen sozialdemokratischen Anliegen „Wachstum, Gleichheit, Vernunft, Staat und Internationalismus" hätten verschiedene gesellschaftliche Gruppen aufgenommen und umgesetzt. So seien „wir (fast) alle Sozialdemokraten geworden". Die aus dieser Analyse abgeleitete Folgerung, die Sozialdemokratie habe ihre historische Aufgabe erfüllt und könne nun abdanken, passte zwar in eine Zeit, in der Neoliberalismus und ein ausgeprägter Individualismus das gesellschaftliche Klima bestimmten. Aber sie verzeichnete und verzerrte das Problem, da ja gerade die neo-liberale Renaissance den Sozialstaat wieder in Frage zu stellen begann. Angesichts von Massenarbeitslosigkeit, Turbokapitalismus und der Macht des internationalen Finanzkapitals hat auch Lord Dahrendorf seine Absage modifiziert.

Als Idee und Bewegung hat die Sozialdemokratie über Jahrzehnte Politik und Gesellschaft beeinflusst und gestaltet. Eines ihrer zentralen Anliegen, die Emanzipation und Gleichstellung der industriell-gewerblichen Arbeiterschaft, wurde in den entwickelten Gesellschaften weitgehend erreicht. Im Zuge des Wandels von der Industrie- zur modernen Dienstleistungs- und Kommunikationsgesellschaft schrumpfte die ursprüngliche soziale Basis der Sozialdemokratie zusammen. Der Arbeiteranteil ging zurück, und das alte sozialdemokratische Milieu verlor an Breite und Bindungskraft. Die wachsende Schicht der Angestellten, öffentlich Bediensteten und im High-Tech- und Kommunikationssektor Tätigen war – anders als früher die Arbeiter – nicht in einem eindeutig prägenden politischen Sozial-Milieu beheimatet, sondern in sich heterogen. Aufstiegsstre-

---

45 Ralf Dahrendorf, Chancen der Krise, Stuttgart 1983, bes. S. 16-18.

ben, Besitz- und Wohlstandsdenken und individuelle Freiheiten gewannen steigende Bedeutung. Daraus ergaben sich Reibungsflächen mit der tradierten sozialdemokratisch-gewerkschaftlichen Orientierung auf kollektive Organisation und umfassende sozialstaatliche Intervention. Die Wünsche nach individueller Entfaltung auf der Basis von materiellem Wohlstand kollidierten mit dem zeitweise sehr lebendigen Bewusstsein für Ökologie und dem Fortschritts- und Wachstumsskeptizismus, wie er gerade in den Reihen der Linken über Jahre zu Hause war.

Die Probleme, die aus diesem Prozess für die SPD erwuchsen, zeigten sich besonders in den Großstadtregionen. Zwar stellte die SPD 1995 in über zwei Dritteln der Städte mit mehr als 100 000 Einwohnern den Oberbürgermeister. Doch gerade in einigen Großstädten rutschte sie extrem ab: in Frankfurt a .M. (jeweils verglichen mit den Bundestagswahlen 1969) um 19,3 Prozentpunkte, in München um 16,9, in Stuttgart um 15,9 und in Hamburg um 14,9. Am drastischsten vollzog sich der Niedergang in Berlin, wo die Partei nach einst 61,9 Prozent bei den 1963erWahlen in Westberlin auf 23,6 Prozent in Gesamtberlin von 1995 abstürzte.[46] Die nachlassende Attraktivität der SPD zeigte sich besonders in den Regionen, wo sich High-Tech-Unternehmen und Kommunikationsdienstleister konzentrierten, ein hohes Bildungs- und Wohnungsniveau vorhanden war und es zugleich einen großen Ausländeranteil gab. Dort tendierten viele zu den Grünen, andere wandten sich Rechtspopulisten zu. Noch mehr verlor die SPD an die Nichtwähler. Insgesamt büßten beide Volksparteien, auch die Union, an Bindungskraft ein[47], aber für eine Oppositionspartei wirkte es sich eben negativer aus, dass sie den Protest nicht einfangen und von ihm profitieren konnte. Die Sozialdemokratie brauchte ein Konzept, mit dem sie die Stimmung gegen die Regierung aktivieren konnte. Es ging um die Gewinnung der zumeist wahlentscheidenden Wirtschaftskompetenz und die Präsentation von Politikerpersönlichkeiten mit Mediengeschick und Ausstrahlung, die als überzeugende Alternative zum Dauerkanzler Kohl antreten konnten.

Aber die SPD krankte nun schon seit Jahren daran, dass sich die verschiedenen Thronanwärter in Rivalitäten verstrickten und Loyalität wie Solidarität eher Fremdworte waren. Vor allem gab es kein richtiges Leitungs- und Weisungszentrum. Das Führungsproblem hatte schon unter dem späten Willy Brandt begonnen, der sehr eigenständig agierte und

---

46 Siehe dazu besonders den Bericht einer SPD-internen Arbeitsgruppe: SPD und Großstädte. Der Bericht. Arbeitsgruppe unter Günter Verheugen, Bonn 1995; vgl. auch Lösche, Die SPD nach Mannheim, S. 23f.

47 Vgl. dazu unten Kapitel IV, Abschnitt 3.

selbst das Präsidium manchmal nur sehr unzulänglich informierte. Das schlechte Beispiel machte bei den Enkeln Schule, obwohl sie längst nicht die Statur eines Brandt hatten. Sie gingen ihren eigenen Weg, organisierten ihren Aufstieg und profilierten sich durch spektakuläre Kampagnen, häufig in Abweichung von der Parteilinie. Dabei kamen sie sich auch gegenseitig ins Gehege, indem sie versuchten, potentielle Konkurrenten auszustechen.

Natürlich griffen die Medien diese Rivalitäten geradezu genussvoll auf. Politiker und Journalisten spielten sich dabei nur zu häufig in die Hände. In der gewandelten Medienlandschaft mit der Konkurrenz der privaten Sendekanäle feierten Sensationsgier und plakative, kurzlebige Schlagzeilen fröhliche Urständ. „Politik als Theater" mit inszenierten Auftritten und pointierten Darbietungen prägten die „neue Macht der Darstellungskunst".[48] Doch es gab noch weitere Gründe für manche Häme über die SPD, nicht zuletzt die Auswirkungen des Systems Kohl auf die Medienlandschaft. Die langjährige Vorherrschaft und das auf persönliche Gefolgschaft setzende Regiment des „schwarzen Riesen" hatte zu einer Durchdringung der Medien mit Anhängern und regierungsnahen Politikverkäufern geführt, das vor den öffentlich-rechtlichen Anstalten nicht halt machte und selbst vom Zuschauer als kritisch beurteilte Magazine zähmte und lähmte. Sogar ein Nachrichtenmagazin wie der „Spiegel", der sich als ein Wächter über der demokratischen Kultur verstand, wirkte ein wenig regierungsfromm. Ungleich stärker galt dies für andere Zeitungen und Zeitschriften. Mit „Focus" hatte sich in der Kohl-Ära zudem ein weiteres, regierungsfreundliches Nachrichtenmagazin fest etabliert. Während in den 60er Jahren die SPD davon profitiert hatte, dass einflussreiche Presseorgane und Publizisten ihren politischen Kurs förderten und stützten, musste sie in den 90er Jahren weitgehend ohne einen solchen Zuspruch auskommen. Sie hatte mehrheitlich die Medien gegen sich. Erst als sich das Ende der Ära Kohl abzeichnete, trat eine sichtbare Veränderung ein.

5. Auftrieb unter der Regentschaft Lafontaines

Nach dem Mannheimer Parteitag von November 1995 und nun mit Oskar Lafontaine als Vormann der Partei kam die SPD aus ihrem schweren Tief bei Meinungsumfragen heraus, gewann 6 Prozentpunkte hinzu und erreichte bei der Sonntagsfrage wenigstens wieder 34 Prozent. Sie lag damit

48 Thomas Meyer/Martina Kampmann, Politik als Theater. Die neue Macht der Darstellungskunst, Berlin 1998; vgl. auch Thomas Meyer, Die Inszenierung des Scheins. Voraussetzungen und Folgen symbolischer Politik, Frankfurt/M, 1992.

immer noch weit hinter der CDU/CSU, auch wenn die von zuvor 47 auf 43 Prozent fiel.[49] Nach dem verheerenden Bild der Zerstrittenheit, das die Führungsriege der SPD vor Mannheim abgegeben hatte, ging es zunächst darum, Geschlossenheit zu dokumentieren und die Partei zu konsolidieren. Auch wenn einigen Sozialdemokraten der „Putsch" bitter aufstieg, war Oskar Lafontaine jedenfalls zunächst der gefeierte Mann der SPD. Der besiegte Rudolf Scharping stellte sich trotz der herben Niederlage weiterhin in den Dienst der Partei. Das wurde ihm von vielen hoch angerechnet. Er wurde stellvertretender Parteivorsitzender und blieb Vorsitzender der Bundestagsfraktion.

Gerhard Schröder war im Grunde der letzte verbliebene Konkurrent aus der Enkelgeneration. Doch seine Position in der SPD schien geschwächt. Mit seinem Plädoyer für eine „moderne Wirtschaftspolitik" hatte er 1995 nicht nur den damaligen Vorsitzenden Scharping provoziert, der ihn von der Funktion als wirtschaftspolitischer Sprecher der SPD entband, sondern mit seinen Extratouren auch viele im Parteivolk gegen sich aufgebracht. In Mannheim hagelte es heftige Kritik. Er wurde für den Niedergang der Partei verantwortlich gemacht, von den Delegierten abgestraft und noch geradeso in den Parteivorstand gewählt.[50] Den Zorn bekam auch Heide Simonis, die Ministerpräsidentin von Schleswig-Holstein, zu spüren, die sich mit einem Votum für mehr finanzpolitischen Realismus vorgewagt hatte. Für die überfällige Wende zu einer modernen Wirtschaftspolitik und einer soliden Finanzpolitik schien Mannheim eher ein Schlag ins Kontor. Statt stärker den Bürger als Wähler ins Visier zu nehmen, suchte die große Mehrheit ihr Heil bei dem Mann, der es verstand, die Stimmung des Delegiertenvolkes einzufangen. Diese Art von Versammlungsdemokratie war historisch eine der Stärken dieser großen Mitgliederpartei, aber sie blockierte nun erkennbar die notwendige Öffnung in die Gesellschaft und die stärkere Hinwendung zum Bürger. Die Haltung der auf Parteiversammlungen und Parteitagen anwesenden Aktivisten war freilich nicht deckungsgleich mit der Stimmung der einfachen Parteimitglieder[51], und sie unterschied sich erkennbar von der Einstellung der traditionellen Wählerklientel und erst recht derjenigen der umworbenen Wähler der Mitte. Um die Bundestagswahlen zu gewinnen, musste die SPD dort punkten und dafür brauchte sie einen zugkräftigen Kanzlerkandidaten, der diese Wähler ansprechen und dem erprobten Wahlprofi Kohl Paroli bieten konnte.

49 Vgl. Lösche, Die SPD nach Mannheim, S. 20.
50 Schröder erreichte im ersten Wahlgang nicht die nötigen 263 Stimmen und wurde erst im zweiten Wahlgang mit 303 Stimmen in den Vorstand gewählt.
51 Vgl. dazu auch oben S. 355.

Zunächst aber ging es darum, die heterogene, durch langjährige Opposition und Rivalitäten frustrierte Partei auf Vordermann zu bringen und ihre Schlagkraft zu stärken. Franz Müntefering blieb Bundesgeschäftsführer. Mit seiner Hausmacht, dem Bezirk Westliches Westfalen, im Rücken verfügte er über eine starke Position. Er vermittelte den Genossen so etwas wie ein „Wir-Gefühl". Sein großes Plus war ein hohes innerparteilicher Ansehen, verbunden mit Organisationstalent, Bereitschaft zu Innovationen und Durchsetzungsfähigkeit. Er sorgte dafür, dass Reibungsverluste möglichst vermieden, das Parteivolk eingebunden und eine Kampagnefähigkeit erlangt wurde. Der neue Parteivorsitzende Oskar Lafontaine, früher selbst wenig diszipliniert und loyal, forderte nun Disziplin, Loyalität und Solidarität ein und setzte sie mit Geschick und starker Hand durch. Potenzielle Störenfriede und Abweichler von der Parteilinie wurden eingebunden oder neutralisiert. Während unter Scharping die Bundestagsfraktion im Vordergrund stand und die SPD-Landesfürsten ihre Interessen oft nicht genügend gewahrt sahen, baute Lafontaine das Präsidium zu einem effektiven Koordinierungs- und Steuerungsinstrument aus. Die sozialdemokratischen Länderchefs wurden, vor allem wenn es um Finanzen ging, stetig einbezogen und ihre Anliegen mit aufgenommen.[52] Die vom Präsidium festgelegten Vorgaben galten als Richtschnur für die Fraktion. Nach dem abschreckenden dissonanten Chor des Jahres 1995 operierte die sozialdemokratische Führungsriege nun wieder im Verbund und gewann an Schlagkraft gegenüber der Regierung. Die so heterogene, in Grüppchen aufgefächerte und zuvor von Binnenrivalitäten geplagte SPD bekam das Gefühl, dass sie wieder einen wirklichen Parteivorsitzenden hatte, der es verstand zu führen, die Stimmung der Partei zu treffen und die Basis zu motivieren. Oskar Lafontaine schien der Mann der Stunde, der mit seinem rhetorischen Talent, dem Gespür für das Parteivolk und der Fähigkeit zu medienwirksamen Auftritten für sichtbaren Auftrieb sorgte. Das Jahr 1996 war eine Phase der „Konsolidierung", in der es der SPD gelang, wieder die Kernwähler hinter sich zu sammeln.[53]

52 Eine Zuziehung sozialdemokratischer Ministerpräsidenten bzw. der stellvertretenden Regierungschefs zu den Präsidiumssitzungen wurde bei allen länderrelevanten Themen nun zur Regel. Unter Scharping geschah das nur im Einzelfall. Beleg: Protokolle der Sitzungen des Präsidiums im Archiv der sozialen Demokratie. Vgl. auch die Formulierung von Lafontaine (Präsidium vom 22.4.1996), dieses müsse „zur Steuerung und Koordinierung der SPD-Position in der Lage" sein. Bei Bedarf wurden auch Fachleute der Bundestagsfraktion zu den Präsidiumssitzungen zugezogen.
53 Die Bezeichnung als Phase der „Konsolidierung" gebrauchte Lafontaine. Ähnlich äußerten sich auch andere führende Sozialdemokraten.

Ein Mobilisierungsschub ging durch die Partei, die sich nun gute Chancen ausrechnete, endlich die harten Stühle der Opposition in Bonn zu verlassen und wieder die Regierung zu übernehmen. Bei den Meinungsumfragen gewann die SPD bei der berühmten Sonntagsfrage nach der bevorzugten Partei hinzu, und auch bei der realistischeren „Projektion" holte sie auf, die längerfristige Bindungen und Wirkungen einbezog. Nach den Rohdaten von Allensbach verkürzte die SPD allein von Januar 1996 bis September 1996 ihren Rückstand gegenüber der Union von 9 auf knapp 2 Prozent.[54] Die Zufriedenheit in der Bevölkerung mit der Kohl-Regierung begann zum Winter 1995 dramatisch abzufallen und sank 1997 auf ein noch nie gemessenes Tief, das bis zum Frühsommer 1998 andauerte. In dem gleichen Zeitraum verzeichnete die SPD nach Mannheim sowohl in der politischen Stimmung wie bei der Beurteilung ihrer Oppositionsarbeit einen stetigen Aufwärtstrend und lag weit vor der Regierung.[55]

Die hohe Zeit Lafontaines währte bis zum Jahr 1997. Bis dahin gingen wohl die meisten in der SPD und viele andere Beobachter von der Annahme aus, dass der Parteivorsitzende auch der Kanzlerkandidat sein werde, der 1998 gegen den Wende- und Einheitskanzler Helmut Kohl in den Ring steige. Aber im Laufe des Jahres begann sich der Wind zu drehen. Gerade die Medien, die Lafontaine zuvor verwöhnt hatten, begannen nun mit seiner Demontage. Bei den üblichen Meinungsumfragen stand er als Herausforderer Kohls nicht gut da. Sein Vorsprung gegenüber dem unpopulär gewordenen Dauerkanzler war denkbar knapp. In der Öffentlichkeit verbuchte er weniger Zustimmung als seine Partei, die SPD. Dagegen erhielt Gerhard Schröder bei der Bewertung der Spitzenpolitiker der Parteien seit 1997 stetig positive Werte. Er war deutlich populärer als Kanzler Kohl und, ginge es nach dem Wähler, besaß die SPD mit ihm bessere Chancen als mit Lafontaine. In der Kanzlerpräferenz lag er seit November 1997 mit einem beträchtlichen Vorsprung vor Helmut Kohl.[56] Doch noch waren in der SPD die Würfel nicht gefallen. In der Partei besaß Lafontaine sicher die besseren Karten, aber in der Bevölkerung kam Schröder besser an. Die Spekulation, wer denn nun Kanzlerkandidat der SPD werde, beschäftigte die Öffentlichkeit.

54 Das hieß: Januar 1996 31,7 zu 40,7, September 35,1 zu 37,1 Prozent. Vgl. Malte Ristau, Der Wahlkampf der SPD – Eine chronologisch-systematische Darstellung (unveröffentlichte Ausarbeitung). Die Zahlen aus dem Politbarometer finden sich auch in der Presse.
55 Siehe Matthias Jung/Dieter Roth, Wer zu spät geht, den bestraft der Wähler. Eine Analyse der Bundestagswahl 1998, in: Aus Politik und Zeitgeschichte B 52/98, S. 5f.
56 Vgl. Oscar W. Gabriel/Frank Brettschneider, Die Bundestagswahl 1998: Ein Plebiszit gegen Kanzler Kohl?, in: ebenda S. 23f.

Helmut Kohl hatte schon früh im Jahr 1997 verkündet, dass er bei den Wahlen von 1998 wieder antreten werde. Es war bezeichnend für seine selbstgefällige Machtüberheblichkeit und das Gefühl eigener Unentbehrlichkeit, dass dies vom Urlaubsort über das Fernsehen geschah. Wolfgang Schäuble, der großes Vertrauen in der Union und beachtliches Ansehen in der Bevölkerung genoss, wurde als ewiger Kronprinz in die zweite Reihe verbannt. Für die SPD wäre er ein weit gefährlicherer Konkurrent gewesen, zumal er seine Sympathiewerte in der Bevölkerung 1997 und 1998 noch kontinuierlich steigern konnte.[57] Kohl hatte dagegen seinen Kredit weitgehend verspielt. Er wurde zu einer Belastung für die eigene Partei. Problemlösungsfähigkeit wurde ihm kaum mehr zugetraut und viele Wähler waren des Altkanzlers nun wirklich überdrüssig geworden. Statt eines „Kanzlerbonus" gab es einen „Kanzlermalus", doch der unter Realitätsverlust leidende Machtmensch Kohl wollte nicht wahrhaben, dass er es nicht mehr packen würde. Es herrschte ein ausgesprochener Wunsch nach einem Wechsel. Auch in so wahlrelevanten Bereichen wie Wirtschaftskompetenz, Finanzpolitik und Arbeitslosigkeit hatte die CDU/CSU-FDP-Regierung erheblich an Kredit verloren. Großsprecherisch hatte Kohl eine Halbierung der Arbeitslosigkeit versprochen. Doch die Wirklichkeit sah anders aus: Die Zahl der Erwerbslosen stieg, und es war nicht zu erkennen, dass die Regierung dagegen etwas Wirksames tat.

In den neuen Ländern war die Arbeitslosigkeit schon seit der Einheit das Thema Nr. 1. Nachdem 1995 eine minimale Verbesserung zu verzeichnen gewesen war, stieg der Prozentsatz der registrierten Arbeitslosen im Osten wieder kräftig an und lag in den Jahren 1997/98 bei 19,5 Prozent, d.h. im Jahresmittel waren über 1,37 Millionen arbeitslos. Doch auch im Westen war die Arbeitslosigkeit seit 1991 kontinuierlich gestiegen und überschritt in den Jahren 1996-1998 stetig die 10-Prozent Quote. In ganz Deutschland waren so um 4,3 Millionen Menschen ohne Arbeit.[58] Der negative Höhepunkt lag bei 4,9 Millionen im Januar 1998. Zu den registrierten Arbeitslosen kamen noch mehrere Hunderttausend nicht registrierte dazu. Viele waren in Kurzarbeit oder wurden in sogenannten Beschäftigungsmaßnahmen aufgefangen, die keine Zukunftsperspektive boten. Die Massenarbeitslosigkeit war das beherrschende Thema in der Bevölkerung. Seit Anfang 1997 galt sie im Schnitt für über 80 Prozent der Befragten als das wichtigste Problem. Der Union und der Kohl-Regierung, die dabei so versagten, traute man fast überhaupt nichts mehr zu. Auch

57 Vgl. Jung/Roth, Wer zu spät geht, den bestraft der Wähler, S. 11f.
58 Siehe Statistisches Jahrbuch 1999 für die Bundesrepublik Deutschland, S. 120f.; vgl. auch Facts about Germany, Frankfurt/M., S. 301f.

wenn bei der Mehrheit der Bürger eine generelle Skepsis vorherrschte, was die Überwindung der Arbeitslosigkeit durch die Politik anbetraf, so maß doch eine relative Mehrheit der SPD am ehesten die Kompetenz zur Schaffung von Arbeitsplätzen zu.[59]

Auch in der Haushaltspolitik erweckte die Regierung Kohl einen hilflosen Eindruck. Der Fehlschlag bei der Steuerreform im Herbst 1997 war fast vorauszusehen. Formal scheiterte sie an der SPD-Mehrheit im Bundesrat, also an der von der Union gern beschworenen Blockadepolitik Oskar Lafontaines. Doch sie war sozial unausgewogen und vor allem auch unpopulär. Bezogen auf die Wirtschaftskompetenz trauten die Wähler der Union bei aller Skepsis zwar mehr zu als der SPD, doch bei einem Vergleich von Kohl und Schröder galt dieser als der eindeutig kompetentere Politiker.

Für die SPD lag es also bei Abwägung ihrer Wahlchancen eigentlich schon seit Herbst 1997 nahe, Gerhard Schröder zu ihrem Kanzlerkandidaten zu erheben. Dafür musste Lafontaine seinen eigenen Ehrgeiz zügeln und dem erfolgsversprechenderen Rivalen den Vortritt lassen. Das Thema, wer von den beiden antreten werde, beschäftigte die Medien über Monate und sicherte der SPD Aufmerksamkeit. Die Entscheidung fiel bei den Landtagswahlen in Niedersachsen am 1. März 1998[60], bei denen im Zeichen der Kandidatenfrage eine Mobilisierung von Wählern zugunsten der SPD gelang. Gerhard Schröder errang mit 47,9 Prozent der Stimmen für die SPD und der absoluten Mehrheit im Parlament einen großartigen Erfolg. Am Tag nach der Wahl nominierten Präsidium und Parteivorstand ihn einstimmig für die Wahl zum Kanzlerkandidaten durch den Parteitag am 17. April in Leipzig.[61] Er wurde zu einer eindrucksvollen Bekundung der SPD, sich hinter ihren Kandidaten Gerhard Schröder und ihren Parteivorsitzenden Oskar Lafontaine zu scharen. „Arbeit, Innovation und Gerechtigkeit" lautete das Motto für das Wahlprogramm. Soziale Gerechtigkeit zielte in erster Linie auf die sozialdemokratische Stammklientel und von der CDU enttäuschte Wähler besonders im Osten. Innovation und politische Führung sollten die Bürger ansprechen, die beides zusehends bei

59 Vgl. Jung/Roth. Wer zu spät geht, S. 8; vgl. auch Forschungsgruppe Wahlen, Bundestagswahl 1998. Eine Analyse der Wahl vom 27. September 1998.

60 Vgl. dazu die Darstellungen bei Lafontaine, Das Herz schlägt links, S. 81-90, u.a. er habe Schröder versprochen: „Wenn du das Wahlergebnis der letzten Niedersachsenwahl erreichst oder zulegst, bist du der Kandidat, wenn nicht entscheidet die Partei." Siehe auch die in der folgenden Anm. angeführten Protokolle.

61 Vgl. Protokolle der Präsidiumssitzung und der a.o. Parteivorstandssitzung, beide am 2.3.1998, in: SPD-Vorstandssekretariat, sowie Presseservice der SPD 78/98 vom 2.3.1998.

der lahm gewordenen Bundesregierung vermissten. Schließlich brachte der allgemeine Slogan Politikwechsel den gerade bei potentiellen Nichtwählern vorhandenen Wunsch nach einer Änderung des verkrusteten Kohl-Regiments auf den Punkt.

Bei den Landtagswahlen in Sachsen-Anhalt am 26. April 1998 gewann die SPD zwar auf 35,9 Prozent hinzu[62] und die bisher regierende CDU erlitt eine schwere Schlappe. Dennoch bremste Magdeburg ein wenig den Mobilisierungsschub. Das Erschrecken über die 12,9 Prozent für die rechtsextremistischen Republikaner und der Konflikt um die Rolle der PDS zogen die Aufmerksamkeit auf sich. Reinhard Höppner bildete eine Minderheitsregierung aus SPD und Bündnis 90/ Die Grünen, die fallweise von der PDS gestützt wurde. Die CDU unter ihrem Generalsekretär Pfarrer Hintze kramte das alte Volksfrontgespenst aus der Mottenkiste hervor. Das Bild der „roten Hände" von PDS/SPD, das auf das SED-Gründungsmotiv anspielte, war infam, zumal sich gerade in der sachsen-anhaltinischen CDU auffällig viele alte „Blockflöten" tummelten. Jedoch belastete das sogenannte Magdeburger Modell sowohl den inneren Frieden in der SPD als auch die Wahlkampfstrategie der Partei. Dafür aber verhalfen die Grünen mit einem Eigentor auf dem Magdeburger Parteitag von März 1998 der SPD indirekt zu einem Vorteil im Spiel um die Wählergunst. Ihr Beschluss, den Benzinpreis schrittweise auf fünf DM anzuheben[63], verschreckte manche Wähler, die einen Politikwechsel in Bonn wünschten. Dies trieb sie in die Arme der SPD, bei der Oskar Lafontaine als Parteivorsitzender die eher postindustriell angehauchte Klientel und alte Links-Wähler bediente, während der Kanzlerkandidat Gerhard Schröder mit dem Slogan der „Neuen Mitte" die Wähler aus den modernen High-Tech-Branchen anzusprechen suchte.

Das Duo Schröder/Lafontaine funktionierte in der Wahlkampfphase beinahe perfekt. Dies war vor allem ein Verdienst der beiden Akteure. Die zentralen Themen der SPD waren Überwindung der Massenarbeitslosigkeit und die Kombination von sozialer Verantwortung und Modernität mit Augenmaß. „Wir machen manches anders, aber vor allem: vieles besser" zielte auf einen Wechsel, der negative Befürchtungen vermied und positive Assoziationen beim Wähler weckte. Das Motto war maßgeschneidert für Gerhard Schröder mit seinem Profil als Kanzlerkandidat der Mitte. Die von Franz Müntefering gemanagte „Kampa" leistete als Wahlkampfzentrale hervorragende Arbeit. Die SPD präsentierte sich als frische, pfiffige Partei,

---

62 Bei den Landtagswahlen am 26.6.1994 hatte sie 34,0 Prozent erhalten.
63 Vgl. Archiv der Gegenwart, 68. Jahrgang 1998, S. 42669.

Wahlplakat der SPD 1998

der es gelang, ihre traditionellen Grundwerte Freiheit, Gerechtigkeit und Solidarität mit den Anforderungen der modernen Industrie-, Dienstleistungs- und Kommunikationsgesellschaft zu verbinden.

„Auf den Kanzler kommt es an" war ein altes Wahlkampferfolgrezept der regierungsverwöhnten Union. Im Wahlkampf 1998 hielt die SPD mit Erfolg dagegen und die Medien spielten bei dieser Personalisierung mit. Der Langzeitkanzler Kohl wurde geschickt als Auslaufmodell persifliert. Mit dem Wechsel in Düsseldorf, wo der angesehene langjährige Ministerpräsident Johannes Rau am 27. Mai 1998 den Stab an den dynamischen Modernisierer Wolfgang Clement übergab, demonstrierte die SPD eine Wachablösung, die in der Öffentlichkeit und bei der Bevölkerung Anklang fand[64] und den Druck auf die Union erhöhte. Gerhard Schröder war „ohne Zweifel der populärere Politiker mit der Ausstrahlung des Machers sowie der Aura des Siegertyps, ein Sympathieträger par excellence, der außerdem eben auch eindeutig als derjenige gesehen wurde, der eher die zukünftigen Probleme Deutschlands lösen kann."[65] Die Wahlentscheidung vom 27.

64 Vgl. Ristau, Der Wahlkampf der SPD, S. 8.
65 Ebd. S. 12.

September 1998 war deshalb auch für ihn ein persönlicher Erfolg und für Helmut Kohl eine klare persönliche Niederlage.

Regierungswechsel hatte es in der Bundesrepublik bisher nur im Kontext von veränderten Koalitionen gegeben, so 1966 mit dem Regierungseintritt der SPD, 1969 durch das Zusammengehen der FDP-Opposition mit der bisherigen Regierungspartei SPD und 1982 durch die „Wende" der FDP zu Helmut Kohl. Zum ersten Male in der deutschen Nachkriegsgeschichte wurde nun ein Regierungs- und Machtwechsel direkt vom Wähler herbeigeführt. Die CDU/CSU wurde in aller Härte abgebürstet und fiel auf 35,2 Prozent. Die FDP verlor leicht (6,2) ebenso wie die Grünen (6,7). Der große eindeutige und alleinige Wahlsieger war die SPD, die sich von 36,4 auf 40,9 Prozent steigerte. Sie wurde in allen Altersgruppen, außer bei den über 60jährigen, stärkste Partei, gewann überdurchschnittlich bei Angestellten hinzu und schlug die Union in den neuen Ländern um Längen: Sie führte dort mit 15 Prozentpunkten vor der CDU, die 1994 noch um sechs vor der SPD lag. Im Vergleich zu 1994 erhielt die Sozialdemokratie rund drei Millionen Zweitstimmen mehr, vor allem von ehemaligen CDU/CSU-Wählern und von früheren Nichtwählern.[66] Während vor dem Urnengang noch eine große Koalition von CDU/CSU und SPD als die wahrscheinlichere und für viele Bürger wünschenswertere Lösung angesehen wurde, führten die Wähler mit ihrem Stimmenvotum die Entscheidung für eine rot-grüne Koalition herbei, die viele eigentlich so nicht gewollt hatten. Nach dem grandiosen Wahlsieg der SPD stand noch am Wahlabend fest, dass der nächste Bundeskanzler Gerhard Schröder heißen werde.

---

66 Vgl. Forschungsgruppe Wahlen, Bundestagswahl 1998. Eine Analyse der Wahl vom 27. September 1998, Mannheim 1998, bes. S. 21ff. und 71ff.; Jung/Roth, Wer zu spät geht, S. 13-16.

IV. Die Regierung Schröder und die SPD als Regierungspartei

1. Holpriger Auftakt und Konsolidierung

Nach dem Wahlsieg vom 27. September, mit dem die Weichen für eine Koalition der SPD mit den Grünen gestellt worden waren, mussten nicht nur der Kurs für die Regierung Gerhard Schröders abgesteckt, sondern auch die Gewichte zwischen den beiden Parteien und den Führungspersönlichkeiten austariert werden. Bei den Koalitionsgesprächen mit den Grünen gab bei der SPD vor allem der Parteivorsitzende Lafontaine den Ton an. So trugen die Koalitionsvereinbarungen denn auch ein rot-grünes Etikett sozial-ökologischer Färbung. Die Themen „Innovation", „Neue Mitte", Modernisierung von Staat und Gesellschaft, für die Gerhard Schröder im Wahlkampf gestanden hatte, traten dabei etwas in den Hintergrund. Angesichts des gigantischen Schuldenberges, der unter der Regierung Kohl angehäuft worden war, waren die Spielräume für eine Schließung der Gerechtigkeitslücke gering. Doch gerade im sozialen Bereich wurden Verbesserungen erwartet. Die Schwierigkeiten in der Sache, mit der die neue rot-grüne Regierung unter Gerhard Schröder konfrontiert wurde, waren enorm. Dazu kamen Anlaufprobleme, die nach der langen Oppositionszeit nur zu begreiflich waren. Die Administration war durch 16 Jahre Kohl-Regierung geprägt. Selbst bei der Überleitung der Regierungsgeschäfte gab es unfaire Praktiken. Die Aktensäuberungen und die Löschung von Daten im Kanzleramt direkt nach der für die CDU/CSU verlorenen Wahl werfen darauf ein Schlaglicht. Als eine Belastung erwiesen sich schon beim Start die komplizierten Beziehungsstrukturen in der Führungsspitze der SPD.

Mit Wolfgang Thierse wurde nun erstmals ein Ostdeutscher Präsident des Deutschen Bundestages. Die Wahl von Gerhard Schröder zum Bundeskanzler am 27. Oktober 1998 verlief glatt. Die Koalition mit ihren 345 Abgeordneten stand geschlossen. Schröder erhielt sogar 351 Stimmen, also zusätzlich noch sechs aus den Reihen der Opposition. Auch die Besetzung der meisten Ministerposten, acht Ressorts für die SPD, drei für die Grünen, war keine Überraschung.[1] Die profilierte Juristin Herta Däubler-Gmelin erhielt das Justizressort und Otto Schily, der bisherige innenpolitische Sprecher und frühere Grüne, das des Innern. Die Übertragung des Arbeits- und Sozialressorts an Walter Riester, der von der IG Metall kam und für seine reformpolitische Aufgeschlossenheit bekannt war, symbolisierte die Bereitschaft auch zu neuen Wegen in der Sozialpolitik. Der parteilose Wirtschaftsminister Werner Müller, den Schröder gewonnen hatte[2], stand für die Einbeziehung von Sachverstand aus der Wirtschaft, auf die es dem Kanzler ankam. Der erfolgreiche Wahlkampfmanager Franz Müntefering erhielt das Verkehrsressort und Heidi Wieczorek-Zeul das Entwicklungsministerium. Aus Niedersachsen kamen Edelgard Bulmahn, die das Forschungsministerium übernahm, und Landwirtschaftsminister Karl-Heinz Funke, aus den Reihen der ostdeutschen Sozialdemokratie Christine Bergmann an der Spitze des Ressorts für Familien, Jugend und Senioren. Bodo Hombach wurde eher überraschend Kanzleramtsminister. Von den Grünen überzeugte Außenminister Joschka Fischer anfängliche Bedenkenträger durch politisches Geschick und gewann schnell an Statur und Ansehen. Jürgen Trittin, gewiss für manche eine Zeitlang ein rotes Tuch, fügte sich langsam ein. Der Weg auf die Hardthöhe fiel Rudolf Scharping, der gerne Fraktionsvorsitzender mit einer eigenen Machtbasis geblieben wäre, nicht leicht. Doch in diesem ersten personalpolitischen Geplänkel musste er Federn lassen und so fügte er sich letztlich aus Loyalität und Einsicht.[3] Zum neuen Vorsitzenden der Bundestagsfraktion wurde der bisherige parlamentarische Geschäftsführer Peter Struck gewählt.

Dies waren jedoch nur Vorboten des eigentlichen Machtkampfes. Als „das Zweckbündnis Lafontaine/Schröder mit dem Tag des Machtwechsels zerbrach"[4], kündigte er sich an. Lafontaine übernahm die Führungsrolle bei den Koalitionsverhandlungen, setzte erweiterte Kompetenzen für das von ihm übernommene Finanzministerium durch und baute es zu einer eigenen Machtzentrale aus. Mit dem Parteivorsitz in seiner Hand sah ihn die Medienöffentlichkeit als eine Art „Gegenkanzler". Erhard Eppler hat diese Existenz zweier Machtzentren als einen grundsätzlichen Konstruktionsfeh-

---

1 Zur Auswahl der Ministermannschaft vgl. Lafontaine, Das Herz schlägt links, S. 112-118.

2 Als Wirtschaftsminister war zunächst Jost Stollmann vorgesehen, der aber kurzfristig verzichtete.

3 Aus einer Scharping gegenüber sehr kritischen Sicht schildert dies Lafontaine, Das Herz schlägt links, S. 121-126.

4 Der Spiegel Nr. 40 vom 4.10.1999, S. 24 sowie ebenda der Artikel „Der lange Weg zum kurzen Abschied", S. 116-130.

ler der rot-grünen Koalition gekennzeichnet.[5] In der Anlaufphase der Regierung schien es, dass vor allem Lafontaine den Kurs bestimmte. Er stand im Zeichen der versprochenen größeren sozialen Gerechtigkeit. Eingriffe der Vorgängerregierung beim Kündigungsrecht, bei der Lohnfortzahlung im Krankheitsfall und bei den Renten wurden wieder rückgängig gemacht. Das Kindergeld wurde erhöht, ein Programm zur Bekämpfung der Jugendarbeitslosigkeit aufgelegt. Dazu kamen die Neuregelung der 630-DM-Jobs, die nun sozialversicherungspflichtig wurden, und Maßnahmen zur Eindämmung der „Scheinselbständigkeit".

Die Neuregelung des Staatsbürgerrechtes sollte u.a. die Einbürgerung und Integration von bei uns lebenden Ausländern erleichtern und ließ unter bestimmten Bedingungen eine Doppelstaatsbürgerschaft zu. Sie war eigentlich längst überfällig. Denn das alte Recht („Jus sanguinis") war noch vom deutsch-völkischen Denken des Kaiserreichs und der NS-Zeit geprägt. Doch in der Bevölkerung gab es Vorbehalte. Roland Koch (CDU) schürte und nutzte diese bei der Wahlkampagne in Hessen auf populistische Art und Weise. Dabei kam auch Geld aus schwarzen Kassen zum Einsatz. Trotz leichter Zugewinne für die SPD und Hans Eichel siegte die CDU bei den Landtagswahlen am 7. Februar. Lafontaine wollte die CDU nun beim Staatsbürgerrecht „mit in die Verantwortung nehmen" und plädierte nach den Kurdenkrawallen für die Prüfung „einer erleichterten Abschiebung". Ihm widersprach vor allem Herta Däubler-Gmelin. Aus Lafontaines Klagen über „das uneinheitliche Bild" der Regierung und mangelnde Abstimmung sprach schon erkennbar der Frust.[6]

Mit seinen eigenwilligen finanzpolitischen Vorstößen, u.a. zur Kontrolle des internationalen Finanzkapitals, stieß Lafontaine in Deutschland und bei westlichen Partnern auf Widerstand. Sie vertrugen sich kaum mit den marktwirtschaftlichen Grundsätzen, wie sie im europäisch-atlantischen Raum und auch vom Kanzler favorisiert wurden, und mit den Erfordernissen einer Ankurbelung der Wirtschaft, einer Haushaltskonsolidierung und einer Vereinfachung des Steuersystems.

Lafontaine hatte sich und seine Machtmöglichkeiten überschätzt. Vom Kanzleramt unter Bodo Hombach wurde zusehends gegengesteuert und eine Kampagne für die Hinwendung zu einem marktorientierten „Moder-

5 In dem zuvor zitierten Artikel im Spiegel Nr. 40 vom 4.10.1999, S. 125.
6 Siehe bes. Protokoll der Sitzung des Präsidiums am 22.2.1999, Protokoll in SPD-Vorstandssekretariat. Zu den Vorbehalten gegen die Neuregelung des Staatsbürgerrechts vgl. auch Lafontaine, Das Herz schlägt links, S. 172-177 sowie Präsidiumssitzung vom 9.2.1999. Zur Neuregelung, die schließlich am 7.5.1999 verabschiedet wurde, vgl. die Übersicht in Archiv der Gegenwart Bd. 69, Jahrgang 1999, S. 43533.

nisierungskurs" entfacht, wie er von Tony Blair mit „New Labour" in Großbritannien erfolgreich praktiziert wurde. Gegenüber einem Kanzler, der aufgrund seiner Richtlinienkompetenz am längeren Hebel saß und der über einen ausgeprägten Machtinstinkt verfügte, geriet der Parteivorsitzende ins Hintertreffen. Den Dirigentenstab konnte nur einer führen. Am 11. März 1999 schlug die Nachricht wie eine Bombe ein, dass Lafontaine als Finanzminister zurücktrat und gleichzeitig den Parteivorsitz niederlegte.[7] Als Grund für seinen Schritt nannte er am 14. März „das schlechte Mannschaftsspiel" sowie sein „Privatleben" und fügte abschließend hinzu: „Das Herz wird noch nicht an der Börse gehandelt, aber es hat einen Standort – es schlägt links."[8]

Viele Sozialdemokraten, vor allem aus dem linken Spektrum, aber auch Vertreter der Grünen waren betroffen über den Rücktritt und fühlten sich brüskiert, dass er den Parteivorsitz wie ein nasses Handtuch hinwarf. Lafontaine hat in seinem Rückblick „Das Herz schlägt links" sowohl die regierenden Sozialdemokraten wie die Grünen bezichtigt, Grundsätze preisgegeben und Fehler begangen zu haben.[9] Als „eine konsequente und noble Entscheidung" kommentierte Kanzler Schröder den überraschenden Schritt.[10] Im Kern ging es tatsächlich um eine Grundsatzentscheidung zwischen dem alten oppositionellen Profil der SPD und den Anforderungen einer Regierungspartei, die zu den internationalen Verpflichtungen stand und die drängenden inneren Reformen (Haushalt, Steuern, Arbeitsmarkt und Wirtschaft) anpackte. Der bekannte polnische Publizist Adam Krzeminski brachte es auf die Formel: „ Es ist deutlich, dass hier ein ‚soziales Duell' stattgefunden hat", bei dem die von Schröder „vertretene Blair-Linie" mit der „sogenannten neuen Mitte" den „Sieg davongetragen" habe. Er vermute, dass der Rücktritt Lafontaines „im Grunde genommen die SPD stärken wird".[11] Auf dem Parteitag vom 12. April 1999 in Bonn wurde Gerhard Schröder mit einer „ehrlichen" Mehrheit zum Nachfolger

---

7 Peter Glotz, Versuch über Lafontaine, in: Neue Gesellschaft/Frankfurter Hefte, 1990, Nr. 7, S. 583ff. charakterisierte ihn schon damals als „unberechenbar"; man könne „ihm sogar zutrauen, dass er irgendwann einmal alles hinschmeißt, sein Leben lebt." Zum Vorlauf und den Umständen seines Rücktritts hat Lafontaine, Das Herz schlägt links, ausführlich seine Sicht dargelegt und sich gerechtfertigt. Vgl. bes. S. 143, 153, 223, 225-233, 243f. und 276.

8 Zitiert nach Archiv der Gegenwart, Bd. 69, Jahrgang 1999, S. 43387f.; Wortlaut auch in Lafontaine, Das Herz schlägt links, S. 230-232.

9 Lafontaine, Das Herz schlägt links, passim, zu den Grünen bes. 150f und 153ff.

10 Präsidium-„Sondersitzung zum Rücktritt Oskar Lafontaines", Protokoll in SPD-Vorstandsarchiv.

11 Zitiert nach Archiv der Gegenwart, Bd. 69, Jahrgang 1999, S. 43388.

Gerhard Schröder auf dem Parteitag in Bonn, 12. April 1999

gewählt.[12] Kanzleramt und Parteivorsitz lagen nun in einer Hand. Damit waren die Voraussetzungen dafür geschaffen, dass die Partei näher an die Regierung rücken und Reibungsverluste besser ausgeglichen werden konnten.

Der nicht ausgestandene Führungskonflikt hatte maßgeblich zu den Koordinierungsproblemen beigetragen, die sich zunächst in der Regierungsarbeit zeigten. Der Chef des Kanzleramtes Frank-Walter Steinmeier erwarb sich intern zwar schnell Respekt, doch seine vollen Fähigkeiten als effizienter Koordinator im Stile eines Manfred Schüler[13] konnte er erst wirklich entfalten, nachdem Bodo Hombach seinen Stuhl als Kanzleramtsminister geräumt hatte. „Es fehlte", so urteilen die Parteienforscher Richard Stöss und Oskar Niedermayer über die erste Phase, „eine – in der heutigen extrem ausdifferenzierten Organisation des politischen Willensbildungs- und Entscheidungsprozesses funktional notwendige – Steuerungszentrale und ein eingespieltes Frühwarnsystem, mit dem Fehlent-

---

12 Er erhielt 75,98 Prozent der abgegebenen Stimmen.
13 Manfred Schüler war von 1974 bis 1980 Chef des Kanzleramtes unter Helmut Schmidt.

wicklungen frühzeitig hätten erkannt und korrigiert werden können."[14] Abstimmungsprobleme und Vermittlungsdefizite zeigten sich sowohl innerhalb der Regierung als auch im Verhältnis von Regierung, Partei, Fraktion und SPD-geführten Bundesländern. Bei nüchterner Betrachtung war dies eigentlich kein Wunder. Denn Regierungshandeln musste nach so langen Jahren der Opposition erst gelernt werden. Auch bei der Regierung Kohl hatte es nach 1982 erhebliche Anlaufschwierigkeiten und Pannen gegeben. Zudem wollte die rot-grüne Koalition nach den Jahren der Stagnation wohl zu vieles zu schnell. So kam es zu handwerklichen Fehlern und unzureichend vorbereiteten Gesetzesvorhaben, die häufige Nachbesserungen und Korrekturen erforderten.[15] Das stiftete Ärger und Verwirrung. Die Schwierigkeiten bei den 630-DM-Jobs wie beim Gesetz gegen die Scheinselbstständigkeit und das Hin und Her bei der Gesundheitsreform stehen dafür als Beispiele.

Am 23. Mai 1999 wurde Johannes Rau zum neuen Bundespräsidenten gewählt. Seine Gabe zu versöhnen, seine nachdenkliche Art, seine christliche Verwurzelung und seine Sensibilität im Umgang mit der NS-Vergangenheit prädestinierten ihn geradezu für dieses Amt. In der ganzen Geschichte der Bundesrepublik war es zuvor nur einmal – 1966 bis 1971 – von einem Sozialdemokraten, Gustav Heinemann, dem politischen Ziehvater von Rau, besetzt worden. Am 1. Juli trat Johannes Rau sein Amt an. In der ihm eigenen Art bezog er vor allem Stellung gegen die ausländerfeindlichen Ausschreitungen und die Anschläge gegen jüdische Einrichtungen, die erschreckende Ausmaße annahmen, und machte die Integration der bei uns lebenden Ausländer zu einer zentralen Frage seiner Präsidentschaft.

Das Erscheinungsbild der rot-grünen Regierung war nicht das beste. Sie verlor in der Bevölkerung schnell an Rückhalt. Bei der Europawahl am 13. Juni gewann die CDU kräftig hinzu und die SPD büßte gegenüber der Europawahl von 1994 1,5 Prozentpunkte, gegenüber der letzten Bundestagswahl sogar 10,2 Punkte ein. Nach dem „Sommertheater" kam es dann bei den Landtagswahlen im Herbst knüppeldick. Am 5. September 1999 rutschte die Partei im Saarland um 5,0 Prozentpunkte ab und verlor die Mehrheit. Auf Reinhard Klimmt (SPD) folgte als Ministerpräsident nun Peter Müller von der CDU. In Brandenburg büßte die SPD gar 14,8 Prozentpunkte ein und Manfred Stolpe bildete schließlich eine Koalitions-

14 Richard Stöss/Oskar Niedermayer, Zwischen Anpassung und Profilierung. Die SPD an der Schwelle zum neuen Jahrhundert, in: Aus Politik und Zeitgeschichte, B5/2000, S. 7.
15 Lafontaine, Das Herz schlägt links, lastet sie ausschließlich anderen, vor allem Kanzler Schröder an. Vgl. bes. S. 161-168.

regierung mit der CDU. Eine Woche später brach das nächste Desaster herein: In Thüringen ein Rückgang um 11,1 Punkte und ähnlich schlimm sah es bei den Kommunalwahlen in Nordrhein-Westfalen aus, wo die SPD traditionelle Hochburgen im Ruhrgebiet an die CDU verlor. Landesweit erreichte sie nur 33,9 Prozent, während die CDU auf 50,3 kam. In Sachsen war es am 19. September ein Minus von 5,9 Prozentpunkten und in Berlin sackte die SPD nach dem historischen Tief von 23,6 Prozent im Jahr 1995 noch weiter auf 22,4 Prozent ab.[16] Bei den Wahlschlappen spielte neben landesspezifischen Ursachen auch die Bundespolitik eine gewichtige Rolle. Der Verlust an Zustimmung war evident und fast flächendeckend, am stärksten aber bei den Arbeitslosen, die enttäuscht waren, dass ein Abbau der Arbeitslosigkeit so schnell nicht gelang, und bei den kleinen und mittleren Selbständigen, die sich über die Scheinselbständigkeits- und 630-DM-Regelungen erregten. Die sich von der SPD im Osten Abwendenden gingen zu etwa gleichen Teilen an die CDU, die PDS und die Nichtwähler. Bundesweit hegten nach Forsa-Daten im Herbst 1999 weniger als 20 Prozent eine Wahlabsicht SPD; die CDU/CSU lag vorn und viele Befragte waren unentschlossen.[17] Bei der berühmten Sonntagsfrage war die SPD von den 40,9 Prozent bei der Bundestagswahl stetig bis auf 32 Prozent im Oktober 1999 abgerutscht, während die CDU/CSU im gleichen Zeitraum kräftig geklettert war.[18] Die Akzeptanzkrise in der Bevölkerung war dramatisch und die Regierung Schröder stand ausgesprochen schlecht da.

Auch Gerhard Schröder, über den eine bestimmte Presse nicht ganz ohne selbst gesetzte Anlässe mit hämischen Kommentaren zu dem „Brioni-", „Cashmere-" und „Cohiba-Zigarren-Kanzler" herfiel, stand in der Schusslinie. Schon wurde in einigen Medien Rudolf Scharping zum „Reservekanzler" ausgerufen, der nur auf seine Stunde warte.[19] Mit dem Schröder/Blair-Papier von Juni 1999 hatte der Kanzler überraschend in die politisch-programmatische Diskussion eingegriffen. Es trug die Handschrift der „Modernisierer" und orientierte sich an dem marktorientierten Kurs von „New Labour" unter Tony Blair und dem von seinem einflussreichen Berater Anthony Giddens propagierten „Dritten Weg". Für

---

16 Ein guter Überblick über diese Wahlen findet sich in Archiv der Gegenwart, Bd. 69, Jahrgang 1999, S. 43767-43770.
17 Vgl. Stöss/Niedermayer, S. 6f. mit Schaubild „Politische Stimmung nach den Bundestagswahlen".
18 Siehe das Schaubild zu den entsprechenden Daten in Der Spiegel Nr. 49 vom 6.12.1999.
19 Vgl. Der Spiegel Nr. 46 vom 15.11.1999 und Stern Nr. 48 vom 25.11.1999.

Deutschland sei dies „die neue Mitte". [20] Das Papier zielte auf eine Rück-
führung staatlicher Aufgaben auch im Sozialen, auf „wirtschaftliche Dynamisierung", Steuerreformen und befürwortete die Aufnahme liberaler
Akzente in das sozialdemokratische Konzept. Die „Traditionalisten" in der
SPD propagierten unter Berufung auf das Vorbild Lionel Jospin in Frankreich dagegen ein betont staatsorientiertes Umlenkungsmodell. [21] Manche
Genossen taten sich schwer mit dem „Genossen der Bosse". Sie favorisierten statt Globalisierung und Modernisierung mehr soziale Gerechtigkeit,
Umverteilung und noch mehr staatliche Intervention. In der verunsicherten Partei blies dem Kanzler und Parteivorsitzenden der Wind ins Gesicht.
Der Zustand des Parteiapparates war nicht so, dass er als starke Stütze
dienen konnte. Dazu kam der Umzug der Parteizentrale von Bonn ins
Willy-Brandt-Haus in Berlin im Spätsommer 1999, verbunden mit der
Verlagerung des Sitzes von Regierung und Parlament. Das schuf nicht nur
technische Probleme, die erst bewältigt werden mussten, sondern dies
erforderte auch eine Umstellung auf eine anders geartete Medienlandschaft
in der Bundeshauptstadt und auf ein rauheres politisches Klima.

Im Spätherbst 1999 erfolgte ein Umschwung, durch den sich die Regierung stabilisierte und die SPD sich wieder fing. Der unter Lafontaine
eingesetzte Bundesgeschäftsführer Ottmar Schreiner, der als ein eher linker
„Traditionalist" galt, räumte seinen Stuhl und das erfolgreiche Wahl-
kampfduo von 1998, Franz Müntefering und Matthias Machnig, kehrte
zurück. Zunächst als Bundesgeschäftsführer, dann ab Dezember als direkt
vom Parteitag gewählter Generalsekretär bemühte sich Müntefering mit
Erfolg, die angeschlagene Partei wieder zu motivieren und ihre Schlagkraft
zu stärken. Auf vier Regionalkonferenzen warb Schröder im Vorfeld des
Berliner Parteitages (7.-9. Dezember) für seine Politik unter deutlicher
Betonung des Grundwertes soziale Gerechtigkeit. [22] Mit einer entschlossenen Rettungsaktion für den angeschlagenen Holzmann Baukonzern mit
seinen 30 000 Mitarbeitern [23] zeigte der Kanzler Entschlusskraft und ein
soziales Herz. „Die Leute wollen Führung", so Gerhard Schröder. Darin
wurde er durch Emnid-Umfragen bestärkt, wonach 78 Prozent der SPD-

20 Vgl. Anthony Giddens, Der dritte Weg. Die Erneuerung der sozialen Demokratie,
   Frankfurt/M. 1999; ders., Jenseits von Links und Rechts. Die Zukunft radikaler Politik,
   Frankfurt/M. 1997.
21 Vgl. S. Heimann, Die SPD der neunziger Jahre, S. 96f.; ders., Von den Franzosen
   lernen? Lionel Jospins Reformprojekt: links und sozialistisch – trotzdem erfolgreich, in:
   spw Nr. 118 (2001).
22 Vgl. Gerhard Schröder, Starke Partei, in Vorwärts, Dezember 1999, S. 6.
23 Vgl. Archiv der Gegenwart 69, Jahrgang 1999, S. 43913f.

Anhänger das schlechte Erscheinungsbild der Koalition für die Wahlmisserfolge verantwortlich machten, aber nur 24 Prozent den Kanzler.[24]

Die Berufung von Hans Eichel zum neuen Finanzminister wirkte auf manche Beobachter eher wie eine Notlösung. Nach einem ersten „Sparpaket" und mit dem Programm zur Sanierung der öffentlichen Haushalte schien sich der Unmut noch zu verdichten. Er richtete sich sowohl gegen die Einsparungen wie gegen Pläne zur Sanierung der Renten, die zunächst für zwei Jahre an die Teuerungsrate gebunden wurden. Die „Ökosteuer", aus deren Einnahmen die Rentenkassen entlastet und so die Lohnnebenkosten gesenkt werden sollten, wurde als sozial unausgewogen kritisiert. Tatsächlich aber leitete Eichels Sparkurs eine Wende zu einer überzeugenden Regierungspolitik ein. Sein Argument, dass ein Staat, der jährlich 82 Milliarden Zinsen zahle, kaum noch handlungsfähig sei und die mit Steuern finanzierten Zinszahlungen „die größte Umverteilung von unten nach oben" und deshalb ungerecht seien[25], drang freilich erst allmählich in die Köpfe. Als „eine andere soziale Philosophie für das 21. Jahrhundert", bei der erstmals in einer sozialen Frage die Zukunft mitgedacht werde, lobte ihn dafür ein bekannter Publizist.[26] Der Boden wurde bereitet, auf dem die Regierung Schröder nun die Saat für die Ernte ausbringen konnte. Hans Eichel hatte daran entscheidenden Anteil. Er wurde als Finanzminister zu einer der Säulen des Kabinetts und gewann in der Bevölkerung bald großes Ansehen. Nach den von der Kohl-Regierung hinterlassenen ungeheueren Schuldenmassen, die sich auf 1,5 Billionen, also 1 500 Milliarden, DM beliefen und nur zu einem Teil Folgen der Finanzierung der deutschen Einheit waren[27], war eine Konsolidierung der Staatsfinanzen das politische Gebot der Stunde. Die konservativ-liberale Koalition hatte dabei versagt. Nun packten Sozialdemokraten, die gerne als Partei der Umverteilung diskreditiert wurden, unter ihrem Finanzminister und Kanzler dies dornige Problem an. Im Haushalt 2000 wurden Einsparungen in Höhe von 27 Milliarden DM erzielt, der Auftakt zur „Rückgewinnung der Zukunftsfähigkeit". Dazu gehörten Mut und Durchsetzungskraft, auch gegenüber den Genossen in der eigenen Partei und großen Teilen der eigenen Anhängerschaft.

---

24 Siehe Der Spiegel Nr. 49 vom 6.12.1999, S. 33.
25 Vgl. besonders Eichels Rede zum Bundeshaushalt am 15.9.1999; Verhandlungen des Deutschen Bundestages, Sten. Ber., Bd. 197, S. 4649-4660.
26 Der Spiegel vom 6.12.1999, S. 35. Es handelte sich um Warnfried Dettling, früher Leiter der Planungsabteilung im Konrad-Adenauer-Haus.
27 Von den 1,5 Billionen gleich 1 500 Milliarden DM gingen etwa 900 Milliarden auf Kosten deutsche Einheit. In der Wiedergabe der Eichel-Rede in Archiv der Gegenwart 69, Jahrgang 1999, S. 43771 fälschlich „900 Millionen D-Mark".

Hans Eichel als Bundesfinanzminister

Der SPD-Parteitag von Dezember 1999 in Berlin verlief harmonisch, obwohl es im Vorfeld zunächst anders ausgesehen hatte. Aus vielen Anträgen aus den Unterorganisationen sprach noch ein überkommenes Umverteilungsdenken, während im Leitantrag des Vorstandes die Worte „Selbständigkeit", „Eigenverantwortung" und „Eigeninitiative" die Tonlage prägten. „Verantwortung für Deutschland" und „Zukunft braucht Mut" lauteten die Slogans, mit denen die Parteiführung und der Kanzler für eine Politik mit Augenmaß warben. Gestärkt ging der Tatkraft verströmende Schröder aus diesem Härtetest hervor. Mit Wolfgang Clement, dem Ministerpräsidenten von Nordrhein-Westfalen, rückte ein ausgewiesener Modernisierer zum stellvertretenden Parteivorsitzenden auf. Auf diesem Parteitag schloss die SPD die Reihen und schöpfte wieder Mut. Die Schröder-Regierung hatte Tritt gefasst und die Partei sich gefangen. In der Bevölkerung vollzog sich ein Stimmungsumschwung. Von November auf Dezember verbesserte sich die SPD im Politbarometer um zehn Punkte, während die CDU/CSU gleichzeitig von 55 auf 43 Prozent sackte.[28]

28 Siehe Forschungsgruppe Wahlen, Politbarometer Nr. 12/1999, S. 1.

Der Spendenskandal der CDU sorgte für großes Aufsehen. Er warf die sich schon auf der Siegerstraße wähnende Union zurück. Seit November beherrschten Berichte über ein ganzes Netzwerk anrüchiger Finanzpraktiken der CDU die Schlagzeilen. Den Anstoß zur Aufdeckung dieser Verstöße gegen geltendes Recht gab das Vorgehen des Amtsgerichtes Augsburg, das am 4. November einen Haftbefehl gegen den früheren CDU-Schatzmeister Walther Leisler Kiep erlassen hatte. Bekannt wurde, dass Helmut Kohl, der einst die geistig-moralische Wende verkündet hatte und sich gern als integrer Politiker ausgab, nicht ausgewiesene Spenden in großem Umfang entgegengenommen hatte und sie auf illegalen Sonderkonten führen ließ. Am 30. November räumte der Ex-Kanzler dies öffentlich ein. Die Namen der vorgeblichen Spender wollte er nicht nennen und hat sie bis heute nicht preisgegeben. Um die Jahreswende 1999/2000 kam dann ans Licht, dass die hessische CDU Millionen DM ins Ausland transferiert hatte, sie das Parteiengesetz hinterging und sie mit solchen Mitteln Wahlkämpfe finanzierte. Getarnt wurden diese illegalen Praktiken u.a. mit vorgeblichen Vermächtnissen jüdischer Mitbürger. Als bevorzugtes Instrument zur Verschleierung der Machenschaften der hessischen CDU wie auch der Bundes-CDU diente ein Netzwerk fiktiver „Stiftungen" in Liechtenstein und verschiedenartigster Sonderkonten.[29] Kaum eine Woche verging, ohne dass neue Nachrichten über den Spendensumpf der CDU die Schlagzeilen füllten. Untersuchungsausschüsse des Bundestages und des hessischen Landtages suchten das Dickicht zu durchdringen. Daneben ermittelte die Staatsanwaltschaft.

Die unglaublichen Verstöße gegen Recht und Anstand bremsten den Höhenflug der Union und sie stürzte in ein kräftiges Meinungstief. In den ersten Monaten des Jahres 2000 sackte sie bei der Sonntagsfrage nach den Wahlabsichten bis auf 31 Prozent ab, während die Kurve für die SPD bis auf 43 Prozent nach oben ging. Doch Stimmungen waren noch nicht gleich Stimmen. Bei den Landtagswahlen am 27. Februar in Schleswig-Holstein erlitt die CDU zwar Verluste, aber nicht so stark, wie man es angesichts der Skandale hätte erwarten können. Heide Simonis setzte die rot-grüne Koalition mit Zugewinnen für die SPD fort. Auch in Nordrhein-Westfalen konnte Wolfgang Clement mit den Grünen weiterregieren, obwohl die SPD wie die Grünen bei den Wahlen am 14. Mai Einbußen zu verzeichnen hatten. Der Gewinner war die FDP, die sich unter ihrem

29 Vgl. u.a. die Übersichten in Archiv der Gegenwart 69, Jahrgang 1999, S. 44000-44003 und 70, Jahrgang 2000, S. 44039-44043 usw.; dazu bes. Der Spiegel in seinen Ausgaben ab November 1999 und viele Artikel in der Süddeutschen Zeitung, beispielhaft die vom 5./6.2. und 1./2.7.2000.

umtriebigen Vormann Jürgen Möllemann auf 9,8 Prozent steigerte.[30] Sie profitierte von dem Ansehensverlust der CDU und rechnete sich nun neue Chancen aus, wieder als Regierungspartei das Zünglein an der Waage im Land und im Bund zu spielen.

In dieser Zeit wurde auch die SPD durch Affären tangiert, die verglichen mit den CDU-Skandalen allerdings Peanuts waren. Der niedersächsische Ministerpräsident Gerhard Glogowski gab am 26. November 1999 wegen einer „Reisekosten-Affäre" auf; Nachfolger wurde Siegmar Gabriel. In Nordrhein-Westfalen trat Finanzminister Heinz Schleußer nach der vor allem von „Focus" ausgeschlachteten „Flugaffäre" im Januar 2000 zurück, wobei er „Fehler" eingestand, jedoch seine Unschuld beteuerte.[31] Die NRW-CDU versuchte auch Bundespräsident Johannes Rau etwas anzuhängen. Zwar steckte die Bundes-CDU zurück, doch unter der Hand setzten sich die Kampagnen gegen führende Sozialdemokraten in NRW später noch fort. Der neue Bundesverkehrsminister Reinhard Klimmt, der im November 2000 wegen Scheinverträgen für seinen Fußballclub 1. FC Saarbrücken in die Schlagzeilen geriet, trat am 16. November zurück. Nachfolger wurde der bisherige parlamentarische Staatssekretär Kurt Bodewig.[32] Auch Sozialdemokraten waren nicht frei von Fehlern und vor Versuchungen gefeit. Doch zwischen solchen Affären und der kriminellen Energie, mit der die CDU ihre illegalen Machenschaften betrieb, lag ein Abgrund. Und die Verfehlungen wurden bei der SPD letztlich geahndet und die Betreffenden verloren bei aller sonst viel beschworenen Solidarität ihr Amt. Die jüngst bekannt gewordenen skandalösen Kölner „Klüngel"-Skandale[33] erfordern restlose Aufklärung und ein hartes Durchgreifen. Der Schaden dieser wie anderer Verfehlungen wiegt schwer.

Fast im ganzen ersten Halbjahr 2000 sorgte die CDU weiter für Wirbel und gab ein schlechtes Bild ab. Wolfgang Schäuble, der Helmut Kohl am 7. November 1998 als Parteivorsitzender der CDU gefolgt war, trat wegen einer dubiosen Geldübergabe und nach parteiinternem Mobbing am 16. Februar 2000 zurück. Nachfolger als Fraktionsvorsitzender wurde der bisherige finanzpolitische Sprecher Friedrich Merz, während die Generalsekretärin Angela Merkel auf dem Essener Parteitag im April 2000 zur

---

30 Archiv der Gegenwart 70, Jahrgang 2000, S. 44103 und 44242. In Schleswig-Holstein erhielten die SPD 43,1 und die CDU 35,2, in Nordrhein-Westfalen die SPD 42,8, die CDU 37,0 Prozent.
31 Archiv der Gegenwart 69, Jahrgang 1999, S. 43999f. und 70, Jahrgang 2000, S. 44045.
32 Vgl. Archiv der Gegenwart 70, Jahrgang 2000, S. 44584.
33 Vgl. die Presseberichterstattung von Anfang März 2002.

neuen Parteivorsitzenden gewählt wurde.[34] Ihr Generalsekretär Ruprecht Polenz warf schon nach einem halben Jahr das Handtuch und wurde durch Laurenz Meyer ersetzt, der vor allem durch heftige Attacken gegen die SPD-geführte Landesregierung in Nordrhein-Westfalen von sich reden gemacht hatte. Um aus der weitgehend selbstverschuldeten Defensive herauszukommen, suchte die Union fast schon verzweifelt nach jedem Strohhalm, um die Regierung anzugreifen. Nachdem der Fraktionsvorsitzende Merz mit der von ihm angezettelten Debatte über die deutsche „Leitkultur" ein Eigentor produziert hatte, griff sie die BSE-Krise[35] auf, um Bundeslandwirtschaftsminister Karl-Heinz Funke zu attackieren, und entfachte dann eine Kampagne gegen die starken Benzinpreiserhöhungen, die als Folge hoher Rohölpreise und eines starken Dollars viele Autofahrer verärgerten. Bei den gestiegenen Energiekosten sorgte die Bundesregierung für soziale Ausgleichsmaßnahmen und in der BSE-Krise zog der Kanzler politisch-personelle Konsequenzen. Renate Künast von den Grünen als Ministerin für Verbraucherschutz erwies sich als guter Griff. Sie erwarb sich schnell Anerkennung und Respekt und wurde zu einem der Aktivposten des Kabinetts. Die dornige Aufgabe einer Gesundheitsreform lag nun in den Händen der neuen Ministerin Ulla Schmidt (SPD).

Gewiss hat die Krise der Union der rot-grünen Koalition geholfen. Doch nach dem holprigen Auftakt hatte sich die Regierung Gerhard Schröders gefangen. Den Atomausstieg hatte sie nach schwierigen Verhandlungen mit den großen Energieversorgern auf den Weg gebracht. Von der Vorgängerregierung Kohls hatte sie nicht nur den gigantischen Schuldenberg übernommen, sondern auch die Massenarbeitslosigkeit. Im Januar 1998, also noch unter Helmut Kohl, war die Zahl der Erwerbslosen auf fast 4,9 Millionen gestiegen. Optimistisch hatte Gerhard Schröder erklärt, er und seine Regierung würden sich am Abbau der Arbeitslosigkeit „messen" lassen. Als Zielmarke für das Ende seiner ersten Amtszeit hatte er die Zahl von 3,5 Millionen genannt. Tatsächlich setzte unter der neuen Regierung ein Rückgang der Arbeitslosigkeit ein, die bis zum Juni 2000 auf 3,724 Millionen sank, den niedrigsten Stand seit 1995.[36] Gefördert durch eine anspringende Konjunktur wuchs die Zahl der Erwerbstätigen in den Jahren 1999 und 2000 um jeweils 500000, ein Plus von 1,5 Prozent im

---

34 Vgl. ebenda S. 44099 und 44125f.
35 Ende November 2000 wurden die ersten Fälle von Rinderwahnsinn in Deutschland bekannt.
36 Statistisches Jahrbuch 2001 für die Bundesrepublik Deutschland, S. 118 und 124-127; vgl. auch Archiv der Gegenwart 70, Jahrgang 2000, S 44368.

Jahr.[37] Die Beiträge zur Rentenversicherung wurden auch dank der Öko-steuer gesenkt und eine umfassende Steuerreform auf den Weg gebracht. Mit einer Energie, die ihr kaum jemand vorher so zugetraut hatte, hatte die Regierung die Sanierung der Staatsfinanzen angepackt und sie hatte sich in der schweren außenpolitischen Herausforderung bewährt, die mit dem Kosovokrieg auf Deutschland zukam.

Am 25. Juli 2000 zog Kanzler Gerhard Schröder eine Halbzeitbilanz. Als Aktivposten führte er an, der Reformstau sei überwunden und niemand spreche mehr wie über Jahre von „German Desease". Mit der größten Steuerreform „in der Geschichte unseres Landes" würden die Bürger und die Wirtschaft bis 2005 um 93 Milliarden DM entlastet. Die Haushalts-konsolidierung sei auf dem Weg, Maßnahmen gegen die Jugendarbeitslo-sigkeit seien erfolgreich und im laufenden wie im folgenden Jahr würden mehr als eine halbe Million weitere Arbeitsplätze entstehen. Die schwieri-gen Verhandlungen über die Entschädigung für NS-Zwangsarbeiter seien erfolgreich abgeschlossen, der Atomausstieg beschlossen, die Bundeswehr-reform auf den Weg gebracht und mit der Green-Card-Initiative die Bahn für die Anwerbung dringend benötigter Spezialisten geebnet.[38] Die bisheri-ge Bilanz der rot-grünen Regierung konnte sich in der Tat sehen lassen. Und gerade in der Außenpolitik wurde sie weit stärker gefordert und hat mehr geleistet, als es Schröders Understatement zum Ausdruck brachte: „Schließlich haben wir in der Außen- und Europapolitik unsere Bündnis-fähigkeit und internationale Verantwortung unter Beweis gestellt."

2. Reifung unter schweren Herausforderungen

Angetreten war die Regierung Schröder vor allem mit dem ehrgeizigen Ziel von sozialpolitischen Reformen, einer Besserung auf dem Arbeitsmarkt, Innovationen und einer modernen Wirtschaftspolitik. In der Außenpolitik setzte die rot-grüne Koalition auf eine ruhige, selbstbewusste Fortentwick-lung des bewährten europäisch-atlantischen Kurses. Doch als die seit Jahren schwelenden Balkankonflikte im Frühjahr 1999 im Kosovo eska-lierten, wurde sie vor schwere Entscheidungen gestellt. Im Zuge der Bür-gerkriegsauseinandersetzungen in Bosnien/Herzegowina hatte die SPD sich

37 Statistisches Jahrbuch 2001, S. 112; vgl. u.a. die Ausführungen von Bundesfinanz-minister Eichel in der Haushaltsdebatte am 1.12.2000, Wortlaut u.a. in Archiv der Gegenwart, S. 44634-44637.
38 Zum Text seiner Ausführungen auf der Pressekonferenz am 25.7.2000 in Berlin siehe Archiv der Gegenwart 70, Jahrgang 2000, S. 44371f.

dazu durchgerungen, im Bundestag auch Interventionen unter UNO-Mandat zur Friedensicherung zuzustimmen. Das militärische Eingreifen im Kosovo aber hatte eine neue Dimension. Nach dem Scheitern der Konferenz in Rambouillet bei Paris dauerten die Kämpfe und Vertreibungen im Kosovo an. Am 24. März 1999 begann die NATO mit ihren Luftschlägen gegen Restjugoslawien. Beteiligt waren an diesen Luftangriffen auch deutsche Kampfjets. Den Kosovokrieg führte die NATO ohne ein UN-Mandat. Die rot-grüne Koalition gab dazu ihr Einverständnis. Vor allem Außenminister Joschka Fischer und Bundeskanzler Gerhard Schröder hatten sich um eine friedliche Lösung bemüht. Sie setzten ihre Anstrengungen auch während der Kriegshandlungen fort und suchten vor allem Russland mit einzubinden.

Das Eingreifen der NATO und die Bombardements waren in der SPD umstritten. Es ging um die Grundsatzfrage des Einsatzes von militärischer Gewalt durch die NATO und dazu noch ohne UN-Auftrag. Kritische Fragen galten dazu dem Sinn dieser Luftschläge, die auch unschuldige Opfer forderten und die Unterdrückung und Vertreibung der Kosovo-Albaner nicht verhinderten. Auf dem Sonderparteitag der SPD im April 1999 in Bonn stellte sich die große Mehrheit der Delegierten hinter den von der Regierung Schröder beschrittenen Kurs, den neben dem Kanzler vor allem Verteidigungsminister Rudolf Scharping begründete. Eine wichtige Rolle für die Einbindung eher pazifistisch gesinnter Linker spielte Erhard Eppler. Denn auch der als moralische Instanz der Partei angesehene Eppler bekannte sich in seiner Rede zur NATO-Intervention.[39]

Mit dem Kosovokrieg kam die außenpolitische Architektur des geeinten Deutschland auf den Prüfstand. Unter dem Schutzschild der Supermacht USA und der NATO hatte die Bundesrepublik über Jahrzehnte im Zeitalter des Ost-West-Konfliktes ihren Platz ausgefüllt. Die enge Einbindung in das westliche Vertrags- und Sicherheitssystem war integraler Bestandteil ihrer Staatsräson. Nur als ein verlässlicher Partner besaß sie Einfluss- und Einwirkungsmöglichkeiten im USA-dominierten NATO-System. Ein Ausscheren war kaum möglich, ohne Misstöne im europäisch-atlantischen Konzert heraufzubeschwören. Dies war eine der Lehren, die von der Regierung Schröder/Fischer nach nur wenigen Monaten Amtsdauer im Kosovo-Konflikt zu realisieren war. Mit der gewachsenen Souveränität des geeinten Deutschlands ging ein höheres Maß an internationaler Verantwortung einher. Diese schloss, wenn andere friedliche Mittel versagten, in letzter Konsequenz auch eine Beteiligung an militärischen

---

39 Protokoll Parteitag Bonn 12. April 1999, S. 34-54, 58-67, 110-113, 141-144.

Zwangsmaßnahmen ein. So offen ausgesprochen wurde dies freilich erst nach dem 11. September 2001.[40]

Zur Rechtfertigung der Militärintervention unter deutscher Beteiligung wurden häufig die Lehren aus der NS-Vergangenheit angeführt. Vor allem Verteidigungsminister Rudolf Scharping und Außenminister Joschka Fischer beriefen sich auf sie. Dies war in der Tat eine Kehrtwende. Denn über Jahre hatten gerade viele Sozialdemokraten wie Grüne dafür plädiert, deutsche Soldaten dürften nie mehr ihren Fuß in Länder setzen, die in der NS-Zeit von deutschen Truppen erobert und verwüstet worden waren. Weit über die Reihen der Linken hinaus war lange die Auffassung verbreitet, gerade als Konsequenz der NS-Erfahrungen dürfe von deutschem Boden nie mehr Krieg, sondern nur noch Frieden ausgehen.

Die Würde des Menschen ist unantastbar, heißt es im Grundgesetz. Johannes Rau wies bei seiner kurzen Dankesrede nach der Wahl zum Bundespräsidenten am 23. Mai 1999 darauf hin, dass Menschenrecht und Menschenwürde unteilbar seien und sie für alle Menschen gelten würden.[41] Dies war eine Essenz aus der Erfahrung mit der menschenverachtenden, mörderischen NS-Diktatur. Nur durch einen hohen Einsatz von militärischer Macht konnte dieses expansionistische, verbrecherische System niedergerungen werden. Gerade die Deutschen standen so in einer besonderen Pflicht, sich für Verfolgte und Bedrängte einzusetzen, den Diktatoren Einhalt zu gebieten und jedem Völkermord entgegenzutreten. Die SPD verstand sich in ihrer ganzen Geschichte stets auch als eine Partei des Friedens und der Völkerverständigung. Es war ihr Anliegen, das Aufkommen bedrohlicher Konflikte und Heimsuchungen möglichst schon im Vorfeld mit geeigneten Mitteln zu verhindern und sich um einen friedlichen Ausgleich zu bemühen. Doch als ultima ratio lässt sich nicht auf den Einsatz von Zwangsmitteln verzichten, was im Grenzfall eben auch militärische Gewalt bedeuten kann.

Der Kosovokrieg ging im Juni 1999 zu Ende. Die jugoslawische Armee und die serbischen Sicherheitskräfte zogen aus dem Kosovo ab, Truppen der NATO rückten zusammen mit russischen Verbänden ein und die albanischen Flüchtlinge und Vertriebenen begannen zurückzukehren. Wirklicher Friede kehrte damit noch nicht ein. Doch mit der militärischen Intervention gegen das Milosevic-Regime wurden, wenn auch um den Preis von menschlichen Opfern und schweren Zerstörungen, Bedingungen geschaffen, unter denen schließlich auch in Serbien die Demokratie eine

---

40 Vgl. bes. Schröders Regierungserklärung vom 11.10.2001 vor dem Bundestag; Bulletin der Bundesregierung Nr. 69-1 vom 12.10.2001.
41 Wortlaut u.a. in Archiv der Gegenwart 69, Jahrgang 1999, S. 43537f.

Chance erhielt. Für die Staaten des ehemaligen Jugoslawien eröffnete sich eine Perspektive für eine gewaltfreie bessere Zukunft. Bei den Auseinandersetzungen in Makedonien im Jahr 2001 konnte die Eskalation der Gewalt gerade noch rechtzeitig durch das Einschreiten der NATO gestoppt werden. Auch hier wurden wie im Kosovo und in Bosnien-Herzegowina deutsche Soldaten bei der Sicherung der Ordnung und des friedlichen Nebeneinanders früherer Gegner eingesetzt. Sie bewährten sich daneben noch als Nothelfer. Die Bundesregierung hat sich für den Wiederaufbau in dieser Region und die Implementierung kooperativer Strukturen eingesetzt. Mit dem geduldigen Versuch, diese Länder allmählich an Europa heranzuführen, setzte sie Zeichen.

Auf der Bühne der Außenpolitik spielte die Bundesrepublik unter der rot-grünen Koalition einen gewichtigen Part. Außenminister Joschka Fischer erwarb sich international hohe Anerkennung und großen Respekt für die Sensibilität und das Geschick, mit der er in Krisen vermittelte und standfest war, wenn es darauf ankam. Bundeskanzler Gerhard Schröder bewegte sich gewandt auf dem internationalen Parkett. Er vertrat deutsche Interessen wie europäische Anliegen mit Würde und der gebotenen Klarheit. Unter der rot-grünen Regierung wuchs das internationale Gewicht des geeinten Deutschland. In Europa schlug es Brücken zu den Beitrittkandidaten zur Europäischen Union und pflegte den Draht nach Russland, um es so stärker mit der westeuropäisch-atlantischen Welt zu verzahnen. Gegenüber der einzigen verbliebenen Supermacht USA fanden Schröder und Fischer einen gangbaren Weg zwischen dem unumgänglichen Respekt, der sich aus dem ökonomischen, politischen und militärischen Machtgefälle ergab, und den eigenen politischen Anliegen, die stärker von Konfliktverhütung, Vermittlung und Friedensbewahrung geprägt wurden. Deutlich wurde dies auch nach dem 11. September 2001.

Bundeskanzler Gerhard Schröder fand die passenden Worte, als er diesen terroristischen Anschlag als einen Angriff auf die gesamte zivilisierte Welt brandmarkte.[42] Gegen seine Zusage der „uneingeschränkten Solidarität" mit den USA wurden zwar Bedenken geäußert. Doch wohl nur so ließ sich ein Klima schaffen, in dem die Bundesrepublik im Verbund mit anderen europäischen Staaten wenigstens einen gewissen Einfluss auf die US-amerikanische Politik ausüben konnte. Als eine neue Dimension der Unterminierung des staatlichen Ordnungssystems durch private, nichtstaatliche und kaum kontrollierbare Gewalt hat Erhard Eppler im „Spiegel"

---

42 Siehe BPA – Mitschrift des Pressestatements von Bundeskanzler Schröder vom 12.9.2001.

eindrucksvoll beschrieben, was dieser 11. September bedeutete.[43] Im Grundsatz, dass sich der demokratische Staat gegen diese terroristische Bedrohung zur Wehr setzen müsse, gab es unter den politischen Parteien der Bundesrepublik einen breiten Konsens. Nur die PDS, die nun wahrlich keine pazifistische Vergangenheit hatte, spielte sich als Friedensapostel auf, wohl in der Hoffnung, dadurch ehemals grüne Wähler zu gewinnen. Vor allem gegen die Entsendung von Bundeswehrsoldaten nach Afghanistan gab es bei einer Minderheit der Grünen und auch bei einigen in der Sozialdemokratie Bedenken. Für die Handlungsfähigkeit der Regierung war es wichtig, dass sie über den Einsatz der Vertrauensfrage eine eigene Mehrheit für den Afghanistaneinsatz aufbrachte.[44] Sowohl der Parteitag der SPD von November in Nürnberg wie der nachfolgende der Grünen in Rostock stellten sich hinter den Regierungskurs. Außenpolitisch bewies die rotgrüne Regierung beachtliche Kraft und Geschick und zeigte sich der gestiegenen Verantwortung gewachsen. Sie steuerte das Land mit sicherer Hand durch äußerst schwieriges Fahrwasser.

Die Übernahme ziviler und militärischer Verantwortung und Aufgaben auf den Krisenschauplätzen in Europa und der Welt kostete Geld. Für die Bundeswehr, die an der Grenze ihrer Leistungsfähigkeit stand, und für die innere Sicherheit mussten erhebliche zusätzliche Mittel bereit gestellt werden. Gleichzeitig begann die Wirtschaft zu stagnieren und die Arbeitslosigkeit zu steigen. Nachdem die außenpolitischen Herausforderungen über lange Zeit im Vordergrund standen, kamen vom Winter 2001/02 an nun die wirtschaftlichen Probleme voll auf die Agenda.

3. Profil und Praxis der gewandelten SPD

„Die Transformation der Sozialdemokratie" betitelte der Politikwissenschaftler und sozialdemokratische Theoretiker Thomas Meyer 1998 sein Buch über die Wandlung der sozialdemokratischen Parteien in Europa.[45] Meyer nahm dabei wie schon in früheren Publikationen vor allem die

43 Der Spiegel Nr.. 41 vom 8.10.2001, S. 56-59.
44 Vgl. u.a. Süddeutsche Zeitung vom 17.11.2001 („Dokumentation der wichtigsten Redebeiträge") und Frankfurter Rundschau vom 17.11.2001 (u.a. Redebeiträge). Die negative Bewertung durch den Spiegel, der „mit Brachialgewalt erzwungene Abstimmungssieg" markiere „womöglich den Anfang vom Ende der rot-grünen Koalition" und auch der Kanzler stehe „ramponiert da", verkannte eklatant die tatsächliche Lage. Siehe der Spiegel Nr. 47 vom 19.11.2001, S. 22-27.
45 Thomas Meyer, Die Transformation der Sozialdemokratie. Eine Partei auf dem Weg ins 21. Jahrhundert, Bonn 1998.

Hinwendung zur politischen Inszenierung kritisch ins Visier. Bei allem Verständnis für die Gesetze der modernen Mediengesellschaft plädierte er doch für eine Bewahrung programmatischer Grundsätze und eine lebendige, offene innerparteiliche Demokratie. Als Meyer seine Studien publizierte, war die SPD noch Oppositionspartei im Bund, seitdem stellte sie den Kanzler und bildete zusammen mit den Grünen die Bundesregierung. Die Regierungsverantwortung bedingte sachliche wie taktische Zwänge, bei denen es für die Partei zuerst darauf ankam, die von ihr getragene Regierung zu stützen und Mehrheiten zu sichern. Dies hat der SPD gerade außenpolitisch viel abverlangt, vom Kosovokrieg bis zu den Militäreinsätzen im Gefolge des 11. September 2001. Aber auch innenpolitisch wurden Wege eingeschlagen, für die eine lange in die Oppositionsrolle im Bund verbannte SPD wenig gerüstet war. Doch nach den Anlaufschwierigkeiten stellte sich die Partei weitgehend reibungslos den veränderten Aufgaben, die ihr abverlangt wurden.

Auf zwei Feldern wurde dies besonders sichtbar: in der Wirtschafts- und Finanzpolitik und auf dem Gebiete der inneren Sicherheit. Das „Bündnis für Arbeit", an das sich zunächst manche Hoffnungen knüpften, brachte nur beschränkt Resultate. Soziale Wohltaten konnte die Regierung angesichts leerer Kassen kaum verteilen. Sie baute auf eine Ankurbelung der Wirtschaft und die Schaffung eines investitionsfreundlichen Klimas. Die Partei trug dies ebenso wie die Konsolidierung der Finanzen mit. Die Milliardenerlöse aus der Versteigerung der UMTS-Lizenzen wurden ausschließlich zum Schuldenabbau verwandt, die so ersparten Zinsen für Investitionen eingesetzt.[46] Mit der „Riester-Rente" fügte die Koalition in das Rentensystem eine zweite Säule ein, die auf geförderte Eigenvorsorge für das Alter baute. Die Partei der sozialen Demokratie trug damit nicht nur den Anforderungen der gravierend veränderten Alterspyramide, sondern auch Bedürfnissen nach mehr Eigenverantwortung Rechnung. Wie ihre Schwesterparteien in den west- und nordeuropäischen Ländern schlug die deutsche Sozialdemokratie neue Wege im sozialen und staatlichen Sektor ein. Sie versuchte unter Beibehaltung ihrer Grundsätze zeitgemäße Lösungen zu finden, die auch den künftigen Generationen gerecht werden sollten. Mit der Steuerreform wurden die unteren Einkommen entlastet und die Leistungen für die Familien verbessert. Schwerer fiel sozialdemokratischen Traditionalisten die Herabsetzung des Spitzensteuersatzes und die steuerliche Besserstellung von Unternehmen, von der große Kapitalgesellschaften besonders profitierten. Es war das Anliegen der Regierung

---

46 Siehe dazu u.a. Archiv der Gegenwart 70, Jahrgang 2000, S. 44438.

Schröder, den Wirtschaftsstandort Deutschland zu stärken. Im Zeichen der Globalisierung, des freien Kapitalverkehrs und des Wettbewerbs waren die Unternehmen einer verschärften Konkurrenz ausgesetzt. Die großen konnten sich dabei, wie der Exportboom bewies, behaupten und die ganz Großen waren längst schon Global Player. Probleme zeigten sich bei kleinen und mittleren Unternehmer, die über die sozialen Lasten und das komplizierte Regelungswerk bei Steuern und Arbeitsrecht klagten. Der Druck, soziale Normen aufzulockern und den Arbeitsmarkt zu liberalisieren, nimmt zu. Für die Gewerkschaften ergibt sich daraus eine schwierige Situation. Trotz dieser Belastungen hat sich das Verhältnis zur Regierung als tragfähig erwiesen. Mit dem Sozialstaat haben die europäischen Sozialdemokratien einst Maßstäbe gesetzt. Er ist in Europa im Umbau. Neben der Anpassung an äußere und innere Zwänge steht die sozialdemokratische Politik vor der Aufgabe, Grundsätze einer sozialen Demokratie über die Landesgrenzen hinaus wirksamer zu verankern und sich – auch im Interesse des eigenen Landes – für die weltweite Implementierung sozialer Mindeststandards einzusetzen.

Für die deutsche Sozialdemokratie hatten Freiheit und Recht immer einen hohen Stellenwert. Die Bekämpfung der organisierten Kriminalität und das Thema „Innere Sicherheit" wurden von der SPD schon vor der Regierungsübernahme stärker betont. Durch den 11. September erhielt der Schutz vor terroristischen Bedrohungen hohe Priorität. Bei der inneren Sicherheit setzte Otto Schily die Akzente. Kommentare in den Medien, er betreibe eine „law and order-Politik" fast wie die CSU, kamen nicht von ungefähr. Dennoch waren sie nicht gerecht. Ein zureichendes Maß an innerer und äußerer Sicherheit ist unabdingbar für die Bewahrung von Freiheit. Der Ruf nach „Sicherheit und Ordnung" war in sozialdemokratischen Kreisen keineswegs so fremd, wie es manchen scheint. Es ist die Pflicht des Staates, Bürger und Gesellschaft vor terroristischen Bedrohungen zu schützen. Dies bedingt für eine an Freiheit gewohnte Gesellschaft auch ungewohnte Einschränkungen. Es gehört zu den Wesenselementen einer liberalen Demokratie, dass die offene Gesellschaft dabei möglichst wenig Schaden nimmt. Die Sozialdemokratie als Partei der Freiheit kennt den Wert der individuellen Menschenrechte. Das Individuum und seine Würde sind für sie das Maß der Dinge. Als antitotalitäre Partei ist ihr aus der Geschichte bewusst, dass Grenzen der Toleranz existieren. Gegenüber denen, die mörderische Mittel einsetzten und die Rechte der Menschen mit Füßen traten, musste sich die freiheitliche Gesellschaft zur Wehr setzen. Freiheit und Sicherheit sind keine Gegensätze, sondern bedingen einander.[47]

Seitdem die Sozialdemokratie den Kanzler stellte, lag die entscheidende Gestaltungsmacht bei den Regierungsgenossen. Die Partei verlor als eigenständiger Faktor zwangsläufig an Gewicht. Auch die Bundestagsfraktion büßte an Bedeutung ein. Der Regierungsstil Gerhard Schröders wurde davon geprägt, dass sich vieles im Kanzler fokussierte. Er stand im Zentrum der politischen Macht, assistiert von den Säulen seines Kabinetts. Die SPD erschien vorrangig nur mehr als Kanzlerpartei. Neben den angeführten Ursachen zeichnete sich darin ein Prozess ab, der mit Veränderungen der gesamten Parteienlandschaft zu tun hatte. Die Sozialdemokratie hatte sich in ihrer Geschichte stets als Programmpartei und Mitgliederpartei verstanden und dieses Profil gepflegt. Auch viele historische Darstellungen der Parteigeschichte orientierten sich überwiegend an den Programmaussagen. Die real existierende Sozialdemokratie hatte allerdings noch ein anderes Gesicht, das von den konkreten Tageserfordernissen und den Zwängen bestimmt war, vor dem Wähler und als Regierung zu bestehen. In den langen Jahren unter Helmut Kohl, in der die SPD in Bonn die Oppositionsbänke drückte, zeigte es sich vor allem in den Kommunen und Ländern, in denen die SPD Regierungsverantwortung trug. Die Handschrift der Sozialdemokraten unterschied sich oft nur graduell von der christdemokratisch geführter Länder und Kommunen. Der Profilverlust und die mangelnde Unterscheidbarkeit der großen Parteien wurden häufig bekrittelt und eine „Amerikanisierung" der politischen Landschaft als Menetekel an die Wand gemalt. In der politischen Auseinandersetzung und besonders in Wahlkämpfen werden dafür Attacken gegen den Gegner geritten und Gegensätze aufgebauscht, die in der Substanz so gar nicht vorhanden sind. Vielfach handelt es sich um Schaukämpfe, die inszeniert werden, um vor dem geneigten Publikum zu punkten. Doch dieses wendete sich zusehends gelangweilt ab und selbst die eigene politische Klientel schien immer weniger bereit, sich noch zu engagieren.

Die Schlagworte von der „Politik- und Parteienverdrossenheit" machten vor Jahren die Runde. Heute wird kaum noch davon gesprochen, nachdem sich die Wahlbeteiligung wieder stabilisierte, allerdings auf einem niedrigeren Niveau. Doch 1998 konstatierte der Wahlsoziologe Stefan Immerfall, dass sich die Lage der Parteien keineswegs verbessert habe: „An

---

47 So sagte Bundeskanzler Schröder in seiner Rede „Die Mitte in Deutschland" am 22.2.2002 (Text u.a. Parteivorstand, Büro SPD-Vorsitzender): „Nach unserem Verständnis von Kultur und Offenheit sind Freiheit und Sicherheit kein Gegensatz. Wir verstehen Sicherheit als Bürgerrecht."

die Stelle des Ärgers des Bürgers mit den Parteien – was zeigt, dass einem noch etwas am Herzen liegt – tritt schleichend Schlimmeres: Gleichgültigkeit."[48] Diese zeigte sich exemplarisch in der Mitgliederentwicklung der großen Parteien. Sie verzeichneten ausnahmslos seit 1990 einen starken Schwund. Bei der CDU fiel er durch die exorbitanten Verluste in den neuen Länder noch stärker aus als bei der SPD.[49] Prestige und Ansehen der Parteien waren rückläufig, ein Akzeptanz- und Glaubwürdigkeitsverlust wurde ebenso augenfällig wie ein starker Rückgang an Bindungskraft. Vor allem für die Jugendlichen erschien ein Engagement in den Parteien als unattraktiv. In der rapide gesunkenen Quote jüngerer Parteimitglieder spiegelte sich dies in der SPD drastisch wieder.[50]

Die Tage der alten Mitgliederpartei schienen gezählt. Frühere Versuche, sie durch eine Öffnung für Nichtmitglieder und direktdemokratische Elemente wieder attraktiver zu machen, brachten nicht den gewünschten Erfolg. Fast wirkte es so, als habe sich die Parteiführung damit abgefunden, dass die Zeit einer lebendigen Basissozialdemokratie endgültig der Vergangenheit angehört. Die neuen Schlagworte lauteten „Professionalisierung", „Effizienz" und „Netzwerkpartei". Vor allem Bundesgeschäftsführer Matthias Machnig verfolgte diesen Kurs. Kritische Stimmen, dass dabei der Faktor Mensch und die Motivation möglicherweise zu kurz kämen, drangen kaum durch. Nun lässt sich nicht bestreiten, dass es in mitgliederschwachen Regionen oft schwer fällt, überhaupt genügend Kandidaten für die Besetzung von Ämtern und Mandaten zu finden. Auch an vielen anderen Orten drängte sich die Basis nicht gerade zur Mitarbeit und zur Übernahme von Funktionen. Vor allem die geringe Zahl an jüngeren Parteimitgliedern machte sich negativ bemerkbar. Die Jugend kehrte den Parteien bis hin zu den Grünen weitgehend den Rücken. Dabei bieten sich gerade in der SPD für begabte jüngere Politiker große Chancen.

Das Krisenjahr 1999 mit den herben Wahlniederlagen in Ländern und Kommunen leitete in der SPD einen Generationenwechsel ein. Es markierte den Auftakt zu einer personellen Erneuerung. In der Partei setzten sich zunehmend jüngere Pragmatiker durch. Nach dem Rücktritt von Reinhard Klimmt im Gefolge der Wahlniederlage im Saarland löste der 33jährige Heiko Maas ihn als Landeschef der SPD ab. In Thüringen wurde Christoph Matschie, 38 Jahre, neuer SPD-Landesvorsitzender und in

48 Stefan Immerfall, Strukturwandel und Strukturschwächen der deutschen Mitgliederparteien, in: Aus Politik und Zeitgeschichte B 1-2/98, S. 3ff.
49 Vgl. Elmar Wiesendahl, Wie geht es weiter mit den Großparteien in Deutschland?, in: Aus Politik und Zeitgeschichte B 1-2/98, Tabelle 2 auf S. 19.
50 Vgl. oben S. 358.

Baden-Württemberg führte nun die 35jährige Ute Vogt den Landesverband. In Niedersachsen folgte auf Gerhard Glogowski mit Sigmar Gabriel der mit 40 Jahren jüngste Ministerpräsident in der Geschichte der Bundesrepublik. Die sogenannten 68er, die so lange maßgeblich den Ton angegeben hatten, beginnen an Terrain zu verlieren. Unverbrauchte, tüchtige junge Politiker ohne ideologische Scheuklappen, aber mit Durchsetzungsvermögen, rückten nach vorn. In manchen Unterbezirken setzten sich schon 20jährige durch.[51] In den politischen Stäben finden sich häufig Mitarbeiter vom Typ quirliger, technikversessener junger Macher, die ihre Hauptaufgabe in „public relations" sehen. Einen „sozialdemokratischen Stallgeruch" weisen sie kaum noch auf. Selbst die Parteitage der SPD, früher oft ein Forum für grundsätzliche Auseinandersetzungen, wandelten entscheidend ihr Gesicht. Nachdem schon Ende der 90er Jahre die professionelle Inszenierung Einzug gehalten hatte, präsentierte sich die SPD auf ihrem letzten Parteitag in November 2001 in Nürnberg als eine verlässliche Kanzlerpartei. Sie segnete das Vorgehen Gerhard Schröders beim Afghanistan-Einsatz geradezu reibungslos ab und die früher so lauten Stimmen der Kritiker waren fast verstummt.[52] Von einer allzu sehr auf ihre Programme und Grundsätze fixierten Partei wandelte sich die SPD zu einer pragmatischen Regierungspartei, die ihre Reihen hinter dem Vorreiter Gerhard Schröder schloss.

Die Sozialdemokratie besetzt im Parteienspektrum einen Platz, der ihr verschiedene Optionen bietet. Im Bund regierte Gerhard Schröder seit 1998 mit den Grünen und im Laufe des Jahres 2001 biederte sich die FDP ziemlich unverhohlen als ein möglicher Koalitionspartner an. In den Ländern setzte Kurt Beck in Rheinland-Pfalz auf die seit 1991 bestehende SPD-FDP-Koalition, während in Brandenburg die SPD unter Manfred Stolpe 1999 eine Koalition mit der CDU einging. Eine rot-grüne Konstellation wiesen Nordrhein-Westfalen unter Wolfgang Clement und Schleswig-Holstein unter Heide Simonis auf. Nachdem schon das „Magdeburger Modell" von Reinhard Höppner umstritten war, machte 1998 das Zusammengehen von Harald Ringstorff in Mecklenburg-Vorpommern mit der PDS ebenso Schlagzeilen wie die neue rot-rote Regierungskoalition unter Klaus Wowereit in Berlin. Auch noch weit über ein Jahrzehnt nach der friedlichen Revolution und der deutschen Einigung bestehen begründete Vorbehalte gegenüber der Nachfolgepartei der SED. Sie resultieren nicht nur aus den Erblasten der kommunistischen Diktatur in der DDR, son-

---

51 So im Unterbezirk Köln im Jahr 2001 der damals 26jährige Jochen Ott.
52 Vgl. u.a. Christoph Schwennicke, Nachbetrachtung zum Nürnberger Parteitag, in: Die Neue Gesellschaft/Frankfurter Hefte, 1/2 2002, S. 6.

dern auch aus der politisch-ideologischen Ausrichtung der PDS. Für die Sozialdemokratie bleibt sie ein politischer Gegner. Doch so wie die CDU auf kommunaler Ebene durchaus auch mit der PDS kooperiert, kann sich die SPD im Osten mit den vielen PDS-Wählern kaum einer Zusammenarbeit verweigern, wenn anders eine verantwortliche Politik in Kommunen und Ländern nicht zu realisieren ist. Durch die „linke" Konkurrenz von Grünen und PDS ist die SPD weiter in die Mitte gerückt. Unter dem Motto „Die Mitte in Deutschland" beschwor Gerhard Schröder eine „politische Kultur der Mitte" und charakterisierte sie als eine „Politik, die Balance hält" und „Innovation und Gerechtigkeit", „Eigenverantwortung und Solidarität" sowie „Erneuerung und Zusammenhalt verbindet".[53] Aus dieser Position heraus verfügt die SPD über verschiedene Möglichkeiten zu Koalitionen, wenn es nicht wie in Niedersachsen zu einer eigenen Mehrheit reicht. Im demokratischen Spektrum der Parteien hat die Sozialdemokratie nun ein Terrain okkupiert, auf dessen Boden vorrangig Regierungsmacht wächst.

Die Zeit des alten Dreiparteiensystems der Bundesrepublik ist vorüber. Nach den Grünen hat sich mit der PDS eine Regionalpartei etabliert und am rechten Rand tummelt sich ein breites Spektrum von Rechtspopulisten wie Roland Schill bis zu Rechtsextremisten wie der NPD. Die Parteienbindung der Wähler hat nachgelassen und die Bereitschaft, Denkzettel zu verteilen und bei der Stimmabgabe zu wechseln, ist gewachsen. Bei der Wahlentscheidung spielen momentane Stimmungen ebenso eine größere Rolle wie das äußere von den Bildmedien vermittelte Erscheinungsbild der herausragenden Politikerpersönlichkeiten. Die Orientierung an „Outfit" und „Performance" überwiegt zunehmend das Gewicht von Sachthemen. Peinlichkeiten und Pannen, die von einem Sensationsjournalismus ausgeschlachtet werden, beeinträchtigen schnell das Ansehen. Neben den Leistungen, die von der Regierung Schröder gerade bei der Sanierung der Finanzen und mit der Riester-Rente sowie in der Außenpolitik erbracht wurden, kommt es vor allem darauf an, medial zu überzeugen. Bundeskanzler Gerhard Schröder ist das stärkste Pfund, mit dem die SPD wuchern kann. So läuft die Wahlentscheidung am 22. September wohl auch auf einen Wettstreit zwischen dem bayerischen Herausforderer Edmund Stoiber und Gerhard Schröder hinaus, der bewiesen hat, dass er das geeinte Deutschland durch schwieriges Terrain führen kann. Mit seiner Ausstrah-

---

53 Rede von Gerhard Schröder am 20.2.2002, Wortlaut u.a. Parteivorstand, Büro SPD-Vorsitzender.

lung und dem Geschick, Botschaften über die Medien zu vermitteln, besitzen er und die Sozialdemokratie doch ordentliche Karten.

Die Orientierung der Parteien auf die Macht und die Abkehr von ideologisch befrachten programmatischem Ballast ist ein Zeichen für die Normalität einer gefestigten Demokratie. Für den Bürger reduziert sich die Bedeutung der Parteien auf ein eher zweckrationales Maß. Das Desinteresse an ihnen wie an fast allen etablierten Großorganisationen darf jedoch nicht mit generellem politischen Desinteresse verwechselt werden. In ehrenamtlichen Funktionen beteiligen sich Bürger in großer Zahl in der Gesellschaft. Bürgerinitiativen gibt es nach wie vor. Vor allem auf spektakuläre Aktionen mit „Event"-Charakter angelegte Gruppen wie etwa Greenpeace finden Zuspruch und Zulauf. Mit ihnen können Parteien gewiss nicht konkurrieren. Denn sie sind auf ein dauerhafteres, breites Spektrum des Engagements angelegt. Dieses ist für die Funktionsfähigkeit unserer parlamentarischen Demokratie unverzichtbar. Trotz aller Schwierigkeiten läge es im Eigeninteresse der Parteien, mehr Anreize zum Mittun zu schaffen. Mit den herkömmlichen Ortsvereinsversammlungen und den Tagungen von Vorständen, Arbeitsgemeinschaften und Ortteilsgruppen ist es nicht getan. Manche schotten sich eher ab und schrecken geradezu ab. Neue offene Formen sind im Zeitalter der modernen Medien- und Kommunikationsgesellschaft das Gebot der Stunde und werden zum Teil mit Erfolg beschritten. Noch mehr kommt es wohl darauf an, das Gefühl zu vermitteln, dass Engagement auch gewünscht wird und sich lohnt. Gefordert sind dabei vor allem die unteren Gliederungen der Partei und die lokalen und regionalen Mandatsträger. Doch dies betrifft ebenso die Spitzenebene. Die Kampagne zur Steigerung der Effizienz durch „Professionalität" hat auch ihre Kehrseiten. Die „emotionale Bindung" litt und „die Klage über einen unpersönlichen ‚Managementbetrieb' im Willy-Brandt-Haus in Berlin ist seither nicht mehr verstummt".[54] Nicht wenige, die sich engagiert und zumeist ehrenamtlich für die Partei einsetzten, fühlten sich vor den Kopf gestoßen. Es drängte sich der Eindruck auf, dass sich Parteimanager so sehr auf ihre Projekte, wie etwa die aufwendige Kampa 02[55], konzentrieren, dass darunter andere Bereiche leiden, die für das Profil und das Ansehen der Sozialdemokratie ebenfalls von großer Bedeutung sind. Die Bodenhaftung gerät in Gefahr und die kritische Rückkoppelung durch ein Frühwarnsystem ist nicht immer gewährleistet.

54 Heimann, Die SPD in den neunziger Jahren, S. 98.
55 Die nach dem Vorbild der Kampa von 1998 für die Bundestagswahlen von September 2002 eingerichtete Wahlkampfzentrale der SPD in der Oranienburger Straße in Berlin.

Willy-Brandt-Haus in Berlin, Sitz des Parteivorstandes der SPD

Eine Notwendigkeit, innere Entscheidungsstrukturen in der SPD zu straffen, war durchaus mit guten Gründen zu belegen. Das historisch gewachsene System der Bezirke deckte sich in manchen Fällen nicht mit den Ländern. So lag in Nordrhein-Westfalen die innerparteiliche Macht bei den vier Bezirken. Dazu kamen aus dem Mitgliederschwund resultierende Finanzierungsprobleme. Als sich Generalsekretär Franz Müntefering daran machte, in Nordrhein-Westfalen einen einheitlichen Landsverband durchzusetzen, stieß er gerade in seinem alten Bezirk Westliches Westfalen auf heftige Widerstände. Erst Anfang 2001 fiel die Entscheidung zur Abschaffung der Bezirke. Seit dem 1. Januar 2002 besteht nun ein Landesverband mit großen Kompetenzen und straffen Entscheidungsstrukturen. Auch in Rheinland-Pfalz erfolgte die Umwandlung in einen Landesverband, allerdings mit verbrieften Rechten für die alten Bezirke. Von der Straffung der Organisationsstrukturen erhoffen sich die verantwortlichen Macher eine Stärkung der Schlagkraft.

In der modernen Mediendemokratie prägen vor allem Politikerpersönlichkeiten das Erscheinungsbild der Parteien. Nur wer sich auf die Kunst der Selbstdarstellung auf dem Bildschirm versteht, hat die Chance, in der Bevölkerung anzukommen. Die Entwicklung weist in Richtung von „Präsidialparteien" und weg von den alten Mitglieder- und Programmparteien. Doch eine Demokratie lebt von dem Engagement der Demokraten. Deshalb geht es auch nicht um ein isoliertes Problem der SPD, sondern um die Gestalt unserer parlamentarischen Demokratie allgemein. Die Parteien haben sie stark geprägt und Parteien bleiben unentbehrlich. Doch sie können sich den Gesetzen der modernen Medienwelt nicht entziehen. Deshalb erscheint es umso dringlicher, über weitere Formen der Teilhabe der Bürger am politischen Geschehen nachzudenken, um das bürgerschaftliche Engagement zu stärken. Eine wirkliche Zivilgesellschaft ist kaum zu denken ohne eine lebendige Demokratie. Die Sozialdemokratie steht dabei noch vor großen Aufgaben. Als Partei der Freiheit muss sie sich unter veränderten Rahmenbedingungen bewähren.

4. Eine vorläufige Bilanz

Im Parteiensystem der alten Bundesrepublik besaß das „bürgerliche Lager" fast stets ein Übergewicht gegenüber der Sozialdemokratie. Dies hatte sowohl soziale wie ökonomische Ursachen. Vor allem die Union profitierte davon, dass sie in der Gründungs- und Aufbauphase der Bundesrepublik den Kanzler stellte und in den Augen der Bevölkerung das positive Gegenbild zu den Jahren der Not und des Krieges verkörperte. Die Sozialdemokratie, über Jahre auf die Rolle der staatstragenden Opposition festgelegt, erhielt erst im Zuge des gesellschaftlichen Wandels in den 60er Jahren die Chance, Regierungsverantwortung in Bonn zu tragen. Sie hat sich darin bewährt. Innere Reformen wurden auf den Weg gebracht und das große Werk der Verständigung mit den östlichen Nachbarn geschaffen. Nach dem Verlust der Regierungsmacht fiel die Partei in oppositionelle Strickmuster zurück, die für ihr Ansehen beim Bürger nicht förderlich waren. Beim deutschen Einigungsprozess geriet die Sozialdemokratie gegenüber der Bonner Regierungskoalition deutlich ins Hintertreffen. Dies belastete sie noch über Jahre. Erst als eine Mehrheit der Wähler des ewigen Kanzlers Kohl überdrüssig geworden war und die SPD sich wieder stabilisiert hatte, schlug die Stunde für die rot-grüne Regierung unter Gerhard Schröder.

Der Konflikt zwischen den „Enkeln" hat die Partei lange gelähmt und belastet. Mit dem spektakulären Rücktritt von Oskar Lafontaine als Finanzminister und Parteivorsitzender wurde der gordische Knoten im Frühjahr 1999 zerschlagen und die Bahn frei für einen mit den Aufgaben reifenden überzeugenden Kanzler Gerhard Schröder und für die Wandlung der SPD zu einer erwachsenen Regierungspartei. Von „Präsidialpartei" oder Kanzlerwahlverein wird gelegentlich gesprochen. Doch zur Bewahrung der Regierungsmacht war es geboten, dass sich die Partei hinter ihren Kanzler stellte und die Politik stützte, für die er und seine Minister die Verantwortung trugen. Die SPD ist deshalb noch keine „stillgelegte", „eher verzagt, verunsichert und kleinmütig" wirkende Partei, wie sie Franz Walter skizziert.[56] Sie ist realistischer und reifer geworden, bündelt breite Bürgerinteressen und stellt sich den dringlichen Aufgaben in einer sich rapiden wandelten Welt. Das sozialdemokratische Projekt einer humanen Gesellschaft, gegründet auf Freiheit, Gerechtigkeit und Toleranz, ist und bleibt aktuell. Die moderne Sozialdemokratie muss sich dabei stets aufs neue bewähren.

In einer durch Freizeit- und Unterhaltungsindustrien geprägten modernen Gesellschaft unterliegen auch die politischen Willensbildungsprozesse einem Wandel. Weniger das geschriebenes Wort und die sachliche Information zählen, sondern das Bild von Persönlichkeiten und die von ihnen vermittelten Botschaften. Die Fixierung auf einige herausragende Politiker gehört in der vom Fernsehen dominierten Medienwelt zu den Grundregeln in der politischen Landschaft. Auch die Grünen, die einst als eine Art Antipartei angetreten waren, haben dies begriffen. Joschka Fischer,

56 Walter, Die SPD, S. 262 und 264-266.

der frühere Sponti und Turnschuhminister[57], der nach 1998 zu einem weithin respektierten und geachteten Politiker wuchs, ist das Faustpfand, mit dem sie im Wahlkampf bestehen wollen. Die Sozialdemokratie setzt in der Auseinandersetzung mit der Opposition vor allem auf ihren Kanzler. Nachdem wichtige Reformen angepackt, außenpolitische Bewährungsproben bestanden waren und die Wirtschaft wieder Tritt gefasst hatte, wollte er mit „ruhiger Hand" seine erste Regierungszeit zu einem erfolgreichen Abschluss bringen.

Doch im Jahr 2001 geriet die Regierungskoalition in schweres Fahrwasser. Nach Jahren des Booms trat in den USA eine Konjunkturabkühlung ein, die gerade das stark exportorientierte Deutschland berührte. Der 11. September 2001 mit seinen Folgen traf fast die gesamte Weltwirtschaft. Im Jahr 2000 war das Bruttoinlandsprodukt noch um 3 Prozent gestiegen[58], und nach den Prognosen der Wirtschaftsforschungsinstitute sollte die Volkswirtschaft 2001 und 2002 um jeweils 2,8 Prozent wachsen. Aber nun lahmte die Konjunktur und die Arbeitslosenzahlen stiegen, statt wie vorhergesagt zu sinken.[59] Ende Januar 2002 lagen sie bei 4,29 Millionen. Das waren zwar immer noch eine halbe Million weniger als im Januar 1998[60], doch das anvisierte Ziel von 3,5 Millionen schien kaum mehr erreichbar. Genüsslich hackte die CDU/CSU-Opposition unter ihrem im Januar 2002 gekürten Kanzlerkandidaten Edmund Stoiber darauf herum. Das Regierungslager verlor in der Bevölkerung an Rückhalt, die SPD büßte deutlich an Zustimmung ein und die Union wie die FDP witterten schon Morgenluft.. Eine Sieg Gerhard Schröders bei den Bundestagswahlen am 22. September, der zuvor für viele schon ausgemacht schien, wirkte nicht mehr so selbstverständlich. Doch wohl nur der Kanzler kann seine Partei mit nach oben ziehen, für den nötigen Mobilisierungsschub sorgen und zweifelnde Wähler gewinnen.

Fast wie zu Beginn der Regierung Schröder mokierten sich Teile der Medien über Fehler und Versäumnisse der Regierung auf dem Arbeitsmarkt und pickten Pannen und Schwächen, wie beim Verbotsantrag gegen die NPD und beim neuen Militärtransporter Airbus A 400 M auf. Bundesverteidigungsminister Rudolf Scharping stand seit seinem Mallorca-Ausflug fast unter Dauerbeschuss. Die nicht zu entschuldigenden Vorgän-

---

57 Bei der Vereidigung als hessischer Minister trat er in Turnschuhen und Jeans auf: Vgl. oben S. 303.
58 Vgl. Statistisches Jahrbuch 2001 für die Bundesrepublik Deutschland, S. 656.
59 Vgl. Archiv der Gegenwart 70, Jahrgang 2000, S. 44208.
60 Bedingt durch eine veränderte Statistik werden oft unterschiedliche Zahlen genannt.

ge bei der Bundesanstalt für Arbeit[61], die von dieser zu verantworten waren, machten negative Schlagzeilen. Dazu kamen die peinlichen Kölner Skandale und andere Affären, die zu einer Belastung in den Augen vieler Bürger wurden, Teile der Partei verunsicherten und den Elan bremsten. Beim Zuwanderungsgesetz operierte die Union mit einer Verzögerungs- und Verweigerungstaktik, obwohl Kirchen, Wirtschaft und Gewerkschaft einhellig dafür eintraten. Nur mit Mühe konnte schließlich im Bundesrat mit den von Manfred Stolpe für Brandenburg abgegebenen Stimmen eine Mehrheit erreicht werden. Die durch unterschiedliche parteipolitische Konstellationen in den Ländern noch zusätzlich verkomplizierten Mehrheitsverhältnisse im Bundesrat förderten einerseits zwar einen Zwang zum Konsens, begrenzten andererseits aber die Handlungsmöglichkeiten der Bundesregierung. Statt über der Sache ereiferten sich Opposition wie Öffentlichkeit fast mehr über das politische Taktieren. Tatsächlich bot die rot-grüne Koalition so auf verschiedenen Feldern Angriffsflächen. Doch den Einbruch der Weltkonjunktur mit den negativen Folgen für den Arbeitsmarkt hatte die Regierung Schröder nun wirklich nicht zu verantworten. Angesichts der schwierigen Bedingungen konnte sich die Bilanz doch sehen lassen. Seit dem Frühjahr 2002 ging die Arbeitslosigkeit allmählich zurück und am Konjunkturhimmel zeigten sich wieder erste Silberstreifen.

Allein durch wirtschaftliches Wachstum ist das Problem der Massenarbeitslosigkeit jedoch nicht zu lösen. Der deutsche Arbeitsmarkt krankt auch an strukturellen Problemen und an Schwächen des Dienstleistungssektors. Direkt vor der Haustür des „Hochlohnlandes" liegen nach dem Fall des Eisernen Vorhanges nun „Niedriglohnländer", die mit billiger Arbeit und preisgünstigen Waren konkurrieren. Bedingt durch die neuen Techniken und noch gefördert durch Sozial- und Ökodumpings lässt sich die Produktion vergleichsweise problemlos verlagern. Es erfordert große Anstrengungen, den Standort Deutschland durch Modernisierung und Flexibilität so attraktiv und leistungsfähig zu gestalten, dass wieder mehr Menschen bezahlte Arbeit finden. Dies ist eine gesamtgesellschaftliche Aufgabe, bei der Unternehmer wie Gewerkschaften besonders gefordert sind. Politik und Regierung können im Grundsatz nur Rahmenbedingungen setzen, von denen ein Anreiz für die notwendigen Innovationen und Reformen ausgeht. Trotz der knappen Kassen sind Investitionen in Bildung und qualifizierte Ausbildung gerade im Zeichen der Wissensgesell-

---

61 Die Zahlen über die Arbeitsvermittlung waren geschönt. Unter dem neuen Chef Florian Gerster (SPD) soll eine Reform der Bundesanstalt für Arbeit durchgesetzt werden.

schaft eine zwingende Notwendigkeit.[62] Gefordert sind dabei auch die Unternehmen und nicht nur der Staat. Eine Reform der Finanzverfassung von Bund, Ländern und Kommunen, die auf den jeweiligen Ebenen die Eigenverantwortung stärker fördert, steht auf der Agenda. Auf die nächste Bundesregierung warten noch schwere Aufgaben.

Die heutige Welt ist eine andere als die des 20. Jahrhunderts. Als einzige verbliebene Supermacht dominieren die USA. Die Globalisierung des Kapitals und der Märkte hat riesige Dimensionen angenommen. Weltweit operierende Unternehmen verkörpern eigenständige Wirtschaftsmacht und das fluktuierende Kapital kennt keine Grenzen. Die Handlungsfähigkeiten der Nationalstaaten sind durch die Globalisierung überfordert. Gerade deshalb ist Europa so wichtig und der weitere Ausbau der Europäischen Union. Der Traum von einem „supranationalen Europa"[63] wirkte verheißungsvoll. Aber dieses Konzept von einem die Nationalstaaten ersetzenden einigen und einheitlichen Europa war unrealistisch. Mit dem Maastricht-Vertrag von 1992 wurde die Weiterentwicklung der Europäischen Gemeinschaft zur Europäischen Union auf den Weg gebracht. Für den Bürger wurde das Zusammenrücken der EU-Staaten durch den Wegfall der Grenzkontrollen im Zuge des Schengener Abkommens spürbar. Mit dem Euro tragen die Menschen nun alltäglich „Europa konkret" in der Tasche. Die Osterweiterung der EU steht auf der Agenda. Mit dem weiteren Ausbau der Europäischen Union stellt sich auch die Frage eines Umbaus. Dies betrifft vor allem die Kompetenzabgrenzungen zwischen Brüssel und den einzelnen Staaten wie die Rolle der Regionen. Die EU fungierte bisher, bedingt durch ihre Geschichte, vorrangig als ein Wirtschaftseuropa des freien Marktes. Die soziale Dimension kam darin kaum zum Tragen. Sie blieb den einzelnen Mitgliederstaaten überlassen. Daraus resultiert eine Schieflage. Weder die europäischen sozialdemokratischen Parteien noch die Gewerkschaften haben das europäische Projekt bisher energisch genug angepackt. In der Praxis scheinen sie noch zu sehr im nationalstaatlichen Rahmen verhaftet. Für die Zukunft stehen sie – ungeachtet auch von Rückschlägen – noch vor großen Aufgaben. Auch die SPD sollte sich

---

62 Die Ergebnisse der Pisa-Studie über den schlechten Kenntnis- und Bildungsstand deutscher Schüler belegen dies zur Genüge.

63 Diese Idee wurde von Peter Glotz in dem Hauptstadtstreit noch am 20.6.1991 beschworen und Helmut Kohl ein Schwenk zum „Europa der Vaterländer" vorgeworfen. Siehe Winkler, Weg nach Westen II, S. 609.

verstärkt als eine europäische Sozialdemokratie verstehen, die sowohl für ein europäisches Deutschland[64] wie für ein soziales Europa streitet.

Nach dem Zerfall des kommunistischen Blocks haben sich nicht nur die außenpolitischen Parameter verschoben. Der Macht- und Systemkonflikt, der so viele Ressourcen absorbierte, erzeugte zugleich einen Druck in der westlichen Welt, im sozialen Bereich für Ausgleich zu sorgen. Dieser Zwang ist so nicht mehr gegeben. Eine gewisse Schieflage von Kapitalinteressen und sozialen Verpflichtungen ist kaum zu übersehen. Die Sozialdemokratie steht deshalb in der Pflicht, neben der notwendigen Modernisierung von Wirtschafts- und Arbeitsmarktstrukturen auch das Gebot sozialer Gerechtigkeit zeitgemäß zu interpretieren. Darin liegt zugleich eine gesamteuropäische Aufgabe. Denn im Selbstverständnis Europas stand neben dem Grundwert Freiheit stets auch das Ziel von Gerechtigkeit und Brüderlichkeit. Gerade darin unterscheidet sich Europa von den USA, in denen die Fahne der Freiheit ganz hochgehalten, aber soziale Gerechtigkeit eher als Fremdwort verstanden wird. Die „liberale" Demokratie, wie sie von den USA vertreten wird, ist etwas anderes als die soziale Demokratie, die sich in Europa ausgeformt hat.[65] Trotz der Gemeinsamkeit bei der Betonung der freiheitlichen Bürgerrechte unterscheiden sie sich in einem wesentlichen Punkt: die „liberale" Demokratie baut auf einen weitgehend ungezügelten „Konkurrenzkapitalismus", die soziale Demokratie auf eine dem sozialen Gebot verpflichtete Markwirtschaft. Im sozialdemokratischen und europäischen Freiheitsverständnis gehört zur Freiheit auch Gerechtigkeit und Solidarität.

Für die deutsche Sozialdemokratie kommt es darauf, die europäische Dimension stärker zu entfalten. So wies Bundeskanzler Gerhard Schröder mit Nachdruck darauf hin, „dass die Strategie der SPD im Grundsatz pro-europäisch sein müsse" und dass sie „eine klare pro-europäische Position beziehe".[66] Europa sei „viel mehr als ein geografischer Begriff" und eine Wirtschaftsmacht; es sei zu einer „echten Wertegemeinschaft geworden".[67] Ein wirtschaftlich starkes und politisch einigeres Europa einer freiheitlich-sozialen Demokratie ist eine Herausforderung, für die sich jede Anstrengung lohnt. In der Bundesrepublik Deutschland hat die SPD die Bewäh-

---

64 Das Wort vom „europäischen Deutschland" gebrauchte Thomas Mann; es wird gerne zitiert oder auch ohne Angabe Manns verwandt.
65 Siehe dazu Thomas Meyer, Soziale Demokratie und Globalisierung. Eine europäische Perspektive, Bonn 2002.
66 Sitzung des SPD-Präsidiums vom 28.2.2000, Protokoll in SPD-Vorstandssekretariat.
67 Rede von Gerhard Schröder am 18.3.2002 in Amsterdam; Siehe Anhang Dokumente 17.

rungsprobe in der Regierung trotz mancher Schwächen bestanden. Nun wird es darauf ankommen, dass auf Dauer in einem europäischen Orchester die sozialdemokratischen Stimmen deutlicher zu Wort kommen. Europa mit seinen verschiedenen Nationen und Staaten verbindet nicht nur die Tradition von Aufklärung und Freiheit, sondern auch eine reiches gemeinsames zivilisatorisch-kulturelles Erbe. Es steht heute für Ausgleich, Verständigung und Toleranz, für eine eigene Art, Freiheiten zu verteidigen, Frieden zu sichern und gegen Ungleichheiten und Diskriminierung anzugehen.[68] Die Europäische Union, so Gerhard Schröder, „ist unsere Antwort auf die Globalisierung und auf die Herausforderung durch den Terrorismus". Sie „ist das internationale Erfolgsmodell für das 21. Jahrhundert".[69] Eine europäische Zivilgesellschaft mit machtpolitischem Gewicht, kultureller Attraktivität und zivilisierender Ausstrahlung ist ein ebenso mühsames wie lohnenswertes Projekt. Für die SPD und ihre europäischen Schwesterparteien liegen darin große Aufgaben.

68 Vgl. die Äußerungen von Lionel Jospin zu der Rede des amerikanischen Präsidenten George W. Bush vom 29.1.2002, nach Der Spiegel Nr. 8 vom 18.2.2002, S. 163f.
69 Siehe Anhang Dokumente 17: Rede von Gerhard Schröder vom 18.3.2002.

Zeittafel

1848

Februar	Das von Karl Marx unter Mitarbeit von Friedrich Engels verfasste „Manifest der Kommunistischen Partei" erscheint.
Febr./März	Revolution in Frankreich, Deutschland, Österreich, Ungarn.
April	In zahlreichen Städten entstehen Arbeitervereine.
28.8.-3.9.	In Berlin tagt ein deutscher Arbeiterkongreß. Unter Stephan Borns Leitung wird die „Arbeiter-Verbrüderung" gegründet.

1854

Juli	Alle Arbeitervereinigungen werden auf Grund eines Vereinsgesetzes des Bundestages aufgelöst.

1861

In Sachsen wird das Koalitionsverbot aufgehoben.

1863

23. 5.	In Leipzig wird der „Allgemeine Deutsche Arbeiterverein" gegründet. Ferdinand Lassalle wird für fünf Jahre zum Präsidenten gewählt. Der ADAV erklärt zu seinem wichtigsten Ziel die „Herstellung des allgemeinen, gleichen und direkten Wahlrechts".

1864

31. 8.	Lassalle stirbt nach einem Duell.
28. 9.	Gründung der Internationalen Arbeiterassoziation (1. Internationale) in London.

1866

19.8.	August Bebel und Wilhelm Liebknecht gründen mit bürgerlichen Demokraten die „Sächsische Volkspartei".

1867

12.2.	Bebel, W. Liebknecht und Reinhold Schraps werden in den Norddeutschen Reichstag gewählt.

1868

5.9.   Auf dem Vereinstag des Verbandes Deutscher Arbeitervere-
        ine beschließt eine Mehrheit, sich dem Programm der Inter-
        nationalen Arbeiterassoziation anzuschließen. Die Bildung
        von Gewerkschaften wird unterstützt.

1869

7./8.8. Gründung der Sozialdemokratischen Arbeiterpartei in Eisen-
         ach. Die SDAP erklärt sich ausdrücklich als deutscher Zweig
         der IAA.

1871

März   Erhebung der Pariser Kommune.

1875

22.–27.5. Vereinigung der „Lassalleaner" und „Eisenacher" auf dem
           Parteitag in Gotha zur „Sozialistischen Arbeiterpartei
           Deutschlands". Verabschiedung des „Gothaer Programms".

1876

1.10.   Die erste Nummer des „Vorwärts", des Zentralorgans der
        Sozialistischen Arbeiterpartei, erscheint in Leipzig.

1878

30.7.   Trotz Wahlbehinderung erhält die Sozialistische Arbeiter-
        partei bei den Reichstagswahlen 437 158 Stimmen und 9
        Mandate.

19.10. Das von Bismarck eingebrachte „Gesetz gegen die ge-
        meingefährlichen Bestrebungen der Sozialdemokratie" wird
        mit 221 gegen 149 Stimmen im Reichstag angenommen.

1880

20.–23.8. Kongress der Sozialistischen Arbeiterpartei in Wyden/
           Schweiz.

1889

14.–20.7. Ein internationaler Arbeiterkongress legt den 1. Mai als Tag
           des Kampfes für den Acht-Stunden-Tag fest.

1890

25.1.   Der Reichstag lehnt eine Verlängerung des Sozialistengesetzes ab.

20.2.   Bei den Reichstagswahlen erhält die SPD 1 427 000 Stimmen und wird damit zahlenmäßig stärkste Partei.

16./17.11.   Bildung der „Generalkommission der Gewerkschaften Deutschlands".

1891

16.–23.8.   Kongress der 2. Internationale.

14.–20.10.   Parteitag in Erfurt. Verabschiedung des Erfurter Programms.

1899

Januar   Bernstein veröffentlicht sein Buch „Die Voraussetzungen des Sozialismus und die Aufgaben der Sozialdemokratie".

9.–14.10.   Auseinandersetzungen über den Revisionismus auf dem Parteitag in Hannover.

1903

13.–20.9.   Auf dem Parteitag in Dresden wird der Revisionismus verurteilt.

1905

22.–27.5.   Massenstreikdebatte auf dem Gewerkschaftskongress. Die Propagierung des politischen Massenstreiks wird abgelehnt.

17.–23.9.   Auf dem Parteitag der SPD in Jena wird der Massenstreik nur als Abwehrkampfmittel gebilligt.

1906

23.–29.9.   Fortsetzung der Massenstreikdiskussion auf dem Mannheimer Parteitag. Im „Mannheimer Abkommen" erhalten die Gewerkschaften weitgehende Unabhängigkeit zugestanden.

1912

12.1.   Die SPD erhält bei den Reichstagswahlen 34,8 Prozent der Stimmen (4,25 Millionen).

1913

13.8.   August Bebel in der Schweiz gestorben.

1914

3.8. Die Reichstagsfraktion der SPD beschließt mit 78 gegen 14 Stimmen, den geforderten Kriegskrediten zuzustimmen.

4.8. Die SPD-Fraktion stimmt im Reichstag einstimmig für die Kriegskreditvorlage. Der Vorsitzende Haase erklärt: „Wir lassen in der Stunde der Gefahr das Vaterland nicht im Stich."

1916

Januar „Gruppe Internationale" um Rosa Luxemburg und Karl Liebknecht; Herausgabe der Spartakusbriefe.

24.3. Spaltung der SPD-Reichstagsfraktion, Gründung der „Sozialdemokratischen Arbeitsgemeinschaft".

1917

7.1. Reichskonferenz der Opposition; vom Parteiausschuss als „Sonderorganisation" verurteilt.

6.–8.4. In Gotha wird die „Unabhängige Sozialdemokratische Partei Deutschlands" (USPD) gegründet.

1918

Januar Streikbewegung, vor allem in den Rüstungsbetrieben.

4.10. Sozialdemokraten beteiligen sich an der Regierung des Prinzen Max von Baden.

4.11. Ein Arbeiter- und Soldatenrat übernimmt in Kiel die politische und militärische Gewalt.

7./8.11. Die revolutionäre Erhebung der Arbeiter, Matrosen und Soldaten breitet sich über ganz Deutschland aus.

9.11. Prinz Max von Baden überträgt Ebert die Regierungsgeschäfte. Scheidemann ruft die Republik aus.

10.11. Revolutionsregierung des Rates der Volksbeauftragten aus MSPD (Ebert, Scheidemann, Landsberg) und USPD (Haase, Dittmann, Barth). Vollzugsrat der Berliner Arbeiter- und Soldatenräte.

12.11. Der Rat der Volksbeauftragten verkündet „das sozialistische Programm zu verwirklichen".

16.–20.12. Reichskonferenz der Arbeiter- und Soldatenräte. Die Räte beschließen Wahlen zu einer Nationalversammlung und fordern sofortige Sozialisierungsmaßnahmen.

29.12. Ausscheiden der USPD aus dem Rat der Volksbeauftragten.

30.12. Gründung der Kommunistischen Partei Deutschlands.

1919

4.–13.1.	Kämpfe zwischen revolutionären Arbeitern und Soldaten und von der Regierung Ebert eingesetzten Truppen.
15.1.	Rosa Luxemburg und Karl Liebknecht werden ermordet.
19.1.	Bei den Wahlen zur Nationalversammlung erhält die SPD 37,9 Prozent, die USPD 7,6 Prozent der Stimmen.
11.2.	Ebert wird zum Reichspräsidenten gewählt.
13.2.	Scheidemann bildet die erste Weimarer Koalitionsregierung aus SPD, DDP und Zentrum.
10.–15.6.	Parteitag der SPD in Weimar.
20.6.	Nach dem Rücktritt Scheidemanns bildet Gustav Bauer (SPD) erneut eine Koalitionsregierung mit dem Zentrum, der später die DDP wieder beitritt.

1920

18.1.	Das Betriebsrätegesetz wird verabschiedet.
13.–17.3.	Kapp-Putsch. Ein von den Gewerkschaften und der SPD ausgerufener Generalstreik zwingt Kapp zum Rückzug.
27.3.	Hermann Müller bildet nach dem Rücktritt des Kabinetts Bauer wiederum eine Regierung mit dem Zentrum und der DDP.
6.6.	Bei den Reichstagswahlen sinkt der Stimmenanteil der SPD von 37,9 Prozent auf 21,6 Prozent, während die USPD von 7,6 Prozent auf 18,0 Prozent steigt.
12.–17.10.	Auf dem Parteitag der USPD in Halle nimmt die Mehrheit die 21 Bedingungen zur Aufnahme in die Kommunistische Internationale an. Das Abstimmungsergebnis führt zur Spaltung der USPD.
4.–7.12.	Der linke Flügel der USPD vereinigt sich mit der KPD zur Vereinigten Kommunistischen Partei Deutschlands.

1921

18.–24.9.	Der SPD-Parteitag in Görlitz nimmt ein neues Parteiprogramm an.

1922

24.9.	Wiederzusammenschluss der Rest-USPD mit der MSPD zur Vereinigten Sozialdemokratischen Partei Deutschlands.

1923

Gewerkschaften und Sozialdemokratie unterstützen den passiven Widerstand gegen die Ruhrbesetzung.

1925

28.2.   Tod Friedrich Eberts.

13.–18.9. Auf dem SPD-Parteitag in Heidelberg wird ein neues Programm beschlossen.

1928

20.5.   Reichstagswahlen, Anstieg der SPD auf 29,8 Prozent.

28.6.   Hermann Müller bildet eine Regierung der Großen Koalition mit SPD, DDP, Zentrum, DVP und Bayerischer Volkspartei.

1930

27.3.   Eine geplante Neuregelung der Arbeitslosenversicherung führt zum Bruch der Großen Koalition.

14.9.   Nach dem Erfolg der NSDAP bei den Reichstagswahlen entschließt sich die SPD zur Tolerierung der Regierung Brüning.

1931

16.12.   Gründung der „Eisernen Front" zur Abwehr der faschistischen Gefahr. Ihr gehören SPD, ADGB, Reichsbanner und Arbeitersportorganisationen an.

1932

13.3.   Die SPD unterstützt die Wahl Hindenburgs zum Reichspräsidenten.

20.7.   Die Regierung Otto Braun in Preußen wird mit Hilfe des Art. 48 abgesetzt.

1933

30.1.   Hitler wird Reichskanzler.

23.3.   Die SPD-Reichstagsfraktion stimmt gegen das Ermächtigungsgesetz.

2.5.   Besetzung der Gewerkschaftshäuser der Freien Gewerkschaften.

22.6.   Verbot der SPD, Einsetzen einer großen Verhaftungswelle.

	1934
28.1.	Prager Manifest der Sopade „Kampf und Ziel des revolutionären Sozialismus".

	1941
19.3.	Gründung der „Union deutscher sozialistischer Organisationen in Großbritannien".

	1945
19.4.	Auf einer Zusammenkunft Kurt Schumachers mit Sozialdemokraten in Hannover wird die Wiedergründung der SPD beschlossen.
15.6.	Aufruf des Berliner Zentralausschusses der SPD unter Vorsitz von Otto Grotewohl. Er beansprucht, Führungsgremium für ganz Deutschland zu sein.
September	Das „Büro Schumacher" konstituiert sich nach der Rückkehr von Erich Ollenhauer und Fritz Heine aus der Emigration als „Büro der Westzonen".
5.–7.10.	Auf Einladung des „Büros Schumacher" findet in Wennigsen bei Hannover eine Konferenz sozialdemokratischer Funktionäre statt.

	1946
31.3.	In einer Urabstimmung der SPD-Mitglieder der drei Westsektoren Berlins stimmen 82 Prozent gegen eine sofortige Vereinigung mit der KPD.
21./22.4.	Gründungsparteitag der Sozialistischen Einheitspartei Deutschlands (SED); „Zwangsvereinigung".
9.–11.5.	SPD-Parteitag in Hannover. Schumacher wird zum Vorsitzenden, Ollenhauer zum 1., Willi Knothe (Frankfurt/M.) zum 2. Stellvertretenden Vorsitzenden gewählt.

	1947
Mai	Die SPD-Fraktion des Wirtschaftsrats für das Vereinigte Wirtschaftsgebiet beschließt, in die Opposition zu gehen.
29.6.–2.7.	SPD-Parteitag in Nürnberg verabschiedet „Richtlinien für den Aufbau der Deutschen Republik" sowie Grundsätze zur Wirtschaftspolitik.

1948

24.6.   Beginn der Berlin-Blockade durch die Sowjetunion. Versorgung West-Berlins über eine „Luftbrücke".

1.9.   Konstituierung des Parlamentarischen Rats, Konrad Adenauer zu seinem Vorsitzenden gewählt, Carlo Schmid Vorsitzender der SPD-Fraktion.

11.–14.9.   SPD-Parteitag in Düsseldorf fordert den Erlass eines Besatzungsstatuts als Rechtsbasis für die Beziehungen zwischen den Besatzungsmächten und den Deutschen.

1949

8.5.   Der Parlamentarische Rat beschließt mit den Stimmen der SPD das Grundgesetz.

14.8.   Wahl des ersten Bundestages.

29./30.8.   SPD-Parteivorstand beschließt Richtlinien für die Politik im Bundestag (Dürkheimer 16 Punkte).

31.8.   SPD-Bundestagsfraktion wählt Schumacher zum 1., Ollenhauer zum 2. und Carlo Schmid zum 3. Vorsitzenden der Fraktion. Geschäftsführer werden Adolf Arndt und Wilhelm Mellies.

7.10.   Gründung der Deutschen Demokratischen Republik (DDR).

1950

26.4.   Beginn der „Waldheimer Prozesse" in der DDR; bis Juni mehr als 3 400 Verurteilungen.

21.–25.5.   SPD-Parteitag in Hamburg fordert, sich einer Remilitarisierung zu widersetzen und nimmt kritisch Stellung zum Europarat ebenso wie zum Schuman-Plan.

1951

21.5.   Verkündung des Mitbestimmungsgesetzes für Kohle und Stahl (Montanmitbestimmung).

30.6.–3.7.   Die Sozialistische Internationale wird in Frankfurt/M. wiedergegründet. Sie beschließt eine Grundsatzerklärung: „Ziele und Aufgaben des demokratischen Sozialismus".

1952

20.8.   Tod von Kurt Schumacher.

| 24.–28.9. | SPD-Parteitag in Dortmund verabschiedet ein Aktionsprogramm. Erich Ollenhauer wird zum Vorsitzenden, Wilhelm Mellies zum stellvertretenden Vorsitzenden gewählt. |

1953

17.6.	Volksaufstand in Ost-Berlin und der DDR.; Streiks und Demonstrationen; Niederschlagung des Aufstandes durch sowjetische Verbände.
6.9.	Bundestagswahlen. – Der schwere Rückschlag für die SPD löst eine breite Diskussion in der Partei aus.
29.9.	Tod von Ernst Reuter.

1954

| 20.–24.7. | SPD-Parteitag in Berlin verabschiedet Änderungen und Ergänzungen des Aktionsprogramms; Einsetzung einer Kommission unter Federführung von Willi Eichler zur Ausarbeitung eines Grundsatzprogramms. |

1955

| 27.2. | Der Bundestag ratifiziert die „Pariser Verträge" gegen die Stimmen der SPD. |
| 14.5. | Gründung des „Warschauer Paktes". |

1956

7.7.	Das Gesetz über die Einführung der allgemeinen Wehrpflicht wird vom Bundestag angenommen. Die SPD stimmt dagegen.
10.–14.7.	SPD-Parteitag in München befasst sich mit Problemen der zweiten industriellen Revolution.
24.10.	Volksaufstand in Ungarn gegen das kommunistische Regime und die Sowjets.

1957

19.5.	Die Gesamtdeutsche Volkspartei beschließt ihre Auflösung und empfiehlt ihren Mitgliedern den Beitritt zur SPD. Bei den Bundestagswahlen kandidieren ihre Vorsitzenden Gustav Heinemann und Helene Wessel für die SPD.
14.9.	Bundestagswahlen.
4.10.	Erster sowjetischer Satellit „Sputnik"; Sputnikschock in den westlichen Staaten.

1958

18.–23.5.　SPD-Parteitag in Stuttgart beschließt Änderung des Organisationsstatuts: Ein vom Parteivorstand aus seiner Mitte gewähltes Präsidium tritt an die Stelle des bisherigen „Büros". Ollenhauer bleibt Vorsitzender, Waldemar von Knoeringen und Herbert Wehner werden zu stellvertretenden Vorsitzenden gewählt. Willy Brandt wird Mitglied des Vorstands.

10.11.　Chruschtschow verkündet das Berlin-Ultimatum.

1959

19.3.　Veröffentlichung des „Deutschlandplans" der SPD.

13.–15.11.　Ein außerordentlicher Parteitag der SPD in Bad Godesberg verabschiedet das neue Grundsatzprogramm.

1960

30.6.　Herbert Wehner befürwortet im Bundestag eine gemeinsame Außenpolitik von Bundesregierung und Opposition auf der Grundlage bestehender Vertragsverpflichtungen.

21.–25.11.　SPD-Parteitag in Hannover. Willy Brandt wird als Bundeskanzlerkandidat der SPD vorgestellt und die „Mannschaft der SPD" für den Wahlkampf bekanntgegeben.

1961

28.4.　Regierungsprogramm der SPD wird verkündet.

13.8.　Abriegelung von West-Berlin mit Stacheldraht und Sperren durch die DDR; Bau der Berliner Mauer.

17.9.　Bundestagswahlen.

1962

26.–30.5.　SPD-Parteitag in Köln. Willy Brandt wird neben Wehner zum stellvertretenden Vorsitzenden gewählt.

Oktober　Kuba-Krise (Stationierung sowjetischer Raketen und US-Blockade); „Spiegel-Affäre".

1963

12.5.　Kundgebung der SPD in Hannover zum 100-jährigen Bestehen der Partei. Aus diesem Anlass finden das ganze Jahr hindurch Veranstaltungen in der Bundesrepublik statt.

15.7.	Reden Willy Brandts und Egon Bahrs in Tutzing („Wandel durch Annäherung").
14.12.	Tod von Erich Ollenhauer.
17.12.	Unterzeichnung des ersten Passierscheinabkommens.

1964

15./16.2.	Außerordentlicher Parteitag wählt Willy Brandt zum Vorsitzenden, Fritz Erler und Herbert Wehner zu stellvertretenden Vorsitzenden der SPD.
3.3.	Fritz Erler zum Vorsitzenden der SPD-Bundestagsfraktion gewählt.
23.–27.11.	SPD-Parteitag in Karlsruhe. Willy Brandt stellt seine „Regierungsmannschaft" vor.

1965

| 19.9. | Bundestagswahlen. |

1966

18.3.–15.4.	Vorstand der SPD beantwortet die „Offenen Briefe" der SED.
1–5.6.	SPD-Parteitag in Dortmund fasst eine Entschließung zur Deutschlandpolitik sowie zahlreiche Beschlüsse über innenpolitische Aufgaben einer Bundesregierung mit Beteiligung der SPD.
10.7.	Landtagswahlen in Nordrhein-Westfalen. Mit 49,5 % der Stimmen überflügelt die SPD zum ersten Mal die CDU im größten Bundesland. Die CDU/FDP-Koalition unter Ministerpräsident Franz Meyers wird fortgesetzt.
1.12.	Vereidigung der neuen Bundesregierung der „Großen Koalition". Willy Brandt wird Außenminister und Stellvertreter des Bundeskanzlers Kurt-Georg Kiesinger (CDU).
8.12.	Heinz Kühn (SPD) wird nach dem Sturz von Meyers Ministerpräsident in Nordrhein-Westfalen und bildet eine Koalitionsregierung mit der FDP.

1967

| 22.2. | Tod von Fritz Erler. |
| 14.3. | Helmut Schmidt wird Vorsitzender der SPD-Bundestagsfraktion. |

1968

17.–21.3.   SPD-Parteitag in Nürnberg diskutiert die Regierungstätigkeit der SPD. Ein neues Organisationsstatut wird verabschiedet.

31.5.   Hans-Jürgen Wischnewski erhält das neugeschaffene Amt eine Bundesgeschäftsführers der SPD.

21.8.   Invasion von Truppen des Warschauer Paktes in der Tschechoslowakei; Ende des „Prager Frühlings".

1969

5.3.   Gustav Heinemann (SPD) von der Bundesversammlung mit den Stimmen der FDP zum Bundespräsidenten gewählt.

16.–18.4.   Außerordentlicher Parteitag der SPD in Bad Godesberg berät das sozialdemokratische Regierungsprogramm.

28.9.   Bundestagswahlen.

Oktober   Bildung der sozialliberalen Koalitionsregierung unter Bundeskanzler Willy Brandt; Außenminister und Vizekanzler wird Walter Scheel (FDP); Herbert Wehner wird Vorsitzender der SPD-Bundestagsfraktion.

5./7.12.   Kurswechsel auf dem Bundeskongress der Jungsozialisten in München.

1970

19.3.   Treffen von Willy Brandt und Willi Stoph in Erfurt.

11.–14.5.   SPD-Parteitag in Saarbrücken beauftragt den Parteivorstand, Kommissionen zur Ausarbeitung von Steuerreformvorschlägen und zur Erarbeitung eines langfristigen gesellschaftspolitischen Aktionsprogramms zu beauftragen.

14.9.   Der Vorstand der SPD begrüßt den am 12. August 1970 abgeschlossenen Vertrag mit der Sowjetunion.

7.12.   Unterzeichnung des Warschauer Vertrages; Kniefall Brandts vor dem Mahnmal des Warschauer Ghettos.

1971

26.2.   Zum Verhältnis von Sozialdemokratie und Kommunismus veröffentlicht der Vorstand der SPD eine Erklärung.

3.9.   Unterzeichnung des Vier-Mächte-Abkommens über Berlin.

10.12.   Verleihung des Friedensnobelpreises an Willy Brandt in Oslo.

	1972
24.1.	Nach dem Rücktritt von Wischnewski wird Holger Börner vom Vorstand zum Bundesgeschäftsführer der SPD gewählt.
27.4.	Scheitern des konstruktiven Misstrauensvotums der CDU/CSU gegen Bundeskanzler Brandt.
Juni	Vorlegung des „Entwurfs eines ökonomisch-politischen Orientierungsrahmens 1973–1985" („Langzeitprogramm").
8.11.	Paraphierung des Grundlagenvertrages zwischen der Bundesrepublik und der DDR.
19.11.	Bundestagswahlen. Bildung der zweiten Regierung Brandt/Scheel.

	1973
10.–14.4.	SPD-Parteitag in Hannover fasst Beschlüsse über den „Orientierungsrahmen", zum Bodenrecht und zur Gewinnbeteiligung der Arbeitnehmer.
6.10.	Angriff Ägyptens und der arabischen Staaten auf Israel („Jom Kippur Krieg") führt zur akuten Energiekrise der Industriestaaten und zur allgemeinen Verteuerung des Rohöls.

	1974
6.5.	Willy Brandt tritt als Bundeskanzler zurück. Helmut Schmidt wird am 16.5. sein Nachfolger.
15.5.	Walter Scheel (FDP) wird zum Bundespräsidenten gewählt. Gustav Heinemann hatte auf eine neue Kandidatur verzichtet.

	1975
30.7./1.8.	KSZE-Schlusskonferenz mit Unterzeichnung der Helsinki-Schlussakte.
11.-15.11.	Der SPD-Parteitag von Mannheim beschließt fast einstimmig den Orientierungsrahmen '85.

	1976
18.3.	Mitbestimmungsgesetz, das für alle Unternehmen mit mehr als 2000 Beschäftigten gilt, vom Bundestag verabschiedet.
3.10.	Bundestagswahl. Die SPD verliert ihre Position als stärkste Fraktion. Die sozialliberale Regierung mit Helmut Schmidt als Bundeskanzler wird fortgesetzt.

22.11.	Egon Bahr zum Bundesgeschäftsführer der SPD gewählt. Er löst Holger Börner ab, der das Amt des Ministerpräsidenten in Hessen übernahm.
26.11.	Willy Brandt wird Präsident der Sozialistischen Internationale.

1977

28.9.	Willy Brandt übernimmt den Vorsitz der „Unabhängigen Kommission für internationale Entwicklungsfragen" (Nord-Süd-Kommission).
15.–19.11.	SPD-Parteitag in Hamburg fasst Beschlüsse zur Energiepolitik, zur Wirtschafts- und Beschäftigungspolitik sowie zu außen- und sicherheitspolitischen Fragen.

1978

9./10.12.	Außerordentlicher Parteitag der SPD in Köln verabschiedet Programm und Kandidatenliste für die Europawahl. Er beschließt Grundsätze zur Einstellung in den Öffentlichen Dienst u. a. Verzicht auf Routinefragen beim Verfassungsschutz; Mitgliedschaft in einer Partei allein kein Ablehnungsgrund mehr für Bewerber.

1979

23.5.	Karl Carstens (CDU) zum Bundespräsidenten gewählt.
7.–10.6.	Bei den ersten Direktwahlen zum Europäischen Parlament erhält die SPD 35 Mandate (1 aus Berlin) von 81 Mandaten (3 aus Berlin) der Bundesrepublik. Das Europäische Parlament hat insgesamt 410 Sitze.
3.–9.12.	Der SPD-Parteitag in Berlin stimmt mit Mehrheit für die Sicherheits- und Energiepolitik der sozialliberalen Regierung.

1980

11.5.	Bei den Landtagswahlen von Nordrhein-Westfalen gewinnt die SPD die absolute Mehrheit und bildet allein die Regierung.
5.10.	Die Bundestagswahlen verbreitern die parlamentarische Basis der sozialliberalen Koalition. Helmut Schmidt bleibt Bundeskanzler, Hans-Dietrich Genscher sein Stellvertreter.
12.12.	Peter Glotz zum Bundesgeschäftsführer der SPD gewählt. Er löst Egon Bahr ab.

1981

23.1.   Hans-Jochen Vogel, der bisherige Bundesjustizminister, zum Regierenden Bürgermeister von Berlin gewählt.

10.10.   Großdemonstration der Friedensbewegung in Bonn.

11.–13.12.   Bundeskanzler Helmut Schmidt zum innerdeutschen Gipfeltreffen in der DDR; Gespräche mit Erich Honecker am Werbellin- und Möllnsee.

13.12.   Verhängung des Kriegsrechts in Polen.

1982

5.2.   Bundeskanzler Schmidt stellt im Bundestag die Vertrauensfrage und erhält alle Stimmen der SPD und der FDP.

8.2.   Das Nachrichtenmagazin „Der Spiegel" deckt dunkle Geschäfte in dem gewerkschaftlichen Baukonzern „Neue Heimat" auf.

19.–23.4.   Der SPD-Parteitag in München fasst Beschlüsse gegen die Arbeitslosigkeit. Willy Brandt zum Vorsitzenden wiedergewählt. Stellvertretende Vorsitzende Helmut Schmidt und Johannes Rau, neu in diesem Amt.

17.6.   Die hessische FDP macht eine Koalitionsaussage zugunsten der CDU.

20.8.   Schreiben des FDP-Vorsitzenden und Außenministers Hans-Dietrich Genscher über die Notwendigkeit einer „Wende".

17.9.   Erklärung des Bundeskanzlers Schmidt über die Beendigung der sozialliberalen Koalition.

1.10.   Mit einem konstruktiven Misstrauensvotum wählt der Bundestag Helmut Kohl (CDU) zum Bundeskanzler.

8.–22.11.   Austritt von vier Bundestagsabgeordneten aus der FDP.

1983

21.1.   Wahlparteitag der SPD in Dortmund nominiert Hans-Jochen Vogel zum Bundeskanzlerkandidaten.

6.3.   In den Bundestagswahlen erleidet die SPD eine Niederlage. Helmut Kohl wird wieder Bundeskanzler einer Koalition der Unionsparteien mit der FDP.

8.3.   Hans-Jochen Vogel neuer Vorsitzender der SPD-Bundestagsfraktion.

18./19.11.   Der Außerordentliche SPD-Parteitag in Köln lehnt gegen 14 Stimmen und drei Enthaltungen die Nachrüstung mit neuen amerikanischen Mittelstreckenraketen ab.

1984

17.–21.5. Der SPD-Parteitag in Essen beauftragt den Parteivorstand, eine Kommission zur Erarbeitung eines neuen Grundsatzprogramms einzusetzen. Wiederwahl von Willy Brandt als Parteivorsitzendem und von Johannes Rau als stellvertretendem Parteivorsitzenden, Hans-Jochen Vogel als Nachfolger von Helmut Schmidt zum stellvertretenden Parteivorsitzenden.

23.5. Richard von Weizsäcker (CDU) wird mit Stimmen der SPD neuer Bundespräsident.

17.6. Die Wahl zum Europäischen Parlament in der Bundesrepublik hat folgendes Ergebnis in Prozentzahlen: CDU/CSU 46,0; SPD 37,4; Grüne 8,2; FDP 4,8.

1985

10.3. Bei den Landtagswahlen im Saarland erreicht die SPD mit 49,2 % der Stimmen die absolute Mehrheit der Mandate. Oskar Lafontaine wird erster SPD-Ministerpräsident an der Saar. Seinem Kabinett gehören nur Sozialdemokraten an.

11.3. Michail Gorbatschow wird zum Generalsekretär der Kommunistischen Partei der Sowjetunion gewählt.

12.5. Bei den Landtagswahlen in Nordrhein-Westfalen steigert sich die SPD auf 52,1 % der Stimmen.

12.12. Bildung einer Koalitionsregierung von SPD und Grünen in Hessen.

15.12. Der SPD-Vorstand nominiert Johannes Rau zum Kanzlerkandidaten.

1986

26.4. Im Atomkraftwerk der ukrainischen Stadt Tschernobyl (UdSSR) ereignet sich der größte Reaktorunfall in der Geschichte der friedlichen Nutzung der Kernenergie.

25.–29.8. Der SPD-Parteitag in Nürnberg beschließt den stufenweisen Ausstieg aus der Nutzung von Kernenergie.

1987

25.1. Die Bundestagswahlen ergeben einen Stimmenrückgang der SPD von 38,2 % auf 37,0 %; Fortsetzung der Regierungskoalition von Unionsparteien und FDP.

27.1.	Hans-Jochen Vogel erneut Vorsitzender der SPD-Bundestagsfraktion.
23.3.	Rücktritt von Willy Brandt als Vorsitzender der SPD.
5.4.	Bei den vorgezogenen Landtagswahlen in Hessen wird die CDU stärkste Partei.
14.6.	Außerordentlicher Parteitag der SPD in Bonn wählt Hans-Jochen Vogel zum Vorsitzenden als Nachfolger von Willy Brandt. Oskar Lafontaine wird neben Johannes Rau stellvertretender Vorsitzende, Anke Fuchs neue Bundesgeschäftsführerin.
27.8.	Das Papier „Der Streit der Ideologien und die gemeinsame Sicherheit" der Grundwertekommission der SPD und der Akademie für Gesellschaftswissenschaften beim ZK der SED wird in Ost-Berlin und Bonn vorgestellt.
7.–11.9.	Offizieller Besuch Erich Honeckers in der Bundesrepublik.
13.9.	Bei den Landtagswahlen in Schleswig-Holstein wird die SPD stärkste Partei; „Barschel-Affäre".

1988

17.1.	In Ost-Berlin Festnahmen von Gegendemonstranten bei der Liebknecht/Luxemburg-Demonstration. Beginn einer Verhaftungs- und Ausbürgerswelle.
8.5.	Bei den Landtagswahlen in Schleswig-Holstein erringt die SPD die absolute Mehrheit.
31.5.	Björn Engholm wird zum neuen Ministerpräsidenten von Schleswig-Holstein gewählt.
30.8.–2.9.	Der SPD-Parteitag in Münster/Westfalen beschließt „Frauenquote". Zum Parteivorsitzenden wird Hans-Jochen Vogel, zu seinen Stellvertretern werden Herta Däubler-Gmelin, Oskar Lafontaine und Johannes Rau gewählt.

1989

16.3.	Walter Momper (SPD) zum neuen Regierenden Bürgermeister von Berlin gewählt. Er stützt sich auf eine Koalition von SPD und Alternativer Liste (AL).
2.5.	Ungarn beginnt mit dem Abbau des „Eisernen Vorhangs" an der Grenze zu Österreich.
7.5.	Kommunalwahlen in der DDR; unabhängige Beobachter konstatieren Wahlfälschungen.

4.6.	Niederschlagung der Demokratiebewegung in China; Massaker auf dem Tiananmen-Platz.
12.–15.6.	Besuch Michail Gorbatschows in der Bundesrepublik Deutschland.
18.6.	Wahl zum Europäischen Parlament in der Bundesrepublik – Ergebnis in Prozentzahlen: CDU/CSU 37,7; SPD 37,3; Die Grünen 8,4; Republikaner 7,1; FDP 5,6.
Juli/August	Wachsende Fluchtwelle von DDR-Bürgern über Ungarn und über Botschaften der Bundesrepublik.
7.10.	In Schwante (nördlich von Berlin) wird die Sozialdemokratische Partei in der DDR (SDP) gegründet.
7.–9.10.	Großdemonstrationen in Ost-Berlin, Leipzig, Dresden und anderen Städten der DDR.
18.10.	Erich Honecker tritt von sämtlichen Ämtern zurück. Egon Krenz wird neuer Generalsekretär der SED.
4.11.	Massendemonstration in Ost-Berlin für Reformen.
9.11.	Öffnung der Grenzübergänge der DDR zur Bundesrepublik. Das bedeutet das Ende der Berliner Mauer und löst unbeschreiblichen Jubel aus.
18.–20.12.	Der SPD-Parteitag in Berlin beschließt ein neues Grundsatzprogramm mit den Schwerpunkten: ökologische Erneuerung der Industriegesellschaft, soziale Gleichberechtigung der Frau, Arbeitszeitverkürzung, Friedenspolitik.

1990

19.1.	Tod von Herbert Wehner.
28.1.	Bei den Landtagswahlen im Saarland erhöht die SPD ihre Mehrheit von 49,2 % auf 54,4 %.
22.–25.2.	Der Parteitag der Ost-SPD in Leipzig beschließt ein Grundsatzprogramm. Willy Brandt wird zum Ehrenvorsitzenden, Ibrahim Böhme zum Vorsitzenden der Ost-SPD gewählt.
18.3.	Bei der ersten freien Wahl zur Volkskammer der DDR erhalten in Prozenten: die CDU 40,82; DSU (Schwesterpartei der CSU) 6,31; SPD 21,88; PDS (Nachfolgerin der SED) 16,40; Liberale 5,28. Lothar de Maizière (CDU) wird Ministerpräsident und Chef einer Koalitionsregierung, der auch die SPD angehört.
25.4.	Lafontaine wird bei dem Attentat einer psychisch gestörten Frau schwer verletzt.

13.5.	Bei den Landtagswahlen in Niedersachsen wird die SPD stärkste Partei.
18.5.	Unterzeichnung des Staatsvertrags über die deutsche Wirtschafts-, Währungs- und Sozialunion.
10.6.	Ein Außerordentlicher Parteitag der Ost-SPD in Halle wählt Wolfgang Thierse zum neuen Vorsitzenden.
1.7.	Die Währungsunion DDR – Bundesrepublik tritt in Kraft.
31.8.	Unterzeichnung des Einigungsvertrags zwischen der Bundesrepublik und der DDR.
27.9.	Wiederherstellung der Einheit der SPD auf dem Parteitag in Berlin. Verabschiedung des Berliner „Manifests".
3.10.	Vereinigung Deutschlands durch den Beitritt der DDR zur Bundesrepublik.
14.10.	Bei den Landtagswahlen in den fünf neuen Ländern Brandenburg, Mecklenburg-Vorpommern, Sachsen-Anhalt, Sachsen und Thüringen wird die SPD nur in Brandenburg stärkste Partei. In den anderen Ländern siegt die CDU, in Sachsen mit absoluter Mehrheit. – Bei den Landtagswahlen in Bayern sinkt die SPD auf 26 %.
1.11.	Der Sozialdemokrat Manfred Stolpe wird zum ersten Ministerpräsidenten Brandenburgs gewählt. Er bildet eine Koalitionsregierung aus SPD, FDP und Bündnis 90.
2.12.	Gesamtdeutsche Bundestagswahlen. Erhalten haben in Prozenten: CDU/CSU 43,8; SPD 33,5; FDP 11,0; Grüne 3,9; PDS 2,4; Bündnis 90/Grüne 1,2.

	1991
9.1.	Ergebnislose Gespräche zwischen USA und Irak zur Lösung der Golf-Krise.
15.1.	Ablauf des Ultimatums der Vereinten Nationen, das vom Irak den Rückzug aus Kuwait fordert.
17.1.	Beginn des Golf-Krieges.
5.4.	Hans Eichel (SPD) zum hessischen Ministerpräsidenten gewählt. Joschka Fischer (Grüne) wird Stellvertretender Ministerpräsident, Umwelt- und Bundesratsminister.
21.4.	Bei Landtagswahlen in Rheinland-Pfalz wird die SPD stärkste Partei. Am 21.5. wird Rudolf Scharping (SPD) zum Ministerpräsidenten gewählt. Damit erhält die SPD eine Mehrheit im Bundesrat.

435

28.– 31.5.	SPD-Parteitag in Bremen wählt Björn Engholm zum Parteivorsitzenden.
20. 6.	Der Deutsche Bundestag entscheidet sich mit 338 zu 320 Stimmen für Berlin als Sitz von Parlament und Bundesregierung.
12.11.	Hans-Ulrich Klose setzt sich bei der Neuwahl des SPD-Fraktionsvorsitzenden im Bundestag gegen Herta Däubler-Gmelin und Rudolf Dreßler durch.
12.12.	Inge Wettig-Danielmeier, die Vorsitzende der ASF, wird vom Parteivorstand zur neuen Schatzmeisterin der SPD gewählt. Sie übernimmt ihre neue Aufgabe offiziell am 14.1.1992.

1992

7.2.	Unterzeichnung der Verträge von Maastricht über die Gründung der Europäischen Union und der Wirtschafts- und Währungsunion.
22.8.	Klausurtagung der Partei- und Fraktionsspitze der SPD auf dem Peterberg bei Bonn. „Petersberger Beschlüsse" zum Asylrecht und über Grundsätze zur Anerkennung politischer Flüchtlinge sowie zu Einsätzen der Bundeswehr im Rahmen der UNO.
14.9.	Rückzug von Willy Brandt vom Vorsitz der Sozialistischen Internationale: Der Kongress der SI in Berlin vom 15.-17.9. wählt Pierre Mauroy zu seinem Nachfolger.
8.10.	Willy Brandt, SPD-Vorsitzender von 1964 bis 1987 und Bundeskanzler von 1969 bis 1974, stirbt nach langer, schwerer Krankheit in Unkel.
16./17.11.	Außerordentlicher Parteitag in Bonn. In den angenommenen Leitanträgen spricht sich die SPD für eine Änderung des Asylrechts und für eine Verfassungsänderung zugunsten von „Blauhelm"-Einsätzen (UNO-Beschluss) aus.
2.12.	Ratifizierung der Maastricht-Verträge.

1993

3.5.	Björn Engholm erklärt seinen Rücktritt vom Parteivorsitz der SPD und als Ministerpräsident von Schleswig-Holstein. Johannes Rau kommissarischer Vorsitzender.
19.5.	Wahl von Heide Simonis zur Ministerpräsidentin von Schleswig-Holstein.

26.5.	Der Bundestag verabschiedet die Neuregelung des Asylrechtes einschließlich der Grundgesetzänderung im Artikel 16.
13.6.	Bei der Mitgliederbefragung über den künftigen Parteivorsitzenden der SPD stimmen 40,3% für Rudolf Scharping, 33,2% für Gerhard Schröder und 26,5% für Heidemarie Wieczorek-Zeul.
25.6.	Der außerordentliche Parteitag in Essen wählt Scharping zum neuen Parteivorsitzenden.
18.8.	Günter Verheugen übernimmt das Amts des Bundesgeschäftsführers (als Nachfolger von Karl-Heinz Blessing).
16.-19.11.	Parteitag der SPD in Wiesbaden mit Beschlüssen zur Öffentlichen Sicherheit, Schutz vor Kriminalität, Bekämpfung des Rechtsextremismus und zur Modernisierung der „SPD 2000". Scharping als Parteivorsitzender bestätigt, stellvertretende Vorsitzende Herta Däubler-Gmelin, Oskar Lafontaine, Johannes Rau, Wolfgang Thierse, Heidemarie Wieczorek-Zeul.
1.11.	Die Maastrichter Verträge treten in Kraft; Umwandlung der Europäischen Gemeinschaft (EG) in die Europäische Union (EU).

1994

9.2.	Die Zahl der Arbeitslosen in Deutschland übersteigt die Vier-Millionen Marke.
13.3.	Landtagswahl in Niedersachsen. Die SPD mit Ministerpräsident Gerhard Schröder erringt mit 44,3% der Stimmen die absolute Mehrheit der Mandate.
26./27.4.	Konstituierung der SPD 60 plus auf ihrem ersten Bundeskongress in Mainz. Zum Vorsitzenden wird Hans-Ulrich Klose gewählt.
13.6.	Wahl zum Europäischen Parlament mit Einbußen der SPD. „Die SPD hat die Europawahl verloren", stellt das Präsidium fest.
22.6.	Wahlparteitag der SPD in Halle. Für Rudolf Scharping als Kanzlerkandidaten stimmen 95,6% der Delegierten.
27.6.	Landtagswahlen in Sachsen-Anhalt. Die SPD gewinnt 8 Punkte hinzu, die CDU verliert 14,5.
22.7.	Reinhard Höppner zum Ministerpräsidenten von Sachsen-Anhalt gewählt. Er bildet eine Minderheitsregierung aus

SPD und Bündnis 90/Die Grünen, die parlamentarisch partiell von der PDS unterstützt wird: „Magdeburger Modell".

8.9. Jutta Limbach (SPD) zur Präsidentin des Bundesverfassungsgerichts gewählt.

11.9. Bei der Landtagswahl in Brandenburg erringt die SPD mit Manfred Stolpe mit 54,1% der Stimmen einen großen Sieg. CDU mit 18,72 und PDS mit 18,71 liegen fast gleichauf. In Sachsen erhält die SPD nur 16,5%. Die CDU mit Kurt Biedenkopf verteidigt dort ihre absolute Mehrheit.

25.9. Bei der Landtagswahl in Bayern verbessert sich die SPD auf 26,1%; die CSU behält mit 52,8% die absolute Mehrheit.

16.10. Bundestagswahlen. Mit 41,5% der Stimmen für die CDU/CSU und 6,9% für die FDP erringt die Koalition einen knappen Wahlsieg. Die SPD steigert sich auf 36,4%, die Grünen erhalten 7,3% und die PDS 4,4%. – Bei gleichzeitig stattfindenden Landtagswahlen erhält die SPD in Mecklenburg-Vorpommern und in Thüringen jeweils knapp 30%. Im Saarland erringt sie mit 49,4% die Mehrheit der Landtagsmandate.

18.10. Rudolf Scharping wird zum Vorsitzenden der Bundestagsfraktion der SPD gewählt.

26.10. Kurt Beck in Rheinland-Pfalz zum neuen Ministerpräsidenten als Nachfolger von Rudolf Scharping gewählt.

1995
26.3. Das Schengener Abkommen tritt in Kraft. Die EU-Staaten schaffen damit bis auf einige Ausnahmen (Großbritannien und Irland) die Personenkontrollen an ihren Binnengrenzen ab.

Juli Massaker von serbischen Militärverbänden in Srebrenica, der etwa 7000 Muslime zum Opfer fallen.

14.-17.11. Parteitag der SPD in Mannheim. In einer Kampfkandidatur gegen den bisherigen Vorsitzenden Rudolf Scharping wird Oskar Lafontaine am 16.11. mit 321 Stimmen zum neuen Parteivorsitzenden gewählt.

1996
24.3. Bei den Landtagswahlen in Baden-Württemberg erreicht die SPD nur 25,1% der Stimmen (1992: 29,4%); die CDU erhält 41,3%.

| 21.4. | Reinhard Klimmt zum Vorsitzenden der saarländischen SPD gewählt. |
| 25.11. | Jugendparteitag der SPD in Köln mit dem Thema „Vertrag mit der Zukunft: neue Chancen für die Jugend". |

1997

1.5.	Wahlsieg der Labour-Party mit Tony Blair in Großbritannien.
1.6.	Wahlerfolg der französischen Sozialisten mit Lionel Jospin.
12.11.	Ortwin Runde zum Bürgermeister von Hamburg gewählt.

1998

Januar	Die Zahl der Arbeitslosen erreicht mit 4,9 Millionen den höchsten Stand in der Geschichte der Bundesrepublik Deutschland. In den neuen Ländern übersteigt die Arbeitslosenquote die 20%-Marke.
1.3.	In Niedersachen erringen Gerhard Schröder und die SPD mit 47,9% der Stimmen die absolute Mehrheit im Landtag.
17.4.	Wahlparteitag der SPD in Leipzig nominiert Gerhard Schröder einstimmig zum Kanzlerkandidaten.
26.4.	Bei der Landtagswahl in Sachsen-Anhalt wird die SPD mit 35,9% stärkste Fraktion.
27.5.	Wolfgang Clement als Nachfolger von Johannes Rau zum Ministerpräsidenten von Nordrhein-Westfalen gewählt.
27. 9.	Bei den Bundestagswahlen erringt die SPD mit 40,9% einen großen Wahlsieg. Die CDU/CSU sinkt auf 35,2%, das schlechteste Ergebnis seit 1949. Die Grünen werden mit 6,7% drittstärkste Partei, die FDP erhält 6,2%, die PDS 5,1%.
25. 10.	Außerordentlicher Parteitag der SPD in Bonn.
27.10.	Gerhard Schröder zum neuen Bundeskanzler der Bundesrepublik Deutschland gewählt.
3.11.	Harald Ringstorff bildet in Mecklenburg-Vorpommern eine Koalitionsregierung aus SPD und PDS.
10.11.	Regierungserklärung von Bundeskanzler Schröder. – Reinhard Klimmt zum Ministerpräsidenten im Saarland gewählt.

1999

| 1.1. | Der Euro wird in elf Ländern Europas als gemeinsame Währung eingeführt. |

7.2.	Bei der Landtagswahl in Hessen steigert sich die SPD leicht auf 39,4%. Doch die CDU mit Roland Koch erreicht 43,4% und bildet anschließend mit der FDP die neue Regierung.
11.3.	Oskar Lafontaine tritt als Bundesfinanzminister und als SPD-Vorsitzender zurück.
24.3.	Im Kosovokonflikt beginnt die Nato mit dem Luftkrieg gegen Jugoslawien. Soldaten der Bundeswehr sind dabei im Kampfeinsatz.
1.4.	Die erste Stufe von Steuerreformen sowie die Neuregelung der 630-DM-Jobs treten in Kraft.
12.4.	Außerordentlicher SPD-Parteitag in Bonn. Bundeskanzler Gerhard Schröder zum SPD-Vorsitzenden gewählt. – Hans Eichel zum Bundesfinanzminister ernannt.
7.5.	Neues Staatsbürgerrecht vom Bundestag beschlossen. Es tritt zum 1.1.2000 in Kraft.
23.5.	Johannes Rau von der Bundesversammlung zum Bundespräsidenten gewählt; Amtsantritt am 1.7.1999.
13.6.	Wahl zum Europäischen Parlament. Die SPD erreicht nur 30,7%, die CDU/CSU verzeichnet mit 48,7% hohe Zugewinne.
5.9.	Landtagswahlen im Saarland und in Brandenburg mit Einbußen für die SPD. Im Saarland endet nach 14 Jahren die SPD-Regierung. Reinhard Klimmt geht am 9.9. als Verkehrsminister nach Berlin. In Brandenburg bildet Manfred Stolpe nach dem Verlust der absoluten Mehrheit schließlich eine Koalition mit der CDU.
12.9.	Starke Einbrüche der SPD bei den Landtagswahlen in Thüringen; die CDU gewinnt die absolute Mehrheit der Stimmen.
19.9.	Weiterer Absturz der SPD bei den Landtagswahlen in Sachsen auf nur noch 10,7% der Stimmern.
10.10.	Bei den Wahlen zum Berliner Abgeordnetenhaus sackt die SPD weiter auf nun 22,4% ab.
7.-9.12.	SPD-Parteitag in Berlin bestätigt Gerhard Schröder als Vorsitzenden und stützt die steuerpolitische Linie des Vorstandes. Franz Müntefering zum Generalsekretär gewählt.
17.12.	Grundsätzliche Übereinkunft über die Entschädigung für NS-Zwangsarbeiter.

	2000
27.2.	Landtagswahl in Schleswig-Holstein. Die SPD steigert sich auf 43,1% der Stimmen. – Fortsetzung der rot-grünen Koalition unter Ministerpräsidentin Heide Simonis.
14.5.	Bei der Landtagswahl in Nordrhein-Westfalen kommt die SPD auf 42,8% der Stimmen; starke Zugewinne der FDP. Wolfgang Clement wird im Juni wieder zum Ministerpräsidenten gewählt.
14./15.6.	Bundeskanzler Schröder und die führenden Energieunternehmen einigen sich über den Ausstieg aus der Atomenergie.
14.7.	Die Steuerreform wird im Bundesrat gegen den Willen der CDU/CSU-Führung mit Hilfe einiger unionsgeführter Länder verabschiedet.
25.7.	Zwischenbilanz von Bundeskanzler Schröder über die bisherige Regierungspolitik.
17.8.	Bei der Versteigerung der UMTS-Mobilfunklizenzen werden insgesamt 98,8 Mrd. DM erlöst.
	2001
30.1.	Die Bundesregierung beantragt beim Bundesverfassungsgericht ein Verbot der rechtsextremen NPD. Bundestag und Bundesrat reichen im März ebenfalls Verbotsanträge ein.
25.3.	Bei den Landtagswahlen in Rheinland-Pfalz steigert sich die SPD mit Kurt Beck auf 44,7% der Stimmen. Er wird (am 18.5.) wieder zum Ministerpräsidenten gewählt. In Baden-Württemberg gewinnt die SPD mit Ute Vogt deutlich hinzu (33,3% zu 25,1%); die CDU bleibt aber stärkste Partei.
11.5.	Die „Riester-Rente" wird vom Bundesrat verabschiedet.
16.6.	Nach der Abwahl von Eberhard Diepgen (CDU) wählt das Berliner Abgeordnetenhaus Klaus Wowereit zum Regierenden Bürgermeister.
18.-22.8.	Nato-Truppenkontingente rücken in Makedonien mit dem Auftrag ein, Waffen von Rebellen einzusammeln und zu vernichten. Der Bundestag billigt mit 497 Stimmen die Entsendung der Bundeswehrsoldaten.
11.9.	Terroranschläge mit entführten Passagierflugzeugen auf das World-Trade-Center und das Pentagon, die über 3000 Menschen das Leben kosten.
23.9.	Bei der Bürgerschaftswahl in Hamburg gewinnt die SPD mit Ortwin Runde leicht hinzu, doch die Grün/Alternativen er-

leiden Verluste. Ole Beust (CDU) bildet mit der FDP und den Rechtspopulisten von Roland Schill am 31.10, den neuen Senat.

7.10.   Die USA beginnen mit Luftangriffen auf Afghanistan: Operation „Enduring Freedom" (Dauerhafte Freiheit).

21.10.   Bei den Wahlen zum Berliner Abgeordnetenhaus erreicht die SPD 29,7% der Stimmen (1999 22,4), während die CDU stark verliert (23,7 statt 40,8%). Die PDS erhält 22,6, die FDP 9,9 und die Grünen 9,1 %.

16.11.   Bundeskanzler Schröder erhält bei der von ihm beantragten Vertrauensfrage 336 Stimmen, zwei mehr als die nötige Kanzlermehrheit. Damit wird auch die Kabinettsentscheidung zur Bereitstellung von Bundeswehrsoldaten für den Antiterroreinsatz gebilligt.

19.-22.11. Der SPD-Parteitag in Nürnberg stellt sich in allen wichtigen Fragen hinter Kanzler Schröder. Er wird mit 88,58% der Stimmen als SPD-Vorsitzender bestätigt. Rudolf Scharping erzielt bei der Wahl der Stellvertreter mit nur 58,78% ein dürftiges Resultat.

2002

1.1.   Der Euro wird in zwölf Ländern Europas als gesetzliches Zahlungsmittel eingeführt.

22.3.   Der Bundesrat billigt mit den Stimmen von Manfred Stolpe für Brandenburg das Zuwanderungsgesetz.

21.4.   Landtagswahlen in Sachsen-Anhalt. Die SPD erhält nur 20,0% der Stimmen (1998 35,9). Die CDU wird mit 37,6% stärkste Partei, die PDS kommt auf 20,1% und die FDP auf 13,1%

22.9.   Wahlen zum 15. Deutschen Bundestag. Die Zahl der Wahlkreise wurde von 328 auf 299 reduziert.

Tabellen und Diagramme

1. Wähleranteil und Reichstagsmandate der SPD 1871 bis 1912

in Prozent

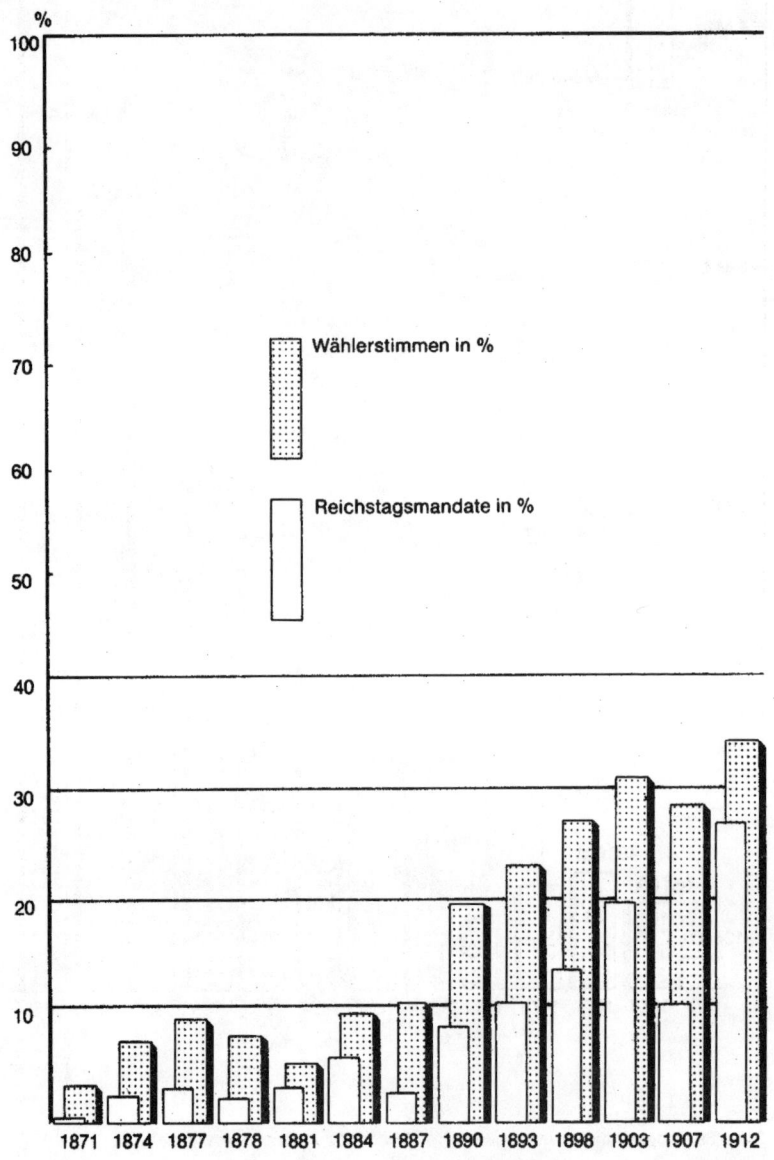

2. Wählerstimmen und Reichstagsmandate 1871 bis 1912
in absoluten Zahlen

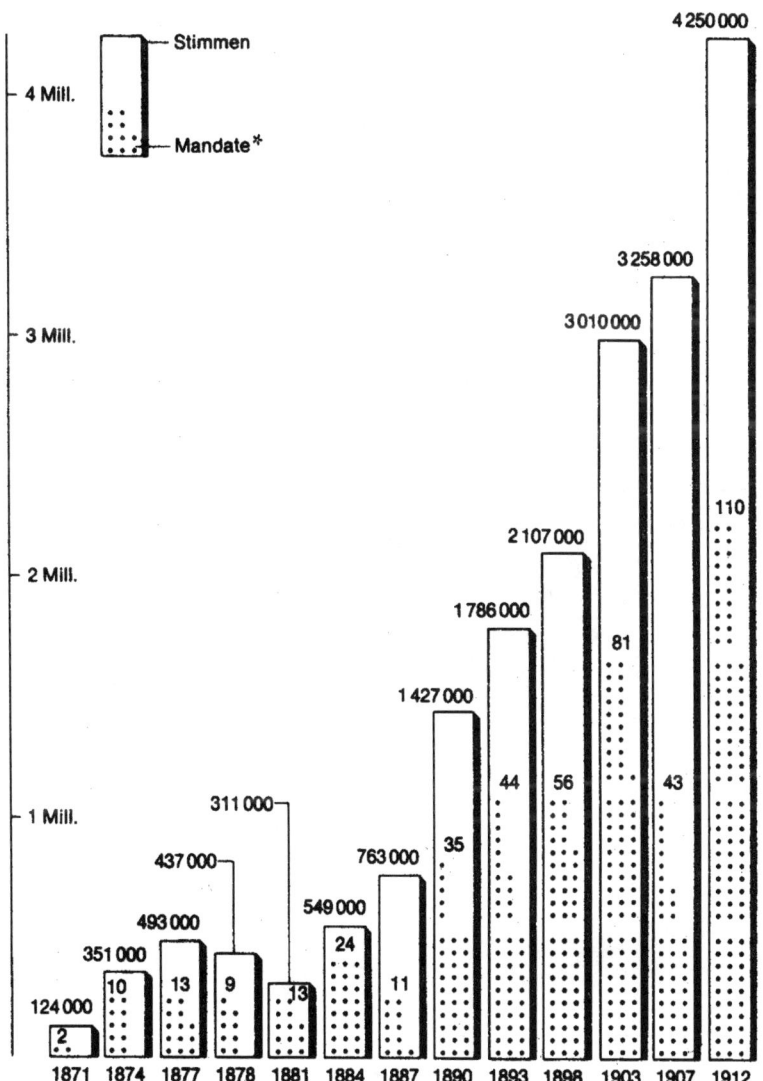

* von 397 Abgeordneten insgesamt;   1871 nur 382 Abgeordnete

3. Schaubild zu den Reichstagswahlen 1919 bis 1933

Anteil der Parteien an den abgegebenen gültigen Stimmen

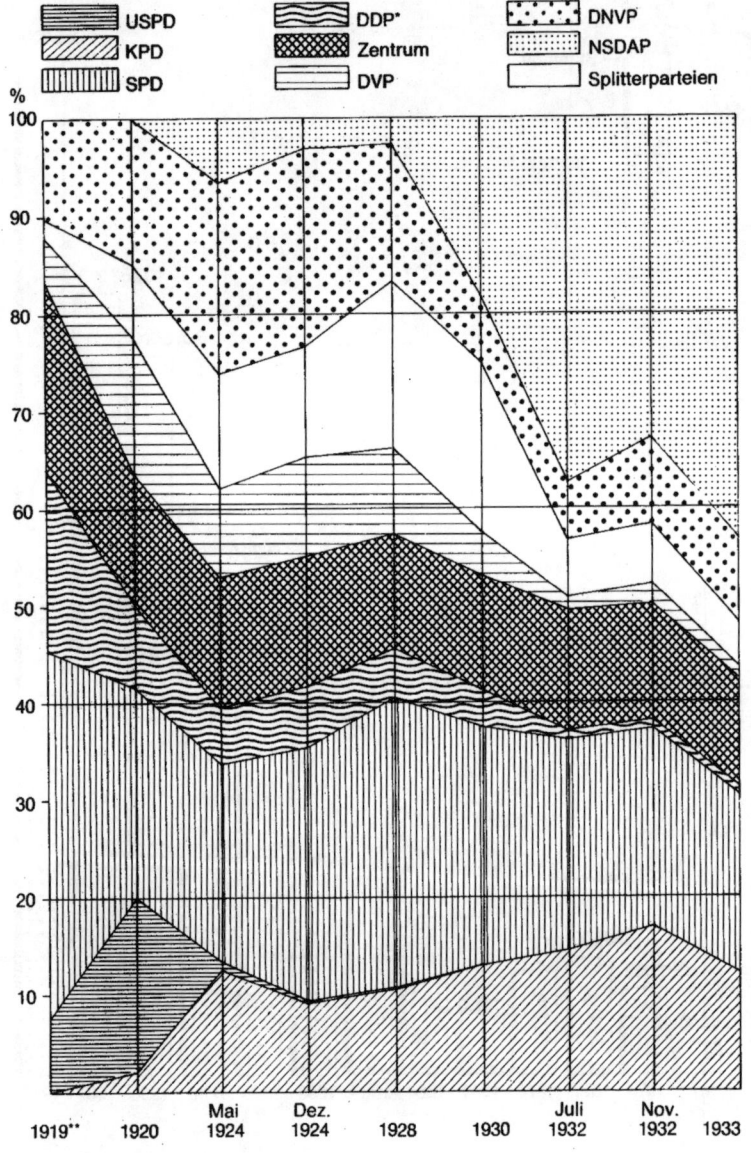

* Seit 1930 „Deutsche Staatspartei"
** 1919 Wahlen zur Nationalversammlung

446

4. Ergebnisse der Reichstagswahlen 1919 bis 1933 in %*

Partei	Jan. 1919 (Nat. Vers.)	Juni 1920	Mai 1924	Dez. 1924	Mai 1928	Sept. 1930	Juli 1932	Nov. 1932	März 1933
NSDAP	–	–	6,5	3,0	2,6	18,3	37,4	33,1	43,9
DNVP	10,3	15,1	19,5	20,5	14,2	7,0	5,9	8,5	8,0
Splitter**	1,6	7,4	11,8	11,2	17,0	17,8	5,9	5,9	4,3
DVP	4,4	13,9	9,2	10,1	8,7	4,5	1,2	1,9	1,1
Zentrum***	19,7	13,6	13,4	13,6	12,1	11,8	12,5	11,9	11,2
DDP	18,5	8,3	5,7	6,3	4,9	3,8	1,0	1,0	0,9
SPD	37,9	21,6	20,5	26,0	29,8	24,5	21,6	20,4	18,3
USPD	7,6	18,0	0,8	0,3	0,1	–	–	–	–
KPD	–	2,0	12,6	9,0	10,6	13,1	14,3	16,9	12,3

* Nach Statistik des Deutschen Reiches

** Unter Splitterparteien sind alle Parteien zusammengefaßt, die bei keiner dieser Wahlen über 5 % der Stimmen kamen

*** 1919 einschließlich der Bayerischen Volkspartei (BVP)

5. Stimmanteile bei den Bundestagswahlen 1949 bis 1998

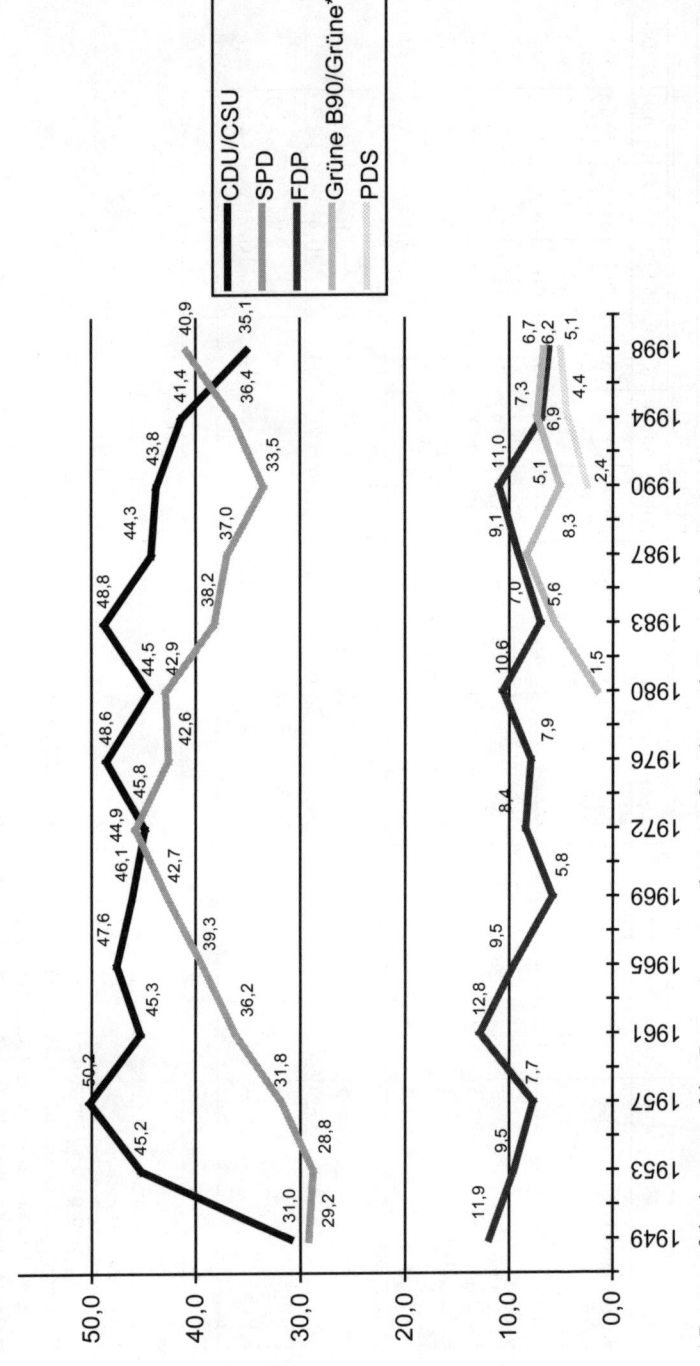

* Davon entfielen bezogen auf den Gesamtstimmenanteil 3,9 % auf die alten und 1,2 % auf die neuen Länder.

6. Die SPD in den Bundestagswahlen 1949 bis 1998

	14.8.49	6.9.53	15.9.57	17.9.61	19.9.65	28.9.69	19.11.72	3.10.76	5.10.80	6.3.83	25.1.87	2.12.90	16.10.94	27.9.98
							Bundestagswahl in %[1]							
Baden-Württemberg	23,9	23,0	25,8	32,1	33,0	36,5	38,9	36,6	37,2	31,1	29,3	29,1	30,7	35,6
Bayern	22,7	23,3	26,4	30,1	33,1	34,6	37,8	32,8	32,7	28,9	27,0	26,7	29,6	34,4
Bremen	34,4	39,0	46,2	49,7	48,5	52,0	58,1	54,0	52,5	48,7	46,5	42,5	45,5	50,2
Hamburg	39,6	38,1	45,8	46,9	48,3	54,6	54,4	52,6	51,7	47,4	41,2	41,0	39,7	45,7
Hessen	32,1	33,7	38,0	42,8	45,7	48,2	48,5	45,7	46,4	41,6	38,7	38,0	37,2	41,6
Niedersachsen	33,4	30,1	32,8	38,7	39,8	43,8	48,1	45,7	46,9	41,3	41,4	38,4	40,6	49,4
Nordrhein-Westfalen	31,4	31,9	33,5	37,3	42,6	46,8	50,4	46,9	46,8	42,8	43,2	41,2	43,1	46,9
Rheinland-Pfalz	28,6	27,2	30,4	33,5	36,7	40,1	44,9	41,7	42,8	38,4	37,1	36,1	39,4	41,3
Saarland[2]	–	–	25,1	33,5	39,8	39,9	47,9	46,1	48,3	43,8	43,5	51,2	48,8	52,4
Schleswig-Holstein	29,6	26,5	30,8	36,4	38,8	43,5	48,6	46,4	46,7	41,7	39,8	38,5	39,6	45,4
Bundesrepublik Deutschland (ohne Berlin)	29,2	28,8	31,8	36,2	39,3	42,7	45,8	42,6	42,9	38,2	37,0	35,7		
											Volkskammerwahl 18. 3.90			
Brandenburg											29,9	32,9	45,1	43,5
Mecklenburg-Vorpommern											23,4	26,6	28,8	35,3
Sachsen											15,1	18,2	24,3	29,1
Sachsen-Anhalt											23,7	24,7	33,4	38,1
Thüringen											17,5	21,9	30,2	34,5
Berlin											37,3 / 34,0	30,5	34,0	37,8
Bundesrepublik Deutschland											–	33,5	36,4	40,9

Wahl zum Abgeordnetenhaus am 21.1.89
Wahl zur Stadtverordnetenversammlung am 6.5.90

1 v. H. der abgegebenen gültigen Stimmen (ab 1953 der abgegebenen gültigen Zweitstimmen)
2 Das Saarland beteiligte sich nach der Rückgliederung erstmals 1957 an der Wahl zum Bundestag.
Quelle: Veröffentlichungen des Statistischen Bundesamtes.

7. Drei deutsche Einkommens-Epochen

Volkseinkommen in DM je Einwohner[1]

Kaiserreich 1871–1918

1998 | 2889 | 3492
1872 | 1893 | 1913

Krieg und Inflation

Weimar und 3. Reich 1918–1945

3039 | Welt-Wirtschafts-krise | 4668
2546
1925 | 1932 | 1939

Krieg u. Geldentwertung

Bundesrepublik Deutschland 1949–1979

17730
10095
3528 | 3148
1949 | 1964 | 1979

1 Das Volkseinkommen je Einwohner entwickelte sich nach 1979 wie folgt: 1980: 18656 DM, 1981: 19248 DM, 1982: 19850 DM, 1983: 20941 DM, 1984: 22197 DM, 1985: 23270 DM, 1986: 24719 DM, 1987: 25661 DM, 1988: 26878 DM und 1989: 28221 DM. Zum besseren Vergleich muss jedoch der Preisanstieg einbezogen werden. Er betrug von 1979 bis 1989 insgesamt 29,8 %. In Preisen von 1989 gerechnet betrug das Volkseinkommen je Einwohner 1979: 22494 DM, 1964: 13103 DM, 1949: 4579 DM, 1939: 6085 DM, 1932: 3305 DM, 1925: 3945 DM, 1913: 4533 DM, 1893: 3490 DM und 1872: 2593 DM.

Globus Kartendienst

450

8. Berufswelt im Wandel

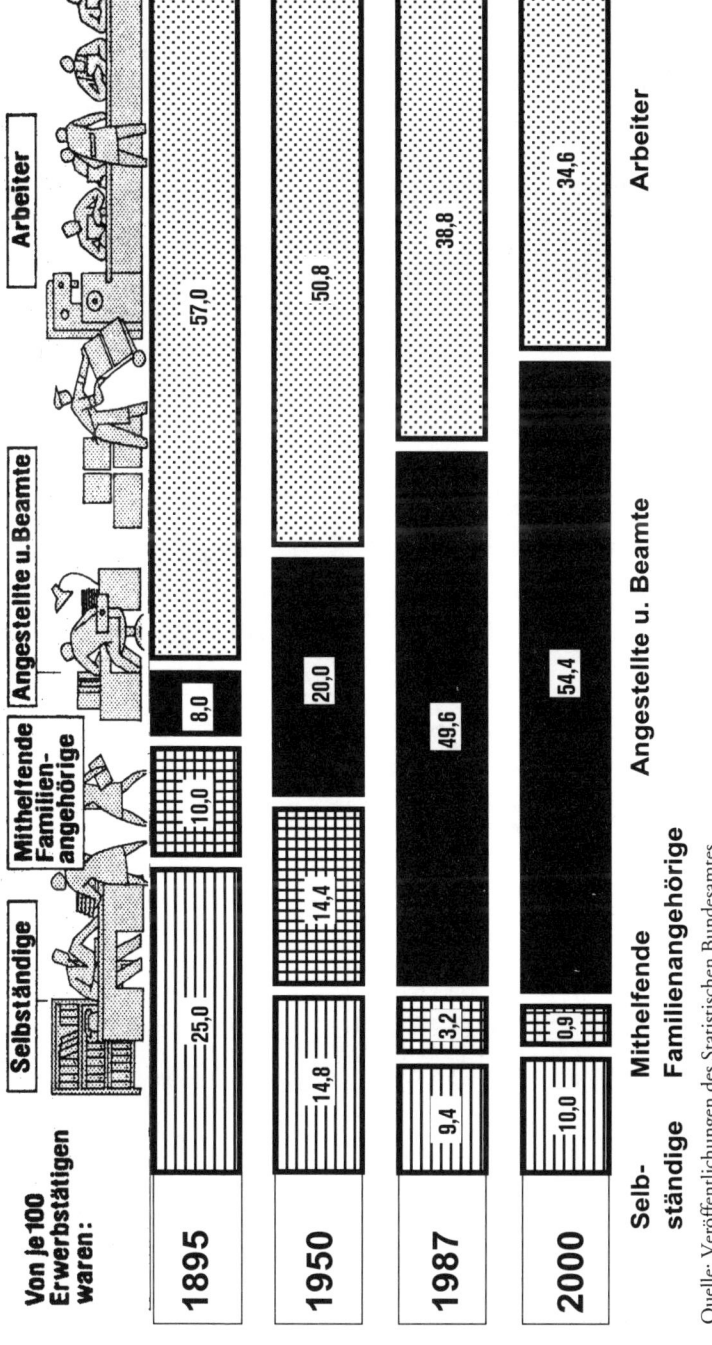

Quelle: Veröffentlichungen des Statistischen Bundesamtes

451

9. Nominalwochenlöhne in der Industrie und Lebenshaltungskosten 1871 bis 1932

Index 1913 = 100

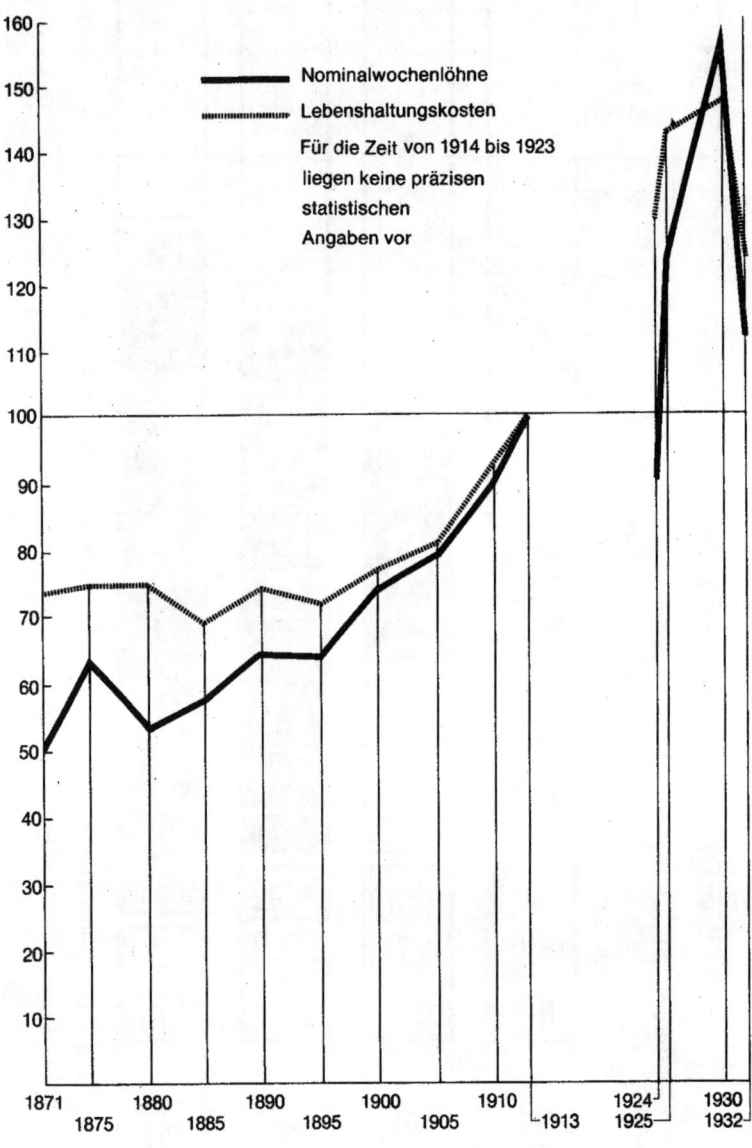

Nominalwochenlöhne

Lebenshaltungskosten

Für die Zeit von 1914 bis 1923 liegen keine präzisen statistischen Angaben vor

10. Realwochenlöhne in der Industrie 1871 bis 1932
Index 1913 = 100

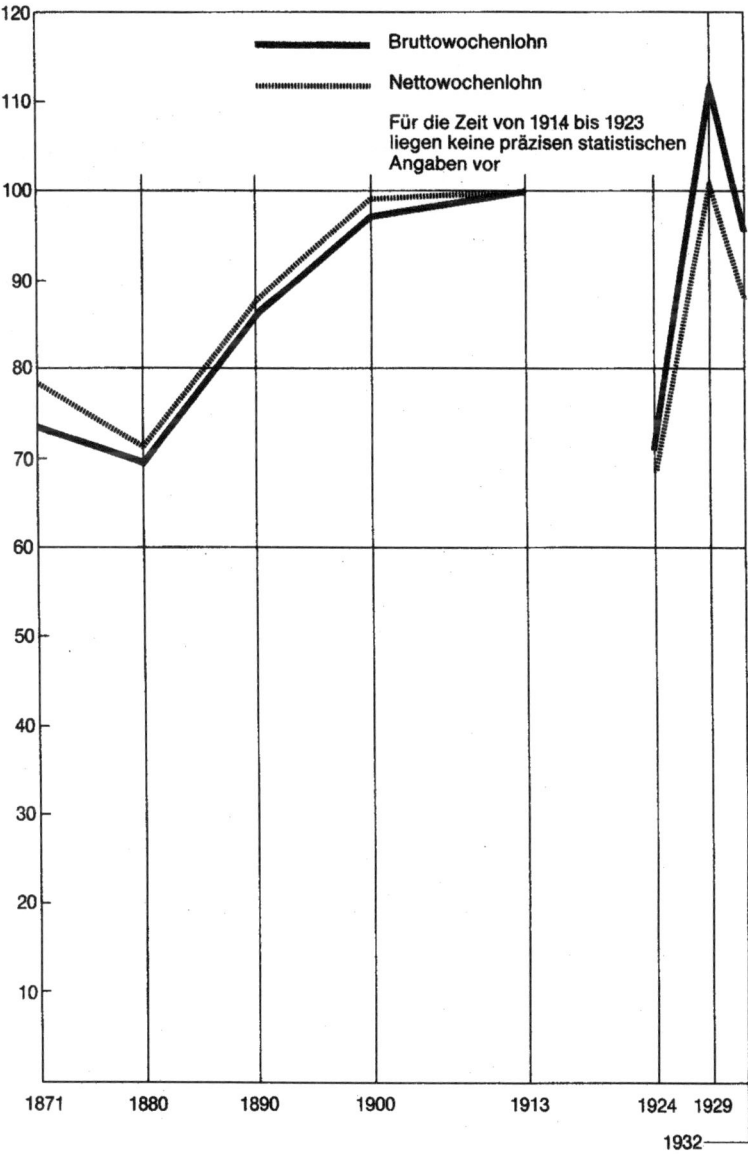

11. Zahlen der Arbeitslosen 1919 bis 1933
in Tausend*

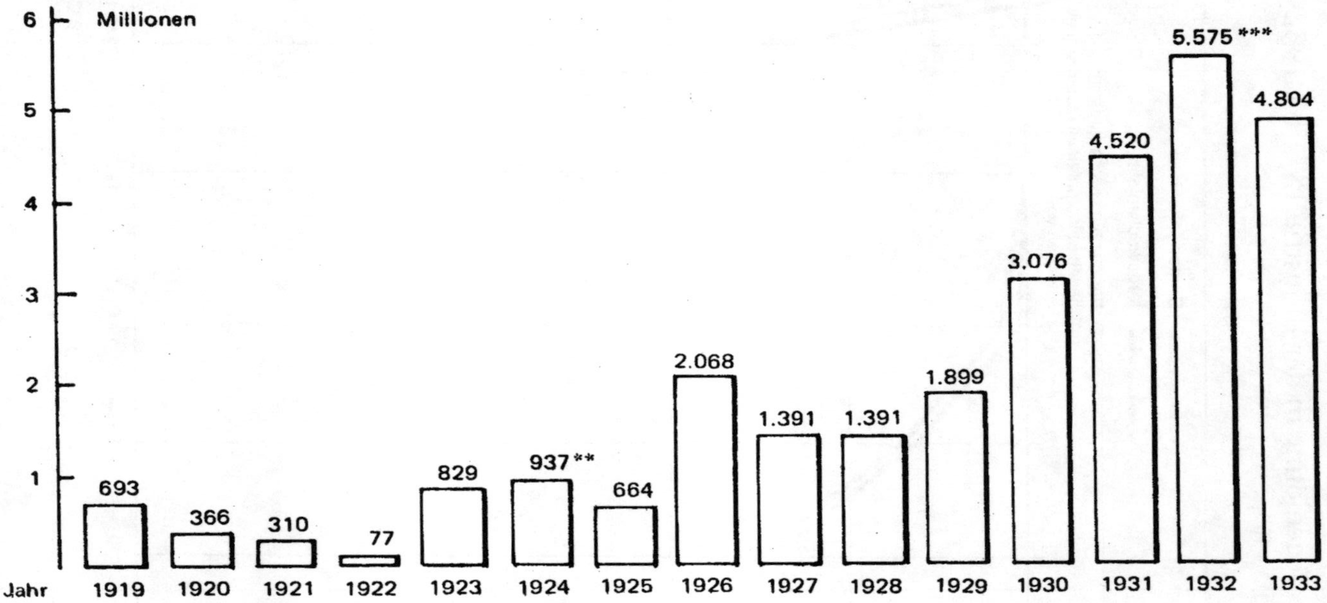

Jahr	Millionen
1919	693
1920	366
1921	310
1922	77
1923	829
1924	937**
1925	664
1926	2.068
1927	1.391
1928	1.391
1929	1.899
1930	3.076
1931	4.520
1932	5.575***
1933	4.804

* Nach Bry, Wages in Germany, S. 325–329; jeweils Jahresdurchschnitt.
** Ab 1924 erfolgte eine Änderung bei der Statistik: Bis 1923 sind nur die Hauptunterstützungsempfänger erfasst, ab 1924 die registrierten Arbeitslosen. Die Vergleichszahlen des alten Systems lauten für 1924 und 1925: 841 000 bzw. 384 000.
*** Höchster Stand im Februar 1932: 6 128 429.

454

12. Wirtschaftliche und soziale Rahmendaten 1950 bis 1989

Jahr	Bruttosozialprodukt (real) Mrd. DM[1]	jährl. Veränderung in v. H.	Preisindex jährl. Veränderung in v. H.[3]	Lohn- und Gehaltssumme jährl. Veränderung Brutto[5]	Netto[6]	Renten jährl. Anpassungssatz	Netto-niveau[7]	Einkommen aus Unternehmertätigkeit und Vermögen jährl. Veränderung in v. H. Brutto	Netto	Staatsverschuldung (öffentliche Haushalte insgesamt) in Mrd. DM
1950	269,9	11,8	– 6,1	–	–	–	–	15,8	20,9	20,6
1955	417,7	8,8	1,6	7,9	7,7	–	59,3[8]	13,9	13,0	40,9
1960	579,5[2] (731,7)		1,5	9,4	8,0	5,9	56,2			52,2
1961	763,7	4,4	2,3	10,2	9,3	5,4	54,2	2,3	– 0,4	56,6
1962	799,8	4,7	3,0	9,2	8,6	5,0	52,5	4,1	2,5	60,0
1963	821,8	2,8	3,0	6,1	5,7	6,6	53,0	2,6	2,0	66,7
1964	875,7	6,6	2,3	9,0	8,3	8,2	52,9	10,9	12,3	73,1
1965	922,7	5,4	3,3	9,1	9,9	9,4	52,7	7,1	9,7	83,0
1966	950,1	3,0	3,5	7,3	5,9	8,3	53,9	2,7	2,5	92,3
1967	949,4	– 0,1	1,7	3,3	2,9	8,0	56,7	0,9	0,7	108,2
1968	1004,2	5,8	1,7	6,2	4,8	8,1	57,3	14,6	16,3	117,1
1969	1079,6	7,5	1,9	7,6	7,5	8,3	57,7	7,6	6,2	117,9
1970	1134,0	5,0	3,3	15,3	13,0	6,4	56,8	6,9	11,3	125,9
1971	1168,0	3,0	5,2	11,3	9,4	5,5	54,4	5,5	4,9	140,4
1972	1217,0	4,2	5,6	8,2	8,5	9,5	57,0	8,9	9,1	156,1
1973	1274,1	4,7	7,0	10,7	7,2	11,4	56,3	8,1	3,9	170,9
1974	1276,5	0,2	7,0	10,4	9,0	11,2	57,0	– 0,5	– 0,8	187,3
1975	1258,0	– 1,4	6,0	6,1	6,4	11,1	59,0	3,1	5,4	256,4
1976	1328,2	5,6	4,3	6,4	3,8	11,0	62,8	15,9	15,4	296,7
1977	1363,4	2,7	3,7	6,5	5,3	9,9	65,6	4,6	– 0,6	328,5
1978	1407,9	3,3	2,7	5,2	6,3	0,0	64,6	10,0	13,8	370,8
1979	1463,6	4,0	4,1	5,2	5,6	4,5	63,8	7,4	9,5	413,9
1980	1485,2	1,5	5,5	6,4	4,9	4,0	63,2	– 1,9	– 0,8	468,6
1981	1485,3	0,0	6,3	4,2	3,8	4,0	62,9	0,0	1,3	545,6
1982	1471,0	– 1,0	5,2	3,3	2,1	5,8	64,6	5,5	5,7	614,8
1983	1498,9	1,9	3,3	3,0	2,0	5,6	64,5	13,8	17,7	671,7
1984	1548,1	3,3	2,4	2,9	1,7	3,4	65,2	10,6	11,4	717,5
1985	1578,1	1,9	2,0	2,8	1,5	3,0	65,1	6,2	5,0	760,2
1986	1614,7	2,3	– 0,1	3,5	3,8	2,9	63,6	9,1	10,5	801,0
1987	1641,9	1,7	0,2	3,0	1,8	3,2	64,1	3,2	5,1	848,8
1988	1701,8	3,6	1,3	3,0	3,3	3,8	64,1	8,7	8,8	903,0
1989	1769,2	4,0	2,8	3,0	2,0	3,0	64,3	9,5	8,0	929,3

1 1950, 1955, 1960 (1. Zahl) ohne Saarland und Berlin.
2 Bis 1960 in Preisen von 1976, ab 1960 (Wert in Klammern) in Preisen von 1980.
3 1952 bis 1962 4-Personen-Arbeitnehmer-Haushalt, ab 1963 alle privaten Haushalte.
4 Je beschäftigten Arbeitnehmer.
5 Bruttoeinkommen aus unselbständiger Arbeit abzüglich Sozialbeiträge der Arbeitgeber.
6 Abzüglich Lohnsteuer und tatsächliche Sozialbeiträge auch des Arbeitnehmers.
7 Bei 40 Versicherungsjahren in v. H. vom durchschnittlichen jährlichen Arbeitsentgelt.
8 Nettoniveau von 1957; erst mit dem Rentenreformgesetz von 1957 erfolgte die jährliche Anpassung der Renten an die Lohn- und Einkommensentwicklung.

Quelle: Statistisches Taschenbuch 1990. Arbeits- und Sozialstatistik. Hrsg.: Der Bundesminister für Arbeit und Sozialordnung, Bonn 1990. Tabellen 1.1, 1.10, 1.13, 1.14, 1.27, 7.9, 7.11 und 9.12.

13. Wirtschaftliche und soziale Rahmendaten 1990 bis 2000

Jahr[1]	Bruttosozialprodukt (real)[2] Mrd. DM	Bruttosozialprodukt jährl. Veränderung in v. H.	Preisindex jährl. Veränderung in v. H.	Lohn- und Gehaltssumme jährl. Veränderung Brutto[3]	Lohn- und Gehaltssumme jährl. Veränderung Netto	Renten[3] (monatlich) Früheres Bundesgebiet	Renten[3] (monatlich) Neue Länder	Einkommen aus Unternehmertätigkeit und Vermögen jährl. Veränderung in v. H. Brutto	Einkommen aus Unternehmertätigkeit und Vermögen jährl. Veränderung in v. H. Netto	Staatsverschuldung (öffentliche Haushalte insgesamt) in Mrd. DM
1990	2543,9	+ 5,5	+ 2,7	+ 7,7	+ 10,7	1583	638	+ 11,4	+ 15,9	1048,8
1991	2668,1	+ 4,9	–	+ 8,0	+ 4,8	1657	–	+ 7,9	+ 7,1	–
1991	3369,0	–	+ 3,6	–	–	–	844	–	–	1165,5
1992	3440,7	+ 2,1	+ 5,1	+ 8,2	+ 6,5	1705	1063	+ 1,6	+ 1,4	1331,5
1993	3399,6	– 1,2	+ 4,4	+ 2,6	+ 3,0	1780	1287	– 2,6	– 3,6	1497,2
1994	3449,6	+ 1,5	+ 2,8	+ 1,5	– 0,3	1840	1380	+ 7,4	+ 10,7	1643,1
1995	3504,4	+ 1,6	+ 1,7	+ 3,2	+ 0,8	1849	1453	+ 6,1	+ 9,7	1974,1
1996	3536,5	+ 0,9	+ 1,4	+ 1,1	+ 0,5	1867	1535	+ 3,9	+ 3,6	2091,3
1997	3584,2	+ 1,3	+ 1,9	– 0,2	– 1,7	1898	1620	+ 5,9	+ 7,3	2188,7
1998	3650,7	+ 1,9	+ 0,9	+ 1,9	+ 2,0	1906	1635	+ 5,2	+ 3,6	2256,4
1999	3703,2	+ 1,4	+ 0,6	+ 2,5	+ 2,6	1932	1680	– 1,2	– 4,1	2313,9
2000	3815,5	+ 3,0	+ 1,9	+ 3,5	+ 3,7	1943	1690	+ 1,6	– 1,7	2343,4

1 Bis 1991 1. Zeile Bundesgebiet; ab 1991 2. Zeile Deutschland
2 Bis 1991 in Preisen von 1991; ab 1991 Zeile und folgende Jahre in Preisen von 1995.
3 Altersrenten in der Rentenversicherung der Arbeiter und Angestellten bei 40 anrechnungsfähigen Versicherungsjahren.

Quelle: Statistisches Taschenbuch 2001. Arbeits- und Sozialstatistik. Hrsg.: Der Bundesminister für Arbeit und Sozialordnung, Bonn 2001, Tabellen 1.1, 1.10, 1.13, 1.14, 1.27, 7.10, 7.10A und 9.16., Statistisches Jahrbuch 2001 für die Bundesrepublik Deutschland, S. 527.

14. Die Entwicklung auf dem Arbeitsmarkt 1950 bis 2000

Jahr	Arbeitslose in 1000	Arbeitslosenquote[1]	Kurzarbeiter in 1000
	Früheres Bundesgebiet		
1950	1869	11,0	-
1955	1074	5,6	25
1960	271	1,3	3
1965	147	0,7	1
1970	149	0,7	10
1975	1047	4,8	773
1980	889	3,9	137
1981	1272	5,5	347
1982	1833	7,5	606
1983	2258	9,1	675
1984	2266	9,1	384
1985	2304	9,3	235
1986	2228	9,0	197
1987	2229	8,9	278
1988	2242	8,7	208
1989	2038	7,9	108
1990	1883	7,2	56
	Deutschland		
1991	2602	7,3[2]	1761
1992	2979	8,5	653
1993	3419	9,8	948
1994	3698	10,6	372
1995	3612	10,4	199
1996	3965	11,5	277
1997	4384	12,7	183
1998	4279	12,3	115
1999	4099	11,7	119
2000	3889	9,6[3]	86

1 In v. H. der abhängig beschäftigten Erwerbspersonen.
2 Arbeitslosenquoten für die Jahre 1991–1999 nach Statistisches Jahrbuch 2000, S. 122.
3 Quote nach Statistisches Jahrbuch 2001, 2. 126. Durch Änderungen bei der Berechnung nicht ganz vergleichbar. Vergleichsquoten nach der neuen Berechnung für die Jahre 1992 bis 1999 ebenda.

Quellen: Statistisches Taschenbuch 1990. Hrsg. Der Bundesminister für Arbeit und Sozialordnung, Bonn 1990, Tab. 2.10. Statistisches Jahrbuch 2000 für die Bundesrepublik Deutschland. Hrsg. Statistisches Bundesamt, Wiesbaden 2000, S. 122f. und Statistisches Jahrbuch 2001, S. 126f.

Dokumente

1. Programm der Sozialdemokratischen Arbeiterpartei, Eisenach 1869

I. Die sozialdemokratische Arbeiterpartei erstrebt die Errichtung des freien Volksstaates.

II. Jedes Mitglied der sozialdemokratischen Arbeiterpartei verpflichtet sich, mit ganzer Kraft einzutreten für folgende Grundsätze:
1. Die heutigen politischen und sozialen Zustände sind im höchsten Grade ungerecht und daher mit der größten Energie zu bekämpfen.
2. Der Kampf für die Befreiung der arbeitenden Klassen ist nicht ein Kampf für Klassenprivilegien und Vorrechte, sondern für gleiche Rechte und Pflichten und für die Abschaffung aller Klassenherrschaft.
3. Die ökonomische Abhängigkeit des Arbeiters von dem Kapitalisten bildet die Grundlage der Knechtschaft in jeder Form, und es erstrebt deshalb die sozialdemokratische Partei unter Abschaffung der jetzigen Produktionsweise (Lohnsystem) durch genossenschaftliche Arbeit den vollen Arbeitsertrag für jeden Arbeiter.
4. Die politische Freiheit ist die unentbehrliche Vorbedingung zur ökonomischen Befreiung der arbeitenden Klassen. Die soziale Frage ist mithin untrennbar von der politischen, ihre Lösung durch diese bedingt und nur möglich im demokratischen Staat.
5. In Erwägung, daß die politische und ökonomische Befreiung der Arbeiterklasse nur möglich ist, wenn diese gemeinsam und einheitlich den Kampf führt, gibt sich die sozialdemokratische Arbeiterpartei eine einheitliche Organisation, welche es aber auch jedem einzelnen ermöglicht, seinen Einfluß für das Wohl der Gesamtheit geltend zu machen.
6. In Erwägung, daß die Befreiung der Arbeit weder eine lokale noch eine nationale, sondern eine soziale Aufgabe ist, welche alle Länder, in denen es moderne Gesellschaft gibt, umfaßt, betrachtet sich die sozialdemokratische Arbeiterpartei, soweit es die Vereinsgesetze gestatten, als Zweig der Internationalen Arbeiterassoziation, sich deren Bestrebungen anschließend.

III. Als die nächsten Forderungen in der Agitation der sozialdemokratischen Arbeiterpartei sind geltend zu machen:
1. Erteilung des allgemeinen, gleichen, direkten und geheimen Wahlrechts an alle Männer vom 20. Lebensjahr an zur Wahl für das Parlament, die Landtage der Einzelstaaten, die Provinzial- und Gemeindevertretungen wie alle übrigen Vertretungskörper. Den gewählten Vertretern sind genügend Diäten zu gewähren.
2. Einführung der direkten Gesetzgebung (das heißt Vorschlags- und Verwerfungsrecht) durch das Volk.
3. Aufhebung aller Vorrechte des Standes, des Besitzes, der Geburt und Konfession.
4. Errichtung der Volkswehr an Stelle des stehenden Heeres.
5. Trennung der Kirche vom Staat und Trennung der Schule von der Kirche.
6. Obligatorischer Unterricht in Volksschulen und unentgeltlicher Unterricht in allen öffentlichen Bildungsanstalten.
7. Unabhängigkeit der Gerichte, Einführung der Geschworenen- und Fachgewerbegerichte, Einführung des öffentlichen und mündlichen Gerichtsverfahrens und unentgeltliche Rechtspflege.

8. Abschaffung aller Preß-, Vereins- und Koalitionsgesetze; Einführung des Normalarbeitstages; Einschränkung der Frauen- und Verbot der Kinderarbeit.
9. Abschaffung aller indirekten Steuern und Einführung einer einzigen Einkommensteuer und Erbschaftssteuer.
10. Staatliche Förderung des Genossenschaftswesens und Staatskredit für freie Produktivgenossenschaften unter demokratischen Garantien.

Veröffentlicht in: Demokratisches Wochenblatt,
Nr. 33, 14. August 1869.

2. Programm der Sozialistischen Arbeiterpartei Deutschlands, Gotha 1875

I. Die Arbeit ist die Quelle alles Reichtums und aller Kultur, und da allgemein nutz-
bringende Arbeit nur durch die Gesellschaft möglich ist, so gehört der Gesellschaft, das
heißt allen ihren Gliedern, das gesamte Arbeitsprodukt, bei allgemeiner Arbeitspflicht,
nach gleichem Recht, jedem nach seinen vernunftgemäßen Bedürfnissen.
In der heutigen Gesellschaft sind die Arbeitsmittel Monopol der Kapitalistenklasse; die
hierdurch bedingte Abhängigkeit der Arbeiterklasse ist die Ursache des Elends und der
Knechtschaft in allen Formen.
Die Befreiung der Arbeit erfordert die Verwandlung der Arbeitsmittel in Gemeingut der
Gesellschaft und die genossenschaftliche Regelung der Gesamtarbeit mit gemeinnützi-
ger Verwendung und gerechter Verteilung des Arbeitsertrages. Die Befreiung der Arbeit
muß das Werk der Arbeiterklasse sein, der gegenüber alle anderen Klassen nur eine
reaktionäre Masse sind.

II. Von diesen Grundsätzen ausgehend, erstrebt die sozialistische Arbeiterpartei
Deutschlands mit allen gesetzlichen Mitteln den freien Staat und die sozialistische
Gesellschaft, die Zerbrechung des ehernen Lohngesetzes durch Abschaffung des Systems
der Lohnarbeit, die Aufhebung der Ausbeutung in jeder Gestalt, die Beseitigung aller
sozialen und politischen Ungleichheit.
Die sozialistische Arbeiterpartei Deutschlands, obgleich zunächst im nationalen Rahmen wirkend, ist sich des internationalen Charakters der Arbeiterbewegung bewußt und
entschlossen, alle Pflichten, welche derselbe den Arbeitern auferlegt, zu erfüllen, um die
Verbrüderung aller Menschen zur Wahrheit zu machen.
Die sozialistische Arbeiterpartei Deutschlands fordert, um die Lösung der sozialen Frage
anzubahnen, die Errichtung von sozialistischen Produktivgenossenschaften mit Staatshilfe unter der demokratischen Kontrolle des arbeitenden Volkes. Die Produktivgenossenschaften sind für Industrie und Ackerbau in solchem Umfange ins Leben zu rufen,
daß aus ihnen die sozialistische Organisation der Gesamtarbeit entsteht.

Die sozialistische Arbeiterpartei fordert als Grundlagen des Staates:
1. Allgemeines, gleiches, direktes Wahl- und Stimmrecht, mit geheimer und obligatorischer Stimmabgabe aller Staatsangehörigen vom zwanzigsten Lebensjahre an für alle

Wahlen und Abstimmungen in Staat und Gemeinde. Der Wahl- oder Abstimmungstag muß ein Feiertag sein.

2. Direkte Gesetzgebung durch das Volk. Entscheidung über Krieg und Frieden durch das Volk.
3. Allgemeine Wehrhaftigkeit. Volkswehr an Stelle der stehenden Heere.
4. Abschaffung aller Ausnahmegesetze, namentlich der Preß-, Vereins- und Versammlungsgesetze, überhaupt aller Gesetze, welche die freie Meinungsäußerung, das freie Denken und Forschen beschränken.
5. Rechtsprechung durch das Volk. Unentgeltliche Rechtspflege.
6. Allgemeine und gleiche Volkserziehung durch den Staat. Allgemeine Schulpflicht. Unentgeltlicher Unterricht in allen Bildungsanstalten. Erklärung der Religion zur Privatsache.

Die sozialistische Arbeiterpartei Deutschlands fordert innerhalb der heutigen Gesellschaft:

1. Möglichste Ausdehnung der politischen Rechte und Freiheiten im Sinne der obigen Forderungen.
2. Eine einzige progressive Einkommensteuer für Staat und Gemeinde, anstatt aller bestehenden, insbesondere der das Volk belastenden indirekten Steuern.
3. Unbeschränktes Koalitionsrecht.
4. Ein den Gesellschaftsbedürfnissen entsprechender Normalarbeitstag. Verbot der Sonntagsarbeit.
5. Verbot der Kinderarbeit und aller die Gesundheit und Sittlichkeit schädigenden Frauenarbeit.
6. Schutzgesetze für Leben und Gesundheit der Arbeiter. Sanitätliche Kontrolle der Arbeiterwohnungen. Überwachung der Bergwerke, der Fabrik-, Werkstatt- und Hausindustrie durch von den Arbeitern gewählte Beamte. Ein wirksames Haftpflichtgesetz.
7. Regelung der Gefängnisarbeit.
8. Volle Selbstverwaltung für alle Arbeiterhilfs- und Unterstützungskassen.

Protokoll des Vereinigungs-Congresses der Sozial-demokraten Deutschlands, abgehalten zu Gotha vom 22. bis 27. Mai 1875, Leipzig 1875, S. 54f.

3. Programm der Sozialdemokratischen Partei Deutschlands, Erfurt 1891

Die ökonomische Entwicklung der bürgerlichen Gesellschaft führt mit Naturnotwendigkeit zum Untergang des Kleinbetriebes, dessen Grundlage das Privateigentum des Arbeiters an seinen Produktionsmitteln bildet. Sie trennt den Arbeiter von seinen Produktionsmitteln und verwandelt ihn in einen besitzlosen Proletarier, indes die Produktionsmittel das Monopol einer verhältnismäßig kleinen Zahl von Kapitalisten und Großgrundbesitzern werden.

Hand in Hand mit dieser Monopolisierung der Produktionsmittel geht die Verdrängung der zersplitterten Kleinbetriebe durch kolossale Großbetriebe, geht die Entwicklung des Werkzeuges zur Maschine, geht ein riesenhaftes Wachstum der Produktivität der menschlichen Arbeit. Aber alle Vorteile dieser Umwandlung werden von den Kapitalisten und Großgrundbesitzern monopolisiert. Für das Proletariat und die versinkenden Mittelschichten – Kleinbürger, Bauern – bedeutet sie wachsende Zunahme der Unsicherheit ihrer Existenz, des Elends, des Drucks, der Knechtung, der Erniedrigung, der Ausbeutung.

Immer größer wird die Zahl der Proletarier, immer massenhafter die Armee der überschüssigen Arbeiter, immer schroffer der Gegensatz zwischen Ausbeutern und Ausgebeuteten, immer erbitterter der Klassenkampf zwischen Bourgeoisie und Proletariat, der die moderne Gesellschaft in zwei feindliche Heerlager trennt und das gemeinsame Merkmal aller Industrieländer ist.

Der Abgrund zwischen Besitzenden und Besitzlosen wird noch erweitert durch die im Wesen der kapitalistischen Produktionsweise begründeten Krisen, die immer umfangreicher und verheerender werden, die allgemeine Unsicherheit zum Normalzustand der Gesellschaft erheben und den Beweis liefern, daß die Produktionskräfte der heutigen Gesellschaft über den Kopf gewachsen sind, daß das Privateigentum an Produktionsmitteln unvereinbar geworden ist mit deren zweckentsprechender Anwendung und voller Entwicklung.

Das Privateigentum an Produktionsmitteln, welches ehedem das Mittel war, dem Produzenten das Eigentum an seinem Produkte zu sichern, ist heute zum Mittel geworden, Bauern, Handwerker und Kleinhändler zu expropriieren und die Nichtarbeiter – Kapitalisten, Großgrundbesitzer – in den Besitz des Produkts der Arbeiter zu setzen. Nur die Verwandlung des kapitalistischen Privateigentums an Produktionsmitteln – Grund und Boden, Gruben und Bergwerke, Rohstoffe, Werkzeuge, Maschinen, Verkehrsmittel – in gesellschaftliches Eigentum und die Umwandlung der Warenproduktion in sozialistische, für und durch die Gesellschaft betriebene Produktion kann es bewirken, daß der Großbetrieb und die stets wachsende Ertragsfähigkeit der gesellschaftlichen Arbeit für die bisher ausgebeuteten Klassen aus einer Quelle des Elends und der Unterdrückung zu einer Quelle der höchsten Wohlfahrt und allseitiger, harmonischer Vervollkommnung werde. Diese gesellschaftliche Umwandlung bedeutet die Befreiung nicht bloß des Proletariats, sondern des gesamten Menschengeschlechts, das unter den heutigen Zuständen leidet. Aber sie kann nur das Werk der Arbeiterklasse sein, weil alle anderen Klassen, trotz der Interessenstreitigkeiten unter sich, auf dem Boden des Privateigentums an Produktionsmitteln stehen und die Erhaltung der Grundlagen der heutigen Gesellschaft zum gemeinsamen Ziel haben.

Der Kampf der Arbeiterklasse gegen die kapitalistische Ausbeutung ist notwendigerweise ein politischer Kampf. Die Arbeiterklasse kann ihre ökonomischen Kämpfe nicht führen und ihre ökonomische Organisation nicht entwickeln ohne politische Rechte. Sie kann den Übergang der Produktionsmittel in den Besitz der Gesamtheit nicht bewirken, ohne in den Besitz der politischen Macht gekommen zu sein.

Diesen Kampf der Arbeiterklasse zu einem bewußten und einheitlichen zu gestalten und ihm sein naturnotwendiges Ziel zu weisen – das ist die Aufgabe der Sozialdemokratischen Partei.

Die Interessen der Arbeiterklasse sind in allen Ländern mit kapitalistischer Produktionsweise die gleichen. Mit der Ausdehnung des Weltverkehrs und der Produktion für den Weltmarkt wird die Lage der Arbeiter eines jeden Landes immer abhängiger von der Lage der Arbeiter in den anderen Ländern. Die Befreiung der Arbeiterklasse ist also ein Werk, an dem die Arbeiter aller Kulturländer gleichmäßig beteiligt sind. In dieser

Erkenntnis fühlt und erklärt die Sozialdemokratische Partei Deutschlands sich eins mit den klassenbewußten Arbeitern aller übrigen Länder.

Die Sozialdemokratische Partei Deutschlands kämpft also nicht für neue Klassenprivilegien und Vorrechte, sondern für die Abschaffung der Klassenherrschaft und der Klassen selbst und für gleiche Rechte und gleiche Pflichten aller ohne Unterschied des Geschlechts und der Abstammung. Von diesen Anschauungen ausgehend bekämpft sie in der heutigen Gesellschaft nicht bloß die Ausbeutung und Unterdrückung der Lohnarbeiter, sondern jede Art der Ausbeutung und Unterdrückung, richte sie sich gegen eine Klasse, eine Partei, ein Geschlecht oder eine Rasse.

Ausgehend von diesen Grundsätzen fordert die Sozialdemokratische Partei Deutschlands zunächst:

1. Allgemeines, gleiches, direktes Wahl- und Stimmrecht mit geheimer Stimmabgabe aller über 20 Jahre alten Reichsangehörigen ohne Unterschied des Geschlechts für alle Wahlen und Abstimmungen. Proportionalwahlsystem, und bis zu dessen Einführung gesetzliche Neueinteilung der Wahlkreise nach jeder Volkszählung. Zweijährige Gesetzgebungsperioden. Vornahme der Wahlen und Abstimmungen an einem gesetzlichen Ruhetage. Entschädigung für die gewählten Vertreter. Aufhebung jeder Beschränkung politischer Rechte außer im Falle der Entmündigung.
2. Direkte Gesetzgebung durch das Volk vermittels des Vorschlags- und Verwerfungsrechts. Selbstbestimmung und Selbstverwaltung des Volks in Reich, Staat, Provinz und Gemeinde. Wahl der Behörden durch das Volk, Verantwortlichkeit und Haftbarkeit derselben. Jährliche Steuerbewilligung.
3. Erziehung zur allgemeinen Wehrhaftigkeit. Volkswehr an Stelle der stehenden Heere. Entscheidung über Krieg und Frieden durch die Volksvertretung. Schlichtung aller internationalen Streitigkeiten auf schiedsgerichtlichem Wege.
4. Abschaffung aller Gesetze, welche die freie Meinungsäußerung und das Recht der Vereinigung und Versammlung einschränken oder unterdrücken.
5. Abschaffung aller Gesetze, welche die Frau in öffentlich- und privatrechtlicher Beziehung gegenüber dem Manne benachteiligen.
6. Erklärung der Religion zur Privatsache. Abschaffung aller Aufwendungen aus öffentlichen Mitteln zu kirchlichen und religiösen Zwecken. Die kirchlichen und religiösen Gemeinschaften sind als private Vereinigungen zu betrachten, welche ihre Angelegenheiten vollkommen selbständig ordnen.
7. Weltlichkeit der Schule. Obligatorischer Besuch der öffentlichen Volksschulen. Unentgeltlichkeit des Unterrichts, der Lehrmittel und der Verpflegung in den öffentlichen Volksschulen sowie in den höheren Bildungsanstalten für diejenigen Schüler und Schülerinnen, die kraft ihrer Fähigkeiten zur weiteren Ausbildung geeignet erachtet werden.
8. Unentgeltlichkeit der Rechtspflege und des Rechtsbeistands. Rechtsprechung durch vom Volk gewählte Richter. Berufung in Strafsachen. Entschädigung unschuldig Angeklagter, Verhafteter und Verurteilter. Abschaffung der Todesstrafe.
9. Unentgeltlichkeit der ärztlichen Hilfeleistung einschließlich der Geburtshilfe und der Heilmittel. Unentgeltlichkeit der Totenbestattung.
10. Stufenweise steigende Einkommen- und Vermögenssteuer zur Bestreitung aller öffentlichen Ausgaben, soweit diese durch Steuern zu decken sind. Selbsteinschätzungspflicht. Erbschaftssteuer, stufenweise steigend nach Umfang des Erbguts und nach dem Grade der Verwandschaft. Abschaffung aller indirekten Steuern, Zölle

und sonstigen wirtschaftspolitischen Maßnahmen, welche die Interessen der Allgemeinheit den Interessen einer bevorzugten Minderheit opfern.

Zum Schutze der Arbeiterklasse fordert die Sozialdemokratische Partei Deutschlands zunächst:

1. Eine wirksame nationale und internationale Arbeiterschutzgesetzgebung auf folgender Grundlage: a) Festsetzung eines höchstens acht Stunden betragenden Normalarbeitstages; b) Verbot der Erwerbsarbeit für Kinder unter 14 Jahren; c) Verbot der Nachtarbeit, außer für solche Industriezweige, die ihrer Natur nach, aus technischen Gründen oder aus Gründen der öffentlichen Wohlfahrt Nachtarbeit erheischen; d) eine ununterbrochene Ruhepause von mindestens 36 Stunden in jeder Woche für jeden Arbeiter; e) Verbot des Trucksystems.
2. Überwachung aller gewerblichen Betriebe, Erforschung und Regelung der Arbeitsverhältnisse in Stadt und Land durch ein Reichsarbeitsamt, Bezirksarbeitsämter und Arbeitskammer. Durchgreifende gewerbliche Hygiene.
3. Rechtliche Gleichstellung der landwirtschaftlichen Arbeiter und der Dienstboten mit den gewerblichen Arbeitern; Beseitigung der Gesindeordnungen.
4. Sicherstellung des Koalitionsrechts.
5. Übernahme der gesamten Arbeiterversicherung durch das Reich mit maßgebender Mitwirkung der Arbeiter an der Verwaltung.

Protokoll über die Verhandlungen des Parteitages der Sozialdemokratischen Partei Deutschlands, abgehalten zu Erfurt vom 14. bis 20. Oktober 1891, Berlin 1891, S. 3 ff.

4. Das Programm der Volksbeauftragten vom 12. November 1910

An das deutsche Volk!

Die aus der Revolution hervorgegangene Regierung, deren politische Leitung rein sozialistisch ist, setzt sich die Aufgabe, das sozialistische Programm zu verwirklichen. Sie verkündet schon jetzt mit Gesetzeskraft folgendes:

1. Der Belagerungszustand wird aufgehoben.
2. Das Vereins- und Versammlungsrecht unterliegt keiner Beschränkung, auch nicht für Beamte und Staatsarbeiter.
3. Eine Zensur findet nicht statt. Die Theaterzensur wird aufgehoben.
4. Meinungsäußerung in Wort und Schrift ist frei.
5. Die Freiheit der Religionsausübung wird gewährleistet. Niemand darf zu einer religiösen Handlung gezwungen werden.
6. Für alle politischen Straftaten wird Amnestie gewährt. Die wegen solcher Straftaten anhängigen Verfahren werden niedergeschlagen.

7. Das Gesetz über den vaterländischen Hilfsdienst wird aufgehoben, mit Ausnahme der sich auf die Schlichtung von Streitigkeiten beziehenden Bestimmungen.
8. Die Gesindeordnungen werden außer Kraft gesetzt, ebenso die Ausnahmegesetze gegen die Landarbeiter.
9. Die bei Beginn des Krieges aufgehobenen Arbeiterschutzbestimmungen werden hiermit wieder in Kraft gesetzt.

Weitere sozialpolitische Verordnungen werden binnen kurzem veröffentlicht werden. Spätestens am 1. Januar 1919 wird der achtstündige Maximalarbeitstag in Kraft treten. Die Regierung wird alles tun, um für ausreichende Arbeitsgelegenheit zu sorgen. Eine Verordnung über die Unterstützung von Erwerbslosen ist fertiggestellt. Sie verteilt die Lasten auf Reich, Staat und Gemeinde.

Auf dem Gebiete der Krankenversicherung wird die Versicherungspflicht über die bisherige Grenze von 2 500 Mark ausgedehnt werden.

Die Wohnungsnot wird durch Bereitstellung von Wohnungen bekämpft werden.

Auf die Sicherung einer geregelten Volksernährung wird hingearbeitet werden. Die Regierung wird die geordnete Produktion aufrechterhalten, das Eigentum gegen Eingriffe Privater sowie die Freiheit und Sicherheit der Person schützen.

Alle Wahlen zu öffentlichen Körperschaften sind fortan nach dem gleichen, geheimen, direkten, allgemeinen Wahlrecht auf Grund des proportionalen Wahlsystems für alle mindestens zwanzig Jahre alten männlichen und weiblichen Personen zu vollziehen. Auch für die Konstituierende Versammlung, über die nähere Bestimmung noch erfolgen wird, gilt dieses Wahlrecht.

Berlin, den 12. November 1918.

Ebert, Haase, Scheidemann, Landsberg, Dittmann, Barth.

Reichs-Gesetzblatt 1918, S. 1303f.; abgedruckt u. a. in: Ritter/Miller, Die deutsche Revolution 1918-1919, Hamburg 1975, S. 103f.

5. Programmatische Kundgebung der Unabhängigen Sozialdemokratischen Partei Deutschlands, März 1919

Unter Aufrechterhaltung der leitenden Gedanken des grundsätzlichen Teils des Erfurter Programms erklärt der Parteitag:

Im November 1918 haben die revolutionären Arbeiter und Soldaten Deutschlands die Staatsgewalt erobert. Sie haben aber ihre Macht nicht befestigt und die kapitalistische Klassenherrschaft nicht überwunden. Die Führer der Rechtssozialisten haben den Pakt mit den bürgerlichen Klassen erneuert und die Interessen des Proletariats preisgegeben. Sie treiben eine Verwirrungspolitik mit den Worten „Demokratie" und „Sozialismus". In der kapitalistischen Gesellschaftsordnung sind demokratische Rechtsformen Truggebilde. Solange der politischen Befreiung nicht auch die wirtschaftliche Befreiung und Unabhängigkeit gefolgt ist, besteht keine wahre Demokratie. Die Sozialisierung, wie die

Rechtssozialisten sie betreiben, ist ein Gaukelspiel. Sie begnügen sich, unter Schonung der kapitalistischen Interessen, mit einer „gemischt-wirtschaftlichen" Bewirtschaftung und sogar nur mit der „öffentlichen Kontrolle" der nach ihrem eigenen Urteil für die sofortige Vergesellschaftung reifen Betriebe.

Das klassenbewußte Proletariat hat erkannt, daß sein Befreiungskampf nur von ihm allein und nicht nur mit den bisherigen Organisationen durchgeführt werden kann, sondern daß dazu auch eine neue proletarische Kampforganisation erforderlich ist. Im *Rätesystem* hat sich die proletarische Revolution diese Kampforganisation geschaffen. Sie faßt die Arbeitermassen in den Betrieben zu revolutionärem Handeln zusammen. Sie schafft dem Proletariat das Recht der Selbstverwaltung in den Betrieben, in den Gemeinden und im Staate. Sie führt die Umwandlung der kapitalistischen Wirtschaftsordnung in die sozialistische durch.

In allen kapitalistischen Ländern entwickelt sich das Rätesystem aus den gleichen wirtschaftlichen Bedingungen und wird zum Träger der proletarischen Weltrevolution. Die geschichtliche Aufgabe der USP ist es, die Bannerträgerin des klassenbewußten Proletariats in seinem revolutionären Befreiungskampf zu sein. Die Unabhängige Sozialdemokratische Partei stellt sich auf den Boden des Rätesystems. Sie unterstützt die Räte in ihrem Ringen um die wirtschaftliche und politische Macht. Sie erstrebt die Diktatur des Proletariats, des Vertreters der großen Volksmehrheit, als notwendige Vorbedingung für die Verwirklichung des Sozialismus. Erst der Sozialismus bringt die Beseitigung jeder Klassenherrschaft, die Beseitigung jeder Diktatur, die wahre Demokratie.

Um dieses Ziel zu erreichen, bedient sich die USP aller politischen und wirtschaftlichen Kampfmittel, *einschließlich der Parlamente*. Sie verwirft planlose Gewalttätigkeiten. Ihr Ziel ist nicht die Vernichtung von Personen, sondern die Beseitigung des kapitalistischen Systems.

Die nächsten Forderungen der USPD sind:

1. Einordnung des Rätesystems in die Verfassung. Entscheidende Mitwirkung der Räte bei der Gesetzgebung, Staats- und Gemeindeverwaltung und in den Betrieben.
2. Völlige Auflösung des alten Heeres. Sofortige Auflösung des durch Freiwilligenkorps gebildeten Söldnerheeres. Entwaffnung des Bürgertums. Errichtung einer Volkswehr aus den Reihen der klassenbewußten Arbeiterschaft. Selbstverwaltung der Volkswehr und Wahl der Führer durch die Mannschaft. Aufhebung der Militärgerichtsbarkeit.
3. Die Vergesellschaftung der kapitalistischen Unternehmungen ist sofort zu beginnen. Sie ist unverzüglich durchzuführen auf den Gebieten des Bergbaues und der Energieerzeugung (Kohle, Wasser, Kraft, Elektrizität), der konzentrierten Eisen- und Stahlproduktion sowie anderer hochentwickelter Industrien und des Bank- und Versicherungswesens. Großgrundbesitz und große Forste sind sofort in gesellschaftliches Eigentum zu überführen. Die Gesellschaft hat die Aufgabe, die gesamten wirtschaftlichen Betriebe durch Bereitstellung aller technischen und wirtschaftlichen Hilfsmittel sowie Förderung der Genossenschaft zur höchsten Leistungsfähigkeit zu bringen. In den Städten ist das private Eigentum an Grund und Boden in Gemeindeeigentum zu überführen, und ausreichende Wohnungen sind von der Gemeinde auf eigene Rechnung herzustellen.
4. Wahl der Behörden und der Richter durch das Volk. Sofortige Einsetzung eines Staatsgerichtshofes, der die Schuldigen am Weltkriege und an der Verhinderung eines zeitigeren Friedens zur Verantwortung zu ziehen hat.

5. Der während des Krieges geschaffene Vermögenszuwachs ist voll wegzusteuern. Von allen größeren Vermögen ist ein Teil an den Staat abzuführen. Im übrigen sind die öffentlichen Ausgaben durch stufenweis steigende Einkommens-, Vermögens- und Erbschaftssteuern zu decken. Die Kriegsanleihen sind zu annullieren unter Entschädigung der Bedürftigen, der gemeinnützigen Vereine, Anstalten und der Gemeinden.

6. Ausbau der sozialen Gesetzgebung. Schutz und Fürsorge für Mutter und Kind. Den Kriegerwitwen und -waisen und den Verletzten ist eine sorgenfreie Existenz sicherzustellen. Den Wohnungsbedürftigen sind überflüssige Räume der Besitzenden zur Benutzung zu übergeben. Grundlegende Neuordnung des öffentlichen Gesundheitswesens.

7. Trennung von Staat und Kirche und Trennung von Kirche und Schule Öffentliche Einheitsschule mit weltlichem Charakter, die nach sozialistisch-pädagogischen Grundsätzen auszugestalten ist. Anspruch jedes Kindes auf die seinen Fähigkeiten entsprechende Ausbildung und die Bereitstellung der hierzu erforderlichen Mittel.

8. Einführung eines öffentlich-rechtlichen Monopols für Inserate und Übertragung an die Kommunalverbände.

9. Herstellung freundschaftlicher Beziehungen zu allen Nationen. Sofortige Aufnahme der diplomatischen Beziehungen zur russischen Räterepublik und zu Polen. Wiederherstellung der Arbeiter-Internationale auf dem Boden der revolutionären sozialistischen Politik im Geiste der internationalen Konferenzen von Zimmerwald und Kienthal.

Die USPD ist der Überzeugung, daß durch die Zusammenfassung aller proletarischen Kräfte, die sie erstrebt, der vollständige und dauernde Sieg des Proletariats beschleunigt und gesichert wird. Das Bekenntnis in Wort und Tat zu den Grundsätzen und Forderungen dieser Kundgebung ist aber die notwendige Voraussetzung der Einigung der Arbeiterklasse.

Protokoll über die Verhandlungen des außerordentlichen Parteitages [der USPD] vom 2. bis 6. März 1919, Berlin 1919, S. 3f.

6. Programm der Sozialdemoltratischen Partei Deutschlands, Görlitz 1921

Die Sozialdemokratische Partei Deutschlands ist die *Partei des arbeitenden Volkes* in Stadt und Land. Sie erstrebt die Zusammenfassung aller körperlich und geistig Schaffenden, die auf den Ertrag eigener Arbeit angewiesen sind, zu gemeinsamen Erkenntnissen und Zielen, zur Kampfgemeinschaft für Demokratie und Sozialismus.
Die *kapitalistische Wirtschaft* hat den wesentlichen Teil der durch die moderne Technik gewaltig entwickelten *Produktionsmittel* unter die Herrschaft einer verhältnismäßig kleinen Zahl von Großbesitzern gebracht, sie hat breite Massen der *Arbeiter* von den Produktionsmitteln getrennt und in besitzlose Proletarier verwandelt. Sie hat die wirtschaftliche Ungleichheit gesteigert und einer kleinen, in Überfluß lebenden Min-

derheit weite Schichten entgegengestellt, die in Not und Elend verkümmern. Sie hat damit den *Klassenkampf* für die Befreiung des Proletariats zur geschichtlichen Notwendigkeit und zur sittlichen Forderung gemacht.

Der *Weltkrieg* und die ihn abschließenden Friedensdiktate haben diesen Prozeß noch verschärft. Sie haben die *Konzentration der Betriebe* und des Kapitals beschleunigt, die Kluft zwischen *Kapital und Arbeit,* Reichtum und Armut erweitert. In Industrie und Bankwesen, in Handel und Verkehr hat eine neue Epoche der Angliederungen und Verschmelzungen, der Kartellierungen und Vertrustungen eingesetzt. Während rücksichtsloses Gewinnstreben eine neue Bourgeoisie von Kriegslieferanten und Spekulanten emporhob, sanken kleine und mittlere Besitzer, Gewerbetreibende, Scharen geistiger Arbeiter, Beamte, Angestellte, Künstler, Schriftsteller, Lehrer, Angehörige aller Art der freien Berufe zu proletarischen Lebensbedingungen hinab. *Korrumpierung des öffentlichen Lebens,* wachsende Abhängigkeit der bürgerlichen Presse von übermächtigen Wirtschaftsdiktatoren, die auf diese Weise den *Staat* unter ihre Botmäßigkeit zu bringen versuchen, sind unausbleibliche Folgen.

Die Entwicklung zum Hochkapitalismus hat das Streben nach Beherrschung der Weltwirtschaft durch imperialistische Machterweiterung noch gesteigert. Sie hat ebenso wie die unbefriedigende Lösung der nationalen und wirtschaftlichen Weltprobleme durch die geltenden Friedensverträge die *Gefahr neuer blutiger Konflikte* heraufbeschworen, die den Zusammenbruch der menschlichen Kultur herbeizuführen drohen.

Zugleich hat der Weltkrieg *morsche Herrschaftssysteme hinweggefegt.* Politische Umwälzungen haben den Massen die *Rechte der Demokratie* gegeben, deren sie zu ihrem sozialen Aufstieg bedürfen. Eine gewaltig erstarkte *Arbeiterbewegung,* groß geworden durch die ruhmvolle opferreiche Arbeit von Generationen, stellt sich dem Kapitalismus als ebenbürtiger Gegner. Mächtiger denn je erhebt sich der Wille, das kapitalistische System zu überwinden und durch internationalen Zusammenschluß des Proletariats, durch Schaffung einer zwischenstaatlichen Rechtsordnung, eines wahren *Bundes gleichberechtigter Völker,* die Menschheit vor neuer kriegerischer Vernichtung zu schützen. Diesem Willen den Weg zu weisen, den notwendigen Kampf der schaffenden Massen zu einem bewußten und einheitlichen zu gestalten, ist die Aufgabe der Sozialdemokratischen Partei. Die Sozialdemokratische Partei ist entschlossen, zum Schutz der errungenen Freiheit das Letzte einzusetzen. *Sie betrachtet die demokratische Republik als die durch die geschichtliche Entwicklung unwiderruflich gegebene Staatsform,* jeden Angriff auf sie als ein Attentat auf die Lebensrechte des Volkes.

Die Sozialdemokratische Partei kann sich aber nicht darauf beschränken, die Republik vor den Anschlägen ihrer Feinde zu schützen. Sie kämpft um die Herrschaft des im freien Volksstaat organisierten Volkswillens über die Wirtschaft, um die *Erneuerung der Gesellschaft im Geiste sozialistischen Gemeinsinns.* Die Überführung der großen konzentrierten Wirtschaftsbetriebe in die Gemeinwirtschaft und darüber hinaus die fortschreitende Umformung der *gesamten* kapitalistischen Wirtschaft zur *sozialistischen, zum Wohle der Gesamtheit betriebenen Wirtschaft* erkennt sie als notwendig Mittel, um das schaffende Volk aus den Fesseln der Kapitalherrschaft zu befreien, die Produktionserträge zu steigern, die Menschheit zu höheren Formen wirtschaftlicher und sittlicher Gemeinschaft emporzuführen.

In diesem Sinne erneuert die Sozialdemokratische Partei Deutschlands ihr im Erfurter Programm niedergelegtes Bekenntnis: Sie kämpft nicht für neue Klassenprivilegien und Vorrechte, sondern für die *Abschaffung der Klassenherrschaft* und der Klassen selbst und für gleiche Rechte und gleiche Pflichten aller, ohne Unterschied des Geschlechts und der Abstammung. Sie führt diesen Kampf in dem Bewußtsein, daß er das Schicksal der Menschheit entscheidet in nationaler wie in internationaler Gemeinschaft, in Reich,

Staat und Gemeinde, in Gewerkschaften und Genossenschaften, in Werkstatt und Haus.

Für diesen Kampf gelten die folgenden Forderungen:

Wirtschaftspolitik

Grund und Boden, die Bodenschätze sowie die natürlichen Kraftquellen, die der Energieerzeugung dienen, sind der kapitalistischen Ausbeutung zu entziehen und in den Dienst der Volksgemeinschaft zu überführen. Gesetzliche Maßnahmen gegen die Extensivierung oder das gänzliche Unbenutztlassen landwirtschaftlicher Bodenflächen oder deren Verschwendung zu privaten Luxuszwecken. Kontrolle des Reichs über den kapitalistischen Besitz an Produktionsmitteln, vor allem über die Interessengemeinschaften, Kartelle und Trusts. Fortschreitender Ausbau der Betriebe des Reichs, der Länder und der öffentlichen Körperschaften unter demokratischer Verwaltung unter Vermeidung der Bureaukratisierung. Förderung der nicht auf Erzielung eines Profits gerichteten Genossenschaften. Ausgestaltung des wirtschaftlichen Rätesystems zu einer Vertretung der sozialen und wirtschaftspolitischen Interessen der Arbeiter, Angestellten und Beamten.

Sozialpolitik

Einheitliches Arbeitsrecht. Sicherung des Koalitionsrechts. Wirksamer Arbeiterschutz: gesetzliche Festlegung eines Arbeitstages von höchstens acht Stunden, Herabsetzung dieser Arbeitszeit in Betrieben mit erhöhten Gefahren für Leben und Gesundheit. Äußerste Einschränkung der Nachtarbeit für Männer. Verbot der Nachtarbeit für Frauen und Jugendliche. Verbot der Arbeit von Frauen und Jugendlichen in besonders gesundheitsschädlichen Betrieben sowie an Maschinen mit besonderer Unfallgefahr. Verbot jeder Erwerbsarbeit schulpflichtiger Kinder. Überwachung aller Betriebe und Unternehmungen. Eine wöchentliche ununterbrochene Ruhepause von mindestens 42 Stunden. Jährlicher Urlaub unter Fortzahlung des Lohnes. Unterstützung aller Bestrebungen zur Beseitigung der Übelstände der Heimarbeit und ihre Aufhebung, wo es ohne schwere wirtschaftliche Schädigung der Heimarbeiter möglich ist. Umbau der sozialen Versicherung zu einer allgemeinen Volksfürsorge. Auf diesen Grundlagen Förderung des internationalen Arbeiterschutzes.
Allgemeines Recht der Frauen auf Erwerb.
Sicherung und Ausbau der staatsbürgerlichen und wirtschaftlichen Rechte der Beamten.
Planmäßige, den sozialen Bedürfnissen der Arbeiterklasse angepaßte Bevölkerungspolitik. Besondere Fürsorge für kinderreiche Familien.

Finanzen

Sicherung und Weiterbildung der Einkommens-, Vermögens- und Erbschaftssteuern, ihre Anpassung an die Wertveränderungen und an die Leistungsfähigkeit des werbenden [sic!] Kapitals. Erbrecht des Reichs bei entfernteren Verwandtschaftsgraden, Pflichtteil des Reichs, abgestuft nach der Zahl der Erben. Wirksame Verfolgung der Steuerhinterziehung und Kapitalflucht. Schonung der Arbeitskraft und Belastung jedes verschwenderischen Überverbrauchs. Beteiligung der öffentlichen Gewalten am Vermögen der kapitalistischen Erwerbsunternehmungen.

Verfassung und Verwaltung

Sicherung der demokratischen Republik. Festigung der Reichseinheit. Ausbau des Reichs zum organisch gegliederten Einheitsstaat, Selbstverwaltung der Gemeinden und der zu höheren Selbstverwaltungskörpern gesetzlich organisierten Gemeindeverbände (Kreise, Bezirke, Provinzen). Überordnung der demokratischen Volksvertretung über die berufsständischen Organisationen. Demokratisierung aller staatlichen Einrichtungen. Vollständige verfassungsmäßige und tatsächliche Gleichstellung aller über 20 Jahre alten Staatsbürger ohne Unterschied des Geschlechts, der Herkunft und der Religion.

Gemeindepolitik

Schaffung einer einheitlichen Gemeindeordnung für Stadt und Land, sowie eines einheitlichen Gemeindevertreterkörpers. Initiative und Volksabstimmung in den Gemeinden. Unterstellung aller Gemeindebeamten unter die Gemeindevertretung. Wahl der Bürgermeister auf Zeit. Bildung und Förderung großer und leistungsfähiger Kommunaleinheiten. Beschränkung des staatlichen Aufsichtsrechts auf das Recht der Beanstandung ungesetzlicher Verwaltungsakte der Gemeinde, Beseitigung des Bestätigungsrechtes der Aufsichtsbehörden für Gemeindeorgane. Reichsgesetzliche Freigabe der kommunalen Sozialisierung.

Rechtspflege

Überwindung der herrschenden privatrechtlichen durch eine soziale Rechtsauffassung. Unterordnung des Vermögensrechts unter das Recht der Person und das Recht der sozialen Gemeinschaft. Kampf gegen Klassenjustiz, entscheidende Mitwirkung gewählter Volksrichter in allen Zweigen der Justiz. Erziehung zu allgemeiner Rechtskenntnis, volkstümliche Gesetzessprache. Zusammensetzung des Richterstandes aus allen Volksklassen, Mitwirkung der Frauen in allen Justizämtern. Neuordnung des juristischen Bildungsganges in sozialistischem Geiste. Übertragung der gesamten Justiz auf das Reich. Berufung in Strafsachen. Reichsgesetzliche Regelung des Strafvollzugs. Schutz- und Erziehungs-, nicht Vergeltungsstrafrecht. Abschaffung der Todesstrafe.

Kultur- und Schulpolitik

Recht aller Volksgenossen an den Kulturgütern. Oberstes Erziehungsrecht der Volksgemeinschaft.
Religion ist Privatsache, Sache innerer Überzeugung, nicht Parteisache, nicht Staatssache: Trennung von Staat und Kirche.
Ausgestaltung der Schule zur weltlichen Einheitsschule. Unentgeltlichkeit des Unterrichts, der Lernmittel und der Verpflegung in den Schulen.
Umwandlung der Schulen in Lebens- und Arbeitsgemeinschaften der Jugend mit weitgehender Selbstverwaltung. Gemeinsame Erziehung beider Geschlechter durch beide Geschlechter. Mitarbeit pädagogisch hervorragend begabter Laien, verantwortliche Mitwirkung der Eltern an der Schulerziehung und Schulaufsicht durch Elternräte.
Erziehung des heranwachsenden Menschen in der Familie, in der Schule und der freien Jugendbewegung zum bewußten Glied der sozialen Volks- und Menschheitsgemeinschaft, zu den Idealen der Republik, der sozialen Pflichterfüllung und des Weltfriedens.

Jugendhilfe (als selbständiges, öffentliches Arbeitsgebiet mit eigenen beamteten Organen), beginnend mit dem werdenden Kind und endend mit dem Eintritt der Volljährigkeit.

Bildungsstätten für erwachsene Volksgenossen als freie Arbeitsgemeinschaften zum Aufbau einer lebendigen Volkskultur.

Völkerbeziehungen und Internationale

Internationaler Zusammenschluß der Arbeiterklasse auf demokratischer Grundlage als beste Bürgschaft des Friedens.

Ein Völkerbund, der kein die Völkerbundsatzungen anerkennendes Volk ausschließt und in dem die Parlamente aller Länder durch Delegierte nach der Stärke der Parteien vertreten sind. Ausbau des Völkerbundes zu einer wahrhaften Arbeits-, Rechts- und Kulturgemeinschaft. Entscheidung aller internationalen Streitigkeiten durch ein internationales Gericht. Selbstbestimmung der Völker im Rahmen des für alle gleichmäßig geltenden internationalen Rechts. Völkerrechtlicher Schutz aller nationalen Minderheiten nach dem Grundsatz vollkommener Gegenseitigkeit. Internationale Abrüstung unter Garantie des Völkerbundes, Herabsetzung der Wehrmacht in allen Staaten auf das Maß, das die innere Sicherheit der Staaten und die Erzwingung internationaler Verpflichtungen durch gemeinschaftliches Vorgehen des Völkerbundes erfordert. Unterstellung aller Kolonien und Schutzgebiete unter die Oberhoheit des Völkerbundes. Durchführung des Grundsatzes der Offenen Tür für alle wirtschaftlichen Austauschgebiete. Demokratisierung und Vereinfachung der diplomatischen Vertretungen der Staaten.

Revision des Friedensvertrages von Versailles im Sinne wirtschaftlicher Erleichterung und Anerkennung der nationalen Lebensrechte.

Protokoll über die Verhandlungen des Parteitags der Sozialdemokratischen Partei Deutschlands, abgehalten in Görlitz vom 18. bis 24. September 1921, Berlin 1921, S. III ff.

7. Programm der Sozialdemokratischen Partei Deutschlands, Heidelberg 1925

Grundsätzlicher Teil

Die ökonomische Entwicklung hat mit innerer Gesetzmäßigkeit zum Erstarken des kapitalistischen Großbetriebes geführt, der in Industrie, Handel und Verkehr immer mehr den Kleinbetrieb zurückdrängt und seine soziale Bedeutung verringert. Mit der immer stärker werdenden Entfaltung der Industrie wächst die industrielle Bevölkerung ständig im Verhältnis zur landwirtschaftlichen. Das Kapital hat die Massen der Produzenten von dem Eigentum an ihren Produktionsmitteln getrennt und den Arbeiter in einen besitzlosen Proletarier verwandelt. Ein großer Teil des Grund und Bodens befindet sich in den Händen des Großgrundbesitzes, des natürlichen Verbündeten des

Großkapitals. So sind die ökonomisch entscheidenden Produktionsmittel zum Monopol einer verhältnismäßig kleinen Zahl von Kapitalisten geworden, die damit die wirtschaftliche Herrschaft über die Gesellschaft erhalten.

Zugleich wächst mit dem Vordringen der Großbetriebe in der Wirtschaft Zahl und Bedeutung der Angestellten und Intellektuellen jeder Art. Sie üben in dem vergesellschafteten Arbeitsprozeß die Leitungs-, Überwachungs-, Organisations- und Verteilungsfunktionen aus, sie fördern durch wissenschaftliche Forschung die Produktionsmethoden. Mit dem Anwachsen ihrer Zahl verlieren sie immer mehr die Möglichkeit des Aufstiegs in privilegierte Stellungen, und ihre Interessen stimmen in steigendem Maße mit denen der übrigen Arbeiterschaft überein.

Mit der Entwicklung der Technik und der Monopolisierung der Produktionsmittel wächst riesenhaft die Produktivität der menschlichen Arbeit. Aber Großkapital und Großgrundbesitz suchen die Ergebnisse des gesellschaftlichen Arbeitsprozesses für sich zu monopolisieren. Nicht nur den Proletariern, sondern auch den Mittelschichten wird der volle Anteil an dem materiellen und kulturellen Fortschritt vorenthalten, den die gesteigerten Produktivkräfte ermöglichen.

Ununterbrochen sind im Kapitalismus Tendenzen wirksam, die arbeitenden Schichten in ihrer Lebenshaltung zu drücken. Nur durch steten Kampf ist es ihnen möglich, sich vor zunehmender Erniedrigung zu bewahren und ihre Lage zu verbessern. Dazu gesellt sich hochgradige Unsicherheit der Existenz, die stets drohende Arbeitslosigkeit. Diese wird besonders qualvoll und erbitternd in Zeiten der Krisen, die jedem wirtschaftlichen Aufschwung folgen und in der Anarchie der kapitalistischen Produktionsweise begründet sind. Das kapitalistische Monopolstreben führt zur Zusammenfassung von Industriezweigen, zur Verbindung aufeinanderfolgender Produktionsstufen und zur Organisierung der Wirtschaft in Kartelle und Trusts. Dieser Prozeß vereinigt Industriekapital, Handelskapital und Bankkapital zum Finanzkapital.

Einzelne Kapitalsgruppen werden so zu übermächtigen Beherrschern der Wirtschaft, die nicht nur die Lohnarbeiter, sondern die ganze Gesellschaft in ihre ökonomische Abhängigkeit bringen.

Mit der Zunahme seines Einflusses benutzt das Finanzkapital die Staatsmacht zur Beherrschung auswärtiger Gebiete als Absatzmärkte, Rohstoffquellen und Stätten für Kapitalsanlagen. Dieses imperialistische Machtbestreben bedroht die Gesellschaft ständig mit Konflikten und mit Kriegsgefahr. Doch mit dem Druck und den Gefahren des Hochkapitalismus steigt auch der Widerstand der stets wachsenden Arbeiterklasse, die durch den Mechanismus des kapitalistischen Produktionsprozesses selbst, sowie durch stete Arbeit der Gewerkschaften und der Sozialdemokratischen Partei geschult und vereint wird. Immer größer wird die Zahl der Proletarier, immer schroffer der Gegensatz zwischen Ausbeutern und Ausgebeuteten, immer erbitterter der Klassenkampf zwischen den kapitalistischen Beherrschern der Wirtschaft und den Beherrschten. Indem die Arbeiterklasse für ihre eigene Befreiung kämpft, vertritt sie das Gesamtinteresse der Gesellschaft gegenüber dem kapitalistischen Monopol. Eine gewaltig erstarkte Arbeiterbewegung, groß geworden durch die opferreiche Arbeit von Generationen, stellt sich dem Kapitalismus als ebenbürtiger Gegner gegenüber. Mächtiger denn je ersteht der Wille, das kapitalistische System zu überwinden und durch internationalen Zusammenschluß des Proletariats, durch Schaffung einer internationalen Rechtsordnung, eines wahren Bundes gleichberechtigter Völker, die Menschheit vor kriegerischer Vernichtung zu schützen.

Das Ziel der Arbeiterklasse kann nur erreicht werden durch die Verwandlung des kapitalistischen Privateigentums an den Produktionsmitteln in gesellschaftliches Eigentum. Die Umwandlung der kapitalistischen Produktion in sozialistische für und durch die Gesellschaft betriebene Produktion wird bewirken, daß die Entfaltung und Steigerung der Produktivkräfte zu einer Quelle der höchsten Wohlfahrt und allseitiger Vervollkommnung wird. Dann erst wird die Gesellschaft aus der Unterwerfung unter blinde Wirtschaftsmacht und aus allgemeiner Zerrissenheit zu freier Selbstverwaltung in harmonischer Solidarität emporsteigen.

Der Kampf der Arbeiterklasse gegen die kapitalistische Ausbeutung ist nicht nur ein wlrtschaftlicher, sondern notwendigerweise ein politischer Kampf. Die Arbeiterklasse kann ihren ökonomischen Kampf nicht führen und ihre wirtschaftliche Organisation nicht voll entwickeln ohne politische Rechte. In der demokratischen Republik besitzt sie die Staatsform, deren Erhaltung und Ausbau für ihren Befreiungskampf eine unerläßliche Notwendigkeit ist. Sie kann die Vergesellschaftung der Produktionsmittel nicht bewirken, ohne in den Besitz der politischen Macht gekommen zu sein.

Der proletarische Befreiungskampf ist ein Werk, an dem die Arbeiter aller Länder beteiligt sind. Die Sozialdemokratische Partei Deutschlands ist sich der internationalen Solidarität des Proletariats bewußt und entschlossen, alle Pflichten zu erfüllen, die ihr daraus erwachsen. Dauernde Wohlfahrt der Nationen ist heute nur erreichbar durch ihr solidarisches Zusammenwirken.

Die Sozialdemokratische Partei kämpft nicht für neue Klassenprivilegien und Vorrechte, sondern für die Abschaffung der Klassenherrschaft und der Klassen selbst, für gleiche Rechte und Pflichten aller, ohne Unterschied des Geschlechts und der Abstammung. Von dieser Anschauung ausgehend, bekämpft sie nicht bloß die Ausbeutung und Unterdrückung der Lohnarbeiter, sondern jede Art der Ausbeutung und Unterdrückung, richte sie sich gegen ein Volk, eine Klasse, eine Partei, ein Geschlecht oder eine Rasse.

Den Befreiungskampf der Arbeiterklasse zu einem bewußten und einheitlichen zu gestalten und ihm sein notwendiges Ziel zu weisen, ist die Aufgabe der Sozialdemokratischen Partei. In ständigem Ringen und Wirken auf politischem, wirtschaftlichem, sozialem und kulturellem Gebiet strebt sie zu ihrem Endziel.

Aktionsprogramm

Verfassung

Die demokratische Republik ist der günstigste Boden für den Befreiungskampf der Arbeiterklasse und damit für die Verwirklichung des Sozialismus. Deshalb schützt die Sozialdemokratische Partei die Republik und tritt für ihren Ausbau ein. Sie fordert:

Das Reich ist in eine Einheitsrepublik auf Grundlage der dezentralisierten Selbstverwaltung umzuwandeln. Auf dem organisch neu zu gliedernden Unterbau der Gemeinden und Länder erhebt sich eine starke Reichsgewalt, die in Gesetz und Verwaltung die für eine einheitliche Führung und den Zusammenhalt des Reiches notwendigen Befugnisse besitzt.

Ausdehnung der unmittelbaren Reichsverwaltung auf die Justiz: Alle Gerichte werden Gerichte des Reichs. Für die Sicherheitspolizei sind im Wege der Gesetzgebung einheitliche Grundsätze aufzustellen. Eine einheitliche Reichskriminalpolizei ist zu schaffen.

Abwehr aller monarchistischen und militaristischen Bestrebungen, Umgestaltung der Reichswehr zu einem zuverlässigen Organ der Republik.

Vollständige Verwirklichung der verfassungsmäßigen Gleichstellung aller Staatsbürger ohne Unterschied des Geschlechts, der Herkunft, der Religion und des Besitzes.

Verwaltung

Ziel der sozialdemokratischen Verwaltungspolitik ist die Ersetzung der aus dem Obrigkeitsstaat übernommenen polizeistaatlichen Exekutive durch eine Verwaltungsorganisation, die das Volk auf Grundlage der demokratischen Selbstverwaltung zum Träger der Verwaltung macht. Darum wird gefordert:
Demokratisierung der Verwaltung.
Reichsgesetzliche Vereinheitlichung der Länderverwaltung.
Die Grundsätze der Verwaltung bestimmt das Reich. Die Durchführung obliegt den Selbstverwaltungskörpern, soweit es sich nicht um Angelegenheiten handelt, die wegen ihrer zentralen Natur der unmittelbaren Verwaltung durch das Reich bedürfen.
Den örtlichen und provinzialen Besonderheiten ist im Wege der Rahmengesetzgebung Spielraum zu lassen.
Ein reichsrechtliches Landesverwaltungsgesetz regelt gleichmäßig für alle Länder die Gliederung und die Zuständigkeit der staatlichen Verwaltungsbezirke und der Verwaltungsorgane.
Eine Reichsgemeindeordnung hat für Gemeinden und Gemeindeverbände (Landgemeinden, Städte, Kreise, Provinzen) einheitliches Recht zu schaffen. Das Einkammersystem ist für alle Selbstverwaltungskörper durchzuführen. Die Wahl der Bürgermeister ist auf Zeit festzusetzen. Die Selbstverwaltungskörper erledigen die Geschäfte ihres Verwaltungsbereiches im Rahmen der Reichs- und Landesgesetze selbständig und unter eigener Verantwortung. Für Fragen von allgemeinem öffentlichen Interesse sind Volksbegehren und Volksabstimmung in den Gemeinden einzuführen.
Die Rechtskontrolle über die Verwaltung, insbesondere der Schutz des Staatsbürgers gegen die in seine Rechtssphäre eingreifenden Verwaltungsakte ist durch unabhängig im Instanzenweg gegliederte Verwaltungsgerichte zu gewährleisten. Das Reichsverwaltungsgericht hat gleichzeitig die Aufgabe eines Oberverwaltungsgerichts in allen Landessachen.
Durch ein Reichskommunalisierungs- und ein Reichsenteignungsgesetz sind den Gemeinden und Gemeindeverbänden die für die Durchführung und Ausdehnung der kommunalen Gemeinwirtschaft erforderlichen Befugnisse und Machtmittel einzuräumen. Die Form der Verwaltung ist so zu gestalten, daß einerseits die Betriebe in ihrer Wirtschaftsführung von bureaukratischen Fesseln befreit werden, andererseits aber das unbeschränkte Bestimmungsrecht der öffentlichen Körperschaften gewahrt bleibt.
Für alle Beamten und Angestellten der öffentlichen Körperschaften ist ein einheitliches Dienstrecht zu schaffen, das Auswahl, Stellung, Beförderung, Interessenvertretung und Schutz nach demokratischen und sozialen Gesichtspunkten ordnet.

Justiz

Die Sozialdemokratische Partei bekämpft jede Klassen- und Parteijustiz und tritt ein für eine mit sozialem Geiste erfüllte Rechtsordnung und Rechtspflege unter entscheidender Mitwirkung gewählter Laienrichter in allen Zweigen und auf allen Stufen der Justiz.
Insbesondere fordert sie:
Im bürgerlichen Recht Unterordnung des Vermögensrechtes unter das Recht der sozialen Gemeinschaft, Erleichterung der Ehescheidung, Gleichstellung der Frau mit dem Manne, Gleichstellung der unehelichen Kinder mit den ehelichen.
Im Strafrecht größeren Schutz der Person und der sozialen Rechte, Ersetzung des Vergeltungsprinzips durch das Prinzip der Erziehung des einzelnen und des Schutzes der Gesellschaft. Abschaffung der Todesstrafe.

Im Strafprozeß Wiederherstellung der Schwurgerichte und Ausdehnung ihrer Zuständigkeit insbesondere auf politische und Preßvergehen. Zulassung der Berufung in allen Strafsachen, Beseitigung aller die Verteidigung beeinträchtigenden Bestimmungen.

Im Untersuchungsverfahren Schutz des Inhaftierten gegen behördliche Übergriffe, Verhaftung, außer im Falle der Ergreifung auf frischer Tat, nur auf Grund richterlichen Befehls, mündliche Verhandlung über Haftbeschwerde. Im Strafvollzug reichsgesetzliche Regelung im Geiste der Humanität und des Erziehungsprinzips.

Sozialpolitik

Der Schutz der Arbeiter, Angestellten und Beamten und die Hebung der Lebenshaltung der breiten Massen erfordern:
Schutz des Koalitions- und Streikrechts. Gleiches Recht der Frauen auf Erwerbsarbeit. Verbot jeder Erwerbsarbeit schulpflichtiger Kinder.
Gesetzliche Festlegung eines Arbeitstages von höchstens acht Stunden. Verkürzung dieser Arbeitszeit für Jugendliche und in Betrieben mit erhöhten Gefahren für Gesundheit und Leben. Einschränkung der Nachtarbeit. Wöchentliche ununterbrochene Ruhepause von mindestens 42 Stunden. Jährlicher Urlaub unter Fortzahlung des Lohnes.
Die Sorge für die Erledigung von Notstandsarbeiten bleibt ausschließlich den Gewerkschaften überlassen.
Bekämpfung der Mißstände der Heimarbeit mit dem Ziel ihrer völligen Beseitigung unter weitgehender Fürsorge für die Betroffenen.
Überwachung aller Betriebe und Unternehmungen durch die Gewerbeinspektion, die unter Heranziehung von Arbeitern und Angestellten als Beamte und als Vertrauenspersonen zu einer Reichseinrichtung auszubauen ist.
Sicherung der Rechtsgültigkeit der Tarifverträge und Hilfeleistung bei ihrem Abschluß durch die Schlichtungsbehörden.
Selbständige Arbeitsgerichte, die losgelöst sind von der ordentlichen Gerichtsbarkeit. Einheitliches Arbeitsrecht.
Vereinheitlichung der sozialen Versicherung bis zu ihrem Umbau zu einer allgemeinen Volksfürsorge. Einbeziehung der Arbeitsunfähigen und Erwerbslosen. Umfassende, vorbeugende, heilende und vorsorgende Maßnahmen auf dem Gebiete der Volkswohlfahrt, insbesondere der Erziehungs-, Gesundheits- und Wirtschaftsfürsorge, einheitliche reichsrechtliche Regelung der Wohlfahrtspflege, die die Mitwirkung der Arbeiterklasse in ihrer Durchführung sicherstellt.
Förderung der internationalen Verträge und Gesetzgebung.

Kultur- und Schulpolitik

Die Sozialdemokratische Partei erstrebt die Aufhebung des Bildungsprivilegs der Besitzenden.
Erziehung, Schulung und Forschung sind öffentliche Angelegenheiten; ihre Durchführung ist durch öffentliche Mittel und Einrichtungen sicherzustellen. Unentgeltlichkeit des Unterrichts, Unentgeltlichkeit der Lehr- und Lernmittel, wirtschaftliche Versorgung der Lernenden.
Die öffentlichen Einrichtungen für Erziehung, Schulung, Bildung und Forschung sind weltlich. Jede öffentlich-rechtliche Einflußnahme von Kirche, Religions- und Weltanschauungsgemeinschaften auf diese Einrichtungen ist zu bekämpfen. Trennung von Staat und Kirche, Trennung von Schule und Kirche, weltliche Volks-, Berufs- und

Hochschulen. Keine Aufwendung aus öffentlichen Mitteln für kirchliche und religiöse Zwecke.

Einheitlicher Aufbau des Schulwesens, Herstellung engster Beziehungen zwischen Werkarbeit und geistiger Arbeit auf allen Stufen.

Gemeinsame Erziehung beider Geschlechter durch beide Geschlechter. Einheitliche Lehrerbildung auf Hochschulen.

Finanzen und Steuern

Die Sozialdemokratische Partei Deutschlands fordert eine grundlegende, umfassende Finanzreform, die auf dem Prinzip der Quellenbesteuerung und der Lastenverteilung nach der wirtschaftlichen Leistungsfähigkeit aufgebaut ist.

Insbesondere:

Weiterbildung der Einkommen-, Vermögens- und Erbschaftssteuer.

Gleichmäßige und einheitliche Steuerveranlagung mit Offenlegung der Steuerlisten.

Wirksame Verfolgung der Steuerhinterziehung, insbesondere durch obligatorische Buch- und Betriebsprüfung.

Steuerfreiheit für ein soziales Existenzminimum. Stärkste Schonung des Massenverbrauchs. Beseitigung der Umsatzsteuer.

Beteiligung der öffentlichen Gewalten am Vermögen und an der Verwaltung der kapitalistischen Erwerbsunternehmungen.

Wirtschaftspolitik

Im Kampf gegen das kapitalistische System fordert die Sozialdemokratische Partei Deutschlands:

Grund und Boden, Bodenschätze und natürliche Kraftquellen, die der Energieerzeugung dienen, sind der kapitalistischen Ausbeutung zu entziehen und in den Dienst der Gemeinschaft zu überführen.

Ausgestaltung des wirtschaftlichen Rätesystems zur Durchführung eines Mitbestimmungsrechts der Arbeiterklasse an der Organisation der Wirtschaft unter Aufrechterhaltung des engen Zusammenwirkens mit den Gewerkschaften.

Kontrolle des Reiches über die kapitalistischen Interessengemeinschaften, Kartelle und Trusts.

Förderung der Produktionssteigerung in Industrie und Landwirtschaft.

Förderung des Siedlungswesens.

Abbau des Schutzzollsystems durch langfristige Handelsverträge zur Herstellung des freien Güteraustauschs und des wirtschaftlichen Zusammenschlusses der Nationen.

Ausbau der Betriebe des Reichs, der Länder und der öffentlichen Körperschaften unter Vermeidung der Bureaukratisierung.

Förderung der nicht auf Erzielung eines Profits gerichteten Genossenschaften und gemeinnützigen Unternehmungen.

Förderung des gemeinnützigen Wohnungsbaues, öffentlich-rechtliche Gestaltung des Mietrechts, Bekämpfung des Bauwuchers.

Internationale Politik

Als Mitglied der Sozialistischen Arbeiter-Internationale kämpft die Sozialdemokratische Partei Deutschlands in gemeinsamen Aktionen mit den Arbeitern aller Länder gegen imperialistische und faschistische Vorstöße und für die Verwirklichung des Sozialismus.

Sie tritt mit aller Kraft jeder Verschärfung der Gegensätze zwischen den Völkern und jeder Gefährdung des Friedens entgegen.

Sie fordert die friedliche Lösung internationaler Konflikte und ihre Austragung vor obligatorischen Schiedsgerichten.

Sie tritt ein für das Selbstbestimmungsrecht der Völker und für das Recht der Minderheiten auf demokratische und nationale Selbstverwaltung.

Sie widersetzt sich der Ausbeutung der Kolonialvölker, der gewaltsamen Zerstörung ihrer Wirtschaftsformen und ihrer Kultur

Sie verlangt die internationale Abrüstung.

Sie tritt ein für die aus wirtschaftlichen Ursachen zwingend gewordene Schaffung der europäischen Wirtschaftseinheit, für die Bildung der Vereinigten Staaten von Europa, um damit zur Interessensolidarität der Völker aller Kontinente zu gelangen.

Sie fordert die Demokratisierung des Völkerbundes und seine Ausgestaltung zu einem wirksamen Instrument der Friedenspolitik.

Sozialdemokratischer Parteitag 1925 in Heidelberg;
Protokoll mit dem Bericht der Frauenkonferenz,
Berlin 1925, S. 5 ff.

8. Erklärung von Otto Wels in der Reichstagssitzung vom 23. März 1933

Wels (SPD-Abgeordneter): [...] Das Wort des Herrn Reichskanzlers erinnert uns aber auch an ein anderes, das am 23. Juli 1919 in der Nationalversammlung gesprochen wurde. Da wurde gesagt: „Wir sind wehrlos, wehrlos ist aber nicht ehrlos." (Lebhafte Zustimmung bei den Sozialdemokraten.) „Gewiß, die Gegner wollen uns an die Ehre, daran ist kein Zweifel. Aber daß dieser Versuch der Ehrabschneidung einmal auf die Urheber selbst zurückfallen wird, da es nicht unsere Ehre ist, die bei dieser Welttragödie zugrunde geht, das ist unser Glaube bis zum letzten Atemzug."

(Sehr wahr! bei den Sozialdemokraten. – Zuruf von den Nationalsozialisten: Wer hat das gesagt?)

– Das steht in einer Erklärung, die eine sozialdemokratisch geführte Regierung damals im Namen des deutschen Volkes vor der ganzen Welt abgegeben hat, vier Stunden bevor der Waffenstillstand abgelaufen war, um den Weitervormarsch der Feinde zu verhindern. – Zu dem Ausspruch des Herrn Reichskanzlers bildet jene Erklärung eine wertvolle Ergänzung.

Aus einem Gewaltfrieden kommt kein Segen;

(sehr wahr! bei den Sozialdemokraten)

im Innern erst recht nicht.

(Erneute Zustimmung bei den Sozialdemokraten.)

Eine wirkliche Volksgemeinschaft läßt sich auf ihn nicht gründen. Ihre erste Voraussetzung ist gleiches Recht. Mag sich die Regierung gegen rohe Ausschreitungen der Polemik schützen, mag sie Aufforderungen zu Gewalttaten und Gewalttaten selbst mit Strenge verhindern. Das mag geschehen, wenn es nach allen Seiten gleichzeitig und unparteiisch geschieht und wenn man es unterläßt, besiegte Gegner zu behandeln, als seien sie vogelfrei.

(Sehr wahr! bei den Sozialdemokraten.)

Freiheit und Leben kann man uns nehmen, die Ehre nicht.

(Lebhafter Beifall bei den Sozialdemokraten.)

Nach den Verfolgungen, die die Sozialdemokratische Partei in der letzten Zeit erfahren hat, wird billigerweise niemand von ihr verlangen oder erwarten können, daß sie für das hier eingebrachte Ermächtigungsgesetz stimmt. Die Wahlen vom 5. März haben den Regierungsparteien die Mehrheit gebracht und damit die Möglichkeit gegeben, streng nach Wortlaut und Sinn der Verfassung zu regieren. Wo diese Möglichkeit besteht, besteht auch die Pflicht.

(Sehr richtig! bei den Sozialdemokraten.)

Kritik ist heilsam und notwendig. Noch niemals, seit es einen Deutschen Reichstag gibt, ist die Kontrolle der öffentlichen Angelegenheiten durch die gewählten Vertreter des Volkes in solchem Maße ausgeschaltet worden, wie es jetzt geschieht

(sehr wahr! bei den Sozialdemokraten)

und wie es durch das neue Ermächtigungsgesetz noch mehr geschehen soll. Eine solche Allmacht der Regierung muß sich um so schwerer auswirken, als auch die Presse jede Bewegungsfreiheit entbehrt.

Meine Damen und Herren! Die Zustände, die heute in Deutschland herrschen, werden vielfach in krassen Farben geschildert. Wie immer in solchen Fällen fehlt es auch nicht an Übertreibungen. Was meine Partei betrifft, so erkläre ich hier: wir haben weder in Paris um Intervention gebeten, noch Millionen nach Prag verschoben, noch übertreibende Nachrichten ins Ausland gebracht.

(Sehr wahr! bei den Sozialdemokraten.)

Solchen Übertreibungen entgegenzutreten wäre leichter, wenn im Inlande eine Berichterstattung möglich wäre, die Wahres vom Falschen scheidet.

(Lebhafte Zustimmung bei den Sozialdemokraten.)

Noch besser wäre es, wenn wir mit gutem Gewissen bezeugen könnten, daß die volle Rechtssicherheit für alle wiederhergestellt sei.

(Erneute lebhafte Zustimmung bei den Sozialdemokraten.)

Das, meine Herren, liegt bei Ihnen.

Die Herren von der Nationalsozialistischen Partei nennen die von ihnen entfesselte Bewegung eine nationale Revolution, nicht eine nationalsozialistische. Das Verhältnis ihrer Revolution zum Sozialismus beschränkt sich bisher auf den Versuch, die sozialdemokratische Bewegung zu vernichten, die seit mehr als zwei Menschenaltern die Trägerin sozialistischen Gedankengutes gewesen ist

(Lachen bei den Nationalsozialisten)

und auch bleiben wird. Wollten die Herren von der nationalsozialistischen Partei sozialistische Taten verrichten, sie brauchten kein Ermächtigungsgesetz.

(Sehr wahr! bei den Sozialdemokraten.)

Eine erdrückende Mehrheit wäre Ihnen in diesem Hause gewiß. Jeder von Ihnen im Interesse der Arbeiter, Bauern, der Angestellten, der Beamten oder des Mittelstandes gestellte Antrag könnte auf Annahme rechnen, wenn nicht einstimmig so doch mit gewaltiger Majorität.

(Lebhafte Zustimmung bei den Sozialdemokraten. Lachen bei den Nationalsozialisten.)

Aber dennoch wollen Sie vorerst den Reichstag ausschalten, um Ihre Revolution fortzusetzen. Zerstörung von Bestehendem ist aber noch keine Revolution. Das Volk erwartet positive Leistungen. Es wartet auf durchgreifende Maßnahmen gegen das furchtbare Wirtschaftselend, das nicht nur in Deutschland, sondern in aller Welt herrscht.

Wir Sozialdemokraten haben in schwerster Zeit Mitverantwortung getragen und sind dafür mit Steinen beworfen worden.

(Sehr wahr! bei den Sozialdemokraten. - Lachen bei den Nationalsozialisten.)

Unsere Leistungen für den Wiederaufbau von Staat und Wirtschaft, für die Befreiung der besetzten Gebiete werden vor der Geschichte bestehen.

(Zustimmung bei den Sozialdemokraten.)

Wir haben gleiches Recht für alle und ein soziales Arbeitsrecht geschaffen. Wir haben geholfen, ein Deutschland zu schaffen, in dem nicht nur Fürsten und Baronen, sondern auch Männern aus der Arbeiterklasse der Weg zur Führung des Staates offensteht.

(Erneute Zustimmung bei den Sozialdemokraten.)

Davon können Sie nicht zurück, ohne Ihren eigenen Führer preiszugeben.

(Beifall und Händeklatschen bei den Sozialdemokraten.)

Vergeblich wird der Versuch bleiben, das Rad der Geschichte zurückzudrehen. Wir Sozialdemokraten wissen, daß man machtpolitische Tatsachen durch bloße Rechtsverwahrungen nicht beseitigen kann. Wir sehen die machtpolitische Tatsache Ihrer augenblicklichen Herrschaft. Aber auch das Rechtsbewußtsein des Volkes ist eine politische Macht, und wir werden nicht aufhören, an dieses Rechtsbewußtsein zu appellieren.

Die Verfassung von Weimar ist keine sozialistische Verfassung. Aber wir stehen zu den Grundsätzen des Rechtsstaates, der Gleichberechtigung, des sozialen Rechtes, die in ihr festgelegt sind. Wir deutschen Sozialdemokraten bekennen uns in dieser geschichtlichen Stunde feierlich zu den Grundsätzen der Menschlichkeit und der Gerechtigkeit, der Freiheit und des Sozialismus.

(Lebhafte Zustimmung bei den Sozialdemokraten.)

Kein Ermächtigungsgesetz gibt Ihnen die Macht, Ideen, die ewig und unzerstörbar sind, zu vernichten. Sie selbst haben sich ja zum Sozialismus bekannt. Das Sozialistengesetz hat die Sozialdemokratie nicht vernichtet. Auch aus neuen Verfolgungen kann die deutsche Sozialdemokratie neue Kraft schöpfen.

Wir grüßen die Verfolgten und Bedrängten. Wir grüßen unsere Freunde im Reich. Ihre Standhaftigkeit und Treue verdienen Bewunderung. Ihr Bekennermut, ihre ungebrochene Zuversicht –

(Lachen bei den Nationalsozialisten. – Bravo! bei den Sozialdemokraten.)

verbürgen eine hellere Zukunft.

(Wiederholter lebhafter Beifall bei den Sozialdemokraten. – Lachen bei den Nationalsozialisten.)

Stenographische Berichte des Deutschen Reichstages, Bd. 457, S. 32 ff.

9. Kurt Schumacher: Was wollen die Sozialdemokraten? Neubau nicht Wiederaufbau! Rede, gehalten in Kiel am 27. Oktober 1945

[gekürzt]

Neubau durch Sozialismus

Der Sinn der sozialdemokratischen Politik liegt darin, den Menschen ökonomisch zu befreien, um ihm die Voraussetzungen für die politische und moralische Freiheit zu schaffen. Der Sozialismus kann nicht als Geschenk kommen, sondern muß in dem politischen Wollen seine demokratische Legitimation finden. Die bloße Aufrichtung einer nicht erkämpften, sondern verordneten Demokratie kann nicht den Sozialismus bringen, wenn nicht die konzentrierte politische Kraft aller arbeitenden Menschen in Deutschland auf dieses Ziel drängt.

Alle Tendenzen des Wiederaufbaus sind Versuche, den Kapitalismus wieder zu beleben. Aber der Glaube an die Autorität der bisher herrschenden Klassen ist im Volk erschüttert. Auf ihm läßt sich keine Gesellschaftsverfassung mehr aufbauen. „Die herrschenden Ideen sind die Ideen der herrschenden Klasse", hat Karl Marx gesagt.

Aber wer ist denn heute die herrschende Klasse? Ein zerschlagener und zertrümmerter Haufen, der innen- und außenpolitisch Bankrott gemacht hat. Gewiß sind noch viele Existenzen materiell fundiert, und ebenso sicher ist es, daß sie nicht daran denken, diese Fundierung aufzugeben, damit das ganze Volk weiterleben kann. Mit allen Mitteln der taktischen Raffinesse, der gesellschaftlichen Querverbindungen, der wirtschaftlichen Organisationen und jetzt auch der bürgerlichen Parteien möchten sie wieder da anknüpfen, wo sie 1932/33 – zum großen Teil in frevelhafter Kurzsichtigkeit freiwillig – aufgehört haben. Aber die politische und soziale Situation von Weimar ist nicht wieder herzustellen. [. . .]

Auf der Tagesordnung steht heute als der entscheidende Punkt die Abschaffung der kapitalistischen Ausbeutung und die Überführung der Produktionsmittel aus der Hand der großen Besitzenden in gesellschaftliches Eigentum, die Lenkung der gesamten Wirtschaft nicht nach privaten Profitinteressen, sondern nach den Grundsätzen volkswirtschaftlich notwendiger Planung. Das Durcheinander kapitalistischer Unternehmerwirtschaft, deren Träger keine größeren Sorgen kennen als die, morgen noch mehr Geld zu verdienen als heute, kann nicht ertragen werden. Planung und Lenkung sind noch nicht Sozialismus, sondern erst die Voraussetzung dazu. Der entscheidende Schritt ist erst in einschneidenden Sozialisierungsmaßnahmen zu sehen.

Deutschland ist zu arm, um sich den Luxus einer planlosen Gütererzeugung oder der Sondergewinne für den Monopolkapitalismus leisten zu können. Das Sozialprodukt, selbst aus einer völlig in Gang gebrachten deutschen Wirtschaft, reicht bestenfalls dazu aus, die arbeitenden Menschen zu ernähren und den Bedürftigen soziale Hilfe zu gewähren.

Der Sozialismus ist nicht mehr Angelegenheit der Arbeiterklasse in dem alten engen Sinne des Wortes. Er ist das Programm für Arbeiter, Bauern, Handwerker, Gewerbetreibende und geistige Berufe! Sie alle stehen in einem unüberbrückbaren Gegensatz zu der eigentlichen Ausbeuterschicht. Es hat zur nationalen und wirtschaftlichen Katastrophe geführt, daß die Kreise des sogenannten Mittelstandes von der Propaganda der Reaktion, der Militaristen und der Nazis eingefangen worden sind und sich damit gegen Demokratie und den Sozialismus als politisches Kanonenfutter haben verwenden lassen. [. . .]

Die Tatsache, daß heute viele Produktionsmittel zerstört und zahlreiche kapitalistische Wirtschaftsführer aus dem Produktionsprozeß entfernt worden sind, beweist noch nichts für die Vernichtung des Kapitalismus als System. Dieses System versucht, sich allerorts wieder durchzusetzen und der eigentliche Inhalt der bürgerlichen Parteipolitik ist seine Belebung und die Gewinnung vor allem mittelständischer Massen für diese Zwecke durch ideologische Täuschungsmanöver.

Der Unternehmernimbus ist im Vergehen. Die Leitung der Unternehmungen ist schon längst auf bezahlte Kräfte übergegangen, die ebensogut von der Vertretung der Allgemeinheit ernannt und entlohnt werden können. Schon vor 1933 war Deutschland wohl von allen Ländern der Welt das volkswirtschaftlich und technisch für die Sozialisierung am besten geeignete. Der deutsche Hochkapitalismus hat diese Konsequenz dadurch zu vermeiden verstanden, daß er eine gewaltige politische Propaganda gegen die Träger der Ideen des Sozialismus und der Demokratie erfolgreich entfesselt hat. Die Deutschen haben im Reichtum nicht Sozialisten sein wollen, sie werden jetzt in der Armut Sozialisten sein müssen. Jeder Mensch von Einsicht und Verantwortungsbewußtsein wird erkennen müssen, daß das deutsche Volk nicht mehr reich genug ist, um Unternehmergewinne, Kapitalprofite und Grundrenten zu zahlen. Die Zerstörung und Verkleinerung der zur Verfügung stehenden wirtschaftlichen Substanz macht eine kapitalistische Profitwirtschaft unmöglich und zwingt zu einer nach gemeinwirtschaftlichen Gesichtspunkten planmäßig ausgerichteten Versorgungswirtschaft.

Die Verstaatlichung der *Großindustrie,* der *Großfinanz* und die Aufsiedlung des *Großgrundbesitzes* sind volkswirtschaftlich eine absolute Notwendigkeit. Vor allem sind der Bergbau, die Schwerindustrie, die Energiewirtschaft, das Verkehrswesen, ein sehr großer Teil der Verarbeitungsindustrie sowie die Versicherungs- und Bankwirtschaft nicht nur sozialisierungsreif, sondern müssen sozialisiert werden, wenn die deutsche Wirtschaft ausreichend funktionieren soll.

Der Großbesitz versucht mit der Hilfe aller politischen und wirtschaftlichen Richtungen und Einrichtungen, die ihm zugänglich sind, sozialistische Konsequenzen aus der heutigen Situation zu vermeiden. Wie früher, behaupten auch jetzt seine Trabanten von der Sozialdemokratie, daß sie alles Eigentum enteignen und sozialisieren wolle. Wie früher, werfen sie dabei in ihrer Ablenkungs- und Vernebelungspropaganda das Verbrauchs- und Arbeitseigentum des kleinen und mittleren Besitzes mit dem kapitalistischen Profit- und Verwertungseigentum der Großbourgeoisie in einen Topf. Aber wie früher ist das Eigentum des kleinen und mittleren Besitzes von der Sozialdemokratie nicht bedroht.

Die Entprivatisierung der Produktionsmittel des Großbesitzes und ihre Überführung in das Eigentum der Allgemeinheit ist nicht nur ein wirtschaftliches Problem, sondern eine entscheidende politische Frage. Das Monopolkapital hat Hitler zur Macht verholfen, und in seinem Auftrag hat er den großen Raubkrieg gegen Europa vorbereitet und geführt. Solange es in Deutschland möglich ist, daß sich große Vermögen in der Hand verantwortungsloser Privater sammeln können, ist die Demokratie nicht gesichert. Die ungeheure Wirtschaftskraft der Konzerne muß in die Hand der Allgemeinheit gelegt werden, sonst wirkt sie sich als politische Macht gegen den neuen Staat aus. Die besonderen Voraussetzungen der deutschen Klassenpsychologie und die zwangsmäßigen Gegebenheiten der deutschen Geschichte werden den Großbesitz immer wieder veranlassen, sein Geld in politische Macht umzusetzen, die er dann gegen die Demokratie und den Frieden anwendet. Die Demokratie ist erst in einem sozialistischen Deutschland gesichert. Im Gegensatz zu den Ländern der alten Demokratie des Westens können Kapitalismus und Demokratie in diesem Lande nicht nebeneinander existieren. [...]

[...]

Man kann das deutsche Problem nicht allein vom deutschen Standpunkt und unter deutschem Gesichtswinkel regeln. Es gibt keine deutsche Frage, die nicht zugleich eine europäische Frage wäre. Auch für die internationale Politik gilt die Erkenntnis, daß man eine Welt nicht mit altem Material neu bauen kann, und daß eine weltrevolutionäre Umstürzung der Verhältnisse auch geänderte Methoden verlangt.

Dabei betrachtet sich die Sozialdemokratische Partei gerade wegen ihrer betonten Internationalität als die Vertretung der gesamten Nation. Sie ist wohl die einzige Partei in Deutschland, die der Vorwurf nicht treffen kann, daß sie sich zu den Grundsätzen des Rechts und der Vernunft erst in der Stunde der Niederlage gefunden habe. Sie erhebt ohne jede nationalistische Hysterie und ohne die bei den Deutschen der letzten Jahre übliche Arroganz den Anspruch auf die nationale Geltung des deutschen Volkes. Die Sozialdemokratische Partei fühlt sich nicht belastet und ist auch nicht belastet und will ihren Teil dazu tun, dem deutschen Volk die Achtung und die Sympathien zu verschaffen, die auch diesem Volk wieder gebühren werden, wenn es die grauenhaften Verzerrungen und Entartungen seiner Geschichte überwunden hat. Die Sozialdemokratische Partei setzt alles daran, Deutschland als geschlossenes nationales und wirtschaftliches Ganzes im Rahmen des europäischen Gleichgewichts und der europäischen Notwendigkeit zu erhalten. [...]

Die Sozialdemokratie kann sich ein neues Deutschland nicht als ein isoliertes und nationalistisches Deutschland vorstellen. Sie kann sich Deutschland überhaupt nur als einen Bestandteil Europas denken. Aber sie will dieses Deutschland dann nicht als Paria, sondern als gleichwertig. Gerade eine Partei, wie die Sozialdemokratie, die wegen des internationalen Charakters ihrer Politik von den verständnislosen nationalistisch infizierten Teilen des eigenen Volkes abgelehnt worden ist, kann offen und in ruhiger Gelassenheit diesen Anspruch anmelden.

Europa ist nicht nur politisch ein System des Gleichgewichts, es ist auch wirtschaftlich in allen Teilen voneinander abhängig und letzten Endes auch sozial eine Einheit. Die europäischen Kräfte werden sich je länger je mehr auf diese Ziele ausrichten. Soweit ein deutscher Beitrag dazu möglich ist, will die Sozialdemokratische Partei ihn leisten. Sie weiß, daß die Anspannung aller deutschen Kräfte dafür notwendig ist. Aber sie weiß auch, daß ohne die Hilfe der Vereinten Nationen ein Neubau Deutschlands nicht möglich ist. Diese Hilfe darf sich nicht nur im Materiellen erschöpfen. Politische Hilfe ist vor allem nötig. So furchtbar und eindringlich das Elend der Gegenwart an die Tore klopft, wichtiger ist die Zukunft! Es geht gar nicht mehr um die ältere und die mittlere Generation in Deutschland. Die haben vieles auf sich genommen und werden noch mehr auf sich nehmen müssen, um den nach ihr kommenden Generationen das Leben zu ermöglichen. Es geht um die Jugend!

Die Jugend braucht die Hilfe der Vereinten Nationen. Ihr muß man sagen können, daß die Demokratie nicht der politische Zustand ist, wenn Deutschland zerschlagen am Boden liegt, und der Sozialismus nicht die Wirtschaftsform der Armut und Aussichtslosigkeit. Kann die Welt der Jugend das Gefühl geben, daß es diese großen Ideen sind, die das Leben wieder lebenswert machen und ihr inneren Halt und Festigkeit geben, dann ist in Deutschland die Entscheidung für die Demokratie gefallen!

Es hat keinen Zweck, an den Dingen vorbeizureden. Für alle Menschen in Deutschland, die aus tieferen Quellen der Erkenntnis und des Empfindens schöpfen, als aus der Sorge um den eigenen Geldsack, gibt es zwei Fragen, die unlösbar miteinander verbunden sind. Die eine ist die nach der Möglichkeit *sozialer Gerechtigkeit.* Die andere ist die, wie das eigene Volk wieder *gleichberechtigt* werden kann unter den Völkern der Welt. Die Sozialdemokratische Partei geht diesen Weg ohne Vorbehalt. Sie schöpft ihre Kraft aus der Erkenntnis, daß ihre Ideale heute die Ideale des ganzen Volkes und aller vorwärtsstrebenden Kräfte in der Welt sind!

Arno Scholz und Walther G. Oschilewski (Hrsg.):
Turmwächter der Demokratie. Ein Lebensbild von
Kurt Schumacher. Bd. 11, Reden und Schriften.
Berlin 1953, S. 36-50*.

* In diesem Band wurde Schumachers Rede unter der Überschrift „Programmatischer Aufruf" veröffentlicht. Ein hektographiertes Manuskript der Rede befindet sich im Archiv der sozialen Demokratie, Bonn-Bad Godesberg, PV-Bestand Kurt Schumacher, Q 5 I.

10. Aktionsprogramm der Sozialdemokratischen Partei Deutschlands

Beschlossen auf dem Dortmunder Parteitag am 28. September 1952.
Erweitert auf dem Berliner Parteitag am 24. Juli 1954**
[Auszug]

Ziele und Aufgaben

Die Menschheit steht am Beginn des Atomzeitalters. Kräfte sind entfesselt worden, die der Menschheit zu ungeahnter Entfaltung verhelfen, aber ebenso zu erbarmungsloser Zerstörung führen können. Die Menschheit steht vor der Selbstzerstörung, wenn es nicht gelingt, die machtpolitischen Gegensätze auf friedliche Weise zu überwinden. Zwei riesige Machtblöcke stehen, auch auf dem Boden des zerrissenen Deutschland, schwerbewaffnet einander gegenüber. Totalitäre Herrschaftssysteme bedrohen die Demokratie und die Menschenrechte. Im größten Teil der Welt herrschen Hunger, Armut und soziales Elend. Viele Völker sind gegen Ausbeutung und koloniale Unterdrückung aufgestanden und kämpfen für ihre Unabhängigkeit und Gleichberechtigung. Jeder einzelne, jede Klasse, jedes Volk ist zur Entscheidung aufgerufen.
An dieser Wende bekennt sich die Sozialdemokratische Partei Deutschlands entschiedener denn je zu den großen Ideen der Demokratie und des Sozialismus – zur Befreiung des Menschen aus unwürdiger sozialer Abhängigkeit und geistiger Hörigkeit, zu einer Gesellschaft des Friedens und der Gerechtigkeit.
Im vorigen Jahrhundert haben Marx und Engels wissenschaftliche Grundlagen für den Sozialismus geschaffen. Seit dieser Zeit haben sich die Bedingungen für den kämpfenden Sozialismus tiefgehend gewandelt. Die Wissenschaft hat uns die Natur, den Menschen und die Gesellschaft in ungeahnter Weise erschlossen. Organisation und Technisierung aller Lebensbereiche haben aber neue Abhängigkeiten geschaffen, sie gefährden die Freiheit des Menschen.

** Die Hervorhebungen durch Kursivsatz entsprechen dem Original.

Die Sozialdemokratische Partei Deutschlands war stets bemüht, ihre Politik an der gesellschaftlichen Wirklichkeit und der geistigen Entwicklung zu überprüfen. Sie ist sich bewußt, daß sie ihre Ziele unter den gewandelten Bedingungen der Gegenwart verwirklichen muß. Sie wird dabei ihr Wesen und ihre Tradition niemals verleugnen. Sie hat im Kampf um die Menschenrechte und die Demokratie immer neue Generationen in sich vereint, ganz gleich, ob sie frei kämpfen konnte oder ob sie verleumdet und verfolgt Terror und Unterdrückung abwehren mußte. Viele ihrer Forderungen hat sie in harten Kämpfen durchgesetzt. Das Gedenken an die unzähligen Opfer in diesem Kampf und an ihre großen Vorkämpfer Karl Marx, Friedrich Engels, Ferdinand Lassalle und August Bebel bis zu Kurt Schumacher, Hans Böckler und Ernst Reuter werden ihr immer Verpflichtung bleiben.

Die Sozialdemokratische Partei Deutschlands vertritt nicht Sonderinteressen einzelner Gruppen. Ihr Ziel ist die Neugestaltung der Gesellschaft im Geiste des Sozialismus. Er allein ermöglicht allen Menschen die freie Entfaltung ihrer Persönlichkeit. Die Sozialisten kämpfen deshalb für die Gleichberechtigung aller Menschen und für ihre geistige, politische und wirtschaftliche Freiheit, die in der bestehenden Gesellschaft nicht verwirklicht werden kann.

Das Menschheitsziel des Sozialismus macht ihn zu einer internationalen Bewegung. Er anerkennt das Lebensrecht und die Freiheit jedes Volkes und jeder Gemeinschaft. Er allein kann die verhängnisvollen Wirkungen bloßer Machtpolitik und imperialistischer Herrschaftsmethoden durch eine Gemeinschaft freier Völker überwinden, die auf den Grundlagen der Vernunft, Toleranz und Gerechtigkeit ruht.

Eine neue Gesellschaft, die nicht auf Ausbeutung und Unterdrückung beruht, fällt uns nicht durch einen gesetzmäßigen Ablauf der Geschichte zwangsläufig in den Schoß. Nur durch zielklares und verantwortungsbewußtes Handeln können wir uns eine bessere Gesellschaft erkämpfen. Im Kampf gegen die sittliche Verflachung und den materialistischen Ungeist unserer machthungrigen und profitgierigen Zeit ist der sozialistischen Bewegung auch eine große sittliche und pädagogische Aufgabe gestellt. Alle gesellschaftlichen Einrichtungen haben die Tendenz, ein Eigenleben zu entwickeln und bürokratisch zu erstarren. Es gilt, die Menschen zu befähigen, diese Gefahren zu erkennen und abzuwehren. Der Sozialismus wird also stets Aufgabe bleiben.

Die sozialistischen Ideen sind keine Ersatzreligion. Die sozialistische Bewegung stellt sich nicht die Aufgaben einer Religionsgemeinschaft. In Europa sind Christentum, Humanismus und klassische Philosophie geistige und sittliche Wurzeln des sozialistischen Gedankengutes. Die Sozialdemokratie begrüßt die wachsende Erkenntnis vieler Christen, daß das Evangelium eine Verpflichtung zum sozialen Handeln und zur Verantwortung in der Gesellschaft einschließt.

Die Sozialdemokratische Partei Deutschlands weiß sich einig mit den Sozialisten aller Länder: Gleichviel, woher Sozialisten ihre Überzeugung ableiten, alle erstreben ein gemeinsames Ziel, „eine Gesellschaftsordnung der sozialen Gerechtigkeit, der höheren Wohlfahrt, der Freiheit und des Weltfriedens". Die Kommunisten berufen sich zu Unrecht auf sozialistische Traditionen. In Wirklichkeit haben sie diese Tradition bis zur Unkenntlichkeit verzerrt.

Um der Freiheit und Gerechtigkeit und des Weltfriedens willen wird die Sozialdemokratische Partei Deutschlands niemals bereit sein, das Selbstbestimmungsrecht der Völker den Interessen irgendwelcher Machtblöcke zu opfern. Deshalb kämpft sie für die Wiederherstellung der deutschen Einheit in Frieden und Freiheit.

Die Sozialdemokratie ist aus der Partei der Arbeiterklasse, als die sie erstand, zur Partei des Volkes geworden. Die Arbeiterschaft bildet dabei den Kern ihrer Mitglieder und Wähler. Der Kampf und die Arbeit der Sozialdemokratie aber liegen im Interesse aller, die ohne Rücksicht auf engherzig gehütete Vorrechte für soziale Gerechtigkeit, für politische und

486

wirtschaftliche Demokratie, für geistige Freiheit und Toleranz, für nationale Einheit und internationale Zusammenarbeit eintreten.

Die nächsten Schritte zu diesem Ziel zeigt das hier vorgelegte Aktionsprogramm der Sozialdemokratischen Partei Deutschlands. Sie wird es verwirklichen, sobald ihr das deutsche Volk dazu den Auftrag erteilt. Auch in der Opposition bestimmt dieses Aktionsprogramm ihre Politik.

Außenpolitik

Die Einheit Deutschlands und der Friede

Das deutsche Volk hat besonders angesichts der Folgen des verheerenden Krieges die Aufgabe, gute Beziehungen zu den anderen Völkern herzustellen und ein politisches Klima zu schaffen, in dem die staatliche Einheit Deutschlands in Freiheit verwirklicht werden kann. Die in der Welt herrschenden Spannungen müssen friedlich gelöst werden. Nur so kann die Gefahr eines dritten Weltkrieges gebannt werden. Eine Politik der internationalen Entspannung verbessert auch die Aussichten für eine friedliche Wiedervereinigung Deutschlands.

Die Bundesrepublik muß sich deshalb darum bemühen, die Aufspaltung der Welt in feindliche Blöcke, die einander in Waffen starrend gegenüberstehen, überwinden zu helfen. Die Spaltung Deutschlands ist die Folge der Gegensätze zwischen den Besatzungsmächten. Sie dürfen daher nicht von ihrer Verantwortung für die Beseitigung der Spaltung enthunden werden. Die Bundesregierung muß verhindern, daß die Spaltung Deutschlands ein Dauerzustand wird. Sie hat vor allem die Aufgabe, sich ständig für die engsten menschlichen, wirtschaftlichen und kulturellen Beziehungen zwischen der Bevölkerung in der sowjetisch besetzten Zone und in der Bundesrepublik einzusetzen.

Die Wiederherstellung der Einheit Deutschlands in Frieden und Freiheit ist die dringendste politische Forderung des deutschen Volkes. Die Sozialdemokratische Partei Deutschlands wird jeden Schritt ihrer Politik in den Dienst dieser Forderung stellen. Sie wird sich unablässig darum bemühen, daß die Voraussetzungen für freie Wahlen in allen Besatzungszonen und in Berlin geschaffen werden. Denn nur durch freie gesamtdeutsche Wahlen läßt sich die Einheit Deutschlands verwirklichen. Die freie gesamtdeutsche Regierung, die auf Grund dieser Wahlen gebildet wird, muß als gleichberechtigter Partner an den Verhandlungen über einen deutschen Friedensvertrag teilnehmen.

Die Regelung der Gebiets- und Grenzfragen Deutschlands bleibt diesem Friedensvertrag vorbehalten. Keine Regierung von Teilen Deutschlands darf durch Abmachungen mit den Besatzungsmächten Entscheidungen über diese Frage vorwegnehmen. Die Abtrennung von Gebieten, die 1937 zu Deutschland gehörten, hat nicht neues Recht, sondern neues Unrecht geschaffen. Die Sozialdemokratische Partei Deutschlands erkennt sie weder im Osten noch im Westen an. Keine Bindung, die die Bundesrepublik beim Abschluß internationaler Verträge eingeht, darf die Wiedervereinigung Deutschlands zusätzlich erschweren. Vertragliche Verpflichtungen der Bundesrepublik müssen die Entscheidungsfreiheit einer zukünftigen deutschen Regierung ausdrücklich offen lassen.

Die Sozialdemokratische Partei Deutschlands wird die Parteien der Sozialistischen Internationale und die Völker der freien Welt unermüdlich daran erinnern, daß die Wiedervereinigung Deutschlands nicht nur eine Forderung der Deutschen ist, sondern ein Ziel jeder internationalen Politik sein muß, die den Frieden und die Freiheit Europas und der Welt erhalten und sichern will.

Internationale und europäische Zusammenarbeit

Getreu der völkerverbindenden Idee des Sozialismus setzt sich die Sozialdemokratische Partei Deutschlands für die politische, wirtschaftliche und kulturelle Zusammenarbeit der Völker und Staaten zur gemeinsamen Sicherung des Friedens ein. Diese Politik der Völkerverständigung ist heute um so notwendiger, als durch die Entwicklung der modernen Waffen, insbesondere der Atom- und Wasserstoffbombe, die Vernichtung großer Teile der Menschheit, ja der Zivilisation überhaupt droht. Die Sozialdemokratische Partei Deutschlands setzt sich für eine allgemeine, international kontrollierte Abrüstung ein, die die Menschheit vor einer Anwendung der Atomwaffen bewahrt.

Die Sozialdemokratische Partei Deutschlands bekennt sich zu den freiheitlichen Auffassungen der demokratischen Völker. Es gibt für sie kein Zusammengehen mit dem sowjetischen Totalitarismus und seinen Hilfstruppen. Mit aller Schärfe bekämpft sie aber auch die Bemühungen, die Freiheitsfront durch Einbeziehung faschistischer Kräfte zu demoralisieren. Die Bundesrepublik muß sich dafür einsetzen, daß der Westen die im sowjetischen Machtbereich lebenden Völker Mittel- und Osteuropas mit friedlichen Mitteln vor der völligen Isolierung vom normalen wirtschaftlichen und kulturellen Verkehr mit den übrigen Völkern Europas bewahrt.

Eine Politik der Entspannung der internationalen Gegensätze und der Anbahnung normaler diplomatischer und Handelsbeziehungen zu allen Staaten in Ost und West muß diesem Ziele dienen.

Die Sozialdemokratie wird alle Maßnahmen unterstützen, die geeignet sind, unterentwickelten Ländern zur Selbstbestimmung und zum sozialen Aufstieg zu verhelfen. Die westliche Welt wird der Ausdehnung des kommunistischen Machtbereichs nur begegnen können, wenn sie neben der Bereitschaft zur militärischen Sicherung ihrer Freiheit in gemeinsamer Anstrengung aller Völker eine wirtschaftliche und soziale Offensive führt, die den in Not und nationaler Unfreiheit zurückgebliebenen Teilen der Welt eine Hoffnung auf Freiheit und Wohlstand geben kann. Das Zeitalter des Kolonialismus ist endgültig vorbei.

Im Rahmen dieser internationalen Politik erstrebt die Sozialdemokratie eine demokratische Neugestaltung Europas als Gemeinschaft gleichberechtigter Völker. Ziel ihrer Europapolitik ist die Hebung des Lebensstandards der europäischen Völker und damit die stetige Besserung der wirtschaftlichen und sozialen Verhältnisse in Europa und die Schaffung eines zusammenhängenden Wirtschaftsgebietes mit Freizügigkeit für Menschen, Waren und Nachrichten. Eine gesamteuropäische Politik der Vollbeschäftigung und der Abbau von Zöllen und wirtschaftlichen Handelsschranken, auch währungspolitischer Art, sind dazu erforderlich. Die Sozialdemokratie kämpft für Gleichberechtigung aller Partner in den internationalen und übernationalen Gemeinschaften. Es darf keine Vorrechte von Besatzungsmächten oder Benachteiligungen der Bundesrepublik mehr geben.

[...]

Über die Mitarbeit in den europäischen Institutionen hinaus erstrebt die Sozialdemokratische Partei Deutschlands ein Zusammenwirken der Bundesrepublik mit den Organisationen der Vereinten Nationen, so eng es deren Satzungen erlauben. Die Bundesrepublik muß ihrerseits versuchen, den Beistand der Vereinten Nationen zur Unterstützung lebenswichtiger deutscher Interessen zu erwirken. Die Bundesrepublik muß durch ihre Politik die Voraussetzungen für die Aufnahme Gesamtdeutschlands in die Vereinten Nationen schaffen.

[...]

Berlin wieder Hauptstadt

Der Sozialdemokratischen Partei Deutschlands gilt Berlin heute wie gestern als Hauptstadt Deutschlands. Bis zur Wiedervereinigung bleibt Berlin der Vorposten der Demokratie.
Berlin muß in jeder Hinsicht als Bundesland behandelt werden. Seiner besonderen Lage und seinen besonderen Aufgaben ist ohne kleinliche Vorbehalte Rechnung zu tragen. Die Berliner Abgeordneten zum Bundestag müssen direkt gewählt werden und volles Stimmrecht erhalten.
[...]

Wirtschaftspolitik

Die Sozialdemokratische Partei Deutschlands erstrebt mit ihrer Wirtschaftspolitik
die Gleichheit wirtschaftlicher Startbedingungen,
die Sicherung des Arbeitsplatzes,
die Überwindung jeglicher Ausbeutung,
die Steigerung des Sozialprodukts,
die gerechtere Verteilung des volkswirtschaftlichen Ertrages.
Damit soll erreicht werden: die Sicherung eines erhöhten Lebensstandards und die wirtschaftliche Befreiung der Persönlichkeit. Um dieses Ziel zu erreichen, bedarf es einer aktiven, auf Produktivitätssteigerung und Vollbeschäftigung gerichteten Wirtschaftspolitik,
einer Neuordnung des Wirtschaftsablaufs durch Verbindung von volkswirtschaftlicher Planung und einzelwirtschaftlichem Wettbewerb,
einer Einkommenspolitik zugunsten der wirtschaftlich Schwachen,
der Überführung der Grundstoffwirtschaft in Gemeineigentum,
des Mitbestimmungsrechts der Arbeitnehmer,
der Bekämpfung des unkontrollierten Einflusses von Interessentengruppen auf die Wirtschaftspolitik.
Die Sozialdemokratische Partei Deutschlands wird damit den Arbeitern, Angestellten und Beamten, den geistig und den freiberuflich Schaffenden, den Bauern und Handwerkern, den Kaufleuten und Gewerbetreibenden, den Invaliden und Rentnern helfen. Die Wirtschaftspolitik des freiheitlichen Sozialismus dient allen, die vom Ertrage ihrer Arbeit leben, und allen, die in der heutigen Gesellschaft die Schwächeren sind.
[...]

Planung und Wettbewerb
Wettbewerb soweit wie möglich, Planung soweit wie nötig

Die Sozialdemokratie lehnt die Zwangswirtschaft ab und bejaht die freie Konsumwahl. Sie wird den echten Leistungswettbewerb in allen dafür geeigneten Wirtschaftszweigen fördern. Soweit die moderne arbeitsteilige Wirtschaft Marktwirtschaft ist, ist sie von sich aus noch keine sozialfortschrittliche und gerechte Marktwirtschaft. Es bedarf dazu insbesondere einer aktiven Wettbewerbspolitik aus einem Guß: Gewerbefreiheit, gleicher Schutz für alle wettbewerbsfördernden Unternehmenstypen, gesetzliche Beschränkungen und Kontrolle marktbeherrschender Unternehmen, Genehmigungspflicht und öffentliche Aufsicht für alle wettbewerbsbeschränkenden Zusammenschlüsse, wirksame Verhinderung des unlauteren Wettbewerbs, Reform des Gesellschaftsrechts, vor allem zum Zweck einer ausreichenden Publizität und Durchsichtigkeit, Ordnung des Werbewesens, Schutz der Verbraucher, ihre Aufklärung und Beratung,

Sicherung der freien Konsumwahl. Der Wettbewerb der Unternehmen muß ergänzt werden durch eine volkswirtschaftliche Planung, damit in wechselnden Wirtschaftssituationen die Stabilität der gesamtwirtschaftlichen Entwicklung gesichert ist. Eine Politik der Vollbeschäftigung und Produktivitätssteigerung erfordert die wirksame Zusammenfassung der obersten Instanzen der Wirtschaftspolitik (Ministerien für Wirtschaft, für Finanzen, für wirtschaftliche Zusammenarbeit, für Landwirtschaft und Ernährung, für Arbeit, für Wohnungsbau, für Verkehr, für Angelegenheiten der Vertriebenen, des Zentralbanksystems). Aufgabe dieses Gremiums ist die alljährliche Aufstellung des Nationalbudgets und seine ständige Überprüfung. Das Nationalbudget muß dem Parlament vorgelegt werden. Eine planvolle Wirtschaftspolitik hat vor allem die Entwicklung der Volkswirtschaft als Ganzes zu beeinflussen. Produktion, Volkseinkommen, Konsum- und Sparrate, Ein- und Ausfuhr müssen dauernd beobachtet werden. Bei drohenden Gleichgewichtsstörungen werden rechtzeitig wirtschaftspolitische Gegenmaßnahmen getroffen. Zu diesem Zwecke muß, wie in anderen modernen Industriestaaten, ein konjunkturpolitisches Instrumentarium entwickelt werden.
[...]

Einkommensverteilung

Die von der Sozialdemokratischen Partei Deutschlands erstrebte Steigerung des Lebensstandards soll dem ganzen Volk zugute kommen. Dies erfordert, daß das Sozialprodukt nicht nur vergrößert, sondern auch gerechter verteilt wird.
Eine solche Verteilung des Einkommens bewirkt zugleich eine bessere Zusammensetzung des Sozialprodukts; es werden mehr Güter für die Befriedigung des sozial dringendsten Bedarfs erzeugt. Nach den Jahren einer aufs äußerste gesteigerten Investitionstätigkeit zum Neuaufbau des produktiven Volksvermögens, der – überwiegend durch Selbstfinanzierung durchgeführt – den Sachwertbesitz in ungerechter Weise begünstigte, ist jetzt die Erhöhung der Konsumrate anzustreben.
Die Sozialdemokratische Partei Deutschlands lehnt die mechanische Angleichung der Einkommen ab. Höhere Leistung soll durch höheres Einkommen anerkannt werden. Die heutige Verteilung des Volkseinkommens und des Volksvermögens ist jedoch nicht in erster Linie das Ergebnis von Fleiß und Tüchtigkeit, sondern sehr weitgehend ein Resultat blinder Zufälle, politischer Gewalt, massenhafter Vermögensvernichtung und ökonomischer Ausbeutung. Dies zeigen besonders die Lebenslage der Vertriebenen und sonstigen Kriegsopfer und die unzureichende Höhe des Arbeitslohnes. Daher wird die Sozialdemokratische Partei Deutschlands eine Verteilungspolitik treiben, die sich nach dem Grundsatz „Gleicher Start für alle" die Berichtigung der Startverhältnisse im volkswirtschaftlichen Wettbewerb zum Ziel setzt. Sie wird für eine befriedigende ökonomische Eingliederung der neuen Bevölkerungsgruppen und des Nachwuchses sorgen, den Arbeitsunfähigen den Rechtsanspruch auf eine menschenwürdige Existenz sichern sowie denjenigen, die im öffentlichen Dienst stehen, einen angemessenen Lebensunterhalt bieten.
Die Forderung gleicher Startverhältnisse setzt voraus, daß den jungen Menschen unabhängig von ihrer sozialen Lage die Ausbildung ermöglicht wird, für die sie nach Anlage und Leistung geeignet sind.
Eine gerechte Einkommensverteilung ist ohne eine wesentliche Förderung der Eigentumsbildung bei den bisher Vermögenslosen nicht möglich.
[...]

Privateigentum und Gemeineigentum

Die Sozialdemokratie wird das kleine und mittlere Privateigentum fördern; diese Eigentumspolitik ermöglicht die wirtschaftliche Existenz einer breiten Schicht von selbständig Schaffenden. Zugleich wird die Sozialdemokratie eine aktive Eigentumspolitik zugunsten der wirtschaftlich Unselbständigen einleiten.

Eine dem volkswirtschaftlichen Bedarf entsprechende Versorgung mit Roh- und Grundstoffen, insbesondere mit Kohle, Eisen, Stahl und Energie, ist die Voraussetzung für die Vollbeschäftigung. Diese Versorgung ist nur durch die Überführung der Grundstoffwirtschaft in Gemeineigentum zu sichern. Allein dadurch werden eine volkswirtschaftlich sinnvolle Investitionspolitik und notwendige Rationalisierungen ermöglicht. Nur so wird auch verhindert, daß Wirtschaftszweige von dieser volkswirtschaftlichen Bedeutung privatkapitalistischen Interessen dienen und wieder zu politischen Zwecken mißbraucht werden.

Eine Sozialisierung der Grundstoffwirtschaft ist für die deutsche Wirtschaft um so mehr geboten, als durch Machtspruch der Alliierten eine zerstörerische Entflechtung durchgeführt, durch Beitritt Deutschlands zum Schumanplan die Benachteiligung der westdeutschen Kohle- und Eisenwirtschaft vertraglich festgelegt und damit Schäden angerichtet wurden, die durch eine Sozialisierung wenigstens zum Teil ausgeglichen werden können.

Demokratie auch in der Wirtschaft

In der gegenwärtigen Wirtschaft üben die Eigentümer der Produktionsmittel oder ihre Beauftragten eine kaum kontrollierte Alleinherrschaft aus. Eine demokratische Wirtschaftsordnung verlangt die Mitbestimmung der Arbeitnehmer in sozialen, personellen, vor allem aber wirtschaftlichen Fragen.

Die Sozialdemokratische Partei Deutschlands unterstützt daher die Bestrebungen der Gewerkschaften, die wirtschaftlichen und sozialen Interessen ihrer Mitglieder wahrzunehmen, die völlige Anerkennung des Wertes und des Rechtes der Arbeit durchzusetzen und die Gleichberechtigung aller Arbeitnehmer in Wirtschaft, Staat und Gesellschaft zu erreichen. Sie bejaht die Einheitsgewerkschaft, die ohne Unterschied der parteipolitischen und religiösen Auffassungen alle Arbeitnehmer vereinigt.

In allen Aufsichtsorganen von Unternehmungen müssen die Arbeitnehmer paritätisch vertreten sein. Sie müssen das Recht haben, in Zusammenarbeit mit den Gewerkschaften auch solche Männer und Frauen in die Aufsichtsorgane zu entsenden, die nicht Betriebsangehörige sind.

Das Recht auf Mitbestimmung kann nicht ersetzt werden durch Beteiligung der Arbeitnehmer am Gewinn der Unternehmen.

Betriebe werden nicht schon dadurch demokratisiert, daß sie in Gemeineigentum übergehen. Entscheidend ist ihre Betriebsverfassung. Für alle gemeinwirtschaftlichen Betriebe soll das Mitbestimmungsrecht unter Beachtung der Rechte ihrer besonderen Kontrollinstanzen gelten.

Die Arbeitnehmer müssen in den Kammern des Handwerks, der Landwirtschaft und der Wirtschaft vertreten sein. Ein Bundeswirtschaftsrat soll die Bundesregierung, den Bundestag und den Bundesrat beraten. Das Recht der Gesetzgebung steht ausschließlich dem Parlament zu.

[...]

Die Sozialdemokratische Partei Deutschlands ist sich der gesellschaftlichen und volkswirtschaftlichen Bedeutung all derer bewußt, die in kleinen und mittleren Betrieben des Handwerks, des Handels, des übrigen Gewerbes und in den freien Berufen selbständig tätig sind.
Die wirtschaftliche Leistungsfähigkeit dieser Gruppen wird durch eine gesetzlich geordnete Berufsausbildung gestärkt, soweit ein öffentliches Interesse besteht.
Für das Handwerk gilt der gesetzlich verankerte Befähigungsnachweis.
Arbeitsmarktforschung und Berufsberatung sollen den Nachwuchs für die einzelnen Berufe sichern helfen.
Die Mittelschichten werden bei Auftragsvergebung der öffentlichen Hand nach ihrer Bedeutung berücksichtigt.
Klein- und Mittelbetriebe werden unter dem Gesichtspunkt volks- und betriebswirtschaftlicher Kostenersparnis durch gewerbefördernde Maßnahmen rationell gestaltet.
[...]

> *Jahrbuch der Sozialdemokratischen Partei Deutschlands 1954/55. Herausgegeben vom Vorstand der SPD, Bonn [1956], S. 288 ff. Abgedruckt in: Programmatische Dokumente der deutschen Sozialdemokratie, S. 297 ff.*

11. Grundsatzprogramm der Sozialdemokratischen Partei Deutschlands
Beschlossen vom Außerordentlichen Parteitag der SPD in Bad Godesberg vom 13.–15. November 1959
[gekürzt]

Das ist der W i d e r s p r u c h unserer Zeit,
daß der Mensch die Urkraft des Atoms entfesselte und
sich jetzt vor den Folgen fürchtet;

daß der Mensch die Produktivkräfte aufs höchste entwickelte,
ungeheure Reichtümer ansammelte, ohne allen einen
gerechten Anteil an dieser gemeinsamen Leistung zu verschaffen;

daß der Mensch sich die Räume dieser Erde unterwarf,
die Kontinente zueinander rückte, nun aber
in Waffen starrende Machtblöcke die Völker mehr
voneinander trennen als je zuvor und totalitäre Systeme
seine Freiheit bedrohen.

Darum fürchtet der Mensch, gewarnt durch die Zerstörungskriege
und Barbareien seiner jüngsten Vergangenheit, die eigene Zukunft,
weil in jedem Augenblick an jedem Punkt der Welt
durch menschliches Versagen das Chaos der Selbstvernichtung
ausgelöst werden kann.

Aber das ist auch die H o ff n u n g dieser Zeit,
daß der Mensch im atomaren Zeitalter sein Leben erleichtern,
von Sorgen befreien und Wohlstand für alle schaffen kann,
wenn er seine täglich wachsende Macht über die Naturkräfte
nur für friedliche Zwecke einsetzt;

daß der Mensch den Weltfrieden sichern kann, wenn er
die internationale Rechtsordnung stärkt,
das Mißtrauen zwischen den Völkern mindert
und das Wettrüsten verhindert;

daß der Mensch dann zum erstenmal in seiner Geschichte
jedem die Entfaltung seiner Persönlichkeit in einer gesicherten
Demokratie ermöglichen kann zu einem Leben in kultureller
Vielfalt, jenseits von Not und Furcht.

Diesen Widerspruch aufzulösen, sind wir M e n s c h e n
aufgerufen. In unsere Hand ist die Verantwortung gelegt für eine
glückliche Zukunft oder für die Selbstzerstörung der Menschheit.

Nur durch eine neue und bessere Ordnung der Gesellschaft
öffnet der Mensch den Weg in seine Freiheit.

Diese neue und bessere Ordnung erstrebt
der demokratische Sozialismus.

Grundwerte des Sozialismus

Die Sozialisten erstreben eine Gesellschaft, in der jeder Mensch seine Persönlichkeit in Freiheit entfalten und als dienendes Glied der Gemeinschaft verantwortlich am politischen, wirtschaftlichen und kulturellen Leben der Menschheit mitwirken kann.

Freiheit und Gerechtigkeit bedingen einander. Denn die Würde des Menschen liegt im Anspruch auf Selbstverantwortung ebenso wie in der Anerkennung des Rechtes seiner Mitmenschen, ihre Persönlichkeit zu entwickeln und an der Gestaltung der Gesellschaft gleichberechtigt mitzuwirken.

Freiheit, Gerechtigkeit und Solidarität, die aus der gemeinsamen Verbundenheit folgende gegenseitige Verpflichtung, sind die Grundwerte des sozialistischen Wollens.

Der demokratische Sozialismus, der in Europa in christlicher Ethik, im Humanismus und in der klassischen Philosophie verwurzelt ist, will keine letzten Wahrheiten verkünden – nicht aus Verständnislosigkeit und nicht aus Gleichgültigkeit gegenüber den Weltanschauungen oder religiösen Wahrheiten, sondern aus der Achtung vor den Glaubensentscheidungen des Menschen, über deren Inhalt weder eine politische Partei noch der Staat zu bestimmen haben.

Die Sozialdemokratische Partei Deutschlands ist die Partei der Freiheit des Geistes. Sie ist eine Gemeinschaft von Menschen, die aus verschiedenen Glaubens- und Denkrichtungen kommen. Ihre Übereinstimmung beruht auf gemeinsamen sittlichen Grundwerten und gleichen politischen Zielen. Die Sozialdemokratische Partei erstrebt eine Lebensordnung im Geiste dieser Grundwerte. Der Sozialismus ist eine dauernde Aufgabe – Freiheit und Gerechtigkeit zu erkämpfen, sie zu bewahren und sich in ihnen zu bewähren.

Aus der Entscheidung für den demokratischen Sozialismus ergeben sich Grundforderungen, die in einer menschenwürdigen Gesellschaft erfüllt sein müssen:
Alle Völker müssen sich einer internationalen Rechtsordnung unterwerfen, die über eine ausreichende Exekutive verfügt. Der Krieg darf kein Mittel der Politik sein.
Alle Völker müssen die gleiche Chance haben, am Wohlstand der Welt teilzunehmen. Entwicklungsländer haben Anspruch auf die Solidarität der anderen Völker.
Wir streiten für die Demokratie. Sie muß die allgemeine Staats- und Lebensordnung werden, weil sie allein Ausdruck der Achtung vor der Würde des Menschen und seiner Eigenverantwortung ist.
Wir widerstehen jeder Diktatur, jeder Art totalitärer und autoritärer Herrschaft; denn diese mißachten die Würde des Menschen, vernichten seine Freiheit und zerstören das Recht. Sozialismus wird nur durch die Demokratie verwirklicht, die Demokratie durch den Sozialismus erfüllt.
Zu Unrecht berufen sich die Kommunisten auf sozialistische Traditionen. In Wirklichkeit haben sie das sozialistische Gedankengut verfälscht. Die Sozialisten wollen Freiheit und Gerechtigkeit verwirklichen, während die Kommunisten die Zerrissenheit der Gesellschaft ausnutzen, um die Diktatur ihrer Partei zu errichten.
Im demokratischen Staat muß sich jede Macht öffentlicher Kontrolle fügen. Das Interesse der Gesamtheit muß über dem Einzelinteresse stehen. In der vom Gewinn- und Machtstreben bestimmten Wirtschaft und Gesellschaft sind Demokratie, soziale Sicherheit und freie Persönlichkeit gefährdet. Der demokratische Sozialismus erstrebt darum eine neue Wirtschafts- und Sozialordnung.
Alle Vorrechte im Zugang zu Bildungseinrichtungen müssen beseitigt werden. Nur Begabung und Leistung sollen jedem den Aufstieg ermöglichen.
Freiheit und Gerechtigkeit lassen sich durch Institutionen allein nicht sichern. Alle Lebensbereiche werden zunehmend technisiert und organisiert. Dadurch entstehen immer neue Abhängigkeiten, die die Freiheit bedrohen. Nur ein vielgestaltiges wirtschaftliches, soziales und kulturelles Leben regt die schöpferischen Kräfte des einzelnen an, ohne die alles geistige Leben erstarrt.
Freiheit und Demokratie in der industriellen Gesellschaft sind nur denkbar, wenn eine ständig wachsende Zahl von Menschen ein gesellschaftliches Bewußtsein entwickelt und zur Mitverantwortung bereit ist. Ein entscheidendes Mittel dazu ist politische Bildung im weitesten Sinne. Sie ist ein wesentliches Ziel aller Erziehung in unserer Zeit.

Die staatliche Ordnung

Die Sozialdemokratische Partei Deutschlands lebt und wirkt im ganzen deutschen Volke. Sie steht zum *Grundgesetz* der Bundesrepublik Deutschland. In seinem Sinne erstrebt sie die Einheit Deutschlands in gesicherter Freiheit.
Die Spaltung Deutschlands bedroht den Frieden. Ihre Überwindung ist lebensnotwendig für das deutsche Volk.
Erst in einem wiedervereinigten Deutschland wird das ganze Volk in freier Selbstbestimmung Inhalt und Form von Staat und Gesellschaft gestalten können.
Das Leben des Menschen, seine Würde und sein Gewissen sind dem Staate vorgegeben. Jeder Bürger hat die Überzeugung seiner Mitmenschen zu achten. Der Staat ist verpflichtet, die Freiheit des Glaubens und des Gewissens zu sichern.
Der *Staat* soll Vorbedingungen dafür schaffen, daß der einzelne sich in freier Selbstverantwortung und gesellschaftlicher Verpflichtung entfalten kann. Die Grundrechte

sollen nicht nur die Freiheit des einzelnen gegenüber dem Staat sichern, sie sollen als gemeinschaftsbildende Rechte den Staat mitbegründen.

Als *Sozialstaat* hat er für seine Bürger Daseinsvorsorge zu treffen, um jedem die eigenverantwortliche Selbstbestimmung zu ermöglichen und die Entwicklung einer freiheitlichen Gesellschaft zu fördern.

Durch Verschmelzung des demokratischen mit dem sozialen und dem Rechtsgedanken soll der Staat zum *Kulturstaat* werden, der seine Inhalte von den gesellschaftlichen Kräften empfängt und dem schöpferischen Geist der Menschen dient.

Die Sozialdemokratische Partei Deutschlands bekennt sich zur Demokratie, in der die Staatsgewalt vom Volke ausgeht und die Regierung jederzeit dem *Parlament* verantwortlich und sich bewußt ist, daß sie ständig seines Vertrauens bedarf. In der Demokratie müssen die Rechte der Minderheit neben den Rechten der Mehrheit gewahrt werden. Regierung und Opposition haben verschiedene Aufgaben von gleichem Rang, beide tragen Verantwortung für den Staat.

Die Sozialdemokratische Partei Deutschlands will in gleichberechtigtem Wettstreit mit den anderen demokratischen *Parteien* die Mehrheit des Volkes gewinnen, um Staat und Gesellschaft nach den Grundforderungen des demokratischen Sozialismus zu formen. [...]

Landesverteidigung

Die Sozialdemokratische Partei Deutschlands bekennt sich zur Verteidigung der freiheitlich-demokratischen Grundordnung. Sie bejaht die Landesverteidigung. Die Landesverteidigung muß der politischen und geographischen Lage Deutschlands gemäß sein und daher die Grenzen wahren, die zur Schaffung der Voraussetzungen für eine internationale Entspannung, für eine wirksame kontrollierte Abrüstung und für die Wiedervereinigung Deutschlands eingehalten werden müssen. Der Schutz der Zivilbevölkerung ist wesentlicher Bestandteil der Verteidigung des Landes.

Die Sozialdemokratische Partei fordert die völkerrechtliche Ächtung der Massenvernichtungsmittel auf der ganzen Welt.

Die Bundesrepublik Deutschland darf atomare und andere Massenvernichtungsmittel weder herstellen noch verwenden.

Die Sozialdemokratische Partei erstrebt die Einbeziehung ganz Deutschlands in eine europäische Zone der Entspannung und der kontrollierten Begrenzung der Rüstung, die im Zuge der Wiederherstellung der Einheit Deutschlands in Freiheit von fremden Truppen geräumt wird und in der Atomwaffen und andere Massenvernichtungsmittel weder hergestellt noch gelagert oder verwendet werden dürfen.

Die Streitkräfte müssen der politischen Führung durch die Regierung und der Kontrolle durch das Parlament unterstellt sein. Zwischen den Soldaten und allen demokratischen Kräften des Volkes muß ein Verhältnis des Vertrauens bestehen. Der Soldat bleibt auch in Uniform Staatsbürger.

Die Streitkräfte dürfen nur der Landesverteidigung dienen.

Die Sozialdemokratische Partei Deutschlands stellt sich schützend vor jeden Bürger, der aus Gewissensgründen den Dienst mit der Waffe oder an Massenvernichtungsmitteln verweigert.

Die Sozialdemokratische Partei Deutschlands fordert eine allgemeine und kontrollierte Abrüstung und eine mit Machtmitteln ausgestattete internationale Rechtsordnung, die nationale Landesverteidigungen ablösen wird.

Wirtschafts- und Sozialordnung

Ziel sozialdemokratischer Wirtschaftspolitik ist stetig wachsender Wohlstand und eine gerechte Beteiligung aller am Ertrag der Volkswirtschaft, ein Leben in Freiheit ohne unwürdige Abhängigkeit und ohne Ausbeutung.

Stetiger Wirtschaftsaufschwung

Die zweite industrielle Revolution schafft Voraussetzungen, den allgemeinen Lebensstandard stärker als bisher zu erhöhen und die Not und das Elend zu beseitigen, die noch immer viele Menschen bedrücken.

Die Wirtschaftspolitik muß auf der Grundlage einer stabilen Währung die Vollbeschäftigung sichern, die volkswirtschaftliche Produktivität steigern und den allgemeinen Wohlstand erhöhen.

Um alle Menschen am steigenden Wohlstand zu beteiligen, muß die Wirtschaft den ständigen Strukturveränderungen planmäßig angepaßt werden, damit eine ausgeglichene Wirtschaftsentwicklung erreicht wird.

Eine solche Politik bedarf der volkswirtschaftlichen Gesamtrechnung und des Nationalbudgets. Das Nationalbudget wird vom Parlament beschlossen. Es ist verpflichtend für die Regierungspolitik, eine wichtige Grundlage für die autonome Notenbankpolitik und gibt Richtpunkte für die Wirtschaft, die das Recht zur freien Entscheidung behält.

Der moderne Staat beeinflußt die Wirtschaft stetig durch seine Entscheidungen über Steuern und Finanzen, über Geld- und Kreditwesen, seine Zoll-, Handels-, Sozial- und Preispolitik, seine öffentlichen Aufträge sowie die Landwirtschafts- und Wohnbaupolitik. Mehr als ein Drittel des Sozialprodukts geht auf diese Weise durch die öffentliche Hand. Es ist also nicht die Frage, *ob* in der Wirtschaft Disposition und Planung zweckmäßig sind, sondern *wer* diese Disposition trifft und zu wessen Gunsten sie wirkt. Dieser Verantwortung für den Wirtschaftsablauf kann sich der Staat nicht entziehen. Er ist verantwortlich für eine vorausschauende Konjunkturpolitik und soll sich im wesentlichen auf Methoden der mittelbaren Beeinflussung der Wirtschaft beschränken.

Freie Konsumwahl und freie Arbeitsplatzwahl sind entscheidende Grundlagen, freier Wettbewerb und freie Unternehmerinitiative sind wichtige Elemente sozialdemokratischer Wirtschaftspolitik. Die Autonomie der Arbeitnehmer- und Arbeitgeberverbände beim Abschluß von Tarifverträgen ist ein wesentlicher Bestandteil freiheitlicher Ordnung. Totalitäre Zwangswirtschaft zerstört die Freiheit. Deshalb bejaht die Sozialdemokratische Partei den freien Markt, wo immer wirklich Wettbewerb herrscht. Wo aber Märkte unter die Vorherrschaft von einzelnen oder von Gruppen geraten, bedarf es vielfältiger Maßnahmen, um die Freiheit in der Wirtschaft zu erhalten. Wettbewerb soweit wie möglich – Planung soweit wie nötig!

Eigentum und Macht

Ein wesentliches Kennzeichen der modernen Wirtschaft ist der ständig sich verstärkende Konzentrationsprozeß. Die Großunternehmen bestimmen nicht nur entscheidend die Entwicklung der Wirtschaft und des Lebensstandards, sie verändern auch die Struktur von Wirtschaft und Gesellschaft.
[...]
Diese Entwicklung ist eine Herausforderung an alle, für die Freiheit und Menschenwürde, Gerechtigkeit und soziale Sicherheit die Grundlagen der menschlichen Gesellschaft sind.

Die Bändigung der Macht der Großwirtschaft ist darum zentrale Aufgabe einer freiheitlichen Wirtschaftspolitik. Staat und Gesellschaft dürfen nicht zur Beute mächtiger Interessengruppen werden.

Das private Eigentum an Produktionsmitteln hat Anspruch auf Schutz und Förderung, soweit es nicht den Aufbau einer gerechten Sozialordnung hindert. Leistungsfähige mittlere und kleine Unternehmen sind zu stärken, damit sie die wirtschaftliche Auseinandersetzung mit den Großunternehmen bestehen können.

Wettbewerb durch öffentliche Unternehmen ist ein entscheidendes Mittel zur Verhütung privater Marktbeherrschung. Durch solche Unternehmen soll den Interessen der Allgemeinheit Geltung verschafft werden. Sie werden dort zur Notwendigkeit, wo aus natürlichen oder technischen Gründen unerläßliche Leistungen für die Allgemeinheit nur unter Ausschluß eines Wettbewerbs wirtschaftlich vernünftig erbracht werden können.

[...]

Wirksame öffentliche Kontrolle muß Machtmißbrauch der Wirtschaft verhindern. Ihre wichtigsten Mittel sind Investitionskontrolle und Kontrolle marktbeherrschender Kräfte.

Gemeineigentum ist eine legitime Form der öffentlichen Kontrolle, auf die kein moderner Staat verzichtet. Sie dient der Bewahrung der Freiheit vor der Übermacht großer Wirtschaftsgebilde. In der Großwirtschaft ist die Verfügungsgewalt überwiegend Managern zugefallen, die ihrerseits anonymen Mächten dienen. Damit hat das Privateigentum an den Produktionsmitteln hier weitgehend seine Verfügungsgewalt verloren. Das zentrale Problem heißt heute: Wirtschaftliche Macht. Wo mit anderen Mitteln eine gesunde Ordnung der wirtschaftlichen Machtverhältnisse nicht gewährleistet werden kann, ist Gemeineigentum zweckmäßig und notwendig.

Jede Zusammenballung wirtschaftlicher Macht, auch die in Staatshand, birgt Gefahren in sich. Deshalb soll das Gemeineigentum nach den Grundsätzen der Selbstverwaltung und der Dezentralisierung geordnet werden. In seinen Verwaltungsorganen müssen die Interessen der Arbeiter und Angestellten ebenso wie das öffentliche Interesse und das der Verbraucher vertreten sein. Nicht durch zentrale Bürokratie, sondern durch verantwortungsbewußtes Zusammenwirken aller Beteiligten wird der Gemeinschaft am besten gedient.

Einkommens- und Vermögensverteilung

Die Marktwirtschaft gewährleistet von sich aus keine gerechte Einkommens- und Vermögensverteilung. Dazu bedarf es einer zielbewußten Einkommens- und Vermögenspolitik.

Einkommen und Vermögen sind ungerecht verteilt. Das ist nicht nur die Folge massenhafter Vermögensvernichtung durch Krise, Krieg und Inflation, sondern im wesentlichen die Schuld einer Wirtschafts- und Steuerpolitik, die die Einkommens- und Vermögensbildung in wenigen Händen begünstigt und die bisher Vermögenslosen benachteiligt.

Die Sozialdemokratische Partei will Lebensbedingungen schaffen, unter denen alle Menschen in freier Entschließung aus steigendem Einkommen eigenes Vermögen bilden können. Das setzt eine stetige Erhöhung des Sozialprodukts bei gerechter Verteilung voraus.

Die Lohn- und Gehaltspolitik ist ein geeignetes und notwendiges Mittel, um Einkommen und Vermögen gerechter zu verteilen.

Geeignete Maßnahmen sollen dafür sorgen, daß ein angemessener Anteil des ständigen Zuwachses am Betriebsvermögen der Großwirtschaft als Eigentum breit gestreut oder gemeinschaftlichen Zwecken dienstbar gemacht wird. Es ist ein Zeichen unserer Zeit, daß sich das private Wohlleben privilegierter Schichten schrankenlos entfaltet, während wichtige Gemeinschaftsaufgaben, vor allem Wissenschaft, Forschung und Erziehung, in einer Weise vernachlässigt werden, die einer Kulturnation unwürdig ist.

Agrarwirtschaft

Die Grundsätze sozialdemokratischer Wirtschaftspolitik gelten auch für die Landwirtschaft. Die Struktur der Landwirtschaft und die Abhängigkeit ihrer Produktion von unbeeinflußbaren Naturfaktoren erfordern jedoch besondere Maßnahmen.

Das private Eigentum des Bauern am Boden wird bejaht. Die leistungsfähigen Familienbetriebe müssen durch ein neuzeitliches Boden- und Pachtrecht geschützt werden. Sie sind wirtschaftlich und sozial zu stärken.

Die Förderung des Genossenschaftswesens ist der beste Weg, die Leistungsfähigkeit der kleinen und mittleren Betriebe unter Wahrung ihrer Selbständigkeit zu steigern.

[...]

Die kulturelle, wirtschaftliche und soziale Lage der gesamten Landbevölkerung ist zu verbessern. Der Rückstand in der sozialen Gesetzgebung muß beseitigt werden.

Die Gewerkschaften in der Wirtschaft

Alle Arbeiter, Angestellten und Beamten haben das Recht, sich in Gewerkschaften zusammenzuschließen. In der heutigen Wirtschaft sind die Arbeitnehmer denen ausgeliefert, die die Kommandostellen der Unternehmen und ihrer Verbände besetzen, wenn sie ihnen nicht in unabhängigen Gewerkschaften ihre solidarische, demokratisch geordnete Kraft entgegenstellen, um die Arbeitsbedingungen frei vereinbaren zu können. Das Streikrecht gehört zu den selbstverständlichen Grundrechten der Arbeiter und Angestellten.

Die Gewerkschaften kämpfen um einen gerechten Anteil der Arbeitnehmer am Ertrag der gesellschaftlichen Arbeit und um das Recht auf Mitbestimmung im wirtschaftlichen und sozialen Leben.

Sie kämpfen um größere Freiheit und handeln als Vertreter aller arbeitenden Menschen. Sie sind damit wesentliche Träger des ständigen Demokratisierungsprozesses. Jeden Arbeitnehmer zu ständiger Mitarbeit fähig zu machen und dafür zu sorgen, daß er diese Fähigkeiten nutzen kann, ist eine große Aufgabe der Gewerkschaften.

Die Arbeiter und Angestellten, die den entscheidenden Beitrag zum Ergebnis der Wirtschaft leisten, sind bisher von einer wirksamen Mitbestimmung ausgeschlossen. Demokratie aber verlangt Mitbestimmung der Arbeitnehmer in den Betrieben und in der gesamten Wirtschaft. Der Arbeitnehmer muß aus einem Wirtschaftsuntertan zu einem Wirtschaftsbürger werden.

Die Mitbestimmung in der Eisen- und Stahlindustrie und im Kohlenbergbau ist ein Anfang zu einer Neuordnung der Wirtschaft. Sie ist zu einer demokratischen Unternehmensverfassung für die Großwirtschaft weiter zu entwickeln. Die Mitbestimmung der Arbeitnehmer in den Selbstverwaltungsorganen der Wirtschaft muß sichergestellt werden.

Soziale Verantwortung

Sozialpolitik hat wesentliche Voraussetzungen dafür zu schaffen, daß sich der einzelne in der Gesellschaft frei entfalten und sein Leben in eigener Verantwortung gestalten kann. Gesellschaftliche Zustände, die zu individuellen und sozialen Notständen führen, dürfen nicht als unvermeidlich und unabänderlich hingenommen werden. Das System sozialer Sicherung muß der Würde selbstverantwortlicher Menschen entsprechen.

Jeder Bürger hat im Alter, bei Berufs- oder Erwerbsunfähigkeit oder beim Tode des Ernährers Anspruch auf eine staatliche Mindestrente. Auf ihr bauen weitere persönlich erworbene Rentenansprüche auf. So ist die im Arbeitsleben erreichte Lebenshaltung zu sichern. Alle sozialen Geldleistungen, auch die Renten der Kriegsbeschädigten und Kriegshinterbliebenen, sind der Entwicklung der steigenden Arbeitseinkommen laufend anzupassen.

[...]

Das gleiche Lebensrecht aller Menschen ist auch dadurch zu verwirklichen, daß bei Krankheit jeder unabhängig von seiner wirtschaftlichen Lage einen unbedingten Anspruch auf alle dem Stande der ärztlichen Wissenschaft entsprechenden Heilmaßnahmen hat. Die freigewählte ärztliche Hilfeleistung wird durch volle wirtschaftliche Sicherung im Krankheitsfalle ergänzt.

Bei vollem Ausgleich des Einkommens ist die Arbeitszeit fortschreitend zu verkürzen, wie es die Entwicklung der Wirtschaft ermöglicht. Zur Bewältigung besonderer Lebensschwierigkeiten und Notlagen sind die allgemeinen sozialen Leistungen durch individuelle fürsorgerische Dienste und Leistungen der Sozialhilfe zu ergänzen. Sie arbeitet mit den Freien Wohlfahrtsverbänden und den Einrichtungen der Nächsten- und Selbsthilfe zusammen. Die Eigenständigkeit der freien Wohlfahrtspflege ist zu schützen.

Die gesamte Arbeits- und Sozialgesetzgebung ist einheitlich und übersichtlich in einem Arbeitsgesetzbuch und einem Sozialgesetzbuch zu ordnen.

Jeder hat ein Recht auf eine menschenwürdige Wohnung. Sie ist die Heimstätte der Familie. Sie muß deshalb auch weiterhin sozialen Schutz genießen und darf nicht nur privatem Gewinnstreben überlassen werden.

Die Wohnungs-, Bau- und Bodenpolitik muß den Mangel an Wohnraum beschleunigt beheben. Der soziale Wohnungsbau ist zu fördern. Der Mietzins ist nach sozialen Gesichtspunkten zu beeinflussen. Die Bodenspekulation ist zu unterbinden, ungerechtfertigte Gewinne aus Bodenverkäufen sind abzuschöpfen.

Frau – Familie – Jugend

Die Gleichberechtigung der Frau muß rechtlich, sozial und wirtschaftlich verwirklicht werden. Der Frau müssen die gleichen Möglichkeiten für Erziehung und Ausbildung, für Berufswahl, Berufsausübung und Entlohnung geboten werden wie dem Mann. Gleichberechtigung soll die Beachtung der psychologischen und biologischen Eigenarten der Frau nicht aufheben. Hausfrauenarbeit muß als Berufsarbeit anerkannt werden. Hausfrauen und Mütter bedürfen besonderer Hilfe. Mütter von vorschulpflichtigen und schulpflichtigen Kindern dürfen nicht genötigt sein, aus wirtschaftlichen Gründen einem Erwerb nachzugehen.

Staat und Gesellschaft haben die Familie zu schützen, zu fördern und zu stärken. In der materiellen Sicherung der Familie liegt die Anerkennung ihrer ideellen Werte. Ein Familien-Lastenausgleich im Steuersystem, Mutterschaftshilfe und Kindergeld sollen die Familie wirksam schützen.

Die Jugend muß befähigt werden, ihr Leben selbst zu meistern und in die künftige Verantwortung gegenüber der Gemeinschaft hineinzuwachsen. Staat und Gesellschaft haben deshalb die Aufgabe, die Erziehungskraft der Familie zu stärken, sie in den Bereichen, die sie nicht ausfüllen kann, zu ergänzen und notfalls zu ersetzen. Die Entfaltung der beruflichen Fähigkeiten des jungen Menschen erfordert ein System allgemeiner Erziehungs- und Ausbildungsbeihilfen.
[...]

Das kulturelle Leben

Die schöpferischen Kräfte des Menschen müssen sich in einem reich gegliederten und vielfältigen kulturellen Leben frei entfalten können. Die Kulturpolitik des Staates soll alle kulturwilligen Kräfte ermutigen und fördern. Der Staat muß alle Bürger vor den Macht- und Interessengruppen schützen, die das geistige und kulturelle Leben eigenen Zwecken dienstbar machen wollen.

Religion und Kirche

Nur eine gegenseitige Toleranz, die im Andersglaubenden und Andersdenkenden den Mitmenschen gleicher Würde achtet, bietet eine tragfähige Grundlage für das menschlich und politisch fruchtbare Zusammenleben.
Der Sozialismus ist kein Religionsersatz. Die Sozialdemokratische Partei achtet die Kirchen und die Religionsgemeinschaften, ihren besonderen Auftrag und ihre Eigenständigkeit. Sie bejaht ihren öffentlich-rechtlichen Schutz. Zur Zusammenarbeit mit den Kirchen und Religionsgemeinschaften im Sinne einer freien Partnerschaft ist sie stets bereit. Sie begrüßt es, daß Menschen aus ihrer religiösen Bindung heraus eine Verpflichtung zum sozialen Handeln und zur Verantwortung in der Gesellschaft bejahen.
Freiheit des Denkens, des Glaubens und des Gewissens und Freiheit der Verkündigung sind zu sichern. Eine religiöse oder weltanschauliche Verkündigung darf nicht parteipolitisch oder zu antidemokratischen Zwecken mißbraucht werden.

Die Schule

Erziehung und Bildung sollen allen Menschen die Möglichkeit geben, ihre Anlagen und Fähigkeiten unbehindert zu entfalten. Sie sollen die Widerstandskraft gegen die konformistischen Tendenzen unserer Zeit stärken. Kenntnis und Aneignung der überlieferten kulturellen Werte und Vertrautheit mit den formenden Kräften des gesellschaftlichen Lebens der Gegenwart sind Grundlagen unabhängigen Denkens und freier Urteilsbildung.
Die Jugend ist in den Schulen und Hochschulen gemeinsam im Geiste gegenseitiger Achtung zur Freiheit, zur Selbständigkeit, zum sozialen Verantwortungsbewußtsein und für die Ideale der Demokratie und der Völkerverständigung zu erziehen, um in unserer an weltanschaulichen Überzeugungen und Wertordnungen vielgestaltigen Gesellschaft eine Gesinnung und Haltung des Verstehens, der Toleranz und der Hilfsbereitschaft zu erreichen. Dazu gehört, daß in den Lehrplänen aller Schulen staatsbürgerliche Erziehung angemessen berücksichtigt wird.
[...]
Die Mitwirkung der Eltern in der Schulerziehung und eine Mitverwaltung der Schüler sollen an allen Schulen ausgebaut werden. Organisation des Schulwesens und Lehrpläne müssen so gestaltet werden, daß sich alle Begabungen auf allen Stufen der Entwicklung

entfalten können. Jedem Befähigten muß der Weg in weiterführende Schulen und Ausbildungsstätten jederzeit offenstehen. Der Besuch aller öffentlichen Schulen und Hochschulen muß kostenlos sein. Lehr- und Lernmittel sollen an diesen Schulen und Hochschulen unentgeltlich zur Verfügung stehen. Die allgemeine Schulpflicht ist auf zehn Jahre auszudehnen. Die Berufsschulen haben nicht nur der fachlichen, sondern auch der allgemeinen und staatsbürgerlichen Bildung und Erziehung zu dienen. Neue Wege zur Hochschule müssen eröffnet werden. Da der Bildungsweg über Grundschule und Oberschule nicht alle Begabungen erschließen kann, müssen durch den Zweiten Bildungsweg über Berufsarbeit, Berufsschulen und besondere Bildungseinrichtungen neue Möglichkeiten geschaffen werden, zur Hochschulreife zu gelangen.

[...]

Die Wissenschaft

Wissenschaftliche Forschung und Lehre müssen frei sein. Ihre Ergebnisse sind der Öffentlichkeit zugänglich zu machen. Ausreichende öffentliche Mittel für Forschung und Lehre müssen zur Verfügung gestellt werden.

Der Staat hat Vorsorge zu treffen, daß Forschungsergebnisse nicht zum Schaden der Menschheit mißbraucht werden.

[...]

Freiheit und Unabhängigkeit der Hochschulen bleiben unberührt. Die Hochschulen können aber nicht isoliert von der übrigen Lebenswirklichkeit bestehen und sollten darum mit anderen Institutionen der demokratischen Gesellschaft, insbesondere mit den Einrichtungen der Erwachsenenbildung, zusammenarbeiten.

Eine großzügige Förderung soll den Studierenden ihre wissenschaftliche Ausbildung sichern. Allen Studierenden soll eine politische und sozialwissenschaftliche Grundbildung vermittelt werden. Ein modernes Bildungswesen für Erwachsene muß Gelegenheit geben, Wissen, Urteilsvermögen und Fähigkeiten auch nach Beendigung der Schulerziehung zu erwerben und zu vertiefen, die für mitverantwortliches Handeln im demokratischen Staat unentbehrlich sind.

Die Kunst

Künstlerischem Schaffen ist volle Freiheit zu gewähren. Staat und Gemeinden sind zur Hergabe von Mitteln verpflichtet, die der Förderung schöpferischer Gestaltungskunst und der Vermittlung kultureller Werte aus allen Bereichen der Kunst dienen sollen. Die künstlerische Entfaltung darf durch kein Reglement, insbesondere durch keine Zensur, beschränkt werden.

Internationale Gemeinschaft

Die größte und dringendste Aufgabe ist es, den Frieden zu bewahren und die Freiheit zu sichern.

Der demokratische Sozialismus ist immer von dem Gedanken der internationalen Zusammenarbeit und Solidarität erfüllt gewesen. In einer Zeit internationaler Verflechtungen aller Interessen und Beziehungen kann kein Volk mehr für sich allein seine politischen, wissenschaftlichen, sozialen und kulturellen Probleme lösen. Die Sozialdemokratische Partei Deutschlands läßt sich von der Erkenntnis leiten, daß die kulturellen, wirtschaftlichen, rechtlichen und militärischen Aufgaben der deutschen Politik in enger Verbindung mit den anderen Völkern gelöst werden müssen.

Normale diplomatische und Handelsbeziehungen mit allen Nationen sind ungeachtet der Regierungssysteme und der gesellschaftlichen Strukturen unerläßlich.

Internationale Schiedsgerichte, Vergleichsverträge, Selbstbestimmungsrecht und Gleichberechtigung aller Völker, die Unverletzlichkeit der Staatsgebiete und die Nichteinmischung in die Angelegenheiten anderer Völker sollen den Frieden sichern, den eine Weltorganisation garantiert.

Die Vereinten Nationen müssen die allgemeine Weltorganisation werden, die sie ihrer Idee nach sein sollen. Ihre Grundsätze sollen allgemeinverbindlich sein. Ein Volksgruppenrecht, das im Einklang mit den von den Vereinten Nationen verkündeten Menschenrechten steht, ist unentbehrlich. Die Sozialdemokratische Partei Deutschlands vertritt das Recht aller Menschen auf ihre Heimat, ihr Volkstum, ihre Sprache und Kultur.

Als Schritte auf dem Wege zu einer allgemeinen Abrüstung und zur Entspannung internationaler Beziehungen sind regionale Sicherheitssysteme im Rahmen der Vereinten Nationen aufzubauen. Das wiedervereinigte Deutschland soll mit allen Rechten und Pflichten Mitglied eines europäischen Sicherheitssystems werden. Die wirtschaftliche Entwicklung drängt zur Zusammenarbeit der europäischen Staaten. Die Sozialdemokratische Partei bejaht diese Zusammenarbeit, die insbesondere dem wirtschaftlichen und sozialen Fortschritt dienen muß. Regional begrenzte übernationale Gemeinschaften dürfen nicht zur Abschließung gegenüber der Außenwelt führen. Die gleichberechtigte Zusammenarbeit und ein für alle Nationen offener Welthandel sind Voraussetzungen für das friedliche Zusammenleben.

Die demokratischen Staaten müssen ihre Solidarität vor allem mit den Entwicklungsländern bekunden. Noch immer lebt mehr als die Hälfte der Weltbevölkerung in tiefster Armut und Unwissenheit. Solange nicht der Weltreichtum neu verteilt und die Produktivität in den Entwicklungsländern erheblich gesteigert ist, bleibt die demokratische Entwicklung gefährdet und der Friede bedroht. Alle Völker sind verpflichtet, Hunger, Elend und Seuchen, in gemeinsamer Anstrengung zu bekämpfen. Die Entwicklungsländer haben Anspruch auf großzügige und uneigennützige Hilfe. Ihre wirtschaftliche, soziale und kulturelle Entwicklung muß von den Ideen des demokratischen Sozialismus erfüllt werden, damit sie nicht neuen Formen der Unterdrückung verfallen.

Unser Weg

Die sozialistische Bewegung erfüllt eine geschichtliche Aufgabe. Sie begann als ein natürlicher und sittlicher Protest der Lohnarbeiter gegen das kapitalistische System. Die gewaltige Entfaltung der Produktivkräfte durch Wissenschaft und Technik brachte einer kleinen Schicht Reichtum und Macht, den Lohnarbeitern zunächst nur Not und Elend. Die Vorrechte der herrschenden Klassen zu beseitigen und allen Menschen Freiheit, Gerechtigkeit und Wohlstand zu bringen – das war und das ist der Sinn des Sozialismus.

Die Arbeiterschaft war in ihrem Kampf nur auf sich gestellt. Ihr Selbstbewußtsein wurde geweckt durch die Erkenntnis ihrer eigenen Lage, durch den entschlossenen Willen, sie zu verändern, durch die Solidarität in ihren Aktionen und durch die sichtbaren Erfolge ihres Kampfes.

Schweren Rückschlägen und manchen Irrtümern zum Trotz hat die Arbeiterbewegung im neunzehnten und zwanzigsten Jahrhundert die Anerkennung vieler ihrer Forderungen erzwungen. Der einst schutz- und rechtlose Proletarier, der sich für einen Hungerlohn täglich sechzehn Stunden schinden mußte, erreichte den gesetzlichen Achtstundentag, den Arbeitsschutz, die Versicherung gegen Arbeitslosigkeit, Krankheit, Siechtum und für seinen Lebensabend. Er erreichte das Verbot der Kinderarbeit, der Nachtarbeit für die Frauen, den Jugend- und Mutterschutz und bezahlten Urlaub. Er erstritt sich die Versammlungsfreiheit, das Recht zum gewerkschaftlichen Zusammenschluß, das Tarifrecht und das Streikrecht. Er ist dabei, sein Recht auf Mitbestimmung durchzusetzen. Der einst das bloße Ausbeutungsobjekt der herrschenden Klasse war, nimmt jetzt seinen Platz ein als Staatsbürger mit anerkannten gleichen Rechten und Pflichten.

In einigen Ländern Europas wurden unter sozialdemokratischen Regierungen bereits die Fundamente einer neuen Gesellschaft gelegt. Soziale Sicherheit und die Demokratisierung der Wirtschaft werden in zunehmendem Maße verwirklicht.

Diese Erfolge sind Meilensteine auf dem opferreichen Weg der Arbeiterbewegung. Sie hat mit ihrer wachsenden Befreiung der Freiheit aller Menschen gedient. Die Sozialdemokratische Partei ist aus einer Partei der Arbeiterklasse zu einer Partei des Volkes geworden. Sie will die Kräfte, die durch die industrielle Revolution und durch die Technisierung aller Lebensbereiche entbunden wurden, in den Dienst von Freiheit und Gerechtigkeit für alle stellen. Die gesellschaftlichen Kräfte, die die kapitalistische Welt aufgebaut haben, versagen vor dieser Aufgabe unserer Zeit. Ihre Geschichte ist eine imponierende Entfaltung technischen und wirtschaftlichen Aufschwungs, aber auch eine Kette verheerender Kriege, riesiger Massenarbeitslosigkeit, enteignender Inflationen und wirtschaftlicher Unsicherheit. Die alten Kräfte erweisen sich als unfähig, der brutalen kommunistischen Herausforderung das überlegene Programm einer neuen Ordnung politischer und persönlicher Freiheit und Selbstbestimmung, wirtschaftlicher Sicherheit und sozialer Gerechtigkeit entgegenzustellen. Deshalb können sie auch nicht den Anspruch der jungen Staaten auf solidarische Hilfe erfüllen, die eben das Joch der kolonialen Ausbeutung abschütteln und die ihre nationale Zukunft in Freiheit aufbauen und am Wohlstand der Welt teilnehmen wollen. Sie wehren sich gegen die Lockung der Kommunisten, die sie in ihren Machtbereich einzubeziehen versuchen.

Die Kommunisten unterdrücken die Freiheit radikal. Sie vergewaltigen die Menschenrechte und das Selbstbestimmungsrecht der Persönlichkeit und der Völker. Gegen ihren Machtapparat stellen sich heute zunehmend auch die Menschen der kommunistisch regierten Länder selber. Auch dort vollziehen sich Wandlungen. Auch dort wächst das Freiheitsstreben, das keine Herrschaft auf die Dauer völlig niederhalten kann. Aber die kommunistischen Machthaber kämpfen um ihre Selbstbehauptung. Auf dem Rücken ihrer Völker errichten sie eine wirtschaftliche und militärische Macht, die zur wachsenden Bedrohung der Freiheit wird. Darum ist die Hoffnung der Welt eine Ordnung, die auf den Grundwerten des demokratischen Sozialismus aufbaut, der eine menschenwürdige Gesellschaft, frei von Not und Furcht, frei von Krieg und Unterdrückung schaffen will, in Gemeinschaft mit allen, die guten Willens sind.

Jeder, Mann und Frau, ist aufgerufen, hier und in allen Ländern der Erde.

Auf deutschem Boden sammeln sich die Sozialisten in der Sozialdemokratischen Partei Deutschlands, die jeden in ihren Reihen willkommen heißt, der sich zu den Grundwerten und Grundforderungen des demokratischen Sozialismus bekennt.

Protokoll der Verhandlungen des Außerordentlichen Parteitages der SPD v. 13.–15. Nov. 1959 in Bad Godesberg. Hrsg.: Vorstand der SPD, Bonn [1960] S. 9-30. Abgedruckt u. a. in: Programmatische Dokumente der deutschen Sozialdemokratie, S. 349 ff.

12. Bundeskanzler Willy Brandt: Regierungserklärung am 28. Oktober 1969 im Deutschen Bundestag

[gekürzt]

Herr Präsident! Meine Damen und Herren! Wir sind entschlossen, die Sicherheit der Bundesrepublik Deutschland und den Zusammenhalt der deutschen Nation zu wahren, den Frieden zu erhalten und an einer europäischen Friedensordnung mitzuarbeiten, die Freiheitsrechte und den Wohlstand unseres Volkes zu erweitern und unser Land so zu entwickeln, daß sein Rang in der Welt von morgen anerkannt und gesichert sein wird. Die Politik dieser Regierung wird also im Zeichen der Kontinuität und im Zeichen der Erneuerung stehen. [...]

Wir wollen mehr Demokratie wagen. Wir werden unsere Arbeitsweise öffnen und dem kritischen Bedürfnis nach Information Genüge tun. Wir werden darauf hinwirken, daß nicht nur durch Anhörungen im Bundestag, sondern auch durch ständige Fühlungnahme mit den repräsentativen Gruppen unseres Volkes und durch eine umfassende Unterrichtung über die Regierungspolitik jeder Bürger die Möglichkeit erhält, an der Reform von Staat und Gesellschaft mitzuwirken. [...]

Wir werden dem Hohen Hause ein Gesetz unterbreiten, wodurch das aktive *Wahlalter* von 21 auf 18, das passive von 25 auf 21 Jahre herabgesetzt wird. (Beifall bei den Regierungsparteien.)

Wir werden auch die Volljährigkeitsgrenze überprüfen.

Mitbestimmung, *Mitverantwortung in den verschiedenen Bereichen unserer Gesellschaft* wird eine bewegende Kraft der kommenden Jahre sein. Wir können nicht die perfekte Demokratie schaffen. Wir wollen eine Gesellschaft, die mehr Freiheit bietet und mehr Mitverantwortung fordert. Diese Regierung sucht das Gespräch, sie sucht kritische Partnerschaft mit allen, die Verantwortung tragen, sei es in den Kirchen, der Kunst, der Wissenschaft und der Wirtschaft oder in anderen Bereichen der Gesellschaft.

Dies gilt nicht zuletzt für die Gewerkschaften, um deren vertrauensvolle Zusammenarbeit wir uns bemühen. Wir brauchen ihnen ihre überragende Bedeutung für diesen Staat, für seinen weiteren Ausbau zum sozialen Rechtsstaat nicht zu bescheinigen.

Wenn wir leisten wollen, was geleistet werden muß, brauchen wir alle aktiven Kräfte unserer Gesellschaft. Eine Gesellschaft, die allen weltanschaulichen und religiösen Überzeugungen offen sein will, ist auf ethische Impulse angewiesen, die sich im solidarischen *Dienst am Nächsten* beweisen. Es kann nicht darum gehen, lediglich hinzunehmen, was durch die Kirchen für die Familie, in der Jugendarbeit oder auf dem Sektor der Bildung geleistet wird. Wir sehen die gemeinsamen Aufgaben, besonders, wo Alte, Kranke, körperlich oder geistig Behinderte in ihrer Not nicht nur materielle Unterstützung, sondern auch menschliche Solidarität brauchen. Im Dienst am Menschen – nicht nur im eigenen Land, sondern auch in den Entwicklungsländern – begegnet sich das Wirken kirchlicher und gesellschaftlicher Gruppen mit dem politischen Handeln.

Wir werden uns ständig darum bemühen, daß sich die begründeten Wünsche der gesellschaftlichen Kräfte und der politische Wille der Regierung vereinen lassen.

Meine Damen und Herren! Diese Regierung geht davon aus, daß die Fragen, die sich für das deutsche Volk aus dem Zweiten Weltkrieg und aus dem nationalen Verrat durch das Hitlerregime ergeben haben, abschließend nur in einer europäischen Friedensordnung beantwortet werden können. Niemand kann uns jedoch ausreden, daß die Deutschen ein Recht auf Selbstbestimmung haben, wie alle anderen Völker auch.

Aufgabe der praktischen Politik in den jetzt vor uns liegenden Jahren ist es, die Einheit der Nation dadurch zu wahren, daß das *Verhältnis zwischen den Teilen Deutschlands aus* der gegenwärtigen Verkrampfung gelöst wird. Die Deutschen sind nicht nur durch ihre Sprache und ihre Geschichte – mit ihrem Glanz und Elend – verbunden; wir sind alle in Deutschland zu Haus. Wir haben auch noch gemeinsame Aufgaben und gemeinsame Verantwortung: für den Frieden unter uns und in Europa. 20 Jahre nach Gründung der Bundesrepublik Deutschland und der DDR müssen wir ein weiteres Auseinanderleben der deutschen Nation verhindern, also versuchen, über ein geregeltes Nebeneinander zu einem Miteinander zu kommen. Dies ist nicht nur ein deutsches Interesse, denn es hat seine Bedeutung auch für den Frieden in Europa und für das Ost-West-Verhältnis. Unsere und unserer Freunde Einstellung zu den internationalen Beziehungen der DDR hängt nicht zuletzt von der Haltung Ostberlins selbst ab. Im ührigen wollen wir unseren Landsleuten die Vorteile des internationalen Handels und Kulturaustausches nicht schmälern.

Die Bundesregierung setzt die im Dezember 1966 durch Bundeskanzler Kiesinger und seine Regierung eingeleitete Politik fort und bietet dem Ministerrat der DDR erneut Verhandlungen beiderseits ohne Diskriminierung auf der Ebene der Regierungen an, die zu vertraglich vereinbarter Zusammenarbeit führen sollen. Eine völkerrechtliche Anerkennung der DDR durch die Bundesregierung kann nicht in Betracht kommen. Auch wenn zwei Staaten in Deutschland existieren sind sie doch füreinander nicht Ausland, ihre Beziehungen zueinander können nur von besonderer Art sein. (Beifall bei den Regierungsparteien. – Unruhe bei der CDU/CSU.)

Anknüpfend an die Politik ihrer Vorgängerin erklärt die Bundesregierung, daß die Bereitschaft zu verbindlichen Abkommen über den gegenseitigen Verzicht auf Anwendung oder Androhung von Gewalt auch gegenüber der DDR gilt.

Die Bundesregierung wird den USA, Großbritannien und Frankreich raten, die eingeleiteten Besprechungen mit der Sowjetunion über die Erleichterung und *Verbesserung der Lage Berlins* mit Nachdruck fortzusetzen. Der Status der unter der besonderen Verantwortung der Vier Mächte stehenden Stadt Berlin muß unangetastet bleiben. Dies darf nicht daran hindern, Erleichterungen für den Verkehr in und nach Berlin zu suchen. Die Lebensfähigkeit Berlins werden wir weiterhin sichern. West-Berlin muß die Möglichkeit bekommen, zur Verbesserung der politischen, wirtschaftlichen und kulturellen Beziehungen der beiden Teile Deutschlands beizutragen. [...]

Meine Damen und Herren, in unserer Bundesrepublik stehen wir vor der Notwendigkeit umfassender Reformen. Die Durchführung der notwendigen Reformen und ein weiteres Steigen des Wohlstandes sind nur möglich bei wachsender Wirtschaft und gesunden Finanzen. Doch diese Bundesregierung hat ein schwieriges wirtschaftspolitisches Erbe übernommen, das zu raschem Handeln zwang: (Beifall bei den Regierungsparteien. – Lachen und Widerspruch bei der CDU/ CSU.) [...]

Unser Ziel lautet: Stabilisierung ohne Stagnation. Diesem Ziel dient unser *wirtschafts- und finanzpolitisches Sofortprogramm.* Es enthält:

1. Eine Finanzpolitik, die eine graduelle Umorientierung des Güterangebots auf den Binnenmarkt hin fördert. (Zuruf von der CDU/CSU: Sehr bedenklich!)
2. Weitere Konsultationen mit der Bundeshank über eine der neuen Lage nach der DM-Aufwertung angemessene Linie der Geld- und Kreditpolitik.
3. Die Fortsetzung und Intensivierung der bewährten Zusammenarbeit mit den Gewerkschaften und Unternehmensverbänden im Rahmen der Konzertierten Aktion, an der in Zukunft auch Vertreter der Landwirtschaft teilnehmen werden. (Beifall bei den Regierungsparteien.)

4. Die Intensivierung der Zusammenarbeit zwischen Bund, Ländern und Gemeinden im Konjunkturrat der öffentlichen Hand.

5. Die aktive Mitarbeit der Bundesregierung an einer stärkeren Koordinierung der Wirtschafts- und Finanzpolitik in den Mitgliedstaaten der Europäischen Gemeinschaft und an der notwendigen Weiterentwicklung des Weltwährungssystems.

[...]

Unser Sofortprogramm, wie ich es in fünf Punkten skizziert habe, ist ein klares Angebot der Bundesregierung an alle, die unsere Wirtschaft tragen. Eine *stetige Wirtschaftsentwicklung* ist die beste Grundlage des gesellschaftlichen Fortschritts. Sie schafft das Klima, in dem sich private Initiative, Risikobereitschaft un.d Leistungsfähigkeit entfalten können. Sie sichert die Arbeitsplätze, schützt die steigenden Einkommen und wachsenden Ersparnisse vor der Auszehrung durch Preissteigerungen.

Auf Dauer können Stabilität und Wachstum nur in einer funktionsfähigen marktwirtschaftlichen Ordnung erreicht werden. Ein wirksamer Wettbewerb nach innen und nach außen ist und bleibt die sicherste Gewähr für die Leistungskraft einer Volkswirtschaft. Allen protektionistischen Neigungen im In- und Ausland erteilen wir eine klare Absage. (Beifall bei den Regierungsparteien.)

[...]

Zu den Schwerpunkten der Wirtschafts- und Gesellschaftspolitik dieser Bundesregierung gehört das Bemühen um eine gezielte *Vermögenspolitik*. Die Vermögensbildung in breiten Schichten – vor allem in Arbeitnehmerhand – ist völlig unzureichend; sie muß kräftig verstärkt werden.

Die Bundesregierung wird einen Entwurf zum Ausbau des Vermögensbildungsgesetzes vorlegen. Darin soll als nächster Schritt der Begünstigungsrahmen für vermögenswirksame Leistungen von 312 auf 624 DM erhöht werden. Die Bundesregierung erwartet, daß Gewerkschaften und Arbeitgeber diese Offerte annehmen.

[...]

Dauerhafte Sicherheit kann es in einer entwickelten Gesellschaft nur durch Veränderung geben. Das wird sich in den 70er Jahren noch deutlicher zeigen. Der permanente wirtschaftliche und soziale Wandel ist eine Herausforderung an uns alle. Er kann ohne die Initiative des einzelnen nicht gemeistert werden. Die Eigeninitiative braucht jedoch die Unterstützung der Politik. Wir dürfen keine Gesellschaft der verkümmerten Talente werden. Jeder muß seine Fähigkeiten entwickeln können. Die betroffenen Menschen dürfen nicht einfach ihrem Schicksal überlassen werden. Im Bewußtsein der Verantwortung für die wirtschaftliche Zukunft unseres Landes in den 70er Jahren werden wir uns besonders intensiv der *Ausbildung und Fortbildung* sowie der *Forschung* und der *Innovation* annehmen.

Dabei gilt es insbesondere, das immer noch bestehende *Bildungsgefälle zwischen Stadt und Land* abzubauen. Ich bin sicher, daß wir auf diese Weise beträchtliche Leistungsreserven unserer Gesellschaft mobilisieren und die Chancen jedes einzelnen verbessern können.

Meine Damen und Herren, Solidität wird die Richtschnur unserer *Finanzpolitik* sein. [...]

Meine Damen und Herren, die in der vorigen Legislaturperiode angekündigte *Steuerreform* wird die Bundesregierung verwirklichen. Wir erfüllen damit auch das Verfassungsgebot zur Schaffung des sozialen Rechtsstaates. Wir haben nicht die Absicht, bestehende Vermögen durch konfiskatorisch wirkende Steuern anzutasten. Wir wollen auch in der Steuerpolitik die Voraussetzungen für eine breitere Vermögensbildung schaffen. [...]

Die Bundesregierung wird die *Finanzreform* vollenden und wird sie in praktische Finanzpolitik umsetzen. Besonders hervorzuheben ist das Zusammenwirken im Finanzplanungsrat. Dieser Rat ist die institutionelle Hilfe, um den Ausgleich zwischen Interessen von Bund, Ländern und Gemeinden zu vollziehen. Wir sind sicher, daß es auch auf diesen Gebieten zu einer fruchtbaren Zusammenarbeit mit dem Bundesrat kommen wird.

Die *Regierung* muß bei sich selbst anfangen, wenn von *Reformen* die Rede ist. Die *Zahl der Ministerien* wurde vermindert, eine erste Flurbereinigung der *Ressortzuständigkeiten* vorgenommen. Wir werden diese Bemühungen fortsetzen, um Verantwortlichkeiten klarer festzulegen und Doppelarbeit zu vermeiden. [...]

Für die *Länderneugliederung* werden wir von dem nach Art. 29 unseres Grundgesetzes gestellten Auftrag ausgehen. Für die Verwaltungsreform und die Reform des öffentlichen Dienstrechts werden wir Vorschläge unterbreiten. *Verwaltungsreform und Reform des öffentlichen Dienstes* sind miteinander zu verbinden. Die Laufbahnreform muß das Leistungsprinzip stärker in den Vordergrund stellen, (Beifall bei den Regierungsparteien und bei Abgeordneten der CDU/CSU) die Personalführung flexibler gestalten und die Personalentscheidungen transparenter machen. Die Bundesregierung ist der Überzeugung, daß die Angehörigen des öffentlichen Dienstes Anspruch haben auf Teilnahme an dem allgemeinen wirtschaftlichen Fortschritt.

Um die Sicherheit in unserem Lande zu gewährleisten, wird die Bundesregierung die Modernisierung und Intensivierung der *Verbrechensbekämpfung* energisch vorantreiben. Sie wird unverzüglich die Arbeit an einem Sofortprogramm aufnehmen und dieses dem Deutschen Bundestag im Jahre 1970 zuleiten.

Die Bundesregierung wird die vom Herrn Bundespräsidenten als früherem Bundesminister der Justiz begonnene *Reform unseres Rechts* fortführen. [...]

Zunächst wollen wir unsere zersplitterte *Rechtspflege* für den rechtsuchenden Bürger durchschaubarer machen.

Im Zivilrecht ist die *Reform des Eherechts* dringend. Die Bundesregierung wird auf der Grundlage der Empfehlungen der eingesetzten Kommission im kommenden Jahr eine Reformnovelle vorlegen. Weltanschauliche Meinungsverschiedenheiten dürfen uns nicht daran hindern, eine Lösung zu finden, um die Not der in heillos zerrütteten Ehen lebenden Menschen zu beseitigen. Dabei muß verhindert werden, daß im Falle der Scheidung Frau und Kinder die sozial Leidtragenden sind. (Beifall bei der SPD und Abgeordneten der FDP.)

Wir meinen, daß in dieser Legislaturperiode die *Strafrechtsreform* vollendet werden muß, der sich die Fortsetzung der *Reform des Strafvollzugs* anschließen wird.

Wir müssen *die Bundeswehr* als integrierten Teil unserer Gesellschaft verstehen. Schon heute will ich in fünf Punkten die *Absichten der Bundesregierung* klar herausstellen:

1. Wir wollen ein Maximum an Gerechtigkeit durch Gleichbehandlung der wehrpflichtigen jungen Männer schaffen, Wehrdienstausnahmen und -befreiungen werden abgebaut. Ob sich daraus Konsequenzen für die Dauer des Grundwehrdienstes ergeben, werden wir prüfen.

2. Innerhalb des Verteidigungsministeriums sollen die Führungsstäbe die international übliche militärische Arbeitsweise anwenden; sie werden dazu von bürokratischem Ballast befreit.

3. Wir werden die bisherigen Bemühungen um geeignete Ausbilder, Truppenführer und technische Fachleute fortsetzen und ausbauen. Auch aus diesem Grunde wird die Sorge für die Truppe im Zentrum unserer Bemühungen stehen.

4. Wir vertrauen auch auf die fruchtbare Arbeit des Wehrbeauftragten des Deutschen Bundestages. An den Grundsätzen der Inneren Führung, zu deren Innehaltung In-

spekteure, Kommandeure und Soldaten aller Rangstufen sich verpflichtet wissen, werden wir festhalten.

Wir wissen, daß auf dem Boden der feststehenden rechtlichen und sittlichen Maßstäbe Anpassungen einzelner Regelungen an Entwicklung und Erfahrungen nötig sein können.

5. Wir halten am Recht der Kriegsdienstverweigerung aus Gewissensgründen fest. Für sie gilt das Prinzip gerechter Gleichbehandlung. Das Verfahren soll entbürokratisiert werden. [...]

Meine Damen und Herren, *Bildung und Ausbildung, Wissenschaft und Forschung* stehen an der Spitze der Reformen, die es bei uns vorzunehmen gilt. Wir haben die Verantwortung, soweit sie von der Bundesregierung zu tragen ist, im Bundesministerium für Bildung und Wissenschaft zusammengefaßt. [...]

Die Bundesregierung wird in den Grenzen ihrer Möglichkeiten zu einem Gesamtbildungsplan beitragen. Das Ziel ist die Erziehung eines kritischen, urteilsfähigen Bürgers, der imstande ist, durch einen permanenten Lernprozeß die Bedingungen seiner sozialen Existenz zu erkennen und sich ihnen entsprechend zu verhalten. Die Schule der Nation ist die Schule.

Wir brauchen das 10. Schuljahr, und wir brauchen einen möglichst hohen Anteil von Menschen in unserer Gesellschaft, der eine differenzierte Schulausbildung bis zum 18. Lebensjahr erhält. Die finanziellen Mittel für die Bildungspolitik müssen in den nächsten Jahren entsprechend gesteigert werden. Die Bundesregierung wird sich von der Erkenntnis leiten lassen, daß der zentrale Auftrag des Grundgesetzes, allen Bürgern gleiche Chancen zu geben, noch nicht annähernd erfüllt wurde. Die Bildungsplanung muß entscheidend dazu beitragen, die soziale Demokratie zu verwirklichen.

Zu den neuen Aufgaben der Bundesregierung gehört es, ein *Hochschulrahmengesetz* vorzulegen. Ein solches Gesetz wird auch die Lage der bisherigen Fachhochschulen im Rahmen eines Gesamthochschulsystems zu berücksichtigen haben. Fragen der Personalstruktur stehen zunächst im Mittelpunkt. Für Hochschulen und staatliche Forschungseinrichtungen müssen wirksame Vorschläge für die Überwindung überalterter hierarchischer Formen vorgelegt werden. Soweit der Bund vorwiegend betroffen ist, werden entsprechende Maßnahmen beschleunigt getroffen.

Der *Ausbau der Hochschulen* muß verstärkt vorangetrieben werden. [...] Ein wichtiges Ziel der Bundesregierung ist, *Methoden des politischen Entscheidungsprozesses über Forschungsprioritäten* zu entwickeln, die heute kaum in den Anfängen vorhanden sind. [...]

Wir sind uns bewußt, daß moderne Forschungsvorhaben weltweit miteinander verflochten sind. Wir werden jede *internationale,* vor allem *europäische Arbeitsteilung* auf diesem Gebiet fördern. Meine Damen und Herren, in Europa gibt es eine Gemeinschaft der Wissenschaftler, die in ihrer Leistungsfähigkeit hinter der amerikanischen und sowjetrussischen dann nicht zurückzustehen braucht, wenn sie es lernt, ihre Kräfte zu vereinigen. [...]

Umwelt und Lebensverhältnisse werden sich in den 70er Jahren immer rascher verändern. Besonders auf den Gebieten der *Raumordnung,* des *Städtebaus* und des *Wohnungsbaus* werden daher systematische Vorausschau und Planung immer wichtiger. Als erster Schritt muß ein *Städtebauförderungsgesetz* zügig verabschiedet werden. [...]

Dieses Gesetz soll eine Reform des Bodenrechts einleiten, die den Gemeinden eine sachgerechte Durchführung ihrer Planungen ermöglicht und die Bodenspekulation verhindert.

Dabei dürfen und wollen wir nicht aus dem Auge verlieren, daß es die *breite Streuung privaten Eigentums* zu fördern und den bäuerlichen Bodenbesitz zu wahren gilt. (Zurufe von der CDU/CSU.)

Wir werden ein langfristiges *Programm des sozialen Wohnungsbaus* aufstellen und mit den Ländern abstimmen. Es wird sich am Bedarf orientieren. Neben diesen Aufgaben steht gleichberechtigt die *Verbesserung des Wohngeldgesetzes.* Die Zielvorstellungen für die räumliche Entwicklung der Bundesrepublik sollen in einem *Bundesraumordnungsprogramm* entwickelt werden.

Meine Damen und Herren, die Bundesregierung ist mit vielen draußen im Lande und sicher auch mit vielen in diesem Hause der Überzeugung, daß dem *Schutz der Natur,* von *Erholungsgebieten,* auch dem *Schutz der Tiere,* mehr Aufmerksamkeit geschenkt werden muß. [...]

Moderne *Verkehrspolitik* bedarf einer umfassenden Planung, zu der die Verkehrswissenschaft noch mehr als bisher heranzuziehen ist. [...]

Zur besseren Überschaubarkeit der Sozialleistungen wird die Bundesregierung das *Sozialbudget* zu einer Grundlage sozial- und wirtschaftspolitischer Entscheidungen ausbauen.

Auf der Grundlage der in der letzten Legislaturperiode eingebrachten Gesetzentwürfe wird eine *Reform des Betriebsverfassungsgesetzes und des Personalvertretungsgesetzes* durchgeführt. Im Rahmen der Reform des Personalvertretungsgesetzes wird eine materielle und formelle Ausweitung der Mitwirkung der Personalvertretung vorgeschlagen. [...] Der in der vergangenen Legislaturperiode angeforderte *Bericht der Mitbestimmungskommission* wird geprüft und erörtert werden. [...]

Meine Damen und Herren, dem Schutz der Menschen vor den Risiken für die *Gesundheit,* die durch die technisierte und automatisierte Umwelt entstehen, dienen umfassende, aufeinander abgestimmte Maßnahmen in Wissenschaft und Forschung, in der Gesundheitsgesetzgebung, in der Gesundheitsvorsorge und in der gesundheitlichen Aufklärung. [...]

Um kranken Menschen die besten Chancen zur Wiederherstellung ihrer Gesundheit und Leistungsfähigkeit zu geben, wird die Bundesregierung einmal 1970 ein Gesetz zur wirtschaftlichen Sicherung eines bedarfsgerecht gegliederten *Systems leistungsfähiger Krankenhäuser* vorlegen, zum anderen die *ärztliche Ausbildung* reformieren und modernisieren. Die entsprechende Verordnung soll noch im Frühjahr 1970 verabschiedet werden.

Die Bundesregierung bekennt sich zum Grundsatz der freien *Arztwahl und der freien Berufsausübung der Heilberufe.* [...]

Meine Damen und Herren, Kindergeld, Steuerbegünstigungen und andere *materielle Hilfen für die Familien* müssen aufeinander abgestimmt und zugleich mit dem weiteren *Ausbau der Ausbildungsförderung* verbunden werden. Die weithin unzureichenden personalen Hilfen vor allem für berufstätige Mütter sind zu verbessern. Über die Erhöhung des Kindergeldes soll im Jahre 1970 entschieden werden.

Für die gesellschaftspolitischen Reformen und die moderne Gestaltung unseres demokratischen Industriestaates will und braucht jede Bundesregierung eine starke *Mitwirkung der Frauen.*

Die *Frauenenquête* wird beschleunigt fortgeführt. Die notwendigen Konsequenzen werden gezogen werden, um den Frauen mehr als bisher zu helfen, ihre gleichberechtigte Rolle in Familie, Beruf, Politik und Gesellschaft zu erfüllen.

Die Bundesregierung wird darauf achten, daß *Rationalisierung* und *Automatisierung* nicht zu Lasten der Erwerbstätigen gehen, sondern den sozialen Fortschritt fördern. Wirtschafts-, Arbeitsmarkt- und Bildungspolitik werden auch bei notwendigen Umstrukturierungen *sichere Arbeitsplätze* gewährleisten. Wir wollen alle entsprechenden Bestrebungen der Tarifparteien unterstützen.

Technischer Fortschritt und wirtschaftliche Entwicklung stellen ständig neue Anforderungen an die Mobilität aller Erwerbstätigen. Darum halten wir die *Einführung eines Bildungsurlaubs* für eine wichtige Aufgabe.

Zur Humanisierung des Arbeitslebens haben Gesetzgeber und Tarifparteien den *Schutz der Arbeitnehmer am Arbeitsplatz zu* garantieren. Die Arbeitssicherheit und die gesundheitliche Betreuung am Arbeitsplatz werden ausgebaut.

Die Bundesregierung bekennt sich zur Bewahrung und Stärkung der *Tarifautonomie.*

Wir werden Errungenes sichern und besonders für die Mitbürger sorgen, die trotz Hochkonjunktur und Vollbeschäftigung im Schatten leben müssen, die durch Alter, durch Krankheit oder durch strukturelle Veränderungen gefährdet sind. Die Bundesregierung wird um verstärkte Maßnahmen bemüht sein, die den *Benachteiligten und Behinderten in Beruf und Gesellschaft,* wo immer dies möglich ist, Chancen eröffnen.

Vom 1. Januar 1970 an werden die *Kriegsopferrenten* erhöht. Sie werden jährlich an die wirtschaftliche Entwicklung angepaßt.

Auch strukturelle Verbesserungen sind vorgesehen.

Damit jeder Bürger klar erkennen kann, auf welche Sozialleistungen er Anspruch hat, wird eine *Rentenberechnung nach Punkten* eingeführt werden, um Übersicht und Anschaulichkeit der Sozialleistungen zu erhöhen. Die Bundesregierung wird im Laufe der Legislaturperiode den schrittweisen Abbau der festen *Altersgrenze* prüfen und sich bemühen, sie durch ein Gesetz über die flexible Altersgrenze zu ersetzen.

Die *gesetzliche Alterssicherung* soll für weitere Gesellschaftsgruppen geöffnet werden.

Zur Weiterentwicklung der *Krankenversicherung* wird die Bundesregierung ein Sachverständigengremium einsetzen. Dieses soll eine gründliche Bestandsaufnahme und Vorschläge für eine moderne Gesetzgebung erarbeiten.

Zur Vorbereitung der Reformen *der Jugendgesetzgebung* und des *Bundesjugendplans* werden wir die Jugend selbst einschalten.

Die Bundesregierung wünscht, ein *europäisches Jugendwerk zu schaffen.* (Beifall bei der SPD.)

Nach unseren Vorstellungen soll sich die Jugend osteuropäischer Länder daran beteiligen können.

Der *Förderung des Sports* werden wir unsere besondere Aufmerksamkeit widmen, ohne von dem Grundsatz abzulassen, daß der Sport von staatlicher Bevormundung freibleiben muß.

Bei alledem dürfen wir nicht vergessen: Nur der *Friede* macht unsere Welt sicher; nur auf der Grundlage der *Sicherheit* kann der Friede sich ausbreiten. Diese Erkenntnis teilen wir mit den meisten Völkern dieser Erde. Die Bundesregierung ist entschlossen, dazu den deutschen Anteil zu leisten im Bewußtsein ihrer besonderen Verantwortung in Europa und nach besten Kräften, die wir aber nicht überschätzen.

Wir werden die Initiative des Herrn Bundespräsidenten aufgreifen und die *Friedensforschung* – im Wissen um die begrenzte Zahl der dafür gegenwärtig zur Verfügung stehenden Kräfte – koordinieren, ohne die Unabhängigkeit dieser Arbeit zu beeinträchtigen.

Die Bundesrepublik Deutschland wird ihre *Zusammenarbeit mit den Ländern Afrikas, Lateinamerikas und Asiens* im Geiste der Partnerschaft ausbauen.

[...]

Meine Damen und Herren, die *Außenpolitik* dieser Bundesregierung knüpft an die *Friedensnote vom März 1966* und die *Regierungserklärung vom Dezember 1966* an. Die in diesen Dokumenten niedergelegte Politik hat damals die Zustimmung aller Fraktionen dieses Hauses erhalten. Der Wille zu Kontinuität und konsequenter Weiterentwicklung gestattet es, auf manche Wiederholung zu verzichten. Die Bundesregierung beabsichtigt, in den Vereinten Nationen, in ihren Sonderorganisationen und in anderen internationalen Organisationen verstärkt mitzuarbeiten. Dies gilt auch für weltweite Abkommen der *Abrüstung* und *Rüstungsbegrenzung,* die zunehmend Bedeutung gewinnen. Die Bundesregierung wird dabei die Politik fortsetzen, die ich als Außenminister am 3. September 1968 auf der Konferenz der Nichtnuklearmächte in Genf entwickelt habe.

Wir unterstreichen die grundsätzliche Bereitschaft, mit allen Staaten der Welt, die unseren Wunsch nach friedlicher Zusammenarbeit teilen, diplomatische Beziehungen zu unterhalten und die bestehenden Handelsbeziehungen zu verstärken. Die Bundesregierung lehnt jede Form von Diskriminierung, Unterdrückung und fremder Beherrschung ab, die das friedliche Zusammenleben der Völker auch in unseren Tagen immer von neuem gefährdet.

Meine Damen und Herren, das *nordatlantische Bündnis,* das sich in den 20 Jahren seiner Existenz bewährt hat, gewährleistet auch in Zukunft unsere Sicherheit. Sein fester Zusammenhalt ist die Voraussetzung für das solidarische Bemühen, zu einer Entspannung in Europa zu kommen. Welche der beiden Seiten der Sicherheitspolitik wir auch betrachten, ob es sich um unseren ernsten und nachhaltigen Versuch zur gleichzeitigen und gleichwertigen Rüstungsbegrenzung und Rüstungskontrolle handelt oder um die Gewährleistung ausreichender Verteidigung der Bundesrepublik Deutschland: unter beiden Aspekten begreift die Bundesregierung ihre Sicherheitspolitik als *Politik des Gleichgewichts und der Friedenssicherung.* Und ebenso versteht sie unter beiden Aspekten die äußere Sicherheit unseres Staates als eine Funktion des Bündnisses, dem wir angehören und als dessen Teil wir zum Gleichgewicht der Kräfte zwischen West und Ost beitragen. […]

Meine Damen und Herren, die engen Bindungen zwischen uns und den *Vereinigten Staaten von Amerika* schließen für die Bundesregierung jeden Zweifel an der Verbindlichkeit der Verpflichtungen aus, die von den USA nach Vertrag und Überzeugung für Europa, für die Bundesrepublik und für Berlin übernommen worden sind. Unsere gemeinsamen Interessen bedürfen weder zusätzlicher Versicherungen noch sich wiederholender Erklärungen. Sie sind tragfähig für eine selbständigere deutsche Politik in einer aktiveren Partnerschaft.

Die Bundesregierung wird sich gemeinsam mit ihren Verbündeten konsequent für den *Abbau der militärischen Konfrontation in Europa* einsetzen. Sie wird zusammen mit ihnen auf gleichzeitige und ausgewogene Rüstungsbeschränkung und Truppenreduzierung in Ost und West hinwirken.

Zur Thematik einer *Konferenz, die der europäischen Sicherheit dienen soll,* bekräftigt die Bundesregierung die Haltung, die in dem am 12. September dieses Jahres in Helsinki übergebenen Memorandum eingenommen worden ist. Eine derartige Konferenz kann nach sorgfältiger Vorbereitung eine wichtige Etappe auf dem Wege zu größerer Sicherheit bei geringerer Rüstung und zu Fortschritten zwischen den Partnern Ost- und Westeuropas werden. […]

Meine Damen und Herren, die *Erweiterung der Europäischen Gemeinschaft* muß kommen. Sie, die Gemeinschaft, braucht Großbritannien ebenso wie die anderen beitrittswilligen Länder. Im Zusammenklang der europäischen Stimmen darf die britische keineswegs fehlen, wenn Europa sich nicht selbst schaden will. […]

Unser nationales Interesse erlaubt es nicht, zwischen dem *Westen* und dem *Osten* zu stehen. Unser Land braucht die Zusammenarbeit und Abstimmung mit dem Westen und die Verständigung mit dem Osten.

Aber auf diesem Hintergrund sage ich mit starker Betonung, daß das deutsche Volk Frieden braucht – den Frieden im vollen Sinne dieses Wortes – auch mit den Völkern der Sowjetunion und allen Völkern des europäischen Ostens. (Beifall bei allen Fraktionen.)

Zu einem ehrlichen Versuch der Verständigung sind wir bereit, damit die Folgen des Unheils überwunden werden können, das eine verbrecherische Clique über Europa gebracht hat.

Dabei geben wir uns keinen trügerischen Hoffnungen hin: Interessen, Machtverhältnisse und gesellschaftliche Unterschiede sind weder dialektisch aufzulösen noch dürfen sie vernebelt werden. Aber unsere Gesprächspartner müssen auch dies wissen: Das *Recht auf Selbstbestimmung*, wie es in der Charta der Vereinten Nationen niedergelegt ist, gilt auch für das deutsche Volk.

Dieses Recht und der Wille, es zu behaupten, können kein Verhandlungsgegenstand sein. (Allgemeiner Beifall.)

Wir sind frei von der Illusion, zu glauben, das Werk der Versöhnung sei leicht oder schnell zu vollenden. Es handelt sich um einen Prozeß; aber es ist an der Zeit, diesen Prozeß voranzubringen.

In Fortsetzung der Politik ihrer Vorgängerin erstrebt die Bundesregierung gleichmäßig verbindliche Abkommen über den gegenseitigen *Verzicht* auf Anwendung von oder Drohung mit *Gewalt*. Die Bereitschaft dazu gilt – ich darf es wiederholen – auch gegenüber der DDR. Ebenso unmißverständlich will ich sagen, daß wir gegenüber der uns unmittelbar benachbarten Tschechoslowakei zu den Abmachungen bereit sind, die über die Vergangenheit hinausführen. [...]

Meine Damen und Herren! Diese Regierung redet niemandem nach dem Mund.

Sie fordert viel, nicht nur von anderen, sondern auch von sich selbst.

Sie setzt konkrete Ziele. Diese Ziele sind nur zu erreichen, wenn sich manches im Verhältnis des Bürgers zu seinem Staat und seiner Regierung ändert.

Die Regierung kann in der Demokratie nur erfolgreich wirken, wenn sie getragen wird vom *demokratischen Engagement der Bürger*. Wir haben so wenig Bedarf an blinder Zustimmung wie unser Volk Bedarf hat an gespreizter Würde und hoheitsvoller Distanz.

Wir suchen keine Bewunderer; wir brauchen Menschen, die kritisch mitdenken, mitentscheiden und mitverantworten.

Das Selbstbewußtsein dieser Regierung wird sich als Toleranz zu erkennen geben.

Sie wird daher auch jene Solidarität zu schätzen wissen, die sich in Kritik äußert. Wir sind keine Erwählten; wir sind Gewählte.

Deshalb suchen wir das Gespräch mit allen, die sich um diese Demokratie mühen.

Meine Damen und Herren, in den letzten Jahren haben manche in diesem Land befürchtet, die zweite deutsche Demokratie werde den Weg der ersten gehen. Ich habe dies nie geglaubt. Ich glaube dies heute weniger denn je.

Nein: Wir stehen nicht am Ende unserer Demokratie, wir fangen erst richtig an.

Wir wollen ein Volk der guten Nachbarn sein und werden, im Inneren und nach außen.

Verhandlungen des Deutschen Bundestages. Stenographische Berichte Bd. 71, S. 20-34.

13. Bundeskanzler Helmut Schmidt:
Erklärung am 17. September 1982 im Deutschen Bundestag

[gekürzt]

Herr Präsident! Meine Damen und Herren! Im Bericht zur Lage der Nation am Donnerstag, dem 9. September 1982, habe ich mit großer Sorge zur innenpolitischen Situation in der Bundesrepublik Deutschland gesprochen. Die Lage war und blieb danach durch Unsicherheit und Ungewißheit über den Bestand der sozialliberalen Koalition gekennzeichnet. Seit Herr Kollege Genscher im Sommer 1981 das Wort von der „Wende" geprägt und seitdem viele Male ausgesprochen hat, war zweifelhaft geworden, ob die FPD bis zum Ende der vierjährigen Wahlperiode an der vom Wähler 1980 eindrucksvoll bekräftigten Regierungskoalition mit den Sozialdemokraten festhalten will. (Beifall bei der SPD)

Diese Zweifel hatten sich seit der Koalitionsaussage der hessischen FDP zunehmend verstärkt. Die für jene Zusage an die CDU zunächst gegebene Begründung, man wolle durch eine CDU/FDP-Koalition in Hessen die sozialliberale Koalition im Bundestage weiterhin stützen, ist zu keiner Zeit glaubhaft gewesen; sie wird auch heute schon längst nicht mehr gebraucht. (Beifall bei der SPD)

Ich habe deswegen in der vorigen Woche den Bericht zur Lage der Nation zum Anlaß genommen, nachdrücklich den Anspruch der Bürgerinnen und Bürger auf Wahrheit und Klarheit zu unterstreichen. *Wahrheit und Klarheit der politischen Willensbildung* sind Voraussetzung für eine handlungsfähige Regierung und Gesetzgebung. (Beifall bei der SPD). Voraussetzung für innere und soziale Stabilität, für die wirtschaftspolitische Stabilität und vor allem für die außenpolitisch notwendige Verläßlichkeit der Regierungspolitik. (Beifall bei der SPD). Mit einem Wort: Die politische und wirtschaftliche Weltkrise verlangt eine voll handlungsfähige Bundesregierung.

Mein Appell und die Plenardebatte am Donnerstag letzter Woche haben – leider – die notwendige Klärung nicht gebracht. Herr Dr. Kohl hat meine Aufforderung nicht angenommen, die von ihm angestrebte Kanzlerschaft unverzüglich über ein konstruktives Mißtrauensvotum nach Art. 67 des Grundgesetzes zu erreichen und danach Neuwahlen herbeizuführen. Aber ebenso wenig haben sich die Kollegen Genscher und Mischnick eindeutig und unmißverständlich ohne Wenn und Aber für das Festhalten ihrer Partei an der sozialliberalen Koalition ausgesprochen. Der eine klare Satz hat immer gefehlt, und er fehlte auch in dieser Woche, die morgen zu Ende geht, nämlich der Satz: Die FDP steht fest zur sozialliberalen Koalition. […] Ich bedaure dies außerordentlich. Denn ich bin nach wie vor der Überzeugung, daß es auch heute einen großen und soliden Bestand substantieller politischer Gemeinsamkeit zwischen Sozialdemokraten und Liberalen gibt. (Anhaltender lebhafter Beifall bei der SPD – Beifall bei Abgeordneten der FDP)

Ich glaube deshalb, daß es uns in einer großen gemeinsamen Anstrengung hätte gelingen müssen, soweit das einem einzelnen außenwirtschaftlich hochabhängigen Industriestaat überhaupt gelingen kann, aus den gegenwärtigen Schwierigkeiten herauszukommen, und zwar ohne die soziale Gerechtigkeit zu verletzen und ohne den sozialen Frieden zu stören. (Anhaltender Beifall bei der SPD)

Voraussetzung dafür wäre ein ehrlicher, vor allem ein uneingeschränkter Wille zur politischen Gemeinsamkeit. Er müßte deutlich stärker sein als Freude und Lust an vielfach wechselnden Taktiken und Interview-Gefechten je nach tagespolitischer Opportunität. (Beifall bei der SPD) Zusammenarbeit ist nicht möglich bei unausgesprochen bleibenden versteckten Vorbehalten. (Beifall bei der SPD)

Die mehrfach wiederholte, öffentlich gebrauchte Redensart von den – ich zitiere – „neuen Sachfragen, die sich neue Mehrheiten suchen" hat Anlaß genug gegeben, innere Vorbehalte des Redners, nämlich des Kollegen Genscher, zu erkennen. Denn bisher, Herr Kollege Genscher, hatten wir doch alle Sachfragen einvernehmlich gelöst.

Die Bürger, die Medien und die öffentliche Meinung insgesamt haben die von einem Bundesminister mir am 10. September abends vorgelegte *Denkschrift* nahezu übereinstimmend als „Scheidungsbrief" oder – ich zitiere – als „Manifest der Sezession" verstanden – das heißt auf deutsch: als Dokument der Trennung.

Dieses Verständnis ist durch die gestrige Erklärung *des Bundesministers für Wirtschaft* hier vor dem Bundestag keineswegs aufgehoben worden. Daß die Denkschrift mit dem vom gleichen Ressortminister zu verantwortenden Jahreswirtschaftsbericht übereinstimmt, kann ich ebensowenig anerkennen. [...]

Im übrigen aber hat die öffentliche Meinung die Denkschrift sehr richtig verstanden. Sie will in der Tat eine Wende, und zwar eine Abwendung vom demokratischen Sozialstaat im Sinne des Art. 20 unseres Grundgesetzes und eine Hinwendung zur Ellenbogengesellschaft. (Anhaltender lebhafter Beifall bei der SPD – Oh-Rufe von der CDU/CSU) – Auf die Zwischenrufe aus der CDU/CSU kann ich nur sagen: Fragen Sie die katholische Arbeiterbewegung, wie sie das versteht! (Beifall bei der SPD). Offenbar soll die Denkschrift als Wegweiser dienen zu anderen Mehrheiten. Jedenfalls wird dieser Eindruck bewußt in Kauf genommen, und er wird nicht überzeugend korrigiert. [...]

Im Interesse unseres Landes, im Interesse unseres parlamentarisch-demokratischen Regierungssystems und seines Ansehens, nicht zuletzt im Interesse des sozialdemokratischen Koalitionspartners kann und will ich nicht länger zusehen, wie die Handlungsfähigkeit und das Ansehen der Bundesregierung stetig beschädigt werden. Es wird mir niemand verdenken, daß ich auch mich selbst nicht demontieren lassen möchte. (Anhaltender lebhafter Beifall bei der SPD)

Ich habe letzte Woche die Opposition aufgefordert, einen konstruktiven Mißtrauensantrag einzubringen und damit einen anderen Bundeskanzler zu wählen. Die Oppositionsführer haben darauf geantwortet, man wolle erst die Wahlen zu den Landtagen in Wiesbaden und München abwarten. Erst danach werde man weitersehen. Ich habe daraus entnommen, Herr Dr. Kohl, daß Sie gegenwärtig noch nicht glauben, genug Abgeordnete des Deutschen Bundestages hinter sich bringen zu können.

Aus der öffentlichen Diskussion von FDP-Politikern ist zu entnehmen, daß diejenigen, die den gegenwärtigen Bundeskanzler stürzen und durch Herrn Dr. Kohl ersetzen wollen, ebenfalls zunächst die beiden Landtagswahlen abwarten wollen, um damit die Reaktionen der Wählerinnen und Wähler auf den für Wiesbaden angekündigten Koalitionswechsel der FDP auszuprobieren. Mit anderen Worten: Wenn die FDP in Wiesbaden die Fünf-Prozent-Schwelle überschreiten sollte, so würde dies einigen Bonner FDP-Politikern genug Mut zum Kanzlersturz einflößen; wenn umgekehrt die FDP in Wiesbaden unter 5% bleiben und damit aus dem Landtage ausscheiden sollte, dann wollten dieselben Kollegen – vielleicht – bereit sein, die sozialliberale Koalition in Bonn fortzusetzen. Aber 1% mehr oder 1% weniger in Wiesbaden ist keine solide Grundlage für eine Bundesregierung. (Anhaltender lebhafter Beifall bei der SPD) Für den ersten Fall, 1% mehr, wird schon jetzt – so habe ich registriert –, vorsorglich daran gearbeitet, die Schuld für den angestrebten Koalitionsbruch den Sozialdemokraten zuzuweisen.

Ich habe letzte Woche betont, daß ungeachtet meines nachdrücklichen Hinweises auf die verfassungsrechtliche Möglichkeit eines konstruktiven Mißtrauensvotums nur Neuwahlen zum Bundestag eine volle demokratische Legitimität für einen anderen Bundeskanzler, für eine andere Bundesregierung, für eine andere Politik ergeben können. Ich wiederhole: die Bürger haben das Recht, zu wissen, mit welcher Absicht eine sogenannte neue Mehrheit tatsächlich antritt, welche Antworten ein anderer Bundeskanzler auf die Lebensfragen der Nation geben will und wie seine Führungsmannschaft, seine Ministermannschaft aussehen soll. Herr Dr. Kohl hat bisher darauf mit keinem Wort geantwortet – (Beifall bei der SPD) welche Antworten? Welche Absichten? Außer Ihnen selbst, Herr Dr. Kohl, weiß niemand, ob Sie andere oder gar bessere Lösungen für die uns alle bedrängenden Probleme zur Verfügung haben.

Ich habe seit der Kabinettssitzung vorgestern mit meinen engsten politischen Freunden die Situation nüchtern geprüft. Herr Brandt, Herr Wehner und ich sind übereinstimmend zu dem Ergebnis gekommen, daß *Neuwahlen* zum Bundestage in der Tat der beste Weg wären, um aus der gegenwärtigen innenpolitischen Krise herauszuführen. Sie sollten so schnell stattfinden, wie dies verfassungsrechtlich möglich ist. (Starker Beifall bei der SPD)

Wir stimmen also ausdrücklich dem Ministerpräsidenten Stoltenberg zu, ebenso den Ministerpräsidenten Albrecht, Späth und Strauß, ebenso den Kollegen Barzel, Biedenkopf, Ihrem Generalsekretär Geißler. Diese CDU- und CSU-Führungspersonen, aber auch viele andere im Land, haben sich in den letzten Tagen ganz eindeutig für Neuwahlen ausgesprochen. […]

Ich mache hiermit den im Bundestag vertretenen Parteien und Fraktionen den Vorschlag einer Absprache, wie Herr Kohl sagte, oder einer Vereinbarung zum Zwecke der unverzüglichen Herbeiführung von Neuwahlen. Jeder weiß, daß das Grundgesetz dafür einen Weg anbietet. Es ist allerdings ein sehr komplizierter Weg, und er bedarf einer politischen Willensbildung und Übereinstimmung einer Mehrheit des Bundestages. Dieser Weg ist heute vor zehn Jahren schon einmal beschritten worden. Er führt über die Vertrauensfrage des Bundeskanzlers nach Art. 68 des Grundgesetzes. Danach kann der Bundespräsident auf meinen Vorschlag den Bundestag dann auflösen, wenn vorher ein Antrag des Bundeskanzlers, ihm das Vertrauen auszusprechen, nicht die Mehrheit des Bundestages gefunden hat.

Aber als zweite Bedingung schreibt das Grundgesetz vor: Der Bundestag kann nur dann aufgelöst werden, wenn nicht inzwischen durch ein konstruktives Mißtrauensvotum ein anderer Bundeskanzler gewählt wird.

Der Weg der Vereinbarung, die ich Ihnen anbiete, ist für mich und vor allem für die mich tragende größere Regierungspartei wahrlich nicht leicht zu gehen, weil ja doch in Wirklichkeit volles Vertrauen zwischen der sozialdemokratischen Bundestagsfraktion und dem Bundeskanzler besteht. (Anhaltender lebhafter Beifall bei der SPD)

Ich für meine Person bin aber bereit, diese Bedenken zurückzustellen – für meine Parteifreunde wird mein Parteivorsitzender Willy Brandt im Laufe der Debatte das Wort ergreifen –, um – erstens – nach Verabredung die Vertrauensfrage zu stellen und – zweitens – meine eigenen Freunde zu bitten, sich der Abstimmung darüber fernzuhalten, damit ich anschließend dem Herrn Bundespräsidenten die Auflösung des Bundestages vorschlagen kann. […]

Wir sind uns gewiß alle darüber im klaren, daß die *Auflösung des Bundestages* mitten in einer Wahlperiode eine Ausnahme bleiben muß. Deshalb haben die Väter des Grundgesetzes ja unter dem Eindruck der negativen Erfahrung mit häufigeren Reichstagsauflösungen in der Weimarer Republik die Parlamentsauflösung bewußt außerordentlich schwierig gemacht. Das war eine gute und richtige Entscheidung. Sie haben nur diesen einen von mir soeben beschriebenen komplizierten Weg offengelassen.

Weil aber die Bundesrepublik inzwischen politisch erwachsen geworden ist, weil Weimarer Verhältnisse auch in Zukunft in Bonn nicht zu befürchten sind, zweifle ich nicht, daß die Wählerinnen und Wähler meinen Vorschlag verstehen werden. Im Gegenteil, ich bin überzeugt, die öffentliche Meinung Deutschlands wird den Vorschlag für unverzügliche Neuwahlen einhellig begrüßen. (Beifall bei der SPD). Herr Brandt, Herr Wehner, alle meine politischen Freunde und ich, wir sind uns dessen sehr bewußt, daß sich die Sozialdemokratie gegenwärtig in einem handfesten politischen Tief befindet. Wir wissen, daß wir bei *Neuwahlen* wahrscheinlich Federn lassen müssen. Angesichts der Weltwirtschaftskrise kann gegenwärtig kaum irgendwo in einem parlamentarisch-demokratischen Staat der Welt eine Regierungspartei zusätzliche Wähler für sich gewinnen. Das wird wohl auch uns so gehen. Aber die *SPD* ist eine selbstbewußte Partei, die auch Krisen durchstehen kann! (Lebhafter Beifall der SPD) Dies hat sie im Laufe ihrer 120jährigen Geschichte in weit schwereren Zeiten oft genug bewiesen. Wir tragen die Regierungsverantwortung mit innerer Überzeugung, aber wir kleben nicht an unseren Stühlen. (Beifall bei der SPD)

Ich verkenne keineswegs, daß *Neuwahlen* auch für die *FDP* schwerwiegende Fragen aufwerfen. Sie wird Mut brauchen, um Neuwahlen zuzustimmen. Denn wenn sie im Wahljahr 1980 mit 10,6% der Zweitstimmen in den Bundestag eingezogen ist, so steht ein solches Ergebnis gegenwärtig für sie nicht in Aussicht. Aber es wäre nicht in Ordnung, meine Damen und Herren von der FDP, wenn Sie Ihre 1980 mit den Plakattiteln „Schmidt/Genscher gegen CSU und CDU" gewonnenen Mandate jetzt in eine Regierung aus CDU/CSU und FDP einbrächten. (Anhaltender lebhafter Beifall bei der SPD)

Die kritische Lage der FDP ist von einigen ihrer Führungspersonen selbst verursacht worden. (Beifall bei der SPD) Ich kann Ihnen die Feststellung nicht ersparen, daß Sie demnächst aus vorangegangenem Tun haften müssen, und ich hoffe, daß Sie gute Schuldner sein werden.

Wenn jetzt, meine Damen und Herren, eine geschichtliche Epoche in der Entfaltung unseres demokratischen Gemeinwesens beendet wird, wenn jetzt die Zukunft dieser Entfaltung ungewiß ist, so will ich in diesem Zusammenhang meinen Stolz auf das in der sozialliberalen Koalition Geleistete noch einmal hervorheben. (Beifall bei der SPD und bei Abgeordneten der FDP)

Das gilt für die *Aufarbeitung des Reformdefizits,* das wir 1969 vorgefunden haben, das gilt für den *Ausbau des Sozialstaats,* das gilt ebenso für unsere *Friedenspolitik* im Verein mit unseren Bündnispartnern, aber auch gegenüber den Nachbarn im Osten. (Beifall bei der SPD und bei Abgeordneten der FDP)

Ich bin stolz auf diese gemeinsame Leistung und ich werde sie mit großem persönlichem Einsatz verteidigen. Ich stehe ebenso eindeutig zu allem, was wir bis zum heutigen Tag miteinander verabredet haben. (Carstens [Emstek] [CDU/CSU]: Schulden und Arbeitslosigkeit!)

Ich gehöre zu denjenigen Sozialdemokraten, die im Laufe der gemeinsamen Arbeit zu vielen Abgeordneten der FDP sehr enge kollegiale und menschliche Bindungen gefunden haben. Ich danke Ihnen allen, besonders Wolfgang Mischnick, (Lebhafter Beifall bei der SPD und Beifall bei Abgeordneten der FDP) ebenso besonders denen die bis zur letzten Stunde treu zur sozialliberalen Koalition stehen (Beifall bei der SPD) Ich bin auf sehr viel guten Willen in Ihrer Fraktion zur *sozialliberalen Zusammenarbeit* gestoßen. Das ging schon meinem Vergänger im Amte, Herrn Willy Brandt, so. Das hat uns immer wieder Kraft gegeben für die Anstrengungen, die nötig waren, um bei Meinungsverschiedenheiten Kompromisse zu finden, die zugleich dem öffentlichen Wohle nützlich als auch beiden Koalitionspartnern tragbar waren.

Dies galt zuletzt für die schwierigen Beratungen zum Haushaltsgesetzentwurf für 1983 und für die ihn begleitenden Gesetzestexte am 30. Juni und am 1. Juli. Ich habe rnich danach in einem langen Gespräch am 31. Juli mit Herrn Kollegen Genscher um

Stabilisierung der Gemeinsamkeit bemüht, erneut in der Kabinettssitzung am 25. August. Im gleichen Sinne habe ich am Abend des 25. August Herrn Genscher einen persönlichen Brief geschrieben; der Brief hat am 30. August zu einem weiteren Gespräch geführt.

Ich habe bis zu diesem Mittwoch jede denkbare Anstrengung *zur Aufrechterhaltung der Gemeinsamkeit* unternommen – gegen die Skepsis fast der gesamten deutschen Presse und gegen viele Skeptiker in beiden Koalitionsfraktionen. Ich habe es an gutem Willen nicht fehlen lassen. (Beifall bei der SPD)

Aber nach den Ereignissen der letzten Tage mußte ich das politische Vertrauen zu einigen Führungspersonen der FDP verlieren. Eine weitere Zusammenarbeit ist weder den sozialdemokratischen Bundesministern noch dem Bundeskanzler zuzumuten. (Beifall bei der SPD)

Die Herrn Genscher und Mischnick kennen den Text der Erklärung, die ich Ihnen gegenwärtig unterbreite, seit anderthalb Stunden. Herr Genscher teilt mir daraufhin soeben den *Rücktritt der vier FDP-Minister* mit. [...]

Ich fasse zusammen. Nicht nur viele junge Deutsche, sondern auch eine große und zunehmend größer werdende Zahl von älteren Bürgern fühlen sich in den letzten Monaten durch das, was „die in Bonn" tun oder lassen, zunehmend bedrückt. Ich kann diese Sorgen gut verstehen, denn ich teile sie. Weil ich meine Verantwortung ernst nehme, weigere ich mich, taktischen Manövern noch länger zuzusehen. (Lebhafter Beifall bei der SPD) Uns Sozialdemokraten sind *Ansehen und Festigkeit der Demokratie* wichtiger als taktische Vorteile zugunsten der eigenen Partei. (Lebhafter Beifall bei der SPD)

Ich habe Mal um Mal dem Koalitionspartner das ernstgemeinte Angebot gemacht, in einer großen und gemeinsamen Anstrengung die Handlungsfähigkeit der sozialliberalen Bundesregierung zu kräftigen und über den Haushalt 1983 hinaus schöpferische Regierungsarbeit auch in der zweiten Hälfte dieser Legislaturperiode zu leisten. Ich bin Mal um Mal ohne eine klare Antwort geblieben. Ein einziger Satz hätte Klarheit schaffen können. Er ist bis heute ausgeblieben. Statt dessen habe ich viele Male von Herrn Kollegen Genscher hören oder lesen müssen, neue Sachfragen schüfen sich neue Mehrheiten. Es drängt sich mir der Eindruck auf, daß die Haushaltsberatungen von einigen Führungspersonen der FDP nur noch zum Schein geführt werden, weil ein *Vorwand* gesucht wird, mit dem der *Partnerwechsel* dem Publikum erklärt werden soll. (Beifall bei der SPD)

Was da seit Wochen über Zeitpläne und Fahrpläne für den Wechsel geredet und geschrieben, aber niemals richtiggestellt worden ist, berührt die Selbstachtung der Sozialdemokratischen Partei Deutschlands, berührt die Selbstachtung der sozialdemokratischen Bundesminister und berührt meine eigene Selbstachtung. Aber auch wenn meine persönlichen Empfindungen nicht so wichtig sind: Wichtig bleibt, das Regierungsamt nicht durch Machenschaften beschädigen zu lassen! (Lebhafter Beifall bei der SPD)

Eigensüchtiges parteiliches Handeln schadet dem Ansehen der Bundesrepublik Deutschland auch jenseits unserer Grenzen. Verläßlichkeit für unsere Partner im Bündnis und unsere Nachbarn in West und Ost schaffen wir nicht allein durch die Kontinuität unserer Außen- und Sicherheitspolitik, sondern die Berechenbarkeit für unsere Verbündeten und für unsere Partner hängt in erster Linie von der Glaubwürdigkeit unseres demokratisch-parlamentarischen Systems ab. (Beifall bei der SPD)

Ich bitte deshalb die im Bundestag vertretenen Parteien und Fraktionen, gemeinsam einen mutigen Schritt zu tun, um die gegenwärtige innenpolitische Krise zu beenden auf überzeugende Weise und schnell zu beenden – Ich danke Ihnen. (Anhaltender lebhafter Beifall bei der SPD, die Abgeordneten der SPD erheben sich)

Verhandlungen des Deutschen Bundestages. Steno-
graphische Berichte Bd. 122, S. 7072-7077.

14. Grundsatzprogramm der Sozialdemokratischen Partei Deutschlands

Beschlossen vom Programm-Parteitag
der Sozialdemokratischen Partei Deutschlands
am 20. Dezember 1989 in Berlin

[gekürzt]

I. Was wir wollen

Wir Sozialdemokraten, Frauen und Männer, kämpfen für eine friedliche Welt und eine lebensfähige Natur, für eine menschenwürdige, sozial gerechte Gesellschaft. Wir wollen Bewahrenswertes erhalten, lebensbedrohende Risiken abwenden und Mut machen, Fortschritt zu erstreiten.
Wir wollen Frieden.
Wir arbeiten für eine Welt,
  in der alle Völker in gemeinsamer Sicherheit leben, ihre Konflikte nicht durch Krieg oder Wettrüsten, sondern in friedlichem Wettbewerb um ein menschenwürdiges Leben austragen,
  in der eine Politik der Partnerschaft und eine Kultur des Streits den Konflikt zwischen Ost und West überwinden,
  in der alle Völker Europas zusammenarbeiten in einer demokratischen und sozialen Ordnung des Friedens, von der Hoffnung und Frieden für die Völker des Südens ausgeht,
  in der die Völker Asiens, Afrikas und Lateinamerikas durch eine gerechte Weltwirtschaftsordnung faire Chancen zu eigenständiger Entwicklung haben.
Wir wollen eine Weltgesellschaft, die durch eine neue Form des Wirtschaftens das Leben von Mensch und Natur auf unserem Planeten dauerhaft bewahrt.
Wir wollen die gesellschaftliche Gleichheit von Frau und Mann, eine Gesellschaft ohne Klassen, Privilegien, Diskriminierungen und Ausgrenzungen.
Wir wollen eine Gesellschaft, in der alle Frauen und Männer das Recht auf humane Erwerbsarbeit haben und alle Formen der Arbeit als gleichwertig behandelt werden.
Wir wollen durch solidarische Anstrengung Wohlstand für alle erreichen und gerecht verteilen.
Wir wollen, daß Kultur in ihren vielfältigen Erscheinungsformen das Leben aller Menschen bereichert.
Wir wollen Demokratie in der ganzen Gesellschaft, auch in der Wirtschaft, im Betrieb und am Arbeitsplatz verwirklichen, wirtschaftliche Macht begrenzen und demokratisch kontrollieren.

Wir wollen, daß wirtschaftliche Grundentscheidungen, vor allem darüber, was wachsen und was schrumpfen soll, demokratisch getroffen werden.

Wir wollen, daß die Bürger über die Gestaltung der Technik mitbestimmen, damit die Qualität von Arbeit und Leben verbessert wird und die Risiken der Technik gemindert werden.

Wir wollen einen modernen demokratischen Staat, getragen vom politischen Engagement der Bürgerinnen und Bürger, der zur Durchsetzung gesellschaftlicher Ziele fähig ist und sich ständig an neuen Aufgaben wandelt und bewährt.

Bloßes Fortschreiben bisheriger Entwicklungen ergibt keine Zukunft mehr.

Wir wollen Fortschritt, der nicht auf Quantität, sondern auf Qualität, auf eine höhere Qualität menschlichen Lebens zielt. Er verlangt Umdenken, Umsteuern, Auswählen und Gestalten, vor allem in Technik und Wirtschaft.

Je gefährdeter die Welt, desto nötiger der Fortschritt. Wer Bewahrenswertes erhalten will, muß verändern: Wir brauchen einen Fortschritt, der den Frieden nach innen und außen sichert, das Leben von Mensch und Natur bewahrt, Angst überwindet und Hoffnung weckt. Wir brauchen einen Fortschritt, der unsere Gesellschaft freier, gerechter und solidarischer macht. Ohne diesen Fortschritt hätte der Rückschritt freie Bahn. Darum wollen wir Sozialdemokraten gemeinsam mit den demokratischen Sozialisten aller Länder für ihn arbeiten.

II. Die Grundlagen unserer Politik

1. Grunderfahrungen und Grundwerte

Die bürgerlichen Revolutionen der Neuzeit haben Freiheit, Gleichheit und Brüderlichkeit mehr beschworen als verwirklicht.

Deshalb hat die Arbeiterbewegung die Ideale dieser Revolutionen eingeklagt: Eine solidarische Gesellschaft mit gleicher Freiheit für alle Menschen. Es ist ihre historische Grunderfahrung, daß Reparaturen am Kapitalismus nicht genügen. Eine neue Ordnung von Wirtschaft und Gesellschaft ist nötig.

Die Sozialdemokratie führt die Tradition der demokratischen Volksbewegungen des neunzehnten Jahrhunderts fort und will daher beides: Demokratie und Sozialismus, Selbstbestimmung der Menschen in Politik und Arbeitswelt.

Dennoch ist ihre Geschichte nicht frei von Fehlern und Irrtümern: Im Ersten Weltkrieg enttäuschte die sozialdemokratische Arbeiterbewegung Europas viele in der Hoffnung, sie könne den Frieden erzwingen. Sie entzweite sich über das Verhältnis von nationalen zu internationalen Aufgaben der Arbeiterklasse.

Später trennten sich die Kommunisten, die vorgeblich im Namen der Arbeiterklasse die Diktatur ihrer Partei errichteten, von den demokratischen Sozialisten, die durch Reformen in parlamentarischen Demokratien eine bessere Ordnung der Gesellschaft anstrebten. Die Ordnungen, die als angeblich sozialistische Alternative zum Kapitalismus entstanden, haben die von ihnen geweckte Hoffnung bitter enttäuscht. Anstelle einer Gesellschaft brüderlich und schwesterlich zusammenlebender Menschen haben sie die Herrschaft einer privilegierten Bürokratie errichtet, die weder politische Freiheit noch kulturelle Entfaltung zu sichern vermochte.

Die Sozialdemokratische Partei übernahm am Ende des Ersten Weltkriegs erstmals nationale Regierungsverantwortung. Sie erwies sich als zuverlässigste Stütze der ersten deutschen Demokratie und begann mit dem Aufbau des demokratischen Sozialstaats.

Die Sozialdemokratie trat der nationalsozialistischen Gewaltherrschaft entgegen, vermochte sie aber nicht zu verhindern. Ihr opferreicher Widerstand im Dritten Reich legitimierte den besonderen Anspruch der Sozialdemokraten, beim Aufbau der zweiten deutschen Demokratie prägend mitzuwirken. Die Erfahrungen mit Diktatur und Terror lassen uns besonders wachsam sein gegenüber der Verharmlosung nationalsozialistischer Verbrechen und einem Wiederaufleben faschistischer Ideologie. Der Widerstand vertiefte die Erfahrung, daß auch Menschen unterschiedlicher Glaubenshaltungen und politischer Grundüberzeugungen gemeinsam für gleiche politische Ziele arbeiten können.

Die politischen Machtverhältnisse, die unterschätzte Dynamik des Kapitalismus, aber auch die mangelnde Fähigkeit der Sozialdemokraten, Mehrheiten zu mobilisieren, verhinderten, daß sozialdemokratische Reformpolitik undemokratische Grundstrukturen des überkommenen Wirtschafts- und Gesellschaftssystems tiefgreifend verändern konnte. Die Macht der Großwirtschaft, das Übergewicht der Kapitaleigner und Unternehmensmanager konnten eingeschränkt, aber nicht überwunden werden. Die Einkommens- und Vermögensverteilung blieb ungerecht.

Das Godesberger Programm zog aus den geschichtlichen Erfahrungen neue Konsequenzen. Es verstand Demokratischen Sozialismus als Aufgabe, Freiheit, Gerechtigkeit und Solidarität durch Demokratisierung der Gesellschaft, durch soziale und wirtschaftliche Reform zu verwirklichen. Die Sozialdemokratische Partei stellte sich in Godesberg als das dar, was sie seit langem war: die linke Volkspartei. Sie wird es bleiben.

Als Regierungspartei konnte die Sozialdemokratie beachtliche Erfolge erringen: Rechte für Arbeitnehmer und Arbeitnehmerinnen im Betrieb und die Beteiligungsrechte der Bürger und Bürgerinnen erweitern, den Sozialstaat ausbauen und rechtliche Benachteiligung ganzer Bevölkerungsgruppen beseitigen. Aber auch in dieser Zeit unterlagen Sozialdemokraten Fehleinschätzungen oder trafen falsche Entscheidungen: Die Sicherung der natürlichen Lebensgrundlagen hatte noch nicht den notwendigen Stellenwert, der Extremistenbeschluß hat Gegnerinnen und Gegner unserer Demokratie eher geschaffen als bekämpft. Die herausragende Leistung dieser Zeit bleibt die Aussöhnung mit den Staaten Osteuropas und die Sicherung des Friedens.

Wir sind stolz darauf, in der Tradition einer Bewegung zu stehen, die niemals Krieg, Unterdrückung oder Gewaltherrschaft über unser Volk gebracht, sondern aus dem rechtlosen Proletariat selbstbewußte Staatsbürgerinnen und Staatsbürger gemacht hat.

Die Sozialdemokratische Partei steht, seit es sie gibt, für Frieden und internationale Zusammenarbeit. Inzwischen ist der Internationalismus der sozialdemokratischen Tradition zur einzig verantwortbaren Realpolitik geworden.

In unserer Geschichte wurzeln die Grundwerte des Demokratischen Sozialismus. Sie bilden auch künftig das Fundament unserer Reformpolitik.

Unsere geschichtlichen Wurzeln

In der Sozialdemokratischen Partei Deutschlands arbeiten Menschen verschiedener Grundüberzeugungen und Glaubenshaltungen zusammen. Ihre Übereinstimmung beruht auf gemeinsamen Grundwerten und gleichen politischen Zielen. Der Demokratische Sozialismus in Europa hat seine geistigen Wurzeln im Christentum und in der humanistischen Philosophie, in der Aufklärung, in Marxscher Geschichts- und Gesellschaftslehre und in den Erfahrungen der Arbeiterbewegung. Die Ideen der Frauenbefreiung sind bereits im 19. Jahrhundert von der Arbeiterbewegung aufgenommen und weiterentwickelt worden. Wir haben mehr als 100 Jahre gebraucht, diese Ideen wirksam werden zu lassen. Wir begrüßen und achten persönliche Grundüberzeugungen und Glaubenshaltungen. Sie können niemals Parteibeschlüssen unterworfen sein.

Unser Bild vom Menschen

Wie auch immer wir die Würde des Menschen begründen, sie ist Ausgangs- und Zielpunkt unseres Handelns. Für uns alle gilt der Satz, mit dem die Vereinten Nationen ihre Erklärung der Menschenrechte einleiten: „Menschen sind frei und gleich an Würde und Rechten geboren. Sie sind mit Vernunft und Gewissen begabt und sollen einander im Geiste der Brüderlichkeit begegnen." Gemeinsam verstehen wir den Menschen als Vernunft- und Naturwesen, als Individual- und Gesellschaftswesen. Als Teil der Natur kann er nur in und mit der Natur leben. Seine Individualität entfaltet er nur in Gemeinschaft mit seinen Mitmenschen. Der Mensch, weder zum Guten noch zum Bösen festgelegt, ist lernfähig und vernunftfähig. Daher ist Demokratie möglich. Er ist fehlbar, kann irren und in Unmenschlichkeit zurückfallen. Darum ist Demokratie nötig. Weil der Mensch offen ist und verschiedene Möglichkeiten in sich trägt, kommt es darauf an, in welchen Verhältnissen er lebt. Eine neue und bessere Ordnung, der Würde des Menschen verpflichtet, ist daher möglich und nötig zugleich. Die Würde des Menschen verlangt, daß er sein Leben in Gemeinschaft mit anderen selbst bestimmen kann. Frauen und Männer sollen gleichberechtigt und solidarisch zusammenwirken. Alle sind für menschenwürdige Lebensbedingungen verantwortlich. Die Würde des Menschen ist unabhängig von seiner Leistung und Nützlichkeit.

Menschenrechte

Wir sind den Menschenrechten verpflichtet. Staat und Wirtschaft sind für die Menschen und ihre Rechte da, nicht umgekehrt. Volle Geltung der Menschenrechte verlangt gleichrangige Sicherung der Freiheitsrechte, der politischen Teilhaberechte und der sozialen Grundrechte. Sie können einander nicht ersetzen und dürfen nicht gegeneinander ausgespielt werden. Auch kollektive Rechte dienen der Entfaltung des Individuums. Nur wo Freiheitsrechte garantiert sind und genutzt werden, können Menschen als Freie und Gleiche leben und Demokratie praktizieren. Nur wo soziale Grundrechte verwirklicht sind, können Freiheitsrechte und politische Teilhaberechte von allen wahrgenommen werden. Nur wo die Respektierung von Freiheitsrechten und politischen Teilhaberechten freien Meinungsstreit und politisches Engagement erlaubt, können Menschen ihr Recht auf ausreichende Ernährung, Wohnung, Arbeit und Bildung geltend machen. Nur zusammen ermöglichen diese Menschenrechte menschenwürdiges Leben. Alle Menschen haben ein Recht auf ihre Heimat, ihr Volkstum, ihre Sprache und Kultur. Ein Volksgruppenrecht, das im Einklang mit den Menschenrechten der Vereinten Nationen steht, ist unentbehrlich.

Unser Verständnis von Politik

Politik ist eine notwendige Dimension menschlichen Zusammenlebens. Sie beschränkt sich nicht auf Institutionen des Staates. Wo immer Information verbreitet oder vorenthalten, Bewußtsein oder Lebensverhältnisse verändert, Meinung gebildet, Wille geäußert, Macht ausgeübt oder Interessen vertreten werden, vollzieht sich Politik. Politischem Handeln sind Grenzen gezogen. Sie lassen sich nicht ohne Schaden für den einzelnen und die Gesellschaft überschreiten. Irrtum und Schuld, Krankheit und

Unglück, Schmerz und Verzweiflung, Versagen und Scheitern gehören auch in einer Gesellschaft der Freien und Gleichen zum Leben des Menschen. Politik kann nur Bedingungen für ein sinnerfülltes Leben schaffen. Wenn sie selbst Glück und Erfüllung bewirken will, läuft sie Gefahr, in totalitäre Reglementierung abzugleiten.

Politik muß jedoch mehr und anderes sein als das Verwalten des unvermeidlich Gewordenen; um glaubwürdig sein und bleiben zu können, muß sie sich Handlungsspielräume sichern und neuen Aufgaben stellen. Überläßt sie die Weichenstellungen für Technik und Wachstum wirtschaftlichen Interessen, so handelt sie sich Sachzwänge ein, die sie nur noch vollziehen kann.

Der demokratische Staat bezieht seine Inhalte von den gesellschaftlichen Kräften. Er ist nicht Selbstzweck, sondern Instrument zur Gestaltung von Gesellschaft. Politische Parteien sind Anreger und Mittler zugleich. Sie vermitteln zwischen Gesellschaft und Staat, indem sie gesellschaftliche Impulse und Erfordernisse aufgreifen und in Gesetzgebung und Regierungshandeln umsetzen. Sie müssen selbst Denkanstöße geben und Entscheidungsvorschläge zur Diskussion stellen.

Politik, die mehr sein will als der Vollzug wirklicher oder angeblicher Sachzwänge, muß getragen und durchgesetzt werden vom Bewußtsein und Engagement der Bürgerinnen und Bürger. Sie wird möglich als Resultat eines freien, im Ergebnis offenen Bürgerdialogs, der die Kräfte der Gesellschaft fordert und einbezieht, Information vermittelt, Problembewußtsein schafft, Urteilsfähigkeit fördert und schließlich zu Konsens oder klaren Mehrheiten führt.

Der Bürgerdialog ist Ausdruck demokratischer Kultur. Er rückt ins Zentrum der Politik, wo – wie bei der Gestaltung der Technik – Entscheidungen zu treffen sind, die alle angehen und später nur schwer zu verändern sind.

Für den Bürgerdialog sind Meinungs und Medienfreiheit unerläßlich. Alle Bürgerinnen und Bürger müssen das Recht und die Möglichkeit haben, zu Themen, die ihre oder ihrer Nachkommen Lebenschancen berühren, ihre Meinung zu erarbeiten und zu verbreiten. Staat, Wissenschaft und Medien müssen die Voraussetzungen zu einer fundierten Meinungsbildung und damit zu einer demokratischen Streitkultur schaffen. Bürgerdialog bedeutet mehr Demokratie, nicht mehr Staat.

Grundwerte des Demokratischen Sozialismus

Freiheit, Gerechtigkeit und Solidarität sind die Grundwerte des Demokratischen Sozialismus. Sie sind unser Kriterium für die Beurteilung der politischen Wirklichkeit, Maßstab für eine neue und bessere Ordnung der Gesellschaft und zugleich Orientierung für das Handeln der einzelnen Sozialdemokratinnen und Sozialdemokraten.

Die Sozialdemokratie erstrebt eine Gesellschaft, in der jeder Mensch seine Persönlichkeit in Freiheit entfalten und verantwortlich am politischen, wirtschaftlichen und kulturellen Leben mitwirken kann.

Der Mensch ist als Einzelwesen zur *Freiheit* berufen und befähigt. Die Chance zur Entfaltung seiner Freiheit ist aber stets eine Leistung der Gesellschaft. Freiheit ist für uns die Freiheit eines jeden, auch und gerade des Andersdenkenden. Freiheit für wenige wäre Privileg.

Die Freiheit des anderen ist Grenze und Bedingung der Freiheit des einzelnen. Freiheit verlangt Freisein von entwürdigenden Abhängigkeiten, von Not und Furcht, aber auch die Chance, individuelle Fähigkeiten zu entfalten und in Gesellschaft und Politik verantwortlich mitzuwirken.

Nur wer sich sozial ausreichend gesichert weiß, kann seine Chance zur Freiheit nutzen. Auch um der Freiheit willen wollen wir gleiche Lebenschancen und umfassende soziale Sicherung.

Gerechtigkeit gründet in der gleichen Würde aller Menschen. Sie verlangt gleiche Freiheit, Gleichheit vor dem Gesetz, gleiche Chancen der politischen und sozialen Teilhabe und der sozialen Sicherung. Sie verlangt die gesellschaftliche Gleichheit von Mann und Frau.

Gerechtigkeit erfordert mehr Gleichheit in der Verteilung von Einkommen, Eigentum und Macht, aber auch im Zugang zu Bildung, Ausbildung und Kultur.

Gleiche Lebenschancen bedeuten nicht Gleichförmigkeit, sondern Entfaltungsraum für individuelle Neigungen und Fähigkeiten aller.

Gerechtigkeit, das Recht auf gleiche Lebenschancen, muß mit den Mitteln staatlicher Macht angestrebt werden.

Solidarität als die Bereitschaft, über Rechtsverpflichtungen hinaus füreinander einzustehen, läßt sich nicht erzwingen. Solidarität hat die Arbeiterbewegung im Kampf für Freiheit und Gleichheit geprägt und ermutigt. Ohne Solidarität gibt es keine menschliche Gesellschaft.

Solidarität ist zugleich Waffe der Schwachen im Kampf um ihr Recht und Konsequenz aus der Einsicht, daß der Mensch der Mitmenschen bedarf. Wir können als Freie und Gleiche nur dann menschlich miteinander leben, wenn wir füreinander einstehen und die Freiheit des anderen wollen. Wer in Not gerät, muß sich auf die Solidarität der Gesellschaft verlassen können.

Solidarität gebietet auch, daß die Menschen in der Dritten Welt die Chance für ein menschenwürdiges Leben erhalten. Kommende Generationen, über deren Lebenschancen wir heute entscheiden, haben Anspruch auf unsere Solidarität.

Solidarität ist auch nötig, um individuelle Entfaltungschancen zu erweitern. Nur gemeinsames Handeln, nicht egoistischer Individualismus schafft und sichert die Voraussetzungen individueller Selbstbestimmung.

Freiheit, Gerechtigkeit und Solidarität bedingen einander und stützen sich gegenseitig. Gleich im Rang, einander erläuternd, ergänzend und begrenzend erfüllen sie ihren Sinn.

Diese Grundwerte zu verwirklichen und die Demokratie zu vollenden, ist die dauernde Aufgabe des Demokratischen Sozialismus.

2. Die Welt, in der wir leben

Industrielle Revolution und moderne Technik haben in Teilen der Welt einen geschichtlich beispiellosen Wohlstand geschaffen, der durch den Ausbau des Sozialstaats und die Politik der Gewerkschaften allen zugute gekommen ist.

Die Überwindung des Mangels bei uns wurde weltweit mit neuen Gefährdungen für Mensch und Natur bezahlt. Die Dynamik der industriellen Zivilisation läßt alte Ungerechtigkeiten bestehen und schafft darüber hinaus neue Bedrohungen für Freiheit und Gerechtigkeit, Gesundheit und Leben.

Nie zuvor verfügten Menschen über so gewaltige Macht. Mit der Gentechnik können sie die Evolution in die eigene Hand nehmen. Die Entfesselung des Atoms kann zur Ausrottung der menschlichen Gattung führen.

Aber das Bewußtsein erhöhter Verantwortung wächst. [...]

Kein Land ist für sich allein lebensfähig. Klimaveränderungen oder der Abbau der schützenden Ozonschicht kümmern sich nicht um nationale Grenzen. Kriege treffen auch unbeteiligte Völker. Wirtschaftliche Krisen oder Erfolge in einem Teil der Erde wirken sich auf alle anderen aus. Die Weltgesellschaft ist Wirklichkeit, eine gerechte Friedensordnung ist jedoch noch in weiter Ferne. Aber die Einsicht wächst, daß sie notwendig ist. Gemeinsame Aufgaben zwingen zu Frieden und internationaler Zusammenarbeit. [...]

Der Staat wird zum überforderten Reparaturbetrieb. Er soll durch soziale Nachsorge oder nachhinkenden Umweltschutz reparieren, was durch ökologisch und sozial unverantwortliches Wirtschaften zerstört wurde.

Aber immer mehr Menschen begreifen, daß Vorsorge und Gestaltung unabweisbar sind. Das Verhältnis von Individuum und Gesellschaft ändert sich. Der einzelne, ohne feste Einbindung und ohne die Erfahrung von Gemeinschaft, sieht sich oft allein einer fremden und anonymen Gesellschaft gegenüber, die ihn durch immer neue Wahlmöglichkeiten zugleich fasziniert und überfordert.

Aber die Möglichkeit, frei zu wählen, wird nur dann zu mehr Freiheit und individueller Entfaltung führen, wenn sie in einen persönlichen Lebensentwurf eingeordnet und in Solidarität mit anderen wahrgenommen wird.

Noch immer leben wir in einer männlich bestimmten Gesellschaft. Die Organisation der Arbeit und des gesellschaftlichen Lebens benachteiligt die Frauen. Aber die Frauen erkämpfen sich zunehmend ihre Rechte.

Viele Menschen leiden unter der Kluft zwischen dem, was politisch zu tun wäre, und dem, was geschieht. Sie erwarten nichts mehr von Politik, ziehen sich ins Private und in kleine Gemeinschaften zurück oder fliehen vor der Wirklichkeit in neue Abhängigkeiten.

Wir Sozialdemokraten wollen beweisen, daß Politik der Mühe aller wert ist. Wir stellen uns den Gefährdungen unserer Zeit. Ohne uns von mächtigen Interessengruppen einschüchtern zu lassen, suchen wir den Dialog mit den Menschen, die sich mit uns an das Umsteuern, Planen und Gestalten heranwagen.

III. Frieden in gemeinsamer Sicherheit

Aufgabe Frieden

Die Menschheit kann nur noch gemeinsam überleben oder gemeinsam untergehen. Diese historisch beispiellosen Alternativen verlangen ein neues Herangehen an die internationalen Angelegenheiten, besonders an die Sicherung des Friedens. Der Krieg darf kein Mittel der Politik sein, dies gilt erst recht im Zeitalter atomarer, chemischer und biologischer Massenvernichtungswaffen. Frieden bedeutet nicht nur das Schweigen der Waffen, Frieden bedeutet auch das Zusammenleben der Völker ohne Gewalt, Ausbeutung und Unterdrückung. Friedenspolitik umfaßt auch Zusammenarbeit der Völker in Fragen der Ökonomie, Ökologie, Kultur und Menschenrechte. Eine Welt in Frieden erfordert das Selbstbestimmungsrecht für alle Nationen.

Friedenspolitik muß Machtkonflikte entschärfen, Interessenausgleich suchen, gemeinsame Interessen aufgreifen, dem Vormachtstreben der Weltmächte durch regionale Zusammenschlüsse entgegenwirken und Gegensätze zwischen Systemen, Ideologien und Religionen im friedlichen Wettbewerb und in einer Kultur des politischen Streits austragen. [...]

Ost und West haben den Versuch, Sicherheit gegeneinander zu errüsten, mit immer mehr Unsicherheit für alle bezahlt.

Kein Land in Europa kann heute sicherer sein als der mögliche Gegner. Jeder muß also schon im eigenen Interesse Mitverantwortung übernehmen für die Sicherheit des anderen. Darauf beruht das Prinzip gemeinsamer Sicherheit. Es verlangt, daß jede Seite der anderen Existenzberechtigung und Friedensfähigkeit zubilligt.

Gemeinsame Sicherheit bewirkt Entspannung und braucht Entspannung. Gemeinsame Sicherheit will Bedrohungsängste abbauen und die Konfrontation der Blöcke überwinden.

Unser Ziel ist es, die Militärbündnisse durch eine europäische Friedensordnung abzulösen. [...]

Der Soldat bleibt auch in Uniform Staatsbürger. Wir bejahen die Bundeswehr und die Wehrpflicht. Wehrdienst für Frauen lehnen wir ab. Das Ziel von Friedenspolitik ist es, Streitkräfte überflüssig zu machen.

Wie achten das Engagement von Pazifisten, die für die Utopie einer gewaltfreien Völkergemeinschaft einstehen. Sie haben einen legitimen Platz in der SPD. Wir garantieren das Grundrecht auf Kriegsdienstverweigerung. Wir sind für die Abschaffung der Gewissensprüfung. Der Zivildienst darf nicht so gestaltet werden, daß er abschreckend wirkt oder für die Streitkräfte nutzbar gemacht werden kann.

Europäische Gemeinschaft und europäische Friedensordnung

Die Vereinigten Staaten von Europa, von den Sozialdemokraten im Heidelberger Programm 1925 gefordert, bleiben unser Ziel. Die demokratischen Staaten müssen ihre Kräfte bündeln, um sich selbst zu behaupten, aber auch, um auf eine gesamteuropäische Friedensordnung hinzuwirken.

Die Europäische Gemeinschaft ist ein Baustein einer regional gegliederten Weltgesellschaft. Sie ist eine Chance für den Frieden und die soziale Demokratie. Ganz Europa muß eine Zone des Friedens werden. [...]

Wir wollen die Europäische Gemeinschaft zu den Vereinigten Staaten von Europa weiterentwickeln, in denen die kulturelle Identität der Völker bewahrt, sprachlich-kulturelle Minderheiten respektiert und für alle Bürger gleiche Freiheiten und gleiche Entwicklungschancen gesichert werden.

Dies verlangt volle Rechte für das Europäische Parlament, eine handlungsfähige, parlamentarisch verantwortliche Regierung, klar umrissene Zuständigkeiten und europäische Wirtschaftsdemokratie. Wir wollen eine sozialstaatliche Ordnung in ganz Europa. [...]

Deutschland

Von deutschem Boden muß Frieden ausgehen. Wir wollen die Verantwortungsgemeinschaft der Deutschen mit Leben erfüllen, die gemeinsamen Interessen beider deutscher Staaten an Abrüstung, Entspannung und Zusammenarbeit geltend machen.

Die Deutschen haben wie alle Völker ein Recht auf Selbstbestimmung. Die Frage der Nation bleibt den Erfordernissen des Friedens untergeordnet. Wir streben einen Zustand des Friedens in Europa an, in dem das deutsche Volk in freier Selbstbestimmung seine Einheit findet. Die Menschen in beiden deutschen Staaten werden über die Form institutioneller Gemeinschaft in einem sich einigenden Europa entscheiden. Die historischen Erfahrungen der Deutschen und ihre Entscheidung für ein gemeinsames Europa verbieten einen deutschen Sonderweg. Die Westgrenze Polens ist endgültig.

Die Bedeutung Berlins als deutsche und europäische Metropole wird in dem Maße wachsen, wie sich die Menschen über Grenzen hinweg begegnen und verständigen.

Die für Deutschland als Ganzes und für Berlin bestehenden Vorbehaltsrechte der Vier Mächte müssen durch die gesamteuropäische Friedensordnung abgelöst werden.

Nord-Süd-Politik

Ohne einen Ausgleich zwischen Industrie- und Entwicklungsländern wird die Zukunft der ganzen Menschheit gefährdet. Wo Hunger und Elend herrschen, kann Frieden nicht Bestand haben. Der Süden darf nicht Austragungsort für den Ost-West-Konflikt sein. Vielmehr muß Abrüstung in Ost und West Mittel freimachen, um den zwei Dritteln der Menschheit, die in Armut leben, Entwicklungschancen zu eröffnen. [...]

Internationale Gemeinschaft

Die Weltgesellschaft muß sich eine Ordnung geben, durch die der Weltfrieden gesichert, wirtschaftliche Macht politisch kontrolliert, Rohstoffe, Technologie und Wissen gerecht verteilt und unsere natürlichen Lebensgrundlagen dauerhaft geschützt werden können.

Die Vereinten Nationen können uns diesem Ziel näherbringen. Daher muß ihre Bedeutung wachsen. Sie müssen zu einem Instrument gewaltfreier Weltinnenpolitik werden. Wir wollen sie politisch und finanziell stärken.

Je weniger sie durch die Konfrontation von Ost und West gelähmt werden, desto besser können die Vereinten Nationen Frieden vermitteln, globalen Bedrohungen entgegenwirken und den Interessen armer Länder Stimme geben. Diesen Herausforderungen können die Vereinten Nationen nur dann gerecht werden, wenn die Nationalstaaten bereit sind, ihnen mehr Kompetenzen und Aufgaben zu übertragen. Wir treten ein für die Stärkung des Internationalen Gerichtshofes, die Reform des Sicherheitsrates und die Schaffung internationaler Rüstungskontrollgremien im Rahmen der Vereinten Nationen. Die Vereinten Nationen und die mit ihnen verbundenen Organisationen müssen neu strukturiert und handlungsfähiger gemacht werden.

Die Sozialistische Internationale bündelt und stärkt die Kräfte des Demokratischen Sozialismus. Sie muß weiterentwickelt werden, damit sie Wege zu einer demokratischen Weltgesellschaft weisen kann.

IV. Die freie, gerechte und soziale Gesellschaft: Eine neue Kultur des Zusammenlebens und Zusammenwirkens

[...]

1. Die Gleichstellung aller Menschen in einer solidarischen Gesellschaft

Gesellschaftliche Gleichheit von Frau und Mann

Wir wollen eine Gesellschaft, in der Frauen und Männer gleich, frei und solidarisch miteinander leben.

Wir wollen eine Gesellschaft, in der Frauen und Männer nach eigener Wahl in allen Bereichen der Gesellschaft wirken, ihnen nach Haus-, Familien- und Erwerbsarbeit Zeit und Kraft bleibt für Bildung, Kunst, Sport oder gesellschaftliches Engagement.

Wir wollen eine Gesellschaft,
die nicht mehr gespalten ist in Menschen mit angeblich weiblichen und angeblich
männlichen Denk- und Verhaltensweisen, in der nicht mehr hochbewertete Erwerbsarbeit Männern zugeordnet, unterbewertete Haus- und Familienarbeit Frauen überlassen
wird, in der nicht mehr eine Hälfte der Menschen dazu erzogen wird, über die andere
zu dominieren, die andere dazu, sich unterzuordnen.

Immer noch
ist die herrschende Kultur männlich geprägt, ist das Verfassungsgebot der gesellschaftlichen Gleichheit von Mann und Frau nicht verwirklicht,
sind Frauen stärker von Armut betroffen, werden Frauen in Ausbildung und Beruf
benachteiligt,
werden sie in Wirtschaft, Wissenschaft und Kunst, in Politik und Medien zurückge-
setzt,
wird ihnen der private Bereich, Hausarbeit und Kindererziehung zugewiesen, wird die
Rolle, die Frauen in der Geschichte spielten, unterschlagen oder verfälscht,
werden Zeitabläufe und Organisationsformen von Erwerbsarbeit und ehrenamtlicher
Tätigkeit durch männliche Bedürfnisse bestimmt,
werden Frauen Opfer männlicher Gewalt,
wird ihr Recht auf sexuelle Selbstbestimmung mißachtet. [...]
Unter der Spaltung zwischen männlicher und weiblicher Welt leiden beide, Frauen und
Männer. Sie deformiert beide, entfremdet beide einander.
Diese Spaltung wollen wir überwinden. Wir fangen bei uns selbst an. Der rechtlichen
Gleichstellung muß die gesellschaftliche folgen. Dies bedeutet nicht die Integration der
Frau in eine Männerwelt, sondern die Umgestaltung der Gesellschaft.
Erziehung soll junge Menschen auf diese Gesellschaft vorbereiten. Sie muß helfen, die
Spaltung in eine männliche und eine weibliche Welt zu überwinden und die starren
Rollenmuster zu durchbrechen, die diese Spaltung immer neu verfestigen.
Wir müssen die Arbeit neu bewerten und anders verteilen. Wer nicht nur Erwerbsar-
beit, sondern auch Haus-, Familien und Eigenarbeit gerecht verteilen will, muß vorran-
gig die tägliche Arbeitszeit verkürzen. Wir erstreben als Regel zunächst den sechsstündi-
gen Arbeitstag in der Fünf-Tage-Woche, damit Frauen und Männer Erwerbsarbeit,
Haus- und Familienarbeit, ehrenamtliche Tätigkeit und kulturelle Teilhabe besser mit
einander verbinden können. [...]
Die Zukunft verlangt von uns allen, Frauen und Männern, vieles, was lange als weiblich
galt: wir müssen uns in andere einfühlen, auf sie eingehen, unerwartete Schwierigkeiten
mit Phantasie meistern, vor allem aber partnerschaftlich mit anderen arbeiten.
Wer die menschliche Gesellschaft will, muß die männliche überwinden.
[...]

Solidarität zwischen Kulturen

In der Bundesrepublik leben Menschen unterschiedlicher Nationalität, Kultur und
Religion zusammen; die Länder Europas sind multikulturell geworden. Wie in der
Bundesrepublik Ausländer leben, so leben auch viele Deutsche im Ausland. Viele
unserer ausländischen Mitbürger leiden noch immer unter kultureller und gesellschaft-
licher Isolation und werden Opfer von Diskriminierung. Besonders betroffen sind ihre
Kinder, die zwischen den Kulturen stehen.
Kulturelle Vielfalt bereichert uns. Daher wollen wir alles tun, was Verständnis, Achtung
und Zusammenarbeit zwischen unterschiedlichen Nationen und Kulturen fördert,
Integration und Teilhabe ermöglicht.

Wir wollen das Aufenthaltsrecht für Ausländerinnen und Ausländer verbessern, ihnen das kommunale Wahlrecht geben. Das Asylrecht für politisch Verfolgte muß uneingeschränktes Grundrecht bleiben. Dies schließt politische Verfolgung aus Gründen des Geschlechts und der Rasse ein. Jeder Ehegatte hat ein eigenständiges Aufenthaltsrecht.

Überwindung der Klassengesellschaft

Unsere Gesellschaft ist durch alte und neue Privilegien gekennzeichnet. Die ungerechte Verteilung von Einkommen, Vermögen und Chancen teilt die Gesellschaft in solche, die über andere verfügen und solche, über die verfügt wird und deren Selbstbestimmung und politische Mitwirkung rasch an Grenzen stoßen. Das beeinflußt auch die Willensbildung in Politik und Staat.

Wir erstreben eine solidarische Gesellschaft der Freien und Gleichen ohne Klassenvorrechte, in der alle Menschen gleichberechtigt über ihr Leben und ihre Arbeit entscheiden. Die neue und bessere Ordnung, die der Demokratische Sozialismus erstrebt, ist eine von Klassenschranken befreite Gesellschaft. Wir wollen sie durch Abbau von Privilegien und Vollendung der Demokratie erreichen.

2. Die Zukunft der Arbeit und der freien Zeit

Die Bedeutung der Arbeit

Arbeit ist nicht nur Existenzbedingung, sondern entscheidende Dimension menschlichen Daseins. Durch Arbeit produzieren die Menschen nicht nur die Mittel und Dienste, die sie zum Leben brauchen, sondern bestimmen auch ihre Lebensumstände. Arbeit befriedigt menschliche Bedürfnisse und bringt neue hervor. Arbeit und Natur sind Quellen des Reichtums. [...]

Unsere Zukunft wird maßgeblich dadurch bestimmt, wie wir arbeiten. Erwerbsarbeit und unbezahlte, aber gesellschaftlich ebenso notwendige Arbeit in Haus, Familie und Gemeinschaft werden in unserer Gesellschaft ungleich verteilt und bewertet. Dies schlägt sich in unterschiedlichen Arbeits- und Lebensbedingungen und unterschiedlichen Entfaltungsmöglichkeiten der Geschlechter nieder.

Die Erwerbsarbeit hat zentrale Bedeutung für das Bewußtsein und Selbstbewußtsein der Menschen. Sie vermittelt Selbständigkeit und soziale Anerkennung, bestimmt Lebensbedingungen und Entfaltungschancen, erleichtert gesellschaftliches und politisches Engagement, sichert materielle Unabhängigkeit.

Alle Formen gesellschaftlieh notwendiger Arbeit müssen gleich bewertet und zwischen Männern und Frauen gleich verteilt werden. Wer Familien- und Gemeinschaftsarbeit leistet, darf im Erwerbsleben nicht benachteiligt werden. [...]

Für eine neue Politik der Arbeit

Das Recht auf Arbeit ist ein Menschenrecht. Es ist die Pflicht eines demokratischen und sozialen Rechtsstaats, für Vollbeschäftigung zu sorgen. Arbeitslosigkeit ist kein individuelles, versicherbares Risiko auf Zeit, sondern ein gesellschaftlich verursachtes und damit politisch zu lösendes Problem.

Je schwerer die ökonomischen und sozialen Kosten der Massenarbeitslosigkeit auf den Völkern lasten, desto häufiger wird versucht, der eigenen Wirtschaft durch Protektionismus Vorteile auf Kosten anderer zu verschaffen.

Wir halten demgegenüber ein gemeinsames Vorgehen der betroffenen Staaten gegen Massenarbeitslosigkeit für unabdingbar. Voraussetzung dafür ist allerdings, daß wir bereit sind, eine wirksame Beschäftigungspolitik im eigenen Land in Gang zu setzen. [...]

Vielen Menschen fehlt es noch am Lebensnotwendigen. Eine gerechtere Einkommensverteilung sorgt für sozialen Ausgleich und schafft zusätzliche Nachfrage und damit Arbeitsplätze.

Ökologische Erneuerung schafft zusätzliche Arbeit. Dies gilt für die Aufarbeitung von Altlasten wie auch für Umweltvorsorge, für naturgerechte Landwirtschaft; den Umbau des Verkehrswesens und des Energiesystems. Wo Energie gespart, Energieversorgung dezentralisiert, Müll wiederaufgearbeitet, umweltschädliche Güter durch umweltfreundliche ersetzt werden, entsteht Arbeit. Städte und Dörfer müssen erneuert, Wohnungen errichtet und modernisiert, Nahverkehrssysteme ausgebaut, Kulturschätze erhalten werden.

Auch der Bedarf an sozialen Dienstleistungen wächst. Wir wollen die öffentlichen Dienstleistungen verbessern und die Angebote insbesondere für benachteiligte Menschen und Gruppen ausbauen. Bildung, Weiterbildung, Kultur, Forschung und Wissenschaft brauchen Menschen. Kinder müssen betreut, Jugendarbeit geleistet, Kranke und immer mehr Alte gepflegt, Ausländer und ihre Kinder eingegliedert, Behinderte betreut und integriert, Suchtprävention geleistet und Suchtkranke geheilt, psychisch Gefährdete begleitet, Straffällige resozialisiert, Hilfe zur Selbsthilfe organisiert werden. Die sozialen Dienste müssen zu einem flächendeckenden Netz ambulanter und stationärer Hilfen verbunden werden.

Arbeitszeitverkürzung – Beitrag zu Vollbeschäftigung und Zeitsouveränität

Wir wollen die Steigerung der Produktivität zur Verkürzung der Arbeitszeit nutzen, wobei kürzere Arbeitszeit nicht automatisch kürzere Maschinenlaufzeit bedeutet. Arbeitszeitverkürzung ist auch in Zukunft ein wesentlicher Beitrag für mehr Lebensqualität. Sie verringert die Belastung der Erwerbsarbeit und schafft Raum für notwendige Tätigkeiten außerhalb der Erwerbsarbeit, gibt Zeit für Muße, kulturelle und soziale Aktivität. Sie schafft Arbeitsplätze.

Kürzere Arbeitzeiten sind erst recht nötig, wenn Erwerbsarbeit allen Frauen und Männern zugänglich wird. Soll die partnerschaftliche Teilung der häuslichen Arbeit gelingen, muß die tägliche Arbeitszeit verringert werden. Daher streben wir den sechsstündigen Arbeitstag in der 30-Stunden-Woche als Regel an.

Bei kürzerer Regelarbeitszeit wird gerechte Einkommensverteilung noch wichtiger. Löhne und Gehälter sollten daher nach Einkommensgruppen differenziert erhöht werden. [...]

Alle Männer und Frauen sollen die Möglichkeit erhalten, Erwerbsarbeit zu reduzieren oder zu unterbrechen,

um sich der Kindererziehung zu widmen,

um sich weiterzubilden, auch in einem Weiterbildungsjahr,

um Alte, Kranke oder Behinderte zu pflegen,

um einen gleitenden Übergang in den Ruhestand zu finden. [...]

Unsere Forderungen für die Gestaltung der Erwerbsarbeit sind: Humanisierung, Qualifizierung und Demokratisierung. Diese drei Aufgaben bedingen einander.
Humane Gestaltung der Arbeitswelt verlangt zunächst, daß Menschen nicht durch gesundheitsbelastende Arbeitsbedingungen verschlissen werden. [...]
Humanisierung der Arbeitswelt setzt darüber hinaus bei den kreativen, organisatorischen, fachlichen und sozialen Fähigkeiten der Menschen an. Die Menschen brauchen sinnvolle Arbeitsinhalte, ausgeweitete Handlungsspielräume, mehr Autonomie, verbesserte Qualifizierung sowie verstärkte Mitbestimmung und Beteiligung.
Die Qualität der Arbeit verbessert sich nur über bessere Qualifizierung aller Arbeitnehmerinnen und Arbeitnehmer. Sie müssen das Recht auf lebenslange Aus- und Weiterbildung in der Erwerbsarbeitszeit haben. Es soll, ebenso wie ein erweiterter Bildungsurlaub, gesetzlich verankert werden. [...]
Demokratisierung zielt auf Befreiung in der Arbeit. Sie muß durch die Arbeitenden unter Ausweitung der Mitbestimmungskompetenzen selbst verwirklicht werden. Aus Wirtschaftsuntertanen werden Wirtschaftsbürger und -bürgerinnen.
Arbeitnehmerinnen und Arbeitnehmer müssen darüber mitbestimmen, welche Arbeit mit welcher Zielsetzung in welchen Organisationsformen zu welchen Zeiten geleistet werden soll. Mitbestimmung ist weiter nötig, wo über neue Möglichkeiten der Beschäftigung, ökologische und soziale Verträglichkeit von Arbeitsplätzen zu entscheiden ist. Wir werden die rechtlichen Voraussetzungen hierfür, auch im öffentlichen Dienst, schaffen.

Familienarbeit

Kindererziehung und Familienarbeit machen unsere Gesellschaft lebensfähig. Sie müssen gesellschaftlich anerkannt und sozial abgesichert werden. Humanisierung, Verkürzung und angemessene Verteilung der Erwerbsarbeit kommen auch der Haus- und Familienarbeit zugute. Wie die Erwerbsarbeit ist die Haus- und Familienarbeit Aufgabe beider Geschlechter. Wie andere Arbeitsformen bietet sie die Chance der Selbstverwirklichung, sie kann aber auch Menschen überfordern und in ihrer Entwicklung behindern. [...]
Erziehungs- und Pflegezeiten sind in der Altersversorgung anzurechnen. In den ersten drei Lebensjahren eines Kindes müssen Vater und Mutter Anrecht auf bezahlten Elternurlaub bekommen. Wer zur Kindererziehung aus dem Erwerbsleben ausgeschieden ist, muß Anspruch auf Wiedereingliederung haben. Bei Einstellungen und beruflichem Aufstieg sind Erziehungs- und Pflegezeiten zu berücksichtigen. Außerdem besteht der Rechtsanspruch auf weitere Qualifikation und Förderung nach Eignung und Neigung.

Freie Tätigkeiten und Muße

Menschliches Leben vollzieht sich im Rhythmus von Arbeit und Muße, Anspannung und Entspannung. Mit der Verkürzung der Erwerbsarbeitszeit vergrößert sich das Angebot an Zeit für die freibestimmten Tätigkeiten. Diese gewonnene Zeit wollen wir nicht der Freizeitindustrie überlassen. Alle müssen die Chance bekommen, sich für Nachbarschaft oder Umwelt, für gewerkschaftliche oder politische Aufgaben zu engagieren. Es muß für alle möglich werden, nach eigener Wahl kreativ zu sein. Die Gesellschaft muß dafür die Voraussetzungen verbessern.

Das kulturelle Leben

Bildungsziele

Ziel von Bildung ist für uns nicht nur Qualifikation für Beruf und Fortkommen. Bildung hat Eigenwert für die Entfaltung der Person. Bildung soll Verständnis für die eigene Überlieferung wecken und Menschen befähigen, sich selbst und andere, auch andere Kulturen und ihre Menschen, zu verstehen. Bildung soll die Chance eröffnen, selbstbestimmt zu arbeiten und die von Erwerbsarbeit und Familienarbeit freie Zeit für Eigenarbeit, musisch-kulturelle Tätigkeit, soziale und politische Aktivitäten zu nutzen. Bildung muß Menschen befähigen, sich mit der Gesellschaft und den Anforderungen der Arbeitswelt kritisch auseinanderzusetzen und mitgestaltend auf sie einzuwirken. Bildung soll Menschen helfen, sich in unserer komplizierter werdenden Gesellschaft zurechtzufinden, Technik und Produktionsmittel sinnvoll zu gebrauchen und ihre natürliche Umwelt zu schützen. Sie soll Kreativität fördern und dazu befähigen, mit dem Überangebot von Unterhaltung und Informationen umzugehen. Sie soll jungen Menschen helfen, grundlegende menschliche Erfahrungen zu bestehen und an ihnen zu wachsen.

Gefühl wie Vernunft, geistige wie praktische Fähigkeiten bedürfen der Bildung. Sie soll für die Natur aufschließen, zur Verantwortung für die Mitmenschen hinführen und solidarisches Verhalten einüben.

Bildung muß dazu befähigen, die Vielfalt der europäischen Kulturen als Bereicherung des eigenen Lebens zu erfahren. [...]

Bildung muß allen offenstehen. Schüler, Auszubildende und Studenten sind finanziell so zu unterstützen, daß sie in eigener Verantwortung ihren Berufsweg unabhängig vom Einkommen ihrer Eltern gehen können. Eine qualifizierte Schul- und Erstausbildung eröffnet die Chance zum lebenslangen Lernen und sozialer, kultureller und politischer Teilhabe.

Reform und Ausbau des Bildungswesens

Chancengleichheit im Bildungswesen ist für uns unverzichtbar. [...]

Unser Bildungswesen steht vor neuen Herausforderungen. Die quantitative Erweiterung muß einhergehen mit dem qualitativen Ausbau.

Wir wollen allgemeine, politische und berufliche Bildung integrieren: Dies gilt für alle Bildungseinrichtungen.

Wir wollen Ganztagsschulen anbieten, weil sie Chancengleichheit fördern, soziales Lernen und den Wechsel von Wissensvermittlung, Gemeinschaftsarbeit und Spiel ermöglichen.

Die Schulen müssen zur Arbeitswelt, vor allem aber zu den Städten und Gemeinden hin geöffnet, in das kommunale Leben eingebunden werden. Wir wollen mehr Mitbestimmung der Beteiligten auch bei der Wahl der Schullaufbahn und einen größeren pädagogischen Freiraum in den Bildungseinrichtungen. Der Staat muß die Rahmenbedingungen so gestalten, daß sie durch Willensbildung vor Ort ausgefüllt werden können. Wir fördern Modellschulen, die neue Lern- und Unterrichtsformen erproben.

Wir wollen die gemeinsame Erziehung von Jungen und Mädchen, von ausländischen und deutschen, von behinderten und nicht-behinderten Kindern, damit Vorurteile und Benachteiligungen abgebaut werden.

Wissensvermittlung wollen wir mit sozialem Lernen verknüpfen, auch um dem wachsenden Konkurrenzdruck aus der Arbeitswelt entgegenzuwirken.

Sozialdemokratische Bildungspolitik will fördern statt auslesen. Wir wollen Schulen, die eine Vielfalt von Bildungsmöglichkeiten und -abschlüssen anbieten, den unterschiedlichen Neigungen und Fähigkeiten der Schüler Rechnung tragen, sie differenziert fördern und so mehr Chancengleichheit verwirklichen. Die Gesamtschule ist am besten geeignet, unsere bildungspolitischen Ziele umzusetzen.

Berufliche Bildung und Weiterbildung

Die Berufsausbildung hat für die persönliche und berufliche Entwicklung zentrale Bedeutung. Alle jungen Menschen haben deshalb das Recht auf einen Ausbildungsplatz. Die Ausbildung muß sie befähigen, einen Beruf auszuüben, sich regelmäßig weiterzubilden und unser Gemeinwesen mitzugestalten. [...]
Mädchen und Frauen dürfen bei der Ausbildung, der Weiterbildung und beim Übergang in die Arbeitswelt nicht benachteiligt werden.
Rascher Strukturwandel macht es nötig, Weiterbildung gleichberechtigt mit Schule und Erstausbildung zu fördern. Deshalb muß die allgemeine, die berufliche, die politische und die kulturelle Weiterbildung als kommunale Pflichtaufgabe zur vierten Säule des Bildungswesens ausgebaut werden. [...]

Hochschule, Wissenschaft und Forschung

Die Öffnung der Hochschule bleibt unser Ziel. Studium und Weiterbildung sollen auch für diejenigen zugänglich werden, die ihre Befähigung im Beruf oder durch andere gesellschaftliche Tätigkeiten erworben haben. Forschung und Lehre müssen stärker als bisher Probleme der Arbeitswelt berücksichtigen. [...]
Wir wollen alles tun, damit die Qualität von Wissenschaft und Forschung internationalen Maßstäben gerecht bleibt.
Freiheit und Verantwortung der Wissenschaft bedingen einander. Wer als Wissenschaftler gegenüber der Gesellschaft die Freiheit der Forschung beansprucht, muß auch bereit sein, für die Folgen ihrer Anwendung Verantwortung zu übernehmen. Die Gesellschaft muß die Freiheit der Wissenschaft und des einzelnen Wissenschaftlers gegenüber staatlicher und wirtschaftlicher Macht sichern. Zur Freiheit der Wissenschaft gehört der freie, unbehinderte wissenschaftliche Disput und die laufende Veröffentlichung von Forschungsergebnissen. [...]
In der Regel unterliegt wissenschaftliche Forschung erst dann der gesellschaftlichen Kontrolle, wenn es um die Anwendung ihrer Ergebnisse geht. Wo aber Vorhaben der Wissenschaft ethische Normen verletzen oder zu untragbaren Risiken führen, muß der Gesetzgeber Methoden und Verfahren der Forschung untersagen. Dies gilt für die Entwicklung von Massenvernichtungswaffen, für medizinische Experimente am Menschen, für Eingriffe in Persönlichkeitsrechte und gentechnische Entwicklungen, insbesondere Veränderungen des Erbmasse des Menschen.
Die gesellschaftliche Kontrolle ethisch fragwürdiger Experimente wollen wir erreichen, indem wir öffentliche Diskussionen über die Zulässigkeit wissenschaftlicher Verfahren anregen und Ethikkommissionen einrichten. Wenn es die Würde des Menschen, das Recht auf Leben oder der Schutz der Natur erfordern, hat der Staat das Recht und die Pflicht, mit Verboten und Auflagen in die Forschung einzugreifen.

Kulturarbeit in der Demokratie

Die Arbeiterbewegung hat sich von Anfang an auch als Kulturbewegung verstanden. In der Tradition des europäischen Humanismus und der Aufklärung trat sie für die Freiheit des künstlerischen Ausdrucks ein und wollte allen die Teilhabe am Reichtum der Kultur ermöglichen. Diesen Zielen bleiben wir verpflichtet. [...]
Wir orientieren uns in Kulturpolitik und Kulturarbeit an unseren Grundwerten und unserer Tradition. Wir wollen kritisches Bewußtsein fördern, zu aktiver und solidarischer Lebensgestaltung anregen, persönliche und gesellschaftliche Emanzipation voranbringen.
Wir wissen, daß wir das kulturelle Leben der Gesellschaft nur dann prägen können, wenn sozialdemokratische Kulturarbeit bei der eigenen Partei beginnt, bei ihren Umgangsformen, ihrer Arbeitsweise, ihrer Fähigkeit, kulturelle Impulse aufzunehmen und zu verarbeiten. [...]
Kunst und Kultur brauchen Orte, an denen sie sich öffentlich darstellen können. Die Voraussetzungen dafür zu schaffen und Künstlerinnen und Künstler zu fördern, ist Sache der Politik. Kulturpolitik ist eine Pflichtaufgabe der öffentlichen Hände. Der Staat darf nicht Vormund der Kultur, er soll Garant kultureller Vielfalt sein.

Medien in der Verantwortung

[...]
Wir Sozialdemokraten stehen für kulturelle und publizistische Vielfalt. Wir wollen die Unabhängigkeit der Medien vom Staat, aber auch von mächtigen wirtschaftlichen und gesellschaftlichen Gruppen sichern und ausbauen. Wir wollen die Mitbestimmung aller, die in den Medien tätig sind, vor allem derer, die an Programm und redaktioneller Arbeit mitwirken.
Zeitung, Zeitschrift und Buch behalten als gründlich und umfassend informierende Angebote auch im Zeitalter der elektronischen Medien ihre besondere Bedeutung. Unsere Kultur ist auf das Lesen angewiesen. Wir werden es fördern.
Dem öffentlich-rechtlichen Hörfunk und Fernsehen obliegt die unerläßliche Grundversorgung. Sie besteht in einem umfassenden Angebot an Information, politischer Meinungsbildung, Unterhaltung, Bildung, Beratung und kulturellen Beiträgen. Bestand und Entwicklung des öffentlich-rechtlichen Rundfunks müssen daher gewährleistet bleiben. Er muß vor allem gegen parteipolitische Einflußnahme gesichert und wirtschaftlich unabhängig sein. [...] In Journalismus und Unterhaltung stützen wir alle, die die Wirklichkeit kritisch durchleuchten wollen und neue Ideen haben.
Der deutsche und der europäische Film sind zu fördern. Sie können dabei helfen, die kulturelle Identität Europas, seiner Länder und Regionen zu erhalten.

Sport

Sport ist ein wesentlicher Teil der Kultur. Er trägt zu Lebensqualität und Lebensfreude bei. Darum übernehmen wir von der Arbeitersportbewegung den Grundsatz des Sports für alle, und daher gilt unser Hauptinteresse dem Breitensport und dem Behindertensport. Wir unterstützen aber auch den Leistungssport, der die menschliche Würde nicht verletzt und die Selbstbestimmung des Sportlers garantiert. Zur Sicherung dieser Bedingungen bedarf es gegebenenfalls gesetzlicher Maßnahmen. In Partnerschaft mit seinen eigenverantwortlichen Organisationen ist der Sport von Bund, Ländern und Gemeinden zu fördern.

3. Durch soziale Gerechtigkeit zur solidarischen Gesellschaft

Sozialpolitik als verwirklichte Solidarität

Sozialpolitik will Solidarität als Leitidee für die ganze Gesellschaft lebendig machen. Daher ist sie für uns Gesellschaftspolitik, eine Dimension des gesamten politischen Handelns.
Solidarität ersetzt nicht Eigenverantwortung, erträgt nicht Bevormundung. Sie soll auch als Hilfe zur Selbsthilfe wirksam werden. Die Arbeiterbewegung hat über Generationen hinweg den Sozialstaat erkämpft. Wir werden ihn erhalten und ausbauen.
In der Solidargemeinschaft stehen die Jungen für die Alten, die Gesunden für die Kranken, die Nichtbehinderten für die Behinderten, die Arbeitenden für die Arbeitslosen ein. Wir sind gegen eine Privatisierung der elementaren Lebensrisiken.
Sozialpolitik, die sich darauf beschränkt, eingetretene Schäden zu beheben, ist inhuman und überdies finanziell rasch überfordert. Der wirksamste Schutz geschieht durch Vorbeugung. Sozialpolitik will nicht nur reparieren und in Notfällen einspringen, sondern vorausschauend gestalten. Sie soll Lebens- und Arbeitsbedingungen menschenwürdig machen. Ökologische Politik zum Schutze der Gesundheit, Humanisierung der Arbeit, Bekämpfung der Arbeitslosigkeit und gerechtere Einkommensverteilung sind zentrale Aufgaben vorbeugender Sozialpolitik. [...]

Recht auf soziale Sicherheit

Das Sozialstaatsgebot des Grundgesetzes überträgt dem Staat soziale Verantwortung und die Pflicht zu sozialer Gerechtigkeit.
Die tragenden Säulen des Sozialstaats sind staatlich verbürgte soziale Sicherung und Teilhabe, der einklagbare Rechtsanspruch auf Sozialleistungen und die rechtlich gesicherte Stellung der Arbeitnehmer.
Es berührt Menschen in ihrer Würde, ob sie Sozialleistungen aufgrund von Rechtsansprüchen oder als wohltätige Zuwendungen erhalten, ob sie im Arbeitsverhältnis der Willkür des Arbeitgebers unterworfen sind oder, genau wie die Unternehmer, gesetzliche Rechte und Pflichten wahrnehmen. Wer soziale Hilfe in Anspruch nimmt, darf nicht diskriminiert werden.
Soziale Sicherung muß verläßlich sein. Wirtschafts-, Finanz- und Sozialpolitik sind so aufeinander abzustimmen, daß die Gesamtpolitik am Sozialstaatsgebot orientiert ist.

Umbau statt Abbau

Auch für Sozialpolitik gilt: Qualität vor Quantität. Wer Abbau verhindern will, muß Umbau betreiben.
Gewinninteressen müssen zurückgedrängt, bürokratische Verkrustungen aufgebrochen werden. Die Empfänger von Sozialleistungen müssen ihre Interessen ausreichend geltend machen können. [...]
Wir wollen eine einkommensabhängige soziale Grundsicherung, die das beitrags- und leistungsbezogene Sicherungssystem ergänzt, es aber nicht ersetzt. Sie soll im Alter, bei Invalidität und Arbeitslosigkeit den Lebensbedarf decken. Soziale Grundsicherung soll Sozialhilfe auf die Unterstützung in besonderen Notlagen zurückführen und das Sozialrecht vereinfachen. Ihre zusätzlichen Kosten sind aus Steuermitteln zu finanzieren.

Wir werden dafür sorgen, daß die Renten sicher bleiben. Wenn auf immer mehr Rentner immer weniger Beitragszahler kommen, müssen zusätzliche Lasten auf Beitragszahler, Rentner und den Staat gerecht verteilt werden. Der ungünstige Altersaufbau wirkt sich auch auf die Sonder- und Zusatzversorgungen aus. Daher müssen die Systeme der Alterssicherung schrittweise angeglichen werden. Alle müssen die Möglichkeit erhalten, nach eigener Wahl Teile von Rente und Arbeitseinkommen zu kombinieren.

Unternehmen, die Arbeit durch Kapital und Energie ersetzen, zahlen immer weniger, arbeitsintensive Betriebe immer mehr Sozialabgaben. Wir wollen die Arbeitgeberbeiträge zur Sozialversicherung am Leistungsvermögen der Unternehmen, an der Wertschöpfung orientieren.

Reform des Gesundheitswesens

Wir streben eine Gesundheitssicherung an, bei der die Interessen der Versicherten Vorrang vor den Interessen der Ärzte, der Zahnärzte, der Pharmaindustrie, der Heil- und Hilfsmittelanbieter und der Krankenhausträger haben. Die Krankenkassen müssen in den Stand gesetzt werden, die Rechte der Versicherten gegen die Interessen der Anbieter durchzusetzen und das Interesse der Versicherten an Vorbeugung und kostengünstigen, aber wirksamen Heilverfahren stärken. […]
Vorbeugende und heilende Medizin müssen den gleichen Rang erhalten. Gesundheitsvorsorge und Gesundheitsaufklärung werden zu zentralen Aufgaben. Sie müssen im Kindergarten beginnen. […]
Jedem Kranken ist, unabhängig vom Einkommen, eine Behandlung zu ermöglichen, die dem Stand medizinischer Wissenschaft entspricht. Alle haben das Recht auf freie Wahl des Arztes und der Behandlungsmethoden, auch solche der alternativen Medizin. […]
Wir wollen der ambulanten medizinischen Versorgung Vorrang vor der stationären geben. Dazu bedarf es des Aufbaus eines Netzes von möglichst gemeindebezogenen Einzel- und Gruppenpraxen, Gesundheitszentren, erweiterten Sozialstationen, Tageskliniken und Rehabilitationseinrichtungen.
Die notwendige Kostensenkung im Gesundheitswesen verlangt nicht nur veränderte Machtverhältnisse, sondern auch ein humanes Verständnis von Krankheit. Es geht nicht darum, durch oberflächliche Beseitigung von Krankheitssymptomen Arbeitsfähigkeit herzustellen, sondern Menschen gesund zu machen. Dazu brauchen wir die vertrauensvolle Partnerschaft von Ärzten, Patienten und nichtärztlichen Heilberufen.
In der gesetzlichen Krankenversicherung lehnen wir eine Kostenbeteiligung der Versicherten über die Beiträge hinaus ab.

Hilfe zur Selbsthilfe

Wir wollen eine Gesellschaft selbständiger Menschen, die für sich und für andere Verantwortung übernehmen. Wir wollen denen Hilfe anbieten, die versuchen, ihre Probleme aus eigener Kraft oder zusammen mit anderen anzupacken. Deshalb sind neue Formen der Zusammenarbeit von Sozialverwaltung und Selbsthilfeinstitutionen zu unterstützen. Wir wollen die Selbsthilfebewegung ermutigen und ihre Ideen und Erfahrungen für den Sozialstaat nutzbar machen.
Selbsthilfe kann große Solidargemeinschaften oder professionelle Dienste nicht entbehrlich machen. Sie kann sie aber entlasten und ergänzen und neuen Bedürfnissen flexibler gerecht werden. Aus dem Willen zur Selbsthilfe sind auch Wohlfahrtsverbände

wie die Arbeiterwohlfahrt oder die diakonische und karitative Arbeit der Kirchen entstanden, die wir schätzen und fördern.

4. Ökologisch und sozial verantwortliches Wirtschaften

Wirtschaften hat dem Gemeinwohl zu dienen. Es soll alle Menschen ausreichend mit Gütern und Dienstleistungen versorgen, das Recht auf Arbeit gewährleisten, natürliche Lebensgrundlagen schonen und sichern. Das Kapital hat dem Menschen, nicht der Mensch dem Kapital zu dienen.

In modernen, demokratisch verfaßten Industriegesellschaften geschieht die Versorgung mit Gütern und Dienstleistungen durch eine gemischte Wirtschaft, in der Wettbewerb und staatliches Handeln zusammenwirken. Dieses System hat sich als überaus leistungsfähig und allen Formen zentraler Verwaltungswirtschaft prinzipiell überlegen erwiesen.

Ein historisches Grundproblem des Wettbewerbssystems ist seine Verbindung mit der privaten Verfügung über die Produktionsmittel. Diese Verbindung hat die kapitalistische Wirtschaftsordnung hervorgebracht und zu unkontrollierter wirtschaftlicher Macht und ungerechter Verteilung von Arbeit, Einkommen und Vermögen geführt.

Demokratische Kontrolle der wirtschaftlichen Macht des Kapitals verlangt einen handlungsfähigen Staat, starke Gewerkschaften und Mitbestimmung.

Die Ungleichheiten in der Vermögens- und Einkommensverteilung haben weiter zugenommen. Eine gerechte Verteilung von Einkommen, Vermögen und Zeit macht Tarifautonomie, staatliche Steuer- und Sozialpolitik und Vermögensbildung der Arbeitnehmer erforderlich.

Das Wettbewerbssystem ist ungeeignet, die Menschen mit Gemeinschaftsgütern und -leistungen zu versorgen. Infrastruktur und soziale Dienste bereitzustellen, ist vor allem öffentliche Aufgabe.

Die Wettbewerbswirtschaft hat durch ihre Tendenz zu ungehemmtem Ressourcenverbrauch und unkontrollierter technischer Innovation zur Verschwendung von Rohstoffen und zur Zerstörung der natürlichen Lebensgrundlagen geführt. Der Staat muß diesen ökologischen Gefährdungen entgegenwirken und die Einführung umweltverträglicher Produkte und Produktionsverfahren durchsetzen.

Wettbewerb kann, ohne Leistungsfähigkeit einzubüßen, auf die Interessen des Gemeinwohls hin gelenkt werden, wenn es gelingt, Rahmenbedingungen gegen Kapitalinteressen verbindlich durchzusetzen. Dies kann in westlichen Industrieländern durch staatliche Steuerung, die Gegenmacht von Gewerkschaften, Dezentralisierung von Entscheidungen und gesellschaftlichen Konsens auf der Grundlage eines breiten Reformbündnisses geschehen, das auch die neuen sozialen Bewegungen einbezieht.

Der internationale Rahmen

Internationale Verflechtung

Staatliche Rahmensetzungen sind bisher fast nur im Nationalstaat wirksam geworden. Inzwischen setzt sich kapitalistische Ökonomie aber über nationale Grenzen hinweg. Multinationale Konzerne können dadurch Vorteile auf Kosten der Gesellschaft wahrnehmen und Verpflichtungen ausweichen.

Bei den meisten Industrieprodukten und vielen Dienstleistungen ist die Konkurrenz weltweit geworden. Wir wollen die Chancen der Bundesrepublik im weltweiten Wettbewerb wahren und für die Entwicklungsländer neue Chancen eröffnen. Eine expansive Exportorientierung lehnen wir ab. Um unseren Handelspartnern und insbesondere den Entwicklungsländern neue Chancen zu eröffnen und Ungleichgewichte im internationalen Handel abzubauen, müssen wir die Binnenwirtschaft stärken und den eigenen Markt öffnen.

Um zu verhindern, daß Standortkonkurrenz zwischen Wirtschaftsräumen zum weltweiten Druck auf Löhne, zu schlechteren Arbeitsbedingungen, Sozialleistungen und Umweltnormen führt, werden international verbindliche Regeln für soziale und ökologische Produktionsbedingungen nötig. [...]

Wo der Verlust nationaler Kompetenz nicht durch internationale Regeln ausgeglichen wird, gilt das Recht des Stärkeren. Alle Volkswirtschaften werden anfälliger für Krisen. Daher wollen wir Möglichkeiten zur Steuerung der Wirtschaften durch internationale Kooperation und Rahmensetzung zurückgewinnen und erweitern, ohne nationale Wirtschaftspolitik aus ihrer Verantwortung zu entlassen.

Gerechte und leistungsfähige Weltwirtschaftsordnung

Noch mehr als wir sind die Entwicklungsländer auf eine Neuordnung der Weltwirtschaft angewiesen. Sie leben in demütigender Abhängigkeit von den Banken, Konzernen und Regierungen des Nordens. Auch im internationalen Währungsfonds und der Weltbank, deren Bedingungen sie sich fügen müssen, dominieren westliche Industrieländer. [...]

Ein fairer Welthandel muß durch sanktionsfähige internationale Regeln gesichert werden. Präferenzen, die nicht auf Gegenseitigkeit beruhen, können die Märkte der Industrieländer für Fertigwaren aus Entwicklungsländern öffnen und deren junge und schutzbedürftige Branchen vorübergehend absichern.

Eine demokratisch kontrollierte internationale Währungsordnung ist notwendig, um Währungsspekulation und schädliche Währungsschwankungen zu verringern. Diese Währungsordnung kann die notwendige Senkung der Zinsen und die Abstimmung zwischen der Geld- und Haushaltspolitik der Staaten erleichtern. ,

Eine neue Weltwirtschaftsordnung wird nur dann besser sein, wenn durchgreifende Reformen der ökonomischen, sozialen und politischen Strukturen in den Gesellschaften des Südens den Weg in eine dauerhafte Entwicklung öffnen und damit den Rückfall in erneute Verschuldung und einseitige ökonomische Abhängigkeit verhindern.

Eine gerechte Weltwirtschaftsordnung läßt sich nicht aufbauen ohne die enge internationale Kooperation starker Gewerkschaften.

Die Europäische Gemeinschaft als regionaler Zusammenschluß

Der Aufbau einer gerechten, demokratisch legitimierten Ordnung der Weltwirtschaft wird durch regionale Zusammenschlüsse gefördert. Wo Länder ihre Kräfte und Interessen bündeln und abstimmen, schaffen sie Bausteine für eine bessere Weltwirtschaftsordnung.

Die Europäische Gemeinschaft eröffnet Handlungsspielräume. Sie bietet die Chance der Selbstbehauptung und Beeinflussung des Weltmarktes. Sie muß zu einem einheitlichen Wirtschafts-, Währungs- und Sozialraum zusammenwachsen.

Die Europäische Gemeinschaft soll

- die Wirtschaftspolitik ihrer Mitglieder harmonisieren, europäischen Binnenmarkt verwirklichen und eine europäische Währung schaffen;
- aktive Beschäftigungspolitik betreiben und regionale Ungleichgewichte abbauen;
- einen wirksamen Finanzausgleich zwischen reichen und armen Mitgliedsländern der Gemeinschaft leisten;
- der Sozialpolitik den gleichen Rang geben wie der Wirtschaftspolitik;
- beispielhafte soziale Errungenschaften einzelner Länder für die ganze Gemeinschaft nutzbar machen;
- die Mitbestimmung der Beschäftigten und ihrer Gewerkschaften durchsetzen;
- die europäische Wirtschaftsdemokratie verwirklichen, um ökonomischer Machtzusammenballung entgegenzutreten;
- in Wissenschaft und Forschung die Kräfte aller Mitglieder zusammenfügen;
- eine wirksame Frauenförderung einleiten;
- ökologische Erneuerungen durch Steuern, Abgaben und strenge, verbindliche Normen zum Schutz der Umwelt fördern;
- durch Reform ihrer Agrarpolitik die natürlichen Lebensgrundlagen schützen, Verbraucherinteressen und die bäuerliche Landwirtschaft sichern;
- durch die Förderung regionaler und nationaler Kultur eine europäische Identität der Vielfalt sichern.

Nationale Verantwortung

Durch ihre Wirtschaftskraft verfügt die Bundesrepublik über erhebliche nationale Handlungsspielräume, ihr Einfluß auf internationale wirtschaftspolitische Entscheidungen ist groß. Je entschlossener wir unsere nationalen Handlungsspielräume für ökologische und soziale Reform nutzen, desto stärker können wir auf internationale Entscheidungen einwirken. Wer nur auf europäische oder weltweite Regelungen wartet, wird am Ende auch sie nicht bekommen.

Obwohl manche unserer Vorstellungen nur noch europäisch oder gar weltweit voll zu verwirklichen sind, muß unser Handeln da beginnen, wo wir unmittelbar Verantwortung tragen.

Ökologische Erneuerung

Die Krise der Umwelt ist weltweit. Indem wir sie national angehen, wollen wir das international Notwendige vorantreiben. Der Schutz der natürlichen Lebensgrundlagen ist als Staatsziel in das Grundgesetz aufzunehmen. [...]

Für uns gilt die ethische Verpflichtung zum pfleglichen Umgang mit der Natur auch dort, wo kein unmittelbarer Nutzen für die Menschen daraus folgt. Umweltschutz, Naturschutz, Tierschutz sind Teil unserer solidarischen Gesellschaftskonzeption. Ehrfurcht vor dem Leben ist Grundsatz unserer Politik. Die Erhaltung der Natur muß Aufgabe aller Politikbereiche werden.

Gesamtwirtschaftlich ist nichts vernünftig, was ökologisch unvernünftig ist. Ökologie ist kein Zusatz zur Ökonomie. Sie wird zur Basis verantwortlichen Wirtschaftens. Das ökologisch Notwendige muß daher Prinzip auch betriebswirtschaftlichen Handelns werden. Wir dürfen der Natur nur abverlangen, was sie uns ohne nachhaltige Schäden liefert. Wir müssen Güter herstellen und verwenden, die dem Stoffkreislauf der Natur angepaßt sind. Dieser ökologische Umbau unserer Wirtschaft reicht von der Produktidee über den Produktionsprozeß bis zum Verbrauch und zur Wiedergewinnung genutzter Rohstoffe und zur Schließung stofflicher Kreisläufe. Er erfordert eine ökologische Bewertung der eingesetzten Stoffe, Verbindungen und Verfahren. Er umfaßt alle Formen der Energiegewinnung und Energieumwandlung. Schwerpunkte des ökologischen Umbaus müssen Chemie, Verkehrswesen und Landwirtschaft sein.

Die zunehmende Gefährdung unserer Umwelt führt weltweit zu einer Verschärfung sozialer Ungleichheit. Um so mehr muß der ökologische Umbau sozial gestaltet werden.

Der ökologische Umbau hat klare Ziele:
- umweltschädliche Produkte, Produktionen und Systeme abschaffen und durch umweltverträgliche ersetzen;
- dazu nötige technische Innovationen beschleunigen;
- Wiederverwertung vorantreiben;
- unvermeidliche Entsorgung wirksam organisieren;
- Altlasten zügig aufarbeiten;
- sparsamen und schonenden Umgang mit Grund und Boden.

Es gibt keine ökologische Erneuerung ohne sparsamen und rationellen Umgang mit Energie. Wir wollen ihn durch Tarife, Preise, Steuern, Abgaben und Normen zum ökonomisch Gebotenen machen. [...]

Ökologische Erneuerung wollen wir, wo immer möglich, nicht durch administrative Einzelentscheidungen, sondern durch politische Rahmensetzung bewirken. Das ökologisch Schädliche muß teurer, das ökologisch Richtige ökonomisch vorteilhafter werden. Dazu dienen Abgaben und Steuern auf der einen, finanzielle Anreize auf der anderen Seite. Energie muß teurer werden.

Wir brauchen wie bisher Gebote und Verbote, Grenzwerte und Genehmigungsvorbehalte. Wir brauchen darüber hinaus die Umweltverträglichkeitsprüfung, ein schärferes Umweltstrafrecht und ein neues Haftungsrecht, das auch die Beweislast umkehrt. Wir wollen die Verbandsklage einführen, die Stellung der Umweltschutzbeauftragten stärken und die Mitbestimmung in Fragen des Gesundheits- und Umweltschutzes ausweiten.

Umweltschutz beginnt vor Ort. Gemeinden und Kreise müssen Motor des ökologischen Umbaus sein. Auch dazu ist ihre finanzielle Leistungsfähigkeit zu stärken.

Fortschritt, Wachstum und Struktur

Nicht jedes Wachstum ist Fortschritt. Wachsen muß, was natürliche Lebensgrundlagen sichert, Lebens- und Arbeitsqualität verbessert, Abhängigkeit mindert und Selbstbestimmung fördert, Leben und Gesundheit schützt, Frieden sichert, Lebens- und Zukunftschancen für alle erhöht, Kreativität und Eigeninitiative unterstützt. Schrumpfen oder verschwinden muß, was die natürlichen Lebensgrundlagen gefährdet, Lebensqualität mindert und Zukunftschancen verbaut.

Eine Politik, die Wachstumsfelder auswählt, muß die Wünsche, Bedürfnisse, Sorgen, Unsicherheiten und Zukunftsängste der Menschen ernst nehmen. Diese Politik muß die Strukturen in der Produktion und im Verteilungssystem, im Recht, in der Kultur und im Bildungssystem verändern.

Sinnvoller Strukturwandel kommt nicht von allein. Strukturpolitik muß Richtung und Geschwindigkeit struktureller Veränderungen so beeinflussen und steuern, daß vor allem folgende Ziele erreicht werden:
- ökologischer Umbau der Industriegesellschaft,
- Beseitigung von Massenarbeitslosigkeit,
- Verbesserung der Arbeitsverhältnisse,
- Erhaltung der wirtschaftlichen Leistungsfähigkeit,

- Herstellung gleichwertiger Lebensverhältnisse in den Regionen,
- Abrüstung und Umstellung der Produktion auf zivile Güter. [...]

Gestalten der Technik als politische Aufgabe

Durch Technik haben die Menschen die Natur grundlegend verändert und gesellschaftlichen Reichtum produziert. Sie haben damit aber auch Natur zerstört und die Grundlagen ihrer Zivilisation gefährdet. Deshalb ist nicht jede technische Innovation Fortschritt. [...]
Wir wollen nicht den Menschen der Technik anpassen, wir wollen eine menschengerechte, sozialgerechte und umweltverträgliche Technik.
Technische Innovation – unverzichtbar für jede dynamische Wirtschaft – soll ökologischer Erneuerung und Rationalisierung dienen, Arbeit humanisieren, Grundrechte schützen und Grundwerte verwirklichen. Sie soll die Arbeitsproduktivität steigern Arbeitszeitverkürzung ermöglichen, Wettbewerbsfähigkeit sichern, Energie und Rohstoffe einsparen, von entfremdender Arbeit befreien und die sinnvolle Gestaltung von Arbeitsprozessen fördern.
Technik muß so gestaltet und eingesetzt werden, daß Fehler beherrschbar und korrigierbar und Fehlentwicklungen durch künftige Generationen revidierbar sind. Technische Neuerungen, deren Risiken nicht abzuschätzen oder die demokratisch nicht beherrschbar sind, wollen wir verhindern. Da dies national häufig nicht möglich ist, brauchen wir internationale Konventionen zur gegenseitigen Information und Kontrolle. [...]

Wirtschaftsdemokratie

Die Würde des Menschen und die soziale Gerechtigkeit verlangen Demokratisierung der Wirtschaft.
Wirtschaftsdemokratie ist selbst ein Ziel, weil sie politische Demokratie sichert und vollendet. Sie ist zugleich Instrument,
- die Menschen mit Gütern und Dienstleistungen zu versorgen und den gesellschaftlichen Reichtum gerecht zu verteilen,
- dabei den Fortschritt von Wissenschaft und Technik sozialverträglich zu nutzen,
- das Menschenrecht auf Arbeit zu garantieren,
- Demokratie, Mitbestimmung und Selbstbestimmung in allen Lebensbereichen zu ermöglichen,
- die natürlichen Lebensgrundlagen zu schützen.
Wirtschaftsdemokratie erfüllt die Forderung des Grundgesetzes: „Eigentum verpflichtet. Sein Gebrauch soll zugleich dem Wohle der Allgemeinheit dienen."
In der Wirtschaftsdemokratie haben gesellschaftliche Ziele Vorrang vor den Zielen privatwirtschaftlicher Kapitalverwertung. Nicht wirtschaftliche Macht oder marktbeherrschende Unternehmen dürfen der Politik den Handlungsrahmen vorgeben, sondern demokratisch legitimierte Entscheidungen müssen im Interesse des Gemeinwohls Rahmen und Ziele für wirtschaftliches Handeln setzen.
Ökologisch und sozial verantwortbares Wirtschaften läßt sich nur erreichen, wo der Vorrang demokratischer Entscheidungen vor Gewinninteressen und Wirtschaftsmacht durchgesetzt wird. [...]

Wirtschaftsdemokratie dient der Durchsetzung der Gemeinwohlinteressen und der Kontrolle aller Formen wirtschaftlicher Macht und der Gestaltung der wirtschaftlichen Entwicklung. Sie muß offen und vielgestaltig sein: Sie verbindet Privat- mit Gemeineigentum, persönliche Initiative mit Verantwortung für das Gemeinwesen und mit staatlichem Handeln, Wettbewerb mit staatlicher Rahmensetzung, unternehmerische Freiheit mit Machtkontrolle, Mitbestimmung und Selbstverwaltung. Wirtschaftsdemokratie ist eine notwendige Voraussetzung für eine möglichst krisenfreie Entwicklung der Gesellschaft. Keines der Elemente der Wirtschaftsdemokratie ist Selbstzweck; ihr Wert und ihre Bedeutung bestimmen sich einzig und allein nach den Grundsätzen und Zielen einer sozialen und demokratischen Wirtschafts- und Gesellschaftsordnung.
Wir wollen die Teilhabe aller am Sagen und Haben. Dies bedeutet Mitbestimmung der Arbeitnehmer und ihrer Gewerkschaften auf allen Ebenen und Beteiligung aller am Produktivvermögen.

Demokratische gesamtgesellschaftliche Steuerung

Wir wollen eine an qualitativen Kriterien ausgerichtete Entwicklung unserer Wirtschaft. Sie soll vor allem der Vollbeschäftigung, der Erhaltung ökologischer Kreisläufe und damit der Lebensqualität dienen. Die hierfür notwendige gesamtgesellschaftliche Steuerung muß politisch bestimmt und durchgesetzt werden.
Daraus ergeben sich Aufgaben für Politik, Staat und Wirtschaft. Die Frage ist dabei nicht, ob der Staat auf die Wirtschaft einwirkt, sondern allein, mit welchen Zielen und Mitteln er es tut.
Er muß sein Handeln vorausschauend planen, gewollte Entwicklungen in Gang setzen, erkennbare Fehlentwicklungen abwenden und seine Planungen für Korrekturen fortlaufend offenhalten. Er soll den politischen Mehrheitswillen durchsetzen, der aus der Diskussion seiner Bürger entsteht.
Der Staat setzt Rahmenbedingungen für die wirtschaftliche Entwicklung. Er muß dafür sorgen, daß soziale und ökologische Kosten, die die Allgemeinheit belasten, soweit wie möglich bereits in die Entscheidungen und Kostenrechnungen der Unternehmen einbezogen werden. […]

Markt und Lenkung

Innerhalb des demokratisch gesetzten Rahmens sind Markt und Wettbewerb unentbehrlich. Durch den Markt wird die unüberschaubare Vielfalt wirtschaftlicher Entscheidungen wirksam koordiniert.
Öffentliche und private Unternehmen in der Landwirtschaft, in Industrie, Handwerk, Handel und Dienstleistungen sind Grundlage unseres Wirtschaftslebens.
Wirtschaftsdemokratie braucht unternehmerische Initiative und Leistung, wir erkennen sie an und fördern sie. Sie muß sich auch in ihrer sozialen und ökologischen Verantwortung bewähren.
Leistungswettbewerb kommt den Verbrauchern und ihrer freien Konsumwahl zugute.
Der Markt ist ein Instrument zum Ausgleich zwischen Angebot und Nachfrage; er ist, eingebettet in eine entsprechend ausgerichtete Rahmensetzung, auch ein effizientes Instrument zur Steuerung von Nachfrage und Angebot. Er kann Auskunft über mögliche ökonomische und strukturelle Entwicklungen geben. Der Markt kann aber weder Vollbeschäftigung herstellen noch Verteilungsgerechtigkeit bewirken oder Umwelt schützen.
Wettbewerb soweit wie möglich - Planung soweit wie nötig!

Die Wirkungsmöglichkeiten des Marktes werden durch übermäßige Konzentration aufgehoben. Konzentration kann kleine und mittlere Unternehmen wettbewerbsunfähig machen und die demokratisch legitimierten Steuerungsinstrumente des Staates in ihrer Wirkung beschneiden. Deshalb unterstützen wir Unternehmensvielfalt und stärken besonders kleine und mittlere Unternehmen. Sie sind innovationsfähig und in der Lage, sich flexibel auf die vielfältigen Bedürfnisse des Marktes einzustellen. Auch bei der Bekämpfung regionaler Strukturschwächen sind sie besonders wichtig. Wir wollen sie stärken. Wir fördern Existenzgründungen.

Unsere Wirtschaft kommt nicht ohne große Unternehmen aus. Ihre Stärke ist ihre Fähigkeit, langfristig zu forschen und zu entwickeln, rationell zu produzieren. Ihre Gefahr liegt in ihrer Tendenz, durch Entfaltung von Marktmacht kleinere und mittlere Unternehmen abhängig zu machen, sich von politischen Rahmenbedingungen abzukoppeln oder diese gar selbst zu bestimmen.

Da Wettbewerb Marktmacht kontrollieren kann, wollen wir die Wettbewerbsgesetze verschärfen. Der Herrschaftsmacht des Kapitals müssen starke Gewerkschaften Grenzen setzen. Der Umsetzung wirtschaftlicher Macht in politische ist größtmögliche Öffentlichkeit entgegenzusetzen. Sie ist eine der Grundlagen gesellschaftlicher Kontrolle. [...]

Besonders verpflichtet fühlen wir uns dem Genossenschaftsgedanken, der solidarische Selbsthilfe mit demokratischer Selbstverwaltung verbindet. Um die Neugründung von Genossenschaften zu erleichtern, wollen wir die ökonomischen und rechtlichen Rahmenbedingungen verbessern.

Wo mit anderen Mitteln eine sozial verantwortbare Oränung der wirtschaftlichen Machtverhältnisse und die Durchsetzung der qualitativen Kriterien wirtschaftlicher Entwicklung nicht gewährleistet ist, ist Gemeineigentum zweckmätig und notwendig. Gemeineigentum kann in unserer Wirtschafts- und Sozialordnung keinen Freiraum für sich beanspruchen und muß sich an deren Bedingungen messen lassen. Vergesellschaftung muß zugleich demokratisches Element als auch wirtschaftspolitisches Instrument sein.

Mitbestimmung der Arbeitnehmer und Arbeitnehmerinnen

Wirtschaftsdemokratie erfordert gleichberechtigte Beteiligung und qualifizierte Mitbestimmung der Arbeitnehmer und Arbeitnehmerinnen und ihrer Gewerkschaften bei wirtschaftlichen und sozialen Entscheidungen. [...]

Wirtschaftsdemokratie kann sich nur entfalten auf der Grundlage eines funktionierenden Wettbewerbsrechts, einer Entflechtung von Banken und Großunternehmen und einer Reform der Unternehmensverfassung zur Stärkung der Kontroll- und Entscheidungsrechte der Mitbestimmungsorgane. Die Fortentwicklung der Rechte der Aufsichts- und Entscheidungsgremien muß bei Wahrung der paritätischen Vertretung der Kapitaleigner und Arbeitnehmer die Möglichkeit der Vertretung gesellschaftlicher Interessen eroffnen.

Für Wirtschaftsdemokratie ist Tarifautonomie unabdingbare Voraussetzung. Das Gleichgewicht zwischen den Tarifparteien verlangt das gesetzliche Verbot der Aussperrung.

Beteiligung der Arbeitnehmerschaft am Produktivvermögen

Element der Wirtschaftsdemokratie kann auch die Beteiligung der Arbeitnehmer und Arbeitnehmerinnen am Produktivermögen sein. Dadurch wird die Arbeitnehmerschaft am Gewinn und dem von ihr miterarbeiteten Kapitalzuwachs beteiligt, ohne daß die

Mittel für die notwendigen Investitionen geschmälert werden. Die Arbeitnehmerschaft und ihre Vertretungen erhalten damit einen wachsenden Anteil an der Verfügung über ihre eigenen Produktionsmittel.

[...]

Öffentliche Finanzen

Ein wichtiges Instrument zur Steuerung der Wirtschaft sind die öffentlichen Finanzen. Steuern und Abgaben, Haushaltspläne und finanzielle Anreize, öffentliche Aufträge und Investitionen, Geld- und Kreditpolitik müssen so aufeinander abgestimmt werden, daß sie politischen Zielsetzungen dienen.

Nur der Reiche kann sich den armen Staat leisten. Wachsende und neue Staatsaufgaben im Interesse aller erlauben auch künftig kaum geringere Gesamtbelastung durch Steuern, selbst bei strengster Wirtschaftlichkeit und Sparsamkeit. Wir wollen Ausgaben streichen, denen ein gültiger Anspruch nicht mehr zugrunde liegt.

Öffentliche Fördermittel dürfen nur mit zielorientierten Auflagen und entsprechender wirksamer Erfolgskontrolle vergeben werden.

Öffentliche Investitionen müssen unsere Infrastruktur verbessern, ökologische Erneuerung in die Wege leiten, Arbeitsplätze schaffen und für mehr Lebensqualität in allen Regionen sorgen. Darüber hinaus sind mehr öffentliche Dienstleistungen anzubieten. Die Finanzpolitik muß ihrer Verantwortung für die Beschäftigung gerecht werden. In Zeiten der Konjunkturschwäche dürfen die Ausgaben nicht reduziert werden. Die Verstetigung der Ausgaben muß die wirtschaftliche Entwicklung stabilisieren, selbst wenn dies Kreditaufnahme erfordert. Subventionen, die nicht gesamtgesellschaftlich gerechtfertigt sind, werden abgebaut. [...]

Das Steuerrecht bedarf einer gründlichen Reform. Um die Einkommen gerechter zu verteilen, wollen wir das Existenzminimum steuerfrei stellen, kleine und mittlere Einkommen entlasten, Kinderfreibeträge durch Kindergeld ersetzen, ungerechtfertigte Steuersubventionen abbauen, reinvestierte Gewinne gegenüber ausgeschütteten deutlich begünstigen, Einkünfte aus Finanzanlagen steuerlich nicht besser stellen als Einkünfte aus Arbeit.

Darüber hinaus muß das Steuerrecht Instrument ökologischer Erneuerung sein. Wir wollen umweltbelastende Produkte stärker besteuern, vor allem Energiesteuern ausweiten und stufenweise erhöhen, dafür die Arbeitseinkommen entlasten.

5. Demokratie in Staat und Gesellschaft

Demokratie als Lebensform

Wir streiten für Demokratie. Sie muß allgemeine Lebensform werden, weil allein sie der Achtung vor der Würde des Menschen und seiner Eigenverantwortung Ausdruck gibt. Demokratie ist die Lebensform der Freiheit. Freiheit hat nur Bestand, wo Menschen bereit und fähig sind, Verantwortung wahrzunehmen. Niemand darf in Staat und Gesellschaft von demokratischer Teilhabe ausgeschlossen oder durch soziale Schranken von ihr ferngehalten werden.

Demokratie bezieht ihre Lebenskraft aus der Gesellschaft und ihrer politischen Kultur. Sie wird durch die Ballung von wirtschaftlicher oder Medienmacht und durch die Anhäufung von Herrschaftswissen in privater oder öffentlicher Hand bedroht.

Der demokratische Staat

Der demokratische Staat beruht auf den gleichen Rechten und Pflichten aller seiner Bürgerinnen und Bürger. Die Grundrechte sind ihm als Freiheits- und Teilhaberecht vorgegeben und begründen ihn als eine wertgebundene Gemeinschaftsordnung. Gewährleistung und Wahrung der Grundrechte und Abwehr von Gefahren sind vornehmste Aufgaben des demokratischen Staates.

Der Staat soll Demokratie und soziale Gerechtigkeit in Gesellschaft und Wirtschaft verwirklichen und die dafür notwendige Offenheit der Entscheidungsabläufe garantieren. Er kann jedoch nicht alle gesellschaftlichen Probleme lösen. Wer ihn überfordert, verursacht wuchernde Bürokratien, deren Wirksamkeit abnimmt und die weder zu kontrollieren noch zu finanzieren sind. Wir sind gegen die Verstaatlichung der Gesellschaft.

Der Staat muß Aufgaben da übernehmen, wo einzelne oder Gruppen die gesellschaftlich erforderlichen Verpflichtungen nicht von sich aus eingehen oder Leistungen, die für das Gemeinwohl notwendig sind, auf andere Weise nicht erbracht werden können. Das Prinzip der Subsidiarität, des Vorrangs der kleineren Einheit vor der größeren kann, wo es nicht überdehnt wird, Macht begrenzen und zur Teilhabe ermutigen.

Recht und Politik

Der Rechtsstaat bindet alle Machtausübung an Recht und Gesetz. Die Bindung an die demokratische Verfassung, an Gewaltenteilung und gegenseitige Machtkontrolle legitimiert auch die staatliche Befugnis und Pflicht zur Durchsetzung der Rechtsordnung und zur Ausübung des Gewaltmonopols. Schaden erleidet der Rechtsstaat nicht nur durch Rechtsverstöße einzelner Bürger, sondern auch durch staatlichen Machtmißbrauch. Moderne Informationstechnologien verschieben die Gewichte weiter zugunsten bürokratischer Apparate; Demokratisierung ist insoweit nicht ohne Sicherung und Ausbau der Rechtsstaatlichkeit möglich. Wir bekennen uns zum Gesetzesgehorsam auch da, wo wir ein Gesetz ablehnen. [...]

Demokratie und Öffentlichkeit

Demokratie lebt vom Prinzip Öffentlichkeit. Staat und Verwaltung, nicht die Bürger müssen gläsern sein. Die Bürger müssen den Staat, nicht der Staat die Bürger kontrollieren.

Alle müssen das Recht auf Zugang zu Informationen haben. Über Vorgänge, die das Gemeinwesen oder sie selbst betreffen, müssen Bürgerinnen und Bürger sich kundig machen und ein Urteil bilden können. Nur dann können sie die Staatsgewalt, die in ihrem Namen ausgeübt wird, kontrollieren. Es ist daher ein gesetzlicher Anspruch auf Akteneinsicht und Zugang zu öffentlichen Datenbanken zu schaffen, soweit Belange des Datenschutzes und begründete Geheimhaltungsinteressen nicht verletzt werden.

Selbstbestimmung über die eigenen Daten ist ein Grundrecht. Daher sind Datensammlungen gesellschaftlicher Kontrolle zu unterwerfen, der Schutz personenbezogener Daten bei Behörden und privaten Stellen ständig zu verbessern. Datensammlungen und ihre Vernetzung sind auf das Notwendigste zu beschränken.

Freiheit von Presse und Rundfunk bedarf auch innerer Pressefreiheit. Das Recht der freien Meinungsäußerung, Demonstrationsfreiheit, Vereinigungs- und Versammlungsfreiheit werden wir sichern.

Das tägliche Leben und Zusammenleben und die Identifikation der Bürgerinnen und Bürger mit dem Gemeinwesen werden wesentlich durch kommunales Handeln bestimmt. Deshalb wollen wir die im Grundgesetz garantierte kommunale Selbstverwaltung stärken und ausbauen. Eine starke kommunale Selbstverwaltung braucht eine moderne Verwaltung unter politischer Führung und Kontrolle. [...] Die finanzielle Leistungsfähigkeit der Kommunen muß verbessert werden. Sie müssen über ihre Haushaltseinnahmen autonom entscheiden können. Kein Finanzausgleich kann eigenständige kommunale Steuern ersetzen. Der verfassungsrechtliche Handlungsspielraum der Kommunen muß erweitert werden. Bei Entscheidungen, die sie betreffen, sind ihnen Mitbestimmungsmöglichkeiten gesetzlich zu sichern.

Der Föderalismus hat sich bewährt. Er begrenzt staatliche Macht, fördert Bürgernähe und regionale Vielfalt. Bund, Länder und Gemeinden müssen in ihrer verfassungsrechtlichen und finanziellen Handlungsfreiheit gesichert bleiben. Der Föderalismus muß Gestaltungsprinzip auch für die Europäische Gemeinschaft werden. Durch grenzüberschreitende Zusammenarbeit von Regionen der einzelnen Nationalstaaten können gewachsene Traditionen für zukunftsweisendes Handeln fruchtbar gemacht werden.

Wir wollen die Europäische Gemeinschaft zu den Vereinigten Staaten von Europa weiterentwickeln. Durch die Übertragung von Hoheitsrechten auf die EG gemäß Artikel 24 des Grundgesetzes ist der herkömmliche Staatsaufbau bereits ergänzt worden. Die Bürgerinnen und Bürger der Gemeinschaft sollen an deren Entscheidungen mitwirken können. Aus einer Wirtschaftsgemeinschaft muß ein Europa der Bürger werden, in dem die Staatsangehörigkeit nur noch eine untergeordnete Rolle spielt. Unser Ziel ist eine Verfassung für die Gemeinschaft, die Demokratie mit den Grundsätzen des Rechts- und Sozialstaates verbindet.

Parlamentarische Demokratie und Mehrheitsprinzip

Wir bekennen uns zur parlamentarischen Demokratie.

In ihr verleihen freie Wahlen kontrollierte politische Macht auf Zeit.

Mehrheitsmacht bedarf der Selbstbeschränkung. Mehrheiten müssen sich dem dauernden Dialog mit ihren Kritikern stellen, auch außerhalb des Parlaments. Da auch Mehrheiten irren können, müssen Mehrheitsentscheidungen rückholbar sein, vor allem da, wo Lebensgrundlagen berührt sind und das Wohl der kommenden Generationen auf dem Spiel steht. Diese müssen über ihre Lebensverhältnisse selbst entscheiden können. Parlamentarische Demokratie vermindert und ersetzt nicht die Verantwortung der Bürgerinnen und Bürger. Daher wollen wir die Bürgerbeteiligung ausweiten und das Petitionsrecht effektiver gestalten. In gesetzlich festzulegenden Grenzen sollen Volksbegehren und Volksentscheid in Gemeinden, Ländern und Bund parlamentarische Entscheidungen ergänzen. Die verfassungsrechtlichen Beschränkungen der Mehrheitsmacht gelten auch für die direkte Bürgerbeteiligung.

Die Rolle der Parlamente und der Abgeordneten im politischen Willensbildungsprozeß ist zu stärken. Deshalb müssen die Abgeordneten von Informationen aus der Regierung unabhängig werden. Sie haben ihre wirtschaftlichen Bindungen offenzulegen. Frauen und Männer sollen entsprechend ihrem Anteil an der Bevölkerung in den Parlamenten vertreten sein.

Parlamentarische Demokratie ist ohne Parteien, die demokratische Willensbildung kontinuierlich ermöglichen, undenkbar. Um wirksame politische Teilhabe der Bürgerinnen und Bürger zu realisieren, bedarf es innerparteilicher Demokratie und der

Transparenz innerparteilicher Willensbildungsprozesse. Parteiliche Willensbildung, Parteiverhalten und Parteiorganisation müssen unseren grundlegenden Reformzielen entsprechen und neuen gesellschaftlichen Anforderungen nach mehr Mitentscheidung der Bevölkerung entgegenkommen.

Der demokratische Willensbildungsprozeß wird durch Bürgerinitiativen und soziale Bewegungen belebt, in denen ein verändertes Bewußtsein seinen Niederschlag findet. Auch wenn sie häufig nur Teilinteressen vertreten, erzwingen sie die Diskussion wichtiger Themen, beleben unsere Demokratie durch neue Formen politischer Willensbildung und bereichern unsere politische Kultur. Sie können und sollen die Parteien stets aufs neue fordern, sie aber nicht ersetzen.

Verbände sind legitimer Ausdruck gesellschaftlicher Interessen. Wo sie sich am Gemeinwohl orientieren, suchen wir mit ihnen Zusammenarbeit. Wo sie rücksichtslos Teilinteressen durchsetzen wollen, treten wir ihnen entgegen.

Gewerkschaften

Ohne freie Gewerkschaften gibt es keine Demokratie. Mit ihnen verbinden uns gemeinsame Geschichte und gemeinsame Ziele. Sie bestimmen ihre Aufgaben selbst. Ihre freie Betätigung ist für uns unantastbar. Wo immer Arbeitnehmerinteressen berührt sind, sollen die Gewerkschaften an gesellschaftlichen und politischen Aufgaben mitwirken. Wir respektieren ihre parteipolitische Unabhängigkeit.

Wir unterstützen gewerkschaftliche Forderungen nach gerechtem Anteil der Arbeitnehmer am Ertrag ihrer Arbeit, nach Mitbestimmung bei wirtschaftlichen Entscheidungen und nach aktiver Teilhabe am sozialen Leben. Wir zählen auf sie bei der Demokratisierung von Wirtschaft und Gesellschaft.

Die Einheitsgewerkschaft, aus bitterer Erfahrung gewachsen, bejahen und verteidigen wir als eine der wichtigsten Errungenschaften der Bundesrepublik.

Tarifautonomie ist ein zentraler Bestandteil der Demokratie. Wir werden sie gegen jeden Angriff verteidigen. Tarifverträge, die die Rechtsstellung der einzelnen Arbeitnehmer sichern und stärken, erfordern starke streikfähige Gewerkschaften. Organisationsfreiheit und Streikrecht sind unverzichtbar.

Sozialdemokratische Arbeitnehmer in Betrieb und Verwaltung sind aufgefordert, die gewerkschaftliche Arbeit aktiv mitzugestalten.

Kirchen und Religionsgemeinschaften

Die Sozialdemokratische Partei erkennt die besondere Bedeutung und rechtliche Stellung an, die das Grundgesetz den Kirchen und Religionsgemeinschaften einräumt. In Verkündigung, Seelsorge und Diakonie sind die Kirchen und Religionsgemeinschaften eigenständig und keiner staatlichen Einflußnahme unterworfen.

Wir verteidigen die Freiheit des Denkens, des Gewissens, des Glaubens und der Verkündigung und begrüßen es, wenn Kirchen und Religionsgemeinschaften, kirchliche Gruppen und einzelne Gläubige durch Kritik, Anregung und praktische Mitarbeit auf die Gestaltung des gesellschaftlichen und politischen Lebens einwirken und sich damit auch öffentlicher Kritik stellen. Wir sehen darin einen wesentlichen Beitrag zum gesellschaftlichen und politischen Dialog, in dem Toleranz und Achtung vor dem Andersdenkenden sich bewähren müssen. Deshalb suchen Sozialdemokraten auch von sich aus das Gespräch und, wo immer beide Seiten gemeinsame Aufgaben sehen, die Zusammenarbeit mit Kirchen, Religionsgemeinschaften und kirchlichen Gruppen.

Wer sich zu keiner Religion bekennt, darf nicht benachteiligt werden. Allgemein geltende Arbeitnehmerrechte müssen auch in Einrichtungen der Kirchen, Religionsgemeinschaften und Weltanschauungsgemeinschaften gewährleistet sein.

Bürgernahe Verwaltung

Wir brauchen eine bürgernahe und leistungsfähige Verwaltung. Frei von Traditionen des Obrigkeitsstaates muß sie auf allen Ebenen durchschaubar und kontrollierbar sein. Sie soll Selbsthilfe, Verantwortlichkeit und Beteiligung der Bürger nicht entmutigen, sondern fördern.

Wir sind für frühzeitige und umfassende Bürgerbeteiligung bei den Planungen der Verwaltung. [...]

Recht und Justiz

Im demokratischen Rechtsstaat kann es nur Macht geben, die durch das Recht legitimiert und begrenzt ist. Rechtsprechung soll dem Bedürfnis nach Gerechtigkeit dienen. Wir wollen das Recht zur Verwirklichung unserer Grundwerte, insbesondere zum Schutz der Schwächeren und zur Erhaltung der natürlichen Lebensgrundlagen nutzen. Gerichte müssen für alle gleichermaßen zugänglich sein. Wir wollen, daß Bürgerinnen und Bürger in vertretbarer Zeit zu ihrem Recht kommen. Richterliche Urteile binden. Wer zu richten hat, muß unabhängig sein; die Mitwirkungsmöglichkeiten der ehrenamtlichen Richterinnen und Richter sind zu verstärken. Richterinnen und Richter der Verfassungsgerichte des Bundes und der Länder, der obersten Bundesgerichte und der obersten Gerichte der Länder müssen nach öffentlichen Anhörungen in einem durchschaubaren Verfahren durch demokratisch legitimierte Organe des Bundestages und Bundesrates oder der Landtage mit qualifizierten Mehrheiten gewählt werden.

Bei der Erfüllung des Auftrags, Bürgerinnen und Bürger zu schützen, Straftaten zu verfolgen und den Rechtsstaat zu sichern, braucht die Polizei Hilfe und Kritik durch Bürger und staatliche Institutionen. Politische Konflikte dürfen nicht auf ihrem Rükken ausgetragen werden.

Auch Strafrecht und Strafvollzug dienen der Durchsetzung unserer rechtsstaatlichen Ordnung. Ihr Ziel ist es, Bürger und Gemeinschaft zu schützen und Rechtsbrecher wieder in die Gesellschaft einzufügen, nicht Vergeltung zu üben. Opfern von Straftaten muß die besondere Fürsorge der Gesellschaft gelten.

Reformpolitik in der Bundesrepublik Deutschland

Das Grundgesetz ist Angebot und Aufgabe. Auf seiner Grundlage haben wir, zusammen und im Wettbewerb mit anderen Parteien, die Bundesrepublik Deutschland aufgebaut. Wir fühlen uns für sie verantwortlich. Insofern ist sie unsere Republik. Sie hat viele Mängel. Daher wollen wir ihre Wirklichkeit an die Verfassungsnorm annähern. In diese Republik bringen wir den Demokratischen Sozialismus ein, damit sie werden kann, was sie nach ihrer Verfassung sein soll: ein demokratischer Sozialstaat. Dazu bedarf es dauernder Reform. Wir sind die Partei der Reform.

Reformarbeit vollzieht sich oft in kleinen Schritten. Mehr noch als auf die Größe der Schritte achten wir auf die Erkennbarkeit der Richtung.

Reformarbeit muß den Widerstand mächtiger Sonderinteressen überwinden. Sie ist nicht nur Sache von Regierungen, Parlamenten und Parteien. Wichtige Reformen können nur gelingen, wenn im Bürgerdialog die aktive Unterstützung der Mehrheit gewonnen wird.

Politische Kultur

Politik ist undenkbar ohne Streit. In der Art, wie wir streiten, müssen die Ziele erkennbar sein, für die wir streiten. Auch beim Kampf um die Macht heiligt der Zweck nicht die Mittel.

Streit ohne Grundkonsens führt zum geistigen Bürgerkrieg. Wir bejahen den Grundkonsens mit all jenen gesellschaftlichen Kräften, die sich zu den Grundrechten und Grundregeln der Verfassung bekennen. Dieser Konsens muß in den Formen der Auseinandersetzung sichtbar bleiben.

Politische Kultur erschlafft ohne die Spannung zwischen Zukunftsentwurf und Wirklichkeit. Zukunftsentwürfe werden nur wirksam, wenn Millionen selbstbewußter Bürgerinnen und Bürger ihre Hoffnungen darin wiedererkennen.

Nur wo Menschen verantwortlich Politik mitgestalten und erfahren können, wo sie ihre Vorstellungen unbefangen in die Politik einbringen können, werden die Kräfte freigesetzt, die politische Kultur in der solidarischen Gesellschaft braucht. Nur dann kann sich Politik aus dem Vollzug von Sachzwängen befreien, nur dann kann sie bewegen, was bewegt werden muß, nur dann lebensnotwendige Reformen durchsetzen.

V. Unser Weg in die Zukunft

Hoffnung entsteht nicht aus dem Verdrängen von Gefährdungen, sondern aus Aufklärung im öffentlichen Dialog.

Reformpolitik setzt auf Hoffnung. Wo sogar das Bewahrenswerte nur durch Reform zu retten ist, wird Reformarbeit zur einzig verantwortbaren Politik.

Unser Zukunftsentwurf ist ein Angebot für ein Reformbündnis der alten und neuen sozialen Bewegungen. Der Kern dieses Bündnisses bleibt die Zusammenarbeit mit den Gewerkschaften. Es muß aber auch alle umfassen, die durch Erfahrungen in ihrem Alltag oder ihr Engagement in neuen sozialen Bewegungen von der Notwendigkeit tiefgreifender Reformen überzeugt wurden.

Wir brauchen ein breites Reformbündnis mit möglichst vielen Gruppen und Kräften, weil wir den Widerstand derer zu überwinden haben, die alles zum Fortschritt erklären, was ihren Gewinnerwartungen, ihrer wirtschaftlichen oder politischen Macht zugute kommt. Gegen die Übermacht der wenigen hilft nur der gemeinsame Wille der vielen und die Aufklärung darüber, wie Sonderinteressen das Gemeinwohl verletzen.

Wir versprechen nicht das Paradies auf Erden. Aber gemeinsam können wir Gefahren abwehren, Risiken mindern und eine neue, bessere Ordnung erreichen:

eine demokratische Gemeinschaft der Völker, die gemeinsam Verantwortung für eine gedeihliche Zukunft der Erde übernimmt,

eine Menschheit, die sich vom Wahnsinn des Krieges und des Wettrüstens befreit, Konflikte gewaltfrei austrägt und ihre Kräfte zur Bewahrung der Natur und zur Überwindung des Hungers einsetzt,

eine Gesellschaft, in der die Einkommen gerechter verteilt sind, die Arbeitnehmer ihren Anteil am Produktivkapital vergrößern und die soziale Sicherung verläßlich bleibt,

eine ökologisch und sozial erneuerte Wirtschaft, die mit naturverträglichen Energien sparsam umgeht und die Erblast des Atomzeitalters abträgt, eine Gesellschaft, die bei geringeren Wachstumsraten, weniger Erwerbsarbeit und mehr Eigenarbeit ihren Wohlstand mehrt, ihre Lebensqualität durch gesündere Umwelt, weniger Angst, eine menschlichere Arbeitswelt und mehr Zeit zur eigenen Verfügung verbessert,

eine Gesellschaft der menschenwürdigen Arbeit für alle, die Erwerbsarbeit und Haus- und Familienarbeit zwischen den Geschlechtern gerecht verteilt, Mitbestimmung und Selbstbestimmung in der Arbeit fördert,

eine Gesellschaft der Gleichheit und Solidarität zwischen Frauen und Männern, Jungen und Alten, Deutschen und Ausländern,

eine Gesellschaft, in der Bürgerinnen und Bürger, wo immer sie sich betroffen wissen, Entscheidungen gleichberechtigt fällen und verwirklichen können.

Unser Programm läßt sich nur im kritischen Dialog verwirklichen. Wir rufen alle, die uns dabei helfen wollen, auf, die Sozialdemokratische Partei Deutschlands durch ihre Mitarbeit, ihre Solidarität, ihre Kritik und ihre Phantasie anzuspornen und zu stärken.

Herausgeber: Vorstand der SPD, Referat Öffentlichkeitsarbeit, Bonn 1990

15. Grundsatzprogramm der Sozialdemokratischen Partei Deutschlands

Beschlossen vom Parteitag der SPD in Leipzig am 25. Februar 1990 [Auszug]

I. Grundlagen unserer Politik

1.1. Die Herausforderung des Neubeginns

Das Volk unseres Landes hat in einer friedlichen Revolution die Ketten des „realen Sozialismus" zerbrochen. Es hat dieses System der Entmündigung und Unfreiheit, der ideologisch verbrämten Lüge, der organisierten Verantwortungslosigkeit und des verwalteten Mangels niemals gewollt – die Politbürokraten der SED haben es ihm mit stalinistischen Gewaltmitteln aufgezwungen. Doch die Angst, die im eingemauerten Überwachungsstaat DDR allgegenwärtig war, hat die Menschen jahrzehntelang gelähmt. Trotzdem haben immer wieder einzelne und Gruppen Widerstand geleistet. Aber erst die Krise des Herbstes 1989 hat den Mut zum Neuanfang in unserem Volk geweckt.

Der demokratische Umbruch, der nun begonnen hat, weckt bei vielen die Hoffnung, daß jetzt das bislang uneingelöste Ideal einer gerechten und humanen Gesellschaft verwirklicht werden kann. Bei anderen regen sich jedoch neue Ängste: Man fürchtet, daß das Gefüge sozialer Sicherungen wegbricht und politische Instabilität den ersehnten Aufschwung vereitelt.

Wir Sozialdemokratinnen und Sozialdemokraten aber sind zuversichtlich. Wir glauben, daß es uns gemeinsam gelingen wird, die von dem zusammenstürzenden staatssozialistischen System hinterlasse Restordnung in unserem Land von Grund auf zu reformieren.

Wir wollen jetzt in der DDR und bald in einem geeinten Deutschland frei, sicher und gleichberechtigt zusammenleben.

Wir wollen durch solidarische Anstrengung Wohlstand für alle erringen und eine menschenfreundliche Lebensform finden, in der die Fähigkeiten und Begabungen aller sich ungehindert entfalten und dem Gemeinwohl zugute kommen können.

Auf dem Wege dahin bieten nach unserer Überzeugung die Grundsätze sozialdemokratischer Politik eine solide Ausgangsbasis und eine geeignete Orientierung für die Praxis.

1.2. Zeitgemäß und traditionsreich – Sozialdemokratie in der DDR

Unsere Partei ist eine neue Partei. Sie ist aus der Menschenrechts-, Friedens- und Ökologiebewegung des letzten Jahrzehnts hervorgegangen und hat sich in den letzten Wochen des alten SED-Regimes, noch bedroht vom Zugriff des Staatssicherheitsdienstes, formiert. Im revolutionären Aufbruch des Herbstes 1989 ist sie in das Vorderfeld der politischen Reformkräfte getreten. Aber unsere Partei ist keine neuartige Partei. Denn sie hat sich von Anbeginn bewußt in die lange, bewährte Tradition der deutschen und internationalen Sozialdemokratie hineingestellt. Sie bekennt sich zur tragenden Idee der sozialdemokratischen Bewegung: einer demokratischen Ordnung von Wirtschaft und Gesellschaft, die jedem Menschen ein Leben in Freiheit, Gerechtigkeit und Solidarität ermöglicht.

Die Sozialdemokratinnen und Sozialdemokraten der DDR schöpfen aus unterschiedlichen geistigen Quellen und Erfahrungsströmen:

– Unsere Partei wurzelt in der Arbeiterbewegung. Ihre programmatischen Vorstellungen von einst speisten sich sowohl aus den kommunistisch gefärbten Sehnsüchten der Entrechteten als auch aus den Gesellschafts- und Geschichtstheorien von Marx und Engels wie aus Lassalles politischen Konzepten. Durch wechselvolle Erfahrungen belehrt, wurde die Sozialdemokratie fähig, diesen Ideenkomplex kritisch aufzuarbeiten, zu revidieren und durch neue theoretische Erkenntnisse zu bereichern. Sie hat sich darin geübt, der Verführung zur Utopie und der Versuchung des Opportunismus zu widerstehen, sie hat zeitgebundene Vorstellungen des 19. Jahrhunderts hinter sich gelassen, zugleich aber die vorwärtsdrängende Kraft des kritischen Gedankens bewahrt.

– Die Ideale der Aufklärung, Menschenwürde, Mündigkeit und freie Selbstbestimmung, haben ihre Aktualität bis heute behalten. Denn der Emanzipationsprozeß, der diesen Idealen entgegenstrebt, ist von den bürgerlichen Revolutionen der Neuzeit zwar vorangetrieben, aber keineswegs vollendet worden. Die klassische deutsche Philosophie hat diesen Prozeß tiefer zu begreifen gelehrt.

Die Vision des ewigen Friedens, die pazifistische Gruppen zu gewaltlosem Widerstand gegen alle Erscheinungsformen des Krieges beflügelt hat, weist der pragmatischen Friedenspolitik der Sozialdemokratie die Richtung.

Als im vorigen Jahrhundert Frauen begonnen haben, gemeinschaftlich gegen unwürdige Abhängigkeit von Männern und für ungeschmälerte Gleichberechtigung zu kämpfen, hat die sozialdemokratische Bewegung diesen Kampf zu dem ihren gemacht. Sie führt ihn auch heute fort.

– Gegen die Arbeiterbewegung und den Säkularisierungsprozeß der Moderne haben sich die Kirchen lange Zeit hindurch mißtrauisch oder verständnislos abgegrenzt, weil sie an der überkommenen Ordnung nicht rütteln lassen wollten. Deshalb meinten im vorigen Jahrhundert viele, nur ein Freidenker könne ein wahrer Sozialdemokrat sein.

Diese weltanschauliche Konfrontation ist heute längst überholt. Viele Sozialdemokratinnen und Sozialdemokraten empfangen nachhaltige Impulse aus der christlichen Ethik. Den Ruf zur tatkräftigen Hilfe für die Mitmenschen übersetzen sie in die politische Praxis solidarischen Handelns. Sie schätzen die Ideen des christlichen Humanismus und der religiösen Sozialisten.

Dankbar und mit Hochachtung blicken sie heute auf die Kirchen unseres Landes; denn durch sie sind unter den Bedingungen der SED-Diktatur Freiräume für den unreglementierten Dialog gewährt und abgeschirmt worden, ihr Schutz für die Bedrängten hat vielen Menschen Mut gemacht, ihre Mahnung zur Besonnenheit hat dazu beigetragen, daß die Revolution in der DDR gewaltlos verlaufen ist.

Die Appelle der ökumenischen Gemeinschaft der Kirchen schärfen die Sensibilität für die Existenznöte, unter denen zwei Drittel der Menschheit leiden, und für die Gefahren, die unser aller Leben bedrohen.

– Die SPD in der DDR stützt sich unmittelbar auf die Erfahrungen von Männern und Frauen, die Diktatur und Machtwillkür am eigenen Leibe kennengelernt haben.

Die Älteren unter uns haben noch die Schreckensherrschaft des Nationalsozialismus erdulden müssen und sind, zumeist unfreiwillig, Opfer der Zwangsvereinigung von SPD und KPD im Jahr 1946 geworden. Alle Mitglieder unserer Partei haben die stalinistischen und poststalinistischen Machtmechanismen, die jede sozialdemokratische Regung unterdrückten, zu spüren bekommen. In der Auseinandersetzung mit diesem Herrschaftssystem haben die Sozialdemokratinnen und Sozialdemokraten politische Klarsicht gewonnen und sind daher bereit, jedem Ansatz undemokratischer Machtbildung zu wehren und sich entschieden für die Menschenrechte, für Freiheit und Gerechtigkeit zu engagieren.

Die SPD ist auf keine Ideologie fixiert. Denn als breite demokratische Volkspartei vereint sie Menschen unterschiedlicher Grundüberzeugungen. Sie achtet die persönliche Entscheidung aller, die sich zu einem religiösen Glauben oder einer nichtreligiösen Weltanschauung bekennen oder sich an keine feste Lehre binden. Denn die Freiheit des Glaubens und Denkens darf nicht durch Parteibeschlüsse wie auch nicht durch den Staat oder auf andere Weise eingeschränkt werden. Gemeinsam ist den Sozialdemokratinnen und Sozialdemokraten der Wille, sich für eine ökologisch orientierte, soziale Demokratie einzusetzen.

Diese Leitvorstellung wird in der internationalen Sozialdemokratie bis heute mit dem traditionellen Begriff „Demokratischer Sozialismus" benannt. Er bezeichnet weder eine bestimmte Gesellschaftskonstruktion noch eine gesetzmäßige Phase im Geschichtsverlauf, sondern eine offene Form friedlichen Zusammenlebens, die den Menschen Gelegenheit gibt, ihre Freiheiten auszuweiten, ihre Beziehungen zueinander gerecht zu ordnen und wirksam Solidarität zu üben.

Der Begriff „Sozialismus" ist für uns in der DDR nicht unbelastet. Denn wir haben den „Sozialismus", den die SED-Ideologie „real" zu nennen sich erfrechte, als menschenverachtendes Zwangssystem, als abstoßende Karikatur dessen, was wir mit „Sozialismus" meinen, kennengelernt. Deshalb verstehen wir die Reaktion vieler Menschen, bei denen aufgrund dieser Erfahrung das Wort „Sozialismus" immer nur Widerwillen und Angst auslöst. Wir Sozialdemokratinnen und Sozialdemokraten in der DDR verwenden darum den Begriff „Demokratischer Sozialismus" nur dann, wenn wir überzeugt sind: Er kann nicht im Sinne des stalinistisch entarteten „realen Sozialismus" mißverstanden oder mit jener Parole „demokratischer Sozialismus" verwechselt werden, mit der heute die Erben der SED locken. Deshalb bevorzugen wir den Begriff „Soziale Demokratie".

In diesem Verständnis schließen wir uns in die weltweite Gemeinschaft der sozialdemokratischen und sozialistischen Parteien ein, die, von einer ähnlichen Leitvorstellung wie
wir bewegt, sich unbefangen zum Demokratischen Sozialismus bekennen.
Diesen Parteien, die sich in dieselbe Tradition einordnen wie wir, wissen wir uns nahe.
Deshalb suchen wir die Zusammenarbeit mit ihnen in der Sozialistischen Internationale. Besonders intensive Beziehungen verknüpfen die SPD in der DDR mit ihrer gleich-
namigen Schwesterpartei in der BRD, mit der sie Austausch und Kooperation pflegt
und deren solidarische Hilfe sie dankbar annimmt. In diesem Zusammenwirken suchen
beide Parteien unbeschadet ihrer jetzigen Selbständigkeit und ihres spezifischen Profils
eine immer engere Verbindung miteinander. Damit geben sie ein Beispiel, wie das, was
in Deutschland getrennt ist, zusammenwachsen kann.
Darüber hinaus betrachtet die SPD weitere Parteien und Gruppen als ihre Verbündete:
neue demokratische Bewegungen und Parteien in der DDR und in anderen bisher
kommunistisch beherrschten Ländern, engagierte kirchliche und unabhängige Gruppen, die sich für Gerechtigkeit, Frieden und Bewahrung der natürlichen Umwelt
einsetzen, Befreiungsbewegungen und demokratische Parteien in der Zwei-Drittel-
Welt, die für eine eigenständige, an den tatsächlichen Bedürfnissen der Bevölkerung
orientierte Entwicklung ihrer Länder kämpfen.

1.3. Unser Verständnis von Politik

Politik nach unserem Verständnis soll einen Bedingungsrahmen für ein menschenwürdiges, sinnerfülltes Leben schaffen. Freilich kann sie menschliche Entfaltung und
menschliches Glück nicht selber bewirken oder garantieren. Wann immer sie einen
derartigen Anspruch erhebt, verkehrt sie sich in eine Zwangsregulierung menschlicher
Lebensvollzüge.
Der von der Politik gesetzte Rahmen wird immer variabel sein müssen. Denn den Gang
der Geschichte können wir nicht voraussehen. Wir können und wollen über die Absichten und Entschlüsse anderer Menschen nicht verfügen, sondern erhalten über sie
Aufschluß nur durch die Erfahrung und den offenen, unabschließbaren Dialog. Darum
bedürfen wir Sozialdemokraten und Sozialdemokratinnen keines fertigen Gesell-
schaftsmodells. Doch es ist unser Bestreben, soweit als möglich alle entscheidenden
Aspekte der gesellschaftlichen Entwicklung in den Blick zu bekommen und angemessen
zu berücksichtigen. Deshalb suchen wir die Bedürfnisse und Interessen sowohl der
einzelnen als auch der Gesamtheit wahrzunehmen, ihnen zu ihrem Recht zu verhelfen
und den Ausgleich zwischen ihnen zu fördern.
Dadurch heben wir Sozialdemokraten und Sozialdemokratinnen uns von Anhängern
anderer politischer Richtungen ab. Denn Liberale und Neokonservative geben den
Interessen der Individuen, und zumal der leistungsstarken und durchsetzungsfähigen,
den Vorrang vor denen des Gemeinwesens; hingegen Kommunisten wie andere ideologisch fixierte Linke, aber auch Rechte verschiedener Färbung setzen zuerst auf gesamtgesellschaftliche Ordnungsmodelle und weniger auf die freie Initiative des einzelnen.
Doch wir wissen unter der Vielzahl der Parteien sehr wohl zu unterscheiden: Mit
Demokraten können wir uns über gemeinsame Ziele verständigen, eine Zusammenarbeit mit Verfechtern totalitärer Ideologien, mit Links- und Rechtsextremisten lehnen
wir strikt ab. Jede Gruppierung, die Unterdrückung und Terror propagiert, die zu Krieg
oder gegen andere Völker hetzt, wird von uns mit den Mitteln demokratischer Politik
entschieden bekämpft.

1.4. Würde und Recht des Menschen

Wir Sozialdemokratinnen und Sozialdemokraten setzen in unserem politischen Handeln auf die Würde des Menschen. Kraft dieser seiner Würde hat jeder Mensch einen Anspruch darauf, sein Leben in Gemeinschaft mit anderen frei zu bestimmen und zu gestalten. Damit er diesen unveräußerlichen Anspruch einlösen kann, müssen seine individuellen Freiheitsrechte, seine politischen Teilhaberechte und seine sozialen Grundrechte garantiert sein. Der Staat findet in diesen Menschenrechten die Grenze und Norm seines Handelns. Er hat sie zu respektieren, zu schützen und, wo nötig, durchzusetzen, er kann sie jedoch, da sie nicht in seiner Verfügung stehen, nicht gewähren und darf sie nicht versagen.

Die individuellen, politischen und sozialen Menschenrechte sind aufeinander bezogen, sie können einander nicht ersetzen und dürfen nicht gegeneinander ausgespielt werden. Die sozialen Grundrechte zu verwirklichen und abzusichern bleibt stete Aufgabe der Politik. Den Gebrauch der individuellen Freiheitsrechte und der politischen Teilhaberechte ermöglicht eine demokratische Ordnung, die den Rechtsschutz der Person, Glaubens-, Meinungs- und Versammlungsfreiheit, Pluralismus sowie die öffentliche politische Diskussion und Willensbildung gewährleistet.

Die Menschenrechte sind unteilbar. Sie gelten in unserem Lande sowohl für die Deutschen als auch für die Sorben und ebenso für die Ausländer, die unter uns leben. Sozialdemokraten und Sozialdemokratinnen wollen den Menschenrechten überall in der Welt unbedingte Geltung verschaffen.

1.5. Maßgebende Grundprinzipien

Maßgebend für Sozialdemokraten und Sozialdemokratinnen sind die Grundprinzipien Freiheit, Gerechtigkeit und Solidarität. Diese Grundprinzipien sind einander gleichrangig, sie bedingen und stützen einander.

Der Mensch ist zur Freiheit befähigt und berechtigt. Was der einzelne allein, in der Familie und im freiwilligen Zusammenwirken mit anderen leisten kann, soll ihm vorbehalten bleiben. Er kann sich jedoch nur frei entfalten, wenn er die Freiheit des anderen als Bedingung und Grenze seiner Freiheit anerkennt und achtet. Auch bedarf er, um seine Fähigkeiten auszuschöpfen, eines gesicherten, von Existenzangst, Not und Bedrückung entlasteten Handlungsfeldes. Er findet es in der Gesellschaft, wenn in ihr die Menschen sich durch vernunftgeleitetes Handeln gemeinsam Freiheit verschaffen.

Die Gerechtigkeit gründet in der gleichen Würde aller Menschen. Darum gebietet sie gleiche Freiheit und gleiches Recht, gleiche Chancen und gleiche Sicherheit. Darüber hinaus verlangt sie, daß Benachteiligungen, die sich aus physischer, geistiger und sozialer Ungleichheit ergeben, soweit als möglich behoben werden. Die Gerechtigkeit, die Gleichheit schützt und Ausgleich schafft, bildet die Voraussetzung dafür, daß sich die Menschen entsprechend ihren unterschiedlichen Fähigkeiten und Neigungen frei entfalten können. Denn sie sichert jedem die Möglichkeit, seine Lebensbedingungen durch persönliche und gemeinschaftliche Anstrengung zu gestalten und zu verbessern.

Die Solidarität bewegt Menschen dazu, aus freiem Antrieb über die Pflicht zur Gerechtigkeit hinaus den Schwachen und Notleidenden mit praktischer Hilfe beizustehen. In der heutigen Zeit haben die wechselseitigen Abhängigkeiten zwischen den einzelnen, den Generationen, den Gruppen und den Völkern zugenommen; deshalb gewinnt Solidarität eine Bedeutung wie nie zuvor. Denn frei wird nur handeln, wer sich auf die Solidarität der anderen verlassen kann, und gemeinsames solidarisches Handeln aller muß allen das Überleben sichern.

1.6. Frieden: Einklang mit der Natur und Versöhnung zwischen den Menschen

Der Frieden ist die unentbehrliche Voraussetzung dafür, daß wir überhaupt nach diesen Grundprinzipien handeln können. Zugleich ist er ein Grundwert. Denn nur im Frieden kann Leben gedeihen.
Menschliche Gesellschaft und außermenschliche Natur stehen miteinander in einem unauflöslichen Lebenszusammenhang. Die Menschheit kann nur weiterleben, wenn Wälder und Meere, Pflanzen und Tiere nicht sterben. Wir müssen lernen, umsichtig mit der Natur umzugehen, damit die elementaren Grundlagen des Lebens erhalten bleiben und sich erneuern können. Darum ist es nötig, daß wir vorhandene Umweltschäden beseitigen und neue vermeiden. Das wird uns nur gelingen, wenn wir, jeder einzelne und alle zusammen, eine ökologisch verantwortbare Lebensweise einüben und so eine überlebensfähige Weltzivilisation aufbauen.
Wir dürfen nicht blind dem technischen Fortschritt vertrauen. Seine Richtung und sein Tempo sind nicht unabänderlich vorgegeben, er wird nicht von unerbittlichen Gesetzen, sondern von menschlichen Interessen gesteuert. Er darf nicht ausschließlich von den Gewinn- und Konsuminteressen einzelner Gruppen bestimmt sein, sondern soll die Lebensbedingungen und Entfaltungsmöglichkeiten aller verbessern. Darum brauchen wir eine Technik, die menschengerecht und folglich auch umweltgerecht ist. Damit sind der Expansion der Technik Grenzen gesetzt, die nicht überschritten werden dürfen. Sofern die Technik der ökologischen Erneuerung, der Humanisierung der Arbeitsprozesse und -bedingungen, der Behebung menschlicher Nöte und Leiden, den Zwecken der Kommunikation und Erholung, der Bildung und Kultur dient, liegt ihr Fortschritt im gesamtgesellschaftlichen Interesse und soll gefördert werden. Abzulehnen sind jedoch technische Neuerungen, die sich zerstörerisch auf die Umwelt oder das Zusammenleben der Menschen auswirken.
Im Zeitalter raffiniertester Massenvernichtungswaffen bringt jede neue Drehung der Rüstungsspirale nicht mehr Sicherheit, sondern erhöht die Unsicherheit. Der Krieg als Mittel der Politik ist vollends untauglich geworden. Die Völker können nur überleben, wenn sie miteinander Frieden halten. Damit der Frieden Dauer und Kraft gewinnt, müssen die Waffen nicht bloß schweigen, sondern verschwinden.
Aber wir brauchen noch mehr als Abrüstung. Die tiefen ökonomischen und sozialen Ursachen internationaler Konflikte müssen dadurch beseitigt werden, daß die Völker im Rahmen einer institutionell abgesicherten Weltordnung einen gerechten Ausgleich zwischen ihren unterschiedlichen Macht- und Wirtschaftsinteressen erreichen und ihre Gegensätze im friedlichen Wettstreit austragen. Durch Handel und Zusammenarbeit, durch Vertrauensbildung, Verständigung und gegenseitige kulturelle Bereicherung können sie dann zu einer friedlichen Weltgemeinschaft zusammenwachsen.
Auch innerhalb der Nationen soll Frieden herrschen. Darum muß die unkontrollierte Vormacht bestimmter Klassen, Wirtschaftsmonopole und bürokratischer Apparate gebrochen werden. Dann treten an die Stelle gnadenloser Konkurrenz und undurchschaubarer Machtkonzentration ein humaner Wettbewerb und ein gewaltfreier demokratischer Diskurs. Frieden braucht friedensfähige Bürgerinnen und Bürger. Darum ist es eine Aufgabe der Politik, die Erziehung zum Frieden, die Einübung friedfertigen Verhaltens, das Engagement derer, die Frieden stiften, nachdrücklich zu fördern.

1.7. Unsere Leitvorstellung

Geleitet von diesen Prinzipien sozialdemokratischer Politik, erstreben wir eine ökologisch orientierte, soziale Demokratie: eine Gesellschaft,

– die sich dynamisch entwickelt, Wohlstand schafft, die Qualität von Leben und Arbeit erhöht und zugleich sich möglichst gewaltfrei in den Kreislauf der Natur einfügt;
– die schöpferische Leistungen weckt und belohnt, dabei aber die Ungleichheit der Entwicklungschancen durch Förderung der Benachteiligten und die Bedürftigkeit durch gerechte Verteilung und solidarische Hilfe zu überwinden strebt;
– die alle Frauen und Männer zu gleichberechtigter, eigenverantwortlicher Mitwirkung in allen Lebensbereichen ermuntert und ihnen dafür durch die Mittel des Rechtsstaates Raum schafft.
Eine nicht mehr veränderungsbedürftige Gesellschaft wird es niemals geben. Deshalb beschreibt diese unsere Leitvorstellung nicht einen erdachten Zielpunkt des Geschichtsprozesses, sondern gibt die Richtung an, in der wir uns bewegen und die Gesellschaft gestalten wollen.

Programmatische Dokumente der deutschen Sozialdemokratie. Hrsg. und eingeleitet von Dieter Dowe und Kurt Klotzbach (†). 3. überarbeitete u. aktualisierte Auflage, Bonn 1990, S. 448-456

16. Manifest: Zur Wiederherstellung der Einheit der Sozialdemokratischen Partei Deutschlands

Beschlossen am 27. September 1990 in Berlin

I.

Die SPD ist vom heutigen Tage an wieder, was sie seit ihrer Gründung vor weit über einhundert Jahren hat sein wollen: Die Partei der sozialen Demokratie für das ganze Deutschland. Das bittere Unrecht, das durch die Zwangsvereinigung in der damaligen Ostzone geschaffen worden war, hat sein Ende gefunden.
Die Gliederungen der Partei in Brandenburg, Mecklenburg-Vorpommern, Sachsen, Sachsen-Anhalt und Thüringen sind wieder aktiv. Sie sind mit ihren Mitgliedern wieder in ihre Rechte und Pflichten eingetreten und bilden mit den Gliederungen in der bisherigen Bundesrepublik zusammen aufs neue die Sozialdemokratische Partei Deutschlands. Die älteste demokratische Partei in Deutschland nimmt ihre Arbeit auf im ganzen Land und für das ganze Land.
Das gleiche gilt für Berlin, das der Gesamtpartei mit dem Beschluß über die Vereinigung der Berliner Parteiorganisation am 15. September 1990 vorausgegangen ist. Der Beschluß vom 23. August 1961 über die Suspendierung der Parteiarbeit im Ostteil der Stadt ist damit gegenstandslos geworden.
Dreimal in der deutschen Geschichte wollte antidemokratische Gewalt die stabilste Stütze der deutschen Demokratie umreißen: 1878, 1933, 1946. Dreimal ist es mißlungen. Alle, die sich vorgenommen hatten, die SPD zu vernichten, sind selbst von der Geschichte eingeholt worden.
Jedesmal waren die Feinde der Sozialdemokratie auch die Feinde der Demokratie. Und jedesmal hat sich die Idee der Sozialdemokratie als stärker erwiesen: Allen Bürgerinnen

und Bürgern das Recht und die Möglichkeit zu geben, daß sie in demokratischer Freiheit leben und in sozialer Verantwortung über sich selbst bestimmen.

II.

43 Jahre lang war die Sozialdemokratie in der DDR verboten. 1946 wurden die Sozialdemokraten, die nach Kriegsende ihre Arbeit in großer Zahl wieder aufgenommen hatten, in die Einheitspartei gezwungen. Die dabei angewandten Gewaltmaßnahmen und damit verbundenen Verfolgungen gehen auf das Schuldkonto der damaligen sowjetischen Besatzungspolitik. Hierauf gestützt haben deutsche Kommunisten ihre Diktatur errichtet. Sie mißbrauchten die während der Nazizeit von vielen empfundene Sehnsucht, die Spaltung der alten Arbeiterbewegung möge im Zeichen einer demokratischen Erneuerung überwunden werden.

Gleichgeschaltet wurden auch die sogenannten Blockparteien. Auch aus ihren Reihen wurden zahlreiche Vertrauensleute und Mitglieder drangsaliert oder zur Flucht in den Westen gezwungen.

Der Aufruf zur Neugründung der Sozialdemokratie in der DDR am 26. August und die Gründung der SDP am 7. Oktober 1989 in Schwante waren ein Signal dafür, daß die SED-Herrschaft zu Ende ging. Die Sozialdemokraten haben nicht sich, wie die Blockparteien, gewendet; sie haben mitgeholfen, in der friedlichen Revolution die Geschicke Deutschlands zu wenden. Sie machen die Gesamtpartei reicher durch ihre Erfahrungen, ihre Standhaftigkeit und ihre Glaubwürdigkeit.

Dabei verstanden sie sich als Teil jener revolutionären Bewegung, die den SED-Staat schließlich überwunden hat. Es waren die Friedens- und Menschenrechtsgruppen in ihrer Geamtheit, häufig unter dem schützenden Dach der Kirche, die durch ihr gewaltfreies Widerstehen auf den grundlegenden Wandel hinwirkten und das Tor zur Einheit aufstießen.

Unsere vereinte Partei ist die politische Heimat der leidgeprüften und unbescholtenen alten Sozialdemokraten und gleichermaßen all der jungen und neuen Kräfte, die den Weg der demokratischen und sozialen Erneuerung mit uns gehen wollen.

Den Bürgerbewegungen und der Sozialdemokratischen Partei in der DDR wird immer zu danken sein, daß diesmal nicht Blut und Eisen, sondern gewaltlose Beharrlichkeit den Weg zur Einheit Deutschlands öffnete.

III.

Gemeinsam gehen wir an die Arbeit, damit zum ersten Mal in der Geschichte Deutschland als Ganzes seinen Platz in einem friedlichen Europa finden kann. Jetzt gilt es zu zeigen, daß die Deutschen ihre Vereinigung als überzeugte Europäer vollziehen. Wir freuen uns darüber, daß Kurt Schumacher und Erich Ollenhauer, Ernst Reuter und Fritz Erler, Herbert Wehner und Gustav Heinemann nicht vergeblich für die deutsche Einheit gestritten haben, daß die Friedenspolitik Willy Brandts und Helmut Schmidts den Wandel im Osten fördern und die Einheit vorbereiten konnte. Weder nationale Selbstzufriedenheit noch gar nationalistischer Überschwang sind jetzt gefragt, sondern Solidarität der Deutschen untereinander: Derer, die sich vier Jahrzehnte lang gängeln lassen mußten, und derer, die ihre Geschicke unter den Bedingungen des Grundgesetzes haben gestalten können. Gefragt ist aber auch Solidarität mit den

Völkern Zentral- und Osteuropas, die sich um ihren neuen Weg bemühen, und mit jenem Großteil der Menschheit, der bitterer Armut ausgesetzt ist.

IV.

Durch die Vereinigung Deutschlands wächst unsere Verantwortung. An uns liegt es, ob eine große Industrienation sich noch einmal der Kraftmeierei hingibt oder ob sie mit all ihrer Kraft die Aufgaben anpackt, an deren Bewältigung unsere Enkel uns messen werden: Sicherung eines handlungsfähigen, demokratisch verfaßten Staates, Aufbau einer sozial und ökologisch verantwortbaren Marktwirtschaft, Einfügung Deutschlands in eine europäische Friedensordnung, Hinwendung Europas zu den Völkern des Südens.

Das neue Deutschland wird um so sicherer sein, je weniger es durch militärische Stärke seine Nachbarn beunruhigt. Daher wollen wir bei der Abrüstung vorangehen.

Das Deutschland der neunziger Jahre wird – nach all dem, was wir jetzt erkennen können – nicht gefährdet sein durch äußere Feinde, sondern durch die Zerstörung seiner natürlichen Lebensgrundlagen. Daher werden wir unserer Marktwirtschaft endlich den Rahmen zu setzen haben, der zu ökologisch verantwortbarem Wirtschaften anhält und zwingt.

Die Teile Deutschlands werden um so rascher zusammenwachsen, je mehr die Deutschen sich um soziale Gerechtigkeit mühen. Daher dürfen und werden wir nicht zulassen, daß es auf Jahre hinaus Deutsche erster und zweiter Klasse gibt.

V.

Noch nie ist Großes ohne Leistung erreicht worden. Es ist nicht unsere Art, eine geschichtliche Stunde zu beschwören und dann hinzuzufügen, sie sei garantiert gratis zu haben. Wir sind sicher, daß unser Volk zu Opfern bereit ist, wenn ihm die Wahrheit gesagt wird, wenn es sich endlich ernstgenommen fühlt.

Die Sozialdemokratische Partei Deutschlands erhebt den Anspruch, das Deutschland der neunziger Jahre als bestimmende demokratische Kraft zu führen. Die älteste demokratische Partei Deutschlands ist programmatisch die jüngste. Keine Partei hat, wie die Sozialdemokratie, die neuen, dramatischen Aufgaben unserer Zeit so früh aufgegriffen und die harte Diskussion darüber bis zu der breiten Übereinstimmung durchgestanden, die sich im Berliner Grundsatzprogramm von 1989 niederschlägt. Keine andere Partei genießt bei unseren Nachbarn mehr Vertrauen. Keine hat mehr Erfahrung, wo soziale Gerechtigkeit dringlicher ist denn je.

Die ganze geeinte Sozialdemokratie in Deutschland wird dafür arbeiten, daß sie in der Regierungsverantwortung für mehr Freiheit und Gerechtigkeit, für die gesellschaftliche Gleichheit von Mann und Frau und für die Bewahrung der natürlichen Umwelt wirken kann.

Vorwärts/SM 10/90, S. 14; Jahrbuch 1988-1990
SPD. Hrsg. Vorstand der SPD, Bonn o.J., S. 181 f.

557

17. Bundeskanzler Gerhard Schröder:
Rede am 18. März 2002 in Amsterdam

[...]

Es ist kein Zufall, dass die Menschen in Europa gerade von uns Sozialdemokraten erwarten, dass wir es besser als andere hinbekommen, unsere Gesellschaften zukunftsfähig zu machen.

Die europäischen Sozialdemokraten waren seit ihrer Gründung nämlich immer beides zugleich: Kraft der Tradition und Kraft der Erneuerung. Das ist bis zum heutigen Tag so geblieben.

Wir Sozialdemokraten haben in Europa einen Weg beschritten, der sich zwingend aus unserer Geschichte, aus unserem Selbstverständnis und aus unserer Verpflichtung gegenüber den Menschen ergibt.

Wir sind mit dem Versprechen angetreten, unseren Ländern Innovation und Gerechtigkeit zu geben.

Innovationen, damit wir die Herausforderungen in der Wissensgesellschaft bestehen.

Und Gerechtigkeit, weil für uns eine Gesellschaft nur dann menschlich und lebenswert ist, wenn Solidarität der Starken mit den Schwachen alltägliche Praxis ist. Wenn das Prinzip der Teilhabe aller Menschen am Haben und Sagen in einer Gesellschaft eingelöst ist. [...]

Meine Damen und Herren,

ich möchte an einigen wenigen Beispielen deutlich machen, was wir in Deutschland in den vergangenen Jahren geleistet haben.

Ich möchte sprechen über unsere Politik der Mitte. Über eine Politik, die dem Prinzip der Nachhaltigkeit verpflichtet ist und die für eine Kultur der Offenheit einsteht.

Mit unserer Rentenreform haben wir dafür gesorgt, dass die Renten für die Älteren sicher und die Beiträge für die Jüngeren bezahlbar bleiben.

Mit der Konsolidierung der öffentlichen Haushalte haben wir begonnen, die enorme Staatsverschuldung abzubauen und die Voraussetzung für sinkende Zinsen geschaffen.

Mit unserer Steuerreform haben wir die Angebotsbedingungen für die Unternehmen verbessert, für international konkurrenzfähige Steuersätze gesorgt und auf der Nachfrageseite Arbeitnehmer und ihre Familien spürbar entlastet.

Was heißt für uns Politik der Nachhaltigkeit? Das Prinzip der Nachhaltigkeit ist uns allen gut bekannt. Besonders aus der ökologischen Diskussion. Aber um Nachhaltigkeit geht es auch in der Sozial-, in der Haushalts- und in der Steuerpolitik.

Denn bei dem, was wir heute machen, aber auch bei dem, was wir heute unterlassen, haben wir immer an die Generationen zu denken, die nach uns kommen. An unsere Kinder und unsere Enkel. Auch das ist ein Stück gelebte Solidarität.

Für uns hat zu gelten: Wir dürfen nicht das aufessen, von dem unsere Kinder und Enkel auch noch leben wollen. Sie haben nicht nur ein Recht auf eine intakte und lebenswerte Umwelt. Sondern auf eine Zukunft, die es ihnen ermöglicht, ihr Leben eigenständig zu gestalten.

Wenn wir ihnen bloß erdrückende Schuldenberge und bankrotte Sozialsysteme hinterlassen, haben sie diese Chance nicht.

In manchen europäischen Ländern haben ausländerfeindliche und rechtsextremistische Parteien Erfolge erzielt.

Diese Kräfte des Hasses und der Intoleranz vergiften das politische Klima. Sie schüren Ängste und Vorurteile. Dieser Unkultur von Rechts setzen wir unsere politische Kultur der Mitte, unsere Kultur der Toleranz und Offenheit entgegen.

Nur wenn eine Gesellschaft offen ist – offen nach außen, offen für Neuerungen, offen für andere Kulturen und offen für den Dialog – wird sie sich dynamisch entwickeln.

Nur dann wird sie *Freiheit für den Einzelnen* und *Sicherheit für alle* gewährleisten.

Wir Sozialdemokraten sind stolz darauf, dass wir mit unserer Politik dafür gesorgt haben, dass nicht mehr soziale Herkunft und der Geldbeutel der Eltern, dass nicht ethnische Zugehörigkeit oder sexuelle Orientierung eines Menschen darüber entscheiden, was jemand werden kann und ob er im Leben Erfolg hat.

Dafür dürfen allein Begabung, Qualifikation, Fleiß, Leistung und Gemeinsinn ausschlaggebend sein.

Deswegen haben wir Sozialdemokraten in Deutschland zum Beispiel die Anerkennung gleichgeschlechtlicher Lebenspartnerschaften durchgesetzt.

Und wir haben ein modernes Staatsbürgerschaftsrecht geschaffen, das im europäischen Maßstab endlich auf der Höhe der Zeit ist.

Und der nächste Schritt wird sein, die Steuerung und Begrenzung gewollter Zuwanderung abschließend zu regeln. Durch ein Gesetz, das den Bedürfnissen der Wirtschaft Rechnung trägt und unseren humanitären Verpflichtungen nachkommt.

Im Übrigen, wenn ich das ganz persönlich hinzufügen darf, wie viele andere bin auch ich selbst keiner von denen, die in die „Mitte" hineingeboren wurden.

Für Menschen wie mich, die nach dem Krieg in „kleinen", manchmal auch ärmlichen Verhältnissen aufwuchsen, galt es als ausgemacht, dass man da zu bleiben hatte: am unteren Ende der Gesellschaft.

Die „Mitte", die war uns versperrt. Ein Platz in der Mitte der Gesellschaft ließ sich nur mit enormer eigener Anstrengung erreichen. Durch Leistung und vor allem eben über Bildung.

Deswegen ist es so wichtig, allen Menschen die notwendigen Chancen einzuräumen und alle Begabungsreserven eines Landes auszuschöpfen.

Es kann doch gar keinen Zweifel geben: Die große Mehrheit der Menschen in unseren Ländern möchte ihre Begabungen und Fähigkeiten anwenden. Sie möchte im Beruf erfolgreich sein und im Leben vorankommen. Sie ist bereit zu Leistung und zu mehr Eigenverantwortung.

Dafür erwartet sie eine Politik des sozialen Ausgleichs und der Chancengerechtigkeit, durch die allein der Zusammenhalt in unserer Gesellschaft gesichert werden kann.

Bildung ist das zentrale Thema der Zukunft. Bildung ist der Schlüssel für die Zukunft jedes Einzelnen und für die Zukunft unseres Gemeinwesens.

Bildung ist die neue soziale Frage des 21. Jahrhunderts. Sie ist nicht nur ein Gebot der Chancengerechtigkeit. Sondern sie ist buchstäblich eine Überlebensfrage und eine ökonomische Notwendigkeit.

Denn Bildung und Wissen entscheiden mehr denn je darüber, ob eine Volkswirtschaft floriert oder nicht. Bereits heute entstehen mehr neue Jobs in den Branchen, die mit Information und Kommunikation zu tun haben, als im verarbeitenden Gewerbe.

Die Wissensgesellschaft ist nicht irgendeine ferne Zukunft, sie bestimmt schon heute unser Leben. Darauf muss sich Politik einstellen.

Wir Sozialdemokraten haben Freiheit nie auf Gewerbefreiheit reduziert, wie es die Neoliberalen tun. Freiheit, das heißt für uns, dass jede und jeder Einzelne die Chance auf die Verwirklichung eines selbstbestimmten und eigenverantwortlichen Lebens haben sollen.

Die moderne und menschliche Gesellschaft ist eine Gesellschaft der Chancengerechtig-keit. Wir wollen jeden Einzelnen befähigen, seine Talente zu entfalten, damit er sein Leben in die eigenen Hände nehmen kann.

Deswegen scheint mir das Prinzip „Fördern und Fordern" so treffend und so notwendig für unsere Politik der Modernisierung. Das gilt für die Sozialpolitik, die Arbeitsmarkt-politik und die Bildungspolitik.

Eine der wichtigsten Reformen, die wir uns in Deutschland für die nächsten Monate vorgenommen haben, betrifft den Arbeitsmarkt.

Wir haben damit begonnen, das bisherige System der Arbeitsvermittlung und Arbeits-förderung umzubauen und leistungsfähiger zu machen.

Die bisherige Bundesanstalt für Arbeit mit ihrer Behördenstruktur wandeln wir um in ein modernes Dienstleistungsunternehmen, das sich einem echten Wettbewerb mit privaten Arbeitsvermittlern stellen wird. [...]

Was für uns selbstverständlich ist und selbstverständlich bleibt: Wir setzen in unserer Arbeitsmarktpolitik auf einen Ausgleich zwischen den Bedürfnissen nach mehr Flexibi-lität in der Wirtschaft und den berechtigten Schutzinteressen der Arbeitnehmer.

Diese Balance kennzeichnet die Niederlande ebenso wie Deutschland. Und ich bin überzeugt: Wir sind gut beraten, diese soziale Balance zu bewahren.

Wir wollen nicht die Folgen des angelsächsischen Systems auf dem Arbeitsmarkt und in der Sozialpolitik.

Es soll bei uns nicht so sein, dass Menschen zwei oder mehr Jobs brauchen, um genü-gend Geld zu verdienen, um sich und ihre Familien über die Runden zu bringen.

Es soll nicht so sein, dass bei uns das Prinzip des „Hire and Fire" um sich greift.

Wir lehnen die „Amerikanisierung" des Arbeitsmarktes ab, weil die gerade nicht zu mehr Freiheit und Sicherheit der Arbeitnehmer führt, sondern zu sozialer Ausgrenzung und großen Einkommensgegensätzen.

Eine Politik, die Globalisierung gestalten will, muss selbst zur Kooperation und inter-nationalen Zusammenarbeit bereit sein.

Gerade uns Europäern bieten sich mit der Vertiefung und Erweiterung der Europäi-schen Union großartige Möglichkeiten für eine Politik des sozialen Ausgleichs, der Chancengerechtigkeit und der wirtschaftlichen Entwicklung.

Die Geschichte der Einigung und Integration Europas seit Gründung der Kohle- und Stahlgemeinschaft im Jahr 1951 ist eine einmalige Erfolgsgeschichte.

Dieser Prozess hat schließlich zur Herstellung des größten gemeinsamen Marktes der Welt und zur Einführung der gemeinsamen Währung geführt.

Nicht zuletzt hat dieser Prozess der wirtschaftlichen Integration dazu beigetragen, Nationalismen in Europa zu überwinden.

Heute durchzieht die Europäische Union ein dichtes Netz von Handelsbeziehungen, Direktinvestitionen und Transaktionen.

Ohne diese Verflechtung hätte Europa niemals eine so starke Position im Wettbewerb mit den USA und Japan erlangen können.

Aber Europa zeichnet weit mehr aus als wirtschaftliche Stärke, Leistungsfähigkeit und Erfindergeist.

Europa, das ja nie geografisch, sondern immer politisch definiert war, steht für eine ganz spezifische Kultur und Lebensform.

Mein französischer Kollege Lionel Jospin nennt es „europäische Lebensweise". Wim Kok spricht vom „europäischen Modell" des Ausgleichs und der Verhandlungen. Ich selbst habe gelegentlich die Begriffe „Teilhabemodell" und „Partizipationsethik" be-nutzt.

Gemeint ist mit all diesen Ausdrücken: In Europa hat sich ein ganz eigenes und einzigartiges Zivilisations- und Gesellschaftsmodell durchgesetzt, das auf Teilhabe als Triebkraft der Entwicklung setzt.

Diese Gesellschaftsethik unterscheidet sich deutlich vom amerikanischen oder vom südostasiatischen Modell.

Nur Europa steht für den wirtschaftlichen, den sozialen, den kulturellen und den ökologischen Ausgleich. Der Gedanke der Teilhabe, der Teilhabe am Haben und Sagen in der Gesellschaft, ist genuin europäisch.

Die Kombination aus materieller Lebensqualität, aus demokratischer Partizipation, aus sozialer Absicherung und Chancen zur Bildung ist in dieser Form nur in Europa zu finden.

Europa ist also tatsächlich viel mehr als ein geografischer Begriff. Viel mehr als eine Wirtschaftsmacht.

Europa, das so mühevoll aus einer blutigen Vergangenheit zur freiheitlichen und friedlichen Gegenwart und Zukunft gefunden hat, ist eine echte Wertegemeinschaft geworden.

Nur in Europa gibt es diese Verbindung aus Eigeninitiative und Gemeinsinn, aus Individualität und Solidarität.

Dieses europäische Modell hat sich bewährt. Es ist ein Modell, das auch in Zeiten der Globalisierung beste Entwicklungschancen bietet.

Die Europäische Union ist das internationale Erfolgsmodell für das 21. Jahrhundert. Sie war die Antwort der Völker Europas auf Krieg und Zerstörung. Sie ist unsere Antwort auf die Globalisierung und auf die Herausforderung durch den Terrorismus.

Allerdings hat sich in der vergangenen Zeit das eigentliche Problem in der europäischen Konstruktion zunehmend bemerkbar gemacht: ich meine die Zuordnung von Verantwortlichkeiten.

Wir müssen dafür Sorge tragen, dass die Europäische Union auch mit 25 oder mehr Mitgliedstaaten politisch führbar bleibt.

Deswegen brauchen wir *erstens* eine vertikale Gewaltenteilung: Wir brauchen eine klare Abgrenzung der Zuständigkeiten zwischen europäischer Ebene und den Mitgliedstaaten.

Und *zweitens* eine horizontale Gewaltenteilung: Wir müssen das Verhältnis der Institutionen neu austarieren.

Die Vertiefung und Erweiterung der Europäischen Union müssen kommen, und sie werden kommen. Damit schaffen wir die Voraussetzung dafür, dass dieses Jahrzehnt, vielleicht sogar dass dieses Jahrhundert ein europäisches wird.

Männer wie Willy Brandt und Joop den Uyl haben dafür die Grundlagen geschaffen.

Unsere Generation kann und muss jetzt vollenden, was vor 20 oder 30 Jahren noch als Utopie erschien:

Unseren Kontinent wirklich zu einen und zu einem Ort dauerhaften Friedens und des Wohlergehens seiner Menschen zu machen.

SPD-Parteivorstand, Mitteilung an die Presse, 18. März 2002

Literaturhinweise

Auf eine Aufführung der verschiedenen, umfangreichen Materialien der SPD wurde bei diesen Literaturhinweisen verzichtet. Die wohl wichtigste Quelle sind die vom Vorstand der SPD herausgegebenen Jahrbücher der Sozialdemokratischen Partei (unter wechselnden Titeln). Sie erschienen früher jährlich und seit über einem Jahrzehnt dann als Zweijahresbände. Im Zuge der wachsenden Präsentation der SPD im Internet wurde der Umfang der Jahrbücher deutlich reduziert. Die Protokolle der Parteitage der SPD sind ebenfalls unentbehrlich. Unter den Nachschlagewerken bietet vor allem das Archiv der Gegenwart in seinen Jahresbänden reichhaltige Informationen. Eine Fundgrube sind natürlich die Zeitungen und politischen Magazine ebenso wie die verschiedenen Informationsdienste von Partei und Fraktion.

1. Bibliographien

Bibliographie zur Geschichte der deutschen Arbeiterbewegung, hrsg. von der Bibliothek des Archivs der sozialen Demokratie, Bonn-Bad Godesberg, I (1976) ff.

Dowe, Dieter: Bibliographie zur Geschichte der deutschen Arbeiterbewegung, sozialistischen und kommunistischen Bewegungen von den Anfängen bis 1863, 3. Aufl. unter Mitarbeit von Volker Mettig, Bonn 1981.

Emig, Dieter/Zimmermann, Rüdiger: Arbeiterbewegung in Deutschland. Ein Dissertationsverzeichnis, IWK, Jg.13, H. 3., Berlin 1977.

Günther, Klaus/Schmitz, Kurt Thomas: SPD, KPD/DKP, DGB in den Westzonen und in der Bundesrepublik Deutschland 1945–1973. Eine Bibliographie, 2. Aufl. unter Mitarbeit von Volker Mettig, Bonn 1980.

Klotzbach, Kurt: Bibliographie zur Geschichte der deutschen Arbeiterbewegung 1914–1945, 3. Aufl. bearb. von Volker Mettig, Bonn 1981.

Steinberg, Hans-Josef: Die deutsche sozialistische Arbeiterbewegung bis 1914, Frankfurt/M.-New York 1979.

Tenfelde, Klaus/Ritter, Gerhard A.: Bibliographie zur Geschichte der deutschen Arbeiterbewegung 1863 bis 1914, Bonn 1981.

2. Gesamtüberblicke und Materialien

Abendroth, Wolfgang: Aufstieg und Krise der deutschen Sozialdemokratie. Das Problem der Zweckentfremdung einer politischen Partei durch die Anpassungstendenzen von Institutionen an vorgegebene Machtverhältnisse, Frankfurt/M. 1964.

Braunthal, Julius: Geschichte der Internationale, 3 Bde., Hannover 1961/63/71, Neuauflage Berlin-Bonn 1978.

Dowe, Dieter/Klotzbach, Kurt (Hrsg.): Kämpfe – Krisen – Kompromisse. Kritische Beiträge zum 125jährigen Jubiläum der SPD, Bonn 1989.

Eckert, Georg (Hrsg.): 100 Jahre deutsche Sozialdemokratie, Hannover 1963.

Eichler, Willi: Hundert Jahre Sozialdemokratie. Hrsg. Vorstand der SPD, Bonn-Bielefeld [1963].

Fetscher, Iring/Grebing, Helga/Dill, Günther (Hrsg.): Der Sozialismus. Vom Klassenkampf zum Wohlfahrtsstaat. Text, Bilder, Dokumente, München 1968.

Freyberg, Jutta von/Fülberth, Georg/Harrer, Jürgen: Geschichte der deutschen Sozialdemokratie 1863– 1975, Köln 1975.

Grebing, Helga: Geschichte der deutschen Arbeiterbewegung, dtv-Taschenbuch Nr. 647, 10. Aufl., München 1980.

Grebing, Helga: Die deutsche Arbeiterbewegung zwischen Revolution, Reform und Etatismus, Mannheim 1993.

Groh, Dieter/Brandt, Peter: „Vaterlandslose Gesellen". Sozialdemokratie und Nation 1860–1990, München 1992

Günsche, Karl-Ludwig/Lantermann, Klaus: Kleine Geschichte der Sozialistischen Internationale, Bonn 1977.

Institut für Marxismus-Leninismus beim ZK der SED (Hrsg.): Geschichte der deutschen Arbeiterbewegung, 8 Bde., Berlin (DDR) 1966.

Klönne, Arno: Die deutsche Arbeiterbewegung. Geschichte – Ziele – Wirkungen, unter Mitarbeit von Barbara Klaus und Karl Theodor Stiller, Düsseldorf-Köln 1980, Neuaufl. München 1989.

Kremendahl, Hans/Meyer, Thomas (Hrsg.): Sozialismus und Staat, 2 Bde., Kronberg/Ts. 1974.

Kuczynski, Jürgen: Die Geschichte der Lage der Arbeiter unter dem Kapitalismus, Bde.1–21, Berlin (DDR) 1961 ff.

Kürbisch, Friedrich G. (Hrsg.): Sozialreportagen 1880 bis heute, 3 Bde., Bonn 1988.

Lehnert, Detlef: Sozialdemokratie zwischen Protestbewegung und Regierungspartei 1848 bis 1983, edition suhrkamp 1248, Frankfurt a. M. 1983.

Lern- und Arbeitsbuch deutsche Arbeiterbewegung. Darstellung – Chroniken – Dokumente. Hrsg. unter der Leitung von Thomas Meyer, Susanne Miller und Joachim Rohlfes, 2. ergänzte Aufl., 4 Bde., Bonn 1988.

Lexikon des Sozialismus. Hrsg. von Thomas Meyer, Karl-Heinz Klär, Susanne Miller, Klaus Novy und Heinz Timmermann, Köln 1986.

Lösche, Peter/Walter, Franz: Die SPD: Klassenpartei – Volkspartei – Quotenpartei. Zur Entwicklung der Sozialdemokratie von Weimar bis zur deutschen Vereinigung, Darmstadt 1992.

Lübke, Peter: Kommunismus und Sozialdemokratie. Eine Streitschrift, Berlin-Bonn 1978.

Mommsen, Hans (Hrsg.): Sozialdemokratie zwischen Klassenbewegung und Volkspartei, Fischer-Athenäum Taschenbuch, Frankfurt/M. 1974.

Mooser, Josef: Arbeiterleben in Deutschland 1900–1970. Klassenlagen, Kultur und Politik, Frankfurt/M. 1984.

Osterroth, Franz/Schuster, Dieter: Chronik der deutschen Sozialdemokratie, 3 Bde., 2. Aufl. Berlin-Bonn 1975/77.

Programmatische Dokumente der deutschen Sozialdemokratie. Hrsg. und eingeleitet von Dieter Dowe und Kurt Klotzbach (†). 3. überarbeitete Aufl. Berlin-Bonn 1990.

Rovan, Joseph: Geschichte der deutschen Sozialdemokratie, Frankfurt/M. 1980.

Ruppert, Wolfgang: Fotogeschichte der deutschen Sozialdemokratie. Hrsg. von Willy Brandt, Berlin 1988.

Sassoon, Donald: One Hundred Years of Socialism. The West European Left in the Twentieth Century, London 1996.

Schadt, Jörg/Schmierer, Wolfgang (Hrsg.): Die SPD in Baden-Württemberg und ihre Geschichte. Von den Anfängen der Arbeiterbewegung bis heute, Stuttgart 1979.

Schmeitzner, Mike/Rudloff, Michael: Geschichte der Sozialdemokratie im Sächsischen Landtag. Darstellung und Dokumentation 1877–1997, Dresden 197.

Schneider, Michael: Kleine Geschichte der Gewerkschaften. Ihre Entwicklung in Deutschland von den Anfängen bis heute, 2. Aufl., Bonn 2000.

Schönhoven, Klaus: Die deutschen Gewerkschaften, Frankfurt/M. 1987.

Schumacher, Kurt: Der Kampf um den Staatsgedanken in der deutschen Sozialdemokratie, Urban-Taschenbuch Nr. 839, Stuttgart 1973.

Vom Sozialistengesetz zur Mitbestimmung. Zum 100. Geburtstag von Hans Böckler. Hrsg. Heinz Oskar Vetter, Redaktion Ulrich Borsdorf und Hans O. Hemmer, Köln 1975.

Vetter, Heinz Oskar (Hrsg.): Aus der Geschichte lernen – die Zukunft gestalten. Dreißig Jahre Deutscher Gewerkschaftsbund. Protokoll der wissenschaftlichen Konferenz zur Geschichte der Gewerkschaften vom 12. und 13. Oktober 1979 in München. Redaktion Ulrich Borsdorf und Hans O. Hemmer, Köln 1980.

Vorwärts 1876–1976. Ein Querschnitt in Faksimiles. Hrsg. von Günter Grunwald und Friedhelm Merz, eingel. von Heinz-Dietrich Fischer und Volker Schulze, 2. Aufl. Bonn 1980.

Walter, Franz: Die SPD. Vom Proletariat zur Neuen Mitte, Berlin 2002.

Weber, Hermann (Hrsg.): Der deutsche Kommunismus, Köln 1963.

Weber, Hermann (Hrsg.): Das Prinzip Links. Eine Dokumentation. Beiträge zur Diskussion des demokratischen Sozialismus in Deutschland 1847–1973, Hannover 1973.

Winkler, Heinrich August: Der lange Weg nach Westen. Bd. 1 Deutsche Geschichte vom Ende des alten Reiches bis zum Untergang der Weimarer Republik, Bd. 2 Deutsche Geschichte vom „Dritten Reich" bis zur Wiedervereinigung, 2. Aufl. München 2001.

3. Biographisches

Adolph, Hans J. L.: Otto Wels und die Politik der deutschen Sozialdemokratie 1894–1939. Eine politische Biographie, Berlin 1971.

Albrecht, Willy: Kurt Schumacher, Reden – Schriften – Korrespondenzen 1945–1952, Berlin-Bonn 1985.

Albrecht, Richard: Der militante Sozialdemokrat. Carlo Mierendorff 1897 bis 1943. Eine Biographie, Bonn 1987.

Apel, Hans: Der Abstieg. Politisches Tagebuch 1978–1988, Stuttgart 1990.

Baader, Ottilie: Ein steiniger Weg. Lebenserinnerungen einer Sozialistin. Mit einer Einleitung von Marie Juchacz, 3. Aufl. (1. Aufl. 1921), Bonn 1979.

Bahr, Egon: Zu meiner Zeit, München 1996.

Bebel, August: Aus meinem Leben, 3 Teile, l. Aufl. Stuttgart 1910–1914 (Neuaufl., Bonn 1986).

Besson, Waldemar: Friedrich Ebert – Verdienst und Grenze, Göttingen 1962.

Blumenberg, Werner: Kämpfer für die Freiheit, 3. Aufl. Berlin-Bonn 1977.

Born, Stephan: Erinnerungen eines Achtundvierzigers, hrsg. und eingeleitet von Hans J. Schütz, Berlin-Bonn 1978.

Brandt, Willy. Berliner Ausgabe. Hrsg. von Helga Grebing, Gregor Schöllgen und Heinrich August Winkler. Im Auftrag der Bundeskanzler-Willy-Brandt-Stiftung. Bd. 2 Zwei Vaterländer, Bd. 4 Auf dem Weg nach vorn, Bd. 7 Mehr Demokratie wagen, Bonn 2000/2001.

Brandt, Willy: Erinnerungen, 3. Aufl., Frankfurt a. M. 1989.

Brandt, Willy: Links und frei. Mein Weg 1930–1950, Hamburg 1982.

Brandt, Willy: Über den Tag hinaus. Eine Zwischenbilanz, Hamburg 1974.

Brandt, Willy/Löwenthal, Richard: Ernst Reuter. Ein Leben für die Freiheit. Eine politische Biographie, München 1957.

Braun, Otto: Von Weimar zu Hitler, New York 1940.

Dowe, Dieter (Hrsg.): Kurt Schumacher und der „Neubau" der deutschen Sozialdemokratie nach 1945, Bonn, 1996.

Düding, Dieter: Heinz Kühn 1912–1992. Eine politische Biographie, Essen 2002

Edinger, Lewis J.: Kurt Schumacher. Persönlichkeit und politisches Verhalten, Köln-Opladen 1967.

Ehmke, Horst: Mittendrin. Von der Großen Koalition zur Deutschen Einheit, Berlin 1994.

Eppler, Erhard: Das Schwerste ist Glaubwürdigkeit. Gespräche über ein Politikerleben mit Freimut Duve, rororo aktuell 4355, Reinbek bei Hamburg 1978.

Der Freiheit verpflichtet. Gedenkbuch der deutschen Sozialdemokratie im 20. Jahrhundert. Hrsg. vom Vorstand der SPD, Marburg 2000.

Friedrich Ebert. 1871–1925. Mit einem einführenden Aufsatz von Peter-Christian Witt, 2. Aufl., Bonn 1980.

Gilcher-Holthey, Ingrid: Das Mandat des Intellektuellen. Karl Kautsky und die Sozialdemokratie, Berlin 1986.

Glotz, Peter: Die Innenausstattung der Macht. Politisches Tagebuch 1976–1978, München 1979.

Harpprecht, Klaus: Willy Brandt. Porträt und Selbstporträt, München 1970.

Hirsch, Helmut: August Bebel. Sein Leben in Dokumenten, Reden und Schriften, rowohlts monographien Nr. 196, Reinbek 1973.

Hirsch, Helmut: Friedrich Engels, rowohlts monographien Nr. 142, Reinbek 1968.

Hoegner, Wilhelm: Flucht vor Hitler. Erinnerungen an die Kapitulation der ersten deutschen Republik 1933, München 1977.

Hoegner, Wilhelm: Der schwierige Außenseiter, München 1959.

Huber, Antje (Hrsg.): Verdient die Nachtigall Lob, wenn sie singt? Frauen in der Politik. Die Sozialdemokratinnen, Stuttgart-Herford 1984.

Kaisen, Wilhelm: Meine Arbeit, mein Leben. München 1967.

Keil, Wilhelm: Erlebnisse eines Sozialdemokraten, 2 Bde., Stuttgart 1947/48.

König, Rudolf/Soell, Hartmut/Weber, Hermann (Hrsg.):Friedrich Ebert und seine Zeit. Bilanz und Perspektiven der Forschung, München 1990.

Krause-Burger, Sibylle: Helmut Schmidt. Aus der Nähe gesehen, Düsseldorf-Wien 1980.

Kühn, Heinz: Aufbau und Bewährung. Die Jahre 1945 bis 1978, Hamburg 1981.

Kühn, Heinz: Bekenntnisse und Standpunkte. Mit einem Vorwort von Willy Brandt, Bonn 1977.

Kühn, Heinz: Widerstand und Emigration. Die Jahre 1928–1945, Hamburg 1980.

Kürbisch, Friedrich G. (Hrsg.): Wir lebten nie wie Kinder. Ein Lesebuch, 2. Aufl., Bonn 1980.

Lassalle, Ferdinand: Reden und Schriften, hrsg. von Friedrich Jenaczek, dtv-Taschenbuch Nr. 676, München 1970.

Leber, Julius: Ein Mann geht seinen Weg. Schriften Reden, Briefe, hrsg. von seinen Freunden, Berlin 1952.

Leber, Julius: Schriften, Reden, Briefe, hrsg. von Dorothea Beck u. Wilfried F. Schoeller, mit einem Vorwort von Willy Brandt und einer Gedenkrede von Golo Mann, München 1976.

Leipart, Theodor: Carl Legien. Ein Gedenkbuch, Berlin 1929.

Lemke-Müller, Sabine: Ethischer Sozialismus und soziale Demokratie. Der politische Weg Willi Eichlers vom ISK zur SPD, Bonn 1988.

Leugers-Scherzberg, August H.: Die Wandlungen des Herbert Wehner. Von der Volksfront zur Großen Koalition, Berlin-München 2002.

Lösche, Peter/Scholing, Michael/Walter, Franz (Hrsg.): Vor dem Vergessen bewahren. Lebenswege Weimarer Sozialdemokraten, Berlin 1988.

Maehl, W. H.: August Bebel. Shadow Emperor of the German Workers, Philadelphia 1980.

Mayer, Gustav: Friedrich Engels. Eine Biographie, 2 Bde., Haag 1934, Neudruck Köln 1971.

Mehringer, Hartmut: Waldemar von Knoeringen. Eine politische Biographie, München-London-New York 1989.

Merseburger, Peter: Der schwierige Deutsche. Kurt Schumacher. Eine Biographie, Stuttgart 1995.

Meyer, Thomas: Bernsteins konstruktiver Sozialismus. Eduard Bernsteins Beitrag zur Theorie des Sozialismus, Berlin-Bonn 1977.

Möller, Alex: Genosse Generaldirektor, München 1978.

Na'aman, Shlomo: Lassalle, 2. Aufl., Köln-Berlin l971.

Nettl, J. Peter: Rosa Luxemburg, 2. Aufl., Köln-Berlin 1968.

Nicolaevsky, Boris/Maenchen-Helfen, Otto: Karl Marx. Eine Biographie, 3. Aufl., Berlin-Bonn 1976.

Osterroth, Franz: Biographisches Lexikon des Sozialismus, Hannover 1960.

Scheidemann, Philipp: Memoiren eines Sozialdemokraten, 1. und 2. Teil, Dresden 1930.

Schmid, Carlo: Erinnerungen, Bern-München-Wien 1979.

Schmidt, Helmut: Die Deutschen und ihre Nachbarn, Berlin 1990.

Schmidt, Helmut: Menschen und Mächte, Berlin 1987

Schöllgen, Gregor: Willy Brandt. Die Biographie, Berlin-München 2001.

Scholz, Arno/Oschilewski, Walther G. (Hrsg.): Turmwächter der Demokratie. Ein Lebensbild von Kurt Schumacher, 3 Bde., Berlin 1952 ff.

Schulze, Hagen: Otto Braun oder Preußens demokratische Sendung. Eine Biographie, Frankfurt a.M. 1977

Seebacher-Brandt, Brigitte: August Bebel. Künder und Kärrner, 2. Aufl., Berlin-Bonn 1988.

Seebacher-Brandt, Brigitte: Ollenhauer. Biedermann und Patriot, Berlin-Bonn 1984.

Severing, Carl: Mein Lebensweg, 2 Bde., Köln 1950.

Soell, Hartmut: Fritz Erler. Eine politische Biographie, 2 Bde., Berlin-Bonn-Bad Godesberg 1976.

Stern, Carola: Willy Brandt in Selbstzeugnissen und Bilddokumenten, rowohlts monographien Nr. 232, Reinbek 1975.

Uexküll, Gösta von: Ferdinand Lassalle, rowohlts monographien Nr. 212, Reinbek 1974.

Vogel, Hans-Jochen: Nachsichten. Meine Bonner und Berliner Jahre, München/Zürich 1996.

Wachenheim, Hedwig: Vom Großbürgertum zur Sozialdemokratie. Memoiren einer Reformistin, Berlin 1973.

Weber, Petra: Carlo Schmid 1896– 1979. Eine Biographie, München 1996.

Wehner, Herbert: Zeugnis (Hrsg. Gerhard Jahn), Köln 1982.

Wischnewski, Hans Jürgen: Mit Leidenschaft und Augenmaß. In Mogadischu und Anderswo. Politische Memoiren, München 1989.

Witt, Peter Christian: Friedrich Ebert. Parteiführer, Reichskanzler, Volksbeauftragter, Reichspräsident, 2. Aufl., Bonn 1988.

Wolff, Jeannette: Mit Bibel und Bebel. Ein Gedenkbuch (hrsg. von Hans Lamm) Bonn 1980.

4. Von den Anfängen bis 1945

Die Allgemeine Deutsche Arbeiterverbrüderung 1848–1850. Dokumente des Zentral-komitees für die deutschen Arbeiter in Leipzig. Bearb. und eingel. von Horst Schlechte, Weimar 1979.

Bajohr, Stefan: Die Hälfte der Fabrik. Geschichte der Frauenarbeit in Deutschland 1914 bis 1945, Marburg 1979.

Balser, Frolinde: Sozial-Demokratie 1848/49–1863. Die erste deutsche Arbeiterorganisation „Allgemeine Arbeiterverbrüderung" nach der Revolution, (Industrielle Welt 2), 2 Bde., Stuttgart 1962.

Bebel, August: Die Frau und der Sozialismus. Mit einem einleitenden Vorwort von Eduard Bernstein. Neusatz nach der Jubiläumsausgabe von 1929, Bonn 1980.

Bernstein, Eduard: Die Voraussetzungen des Sozialismus und die Aufgaben der Sozialdemokratie, 7. Aufl., Berlin-Bonn 1977.

Bernstein, Eduard: Texte zum Revisionismus. Ausgewählt, eingeleitet und kommentiert von Horst Heimann, Bonn 1976.

Bieber, Hans-Joachim: Gewerkschaften in Krieg und Revolution. Arbeiterbewegung, Industrie, Staat und Militär in Deutschland 1914–1920, Teil I und II, Hamburg 1981.

Birker, Karl: Die deutschen Arbeiterbildungsvereine 1840–1870, Berlin 1973.

Boll, Friedhelm: Frieden ohne Revolution? Friedensstrategie der deutschen Sozialdemokratie vom Erfurter Programm 1891 bis zur Revolution 1918, Bonn 1980.

Braun, Lily: Die Frauenfrage. Ihre geschichtliche Entwicklung und ihre wirtschaftliche Seite. Mit einer Einleitung von Beatrix Wrede-Bouvier, (1. Aufl. 1901), Bonn 1979.

Breitman, Richard: German Socialism and Weimar Democracy, Chapel Hill 1981.

Bry, Gerhard: Wages in Germany 1871–1945. A study by the National Bureau of Economic Research, New York (Princeton University Press), Princeton 1960.

Conze, Werner/Groh, Dieter: Die Arbeiterbewegung in der nationalen Bewegung. Die deutsche Sozialdemokratie vor, während und nach der Reichsgründung, (Industrielle Welt 6), Stuttgart 1966.

Drechsler, Hanno: Die Sozialistische Arbeiterpartei Deutschlands (SAPD), Meisenheim a. Gl. 1965.

Edinger, Lewis L.: Sozialdemokratie und Nationalsozialismus. Der Parteivorstand der SPD im Exil 1933–1945, Hannover-Frankfurt/M. 1960.

Feldman, Gerald D.: Armee, Industrie und Arbeiterschaft in Deutschland 1914 bis 1918, Berlin-Bonn 1985.

Fischer, Benno: Theoriediskussion der SPD in der Weimarer Republik, Frankfurt/M.-Bern-New York 1987.

Foitzik, Jan: Zwischen den Fronten. Zur Politik, Organisation und Funktion linker politischer Kleinorganisationen im Widerstand 1933 bis 1939/40 unter besonderer Berücksichtigung des Exils, Bonn 1986.

Friedrich-Ebert-Stiftung (Hrsg.): Widerstand und Exil der deutschen Arbeiterbewegung 1933–1945, Bonn 1982.

Fricke, Dieter: Die deutsche Arbeiterbewegung 1869–1914. Ein Handbuch über ihre Organisation und Tätigkeit im Klassenkampf, Berlin (DDR) 1976.

Fromm, Erich: Arbeiter und Angestellte am Vorabend des Dritten Reiches. Eine sozialpsychologische Untersuchung, bearb. und hrsg. von Wolfgang Bonß, Stuttgart 1980.

Fülberth, Georg/Harrer, Jürgen: Die deutsche Sozialdemokratie 1890–1933, Darmstadt und Neuwied 1974.

Geary, Dick: Arbeiterprotest und Arbeiterbewegung in Europa 1848–1939, München 1983.

Die geheimen Deutschlandberichte der SPD 1934–1940, 7 Bde., Frankfurt/M. 1980.

Grasmann, Peter: Sozialdemokraten gegen Hitler 1933–1945, Reihe „Geschichte und Staat", Bd. 196/197, München-Wien 1976.

Grebing, Helga: Arbeiterbewegung. Sozialer Protest und kollektive Interessenvertretung bis 1914, München 1985.

Groh, Dieter: Negative Integration und revolutionärer Attentismus. Die deutsche Sozialdemokratie am Vorabend des 1. Weltkrieges, Frankfurt/M.-Berlin 1973.

Guttsman, W. L.: The German Social Democratic Party 1895–1933, London 1981.

Heimann, Horst/Meyer, Thomas (Hrsg.): Reformsozialismus und Sozialdemokratie. Zur Theoriediskussion des Demokratischen Sozialismus in der Weimarer Republik, Bonn 1982.

Heupel, Eberhard: Reformismus und Krise. Zur Theorie und Praxis von SPD, ADGB und AfA-Bund in der Weltwirtschaftskrise 1929–1932/33, Frankfurt/M.-New York 1981.

Hohorst, Gerd/Kocka, Jürgen/Ritter, Gerhard A.: Sozialgeschichtliches Arbeitsbuch. Materialien zur Statistik des Kaiserreichs 1870–1914, München 1975.

Hunt, Richard N.: German Social Democracy 1918–1933, New Haven-London 1964.

Jantke, Carl: Der Vierte Stand. Die gestaltenden Kräfte der deutschen Arbeiterbewegung im XIX. Jahrhundert, Freiburg 1955.

Kastning, Alfred: Die deutsche Sozialdemokratie zwischen Koalition und Opposition 1919–1923, Paderborn 1970.

Kocka, Jürgen: Arbeitsverhältnisse und Arbeiterexistenzen. Grundlagen der Klassenbildung im 19. Jahrhundert, Berlin-Bonn 1990.

Kocka, Jürgen (Hrsg.): Europäische Arbeiterbewegungen im 19. Jahrhundert. Deutschland, Österreich, England und Frankreich im Vergleich, Göttingen 1983.

Kocka, Jürgen: Lohnarbeit und Klassenbildung. Arbeiter und Arbeiterbewegung in Deutschland 1800–1875, Berlin-Bonn 1983.

Kocka, Jürgen: Weder Stand noch Klasse. Unterschichten um 1800, Berlin-Bonn 1990.

Langewiesche, Dieter/Schönhoven, Klaus (Hrsg.): Arbeiter in Deutschland. Studien zur Lebensweise der Arbeiterschaft im Zeitalter der Industrialisierung, Königstein/Ts. 1980.

Lehnert, Detlef: Reform und Revolution in den Strategiediskussionen der klassischen Sozialdemokratie. Zur Geschichte der deutschen Arbeiterbewegung bis zum Ausbruch des 1. Weltkrieges, Bonn 1977.

Levenstein, Adolf: Die Arbeiterfrage. Mit besonderer Berücksichtigung der sozialpsychologischen Seite des modernen Großbetriebes und der psychologischen Einwirkungen auf die Arbeiter, München 1912.

Link, Werner: Die Geschichte des Internationalen Jugendbundes (IJB) und des Internationalen Sozialistischen Kampfbundes (ISK), Meisenheim a. Gl. 1964.

Löwenthal, Richard/von zur Mühlen, Patrik (Hrsg.): Widerstand und Verweigerung in Deutschland 1933 bis 1945, Berlin-Bonn 1984.

Luthardt, Wolfgang (Hrsg.): Sozialdemokratische Arbeiterbewegung und Weimarer Republik. Materialien zur gesellschaftlichen Entwicklung 1927–1933, 2 Bde., Frankfurt a. M. 1978.

Luxemburg, Rosa: Schriften zur Theorie der Spontaneität, rowohlt klassiker Nr. 249, Reinbek 1970.

Matthias, Erich: Kautsky und der Kautskyanismus. Die Funktion der Ideologie in der deutschen Sozialdemokratie vor dem ersten Weltkrieg, in: Marxismus-Studien 2, Tübingen [1957].

Matthias, Erich: Sozialdemokratie und Nation. Ein Beitrag zur Ideengeschichte der sozialdemokratischen Emigration in der Prager Zeit des Parteivorstandes 1933–1938, Stuttgart 1952.

Matthias, Erich/Morsey, Rudolf (Hrsg.): Das Ende der Parteien 1933, Athenäum/Droste Taschenbücher, Düsseldorf-Königstein/Ts. 1979.

Mehring, Franz: Geschichte der deutschen Sozialdemokratie, 4 Bde., 10. Aufl., Stuttgart 1921, (Neudruck 2 Bde., Berlin [DDR] 1960).

Miller, Susanne: Die Bürde der Macht. Die deutsche Sozialdemokratie 1918–1920, Düsseldorf 1978.

Miller, Susanne: Burgfrieden und Klassenkampf. Die deutsche Sozialdemokratie im Ersten Weltkrieg, Düsseldorf 1974.

Miller, Susanne: Das Problem der Freiheit im Sozialismus. Freiheit, Staat und Revolution in der Programmatik der Sozialdemokratie von Lassalle bis zum Revisionismusstreit, 5. Aufl., Berlin-Bonn 1977.

Mit dem Gesicht nach Deutschland. Eine Dokumentation über die sozialdemokratische Emigration, hrsg. von Erich Matthias, bearb. von Werner Link, Düsseldorf 1968.

Mommsen, Hans (Hrsg.): Arbeiterbewegung und industrieller Wandel. Studien zu gewerkschaftlichen Organisationsproblemen im Reich und an der Ruhr, Wuppertal 1980.

Morgan, David W.: The Socialist Left and the German Revolution. A History of the German Independent Social Democratic Party 1917–1922, Ithaca und London 1975.

Mühlen, Patrik von zur: „Schlagt Hitler an der Saar!" Abstimmungskampf, Emigration und Widerstand im Saargebiet 1933–1945, Bonn 1979.

Neumann, Sigmund: Die Parteien der Weimarer Republik, hrsg. von Karl Dietrich Bracher, Urban-Taschenbuch Nr. 175, 3. Aufl. 1973.

Nichols, Anthony/Matthias, Erich: German Democracy and the Triumph of Hitler. Essays in Recent German History, London 1971.

Offermann,: Toni: Arbeiterbewegung und liberales Bürgertum in Deutschland 1850–1963, Bonn 1979.

Petzina, Dietmar/Abelhauser, Werner/Faust, Anselm: Sozialgeschichtliches Arbeitsbuch, Band III: Materialien zur Statistik des deutschen Reiches 1914–1945, München 1978.

Potthoff, Heinrich: Freie Gewerkschaften 1918 bis 1933. Der Allgemeine Deutsche Gewerkschaftsbund in der Weimarer Republik, Düsseldorf 1987.

Potthoff, Heinrich: Gewerkschaften und Politik zwischen Revolution und Inflation, Düsseldorf 1979.

Potthoff, Heinrich/Weber, Hermann (Bearb.): Die SPD-Fraktion in der Nationalversammlung 1919–1920, Düsseldorf 1989.

Prager, Eugen: Geschichte der USPD. Entstehung und Entwicklung der Unabhängigen Sozialdemokratischen Partei Deutschlands, Berlin 1922, (Neudruck unter dem Titel: Das Gebot der Stunde. Geschichte der USPD, Berlin-Bonn 1980).

Pytha, Wolfram: Gegen Hitler und für die Republik. Die Auseinandersetzung der deutschen Sozialdemokratie mit der NSDAP in der Weimarer Republik, Düsseldorf 1989.

Die Regierung der Volksbeauftragten 1918/19, eingel. von Erich Matthias, bearb. von Susanne Miller unter Mitwirkung von Heinrich Potthoff, 2 Bde., Düsseldorf 1969.

Die Reichstagsfraktion der deutschen Sozialdemokratie 1898 bis 1918, bearb. von Erich Matthias und Eberhard Pikart, 2 Bde., Düsseldorf 1966.

Ritter, Gerhard A.: Die Arbeiterbewegung im Wilhelminischen Reich. Die Sozialdemokratische Partei und die Freien Gewerkschaften 1890–1900, 2. Aufl., Berlin 1963.

Ritter, Gerhard A.: Staat, Arbeiterschaft und Arbeiterbewegung in Deutschland. Vom Vormärz bis zum Ende der Weimarer Republik, Berlin-Bonn 1982.

Ritter, Gerhard A./Miller, Susanne: Die deutsche Revolution 1918–1919, Dokumente, 2. erw. und überarb. Aufl., Hamburg 1975.

Ritter, Gerhard A./Tenfelde, Klaus: Arbeiter im Deutschen Kaiserreich 1871 bis 1914, Bonn 1992.

Röder, Werner: Die deutschen sozialistischen Exilgruppen in Großbritannien. Ein Beitrag zur Geschichte des Widerstandes gegen den Nationalsozialismus, 2. Aufl., Bonn-Bad Godesberg 1973.

Rosenberg, Arthur: Entstehung und Geschichte der Weimarer Republik, Neuaufl., Frankfurt/M.1955.

Rüden, Peter von (Hrsg.): Beiträge zur Kulturgeschichte der deutschen Arbeiterbewegung 1848–1918, Frankfurt/M. 1979.

Rüden, Peter von/Koszyk, Kurt (Hrsg.): Dokumente und Materialien zur Kulturgeschichte der deutschen Arbeiterbewegung 1848–1918, Frankfurt/M. 1979.

Saage, Richard (Hrsg.): Solidargemeinschaft und Klassenkampf. Politische Konzeptionen der Sozialdemokratie zwischen den Weltkriegen, Frankfurt 1986.

Schorske, Carl E.: Die große Spaltung. Die deutsche Sozialdemokratie 1905–1917, Berlin 1981 (engl. Ausgabe 1955).

Schneider, Michael: Unterm Hakenkreuz. Arbeiter und Arbeiterbewegung 1933 bis 1939, Bonn 1999.

Schraepler, Ernst: Handwerkerbünde und Arbeitervereine 1830–1853, Berlin-New York 1972.

Stampfer, Friedrich: Die vierzehn Jahre der ersten deutschen Republik, 3. Aufl. Hamburg [1953].

Stearns, Peter N.: Arbeiterleben, Industriearbeit und Alltag in Europa 1890–1914, Frankfurt-NewYork 1980.

Steinberg, Hans--Josef: Sozialismus und deutsche Sozialdemokratie. Zur Ideologie der Partei vor dem 1. Weltkrieg, 5. Aufl., Berlin-Bonn 1979.

Stephan, Cora: Genossen, wir dürfen uns nicht von der Geduld hinreißen lassen. Aus der Urgeschichte der Sozialdemokratie 1862–1878, Frankfurt a. M. 1977.

Tenfelde, Klaus/Schönhoven, Klaus/Schneider, Michael/Peukert, Detlef J. K.: Geschichte der deutschen Gewerkschaften. Von den Anfängen bis 1945, Köln 1987.

Varain, Heinz Josef: Freie Gewerkschaften, Sozialdemokratie und Staat. Die Politik der Generalkommission unter der Führung Carl Legiens (1890–1920), Düsseldorf 1956.

Wachenheim, Hedwig: Die deutsche Arbeiterbewegung 1844–1914, Köln-Opladen 1967.

Walter, Franz: Jungsozialisten in der Weimarer Republik, Göttingen 1983.

Weber, Hermann: Kommunismus in Deutschland 1918–1945, Darmstadt 1983.

Weisenborn, Günther (Hrsg.): Der lautlose Aufstand. Bericht über die Widerstandsbewegung des deutschen Volkes 1933–1945, 2. Aufl. Hamburg 1954.

Weißbuch der deutschen Opposition gegen die Hitlerdiktatur, hrsg. vom Vorstand der Sozialdemokratischen Partei, London 1946.

Wickert, Christl: Unsere Erwählten. Sozialdemokratische Frauen im Deutschen Reichstag und im Preußischen Landtag 1919 bis 1933, Göttingen 1986.

Widerstand und Exil 1933–1945 (Schriftenreihe der Bundeszentrale für politische Bildung, Bd. 223), Bonn 1985.

Widerstand, Verfolgung und Emigration, hrsg. vom Forschungsinstitut der Friedrich-Ebert-Stiftung, Bad Godesberg 1967

Winkler, Heinrich-August: Von der Revolution zur Stabilisierung. Arbeiter und Arbeiterbewegung in der Weimarer Republik 1918 bis 1924, 2. Aufl., Berlin-Bonn 1985.

Winkler, Heinrich-August: Der Schein der Normalität. Arbeiter und Arbeiterbewegung in der Weimarer Republik 1924 bis 1930, Berlin-Bonn 1985, 2. Aufl. 1990.

Winkler, Heinrich-August: Der Weg in die Katastrophe. Arbeiter und Arbeiterbewegung in der Weimarer Republik 1930 bis 1933, Berlin-Bonn 1987, 2. Aufl. 1990.

Wunderer, Hartmann: Arbeitervereine und Arbeiterparteien. Kultur- und Massenorganisationen in der Arbeiterbewegung (1890–1933), Frankfurt/M.-New York 1980.

5. Nach 1945

Ashkenasi, Abraham: Reformpartei und Außenpolitik. Die Außenpolitik der SPD, Berlin-Bonn-Köln-Opladen 1968.

Baring, Arnulf in Zusammenarbeit mit Görtemaker, Martin: Machtwechsel. Die Ära Brandt/Scheel, Stuttgart 1982.

Beier, Gerhard: SPD Hessen-Chronik 1945–1988, Bonn 1989.

Bender, Peter: Die Ostpolitik Willy Brandts oder die Kunst des Selbstverständlichen, rororo aktuell Nr. 1548, Reinbek 1972.

Bender, Peter: Die „Neue Ostpolitik" und ihre Folgen: Vom Mauerbau bis zur Vereinigung, München 1995.

Benz, Wolfgang (Hrsg.): Die Bundesrepublik Deutschland. Geschichte in drei Bänden, Frankfurt/M. 1983.

Bickerich, Wolfram (Hrsg.): Die 13 Jahre. Bilanz der sozialliberalen Koalition. Spiegelbuch, Reinbek bei Hamburg 1982.

Blessing, Karl-Heinz (Hrsg.): SPD 2000. Die Modernisierung der SPD, Marburg/Berlin 1993.

Bölling, Klaus: Die letzten 30 Tage des Kanzlers Helmut Schmidt. Ein Tagebuch. Spiegelbuch, Reinbek bei Hamburg 1982.

Bouvier, Beatrix: Ausgeschaltet! Sozialdemokraten in der Sowjetischen Besatzungszone und in der DDR 1945–1953, Bonn, 1996.

Bouvier, Beatrix W.: Zwischen Godesberg und Großer Koalition. Der Weg der SPD in die Regierungsverantwortung, Bonn 1990.

Bracher, Karl Dietrich/Eschenburg, Theodor/Fest, Joachim C./Jäckel, Eberhard (Hrsg.): Geschichte der Bundesrepublik Deutschland, 5 Bde., Stuttgart-Wiesbaden 1981–1987.

Brakelmann, Günter: Abschied vom Unverbindlichen. Gedanken eines Christen zum demokratischen Sozialismus, Gütersloh 1976.

Brandt, Willy: Friedenspolitik in Europa, Frankfurt/M. 1968.

Brandt, Willy: Frieden. Reden und Schriften, Bonn-Bad Godesberg 1971.

Brandt, Willy: „… was zusammengehört". Reden zu Deutschland, Bonn 1990.

Brandt, Willy/Kreisky, Bruno/Palme, Olof: Briefe und Gespräche 1972–1975, Frankfurt/M.-Köln 1975.

Brandt, Willy/Schmidt, Helmut: Deutschland 1976 – zwei Sozialdemokraten im Gespräch. Gesprächsführung Jürgen Kellermeier, rororo aktuell Nr. 4008, Reinbek 1976.

Braunthal, Gerard: The West German Social Democrats 1969–1982. Profile of a party in power, Boulder (USA) 1983.

Deist, Heinrich: Wirtschaft von morgen. Hrsg. von Gerhard Stümpfig, 2. Aufl., Berlin-Bonn 1973.

Dowe, Dieter (Hrsg.): Von der Bürgerbewegung zur Partei. Die Gründung der Sozialdemokratie in der DDR, Bonn 1993.

Dübber, Ulrich: Die deutsche Sozialdemokratie nach 1945, in: Aus Politik und Zeitgeschichte. Beilage zur Wochenzeitung Das Parlament, B 21/63, 22.5.1963.

Ehmke, Horst (Hrsg.): Perspektiven. Sozialdemokratische Politik im Übergang zu den Siebziger Jahren. Erläutert von 21 Sozialdemokraten, rororo aktuell Nr. 1205, Reinbek 1969.

Ehmke, Horst: Politik als Herausforderung, 2 Bde., Karlsruhe 1974/79.

Ehrenberg, Herbert/Fuchs, Anke: Sozialstaat und Freiheit. Von der Zukunft des Sozialstaats, Frankfurt/M. 1980.

Eichler, Willi: Weltanschauung und Politik. Reden und Aufsätze. Hrsg. und eingel. von Gerhard Weisser, unter Mitwirkung von Susanne Miller, Bruno Friedrich, Klaus Helfer, Franklin Schultheiss, Frankfurt/M. 1967.

Eichler, Willi: Zur Einführung in den demokratischen Sozialismus, Bonn-Bad Godesberg, 2. Aufl. 1973.

Enquete-Kommission Aufarbeitung von Geschichte und Folgen der SED-Diktatur in Deutschland (12. Wahlperiode des Deutschen Bundestages), hersg. Vom Deutschen Bundestag), Neun Bände in 18 Teilbänden, Baden-Baden/Frankfurt a.M. 1995.

Eppler, Erhard: Ende oder Wende?, Stuttgart-Berlin-Köln-Mainz 1975.

Eppler, Erhard: Plattform für eine neue Mehrheit. Ein Kommentar zum Berliner Programm der SPD, Bonn 1990.

Erler, Fritz: Demokratie in Deutschland, Stuttgart 1965.

Erler, Fritz: Politik für Deutschland. Mit einem Vorwort von Willy Brandt. Hrsg. und eingel. von Wolfgang Gaebler, Stuttgart 1968.

Faulenbach, Bernd/Potthoff, Heinrich (Hrsg.): Die deutsche Sozialdemokratie und die Umwälzung 1989/90, Essen 2001.

Faulenbach, Bernd/Potthoff, Heinrich (Hrsg.): Sozialdemokraten und Kommunisten nach Nationalsozialismus und Krieg. Zur historischen Einordnung der Zwangsvereinigung, Essen 1998.

Flohr, Heiner/Lompe, Klaus/Neumann, Lothar F. (Hrsg.): Freiheitlicher Sozialismus – Beiträge zu seinem heutigen Selbstverständnis, 2. Aufl. Bonn-Bad Godenberg 1973.

Garton Ash, Timothy: Im Namen Europas. Deutschland und der geteilte Kontinent, München/Wien 1993.

Gerster, Florian/Stobbe, Friedrich (Hrsg.): Die linke Mitte heute, Bonn 1990.

Glotz, Peter: Die Beweglichkeit des Tankers, München 1982.

Glotz, Peter: Der Weg der Sozialdemokratie. Der historische Auftrag des Reformismus, Wien-München-Zürich 1975.

Grabbe, Hans-Jürgen: Unionsparteien, Sozialdemokratie und Vereinigte Staaten von Amerika 1945–1966, Düsseldorf 1983.

Grebing, Helga (Hrsg.): Entscheidung für die SPD. Briefe und Aufzeichnungen linker Sozialisten 1944–1948, München 1984.

Grebing, Helga u. a. (Hrsg.): Die Nachkriegsentwicklung in Westdeutschland 1945–1949, 2 Bde., Stuttgart 1980.

Grosser, Alfred: Geschichte Deutschlands seit 1945. Überarbeitete Fassung des Bandes Deutschlandbilanz, 5. Aufl., München 1977.

Günther, Klaus: Sozialdemokratie und Demokratie 1946–1966. Die SPD und das Problem der Verschränkung innerparteilicher und bundesrepublikanischer Demokratie. Bonn 1979.

Heimann, Horst: Theoriediskussion in der SPD. Ergebnisse und Perspektiven, Frankfurt/M.-Köln 1975.

Heimann, Siegfried: Die SPD in den neunziger Jahren, in: Werner Süß (Hrsg.), Die Bundesrepublik in den 90er Jahren, Leverkusen 2002.

Hemmer, Hans-Otto/Schmitz, Kurt Thomas (Hrsg.): Geschichte der Gewerkschaften in der Bundesrepublik Deutschland, Köln 1990.

Herles, Helmut: Machtverlust oder das Ende der Ära Brandt, Stuttgart 1983.

Historische Kommission beim Parteivorstand der SPD (Hrsg.): Von der SDP zur SPD, Bonn 1992.

Jäger, Wolfgang: Die Überwindung der Teilung. Der innerdeutsche Prozess der Vereinigung 1989/90, Stuttgart 1998.

Jarausch, Konrad: Die unverhoffte Einheit 1989– 1990, Frankfurt a.M. 1995.

Jung, Matthias/Roth, Dieter: Wer zu spät geht, den bestraft der Wähler. Eine Analyse der Bundestagswahl 1998, in: Aus Politik und Zeitgeschichte B 53/98.

Kaack, Heino: Geschichte und Struktur des deutschen Parteiensystems, Opladen 1971.

Kaden, Albrecht: Einheit oder Freiheit. Die Wiedergründung der SPD 1945/46, 3. Aufl., Berlin-Bonn 1990.

Kielmannsegg, Peter Graf: Nach der Katastrophe. Eine Geschichte des geteilten Deutschlands, Berlin 2000.

Kleßmann, Christoph: Die doppelte Staatsgründung. Deutsche Geschichte 1945–1955. 4. Aufl., Göttingen-Bonn 1986.

Kleßmann, Christoph: Zwei Staaten, eine Nation. Deutsche Geschichte 1955–1970, Göttingen-Bonn 1988.

Klotzbach, Kurt: Der Weg zur Staatspartei. Programmatik, praktische Politik und Organisation der deutschen Sozialdemokratie 1945 bis 1965, Berlin-Bonn 1982.

Korte, Karl-Rudolf, Deutschlandpolitik in Helmut Kohls Kanzlerschaft. Regierungsstil und Entscheidungen 1982–1989, Stuttgart 1998.

Koschnick, Hans (Hrsg.): Der Abschied vom Extremistenbeschluß. Mit Beiträgen von Hans Koschnick, Erich Küchenhoff, Hans-Jürgen Schimke, Martin Kriele und Ernst-Wolfgang Böckenförde und einer Dokumentation, 2. Aufl., Bonn 1979.

Lafontaine, Oskar: Die Gesellschaft der Zukunft. Reformpolitik in einer veränderten Welt, Hamburg 1988.

Lafontaine, Oskar: Das Herz schlägt links, München 1999.

Lösche, Peter: Die SPD nach Mannheim. Strukturprobleme und aktuelle Entwicklung, in: Aus Politik und Zeitgeschichte B 6/96.

Löwenthal, Richard (Paul Sering): Jenseits des Kapitalismus. Ein Beitrag zur sozialistischen Nenorientierung. Mit einer ausführlichen Einführung: Nach 30 Jahren, 3. Aufl., Bonn 1978.

Löwke, Udo F.: Für den Fall, daß … Die Haltung der SPD zur Wehrfrage 1949–1955, Hannover 1969.

Lompe, Klaus/Neumann, Lothar (Hrsg.): Willi Eichlers Beiträge zum demokratischen Sozialismus. Eine Auswahl aus dem Werk, Berlin-Bonn 1979.

Lührs, Georg/Sarrazin, Thilo u. a. (Hrsg.): Kritischer Rationalismus und Sozialdemokratie. Mit einem Vorwort von Helmut Schmidt, 2 Bde., Bonn 1975/76.

Malycha, Andreas: Auf dem Weg zur SED. Die Sozialdemokratie und die Bildung einer Einheitspartei in den Ländern der SBZ. Eine Quellenedition, Bonn 1995.

Marßolek, Inge/Potthoff, Heinrich: Durchbruch zum modernen Deutschland? Die Sozialdemokratie in der Regierungsverantwortung 1966–1982, Essen 1995.

Meyer, Thomas: Demokratischer Sozialismus. Eine Einführung, Bonn 1982.

Meyer, Thomas (Hrsg.): Demokratischer Sozialismus. Geistige Grundlagen und Wege in die Zukunft, München-Wien 1980.

Meyer, Thomas: Grundwerte und Wissenschaft im Demokratischen Sozialismus, Berlin-Bonn 1979.

Meyer, Thomas: Soziale Demokratie und Globalisierung. Eine europäische Perspektive, Bonn 2002.

Meyer, Thomas: Die Transformation der Sozialdemokratie. Eine Partei auf dem Weg ins 21. Jahrhundert, Bonn 1998.

Meyer, Thomas/Scherer, Klaus-Jürgen/Zöpel, Christoph: Parteien in der Defensive? Plädoyer für die Öffnung der Volkspartei, Köln 1994.

Miller, Susanne/Ristau, Malte (Hrsg.): Erben deutscher Geschichte. DDR–BRD: Protokolle einer historischen Begegnung, Reinbek bei Hamburg 1988.

Moraw, Frank: Die Parole der „Einheit" und die Sozialdemokratie. Zur parteiorganisatorischen und gesellschaftspolitischen Orientierung der SPD in der Periode der Illegalität und in der ersten Phase der Nachkriegszeit 1933–1948, 2. Aufl., Bonn 1990.

Morsey, Rudolf: Die Bundesrepublik Deutschland. Entstehung und Entwicklung bis 1969, München 1987.

Moseleit, Klaus: Die „Zweite" Phase der Entspannungspolitik der SPD 1983–1989. Eine Analyse ihrer Entstehungsgeschichte, Entwicklung und der konzeptionellen Ansätze, Frankfurt a.M. 1991.

Narr, Wolf-Dieter: CDU–SPD. Programm und Praxis seit 1945, Stuttgart-Berlin-Köln-Mainz 1966.

Narr, Wolf-Dieter/Scheer, Hermann/Spöri, Dieter: SPD – Staatspartei oder Reformpartei?, München 1976.

Narr, Wolf-Dieter/Thränhardt, Dietrich (Hrsg.): Die Bundesrepublik Deutschland. Entstehung, Entwicklung, Struktur, Königstein 1978.

Neubert, Ehrhart: Geschichte der Opposition in der DDR 1949–1989, Berlin 1995.

Oertzen, Peter von/Ehmke, Horst/Ehrenberg, Herbert (Hrsg.): Orientierungsrahmen '85. Text und Diskussion. Bearbeitet von Heiner Lindner, 3. Aufl., Bonn-Bad Godesberg 1979.

Ott, Erich: Die Wirtschaftskonzeption der SPD nach 1945, Marburg 1978.

Paterson, William E./Schmitz, Kurt Th. (Hrsg.): Sozialdemokratische Parteien in Europa, Bonn 1979.

Pirker, Theo: Die SPD nach Hitler. Die Geschichte der Sozialdemokratischen Partei Deutschlands 1945–1954, München 1965.

Potthoff, Heinrich: Bonn und Ost-Berlin 1969–1982. Dialog auf höchster Ebene und vertrauliche Kanäle. Darstellung und Dokumente, Bonn 1997.

Potthoff, Heinrich: Die „Koalition der Vernunft". Deutschlandpolitik in den 80er Jahren, München 1995.

Potthoff, Heinrich: Im Schatten der Mauer. Deutschlandpolitik 1961 bis 1990, Berlin 1999.

Rexin, Manfred: Die SPD in Ost-Berlin 1946–1961. Mit Beiträgen von Siegfried Heimann und Horst Hoffke, Berlin 1989.

Roth, Wolfgang: Humane Wirtschaftspolitik. Die sozialdemokratische Alternative, Köln 1982.

Sarcinelli, Ullrich: Das Staatsverständnis der SPD. Ein Beitrag zur Analyse des sozialdemokratischen Staatsverständnisses auf der Grundlage der SPD-Programm- und Grundsatzdiskussion in den Jahren 1969 bis 1975, Königstein 1979.

Scharpf, Fritz: Sozialdemokratische Krisenpolitik in Europa. Das „Modell Deutschland" im Vergleich, Frankfurt/M. 1987.

Schellenger jr., Harold Kurt: The SPD in the Bonn Republic. A Socialist Party modernizes, Den Haag 1968.

Schlei, Marie/Wagner, Joachim: Freiheit – Gerechtigkeit – Solidarität. Grundwerte und praktische Politik, m. e. Vorwort von Helmut Schmidt, Bonn 1976.

Schmidt, Helmut: Freiheit verantworten, Düsseldorf-Wien 1983.

Schmidt, Helmut: Kontinuität und Konzentration, 2. erw. Auflage, Bonn-Bad Godesberg 1976.

Schmollinger, Horst W./Müller, Peter: Zwischenbilanz. 10 Jahre sozialliberale Politik 1969–1979, Hannover 1980.

Schneider, Michael: Demokratie in Gefahr? Der Konflikt um die Notstandsgesetze. Sozialdemokratie, Gewerkschaften und intellektueller Protest (1958–1968), Bonn 1966.

Schröder, Klaus, unter Mitarbeit von Steffen Alisch: Der SED-Staat. Geschichte und Strukturen der DDR, München 1998.

Schütz, Klaus: Die Sozialdemokratie im Nachkriegsdeutschland, in: Parteien in der Bundesrepublik. Studien zur Entwicklung der deutschen Parteien bis zur Bundestagswahl 1953, Stuttgart-Düsseldorf 1955.

Schumacher, Kurt/Ollenhauer, Erich/Brandt, Willy: Der Auftrag des demokratischen Sozialismus, Bonn-Bad Godesberg, 2. Aufl. 1973.

Schwan, Alexander/Schwan, Gesine: Sozialdemokratie und Marxismus. Zum Spannungsverhältnis von Godesberger Programm und marxistischer Theorie, Hamburg 1974.

Schwan, Gesine: Sozialismus in der Demokratie? Theorie einer konsequent sozialdemokratischen Politik, Stuttgart-Berlin-Köln-Mainz 1982.

Sozialpolitik nach 1945. Geschichte und Analysen, hrsg. von Reinhart Bartholomäi, Wolfgang Bodenbender, Hardo Henkel, Renate Hüttel, Bonn 1977.

Die SPD-Fraktion im Deutschen Bundestag. Sitzungsprotokolle. 1949–1957, bearbeitet von Petra Weber, 2 Bde.; 1957–1961, bearbeitet von Wolfgang Hölscher; 1961–1966, bearbeitet von Heinrich Potthoff, 2 Bde., Düsseldorf 1993.

Staritz, Dieter: Geschichte der DDR, Frankfurt/M. 1984.

Steffen, Joachim: Krisenmanagement oder Politik?, rororo aktuell Nr. 1826, Reinbek 1974.

Steinbach, Peter: Sozialdemokratie und Verfassungsordnung, Leverkusen 1980.

Steininger, Rolf: Deutschland und die Sozialistische Internationale nach dem Zweiten Weltkrieg. Die deutsche Frage, die Internationale und das Problem der Wiederaufnahme der SPD auf den internationalen sozialistischen Konferenzen bis 1951, unter besonderer Berücksichtigung der Labour Party. Darstellung und Dokumentation, Bonn 1979.

Stephan, Dieter: Jungsozialisten: Stabilisierung nach langer Krise? Theorie und Politik 1969–1979. Eine Bilanz, 2. Aufl., Bonn 1980.

Strasser, Johano: Grenzen des Sozialstaats? Soziale Sicherung in der Wachstumskrise, Köln-Frankfurt 1979.

Strasser, Johano/Traube, Klaus: Die Zukunft des Fortschritts. Der Sozialismus und die Krise des Industrialismus, Bonn 1981.

Stöss, Richard/Niedermayer, Oskar: Zwischen Anpassung und Profilierung. Die SPD an der Schwelle zum neuen Jahrhundert, in: Aus Politik und Zeitgeschichte B 5/2000.

Vogel, Hans-Joachim/Ruhnau, Heinz/Buschfort, Hermann u. a.: Godesberg und die Gegenwart. Ein Beitrag zur innerparteilichen Diskussion über Inhalte und Methoden sozialdemokratischer Politik, Bonn-Bad Godesberg 1975.

Vogtmeier, Andreas: Egon Bahr und die deutsche Frage. Zur Entwicklung der Ost- und Deutschlandpolitik vom Kriegsende bis zur Vereinigung, Bonn 1996.

Walter, Franz: Die SPD nach der deutschen Vereinigung – Partei in der Krise oder bereit zur Regierungsübernahme?, in: Zeitschrift für Parlamentsfragen, Heft 1/95.

Weber, Hermann: DDR. Grundriß der Geschichte 1945–1976, Hannover 1976.

Wehner, Herbert: Wandel und Bewährung. Ausgewählte Reden und Schriften 1930–1967. Hrsg. von Hans-Werner Graf Finckenstein und Gerhard Jahn. Mit einer Einleitung von Günter Gaus, Berlin-Hannover 1968.

Wehner, Herbert/Friedrich, Bruno/Nau, Alfred: Parteiorganisation, Theorie und Praxis der deutschen Sozialdemokratie, Bonn-Bad Godesberg 1969.

Werner, Emil: Im Dienst der Demokratie. Die bayerische Sozialdemokratie nach der Wiedergründung 1945, München 1982.

Wilke, Lothar: Die Sicherheitspolitik der SPD 1956–1966. Zwischen Wiedervereinigungs- und Bündnisorientierung, Bonn 1977.

Winkler, Heinrich August (Hrsg.): Politische Weichenstellungen im Nachkriegsdeutschland 1945 bis 1953, Göttingen 1979.

Personenregister

Bildnachweis

Archiv der sozialen Demokratie, Seiten 17, 37, 43, 52, 59, 65, 70, 85, 118, 137, 159, 179, 188, 210, 213, 227, 290, 332, 337, 382, 409
bonn-sequenz, Hans Windeck, Seiten 388, 364
Jupp und Marc Darchinger, Seiten 305, 316, 324, 346
dpa, Seiten 262, 310, 348, 388
Jürgen Eis, Seite 393
Barbara Klemm, Seite 237
Lothar Kucharz, Seite 352
Sepp Spiegl, Seite 359
WAZ-Zeichnung, Klaus Pielert, Seite 267

Über die Autoren

Heinrich Potthoff, geboren 1938, Dr. phil., Historiker, bis 1991 Forschungstätigkeit bei der Parlamentarismuskommission in Bonn, stellvertretender Vorsitzender der Historischen Kommission der SPD, zahlreiche zeitgeschichtliche Buchveröffentlichungen, insbesondere zur Geschichte der Arbeiterbewegung – u.a. Freie Gewerkschaften 1918–1933 (1987), Die SPD-Fraktion im Deutschen Bundestag 1961–1966 (1991) und zu den deutsch-deutschen Beziehungen, u.a. Bonn und Ost-Berlin 1969–1982. Dialog auf höchster Ebene und vertrauliche Kanäle (1997), Im Schatten der Mauer. Deutschlandpolitik 1961 bis 1990 (1999). Lebt als freier historisch-wissenschaftlicher Publizist in Königswinter.

Susanne Miller, geboren 1915, Prof. Dr. phil., 1938–1946 Emigration in England, 1952–1960 Angestellte beim SPD-Parteivorstand in Bonn, 1964–1978 Referentin bei der Parlamentarismuskommission. Von 1981 bis 1989 Vorsitzende der Historischen Kommission der SPD, seit 1996 Vorsitzende der Arbeitsgemeinschaft verfolgter Sozialdemokraten. Zahlreiche Veröffentlichungen zur Geschichte der Sozialdemokratie und der internationalen Arbeiterbewegung, u.a. Das Problem der Freiheit im Sozialismus (1964), Burgfrieden und Klassenkampf (1974), Die Bürde der Macht (1978)). Susanne Miller lebt als engagierte Kommentatorin von Politik und Zeitgeschichte in Bonn.

Die »Berliner Ausgabe«

Mit dem Ziel, den schriftlichen Nachlass des ehemaligen Bundeskanzlers und SPD-Vorsitzenden Willy Brandt einer breiten Öffentlichkeit zugänglich zu machen, gibt die Bundeskanzler-Willy-Brandt-
Stiftung (Berlin) seit 1999 eine auf zehn Bände angelegte Edition
seiner Reden, Artikel sowie vieler bislang unveröffentlichter Briefe
und Tagebuchnotizen heraus. Unter der wissenschaftlichen Leitung
von Helga Grebing, Gregor Schöllgen und Heinrich August Winkler
arbeitet ein junges Team aus zehn Historikern und Historikerinnen
an der Erschließung des umfangreichen »Willy-Brandt-Archivs im
Archiv der sozialen Demokratie der Friedrich-Ebert-Stiftung«.
Dahinter verbirgt sich ein ausgesprochen ehrgeiziges Forschungsvorhaben, denn der ungemein produktive Publizist Brandt hat 400
Aktenmeter Schriftgut hinterlassen – mehr als fast jeder andere
Politiker.

Die einzelnen Bände der »Berliner Ausgabe« zeichnen die Etappen
der langen politischen Laufbahn Brandts in chronologischer Ordnung nach, wobei das editorische Hauptaugenmerk auf der Wiedergabe grundsätzlicher und programmatischer Texte liegt. Jedem
Band ist daher eine umfangreiche Einleitung vorangestellt, in der
die Texte in ihren historischen Zusammenhang eingeordnet werden. Ein Personen- und Sachregister erleichtern die Benutzung der
durchschnittlich 500 Seiten umfassenden Einzelbände.

Pressestimmen

*»Dank einer gründlichen, alles andere als staubnäsigen Editionsarbeit
ist es möglich, sich auch als Durchschnittsleser ein ungemein farbiges
(...) Bild von Willy Brandt zu machen, das direkt aus den Quellen
stammt.«* – Kölnische Rundschau, Okt. 2001

*»Der Mensch und Politiker Willy Brandt wird in seinen eigenen Aus-
sagen sichtbar und erfahrbar.«* – Neue Zürcher Zeitung, Mai 2001

*»Die repräsentative Veröffentlichung aus dem Nachlass (...) leistet der
Zeitgeschichtsschreibung einen großartigen Dienst und wird auch
einem jüngeren Lesepublikum Willy Brandt nahe bringen.«*
– Neues Deutschland, Okt. 2000